징둥닷컴 이야기

创京东

作者：李志刚 著

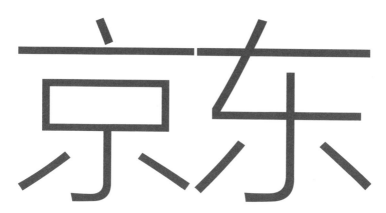

중국 전자상거래업계의 '속도와 열정'의 아이콘

징둥닷컴 이야기

리즈강 지음 | 한민화 옮김

뉴욕 나스닥 주식 상장 행사
(출처: http://corporate.jd.com, 2014년 5월 22일)

징둥닷컴 창업주 류창둥은 1년에 하루는 직접 고객에게 택배를 배송한다.
(출처: http://corporate.jd.com, 2016년 6월 18일)

징둥닷컴과 텐센트의 전략적 협력 발표
(출처: http://corporate.jd.com, 2014년 3월 10일)

징둥닷컴 한국 쇼핑몰 런칭
(출처: http://corporate.jd.com, 2015년 3월 26일)

제3기 2011~2015년
대기업의 면모를 갖추고 세계로 나아가다

소매업 본질로 회귀하다

| 글 | 류창동

최근 연속으로 책 두 권의 서문을 쓰게 되었다. 한 권은 월마트 창업주인 샘 월튼(Samuel Moore Walton)의 자서전이고 다른 한 권은 바로 《징둥닷컴 이야기》다.

솔직히 말하면 샘 월튼의 자서전을 읽고 난 후의 감상을 공유하고 싶은 마음이 더욱 크다. 우선 월마트는 전통 소매업을 상징하는 대표주자로서 감히 올려다볼 수 없을 정도로 대단한 기업이다. 게다가 샘 월튼의 자서전을 읽노라면 마치 동종업계 선배님과 직접 마주 앉아 대화를 나눈다는 느낌이 들면서, 어느새 열정이 다시 솟구치고 동기부여도 받게 된다. 그래서 이러한 감상을 직원들과 공유하고 스스로를 돌이켜볼 수 있는 계기로 삼고 싶었다.

후자인 《징둥닷컴 이야기》에 관해서는, 현재까지는 '징둥 비즈니스모델'이 업계 벤치마킹 사례로 손꼽히고 있는 것은 사실이다. 하지만 성공스토리로 대중 앞에 내놓을 정도는 분명 아니라고 생각한다. 우리는 여전히 성공을 향해 달리고 있으며 앞으로도 무한한 가능성이 열려 있다. 또한 남을 판단하기는 쉽지만 스스로 자신을 관찰하기는 상당히 어려운 법이다. 비록 투자와 협력추진의 필요성 때문에 항상 공공장소에서 징둥을 알리는 일에 나서지만, 사실 자화자찬은 그다지 적성에 맞지 않는다.

그래서 리즈강 선생이 이 책의 출간 의사를 표명했을 때 딱 한 가지 당부한 내용이 있다. 징둥이 지금까지 겪어온 모든 성공과 실패를 가능한 한 여과 없이 밝혀달라는 것이었다. 일부러 미화하거나 축소하지 말고 말이다.

자칫 '징둥의 영웅스토리'가 되지 않을까 염려했지만, 다행히 이 원고에는 동고동락한 징둥 형제들의 이야기와 그들이 회사와 함께 성장하며 겪은 희로애락이 담겨 있었다. 또한 징둥을 바라보는 회의적인 외부 시각과 돌파구를 마련하기 위해 고군분투할 당시의 방황과 초조함도 고스란히 적혀 있었으며 벼랑 끝에 서서 좌절하고 궁지에 몰렸던 상황도 제대로 표현되었다.

다만 우려되는 점은 책 내용이 방대하고 당시의 복잡했던 상황을 비교적 자세히 묘사하고 있어서, 오히려 독자가 산만하다고 느낄 수 있을뿐더러 징둥의 전체 모습을 이해하는 데 다소 무리가 있을지 모른다는 것이었다. 그래서 우리는 가능한 한 순서대로 기억을 더듬어 올라가 징둥 모델의 본질을 소개하는 게 낫겠다는 결론에 도달했다.

때로는 함께 과거를 회상하는 게 제일 좋은 안주거리가 되기도 한다. 사업 초창기에는 야근 뒤 직원들과 작은 주점이나 포장마차에서 술 한잔 거나하게 걸치곤 했다. 그러면 그날의 피로와 고민이 확 풀리면서 원기를 회복할 수 있었다. 술잔을 부딪치는 사이 업무상 빚었던 갈등도 자연히 해소되었다. 더욱 중요한 것은 서로 긴장을 풀고 마주하는 가운데 거리낌 없이 업무적인 고충도 털어놓을 수 있었다는 점이다. 모 고객의 어려움을 해결했다면서 뿌듯해하기도 하고, 까다로운 고객을 유치한 사례도 함께 공유하는 자리였다. 술로 한창 분위기가 달아오르면 업무상의 애로사항도 털어놓으면서 솔루션을 함께 찾아내곤 했다. 여러 프로젝트의 매출목표가 그 자리에서 확정되는 일도 있었다. 비록 이튿날이면 눈이 충혈되고 정신도 몽롱했지만 그래도 버티면서 영업현장을 누비고 다녔다. 징둥에서의 생활은 늘 이와 비슷한 리듬이 반복되었고, 더불어 비약적으로 성장했다. 요즘에는 우리끼리 만나는 자리를 더욱 자주 마련하고 있다. 다들 갈수록 말은 많아지는데 왠지 주량은 다소 줄인 듯 보인다.

징둥은 고속성장을 거듭해 오늘날 방대한 조직이 되었다. 이제는 징둥의 전 직원을 수용할 만한 공간조차 찾기 어려울 정도다. 조직체계가 완비되고 시스템이 구축되면서 내부적인 의사소통 채널도 더욱 규범화되었다. 더불어 인사평가 및 인센티브 제도도 한층 완벽히 정비되었다. 징둥은 어엿한 상장회사로서, 거침없이 좌충우돌하던 예전 방식으로는 더 이상 일처리가 불가능하다. 최근에 내가 가장 고민하면서 역점을 두는 부분은 치밀한 조직구성과 체계적이고 원활한 제도를 갖추면서도, 어떻게 하면 한마음 한뜻으로 역경을 헤쳐나갔던 초심과 열정이 희석되지 않도록 할 수 있을까 하는 것이다. 시장변화에 촉각을 세우고 민첩히 대응함과 동시에 초창기의 날렵하고 강력한 추진력도 잃지 않도록 최선을 다하고 있다. 이것이 바로 '입신양명'의 근본이자, 우리의 출발점이기 때문이다.

많은 사람의 기억 속에 2004년의 징둥은 '인간새'라 불리는 유명한 허들 선수 류샹(劉翔)의 허공을 가르는 도약을 떠올리기에 충분할 것이다. 중관춘 전자상가의 판매대에 앉아 CD나 만지작거리던 녀석이 어느 날 돌연 모든 오프라인 매장을 접고 온라인으로 사업을 전환했으니 말이다. 하지만 당시 이 모습을 주의 깊게 본 사람은 아무도 없었다. 사실 그때 이미 중국 최대의 광자기디스크 대리점이었는데도 그랬다. 온라인으로 전환하지 않고 계속 오프라인 매장을 확장했어도 한동안은 상당한 매출을 올렸을 것이다. 하지만 전통 소매업은 단계별로 대리점을 거쳐야 하는 구조이기 때문에, 소매업체 입장에서는 항상 상위 공급업체의 통제를 받을 수밖에 없다. 다시 말해, 원가 절감과 효율성 제고를 추진할 수 있는 여건이 아니었기에 고객의 수요에 즉각 반응하여 비즈니스 혁신을 꾀한다는 것은 더욱 쉽지 않은 일이었다. 결국 저효율·고원가라는 판매채널에 소비자는 등을 돌리고야 말았다.

징둥이 고객의 고충 해결사를 자처하며 온라인에 뛰어들었다고 감히 말할 수는 없다. 다만 한 가지 분명한 사실은, 그 당시 온라인 판매채널이 각광을 받기 시작했고, 그런 모습을 보며 우리는 전통 소매 방식의 굴레에서 벗어나 소비자를 위해 고부가가치를 창출할 수 있겠다는 한 줄기 희망을 발견했다는 것이다. 징둥이 온라인으로 전격 방향을 전환했던 2004년이 내게는 가장 편안한 잠을 이뤘던 한 해였다고 말할 수 있다. 우리가 드디어 소비자에게 진정으로 다가간, 하늘을 우러러보며 당당히 원대한 포부를 펼칠 수 있었던 한 해였기 때문이다.

몇 년 후, 초창기 투자가와 캐피탈투데이의 창업주인 쉬신 여사가

3,000명을 대상으로 설문조사를 실시한 바 있다. 그 내용에 따르면 징둥의 비약적 성장은 시대적 흐름에 순응한 결과이며, 온라인쇼핑과 품질에 대한 중산층의 막강한 수요에 기인한다. 중산층은 인터넷과 함께 성장한 세대로 온라인에 보다 친숙한 계층이다.

사실 그때 체계적인 데이터분석 툴을 활용한 것도 아니었다. 다만 온라인과 오프라인 경영을 비교한 결과, 온라인을 통해야만 소비자의 욕구만큼 구매원가를 대폭 절감하여 경쟁우위를 확보할 수 있다는 점을 깨달았을 뿐이다.

따라서 지금 당시를 되돌아보면 징둥의 출발은 매우 단순했다. 인터넷 덕분이라 해도 과언이 아니며, 소비자의 새로운 수요에 맞춰서 비즈니스모델을 혁신하고 돌파구를 마련함으로써 시작됐다. 나아가 공급망 체계를 구조조정하여 원가 절감·효율 제고의 목적을 달성함으로써 결과적으로 소비자를 위해 가치를 창출할 수 있었다. 사실 우리가 걸어온 길은 돌이켜보면 소매업의 본질에 충실하여 이를 고수했을 뿐이다.

2007년에 나는 투자가들과 고위층 경영진의 반대를 무릅쓰고 종합쇼핑몰 전략을 견지했다. 이유는 매우 단순하다. 상품 다각화를 통해 3C제품(컴퓨터, 휴대폰 및 소모성 전자제품) 외에도 고객의 다양한 수요를 충족시킴으로써 충성고객으로 묶어두자는 의도였다.

같은 해에 나는 자립식 물류시스템의 필요성을 주장하며 물류 구축을 단행했다. 이 또한 대다수 고객의 불만사항이 배송지연과 물품 파손 등에 집중되었던 데서 기인한다. 고객의 불만사항을 분석한 결과, 시중에 산재한 택배업체를 통해서는 이런 문제를 근본적으로 해결할 수 없겠다는 판단이 섰다. 그리고 오로지 자체 물류망을 확보해야 해결 가능하다는 결론에 도달했다. 이때도 마찬가지로 체계적이거나 전문적인 원가계산을 하지 않았다. 솔직히 말해, 밑바닥부터 무일푼으로 시작한 우리는 애초에 무엇을 어떻게 계산해야 하는지 감조차 잡을 수 없었다.

우리가 이런 결단을 내리도록 한 출발점은 단 하나였다. 바로 '고객경험(Customer Experience)'을 더욱 완벽하게 구현하자는 것. '고객경험'을 제대로 구현하면 더욱 많은 신규 고객이 자연스럽게 징둥에 유입되기 마련이다. 한편 징둥은 그만큼 구매영업, 창고 및 배송, 콜센터 등 전체를 망라하는 자립식 모델을 구축해야 했다. 이는 방대한 프로젝트로, 막중한 부담을 안게 된다는 의미다. 때문에 업계 내에서는 상당히 오랫동안 징둥 모델에 대한 회의적인 시각이 지배적이었다. 하지만 회의론자들은 육중해 보이는 징둥 모델의 이면에 업계 원가구조의 대대적인 개선과 효율성 제고가 뒤따른다는 점을 미처 깨닫지 못했다. 어쩌면 고의적으로 무시하고 싶었는지 모른다. 사실 비즈니스모델의 구현 가능성 여부는 관건이 아니다. 구현하기가 힘들든 그렇지 않든, 가장 중요한 것은 어떠한 가치를 우리가 창조하느냐다.

여기서 아이러니가 발생한다. 징둥이 고효율·저원가 운영모델을 발 빠르게 확장해나가면서 종전의 대형 소매유통채널과의 마찰이 불가피했다는 것이다. 그러자 비난의 화살이 일제히 징둥에게 쏟아졌다. 징둥은 기존의 가격체계를 파괴하며 많은 사람의 밥그릇을 빼앗은 공적이 되어 누구에게도 환영받지 못하는 '천덕꾸러기' 취급을 당해야 했다. 여기에서 고효율의 선진모델이 후진모델을 능가하는 것은 필연적 경쟁법칙이라며 거창한 논리를 펼치려는 게 아니다. 다만 소매업의 본질이 과연 무엇인지 다시 생각해보라고 강조하고 싶다. 소비자 수요를 만족시키는 것, 이것이 바로 우리 소매업이 존재하는 이유이자 가치다. 믿지 않겠지만 솔직히 말해 경쟁업체와의 힘겨루기에 대해 나는 단 한 번도 신경을 쓴 적이 없다. 오히려 그보다 '소비자의 만족 여부'가 내게는 더 절실했다.

고무적인 현상은, 징둥이 시장에 깊숙이 진입할수록 상위 공급업체들도 전자상거래 모델을 이해하기 시작했다는 점이다. 즉 온라인을 통하면 원가 절감으로 효율을 높이며 부가가치를 창출할 수 있다는 점에 공감하게 되었다. 뿐만 아니라 징둥이 상위 공급업체에게 신속하고 효율성 높은 판매 플랫폼, 그리고 방대한 판매데이터 분석을 토대로 타깃마케팅 플랫폼도 제공했기 때문에, 공급업체들도 점차 온라인 모델을 받아들이기 시작했다. 신뢰는 협력의 기초라 할 수 있다. 신뢰를 바탕으로 공급업체들도 점차 징둥을 주요 협력파트너로 인정하기 시작했다.

특히 여기서 강조하고 싶은 점은 최근 스마트제조 분야를 계속 발굴해나가면서 전자상거래업체와 제조업체 간의 협력이 더욱 밀도 있게 진행된다는 사실이다. 우리는 징둥의 빅데이터 플랫폼을 활용하여 전통적인 생산방식을 개선할 수 있도록 의견을 개진하고 있다. 또한 징둥금융의 크라우드펀딩 상품을 통해 혁신적인 아이디어 제품을 시장에 더욱 효과적이고 신속하게 선보이면서 피드백을 받고 있다. 이처럼 갈수록 많은 제조업체가 구조전환과 한 단계 도약을 위한 새로운 기회를 맞이하고 있다.

징둥 플랫폼이 막강해지면서 공급망시스템도 대외적으로 개방을 추진하고 있다. 이 책에는 약 260명의 분야별 징둥인을 인터뷰한 내용이 담겨 있는데, 아마 대중에게 징둥을 오픈 마인드로 공개할 수 있는 계기가 될 것이다. 이 책을 통해 그동안의 모든 의구심을 해소함으로써 우리의 잠재적 협력업체가 징둥을 더욱 잘 이해하고 다가와주길 기대해본다. 징둥은 미래를 준비하는 '인터넷플러스'의 성공적인 실천자로서, 전통 업종의 구조전환·혁신을 위한 나름의 역할을 충분히 발휘하고자 한다.

우리는 징둥의 자립식 모델이 성공하리라 확신해왔기 때문에 회의적인 외부 시각에 대해 우려한 적이 없다. 또한 이러한 외압이 징둥 주가에 영향을 미칠 것이라 생각하지도 않는다. 다만 징둥이 대기업 특유의 나태함과 타성에 젖을까 우려할 뿐이다. 이는 심한 경우 고객수요에 대한 민감도를 떨어뜨리며 분야별 혁신에 걸림돌이 되기 때문이다.

최근 우리는 해외시장과 농촌시장을 적극 개척하여 소비자의 폭넓고 다양한 수요를 충족시키기 위해 노력하고 있다. 또한 '징둥다오자' 서비스를 출시하여 오프라인과 연계를 꾀함으로써 O2O(Online To Offline) 시장 개척에도 박차를 가하고 있는데, 이 분야는 소비자의 일상생활과 밀접한 의식주 수요를 충족시킬 수 있다. 이렇게 서비스 범위를 더욱 확대하여 고정고객을 확보함과 동시에 소매업 전 분야를 아우르는 전자상거래 플랫폼을 점차 완비해나갈 것이다. 이 과정에서 징둥의 IT기술 및 시스템을 통해 종전의 비즈니스 유통체계를 개선할 수 있다. 우리는 대도시와 농촌 소비자 모두에게 최저가 정품과 효율적인 서비스를 제공함으로써 삶의 질적 향상을 도모하는 데 총력을 기울이고자 한다.

사업전략 측면에서 획기적 혁신을 시도하는 것 외에, 일상 업무에서도 혁신이 매우 중요하다. 특히 일상 업무에서의 혁신은 때로는 인재양성과 교육에 중요한 툴로 활용되기도 한다. 샘 월튼은 소매업계에서의 인재양성 방법을 소개하면서, 입사한 지 30분도 안 된 신참 손에 화물을 운반하는 손수레를 들려준다고 했다. 이는 지시한 즉시 행동에 옮기는 행동지향적 정예인력을 양성하는 데 최고의 방법이라고 한다. 징둥도 실무형 인재양성과 업무혁신에서만큼은 이에 못지않게 탁월하다고 자부할 수 있다. 몸담고 있는 전자상거래 분야가 시시각각 급변하는 소비자 수요변화에 촉각을 곤두세우고 대응함으로써 무에서 유를 창출해야 하는 비즈니스 분야이기 때문이다.

일례로 우리는 매년 전체 창고의 40%를 더 넓은 창고로 이전해왔다. 이는 택배업체든 오프라인 매장에서든 아마 상상조차 못할 것이다. 하지만 창고이전에 이골이 난 징둥 물류팀 직원에게 이 정도 일은 식은 죽 먹기다. 물류부문에 근무하는 직원들은 초고위층 임원, 팀장부터 말단사원에 이르기까지 일상적인 업무에 아무런 지장 없이 기한 내에 창고를 옮기는 데 도가 텄다. 비단 이곳만이 아니다. 우리 기술부문은 또 어떠한가! 이곳 직원은 시스템 업그레이드 작업을 마치 '고속도로를 질주하는 차량의 타이어를 교체하는 일' 같다고 표현했다. 기존 서비스를 정상적으로 운영하면서도 고속 접속률을 유지하면서 대규모 시스템 업그레이드 작업을 진행하기 때문이다.

뿐만 아니다. 크게는 물류시스템 연구개발, POP(입점업체 대상 개방형 플랫폼)모델 개선작업, 가전제품 가격체계 정비부터 작게는 자체 제작상품의 자재를 보충하거나 자립식 창고 내 제품진열 노하우에 이르기까지 기술부문 직원들은 모든 지혜를 결집하고 반짝이는 아이디어를 구현해왔다. 징둥은 이를 각각의 업무라인에 적용함으로써 핵심 경쟁력을 구축할 수 있었다.

10여 년 동안 나는 진정성을 가지고 우리 직원들을 대해왔다. 물론 직원들도 나를 전적으로 신뢰하며 회사의 미래에 확신을 가졌고, 그 결과 성공의 과실을 함께 나눌 수 있었다. 내부적으로 한 가족이라는 공동체의식과 기업문화 풍토가 조성되어 창업과 혁신의 열정을 불태웠기에 가능한 일이었다.

2015년은 징둥이 전자상거래 업종에 뛰어든 지 12년째 되는 해다. 12년은 윤회설에서 한 번의 윤회를 말한다. 이렇게 보면 이 책이 나온 시기가 매우 시의적절한 것 같다. 징둥의 원로들이 이 책을 통해 과거 지나온 역사를 더듬어보면서 다시 한 번 열정을 되살리는 기회가 되었으면 한다. 마찬가지로 신입사원도 징둥의 유래를 살펴보면서 함께 미래를 설계하길 바란다.

징둥의 오늘이 있기까지 항상 함께해준 투자가, 주주, 직원, 협력파트너 및 고객 여러분에게 감사드린다. 징둥에 보내준 아낌없는 성원에도 고개 숙여 인사드리고 싶다. 여러분이 없었다면 오늘의 징둥은 존재하지 못했다. 물론 유감스럽게도 이 책에 등장한 인물 가운데 여러 가지 이유로 이미 징둥을 떠난 분들도 계신다. 그들이 어디에 있든 늘 행운이 함께하길 바라며 앞으로 하는 일이 더욱 흥성하기를 기원하는 바이다.

왜 징둥인가?

| 글 | 리즈강(李志剛)

내 고향은 후베이(湖北)에 있는 농촌이다. 10여 년 전까지만 해도 그곳에서는 물건 하나 제대로 구입하기 힘들었다. 마을의 구멍가게에서 자칫 잘못하면 짝퉁 음료수나 라면을 사게 되는 경우도 있었다. 가전제품을 구매하려면 20㎞ 정도 떨어진 읍내 대리점에 가야 그나마 구경이라도 할 수 있었는데, 가전제품의 브랜드 종류와 디자인도 1선 대도시(중국은 대도시를 1선, 중소도시를 2선, 소규모 도시를 3·4선 도시로 구분함-역주)에 비해 단출했다. 나중에 부모님은 읍내로 이사를 나오셨다. 가끔 고향집에 물건을 보낼 때면 어쩔 수 없이 중국여우정(中國郵政, China Post Group, 중국 우체국-역주)을 이용했는데, 일반 택배업체의 경우 시골마을까지 배송해주지 않았기 때문이다.

상당히 오랜 기간 중국 소매업은 이처럼 지역에 따라 발전이 불균형한 상태였다. 중국 최대의 가전제품 소매유통체인이라 불리는 쑤닝(蘇寧)조차도 현급도시(3선 도시-역주)에는 매장을 개설하지 못하고 있었다. 한때 시도한 적은 있었지만 원가가 높아서 결국 성사되지 못했다. 중국 제조업의 유통채널은 대리·가맹점 체제로 이루어져 있다. 전국 총대리점에서 성 단위 총대리점으로 물건을 내려 보내면 이를 다시 시(市)·현(縣)·진(鎭)의 단계를 거쳐 분산 판매하는 구조다. 현재 중국시장의 모든 소매유통채널은 이렇게 운영된다. 내로라하는 상위 가전업체와 IT제조업체도 이 유통채널 방식을 노련하게 운영하고 있으며 이러한 체제에 이미 익숙해 있다.

이러한 대리·가맹점 유통망에서는 정보·상품·자금 흐름의 효율성이 저하되어 소비자에게 불공정한 상황이 초래된다. 가전제품 가격만 봐도 지역별로 차이가 뚜렷하다. 특히 정보가 투명하게 공개되지 않기 때문에 1선 대도시에서 99위안에 판매되는 전기밥솥이 변두리에서는 119위안에 판매되었다. 또 시골로 내려가면 그 가격이 무려 139위안에 달했다. 대형가전제품의 가격체계를 살펴보면, 큰 대리점은 통상 2~3개월에 한 번 정도 가격을 조정하고 작은 대리점은 입고한 가격 그대로 1년 내내 판매했다. 중간에서 엄청난 이윤을 챙기며 자신들의 생계를 유지한 셈이다.

이처럼 30여 년에 걸쳐 단단히 구축되어 고착화된 유통체계가 온라인쇼핑몰의 급습으로 불과 몇 년 만에 도전에 직면하게 됐다. 징둥이라는 전자상거래기업이 12년 만에 막강한 규모로 성장해 시장에서 발언권을 확보하기 시작한 이후로 말이다. 징둥은 제조업체에게 직접 제품을 주문해 직영창고에 입고시킨 후, 온라인과 모바일을 통해 소비자에게 주문을 받고 직접 배송하는 구조로 사업을 운영한다.

2014년 연차보고에 따르면 징둥의 순수익은 1,150억 위안, 성장률은 전년대비 66%였다. 반면 쑤닝은 1,091억 1,600만 위안의 영업이익을 기록했으며 성장률은 3.63%에 불과했다. 그해에 징둥은 처음으로 쑤닝을 제치고 중국 소매업 역사에 기록될 의미심장한 재무보고를 내놓았다. 청천벽력과도 같은 의외의 소식은 중국 소매업계에 왕좌의 새로운 주인이 등장할 것을 예고했다.

2012년에 있었던 '8·15 가격할인전'의 전운이 아직도 사라지지 않은 듯하다. 그해에 류창둥은 웨이보(微博, 중국판 트위터. 중국의 대표적 인터넷 포털인 신랑(新浪)의 소셜네트워크서비스(SNS) – 역주)를 통해 쑤닝과 궈메이(國美)의 대형가전제품을 정조준하여 기습적인 가격전쟁을 선포했다. 그런데 그 결과 온라인 경쟁업체들이 가격전쟁에서 일제히 한발을 빼고 연합노선을 구축해 징둥을 공적으로 몰아세우기 시작했다.

이로 인해 징둥은 한동안 난감한 상황에 처한다. 하지만 장기적 측면에서 징둥은 수혜자였다. 이 가격전쟁을 둘러싼 관련 당사자들이 언론을 부추기고 일을 확대시키는 바람에 전자상거래 내부사건이 세인의 이목을 끄는 핫이슈로 떠올랐기 때문이다(물론 당시 여론은 징둥에 불리했다). 이를 계기로 소비자들은 가전제품의 온·오프라인 가격차를 분명히 인식하게 되었다. 이 '사건' 이후, 징둥의 대형가전 매출액은 해마다 고속성장을 거듭했으며, 온라인과 오프라인 소매업의 치열한 혈전이 본격화됐다. 이로써 중국 소매업에서 최근 몇 년간 설왕설래했던 일이 기정사실이 되었다. 즉 동화 속 양치기 소년이 부르짖었던 '늑대'가 마치 거짓말처럼 현실에 등장한 것이다.

내가 징둥의 이야기를 쓰겠다고 다짐한 이유가 바로 여기에 있다. 내 눈에 비친 징둥은 새로운 산업혁명의 전형적인 사례라 할 수 있다. 첫째, 징둥은 수십 년간 뿌리박힌 대리·가맹점의 유통체계와 소매체인 방식을 뒤흔들었으며 중국 소매업종의 저효율 구조를 고효율 구조로 변화시켰다. 둘째, 징둥은 사회적인 정보유통을 더욱 공정하고 효율적으로 바꿔놓았다.

이 두 가지는 이 책의 본문에서 보다 자세히 서술할 예정이다. 기존 업종의 비즈니스모델과 체제를 전복시킨 여타 창업회사와 달리, 징둥의 경우는 전통 업종 내에서 전개된 기업의 '역전' 스토리라는 점이 특징이다. 류창둥은 창업 초기에 오프라인 도매점을 운영하다가 훗날 소매점으로 변신을 꾀했다. 그리고 우연한 기회에 온라인에 발을 들여놓게 된다. 전통적인 비즈니스 방식으로 사업을 추진했던 그는 '인터넷과 자본'을 만나면서 새로운 세계에 발을 내딛었고, 결국에는 전 세계 10위권의 거대 인터넷기업을 이끌게 된 것이다.

이 서문을 쓰고 있을 무렵, 나는 베이징에서 상하이로 향하는 고속전철 안에 있었다. 거기서 우연히 40대 부부를 만났는데, 이들도 창업자였다. 정확히 말하면 1980년대 말에 대학을 다닌 학사 출신 부부로, 크지도 작지도 않은 고만고만한 휴대폰부품 공급업체를 운영하고 있었다. 마침 이들도 베이징에서 열린 강습회에 참석했다가 상하이로 돌아오는 참이라고 했다. 고속전철 안에서 그들과 창업방향에 대해 열띤 토론을 했는데, 그 내용이 바로 온라인 열풍에 치여 초조함과 불안감에 거리를 서성이며 살 궁리를 찾고 있는 전통적 오프라인 창업자들에 관한 이야기였다.

과거 30여 년간 중국은 풍부한 노동력과 자본투자, 시장개방이라는 세 가지 원동력에 힘입어 경제성장을 견인해왔다. 이에 따라 제조업과 수출, 부동산 등의 분야가 황금기를 맞이했다. 하지만 노동력의 강점이 사라지고 해외시장 수요가 위축되며, 자본투자 회수율이 하락하면서 종전의 원동력이 약해지기 시작했다. 이는 중국에 새로운 경제성장 엔진이 필요하다는 의미다. 예전에 원저우(温州)에서 작은 매장을 운영하던 한 사장이 생생히 전해준 이야기가 생각난다. 그가 운영하던 매장 바로 맞은편에 있는 건물 베란다에서 한 공장 사장이 훌쩍 뛰어내려 바닥에 떨어진 것을 목격했다는 이야기였다. 그날 벌어진 일이 너무나 끔찍하고 선명해서 달력에 표시까지 해두었다고 했다. 자살한 공장 사장은 중국 경제전환기의 뼈아픈 고통을 투영하는 전형적 사례라 할 수 있다.

중국 경제가 구조선환을 이루려면 혁신이 필요하다. 그리고 투자유치를 통해 이러한 '혁신'에 날개를 달아줌으로써 창업주가 새로운 기술 · 모델로 비즈니스 변혁을 추진할 수 있도록 원동력을 제공해야 한다. 과거 2년 동안 나는 여러 곳에서 인터넷이 가져온 혁신사례를 언급하거나 기고한 바 있다. 오늘날 가장 각광받는 '인터넷플러스'가 바로 그것이다. 예를 들어 소매, 금융, 의료, 교육, 엔터테인먼트, 에너지 등 분야에서 전자상거래를 도입하여 참신한 모델과 혁신적인 기술로 종전 체제를 뒤바꿀 수 있다. 이제는 소비자 수요를 만족시키지 못하거나 효율이 떨어져 거래원가가 지나치게 높은 분야, 또는 과도한 통제로 융통성을 잃은 업종은 향후 '혁신'에 의해 모두 도태될 가능성이 있다.

새로운 비즈니스 혁신을 주도하는 창업자들의 면면을 살펴보면, 자신의 굴뚝산업을 스스로 매장시켰거나 아니면 새로운 혁신분야의 개척자들이다. 또한 이들은 어떻게 하면 고객에게 더욱 저렴한 가격으로 보다 완벽한 서비스와 상품을 제공할지 고민한다. 전통 업종의 불필요한 군더더기와 비효율적 요소가 이들의 혁신 대상이 된다.

징둥 역사상 주요한 전략적 의사결정은 세 차례 이루어졌다. 첫 번째는 2004년 전자상거래로 전환한 일이다. 이로써 징둥은 향후 10년 내지 그 이상의 장기적인 소비 트렌드를 장악할 수 있었다. 두 번째는 종합쇼핑몰로의 전환이다. 이때 징둥은 3C제품전문 쇼핑몰에서 원스톱 서비스를 제공하는 플랫폼으로 변신한다. 세 번째 전략적 결정은 자립식 물류배송의 단일시스템 구축이다. 그런데 공교롭게도 뒤의 두 가지 전략적 결정은 모두 2007년에 이루어졌다. 또한 이 두 가지 전략적 결정 모두 투자가와 경영진의 반대를 무릅쓰고 류창둥 개인의 고집으로 밀어붙여졌다.

2007년부터 2013년까지 징둥은 주로 두 가지 일에 집중했다. 온라인에서 판매하는 상품 종류를 더욱 다양화하는 한편, 배송범위를 넓히고 배송시간을 단축하는 데 주력했다. 전국을 대상으로 판매를 개시한 징둥은 단일가격으로 중국 전체 소비자에게 제품을 제공하기 시작했다. 이는 곧 검색엔진을 통해 누구나 동등하게 정보를 검색할 수 있다는 의미이며, 전자상거래에서는 상품선택권이 누구에게나 열려 있다는 뜻이다. 결론적으로 사회에 공평과 효율을 가져온 것이다. 예전 같으면 베이징의 오프라인 매장에서 살 수 있는 브랜드를 쓰촨의 시골마을에서는 아예 구경조차 못했지만, 온라인에서는 모든 게 가능했다. 게다가 집으로 안전하게 배송까지 해준다. 외진 시골일수록 제품가격이 비쌌기 때문에 징둥의 가치는 더욱 빛을 발했다. 유통단계별로 가격이 상승하는 종전의 유통체계를 철저히 파괴

한 것이다.

이 과정에서 징둥은 공급업체와 힘겨루기에 나서기 시작했다. 하지만 이미 대세는 기울어졌다. 고효율의 소매모델이 저효율 방식을 대체하는 것은 어찌 보면 인지상정이라 할 수 있다. 기존 유통구조와 비교하자면, 제조업체가 징둥의 직영창고로 제품을 직접 운송·입고시키면 징둥이라는 한 단계만을 거쳐 소비자 손에 제품이 직접 전달되는 것이다. 거치는 단계가 줄어드니 효율은 당연히 높아질 수밖에 없다.

류창둥 사장은 한 가지 확실히 깨달은 사실이 있다고 말했다. "최근 10~20년 동안 우리가 보아왔던 혁신모델은 모두 원가의 절감과 효율성 제고와 관련이 있다. 따라서 원가를 더욱 낮추거나 효율을 더욱 높여야 한다. 이 둘 중에 하나를 최소한 실현해야만 혁신모델을 통해 생존·발전할 수 있다. 만일 이 둘을 전부 놓친다면 제아무리 획기적인 혁신모델이라 해도 아무런 의미가 없다." 징둥은 강력하고 치밀하게 장악한 공급망을 배경으로 효율을 높이고 원가를 낮출 수 있었다.

한편, 흔히들 징둥의 기술력을 간과한다. 징둥 내부적으로 3대 투자부문에 속해 있어, 물류와 시장부문 다음으로 비중 있는 분야가 연구개발인데도 말이다. 굳이 비유하자면 징둥의 기술은 마치 '가랑비가 소리 없이 대지를 적시며 만물에 생기를 주듯이' 눈에 잘 보이진 않지만 조직 도처에 스며들어 있다. 일례로 구매영업부문의 판매예측시스템과 자동입고시스템, 그리고 물류배송의 정상운영을 유지하는 관리시스템도 기술력이 반영된 곳이다.

소매업체는 소비자의 수요를 정확히 파악하여 향후 판매량을 예측함으로써 재고비용을 최소화할 필요가 있다. 그런데 전통적인 소매업의 경우는 운영효율을 상대적으로 통제하기 어려우며 제품판매량도 예측하기 어려운 게 현실이다. 전자상거래업에 뛰어들기 전인 2001년에 징둥도 마우스가 연간 몇 개 정도 판매될지 예측을 하곤 했지만 사실 그다지 효과는 없었다. 하지만 온라인에서는 기술을 통해 판매예측치를 더욱 쉽게 파악할 수 있다. 소비자가 남긴 모든 발자취를 추적하여 데이터분석을 하면 된다. 빅데이터를 기반으로 전체 공급망과 구매영업시스템을 운영할 수 있으며, 특히 판매예측시스템은 공급망의 가장 기본이 되는 부분이라 할 수 있다. 판매예측시스템의 정확도는 공급사슬 하위단계인 상품의 자동입고, 조달 · 창고배치, 재고시스템 완비에 직접적 영향을 준다. 이를 통해 전통 소매업의 고질적인 문제를 해결할 수 있다. 예를 들면 '어떻게 하면 가장 정확한 시간에 우수한 품질기준에 맞춰 적합한 수량을 입고시킴으로써 소비자의 수요를 만족시킬지' 등의 문제가 해결된다.

온라인에서는 고객의 수, 활동 정도 및 선호도 등을 있는 그대로 추적할 수 있다. 이는 오프라인에서는 불가능한 일이다. 예전에 오프라인 유통업체에서도 매장 앞에 기록기를 설치하여 고객의 유동량을 체크하고자 시도한 바 있다. 하지만 여기서 얻은 데이터는 매우 허술해서 데이터로서의 이용가치가 거의 없었다. 게다가 고객 유동량이 향후 매출에도 영향을 미칠 수밖에 없으니 일부 매장은 고의로 숫자를 부풀려 발표하기도 했다.

징둥은 정보, 물류와 자금을 기반으로 전국 각지의 공급망, 소비자,

창업주를 하나로 연결하는 네트워크를 촘촘히 구성하기 시작했다. 이후 이 기업은 더 이상 단순한 소매업체가 아닌 기술력을 기반으로 다원화 서비스를 제공하는 개방형 플랫폼으로 변신하게 되었다.

베이징의 우리 집 근처 화롄 슈퍼마켓 옆에는 붉은색 나베코(NAVECO) 화물차 한 대가 장기간 정차되어 있다. 차체에는 미소 띤 강아지 마스코트의 윤곽이 흰색 페인트로 그려져 있다. 한쪽 차벽에 창구를 만든 개조 차량으로, 창구를 통해 붉은 유니폼을 입은 직원들이 바삐 움직이는 모습이 보인다. 직원들은 지하철 출구에서 나오는 젊은 고객에게 끊임없이 포장꾸러미를 건넨다. 퇴근시간이 바로 물건을 픽업하는 피크타임이기 때문이다.

붉은 나베코 화물차는 징둥이 설치한 셀프픽업점이다. 중국의 수많은 도시에서 징둥은 이미 익숙한 브랜드로 자리 잡았다. 징둥 온라인몰에서는 오프라인보다 저렴한 가격으로 제품을 구입할 수 있을뿐더러 자립식 물류시스템을 통해 집까지 배송도 해준다. 직접배송 외에도 일부 고객을 위해 셀프픽업이 가능토록 했는데, 고객이 자유롭게 시간을 정해 물건을 찾도록 편의를 제공한 것이다. 이때 징둥은 이미 연간 거래액 2,602억 위안(한화로 약 44조 원)을 달성했으며 약 7만 명의 직원을 보유하고 있었고 자립식 물류시스템이 전국적으로 1,862개 구·현(중국에는 총 2,860개 구·현이 있음)에 구축된 상태였다.

그 셀프픽업점을 본 순간 2012년에 인터뷰했던 한 투자가가 떠올랐다. 그는 여러 전자상거래업체에 투자를 단행한 사람인데, 징둥에 대해서는 이렇게 말했었다. "징둥이 아마존+UPS 기업이 되고 싶은 모양인데, 그것은 절대 불가능한 일이다." 때로는 남이 생각하기에 절대 불가능한 일이 가능해지기도 한다. 그리고 그때 우리는 가장 큰 수익과 가치를 얻는다. 2014년에는 아마존도 징둥과 마찬가지로 자립식 배송시스템을 구축하기 시작하면서 '마지막 1㎞' 배송서비스를 아마존이 직접 수행하기에 이른다.

류창둥은 많은 사람이 불가능하다고 생각한 일을 해냈다. 만일 이일이 누구나 할 수 있는 일이었다면 과연 그토록 큰 가치를 지닐 수있었을까? 다른 사람들이 할 수 없다고 한 일을 해냈기 때문에 더욱큰 가치가 있었다. 징둥은 실무형 기업으로서 세상에서 가장 '더럽고힘들고 어려운' 일을 하면서 속된 말로 눈곱만큼의 이익만을 바라봤다. 100위안 가운데 20위안만 가져가고 80위안은 다른 사람이 벌 수있도록 한 것이다. 이렇게 해서 징둥은 경쟁의 진입장벽을 높일 수있었다. 원래 폭리를 취하면 그 분야의 진입장벽은 매우 낮아질 수밖에 없다. 폭리를 취하는 업종에 더욱 많은 창업자가 벌떼처럼 달려들어 혁신을 추진하고 이윤을 낮추는 모델을 만들어내기 마련이기 때문이다. 폭리를 취하는 업종은 결국에는 아예 대놓고 죽기를 기다리는 꼴과 다름없게 된다.

최근 2년 동안 새로운 비즈니스 혁신이 더욱 깊은 수역까지 밀려오고 있다. 전통 산업과의 마찰이 갈수록 심화되며 업종 간 제휴 움직임도 긴밀해지고 있다. 신기술·신모델로 무장한 기업이 갈수록공급망 단계까지 깊숙이 진입하고 있는데, 이는 보다 많은 비즈니스가치를 창출하기 위해서다. 간단한 예를 들어보자. 과거 동영상사이트의 경쟁이라 하면 기껏해야 콘텐츠 구성을 특화시킨다거나 재생속도를 높이는 게 전부였다. 하지만 지금 동영상사이트는 상위 레벨인

콘텐츠 제작에 직접 참여하기도 하고 심지어 고객이 직접 사용하는 '단말기'에 해당하는 방영소프트웨어(인터넷TV)의 제작판매에까지 나서고 있다.

이는 필연적으로 회사를 점차 '무겁게' 만든다. 중자산(重資産, 고정자산 투자가 많은 사업-역주)모델이 최근 몇 년간 등장한 창업회사의 특징이다. 이는 순수 경자산(輕資産, Asset-light, 고정자산 투자가 적은 사업-역주) 기업의 비즈니스 가치가 갈수록 빛을 잃어가고 있다는 뜻이다. 기존에는 힘들다는 이유로 서로 기피하던, 심지어 조롱받던 허드렛일이 이제는 반드시 추진되어야 할 핵심 업무로 변모한 것이다. 비유를 들어 설명하자면, 일례로 미국이 이라크를 공격한다고 하자. 처음에는 미국이 공군력을 동원해서 이라크 군사력을 초토화하고 무력화하겠지만, 결국 최종적으로 지상부대를 침투시켜야만 완벽하게 격퇴할 수 있는 것과 같은 이치다.

젊은 창업자들도 이제는 예전보다 험난한 도전에 직면하게 되었다. 인터넷을 이해하고 코딩방법만 알면 되었던 시절에는, 엔지니어와 상품 팀장만 관리하면 됐다. 그러나 간결했던 온라인 비즈니스가 더욱 복잡해졌다. 공급망관리뿐만 아니라 오프라인에서 일하는 현장직원을 다룰 줄 아는 노하우도 필요해진 것이다. 0과 1만 존재하던 이진법적 디지털 세계에 빠져 살던 얼리어답터(early adopter, 남보다 먼저 신상품을 구매하며 IT에 대한 흥미를 가진 사람-역주)에게 오프라인 직원관리는 완전히 딴 세상 얘기다. 또한 엔지니어 그룹과 현장판촉 그룹은 성향이 판이하게 달라서 중간에 관리자가 조율작업을 통해 간극을 메워야 한다. 창업을 꿈꾸는 사람이라면 이 부분은 류창둥에게 배울 수 있을 것이다. 각기 다른 그룹 간의 갈등과 마찰을 해소하는 방법, 그리고 다른 사고와 언어체계를 가진 구성원이 어떻게 하나의 통합체로 융합될 수 있는지 배울 수 있다. 이 책에서도 주로 이 부분을 중점적으로 다루고자 했다.

나는 징둥의 성장과정을 3단계로 나누어 서술했다.

첫 번째는 1998년부터 2006년까지로, 초창기 창업단계다. 이 시기에 류창둥은 고객, 자본, 조직에 대한 기초적인 체계를 다졌다. 그리고 이를 기반으로 오프라인에서 온라인으로 구조전환을 단행하며 전자상거래 업종에서 두각을 드러냈다.

두 번째 단계는 2007년에서 2010년까지로, 징둥이 첫 엔젤투자를 받는 때를 기점으로 해서 '자본'을 통해 류창둥이 온라인이라는 새로운 세상에 발을 내딛는 시기다. 이 시기에 징둥은 고속성장을 거듭하며, '촌티 풀풀' 나던 이 조직에 전문경영인이 처음 영입되었다. 그리고 카테고리를 전 분야로 확장하여 종합쇼핑몰로 발돋움하고, 자립식 물류배송 단일시스템을 구축한다. 징둥의 양대 전략이 바로 이 시기에 확정되고 흔들림 없이 지속적으로 추진되었다.

세 번째 단계는 2011년부터 지금까지다. 이 시기에 징둥은 지속적인 고속성장세를 유지하며 세계적인 자본을 유치함으로써 거대한 물류 투자비용을 뒷받침한다. 또한 이때 류창둥은 새롭게 안목을 넓히게 된다. 그는 중국이라는 국한된 시장이 아닌, 전 세계로 눈을 돌리기 시작한다. 징둥은 서비스를 다원화했을 뿐만 아니라 '개방'을 모토로 삼기 시작했다. 이와 동시에, 조직의 '내공'도 단단하게 다졌다. 구체적으로 말하면, 고위층 경영진을 더욱 많이 영입하여 관리조직과 구조체제를 구축·정비하기 시작한다. 또한 기업문화를 재정립하여 회사 전체를 공통된 목표와 응집력을 갖춘 조직으로 만들어갔다. 이 시기에 처음으로 규범화된 대기업의 면모가 드러나기 시작했다.

이렇게 3단계로 나눈 이유는 '유격대' 로서 매복·기습에 주력했던 징둥이 '정규군' 에 편입되어 작전을 수행하는 과정, 더 나아가 '집단군' (集團軍, Army Group, 지정된 사령관 하에 있는 수개의 야전군 – 역주) 에 소속되는 과정을 단계적으로 설명하기 위해서다.

이는 조직의 세대교체 및 진화 과정이라 할 수 있다. 여러 기업들을 인터뷰하는 과정에서 나는 초창기 창업멤버가 때로는 이 과정을 감당하기 힘들어한다는 사실을 알게 되었다. 일반적으로 창업멤버의 구성을 살펴보면, 처음부터 유능한 인재를 고용하기 어려운 게 현실이기도 하고 사실 굳이 최상의 인력을 창업 초기 멤버로 끌어들일 필요도 없다. 그래서 우연한 기회에 알고 지내던 적절한 인재를 데려와서 일하는 경우가 허다하다.

그런데 회사가 나름 상승일로를 걷기 시작하여 업무가 확장되고 인력이 늘어나면, 관리상의 문제에 봉착하게 된다. 특히 요즘은 학습능력이 무엇보다 중요한 시대다. 하지만 모든 사람의 학습능력이 회사의 발전속도를 따라잡을 수는 없는 게 현실이다. 그렇다면 기존 창업멤버 가운데 시대의 흐름을 따라잡지 못한 사람은 어떻게 될 것인가?

실제로 창업원로의 입김에서 벗어나지 못한 채 운영되는 기업을 간혹 발견하곤 한다. 일부 원로들의 관리능력이 기업의 새로운 서비스 확장에 걸림돌이 되는데도 불구하고 말이다. 또한 급진적으로 전문경영인을 대거 영입한 이후 조직원로들의 마음을 다독이지 못해

신구문화 갈등으로 내부 소모전을 겪는 기업도 종종 목격한다. 예로부터 '관리'라는 용어는 단 한 번도 따뜻한 화제가 된 적이 없으며, '이성'은 언제나 변함없이 냉혹한 면모를 보여왔다. 구성원의 세대교체·진화를 겪을 때마다 창업주의 아량과 관리노하우는 시험대에 오른다. 사실 인터넷기업 가운데 징둥 구성원처럼 출발점이 밑바닥인 경우는 거의 찾아볼 수 없다. 중관춘의 구멍가게에서부터 기업을 일궜기 때문인지도 모른다. 그러나 징둥은 세대교체의 시련을 아주 무난히 넘긴 편이다.

중관춘의 작은 매장에서 시작해 시가총액 400여 억 달러의 대기업으로 성장하기까지 징둥의 발전사를 종합해보면 핵심적 요인은 다음 3가지로 축약할 수 있다.

첫째는 전략이다. 징둥은 류창둥 한 개인이 만든 기업이 아니다. 하지만 징둥의 전략만큼은 전적으로 류창둥 한 개인이 만들어냈다고 해도 과언이 아니다. 전자상거래로의 구조전환, 종합쇼핑몰, 자립식 물류시스템은 징둥의 3대 주요 전략이었다. 이러한 전략적 의사결정은 치밀한 계산을 바탕으로 이루어진 것이 결코 아니었다. 류창둥의 천부적인 비즈니스 통찰력이 있었기에 가능했다. 그런데 더욱 중요한 점은 사고의 출발점이 바로 '사용자경험'(User Experience, 사용자가 어떤 제품과 서비스를 직·간접적으로 이용하면서 느끼는 지각과 반응, 행동 등 총체적 경험을 말한다-역주)의 극대화였다는 것이다. 징둥이 자립식 물류시스템을 구축하기로 결심한 것도 그 출발은 배송에 대한 고객의 불만 제기였다. 고객 만족을 최우선 목표로 설정한 후, 이를 위해 무엇을 해야 할지 고민했으며 원가와 효율 사이에 균형점을 찾기 위해 직원들을 다그치고 방법을 강구하게 만들었다. 한마디로 모든 비즈니스의 출발점은 고객이었다.

둘째는 추진력이다. 징둥의 고도의 추진력, 즉 실행력은 내가 만나본 기업 중 가장 강력했다. 이는 징둥이 '무'에서 시작한 기업이라는 점과 관련되어 있다. 소매업은 근본적으로 조직관리가 철저하고 엄격하며, 단호하면서도 신속한 일처리가 생명이다.

셋째는 기업문화다. 고도의 추진력은 기업의 장기 비전에 대한 직원들의 공감대, 구성원의 단결력에서 기인한다. 징둥은 해당 업계에서 사례를 찾기 힘들 정도로 관리가 어려운 조직이다. 우선은 성장속도가 가히 기하급수적이다. 직원 수가 1,000명에서 7만 명이 되기까지 불과 6년밖에 걸리지 않았다. 그 사이 무려 70배가 늘어난 것이다. 다음으로는 온·오프라인을 넘나든다는 점이다. 온라인과 오프라인의 구성원들이 같은 회사에서 근무하다 보니 이들 간에는 이원화된 구조가 형성될 수밖에 없다. 그런 까닭에 이 책에서도 상당히 많은 분량을 할애하여 징둥의 기업문화를 설명한다. 그런데 비록 징둥의 공식적인 기업문화 조항에는 포함되지 않았지만, 징둥인의 뼛속까지 뿌리박혀서 그들의 열정과 의지를 북돋우는 게 있다. 바로 류창둥이 상대적으로 공평하고 공정한 환경을 조성했다는 점이다. 이러한 환경이 마련되어 있어서 유능한 직원은 업무실적 평가를 통해 수입과 보직, 지위까지 포함해 공정한 대가를 받을 수 있다.

류창둥 사장은 그 자신이 창업주에서 기업가로 변신하는 과정에 있으며 징둥이 아직은 성공스토리를 쓸 단계는 아니라고 생각한다고 밝혔다. 물론 그의 견해에 전혀 공감하지 않는 것은 아니다. 하지만 나는 지금 이 순간 무언가 기록을 남기지 않는다면, 생생한 실제사례가 시간이 흐르면서 묻힐지 모른다는 생각이 들었다. 결국에 남는 것이라곤 무미건조하고 딱딱한 숫자와 회의결과뿐일 테니 말이다. 나는 지금 징둥의 경험과 교훈을 함께 공유할 필요가 있다고 확신한다. 독자 여러분이 이 책을 통해 많은 영감을 얻기를 바란다.

2014년 5월 22일, 뉴욕 나스닥 증권거래소 현장은 무척 어수선했다. 외벽 인테리어를 마무리하느라 작업대를 설치하는 등 사람들이 분주히 돌아다녔고 사방에는 붉은 바탕에 흰색으로 'JD'라 쓰인 큰 폭의 광고판이 걸려 있었다.

증권거래소 1층은 스튜디오인데, 2층 정도의 높이였다. 10여 개의 카메라가 곳곳을 빈틈없이 비추었고 진행자는 과장된 표정과 어조로 보고서를 발표하고 있었다. 나스닥 상장회사의 주식상황을 알리는 것이었다. 애플(Apple), 바이두(Baidu), 시스코(Cisco), 페이스북(Facebook), 구글(Google), 인텔(Intel), 마이크로소프트(Microsoft), 아마존(Amazon) …… 우리가 익히 알고 있는 거의 모든 IT 상장회사의 이름이 내 앞에서 하나하나 스쳐지나갔다.

현지시간 9시 30분, 반듯한 정장차림으로 당당히 서 있던 류창둥 사장이 알람버튼을 누름과 동시에 그가 맨손으로 일궈낸 징둥이 나스닥에 정식 상장되었다. 징둥은 31억 달러의 공모액을 기록했고 상장 당일 시가총액은 286억 달러에 달했다.

한편, 같은 시각 태평양 반대편 베이징에서도 한밤중인데도 불구하고 엄청난 환호가 터져 나왔다. 바로 베이전스지센터(北辰世纪中心) 노천광장에 무리지어 있던 사람들이 내지른 소리였다. 이곳은 징둥 사무실 소재지로, 멀지 않은 곳에는 냐오차오(鳥巢, 베이징올림픽경기장으로 새둥지모양의 건물 – 역주), 수이리팡(水立方, 수영경기장 – 역주)이 있다.

류창둥 사장은 상장연설을 시작하면서 무심코 "징둥인 여러분……" 이라고 서두를 뗐다. 순간적으로 실수를 깨달은 그는 곧바로 "신사숙녀 여러분"이라며 연설을 시작했다. 이 모습에 현장에 있던 사람들 중 일부가 웃음을 터트리기도 했다. 몇 백 명의 사람들로 꽉 들어찬 그곳에는 선하오위(沈皓瑜), 황쉬안더(黃宣德), 장위(隆雨), 리다쉐(李大學), 천성창(陳生强), 란예(藍燁), 쿠이잉춘(蕢鶯春) 등 고위 경영진과 쉬신(徐新) 등 투자가들도 함께 있었다.

주식모집 자료에 따르면, 징둥이 2007년 캐피탈투데이로부터 1,000만 달러의 투자금을 처음 유치하고 텅쉰(騰訊, 국내에서 영문명 텐센트(Tencent)로 더 잘 알려져 있음. www.QQ.com을 운영하는 대표적인 인터넷 포털기업 – 역주)으로부터 2억 1,450만 달러의 투자를 받기까지, 징둥의 누계투자규모는 20억 2,600만 달러에 달했다. 나스닥 상장 이후 AB주식 구조(의결권이 있는 보통주와 의결권이 없는 우선주를 분류해 따로 발행하는 이중지분구조 – 역주)에 따라 류창둥은 18.8%의 지분율로 83.7%의 투표권을 보유하게 되었다.

2009년, KPCB(실리콘밸리의 가장 대표적인 밴처캐피탈 – 역주)의 중국지역 주관파트너인 저우웨이(周煒)도 징둥 투자 건을 고려했었다. 하지만 그 당시 징둥이 심각한 적자를 기록하고 있던 터라 그는 몇 차례 검토 끝에 최종적으로 투자를 포기했었다. 2011년에 다시 징둥에 투자하려 할 때는 이미 기업가치가 처음보다 10여 배가 오른 상태였다. 그 사이 KPCB 중국펀드는 일부 프로젝트에서 이익을 거둔 상태였기에 이번에는 의사결정을 좀 더 빨리할 수 있었다. 그리고 1억 달러 가까운 금액을 투자하여 5배 정도의 수익을 올렸다.

저우웨이는 농담조로 "사인할 때 제 손도 조금 떨리더군요"라고 말했다. 투자 당시 KPCB 내부에서는 이견이 있었다고 한다. 징둥이 진정 아마존처럼, 아니 아마존보다 더 큰 회사가 될 수 있을지에 대해 설전이 벌어진 것이다. 저우웨이는 이렇게 말했다. "류창둥을 비롯한 징둥인들은 고생을 두려워하지 않아요. 눈곱만큼의 이익을 남기고도 살아남은 걸 보면 알 수 있죠. 전자상거래는 피나는 노력이 필요한 분야입니다. 아마 류 사장과 비할 사람은 아무도 없을 겁니다. 만일 징둥이 단순한 전자상거래업체였다면 과연 지금처럼 막강해졌을까요? 장담할 수 없을 거예요."

그 당시 사람들은 징둥의 순이익을 자주 거론하곤 했다. 저우웨이 또한 징둥이 이류 온라인쇼핑몰이었다면 순이익에 포커스를 두었을 것이라고 말했다. 그러나 그는 징둥을 이미 업계 선두주자라 판단했기에 주로 조직의 리더십과 규모, 비전 등을 눈여겨보았다고 한다.

그는 지금도 중국 3·4선 도시에서 전자상거래의 비전이 매우 밝다는 점에 크게 기대를 걸고 있다고 했다. 중국 소비자가 이제 온라인에 어느 정도 익숙해졌고 전통적 소매기업의 낙후성이 드러났기 때문이다. 게다가 류창둥은 5월 22일 언론보도를 통해 투자받은 31억 달러 중 일부를 최우선적으로 3~6선 도시의 시장개척에 투입하겠다고 선언했다.

2007년부터 이미 징둥에 투자를 해온 쉬신은 나스닥 상장 현장에서 기쁨을 감추지 못했다. "8년입니다. 8년 만에 150배를 번 거예요. 돈을 벌었다는 것보다 한 기업이 위대한 기업으로 성장하는 데 제가 일조했다는 사실에 더 큰 기쁨을 느낍니다. 저는 지금도 징둥 지분을 7포인트 정도 보유하고 있는데 아직 팔 생각이 없어요. 장기 홀딩할 예정입니다. 전 세계적으로 위대한 기업은 생각보다 그리 많지 않습니다. 그런 면에서 캐피탈투데이는 운이 매우 좋았던 거 같아요. 이렇게 좋은 기업을 만났으니 당연히 장기 보유해야죠." 쉬신의 말에 류창둥은 이렇게 화답했다. "지금 주가는 중요하지 않습니다. 10년 후 주가가 비로소 진정한 주가죠."

2007년 징둥이 첫 투자 유치에 성공한 이후, 회사 전 직원이 축하회식을 한 적이 있다. 그 자리에 모인 모두가 징둥이 언젠가 상장할 수 있으리라는 상상의 나래를 펴며 '대단한' 기업을 만들어보자고 다짐했었다. 징둥그룹 부총재 겸 일용백화사업부 총경리인 쑨자밍(孫加明)은 나스닥 상장행사에 원로대표 2인 중 한 명으로 참석했다. 첫 번째 줄에 서 있던 그의 모습은 의외로 담담하고 차분했다. 사실 그의 기억 속에서 가장 설레고 감동적인 순간은 처음으로 상장의 꿈을 꾸었던 2007년 그 자리였다고 한다.

징둥은 당시 미국 내 상장한 중국 기업 가운데 가장 큰 공모액을 기록했다(훗날 알리바바가 미국에 상장하며 이 기록을 갱신한다). 뉴욕 증권거래소와 나스닥 모두 징둥을 상장시키려 했으나, 상장 2개월 전 징둥은 나스닥에 상장키로 결정했다. 당시 나스닥 최고경영자(CEO)인 로 버트 그레이펠드(Robert Greifeld)와 중국지역 수석대표 정화(鄭華)는 여러 차례 류창둥과 자리를 함께한 바 있다. 정화 대표의 말을 빌리면 이렇다. "류창둥 사장은 원대한 포부를 가진 사람입니다. 10여 년 동안 회사를 우직하게 경영하면서 끈기와 투지를 잃지 않는 모습을 보면 마치 한 마리 소가 연상됩니다. 야심만만하면서도 지속적인 패기를 유지하는 사람입니다. 게다가 인내심도 갖추고 있고 싸울수록 용감해지는 특성도 있어요. 상장행사를 시작하면서 그에게 나스닥의 황금소를 증정했는데, 그의 이미지와도 잘 부합되는 듯합니다."

황금소는 나스닥의 새로운 마스코트로 자리매김하고 있다. 2013년 뉴욕거래소가 애틀랜타에 본사를 둔 ICE(Intercontinental Exchange)에 합병된 이후, 뉴욕 시장은 나스닥을 뉴욕 시의 상징으로 이미지화하기 위해 황금소 조각상을 세웠다. 상장행사를 마친 후 류창둥은 거래소 밖으로 급히 나와 황금소를 덮은 붉은 천을 걷어 올렸다. 그때 그의 얼굴에는 함박웃음이 가득했는데, 예전의 군인 같던 엄숙한 표정은 찾아볼 수 없었다.

2012년 류창둥의 사무실 책상 위에서 'WenXin Ti Shi : English Only' 라고 적힌 팻말을 본 적이 있다(WenXin Ti Shi는 중국어 '溫馨提示'를 병음으로 표기한 것으로 '온화하게 지시하라'는 뜻임-역주). 그리고 2014년에 나는 그가 대화중에 anyway, last mile 등의 영어단어를 무심코 내뱉는 것을 들었는데, 이 또한 예전에는 보지 못했던 모습이었다.

징둥이 나스닥에 입성하던 날 저녁 IPO 파티에서 류창둥은 쑤첸지역 억양이 섞인 영어로 연설을 시작했다. "제가 쑤첸에서 베이징까지 가는 데 20년이라는 시간이 들었습니다. 그리고 베이징에서 뉴욕으로 오기까지 또 20년이 걸렸습니다." 농담 섞인 이 말에 파티 참석자들이 모두 큰 소리로 웃었다. 이어서 그는 이렇게 말했다. "그렇다면 앞으로 20년이라는 시간을 들여 우리는 어느 목적지를 향해 가야 할까요? 바로 전 세계 모든 국가와 도시에 우리의 고객과 협력파트너를 갖는 것입니다." 이번에도 좌중은 웃음바다가 되었다.

'이슈 메이커'인 창업자 류창둥의 야심과 그의 조직은 이제 월가의 도전에 맞서게 될 것이다. 징둥그룹 최고재무책임자(CFO)인 황쉬안더의 관점은 이렇다. "만일 징둥이 100점을 기록할 수 있다면 투자가에게는 80~90점 정도 가능하다고 말합니다. 아무래도 보수적으로 보고하는 게 낫거든요. 당분간 징둥의 주가에는 80~90점 정도의 수준만 반영될 것입니다. 그러다가 실제 실적이 발표되는 순간 곧장 100점으로 직행하는 거죠. 이런 보수적인 소통방식이 투자가에게 회사에 대한 신뢰와 장기적 믿음을 심어주는 데 유리하다고 생각합니다. 우리는 회사의 장기적인 미래가치를 더욱 소중히 여깁니다. 주식 가치를 높이는 게 최종 골(Goal)은 아니니까요."

2015년 4월 10일에 징둥은 시가총액 454억 달러를 기록하며 중국 4대 인터넷기업이 되었다.

998

1998 ~ 2006년

뚝심과 의리로 똘똘 뭉쳐
앞만 보고 전진하다

2006

京东
1998~2006년

2004년, 류창둥은 징둥을 오프라인 소매점에서 전자상거래업체로 전환하겠다는 중대한 의사결정을 내린다. 이는 징둥의 발전 역사에서 큰 획을 그은 일대 사건이었다. 한 기업의 운명을 결정짓는 매우 중요한 전략적 의사결정이었기 때문이다. 여기에는 물론 우연도 있지만 필연적인 요인도 작용했을 것이다. 우리는 류창둥이 몸소 겪어온 경험을 통해 전통적인 '굴뚝기업'이 인터넷 혁신을 추진하여 성공을 이끌어내기까지 얼마나 과감한 결단력이 필요한지를 가늠할 수 있다. 또한 이 사례는 한 기업의 결정적인 성공요인이 바로 과거의 성공에 얽매이지 않고 주저 없이 새로운 길을 선택한 것이라는 사실을 보여준다.

작은 판매대에서 시작하여 기업을 일으키다

세상에는 3가지 고된 일이 있는데 바로 노 젓는 일, 쇠를 달구는 일, 그리고 두부를 파는 일이라고 한다. 이는 장쑤(江蘇)성 쑤첸(宿遷)시 현지에서 유행하는 말이다. 징항(京杭) 대운하(세계에서 가장 긴 고대 운하로 베이징과 항저우 간 운하 – 역주)를 남쪽에서 북쪽으로 건너가려면 쑤첸을 경유하게 되는데, 현지의 많은 주민들이 이곳에서 노를 저어 생계를 유지했기 때문에 생겨난 말이다.

1998년 어느 봄날 밤이었다. 그날 밤 바다에는 거센 풍랑이 매섭게 불어닥쳤다. 풍랑을 이기지 못한 40톤 철제선박이 기우뚱하며 안으로 물이 차오르자 왕사오샤(王紹俠)는 필사적으로 물을 퍼내기 시작했다. 그러나 거센 파도는 가차 없이 선박을 집어삼키고 있었고 선실은 물바다가 되어 배가 가라앉기 일보직전이었다. 왕사오샤 집안의 전 재산은 지금 눈앞에 있는 이 배 한 척이라 해도 과언이 아니었다. 그런데 20년 동안 흘린 피땀이 한순간에 파도에 휩쓸려 사라지고 있었다. 그녀는 눈앞이 깜깜해졌다. 뱃머리를 붙든 채 혼신을 다해 버티면서도 차라리 배와 함께 자신도 침몰해버리면 그만이라는 극단적인 생각까지 들었다. 그러나 절체절명의 순간 그녀는 어린 자녀와 연로한 어머니를 떠올렸고, 오로지 살아야겠다는 일념 하나로 근처에 있던 다른 선박 위로 가까스로 기어올랐다.

10초 정도 흘렀을까. 자신의 선박 뱃머리가 수면 아래로 서서히 모습을 감추며 가라앉기 시작했다. 왕사오샤는 넋 나간 사람처럼 멍하니 바다만 응시한 채 흐르는 눈물을 삼키며 마냥 서 있을 수밖에 없었다. 그녀는 소리 내어 울 수조차 없었다. 남의 배에서 눈물을 보이는 것은 불길한 일로 간주되었기 때문이다. 뭍으로 돌아오는 내내 그녀는 산송장처럼 꼼짝없이 배 위에 서 있었다. 마침내 사흘 후 항구에 도착했고, 마중 나온 여동생을 보고서야 그녀는 소리 내어 통곡하기 시작했다.

전 재산이나 다름없던 배가 침몰한 후에, 왕사오샤는 친정어머니 댁에 머물렀다. 그녀는 그때까지도 멀리 베이징에서 직장생활을 하고 있던 아들 류창둥에게 이 사실을 알리지 않았다. 그러던 어느 날, 외할머니 댁에 전화를 걸 때마다 어머니가 전화를 받는 것을 이상하게 여긴 류창둥이 "어머니, 왜 배를 안 타고 계속 집에 계세요?"라고 물었다. 그녀는 그제야 입을 열었다. "음……. 우리 집 배가 말이다……. 그만 가라앉아버렸지 뭐냐!" 이에 류창둥이 "그럼 아버지는요?"라며 다급히 물었고, 그녀는 "아버지는 무사하셔. 돈 좀 빌려서 배를 다시 구해야지, 뭐 뾰족한 수가 있겠니?"라며 애써 태연하게 대답했다. 어머니의 이 말에 류창둥은 "사람 목숨이 중요하죠. 이제 제발 배는 몰지 마세요! 돈은 제가 갚아나갈게요"라며 위로의 말을 건넸다.

1998년 6월 18일, 24세 청년 류창둥은 2년 동안 일해 틈틈이 모은 1만 2,000위안(약 200만 원)으로 중관춘(中關村, 중국의 실리콘밸리라 불림 - 역주)의 하이카이(海開) 시장에 있는 4㎡(1.21평 - 역주)의 판매대를 빌렸다. 그리고 중고 컴퓨터 한 대와 중고 삼륜차 한 대를 구입하고 홀로 창업의 길로 들어섰는데, 이것이 바로 징둥의 전신인 징둥멀티미디어(京東多媒體)의 시작이었다.

1998년 당시 중국은 한창 경기가 활기를 띠면서 호황을 맞이하고 있었다. 반면에 집체소유제기업(集體所有制企業, 지방정부 및 경제무역기구가 공동출자 · 공동경영 · 공동책임을 지는 기업형태 - 역주)과 국유기업의 직원이 대량으로 퇴출되면서 과거 '철밥통'이라 불리던 안정적인 직장이 사라지고 있었다. 다른 한편에서는 개인과 민간자본으로 이루어진 민영기업이 기지개를 활짝 펴며 빠르게 성장하고 있었다. 당시 중국에서 가장 뜨거운 창업 열풍이 분 곳은 3개 지역이다. 바로 주장(珠江) 삼각주와 원저우(溫洲)를 중심으로 한 저장(浙江)지역, 그리고 중관춘이었다. 주장삼각주와 저장지역에는 해외무역업과 가공업이 주로 둥지를 틀고 있었으며 중관춘은 지식인과 엘리트층의 요람으로 불리며 IT산업 위주의 창업지대를 형성하고 있었다. 1988년부터 1998년까지 중관춘은 신생기업이 매일 최소한 하나 이상 생길 정도로 급속한 성장세를 보였다.

이렇듯 그 당시에는 중관춘을 중심으로 거센 인터넷 붐이 이어지고 있었다. 이에 힘입어 여러 해 동안 날개를 펴지 못한 채 웅크리고 있던 중국 경제는 닫았던 문호를 하루아침에 활짝 열게 된다. 이로써 중국은 드디어 인터넷이라는 세계적인 최첨단 흐름에 보조를 맞추기 시작한다. 하이구이(海歸, 해외 유학파로서 귀국하여 창업한 청년을 일컫는 신조어-역주)였던 장차오양(張朝陽)은 써우후(搜狐, 검색포털사이트-역주)의 창업자로서 1998년에 〈타임〉지가 선정한 '전 세계 디지털 유력인사 50인' 가운데 한 명으로 이름을 올리기도 했다. 이 시기에 인터넷을 기반으로 한 다양한 산업 가운데 가장 각광을 받았던 분야는 인터넷 포털사이트다. 이 중에 써우후와 신랑(新浪), 왕이(網易, 검색포털 163.com을 운영하는 회사-역주)는 순식간에 인터넷시장을 장악하며 명성을 드높이기 시작했다. 또한 태평양 너머의 떠오르는 샛별을 꼽으라면 단연 양즈위안(楊致遠)이 창업한 '야후'였다. 야후는 1996년 상장한 이래 월스트리트에서 주목을 받기 시작했고, 2000년에 이르러 드디어 최고의 주가를 기록하게 된다.

1998년은 구글이 막 창업을 시작한 해였다. 이와 유사한 서비스를 제공하는 중국의 바이두(baidu.com)는 2000년이 되어서야 그 모습을 처음 드러냈다. 'QICQ' 메신저로 더 잘 알려진 텅쉰은 당시 선전(深川)에 자리 잡고 있던 '작은 펭귄'(텅쉰의 상징적 마스코트 – 역주)에 불과했다. 마윈(馬雲, 알리바바 창업주 – 역주)은 그때까지만 해도 '중국 옐로우페이지' 사업에 한창 여념이 없었다. 훗날 마윈이 창업한 알리바바(阿里巴巴, 중국 최대 전자상거래 사이트 – 역주)는 당시로선 아직 그림자조차 보이지 않았다. 그 누구도 향후 중국 인터넷시장을 3대 거두인 BAT(바이두, 알리바바, 텐센트의 앞 영문글자를 딴 용어 – 역주)가 장악할 것이라고는 예측하지 못했다. 징둥이 BAT의 뒤를 이어 4대 인터넷기업으로 급부상하리라곤 더더욱 상상조자 하시 못했다.

1998년 창업 당시 류창둥은 전형적으로 오프라인 채널을 통해서만 판매했다. 쉽게 말하면 판매대에 제품을 진열하여 판매하는 형태다. 그렇게 처음에는 도매업을 하다가 나중에는 소매업으로 전환하게 된다. 그런데 이 시기에 미국은 소매유통업의 역사가 오래되어 시장이 이미 성숙한 발전단계에 접어들어 있었다. 한때 미국 내 최대 매출액을 기록했던 시어스(Sears, 미국의 세계적인 소매업체 – 역주)는 일찍이 1884년에 세워진 회사다. 1962년에 설립된 월마트는 1993년에 시어스를 누르고 미국 최대 소매유통업체로 성장하여 1998년에 매출액이 1,000억 달러를 넘어섰다. 반면에 개방형 시장경제로 들어선 지 몇 년 되지 않았던 당시 중국의 소매유통업은 막 시장이 형성되는 초기단계였다. 그런데다 정치적 요인까지 가세해 다년간 소비자 수요가 위축되어 있었다. 그런데 어느 순간 억눌렸던 수요가 일시에 폭발했고 수요 급증으로 인해 '판매자 주도'의 시장이 형성된다. 시장에서는 폭리현상이 나타났으며, 혼란과 무질서가 팽배했을 뿐만 아니라 사기와 부정부패 현상까지 만연했다.

중관춘의 크고 작은 매장들은 중국 소매유통시장의 그런 혼돈 양상을 적나라하게 반영하는 곳이었다. 모조품, 일명 '짝퉁'이 정품과 뒤섞여 판매되면서 구분하기 어려워졌고, 소비자들은 합리적인 가격으로 제대로 된 정품을 구매할 수 없었다. 소비자들이 믿을 거라곤 오로지 자신의 짧은 안목뿐이었고, 어쩔 수 없이 가격흥정으로 제품을 구입했다. 자칫하다간 '베테랑' 판매사원들의 밥이 되기 십상이었던 것이다. 징둥멀티미디어는 이렇게 다소 뒤얽힌 복잡한 환경에서 출발했다.

류창둥의 운영방식은 중관춘의 다른 판매점과는 확연히 달랐다. 뾰족한 거래선을 확보한 것도 아니었고 자금도 부족했다. 게다가 아직 단골도 확보하지 못했고 도와주는 사람 하나 없이 홀로 매장을 운영해야 했다. 그렇지만 징둥은 다른 판매점과는 달리 '정찰제' 판매를 고수했고 가격흥정도 거부했다. 흥정 자체가 되지 않으니 고개를 저으며 그냥 발길을 돌리는 고객도 상당수였다. 그래도 징둥의 합리적인 가격 덕분인지 다른 매장을 한 바퀴 둘러보고는 다시 찾아오는 경우가 많았다. 징둥은 98위안의 첫 거래를 성사시킨 이후 조금씩 입소문이 나면서 차근차근 단골고객을 늘려나갔다. 개업한 지 불과 석 달 만에 눈코 뜰 새 없이 바빠졌으며, 그제야 직원 한 명을 새로 채용하게 된다.

징둥멀티미디어는 사업 초창기에 웨딩촬영 동영상 편집 관련 하드웨어와 프로그램을 제공하는 일을 했다. 회사규모가 조금 커지자 하이카이 시장의 모퉁이 코너에서 베이징 구이구전자상가(北京硅谷電腦城, '구이구(硅谷)'는 실리콘밸리라는 뜻-역주) 맞은편에 위치한 베이다쯔위안(北大資源) 빌딩으로 옮겨와 2425와 2426, 2427호의 세 개 사무실을 임대했다. 이 무렵에 판매제품의 종류에 변화를 주기 시작하여, 광자기디스크 제품과 CD-RW, 비디오테이프 변환시스템 등을 취급하게 된다. 이 가운데 70%는 중관춘의 전자상가 매장에 공급했으며 나머지 30% 정도만 자체 매장에서 일반 소비자에게 판매했다. 2002년부터는 베이징 구이구전자상가 3층에 매장을 오픈하고 제품군을 확장하여 CD를 판매하기 시작했다. 매장 내의 판매대를 통한 영업은 제법 성과가 좋았다. 10명 중에 최소 7~8명이 구매했으니 거래성사율이 높은 편이라 할 수 있었는데, 단순히 제품만 판매한 게 아니라 기술서비스도 함께 제공했기 때문이다.

이 시기에 류창둥은 미래의 징둥상청(京東商城, 국내에는 'JD닷컴'으로 알려져 있으며 2018년 현재 중국 전자상거래 2위 업체-역주)을 위한 발판을 다지고 있었다. 훗날 등장한 징둥상청은 이러한 판매정책과 서비스를 토대로 쉼 없이 노력해 일궈낸 회사라 할 수 있다. 한눈팔지 않고 오로지 한 길을 고수해서 이뤄낸 성과였다.

정품 판매를 고수하다

하이카이 시장의 작은 판매대에서 제품을 판매할 때부터 류창둥은 고객에게 영수증을 발급하기 시작했다. 영수증 발급은 곧 '정품 판매'를 의미했다. 떳떳하고 당당하게 사업을 운영했던 것이다. 공상국

(工商局, 공상행정관리국의 약칭이며, 시장을 관리감독하는 정부 부처－역주)에서 사흘 밤낮 징둥을 조사했지만 탈세도 없었고 밀수품이나 짝퉁 CD도 발견할 수 없었다. 당시에 CD복제는 식은 죽 먹기나 다름 없었다. 공 CD에 실크스크린으로 로고를 인쇄한 다음, 정품과 똑같은 케이스를 만들어 판매하면 정품에 비해 수십 배에 달하는 두둑한 이윤을 챙길 수 있었다. 그런데 류창둥은 산자이(山寨, 중국산 짝퉁을 지칭. 원래는 산적 의 소굴을 뜻하는데, 중국인들은 정부의 관리를 받지 않는다는 의미로 산자이라는 용 어를 사용함－역주) 제품을 절대로 취급하지 않는다는 원칙을 세우고, 오로지 곧이곧대로 정품만을 취급하며 적은 이윤을 남기고 판매했 다. 그러다 보니 중관춘에 넘쳐나는 수많은 짝퉁 CD에 비해 가격경 쟁력이 없었다.

한번은 은행에 데이터백업 서비스를 제공하는 한 고객이 매장을 찾아온 적이 있었다. 그는 300~500장 정도의 CD를 우선 구매한 후 품질이 좋으면 대량으로 구입할 의사가 있다고 밝혔다. 다만 징둥의 가격이 다른 매장에 비해 좀 비싼 게 문제라면서 구매 결정을 망설였 다. 이때 장젠(江建, 현재 징둥 가전사업부 운영관리부 총경리)은 다른 매장의 제품이 확실히 정품이 맞다면 그곳에서 구매해도 상관없다면서 정품 판매를 증명하는 위임장을 고객에게 보여주었다. 그러고는 은행의 데이터백업 서비스는 단기간 저장하고 없애는 게 아니라는 점을 강 조함으로써 결국 고객의 마음을 움직였다. 그 고객은 징둥 제품이 가 격대비 성능이 뛰어나며 매장이 꼼수를 부리거나 속이지 않는다면서 매우 흡족해했다. 그 이후로 단골고객이 되었는데, 곧이곧대로 영업 하는 '외골수' 징둥을 신뢰한 것이다.

2011년 베이징 중관춘의 태평양전자상가(太平洋數碼城)가 도산하자 업계는 심각한 타격을 입었다. 한편 이 시기 중국 전자상거래는 이미 승승장구하고 있어, 한마디로 '떠오르는 태양'이었다. 그해 징둥상청의 거래액은 300억 위안을 초과하여 B2C 전자상거래시장의 선두주자로 우뚝 발돋움하게 된다. 반면 중관춘 전자상가에 옹기종기 모여 있던 매장들은 지는 석양과 다름없었다. 중관춘 전자상가는 과거의 찬란한 영광을 잃고 내리막길을 걷기 시작했으며, 대규모 매장이 잇달아 철수하면서 층마다 휑한 공간이 생겨나기 일쑤였다. 그중 일부는 사무실로 개조하기 위한 시설공사가 한창 진행되고 있었다.

　류창둥은 당시 웨이보에 이런 글을 올린 적이 있다고 회고했다. '태평양전자상가가 문을 닫게 됐다는 뉴스를 둘러싸고 어제 저녁에 한참 동안 친구들과 여담을 나눴다. 그런데 한 동창이 불쑥한다는 말이 가관이었다. '축하하네! 드디어 태평양전자상가까지 잡아드셨구먼!'이라며 비꼬는 게 아닌가! 이 말을 듣고 정말 소스라치게 깜짝 놀랐다. 징둥이 당신들 목숨 줄을 끊었단 말인가? 가슴에 손을 얹고 생각해보게나. 그건 전부 당신들이 스스로 자초한 일이 아닌가. 가짜를 진짜로 둔갑시켜 그동안 해먹은 게 얼마며, 뒤에서 얼마나 많은 수작을 부려왔는가! 그리고 밀수품과 짝퉁이나 팔면서 소비자한테서 얼마나 많은 폭리를 취해왔던가! 결국 모든 게 인과응보라는 생각은 안 드나?'

저렴한 가격으로 판매하다

류창둥은 박리다매의 파워를 확신하고 있었다. 다시 말해 규모가 확보되면 시장을 장악할 수 있다고 믿었다. 한 회사의 판매량이 전체 시장의 2~3%에 불과하다면 아무리 발버둥 쳐봐야 제 목소리를 낼 수 없는 법이다. '항상 폭리만을 꿈꿀 수는 없다. 창업 초기부터 지금까지 나는 단 한 번도 '폭리'라는 개념을 머리에 새긴 적이 없었다. 중관춘 대다수 업체의 가장 큰 문제가 과연 무엇이었다고 생각하는가? 오로지 1년 365일 폭리만을 추구한 데 있다. 그들의 머릿속은 5천 위안짜리 거래 한 건으로 2만 위안을 벌어들이는 일로 가득 차 있었다. 하지만 우리는 회사를 시작한 첫날부터 지금 이 순간까지도 '가늘고 길게' '박리다매'를 추구하며 규모를 키우는 데 역점을 두었다.'

징둥은 중국 광자기디스크시장에서 한때 최대 60%까지 시장점유율을 차지한 적도 있다. 이는 저렴한 가격정책을 채택했기에 가능했다. '가격전'은 징둥이 즐겨 활용하는 마케팅 수단이다. 가장 직접적이면서도 치열한 혈투일수록 제대로 효과를 발휘하기 때문이다. 오프라인 매장에서 CD-RW 판매대리점을 하고 있을 때, 징둥은 오전과 오후의 판매가격을 늘 달리 정했다. 덕분에 경쟁자를 물리치고 독점적인 대리점 지위를 확보할 수 있었다.

당시 징둥의 직원들은 상대하기 껄끄럽고 까다로운 고객을 '생파리'라 부르곤 했다. 고참 선배들은 갓 입사한 쑨자밍(孫加明)에게 몇몇 '생파리'는 상대할 필요가 없다고 일러주었다. 쑨자밍은 그래도 혹시나 하는 마음에 류창동을 찾아가 까다로운 고객을 어떻게 응대해야 하는지 상담을 청했다. 그때 류창동은 그런 고객들을 부정적으로만 볼 게 아니라, 오히려 새로운 영업사원이 응대하면 고객의 반응이 달라질 수도 있다며 이 기회에 직접 나서서 시도해볼 가치가 있다고 조언했다. '하룻강아지 범 무서운 줄 모른다'는 속담이 여기에 딱 들어맞을 수 있다. 대부분 이들 고객은 제품 구매량이 엄청나기 때문에 쑨자밍을 거들떠보지도 않았다. 이에 아랑곳하지 않고 쑨자밍은 무작정 '생파리' 고객의 대문을 두드리기 시작했다. 고객과의 당일 상담내용을 세세히 보고할 때마다 류창동은 다양한 방법을 조언하며 추진방향을 잡아주곤 했다.

사실 그 방법이라는 것이 매우 단순했는데, 최대한 낮은 가격을 제시하는 것이다. 실제로 입고가격을 그대로 제안하거나 심지어 손해를 감수하면서까지 가격을 낮춰 제안할 때도 있었다. 쉽게 말하자면 이런 식이다. 제품의 구매 여부와 상관없이 하루도 빠짐없이 고객에게 가격을 제안한다. 시간이 흐르면 어느 순간 고객은 징둥에서 제품을 구입하지 않으면 손해 볼 수도 있다고 느낀다. 징둥이 제안한 가격을 사전에 알고 있던 고객은 다른 업체에 가격을 깎아달라며 생떼를 부리게 된다. 업체 입장에서는 고객의 이런 '막무가내식' 요구를 쉽게 수용할 수 없는 게 당연하다. 그러면 이들 고객은 징둥으로 발길을 돌리게 되고 징둥과 첫 거래를 트게 된다. 처음에는 시험 삼아 한두 개 구매하지만, 이를 계기로 협력관계가 형성될 수 있다. 그 다음부터는 관성의 법칙이 작동해 일이 보다 수월해진다. 징둥이 제시한 가격이 다른 업체보다 비싸지만 않으면 별다른 고민 없이 관례대로 징둥에서 구매하는 것이다. 징둥은 이런 방식으로 신규 고객을 개척했고 손해만 보던 구조에서 점차 벗어날 수 있었다.

좋은 서비스를 제공한다

하이카이 시장에서 웨딩촬영 프로그램과 VCD 변환시스템을 판매할 때 IT하드웨어와 기술에 완전히 무지한 고객을 응대해야 하는 경우도 있었다. 당시 류창둥은 제품판매 외에도 그와 관련된 기술교육을 책임지고 제공했다. 다른 업체와는 달리, 팔면 그만이라는 '한탕주의' 식 거래를 원치 않았기 때문이다. 대부분 다른 업체들은 '치고 빠지는' 근시안적인 판매방식을 취했다. 어찌 보면 수긍이 가는 면도 있었는데, 당시 중관춘에는 유동인구가 차고 넘쳤기 때문이다. 아무려면 팔 사람이 없겠느냐고 생각했던 것이다.

현재 징둥대학(징둥에서 설립한 창업학교 - 역주)의 평면영상제작 책임자인 천스콴(陳時寬)은 1998년 기술엔지니어로 징둥멀티미디어에 입사했다. 그는 동북지역에서 온 한 고객을 위해 꼬박 보름이라는 시간을 들여 제품 사용법을 전수해준 적이 있다. 이 고객은 심지어 마우스 사용법조차 몰랐다. 마우스의 초점도 못 맞추던 고객은 교육을 받은 뒤 CD를 직접 구울 정도의 수준이 되었다. 또 한번은 천스콴이 고객의 동영상을 편집하던 도중 실수로 해상도가 떨어진 적이 있다. 이때 류창둥은 절대 품질이 낮아져서는 안 되며 고객을 끝까지 만족시켜야 한다고 주문하면서 그를 호되게 꾸짖었다.

당시만 해도 '사용자경험'이라는 개념 자체가 없었다. 기껏 생각해낸 것이라고는, 서비스만 좋으면 고객이 다시 찾아와서 단골이 된다는 것 정도였다. 그렇게 10여 년이 흐른 현재 징둥은 연간 거래액이 2,602억 위안에 이르는 굴지의 전자상거래업체로 성장했다. 징둥의 가치관인 '고객 최우선'이란 개념은 1998년 중관춘의 작은 판매점에서부터 시작되었다.

전자상거래 탐험시기

류창둥이 고군분투하던 그 시절에 중국의 소매유통업은 전문적인 대형 체인점으로 발전하고 있었다. 그 대표주자는 가전업체를 중심으로 한 쑤닝(蘇寧)과 궈메이(國美)였다. 1998년에 궈메이는 베이징 중심지역에 있던 소형 점포를 철수하고 산환(三環) 부근에 2,000㎡(605평 − 역주)의 대형 매장을 오픈했다. 그리고 신규 매장의 입지조건을 새롭게 규정했는데, 최소 1,000㎡(302.5평 − 역주)의 영업면적과 200㎡(60.5평 − 역주)의 창고면적을 갖추는 것이었다. 2000년대에 들어서면서 쑤닝과 궈메이는 전국적으로 매장 수를 늘리기 시작했고 궈메이는 1년 만에 300여 개의 매장을 신규로 오픈하기에 이른다.

　오프라인 체인점이라는 소매영업 형태는 2004년까지 최고 전성기를 누렸다. 궈메이와 쑤닝은 잇달아 상장에 성공해 자금을 확보한 뒤 신속히 영역을 확대하기 시작했다. 이와 동시에 풍부한 자본을 이용하여 기업 인수합병에 나섰는데, 궈메이는 다중(大中)과 융러(永樂)를 연이어 합병하며 세력을 키웠다. 이러한 성공에 힘입어 궈메이 창업주인 황광위(黃光裕)는 2004년과 2005년 연속으로 후룬(胡潤)연구소가 선정한 중국의 최고 갑부에 등극하는 쾌거를 올렸다.

이와 동시에 다른 한쪽에서는 새로운 소매판매 형태인 '전자상거래'가 슬그머니 고개를 들며 기지개를 펴고 있었다. 이 지점에서 흥미로운 사실이 하나 포착된다. 중국의 오프라인 소매유통업체들은 이러한 새로운 비즈니스 형태에 전혀 관심이 없었다는 점이다. 이 사업방식에 관심을 기울였던 업체는 바로 인터넷기업이었다. 한쪽에서는 열풍을 넘어서 광풍이라 불릴 만큼 뜨거운 붐이 일어나고 있었는데도, 다른 한쪽에선 그곳에 눈길조차 주지 않았다.

1999년 왕쥔타오(王峻濤)는 중국 전자상거래의 선두주자이자 원조라 할 수 있는 8848넷(8848.net, B2C 사이트 – 역주)을 창업했다. 8848넷은 소프트웨어 유통체인업체인 롄방(連邦)의 판매망에 의존하고 있었다. 당시 롄방은 비교적 완벽한 공급망을 갖추고 있었기 때문에 8848넷이 초창기에 시장에서 자리를 잡는 데 커다란 힘이 되었다. 하지만 8848넷은 2년간의 고속성장 이후 내부 알력 등의 소모전을 겪었다. 게다가 자본시장의 호황을 기다리며 호시탐탐 기회만 엿보다가 상장할 시기도 놓치고 말았다.

1999년에 리궈칭(李國慶)은 그의 아내 위위(俞渝)와 함께 당당왕(當當網, Dangdang.com)을 창업해 인터넷으로 도서를 판매하기 시작했다. 이 부분은 미국 시애틀의 아마존닷컴과 행보가 매우 유사하다고 할 수 있다. 이 외에도 사오이보(邵亦波)는 귀국하여 이취왕(易趣網)을 창업했는데 미국의 이베이(eBay)와 같은 형태였다. 이듬해에 생겨난 쥐웨왕(卓越網)도 아마존닷컴과 유사한 전자상거래사이트였다. 당시에 전자상거래는 두 가지 방식이 있었다. 하나는 B2C 비즈니스로 아마존닷컴을 기본 비즈니스모델로 하는 방식이었고, 다른 하나는 C2C 비즈니스로 이베이가 대표적 형태라 할 수 있었다. 1994년에 창립된 아마존닷컴의 창업주인 제프 베조스(Jeff Bezos)는 넓은 안목을 가진 패기 넘치는 기업가였다. 1997년 5월 15일 상장할 당시 18달러에 불과하던 아마존닷컴의 주가는 2015년 4월 기준으로 이미 370달러 이상을 호가하며 시가총액만 무려 1,700억 달러에 이른다.

아마존닷컴의 비즈니스모델은 이렇다. 제조업체로부터 제품을 공급받아 자체 창고에 물량을 확보해놓고, 고객이 아마존사이트를 통해 제품을 구매하면 유피에스(UPS)와 페덱스(FedEx)를 통해 '마지막 1km'(배송 마지막 단계인 End User Delivery)의 배송서비스를 제공함으로써 고객에게 제품을 전달하는 것이다. 류창둥이 징둥멀티미디어를 창업할 무렵 아마존닷컴은 이미 물류시스템 정비를 책임질 고위급 임원을 월마트에서 스카우트하고, 물류창고를 만드는 데 한 해에만 3억 달러를 쏟아붓고 있었다.

인터넷 광풍이 전 세계를 강타하면서 IT업체 위주인 나스닥 지수는 1998년에 2,000포인트의 벽을 깼고 1999년 12월에는 5,000포인트에 근접하기도 했다. 증시는 식을 줄 모르며 상승세를 이어갔고 아마존닷컴의 주가는 106.69달러까지 급상승했다. 그러나 이것도 한순간이었다. 2000년 4월부터 IT업계의 거품이 꺼지기 시작하면서 시가총액이 순식간에 8조 5천억 달러가 증발해버렸으며 아마존닷컴의 시가총액도 228억 달러에서 42억 달러로 급락하게 된다.

1999년 중국에서는 '알리바바(阿里巴巴, Alibaba.com)'라는 B2B(기업

간 거래 - 역주) 전자상거래기업이 생겨났는데 창업자는 마윈이다. 알리바바의 비즈니스모델은 해외무역업체와 전 세계 구매업체 간의 무역거래를 중개하는 형태다. 그리고 무역거래업체를 대상으로 유료서비스(청신통(誠信通), 유료회원제 - 역주)와 키워드 검색 · 경매서비스를 제공함으로써 수익을 창출하는 구조다. 2000년 7월에 마윈은 중국 기업인으로는 최초로 〈포브스〉 지 커버를 장식했다.

온라인 분야에 몰아친 거센 변화의 바람이나 롤러코스터와 같은 인터넷사업의 등락은 사실 류창둥과 그가 운영하는 징둥에게는 딴 나라 얘기나 다름없었다. 당시 류창둥은 혈혈단신으로 소매업계에 비집고 들어와 재고관리 및 구매 등을 배우며 고군분투하고 있었다. 2003년에 우연히 한 사건이 발생하기 전까지 징둥은 그저 단순한 소매업체에 불과했다.

그해 3월 6일, 베이징에서 사스(SARS, 중증급성호흡기증후군) 첫 환자가 발생하면서 어두운 죽음의 그림자가 중국 전역에 드리워진다. 베이징에서 광저우까지 거리에서는 인적을 찾아보기 어려웠으며 유동인구에 생사가 달린 소매업은 엄청난 타격을 받았다. 당시 중관춘의 모든 매장은 너 나 할 것 없이 파격할인가로 제품을 판매했는데 평균 할인폭이 30~40%에 달했다. 사스 여파로 인해 징둥멀티미디어에도 대당 1천여 위안에 이르는 야마하(YAMAHA) CD-RW(당시 시장의 주력상품의 가격은 대당 400여 위안이었음)가 주인을 찾지 못한 채 사무실에 고스란히 쌓여 있었다. 원래 IT제품은 시간이 흐를수록 가격 하락폭이 커지는 특징이 있다. 게다가 판매량이 일정수준에 못 미치면 매출에 따른 리베이트(rebate, 매출의 일부를 수익으로 환급받는 것 - 역주)도 받기 어렵다. 당시 대부분의 대리점의 주요 수익원은 바로 본사가 제공하는 리베이트였다. 불과 21일 만에 징둥은 800여만 위안의 손해를 입었고 장부상 회사자금도 동이 나서 2,000~3,000위안밖에 남아 있지 않았다. 게다가 사스가 최소 6개월에서 1년은 지나야 수그러들 거라는 둥 별별 흉흉한 소문이 나돌았고 뒤숭숭한 분위기가 좀처럼 가라앉지 않았다.

류창둥은 직원들이 사스에 걸릴까 우려해 12개의 판매대를 모두 접고 일시휴업상태에 들어가게 된다. 일부 직원들은 고속도로가 폐쇄되기 전에 베이징을 서둘러 벗어났고 몇몇 직원들만 사무실에 남았다. 류창둥은 남아 있는 직원들에게 직접 식사를 준비해주기도 했다. 회사의 피해가 심각해지자 모두 사무실에서 머리를 싸매고 앉아 고민하기 시작했다. 그 상태가 2~3개월 지속된다면 회사 문을 닫아야 할 형편이었기 때문에, 어떻게든 위기를 헤쳐나가야 한다는 절박한 심정으로 한자리에 모여 생존전략에 대해 열띤 토론을 벌였다. 그때 한 동료가 대면영업이 어려운 상황이니 직접 사람을 만날 필요가 없는 인터넷으로라도 제품을 팔아보자는 의견을 제시했다.

이렇게 해서 직원들은 CDbest라는 사이트의 게시판에 글을 올려 CD 판촉을 시작했다. 이곳 게시판의 운영자는 자신이 아는 업체 중에 유일하게 짝퉁을 팔지 않는 회사가 바로 징둥이라며 공지사항을 올려주었다. 5년 동안 정품 판매를 고수하고 입소문으로 좋은 명성을 쌓아온 덕분에 사이트 운영자의 신뢰를 얻었던 것이다. 고맙게도 21명의 네티즌이 거래에 응해주었고 이를 계기로 징둥은 온라인소매 분야에 첫발을 내딛게 되었다.

사실 방법은 매우 단순했다. 게시판에 공동구매 관련 이벤트 내용을 공지한 다음, 제품의 수량과 가격, 이벤트 마감일을 알린다. 그리고 QQ번호(텐센트가 운영하는 중국 최대 메신저 – 역주)를 연락처로 남기면 된다. 현재 징둥상청의 행정관리센터 책임자로 일하는 리메이(李梅)는 '징둥 전자상거래 1호 인물'이라 불린다. 초창기 징둥의 온라인판매를 전담했기 때문이다. 그녀는 펜과 종이로 일일이 고객 명단을 작성하고 입금이 확인되면 고객이 구매한 제품을 순서대로 창고에서 찾아와 포장하는 일을 했다. 그리고 우편으로 제품을 발송한 후 문자로 고객에게 송장번호를 통보했다. 거주지가 중관춘 근처인 고객에게는 진베이(金杯, JINBEI, 중국이 생산한 자동차의 일종 – 역주) 소형화물차로 기사가 운전해서 배송하거나, 류창둥이 직접 홍치(紅旗, 공산당의 붉은색 깃발에서 이름을 딴 홍치는 중국 이치자동차그룹이 생산하는 럭셔리 카로, 중국의 '벤틀리'라 불림 – 역주)를 몰고 가서 고객에게 제품을 건네기도 했다.

인터넷으로 CD-RW를 판매할 때도 류창둥은 저가전략을 일관되게 고수했다. 심지어 손해를 감수하고 팔면서 고객의 충성도를 높이려 노력했다. 이런 식으로 징둥은 재고도 정리하면서 새로운 시장도 개척할 수 있었다. 사실 CD-RW는 돈도 되지 않을뿐더러 손해 보는 경우도 많았지만, CD-RW를 구매한 고객은 대부분 CD도 구매하는 편이었다. 이때 CD를 일반 시중가격으로 판매하면 이윤이 제법 짭짤했다. 그렇게 전체적으로 최소한의 손익 균형을 맞출 수 있었다.

류창둥은 이때부터 인터넷에 재미를 붙이기 시작했다. QQ 메신저 아이디조차 없었던 그는 밤낮으로 인터넷에 빠져 살았다. 밤 12시에 공지를 올린 후, 새벽 2시에 댓글을 달았고 또다시 5시에 회신 댓

글을 달곤 했다. 이 시기에 회사는 이미 중관춘의 쑤저우(蘇州) 거리에 있는 인펑빌딩(銀豊大廈)으로 보금자리를 옮긴 뒤였다. 그곳은 류창둥이 생애 최초로 구매한 부동산으로 사무실이자 그의 주거지이기도 했다. 그는 일하다가 곤해지면 바닥에 잠자리를 펴고 한숨 눈을 붙였다. 그러면서도 낮에는 정상 출근을 했기 때문에 사실 24시간 풀가동 상태였다고 보면 된다. 신명나서 열정적으로 일하는 류창둥을 두고 직원들은 마치 딴 사람처럼 변했다며 혀를 내두르곤 했다.

6개월간 공동구매 형태로 제품을 판매하던 류창둥은 독자적인 온라인쇼핑몰을 구축하기로 결심한다. 우선 자체 고객을 확보하는 게 첫 번째 목적이었다. 또한 CDbest의 운영자가 갈수록 높은 수수료를 요구한 것도 독자노선을 택한 이유 중 하나였다. 이리하여 2004년 1월 1일 징둥멀티미디어의 공식사이트(www.jdlaser.com)가 탄생했다. 처음에는 100여 개의 단품으로 조촐히 시작했고 사이트 구성도 상당히 조잡했다. 일례로 제품을 설명하는 부분에 간단한 몇 문장으로 제품사양만 밋밋하게 제시하고는 사진 2~3장을 덧붙여놓는 식이었다. 고객이 혹할 만한 매력적인 홍보문구는 고사하고 그 흔한 브랜드 소개조차 없었다.

필자의 기억 속에도 징둥멀티미디어의 사이트는 운영기반이 가장 취약한 쇼핑몰 중 하나로 남아 있었다. 류창둥은 프로그램만 짤 줄 알았지 인터넷쇼핑몰에 대해서는 거의 무지한 상태나 다름없었다. 당연히 사이트 관리도 엉망일 수밖에 없었다. 징둥의 엔지니어였던 신보(辛波)도 그 전에 주로 동영상이나 자막편집 일을 했기 때문에 엄밀히 따지면 전문가라 할 수 없었다. 온라인쇼핑몰을 오픈하고서도 가장 간단한 시스템부팅이나 방화벽 설치조차 제대로 하지 못했다. 그러다가 한번은 결국 해커의 공격에 노출되었는데 어찌 보면 너무도 당연한 일이었다. 한 해커가 징둥 홈페이지에 '징둥은 바보 멍텅구리'라는 글을 남긴 것이다. 신보는 전화로 이 사실을 전해 듣고 급히 전산실로 내려가서 몇 시간 동안 끙끙거리며 겨우 문제를 해결했다. 그러고는 복귀하던 도중 사무실에 미처 도착하기도 전에 전화가 또 울렸다. 그 해커가 또다시 '징둥은 여전히 바보 멍텅구리'라는 글을 올렸기 때문이다. 다행히 악의적인 의도는 없었는지 데이터베이스는 건드리지 않고 사이트를 조롱하는 수준에서 그쳤다. 이 사건 이후에 류창둥은 처음으로 명실상부한 '진짜' 엔지니어인 뤼커(呂科, 징둥 운영유지보수팀의 전 선임책임자)를 정식으로 고용했다.

과감한 결단력

중국의 인터넷은 빠른 속도로 발전했다. 2004년 1월 15일 중국 인터넷정보센터(CNNIC)는 베이징에서 '제13차 중국 인터넷 발전상황 통계 보고'를 발표했다. 발표에 따르면 2003년 12월 31일까지 인터넷을 사용하는 컴퓨터는 3,089만 대에 이르며 인터넷 사용인구는 7,950만 명인 것으로 조사되었다. CN의 도메인 등록 건수는 총 34만 40개이며 WWW 웹사이트는 59만 5,550개, 국제 대역폭은 2만 7,216Mbps였다. 불과 몇 년 전인 '제2차 중국 인터넷 발전상황 통계 보고' 때만 해도, 1998년 6월 30일까지 인터넷을 사용하는 컴퓨터는

54만 2,000대였으며 인터넷 사용인구는 117만 5,000명, CN 도메인 등록 건수는 9,415개였다. 또한 WWW 웹사이트는 3,700개였으며 국제 대역폭은 84.64Mbps였다.

2004년의 상황을 보면 중국의 전자상거래는 인터넷업계 내부에서는 뜨거운 관심사였을지 모른다. 하지만 정작 내로라하는 오프라인 소매유통업의 거두들은 그때까지도 여전히 전자상거래에 관심이 없었다. 반면 해외 굴지의 전자상거래업체들은 엄청난 인구를 보유한 중국이라는 거대 시장을 예의주시하며 눈독을 들이고 있었다. 2003년 이베이는 1억 5,000만 달러를 투자해 이취왕을 사들였으며, 2004년에는 아마존닷컴이 7,500만 달러에 줘웨왕을 인수함으로써 중국시장에 전격 진입하기에 이른다.

2004년에 류창둥은 직원들을 소집해 회사의 향방을 논의하기 시작했다. 회의 주제는 바로 기존의 오프라인 매장을 과감히 접고 순수 온라인소매업으로 전환하는 것이었다. 류창둥이 온라인으로 사업방향을 전환하겠다고 주장한 이유는, 우선 오프라인 매장에서의 '사용자경험' 효과가 생각만큼 뛰어나지 않다는 데 있었다. 소비자가 온라인을 이용하면 가격 흥정이나 진품 여부를 고민할 필요 없이 편안한 곳에 앉아 훨씬 저렴하게 제품을 구매할 수 있다. 게다가 영수증도 정식으로 발급받을 수 있다. 또한 징둥의 온라인 성장속도가 오프라인을 훨씬 웃돌았던 점도 류창둥이 결심을 굳힌 또 다른 이유였다.

하지만 류창둥의 주장은 직원들의 호응을 얻지 못했다. 당시 중국 내 인터넷 보급률이 높지 않았으며 컴퓨터 보유대수도 그리 많지 않았기 때문이다. 또한 직원들은 인터넷 주문의 신뢰성에 의문을 제기하면서 온라인시장에 대한 회의적인 견해를 내비쳤다. 그리고 당장은 온라인 구매건수가 워낙 미미한 상황이라 얼핏 상대적으로 성장속도가 빠른 듯 보이겠지만, 구매건수가 어느 정도 누적된 이후에도 과연 지금처럼 고속성장률을 유지할지는 미지수라며 반대쪽으로 입을 모았다.

2003년에 징둥멀티미디어는 매출액이 이미 8,000~9,000만 위안에 달했다. 어느새 중국 최대의 광자기디스크 제품 판매업체로 성장했고, 사업이 계획대로 순조롭게 진행된다면 향후 500개의 신규 매장이 오픈될 예정이었다. 상황이 그대로만 지속된다면 단 몇 년 사이에 오프라인 매출을 폭발적으로 끌어올릴 수 있는 시점이었다. 당시 쑤닝과 궈메이는 전국 단위로 발 빠르게 영역을 확장하며 매장 개설에 열을 올리고 있었다. 서로 치열한 경쟁을 벌이며 시장을 키워가고 있었고, 오프라인 소매유통체인점은 곧 최고 전성기에 진입해 활황을 만끽할 터였다. 또한 이러한 호황이 최소한 몇 년은 유지될 수 있을 듯했다.

징둥의 직원들은 쑤닝과 궈메이를 본보기 삼아 열심히 노력한다면 분명 앞날이 창창하리라 예상했다. 비즈니스모델이 명확하고 이익도 예측 가능했기 때문이다. 그런데 왜 굳이 불확실한 모험에 명운을 걸고 멀리 돌아가려 하는지 직원들은 도무지 납득할 수 없었다.

당시를 돌이켜볼 때, 류창둥의 독단적인 결정이 없었다면 오늘날의 징둥은 역사의 무대에 서지 못했을 것이다. 기나긴 회의와 지루한 토론이 반복되었지만 사실은 류창둥이 일방적으로 목소리를 높였다고 해도 과언이 아니다. 직원 모두가 다양한 의견을 피력했지만 류창둥은 그중에서 본인 의중에 부합되는 내용만 취사선택한 후 그쪽 방향으로 토론을 이끌었다. 그러니 회의결과가 뻔할 수밖에 없었다. 사실 그는 전자상거래로 구조전환을 추진하자고 주장할 경우 직원들의 반대에 부딪히게 될 것을 간파하고 있었고, 따라서 어떠한 반대의견도 무의미했다. 그렇게 매장철수가 기정사실이 되었다.

결국 제품구매를 위한 용도로 판매점 하나만 남겨둔 채 나머지 매장은 모두 철수시켰다. 굳이 판매점 하나를 남겨뒀던 이유는 이렇다. 창업 초기에 징둥은 중관춘의 다른 대리점에게서 제품을 공급받았는데, 판매점의 명의를 그대로 유지하면 도매가로 제품을 구할 수 있었다. 일반 소비자가 아무리 가격을 깎아도 도매가보다 저렴할 수는 없었다. 2006년에는 그나마 남아 있던 유일한 판매점도 문을 닫았다.

매장을 철수하는 과정에서 회사를 떠난 직원도 있었다. 그들은 류 사장이 제멋대로 전횡을 부리며 무리수를 둔다고 생각했다. 한편으로는 무모한 구조전환이 실패로 돌아갈 거라는 우려도 있었다. 회사에 남은 직원들도 사실 전자상거래의 장밋빛 미래에 희망을 품었다기보다는 류창둥을 맹목적으로 믿고 따랐다고 보는 것이 더 적합할 것이다.

그때 전자상거래 분야로 뛰어들지 않고 오프라인 매장을 유지했다면 징둥은 지금도 여전히 소매유통체인점의 길을 걷고 있을 것이다. 경쟁상대도 당당왕과 쥐웨왕이 아니라 홍투싼바오(宏圖三胞)일 것이다. 그렇다면 징둥은 지금의 홍투싼바오와 마찬가지 신세가 되어, 온라인이 오프라인을 잠식해가는 상황을 넋 놓고 바라볼 뿐 속수무책으로 냉가슴을 앓고 있을 게 분명하다. 홍투싼바오는 다년간 오프라인 매장을 끊임없이 늘리며 확장노선을 걸어왔다. 그러다 차츰 무용지물로 전락한 덩치 큰 매장들을 이제 와서 거추장스럽다며 단칼에 자르기란 말처럼 쉬운 일이 아니었다. 결국 이러지도 저러지도 못한 채 엉거주춤한 상태에 놓인 것이다.

작은 배는 회전하기 쉽다는 말이 있다. 몸집이 작으면 그만큼 기동성이 뛰어나다는 뜻이다. 이 말처럼 류창둥이 과감한 결단력으로 구조전환을 추진한 덕분에 징둥은 신속히 움직였고 이제 막 기지개를 편 온라인 대세에 밀리지 않고 보조를 맞출 수 있었다. 인터넷 거품 붕괴라는 후유증으로 2000년에서 2002년까지 힘든 시기를 견뎌내고 중국의 인터넷시장은 회복하기 시작했다. 2003년에는 왕이의 창업주인 딩레이(丁磊)가 중국의 새로운 갑부로 등극했으며 중국의 디지털 영웅들은 비즈니스업계에 충격에 가까운 획기적인 열풍을 몰고 왔다. 이들은 기적처럼 순식간에 부를 축적했는데, 원천은 바로 지식혁신이었다. 뛰어난 인적자원을 기반으로 한 획기적인 창의력이 바로 그 원동력이었다. 또한 스톡옵션(Equity incentive, 주식성과급 제도의 일종—역주)과 공개적이고 투명한 자본의 힘, 그리고 현대적 기업제도 등도 성공의 원천이라 할 수 있다. 이후 10년 동안 가장 감동적이며 기적적인 성공신화가 모두 이들 손에 의해 쓰였다. 디지털시대 영웅들은 1992년 전후로 창업한 기업인의 왕좌를 대신 차지하면서 중국의 새로운 비즈니스 거두로 자리 잡았다.

21세기 초 인터넷 거품 붕괴의 위기를 극복하고 살아남은 전자상거래업체는 겨우 손에 꼽을 정도였다. 그리고 2005년이 되어서야 중국 전자상거래시장이 비로소 살아나기 시작한다. 류창둥은 운 좋게도 이 분위기에 때맞춰 편승할 수 있었다. 너무 빠르지도 늦지도 않게 말이다.

징둥처럼 중관춘 대리점들도 나름대로 홈페이지를 만들어 온라인 쇼핑몰을 운영했다. 하지만 이들은 어느새 소리 소문 없이 역사의 뒤안길로 모두 사라져버렸다. 그렇다면 류창둥만이 살아남을 수 있었던 원천이 무엇인지 궁금하지 않을 수 없다. 바로 '한 우물만 파면서' 전력투구했기 때문이다. 당시는 거의 대부분의 업체들이 온라인시장에 대한 경험이 부족했기 때문에 하나씩 배우면서 차근차근 길을 모색하던 시기였다. 하지만 두 손에 온·오프라인을 모두 움켜쥐었던 업체들은 여전히 오프라인 매출 비중이 훨씬 큰 상태였고, 그러다 보니 생소한 온라인 분야를 느긋하게 앉아서 배울 만한 여력도 동기도 없었다.

사실 '한 우물 파기'는 류창둥이 부모님에게서 깨달은 교훈이다. 그의 부모님은 평생 동안 여러 사업을 했었다. 작은 공장을 운영한 적도 있고 배를 저어 생계를 유지하기도 했으며 도매사업에 뛰어들기도 했다. 그 당시에 현(縣)·성(城)의 백화점들은 재고를 처리하기 위해 큰 트럭에 재고상품을 산더미처럼 싣고 내려와 읍내장터에서 펼쳐놓고 팔았다. 그 가격이 워낙 파격적이다 보니 물건을 풀어놓기 무섭게 동이 날 정도로 농민들에게 선풍적인 인기를 끌었다. 그런 가운데 시골에서 도매업을 하겠다고 사업을 벌였으니 아무리 용을 써봐야 잘될 리 없었다. 그의 부모님은 결국 2년 만에 원금을 몽땅 날린 채 도매업을 접고 다시 배를 몰기 시작했다.

지난 10년여 동안 중국에서 소위 '돈 좀 되는' 업종은 꽤 많았다.

일례로 해외무역이나 부동산 분야가 상당한 각광을 받았다. 그래도 류창둥은 한눈팔지 않고 묵묵히 자신의 길을 걸었다. 하나의 분야를 제대로만 판다면 언젠가 반드시 보상이 주어질 거라는 확신이 있었기 때문이다. 무슨 무슨 사업을 하면 짭짤한 재미를 볼 수 있다며 살살 부추기는 소리도 주변에서 간혹 들려왔지만, 이 말에 솔깃해서 무모하게 덤비면 결국에는 죽도 밥도 안 된다는 사실을 류창둥은 너무나 잘 알고 있었다. 때문에 뚝심 있게 외길인생을 고수했다. 10여 년 동안 징둥은 소매업 관련 사업에만 몰두하면서 온라인쇼핑몰을 중심축으로 비즈니스 영역을 꾸준히 확장해나갔다. 이에 대해 류창둥은 이렇게 말한다.

66　어떠한 비즈니스든 모두 '사슬'로 구성된다. 비즈니스에 대한 판단은 직관력이 아닌 정밀한 분석에 의해 내려져야 한다. 사슬과 사슬을 하나하나 엮듯이 체계적으로 계획을 세운다면 다음 단계에 무엇을 해야 할지 분명히 알 수 있다. 징둥의 모든 금융상품은 전자상거래와 떼려야 뗄 수 없이 밀접하게 관련되어 있다. 전자상거래가 없다면 징둥의 금융도 발판이 없는 것과 다름없다.

비즈니스의 룰은 매우 단순하다. 바로 가치를 창조하면 수익을 얻는다는 것이다. 수익은 파도처럼 기복이 존재하는 곡선이지만, 가치란 이러한 곡선의 기준점으로서 절대 불변한다. 수익은 가치보다 높을 수도 낮을 수도 있다. 그러나 제아무리 흔들리고 우여곡절이 생겨도 수익은 가치에서 너무 멀어지지는 않을 것이다. 즉 수익의 추세와 가치의 추세는 같은 흐름을 탄다는 뜻이다. 하다못해 폐지를 줍는 하찮은 일을 하더라도 가치가 있을 수 있으며 부자가 될 수도 있다. 가치 있는 일을 한다는 전제 하에 말이다.

징둥이 물류거점을 확장한 것도 '가치'에 그 기반을 두고 있다. 구매 플랫폼을 제공하고 편리한 배송으로 소비자가 직접 체험할 수 있는 기회를 늘리는 것, 그리고 원가를 낮추며 재고자산 회전율을 높이는 일. 이러한 모든 것이 가치 있는 일이 아니겠는가? 🎗

징둥멀티미디어에 대한 고객의 신뢰가 쌓이기 시작하면서 수요가 폭발적으로 증가했다. CPU(중앙처리장치)와 하드디스크, CD플레이어 등 고객의 다양한 수요가 이어졌다. 게시판에 원하는 제품목록을 올리는 고객도 있었다. 류창둥은 게시판을 면밀히 살핀 후, 어떤 제품을 온라인쇼핑몰에 올려놓을지 직접 전화로 지시를 내렸다. 사실 어떤 제품이 팔리고 어떤 제품이 외면 받을지 누구도 예측할 수 없는 상황이어서 단순히 고객 수요에 맞춰서 제품을 구비해나갈 수밖에 없었다. 고객이 원하는 제품이 있으면 당장 중관춘으로 달려가 제품을 구해오는 식으로, 고객 요구사항에 맞춰 온라인에 제품을 올리기 시작했다. 정품만 취급한다는 신뢰와 저렴한 가격 덕분에 고객의 구매 열기는 끊이지 않았다.

2004년 말 회사 송년회에서, 류창둥은 그해가 가장 편한 잠을 이룬 한 해였다고 회상했다. 대리점을 운영할 때는, 만일 본사에서 대리점운영권을 연장해주지 않으면 회사 존폐 여부가 불투명해지고 위기에 처할 수 있었다. 모든 운명이 다른 사람의 손에 달려 있었던 것이다. 손발이 닳도록 죽어라 영업해도 결국은 제품을 공급받아야 팔수 있었다. 때문에 해마다 연말만 되면 다음 연도의 대리점 계약을 갱신할 수 있을지 전전긍긍해야 했다. 반면 인터넷은 최종소비자에게 직접 판매하는 구조이기 때문에 중관춘 매장에서 제품을 구해 판매하면 그만이었다. 더 이상 명줄을 남에게 맡기지 않아도 되었던 것이다. 오히려 역으로 최종소비자인 실수요자만 많이 확보할 수 있다면 다른 사람의 명줄을 쥐고 흔들 수도 있는 위치에 설 수 있었다.

> 소매업의 본질은 소비자를 파악하여 소비자가 원하는 제품을 제공하는 것이다. 어떠한 소매업종이든지 다음 두 가지가 가장 중요하다. 바로 원가 절감과 효율성 제고다. 전통적인 오프라인 소매업과 전자상거래의 원가구조는 유사한데, 주로 구매원가와 영업비용, 재고원가 등으로 구성된다. 오프라인은 임대료가 원가에 포함되며 대개 매장의 위치가 고객 유동량을 좌우한다고 할 수 있다. 그런데 중국의 상업부동산 가격이 갈수록 상승하고 있어서 임대료의 비중도 높아졌다. 온라인의 경우는 접속량을 늘릴 수 있는 광고비용과 IT 연구개발비용, 그리고 물류비용 등이 원가에 포함된다.

소매업체는 소비자의 수요를 정확히 파악하여 향후 판매량을 예측함으로써 재고비용을 최소화할 필요가 있다. 그런데 전통적인 소매업의 경우는 운영효율을 상대적으로 통제하기 힘들고 제품의 판매량도 예측하기 어려운 게 현실이다. 2001년에 소매업을 하면서 징둥도 연간 마우스가 몇 개 정도 판매될지 예측했었지만 그다지 실효성은 없었다. 전통적인 소매업과 온라인사업의 '공급사슬관리(supply chain management)'는 사실 크게 다를 게 없다. 구매와 운영 등에서 본질적인 차이가 없는 것이다.

오프라인 소매기업은 일정한 규모로 사업이 커지면 본사와 지사, 중개상이라는 세 단계의 관리구조가 정착되기 마련이다. 또한 이 경우 직영 매장과 가맹점과의 마찰도 피하기 어렵다. 반면에 온라인기업은 중앙집권형 관리구조를 채택할 수 있어서 모든 일을 본사 한 곳에서 결정하고 처리할 수 있다. 물류와 고객서비스만 별도로 지점을 확보해 운영하면 된다. **99**

한번은 필자와 이런저런 이야기를 나누던 도중 류창둥 사장이 미국 사우스웨스트항공(Southwest Airlines)에 대해 잠깐 언급한 적이 있다. 미국에서 내로라하는 굴지의 항공사가 경영난으로 허덕일 때도 유독 사우스웨스트만 수십 년 동안 영업이익을 내고 있다는 내용이었다. 이 항공사는 주로 미국 국내에서 도시 간 노선을 운항하는데 낮은 원가경영으로 유명한 회사다. 그는 이런 사례들을 통해 한 가지 깨달은 게 있다고 했다. "최근 10~20년 동안 우리가 보아왔던 혁신모델은 모두 원가의 절감과 효율 제고와 관련이 있다. 따라서 원가를 더욱 낮추거나 효율을 더욱 높여야 한다. 이 둘 중에 하나를 최소한 실현해야만 혁신모델을 통해 생존·발전할 수 있다. 만일 이 둘을 전부 놓친다면 제아무리 획기적인 혁신모델이라 해도 아무런 의미가 없다."

'촌티 풀풀 나는' 신생기업

2005년 징둥의 온라인사이트가 하마터면 다른 업체에 팔릴 뻔한 적이 있었다. 당시 징둥의 온라인 매출액은 1,000만 위안이었고 이윤은 미미한 수준이었다. 그런데 샤오슝온라인(小熊在線, '중국의 필립스'라 불리는 온라인시장 소형가전업체-역주) 사장이 징둥의 온라인사이트를 넘길 의향이 없는지 물어왔던 것이다. 그는 인수가격으로 1,800만 위안을 제시했다. 류창둥이 이 제안을 받아들였다면 '전자상거래'는 아마 그와는 인연이 없는 단어가 되었을지도 모른다.

류창둥은 사이트 매각 건을 논의하기 위해 쑨자밍과 장치(張奇, 현재 파이파이왕(拍拍網) 3C제품사업부 최고운영책임자)를 불러들였다. 그는 분명 흔들리고 있었다. 그렇지 않았다면 직원들과 이 문제를 상의하지도 않았을 것이다. 쑨자밍과 장치는 거의 본능적으로 거부감을 보였다. '함께 공들여 만든 회사인데 팔고 나면 뭐 하지?' 하는 생각이 들었던 것이다. 류창둥 역시 곰곰이 생각해본 결과 설사 지금 회사를 판다 해도 제2의 징둥을 다시 만들 거라는 결론에 이르렀다. 그렇게 그는 가던 길을 계속 가기로 결심한다.

2005년에 징둥은 정식으로 온라인 구매팀을 조직했고, 쑨자밍이 그 팀의 수장을 맡았다. 징둥은 외부와 거의 접촉 없이 조용히 운영돼왔다. 때문에 신단왕(新蛋網)이 무슨 회사인지 몰랐고 그저 억척스레 앞만 보고 열심히 달려왔다. 신단왕은 2001년에 설립되어 아마존보다도 먼저 중국시장에 진입한 기업이다. 2005년 매출액은 13억 달러였으며 꽤 오랫동안 중국 소비자가 IT제품을 구매할 때 가장 선호하는 사이트였다. 왕이 창업주인 딩레이는 그의 투자자인 캐피탈투데이 창업주 쉬신에게 신단왕을 추천한 적이 있었다. 왕이도 신단왕을 통해서 모든 제품을 구매한다고 강조하면서 특히 투명한 거래가 압권이라고 했다. 그런데 쉬신은 오히려 역으로 딩레이에게 자신이 막 투자한 징둥상청을 소개했다. 때는 이미 2007년이었다.

2005년 당시 신단왕은 미국계 외자기업으로, 사이트 외관이 매우 세련되게 구성되어 있었다. 매출액도 징둥과는 감히 비교가 안 될 정도로 엄청난 차이가 있었다. 징둥은 '촌티 풀풀 나는' 신생기업으로 어디로 보나 투박하기 그지없었다. 제품 하나 배송하는 데도 보름 가까이 걸려서 고객은 기다리다 지치기 일쑤였다. 제품이 분실되는 일도 허다했다. 당시 중국은 물류배송의 '마지막 1km 문제'(배송 마지막 단계에서, 지역진입불가 · 노선선택 등의 문제를 가리킴 - 역주)로 인해 배송서비스가 엉망이었다. 대부분 가맹점이 배송거점 역할을 했는데 서비스 품질이 매우 불안정했다.

징둥멀티미디어는 창고관리에도 체계가 없었다. 진열대의 관리번호나 바코드넘버 없이 오로지 담당직원의 기억력에 의존해 창고에서 제품을 찾아오곤 했다. 처음 창고관리를 시작한 직원은 300여 종의 제품을 파악하고 제품 보관위치를 하나하나 대조하는 데 꼬박 일주일을 매달려야 했다. 2006년이 되어서야 물류창고를 하이뎬구(海淀區) 서북지역의 펑황링(鳳凰嶺凤凰)으로 옮기면서 진열대 번호대로 제품을 관리하기 시작했다. 그런데 그마저도 잔뼈 굵은 고참 직원들의 저항에 부딪혔다. 직원들은 제품위치를 완벽하게 기억하고 있어서 굳이 관리번호를 도입할 필요가 없다며 맞섰다. 그리고 제품을 진열대에 올리기 전에 관리번호를 하나 더 추가하는 게 얼마나 번거로운지 하소연했다. 하지만 류창둥은 진열대 관리번호의 장점에 대해 확신하고 있었다. 즉 인위적으로 판단할 필요 없이 제품을 손쉽게 찾을 수 있으며 작업흐름을 한눈에 파악할 수 있어 전문화된 관리가 가능할 터였다. 다행히 류창둥의 이러한 확신 덕분에 담당책임자는 전권을 위임받아 해당 업무를 밀어붙일 수 있었다.

창고 관리감독시스템도 없었다. 고객에게 배송한 제품이 CD 한 장인지 두 장인지조차 제대로 파악하지 못했다. 실제로 CD 두 장을 주문했는데 한 장만 받았다며 다시 발송해달라고 클레임을 제기한 고객도 있었다. '고객경험관리(CEM)'에 강박적이라 할 정도로 철두철미했던 류창둥은 창고포장 책임자였던 왕아이민(王愛民, 현재 상품관리부 3C팀 고급경리)에게 지시해 묻지도 따지지도 말고 제품을 다시 발송하도록 했다. 왕아이민은 1개월 이내에 같은 문제가 재발한다면 자신이 기꺼이 10배를 배상하겠다고 장담하며 분을 삭이지 못했었다. 이후로 징둥멀티미디어는 무게를 먼저 잰 후 제품을 발송하는 방식으로 이 문제를 해결했다.

한편, 원가를 절감하기 위해 류창둥은 모든 직원에게 재활용 종이박스를 회사로 가져오게 했다. 퇴근 후에 직원들은 박스를 분리하고 변형해서 CD를 포장할 수 있는 작은 상자를 만들었다. 하루는 류창둥이 운전하는 도중에 한 젊은 부부가 가전제품 박스무더기를 길가에 내다놓는 모습을 보게 되었다. 그는 급히 도로가에 차를 세우고는 박스를 주워 트렁크 안에 구겨 넣었다. 이를 본 아내가 남편에게 푸념을 늘어놓았다. "당신은 어찌된 게 폐품이나 줍고 있는 넝마주이만도 못해? 넝마주이도 으리으리한 '훙치'를 몰고 다니는데 말이야!"

어쨌든 징둥의 판매량은 꾸준히 증가했다. 고객의 다양한 수요에 발맞춰 제품 종류도 계속 늘려나갔다. CD, CD-RW부터 시작해서 마우스, 키보드로 제품군을 확장했으며 메모리칩, 하드드라이버와 노트북까지 취급했다. 노트북은 당시만 해도 대당 판매가격이 1만여 위안에 이르는 고가제품이었기 때문에 류창둥도 혹여 팔지 못할까 봐 전전긍긍했었다.

이때부터 '창고이전'은 징둥의 발전 역사에서 빼놓을 수 없는 한 자리를 차지하기 시작한다. 창고를 이전했다는 것은 제품 판매량이 배로 늘어났다는 의미였다. 2002년 류창둥은 인펑빌딩 1202호를 사 들여 사무실 겸 주거공간으로 사용했다. 이곳의 160여㎡(약 49평-역주) 공간을 일부 할애해 창고로 썼고 구매와 재무, AS 등의 부서도 이 곳에 배치했다. 전자상거래를 본격화하면서 회사는 바로 옆의 1203 호 100㎡(30.25평-역주)를 임대해 창고로 사용했다. 반년 뒤에는 인펑 빌딩 맞은편 200㎡(60.5평-역주)짜리 공간을 얻어 창고를 이전했다. 또 반년이 지난 후 다시 인펑빌딩으로 창고를 이전해왔는데, 이번에 는 지하실이었고 농구를 할 수 있을 정도로 아주 넓었다. 류창둥은 앞으로 2년 동안은 창고를 이전할 필요가 없을 거라며 직원들을 다독 였지만, 그로부터 반년 후 회사 전체가 펑황링으로 이전하게 된다. 그 시절 모두가 이를 악물고 악착같이 버텼다. 류창둥과 직원들은 피 곤하면 박스를 분해해서 바닥에 깔고 새우잠을 청했으며 배고프면 도시락에 라오간마(老幹媽, 중국 국민브랜드 중의 하나인 고추기름장-역주)를 비벼 넣고 허기진 배를 채우기도 했다.

2005년이 되자 회사의 ERP(전사적 자원관리)시스템도 더는 이용하기 곤란한 지경에 이르렀다. 이 시스템은 2000년에 류창둥이 직접 개발한 것으로 상당히 허술했다. CD를 한 장씩 팔 때마다 일일이 시스템에 입력해야 했는데, 이를 통해 매일 판매내역을 파악할 수 있었다. 당시 대부분의 중관춘 판매점은 장부기록이 엉망이어서 물품대금을 제대로 회수하지 못했다. 그나마 징둥은 이 시스템을 통해 장부기록을 맞출 수 있었다.

　류창둥과 뤼커는 새로운 재고관리시스템을 개발하기 시작했다. 류창둥은 직접 종이에 쓰고 그리면서 시스템 모듈을 설계해나갔다. 뤼커에게 구조는 어떻게 설계하며, 로직과 기본개념은 어떻게 가져갈 것인지 일일이 설명했다. 그리고 뤼커는 류창둥의 설계대로 코딩작업을 진행했다. 매일 저녁 류창둥은 창고에 들러 직접 시스템을 테스트해보고 뤼커에게 전화를 걸어 어떻게 시스템을 수정할지 원격으로 지시를 내렸다.

　류창둥은 때때로 영감이나 새로운 아이디어가 번뜩이면 바로 뤼커를 불러들여 함께 작업하고, 작업을 마치면 곧장 시스템을 업로드하곤 했다. 그러다 오류가 발견되면 다시 수정을 반복했다. 류창둥은 처음부터 모든 측면을 빈틈없이 고려하는 스타일은 아니다. 오히려 구멍을 메워가면서 완성도를 높여가는 편이다. 징둥이 전통적 기업에서 벗어나 구조를 전환하는 과정을 보면, 인터넷처럼 '빠른 속도와 세대교체'라는 특성은 보이지 않는다. 그런데 아이러니하게도 방법은 달랐지만 같은 결과를 얻을 수 있었다. 이렇게 두 사람은 꼬박 한 달여의 시간을 들여 재고관리시스템을 완성하게 된다.

훗날 징둥이 도입한 관리시스템의 구조는 2005년에서 2006년 사이 개발한 이 시스템을 기본 뼈대로 개발된 것이다. 당연히 류창둥은 회사 관리시스템을 손바닥 보듯 훤하게 꿰뚫고 있었고, 덕분에 카테고리를 확장하거나 시스템 개선과정에서 빠른 의사결정을 내릴 수 있었다.

양떼를 이끄는 사자 한 마리

2006년까지 징둥멀티미디어의 직원들 대부분은 평범한 서민 출신으로, 학력도 높은 편이 아니었고 전문적인 스킬도 부족했다. 대신, 매사에 열정적이며 기꺼이 고통을 감수하고 최선을 다한다는 장점이 있었다. 이는 징둥이 중관춘의 볼품없는 작은 매장에서 시작되었다는 사실과도 무관하지 않다. 워낙 열악한 상황이었기에 직원을 유인할 만한 매력적인 요소가 없었던 것이다. 회사가 줄 수 있는 월급수준도 변변치 않아서 당시에 대부분의 직원들은 한 달에 기껏해야 800위안에서 1,000위안을 받고 일했다. 그러니 고급인재를 채용한다는 것은 꿈도 꿀 수 없었다.

훗날 류창둥이 투자 유치에 성공한 후, 한 투자자는 당시 상황을 이렇게 묘사했다. '류창둥은 마치 한 무리의 양떼를 이끄는 사자와도 같았다.' (아랍속담인 'An army of sheep led by a lion would defeat an army of lions by a sheep'을 중국어로 직역한 것으로 '사자 한 마리가 이끄는 양떼가 양 한 마리가 이끄는 사자떼를 이길 수 있다'는 뜻. 즉 조직의 성패에 있어서 리더의 힘은 불가능도 가능으로 바꿀 수 있을 만큼 강력하다는 비유-역주) 순진한 양떼를 몰며 홀연히 전장에 나선 결과 양떼들은 어느덧 거칠고 험한 생존의 전장에서 맷집을 키우며 매서운 늑대로 길러진 것이다.

당시 직원들은 물질적으로 굉장히 힘든 상황을 이를 악물고 견뎠다. 수입은 몇 푼 되지 않는데 업무 강도는 높았다. 매일 아침 8시부터 밤 10시까지 일했고 주말에도 하루밖에 쉬지 못했다. 야근도 밥 먹듯이 했다. 모두 다 혈기왕성한 젊은 청년들이었고 돈이 없으니 서로 의지하면서 버텨낼 수밖에 없었다. 한 푼이라도 아끼려고 하이뎬차오(海淀橋)에서 서쪽으로 2km 떨어진 '청중춘'(城中村, 달동네처럼 빈곤층이 모여 사는 도시 속의 농촌-역주)의 류랑좡(六郎莊)에 함께 방을 빌려 살았는데 월세는 300위안이었다.

낮에는 죽어라 일했고 저녁에는 술잔을 기울이며 서로를 다독였는데, 그들은 당시를 나름 재밌고 보람찬 나날들이었다고 회고한다. 징둥의 젊은이들은 '우리는 다른 회사 직원과는 다르다'고 여기며 회사에 대단한 자부심을 가지고 있었다. 혹여 지나가는 소리로라도 회사를 흠집 내려는 말이 들리면 그 자리에서 화를 내며 목청을 높이기도 했다. 물리적으로 열악한 환경에서도 젊은 친구들은 자기 자리를 지키며 꿋꿋이 버텼을 뿐만 아니라 계속 발전하고 전진했다. 그렇다면 직원들이 이토록 헌신하기까지 류창둥은 과연 어떤 노력을 기울였을까?

류창둥의 모친인 왕사오샤는 열정적이며 활달한 성격의 소유자로, 강한 면모도 있지만 매사에 조심하는 편이다. 또 가까운 일가친척이나 친구들에게 무슨 일이 생기면 일일이 신경 쓰고 간섭하는 스타일이기도 하다. 류창둥은 이러한 모친의 성격을 그대로 물려받았고 어려서부터 맏형으로서 의젓한 면모를 보였다. 사촌동생인 우제(吳潔)는 외할머니 댁에서 류창둥과 같이 자랐다. 우제가 초등학교 1학년이었을 때 1에서 10까지도 세지 못하자 당시 중학생이었던 류창둥은 우제가 10까지 제대로 셀 때까지 밥을 못 먹게 했다. 또 한번은 우제가 수영하러 몰래 집을 나간 적이 있었다. 류창둥은 우제를 뙤약볕 아래 세워두고 피부를 태우게 했다. 흰 자국이 조금이라도 보이면 물에 들어간 증거라며 벌을 세운 것이다. 우제가 초등학교 3학년 때 이런 일도 있었다. 학교를 무단결석하고 소림사에서 무술을 배운다며 상추(商丘)까지 갔다가 돈이 떨어지자 집으로 돌아온 것이다. 이때 류창둥은 베이징까지 한달음에 달려갔다. 타이르는 도중에 우제가 말대꾸를 하자 가차 없이 따귀를 올려붙이기도 했다.

2006년 말 우제는 대학을 졸업하고 쑤첸으로 돌아와 공무원시험을 보게 된다. 류창둥은 베이징에서 일하라며 올라올 것을 권유했지만 우제는 쑤첸의 국세국(國稅局, 우리나라의 국세청에 해당—역주)을 선택했다. 안정적이며 체면이 선다는 게 그 이유였다. 그런데 우제는 반년도 채우지 못하고 자신의 결정을 후회했다. 낮은 월급에 특별히 하는 일 없이 멍하니 보내는 직장생활에 넌더리가 났던 것이다. 류창둥은 당장 때려치우겠다는 우제를 만류했다. 기왕에 선택한 길이니 좀더 버티면서 해당 분야를 속속들이 파악한 후 결정해도 늦지 않다며 타일렀다. 얼마 경험해보지도 않고서 섣불리 예단하고 포기하는 태도를 지적한 것이다. 그로부터 3년 뒤 류창둥은 우제에게 전화를 걸어 회사생활이 할 만한지 물었다. 우제는 업무는 편하지만 급여수준이 밥만 먹고사는 정도에 불과하다며 퇴사의 뜻을 굽히지 않았다. 류창둥은 그제야 이직을 허락했다.

회사에서도 그는 젊은 직원들에게 맏형으로서 듬직하고 강한 면모를 보였고, 매사에 단호하며 엄격한 잣대를 들이대곤 했다. 장치는 디스플레이 대당 가격을 묻는 질문에 곧장 대답을 못하고 우물쭈물거리다 혼쭐난 적이 있다. 류창둥은 그를 노려보며 "어떻게 가격을 모를 수 있지? 대체 뭐하고 사는 거야?"라며 호통을 쳤다. 그 뒤로 장치는 하루도 빠짐없이 모든 제품의 가격을 한 번씩 훑어봤고, 800~900개 제품의 입고가격 및 판매가를 일일이 기억했다.

외까풀에 우직한 외모의 장치는 16세라는 어린 나이에 징둥멀티미디어에 입사했다. 무일푼에 몸뚱이 하나만 믿고 중관춘이라는 번화가에 겨우 발을 붙인 것이다. 그는 이른 아침 회사에 출근해서 청소를 끝내놓고 하루 일과를 준비하곤 했다. 처음에는 배달업무를 했는데 신속성이 관건인 일이었다. 일부 매장들은 세 개의 대리점에 동시에 전화를 걸어 제품을 요청하고는 제일 빨리 가져오는 대리점의 제품을 구입하곤 했다. 이때는 고객이 매장에서 기다리고 있는 경우로, 부르는 가격이 10위안 정도 비싸도 개의치 않았다. 그는 단한 명의 고객도 놓치지 않겠다는 일념으로 발에 불이 나도록 뛰어다녔다.

장치는 1년 반 정도 배달과 계산업무를 하다가 AS부서로 발령받았다. AS제품의 배송흐름을 관리하는 일은 여간 힘든 게 아니었다. 우선 고객이 징둥에 하자 있는 제품을 보내면 징둥은 공장으로 제품을 전달해 수리를 거친 후 다시 고객에게 배송했다. 판매량이 증가할 수록 AS를 요하는 제품도 갈수록 많아졌다. 고객 최우선주의를 신조로 여기는 류창동은 매일같이 장치를 압박하며 AS처리를 독촉했다. 장치는 때때로 류 사장이 다소 억지를 부린다는 생각도 들었다. 제품 수리라는 게 일정시간이 필요한 일이고, 제조사에서 늑장을 부리면 손 쓸 방법이 없었기 때문이다.

AS제품을 처리하는 한두 달 사이를 참지 못한 채 불같은 성격의 류창동은 줄곧 장치만 붙들고 다그치곤 했다. 그렇게 하다하다 안 되겠다는 생각이 들었는지 류창동은 본인이 직접 나서서 수리할 제품을 분류했다. CD-RW제품은 주로 슬라이딩 도어 불량 문제로 AS를 요청하는 경우가 많다. 또는 픽업(Pickup, 렌즈부분-역주)이 망가져서 CD를 읽지 못하는 경우도 있다. 류창동은 직접 고칠 수 있는 것은 고치고 수리가 어려운 나머지 제품들은 제조사로 보냈다. 이런 식으로 정리한 결과 AS 요청 가운데 60% 정도는 자체적으로 해결할 수 있었고, 덕분에 AS업무도 보다 원활해졌다.

그런 한편으로 류창동은 마치 친형처럼 아랫사람을 살뜰히 보살폈다. 사생활도 포기한 채 일에만 매달려 사는 거의 대부분의 직원들에게 그는 단순히 업무에 필요한 노하우를 일러주는 것 외에도 인생관이나 가치관, 세계관을 심어주려 애썼다. 당시 장치와 쑨자밍은 함께 살고 있었는데, 류창동은 주말이면 어김없이 그곳에 들렀다. 하루는 먹다 남은 라면봉지가 테이블에 널려 있는 모습을 보더니 TV를 시청 중이던 장치와 쑨자밍에게 청소 좀 하고 살라면서 애정 어린 잔소리를 늘어놓기도 했다.

야근이 계속 이어지다 보니 직원들은 과자나 국수 등으로 대충 허기를 때우는 날이 많았다. 저녁 9시 넘어 10시 가까이 되어서야 류창 둥은 직원들과 함께 늦은 저녁식사를 하며 술잔을 기울이곤 했다. 그 러다 식사 도중 구내식당을 개선할 필요가 있다는 의견을 듣고는 즉 각 반영하기도 했다. 그들은 일주일에 두세 번은 항상 이렇게 같이 식사를 했다. 이른바 징둥 '술문화'의 기원은 여기서 시작됐다. 영업 에는 으레 술이 따라붙기 마련이고, 특히 제조업체나 유통업체와 안 면을 트고 거래하려면 술자리를 마련할 수밖에 없었다. 그들은 바이 주(白酒)를 물 먹듯 들이붓는 게 다반사였고 한 번 마시기 시작하면 끝 장을 보곤 했다.

징둥의 술문화에 다소 특이한 게 있다면 단체로 모여서 마신다는 점이다. 술자리에서 직원들은 고민이나 문제점을 털어놓기도 했는데 류창둥은 의견을 제시하기보다는 주로 듣는 쪽이었다. 그리고 나중 에 보면 직원들이 지적했던 문제가 어느새 해결돼 있곤 했다. 일반적 으로 말단직원이 제기한 업무상의 문제점이 개선되려면 타 부서와의 공조가 전제되어야 가능할 때가 많다. 타 부서 업무는 권한 밖의 일 이기 때문이다. 이런 측면에서 술자리는 의사소통 채널로서 그 역할 을 톡톡히 해냈다.

류창둥은 말단직원과의 술자리에는 고위직 임원이 참석하지 못하 게 했는데, 아랫사람들이 술자리를 빌려 마음껏 의견을 개진할 수 있 도록 배려한 것이다. 또한 그는 묵묵히 맡은 바 소임을 다하는 말단 직원의 마음을 자상하게 헤아리고자 노력했다. 회사를 지탱하는 힘 은 하부조직에서 나오는 법이다. 하부조직이 탄탄하면 상부 관리층 이 바뀌어도 뿌리가 절대 흔들리지 않기 때문이다.

징둥 술문화의 첫 번째 특징은 대담함이다. 주량이 맥주 한 잔에 불과한 직원도 잔에 바이주를 가득 채우고 상대방과 호기롭게 잔을 부딪쳤다. 징둥인이라면 응당 기개를 보여야 했다. 또한 뒷일을 미리 고민하지 않고 우선 목표를 달성한 다음에 후속조치를 취하는 게 특징이다. 두 번째는 솔직함이다. 자기 견해를 명확히 밝히면서도 상대방 의견에도 귀를 기울이는 분위기가 정착되어 있다. 술문화의 꽃은 의사소통에 있다고 해도 과언이 아니다. 업무적으로 마찰을 빚고 의견 차이가 있더라도 술잔이 오가다 보면 어느새 없던 일이 된다. 이러한 징둥 술문화는 상당히 오랫동안 유지되다가 최근 2년 전부터 조금씩 퇴색하긴 했다. 건강에 대한 인식이 보편화되면서 조직문화도 점차 건전하게 바뀌고 있다.

장치와 쑨자밍이 보기에 류창둥은 다른 회사의 오너들과는 전혀 달랐다. 통상적으로 사장들은 업무결과에만 관심을 두기 마련이다. 하지만 류창둥은 일일이 업무를 가르치면서 보잘 것 없는 묘목과도 같은 이들을 거목으로 키우기 위해 진심을 다했다. 어찌 보면 초창기에 직원들의 나이가 유독 어렸다는 점도 그 원인으로 작용했을 것이다. 입사 당시 장치는 불과 16세였고 쑨자밍은 만 20세였다. 이들은 경력이 전혀 없어 백지상태나 다름없었고, 사회경험도 없는 어수룩한 초년생들이어서 무엇이든 배워야 했다. 일례로 류창둥은 고객과 전화로 업무협의를 할 때마다 쑨자밍에게 내선전화로 그 대화를 듣도록 지시했는데, 상대방과 의사소통을 어떻게 해야 하는지 알려주기 위해서였다.

직원들은 저녁식사 때마다 하루 일과를 공유하며 신규 고객을 어

떻게 발굴했는지 세세히 읊어대곤 했다. 이들 대화를 잠잠히 듣고 있
던 류창둥은 가끔씩 끼어들어 잘못된 부분이 무엇인지 그 자리에서
바로 일러주곤 했다. 그는 말과 행동으로 쑨자밍을 비롯한 직원들을
이끌며 올바른 생각을 주입시켰다. 또한 젊을 때 더욱 노력하고 최대
한 많은 것을 배워야 미래가 보장된다는 사실을 강조했다. 당시 쑨자
밍은 까다로운 고객을 유치했을 때가 가장 신명나는 순간이었다고
한다. 그날 저녁 술자리에서 류창둥에게 격려와 칭찬을 받으면 한껏
들떠서 자신만만하게 외쳐대곤 했다. "자자, 건배합시다! 내일도 또
다른 고객을 낚으러 나가자고요!"

쑨자밍은 처음에 배달업무를 하다가 나중에 사무직으로 전환되었
다. 한번은 징둥멀티미디어에서 대당 600여 위안의 CD-RW 신제품
판매를 준비하고 있었다. 직원들 모두 딱히 단골고객을 확보하지 못
한 처지라 똑같은 출발선에서 경쟁을 시작했는데, 판매실적 1위를 하
면 보너스가 1,000위안이었다. 결국 보너스는 쑨자밍 차지가 되었고,
그는 반년 만에 사무직 팀장으로 승진했다.

때로는 직원이 업무상 오판을 해 잘못된 결정을 내려도 류창둥은
모른 척 그대로 두었다. 좌절을 겪어봐야 더욱 큰 교훈을 얻을 수 있
다고 여겼기 때문이다. 현재 징둥 일용백화부 식품·식용유(日用百貨
部糧油組) 팀장인 왕나(王娜)는 2005년에 입사해 디지털제품을 담당했
었다. 디지털제품은 가격변동폭이 매우 큰 편이어서 종종 오전과 오
후의 가격조차 달라지곤 한다. 한번은 디지털카메라를 사들여 2~3일
뒤 입고시켰는데, 입고시점에 가격이 이미 하락해버리는 바람에 대
당 몇 백 위안의 손실을 고스란히 떠안게 되었다. 입고물량이 3~4대

정도로 많지는 않았지만 자책감이 든 왕나는 자진해서 이실직고를 해왔다. 그런데 류창둥은 뜻밖에도 전혀 나무라지 않았고, 사업을 하다 보면 벌 때도 있고 잃을 때도 있다며 담담하게 반응했다. 그리고 시장상황이 여의치 않으면 손해를 감수하고라도 바로 처분할 필요가 있다고 강조하면서 결단력 있게 처신해야 손해를 덜 볼 수 있다고 충고했다. 그 이후부터 왕나는 가격변동을 특히 예의주시하면서 미세한 낌새만 보여도 즉각 행동에 옮기게 되었다.

류창둥의 아랫사람을 아끼는 자상한 마음은 쑨자밍 등 직원들에게 좋은 본보기가 되었다. 한번은 제품구매 상담을 위해 급히 외근을 나갈 일이 생겼는데, 하필 장대비가 쏟아지기 시작했다. 그러자 장치는 야오옌중(姚彦中)에게 "자네는 사무실에 있게나. 선배인 내가 가야지"라고 말하며 자청해서 사무실을 나섰다. 현재 징둥상청 IT디지털부 컴퓨터부품 총책임자인 야오옌중은 10년이 지난 지금도 그때 일을 떠올리면 아직도 마음 한켠이 따뜻해진다고 한다. 야오옌중이 자가용을 살 때도 장치와 쑨자밍이 신용카드를 빌려주는 등 큰 도움을 줬다고 한다. 나중에 쑨자밍은 술자리에서 직원의 주택구입을 지원하는 방안에 대해서도 류창둥에게 건의한 바 있다. 그리고 실제로 2012년에 직원이 주택을 마련할 때 계약금을 무이자로 대출해주는 지원제도가 신설된다. 야오옌중도 이 제도의 도움을 받아 그해에 집을 마련할 수 있었다. 그는 "징둥에서는 맡은 바 소임에 최선만 다하면, 자동차나 집을 살 때도 회사가 세심히 배려해준다"며 무척 뿌듯해했다.

소년 류창둥의 생애 첫 모험

류창둥은 젊을 때 열정적으로 일하는 게 중요하다고 늘 강조해왔다. 젊을 때 노력하지 않고 허송세월을 보내다가 나이 들어 후회해봐야 소용없다는 게 요지다. 그는 하루하루 최선을 다하며 단기와 중기 목표를 세우고 더 높은 목표를 향해 매진할 것을 직원들에게 주문했다. 징둥은 일 년에 두 차례 임금상승의 기회가 있다. 성과가 좋으면 당연히 임금도 인상되지만, 물질적인 장려책에는 아무래도 한계가 있기 마련이다. 징둥 직원들이 오랫동안 뜨거운 열정을 계속 유지했던 것은 분명 정신적인 요인이 있기에 가능했다. 설정목표를 달성하면 약속된 장려금 외에도 정신적인 만족감을 얻을 수 있는데, 해냈다는 자부심과 더욱 많은 조직원을 거느린다는 영광이 그것이다. 또한 고위층과 더욱 밀접한 접촉이 가능해지며 사회적 지위도 상승되는 등 무형의 보상이 덤으로 따라오는 것이다.

몇 년 전 필자가 류창둥 사장과 처음 친분을 쌓을 무렵, 그를 한마디로 '기세등등한 패기'를 갖춘 사람이라고 표현하자 그의 반응은 이랬다. "제가 기세등등하고 패기 넘치는 사람으로 보인다니 할 말은 없지만, 사실은 그렇지 않아요. 어쩌면 아주 조금은 그런 면도 있을 수 있죠. 그보다 우리는 내부적으로 '돌파력'이라는 단어를 사용해요. 특히 조직적이며 단결된 돌파력을 강조합니다. 상대가 누구든 강력한 돌파력만 있으면 제압 가능합니다." 이 말은 당시 회사에 걸려 있던 '전투! 전투!(戰鬪, 돌격하여 싸우자는 의미-역주)'라는 표어를 떠올리게 한다. 또한 류창둥이 설정한 '중국 최고의, 세계 5위의 전자상거래업체'로 부상한다는 목표와도 일맥상통하는 말이다.

비록 시작은 다소 무모하고 초라했지만 류창둥은 자신의 야심을 거리낌 없이 드러냈다. 바퀴벌레가 기어 다니는 사무실에서 일하면서도 기죽지 않았다. 세계를 향한 욕망과 남다른 불굴의 의지는 유년 시절부터 이미 드러나기 시작했다. 쑨자밍 등 직원들을 타이르며 늘 입에 달고 다녔던 말처럼, 늙어서 남는 게 아무것도 없다면 인생이 무의미하다고 여겼던 것이다.

장쑤성 쑤첸은 중국 남북지역의 경계부근에 위치해 있다. 징항 대운하가 도시 전체를 관통하고 있으며, 서초패왕 항우(西楚霸王項羽)의 고향이기도 해서 항우가 구리 항아리를 들고 있는 동상도 있다. 바로 그곳에서 류창둥이 태어났다. 그는 북쪽으로는 포플러나무가 즐비하고 남쪽으로 논벼가 황금빛으로 무르익는 마을에서 자랐다. 그의 고향은 라이룽진(來龍鎭)의 농촌으로, 사방이 논과 진흙 오솔길로 둘러싸여 있었다. 그는 어려서부터 고등학교를 졸업할 때까지 외할머니 댁에서 살았다. 붉은 벽돌로 된 방 세 칸짜리 단층주택이었는데, 방 안의 하얀 벽은 먼지로 얼룩덜룩했으며 널빤지로 만든 침대에는 모기장이 걸려 있었다. 한마디로 쑤베이(蘇北)지역의 전형적인 농갓집이라 할 수 있다. 류창둥의 본가는 외할머니 댁에서 1km도 안 되는 거리에 있었다. 1990년대 말에 수리한 집으로 2층짜리 건물에 방 세 칸과 정원이 딸린 벽돌집이다. 건물 외벽에는 흰색 타일이 붙어 있으며 안뜰 문은 붉은 기와로 처마를 둘렀다. 그리고 문틀 위에는 집안이 흥하면 재물이 왕성하다는 뜻의 '가흥재원왕(家興財源旺)'이라는 글귀가 떡하니 붙어 있다. 주변을 둘러싼 허름한 붉은 벽돌의 단층주택에 비해 유독 세련되어 보이는 집이다.

류창둥의 부친은 배를 저어 생계를 꾸렸다. 그는 원래 생산대(生産隊, 중국 사회주의 농업경제의 조직형태로서 국영농장의 노동조직 기본단위를 가리킴 - 역주)에서 회계를 담당했었다. 그러다 1979년 농촌 농업생산책임제(토지 · 기술 · 노동력 등의 조건에 근거하여 생산량을 정해 세대별로 책임지고 완수하는 것 - 역주)가 시행되자, 2,500위안을 빌려 10톤짜리 배 한 척을 사들인 후 쉬저우(徐州)에서 양저우(揚州)까지 화물을 옮기는 일을 시작했다. 그리고 다시 양저우에서 쉬저우로 되돌아올 때는 운송비라도 벌기 위해 도자기를 실어 날랐다. 당시는 어느 집이나 대부분 선박 운영방식이 비슷했다. 집안에 있는 돈을 모조리 탈탈 털고 여기에 돈을 조금 빌려서 작은 배 한 척을 산 뒤 몇 년 동안 배를 몰면서 돈을 갚아나가는 식이다. 그런 다음 작은 배를 팔고 그 돈과 빌린 돈을 보태서 조금 더 큰 배를 사들여 운영했다.

배를 한 번 몰 때마다 20~30위안을 벌었고, 이틀에 한 번꼴로 운영하면 1년에 100여 차례 몰 수 있었다. 그렇게 연간 2,000~3,000위안 정도를 벌 수 있었고 기름값 등의 원가를 제하더라도 순수익만 1,000위안이 넘었다. 1980년대 초 중국 농촌에서 이 정도 수입이면 꽤 짭짤한 편이었다. 당시에 쌀 500g(1근)은 1마오(毛, 1위안의 10분의 1 - 역주)였고 돼지고기 한 근은 7마오(0.7위안으로 한화로는 약 128원 - 역주)였다.

3년 후 류씨 집안은 1만여 위안을 빌려 40톤급 콘크리트 배로 바꾸게 된다. 디젤엔진도 두 개나 달렸으며 목적지도 바뀌었다. 편도만 해도 100여km가 넘는 화이안(淮安)과 쓰양(泗陽), 화이인(淮陰)으로 배를 운항했다. 왕복 보름 정도 걸리는 거리였는데, 세 개의 댐을 건너야 했고 댐을 건너려면 길게는 며칠씩 기다리는 경우가 허다했다. 배를 몰면 농사짓는 것보다 수입은 좋았지만 그만큼 위험한 일도 더 많았다. 늘 조마조마한 마음으로 살얼음판을 걷는 듯 살았는데, 그도 그럴 것이 모친인 왕사오샤 주변에는 해마다 배를 몰다가 생기는 사건사고가 끊이지 않았기 때문이다. 아는 뱃사공의 배가 파도에 휩쓸려 가라앉는가 하면 배끼리 서로 부딪히는 사고로 인해 멀쩡한 사람이 죽어나가는 경우도 있었다.

부모님이 1년 내내 배를 몰다 보니 배 위에서 먹고 자는 일이 많았다. 류창둥과 여동생은 자연스레 외가댁에서 살다시피 했다. 남매는 요즘 흔히 말하는 '류서우 얼퉁'(留守兒童, 부모님은 도시에서 일하고 시골고향집에 남아 할머니나 친척과 함께 사는 아이를 일컫는 신조어—역주)이었다. 외할머니는 평생 고생에 찌들어 살아서 뼈 가죽만 남은 전형적인 중국의 농촌 여성이었다. 당시 다섯 살에 불과했던 류창둥이 세 살배기 여동생을 돌봐야 하는 상황이었다. 동생이 배고프다고 칭얼대면 바닥에 벽돌을 괴어 올려 아궁이를 만든 뒤 밥을 지었는데, 늘 거무죽죽하게 태워먹곤 했다. 조금 커서는 돼지 먹일 풀을 해오거나 물을 기르는 등 온갖 궂은일 다 해야 했다.

류창둥이 창업을 결심한 중요한 동기 중의 하나도 집안 살림을 일으켜보려는 의지가 있었기 때문이다. 외할머니와 모친도 남들처럼 맘껏 돈도 써보고 편하게 살았으면 하는 바람이 있었다. 대학교 입학 전까지 외갓집에서 줄곧 살았기 때문에 그는 외할머니와 특히 사이가 각별했다. 외할머니는 상하이 친척 집에 다녀올 때면 늘 과일을 싸와서 손주들에게 하나씩 나눠주곤 했다. 그때 류창둥은 쑤첸시에서 고등학교를 다니고 있었다. 외지에 있는 손자가 눈에 밟힌 외할머니는 제일 큼직한 배 하나를 골라 들고는 라이룽진까지 5~6리를 걸어 나온 뒤, 거기서 또 차를 타고 30㎞를 달려 쑤첸에 도착했다. 그러고는 또 3㎞를 걸어 쑤첸 중·고등학교까지 찾아와 배를 건네주었다. 류창둥도 대학 시절 아르바이트를 해서 돈을 벌면 본인의 생활비만 조금 남겨두고 외할머니 약값에 보태라며 집에 돈을 보내곤 했다.

2000년 1월 쑤첸에 폭설이 내리던 날 외할머니가 돌아가셨다. 전화로 부음소식을 듣자마자 황급히 비행기를 타고 쉬저우까지 가서 다시 5시간 동안 차를 타고 쑤첸에 도착해보니 어느덧 밤 11시가 되어 있었다. 그는 외할머니 영전 앞에서 털썩 주저앉고 말았다. 그리고 그렇게 앉은 채로 밤을 지새웠다. 춘절이나 청명절이 되어 외할머니 산소에 들를 때마다 매번 눈물이 앞을 가렸다. 그 시절에 조금만 더 잘살았다면 하는 아쉬움에 가슴이 아려오기 때문이다. 외할머니는 평생 허리 한 번 맘껏 펴지 못한 채 고생만 하다가 저세상으로 가셨다. 좋은 병원에서 제대로 된 치료조차 못해드린 게 지금도 한으로 남아 있다. 이제 겨우 살 만해졌는데 외할머니는 이미 저세상 사람이 되어버렸다.

이 일을 겪으면서 그는 중국 농민들의 말 못할 시름과 피땀 어린 고통을 뼈저리게 절감했다. 그런 까닭에 징둥은 배송거점을 구축하면서부터 농촌에서 올라온 사람들을 최대한 많이 고용했다. 또한 업계에서 비교적 높은 임금과 안정적인 복지, 그리고 좋은 작업환경을 제공해주었다. 직원들은 몇 년만 일하면 읍내에서 집과 자동차도 구입할 수 있었고, 가족이 더욱 번듯하고 안정된 삶을 누릴 수 있었다. 그는 특히 현장일선에서 일하는 택배원을 각별히 보살폈다. 그래서

인지 택배원들도 류창둥 사장에게 늘 감사하는 마음을 가지고 있다. 이들은 베이징에서 열린 송년회에 참석한 적이 있었는데, 멀찍이에서 사장님의 얼굴만 봐도 웃음이 절로 나오고 감격에 겨웠다고 한다.

속마음이 여린 편인 데다 평소 농민들의 힘겨운 삶에 깊이 공감하고 있던 류창둥은 2014년 춘절에 식사 도중 우연히 '류서우 얼퉁'이 자살했다는 뉴스를 접했다. 뉴스를 보면서 흐르는 눈물을 주체할 수 없었다. 그는 춘절기간에 당직을 서는 일선현장 직원들 모두에게 자녀 일인당 3,000위안의 보너스를 즉각 지급하기로 결정했다. 부모와 떨어져 농촌에 있는 자녀들이 춘절 연휴기간에 도시로 올라와 부모와 함께 지내도록 배려한 것이다. 자녀가 셋이면 9,000위안을 받을 수 있었다. 2015년 춘절 직전, 회사는 이 복지제도를 향후 계속 유지하겠다고 발표했다. 연간 수천만 위안을 임직원 가족을 위해 사용키로 결정한 것이다.

한편, 류창둥은 자신의 부모처럼 소규모로 장사하면 평생 고생해도 겨우 배 한 척 운영하는 게 고작이라는 생각을 떨쳐버릴 수 없었다. 10톤부터 시작해서 40톤, 80톤으로 늘려가고 심지어 120톤으로 배 크기가 달라진다 한들 그래봐야 배 한 척일 뿐이며 버는 돈도 한계가 있었다. 그는 한때 부모님께 선박회사를 차리면 안 되냐고 반문하기도 했는데, 배가 많으면 사람을 고용해서 운영하면 된다고 생각한 것이다.

하지만 부모님의 사고방식은 달랐다. 뭐든 직접 해야 마음이 놓인다고 했다. 어린 류창둥은 나중에 회사를 차리면 아주 많은 배를 사들여야겠다고 결심했다. 그리고 10만 톤의 거대한 선박에 물건을 가득 싣고서 창장(長江, 장강)에서 큰 바다를 향해 항해하며 전 세계 각지를 누비리라고 다짐했다. 여러 해가 지난 후, 류창둥은 200㎡(60.5평-역주) 남짓한 자신의 사무실에 앉아서 '나의 꿈은 아무것도 가진 것이 없는 상태, 즉 깨끗한 백지 위에 위대한 기업을 창업하는 것이었다'라고 회고했다.

류창둥은 유년시절에 아주 소중한 경험을 하게 된다. 어린 나이에 혼자 쑤첸을 처음 벗어나 새로운 모험에 나선 것인데, 이 모험은 향후 그의 인생에 매우 깊은 영향을 미치게 된다. 평범함을 거부하며 위대한 창업의 길을 꿈꿨던 한 소년에게 최초로 자극제가 되었던 것이 바로 이 시절에 겪었던 모험이라 할 수 있다.

1989년 여름, 중학교를 졸업한 15세의 류창둥은 가족에게 말 한마디 남기지 않은 채 혼자 가출을 감행한다. 장시주장(江西九江)의 후베이(湖北) 황매이현(黃梅縣)에 친척을 만나러 간 것이다. 사실 한참 전에 아버지는 그가 쑤첸 중·고등학교에 합격하면 상하이에 같이 놀러가겠다고 약속했었다. 그런데 아버지가 계속 약속을 어기자 크게 실망한 그는 50위안을 챙겨들고 세상구경에 직접 나서기로 결심한다. 이 50위안은 평소 외할머니가 준 용돈을 아껴서 모아둔 것이다.

그때까지 류창둥은 고향마을을 떠나본 적이 없었다. 기차는 물론이고 비행기는 아예 꿈도 꾸지 못했다. 오래된 지도 한 장을 구해 살펴보니 쑤첸에서 쉬저우로 향하는 도로가 보였고 쉬저우에서 난징(南京)으로 가는 기차가 있었다. 그는 새벽에 출발해 이튿날 새벽 1시에 난징에 도착했는데 여관에 머물 돈이 없어서 기차역부터 진링(金陵)호텔까지 걸어갔다. 37층 높이의 진링호텔은 휘황찬란한 불빛으로 반짝이고 있었고, 위풍 당당히 서 있는 고층빌딩을 난생처음 본 그는 흥분으로 가슴이 두근거렸다.

난징지도를 살 돈이 없었으므로 주변 사람에게 물어물어 진링호텔에서 난징의 10호 부두까지 걸어갔다. 가는 도중 다리 아래에서 노숙도 했는데, 한 거지가 마대자루 하나를 빌려주기도 했다. 배에 올라탄 그는 태어나서 처음으로 컵라면이라는 것을 먹었다. 그때까지 집에서 손수 밀어 만든 국수만 먹다가 기계로 뽑은 국수를 처음 접한 것이다. 그는 컵라면을 한입 넣고는 어떠한 산해진미도 이보다는 못할 것이라며 감탄했다. 그때까지 먹어본 국수 중에서 맛이 단연 최고였다.

같은 배에 탑승한 승객 중에는 원숭이를 부리며 전국을 떠도는 노인이 있었다. 그는 류창둥에게 재밌는 이야기도 들려주고 마술도 가르쳐주었다. 포커놀이만 해도 30종류가 넘었다. 주장에 도착해 배에서 내리면서, 노인은 자신을 따라 전국 각지를 돌면서 진기한 세상구경을 같이 하자고 그를 슬쩍 부추겼다. 강호를 홀연히 떠도는 협객의 모습은 소년 류창둥에게 상당히 매력적으로 다가왔고, 그때 하마터면 그를 스승으로 모실 뻔했다. 그러나 대학에 진학할 계획이었기에 노인과는 그 자리에서 아쉬운 작별을 했다. 훗날 류창둥은 직원들과 술을 마시면서 이때 배웠던 마술을 선보인 적도 있다.

먼 길을 처음 나섰던 유년시절의 추억은 류창둥의 삶에 아주 깊은 발자취를 남기게 된다. 난생처음으로 온전히 홀로 고민하며 삶의 의미를 되새긴 시간이었으며 한 번뿐인 인생에 대해 성찰할 수 있는 기회였다. 물론 학교에서도 선생님에게 인생이 무엇인지 배우며 꿈을 이야기한다. 그러나 바람처럼 스쳐가는 흔적 없는 기억들은 그에게 아무런 의미가 없었다.

류창둥이 난징 부두에서 올라탄 배는 '장우(江鷁) 129호' 여객선이었다. 배는 강을 거스르며 장시로 향하기 시작했다. 그는 배의 맨 위층 갑판에 올라서서, 동쪽으로 유유히 흐르는 장강의 모습과 뱃머리가 그 강물을 가르고 전진하는 모습을 말없이 지켜봤다. 그러자니 학교에서 배웠던 각종 시구가 떠올랐다. '봄날의 강물이 동쪽으로 흐르네(一江春水向東流)'라든가, '외로운 돛 그림자는 푸른 하늘 너머로 사라지고(孤帆遠影碧空盡)'라는 시도 생각났다. 그러다 문득 우리네 인생도 저 강물처럼 한 번 바다로 흘러 들어가면 다시는 돌아올 수 없다는 사실을 깨달았다.

그로부터 오랜 세월이 흐른 뒤에도 류창둥은 부하직원에게 종종 이 이야기를 꺼내곤 했다. "삶은 우리에게 오로지 단 한 번의 기회만 주며, 설령 자신이 '생명을 불어넣어' 핏줄을 이어받은 자녀일지라도 결국 나 자신은 아닌 것이다. 이 세상을 떠나면 다시는 돌아올 수 없으며 두 번째의 삶은 존재할 수 없다. 또 다음 생이 있다 해도 새로운 생명으로 태어나서 전생에 어떻게 살았는지 기억조차 못할 것이다."

소년시절 처음 경험한 이 장거리 여행은 류창둥이 자신의 '꿈'을 구체적으로 생각해보는 계기가 되었다. 마을 어른들처럼 그냥저냥 살기 싫었고, 어떻게 죽을지도 모르면서 평생 밥만 먹기 위해 살 수는 없다고 다짐했다.

그는 배에서 즉흥적으로 타유시(打油詩, 옛날 시체(詩體)의 하나. 내용과 시구가 통속·해학적이며 운율(韻律)에 구애받지 않음. 당대 장타유(張打油)가 한 데서 유래한 명칭-역주)를 지었다. '바다에 나가 교룡(蛟龍, 상상 속에 등장하는 동물의 하나로 때를 못 만나 뜻을 이루지 못한 영웅호걸을 비유적으로 이르는 말—역주)이 될지언정 난하이(南海)의 가시뱀장어는 되지 않으리(願做出海交龍, 不做南河刀鰍).' 난하이는 류창둥의 고향마을 남쪽에 위치한 작은 강의 명칭이다. 그는 낚시하러 난하이에 자주 갔었는데 제일 짜증 났던 게 가시뱀장어를 잡을 때였다. 가시뱀장어가 잡히면 곧바로 바닥에 휙 내팽개치곤 했다.

창업자의 가장 중요한 자질은 무엇일까? 바로 모험정신이다. 류창둥은 15세 때의 모험을 통해 인생에 큰 전환점을 맞이한다. 10년 뒤 그는 또 한 번의 모험을 시도하는데, 이번에는 '부'를 향한 모험이었다. 안주를 거부하며 모험을 감행하는 유전자가 그의 뼛속 깊이 박혀 있었다. 이 유전자에 뜨거운 야심이 더해지자 강한 열정이 활활 타오르기 시작했다.

난생처음 홀로 먼 길을 떠나보면서 그는 뚜렷한 신념을 갖게 되었다. 바로 세상 밖으로 나가 직접 겪고, 보고, 느껴야 한다는 점이다. 사촌동생인 우제에게도 항상 이렇게 말하곤 했다. "지금 공부하지 않으면 한평생 라이룽진을 벗어날 수 없어. 그리고 늙어서 어떻게 될지 뻔히 보이는 삶을 살게 될 거야."

류창둥은 사업이 어느 정도 성공궤도에 진입했을 때 중·고등학교 동창의 자녀들과 그가 지원하던 불우학생들을 베이징으로 불러 모아 하계캠프를 열었다. 또 경영연수생●을 선발해 미국 뉴욕으로 연수를

● 징둥 경영연수생 프로그램인 '징잉후이(京鷹會)‐TET(Traninee Eagle Team)는 우수한 졸업예정자들을 대상으로 실시하는 프로그램으로 관리자를 육성·비축하기 위한 인재개발 프로젝트다.

보냈고 집에 초대하기도 했다. 연수를 보낸 목적은 단순명료했다. 징둥에서 2~3년간 일했으니 이제 새로운 도약을 위해 해외를 둘러보며 안목을 넓힐 필요가 있다고 판단해서다.

베이징 쓰환(四環)에 있는 베이전스지센터는 냐오차오(베이징올림픽경기장), 수이리팡(수영경기장 – 역주)이 멀리 마주 보이는 곳에 위치해 있다. 2015년 3월 20일에 이곳의 탁 트인 널찍한 사무실에 앉아 류창둥은 말문을 열었다.

66 제 생각에는 전 세계 모든 기업이 갈수록 닮아가는 것 같아요. 과거에 중국은 전 세계에 호기심을 가지고 있었지요. 제 경험상, 중국 기업인이 해외 기업인을 만나면 꼭 던지는 공통 질문이 있더군요. 바로 어떻게 사람을 관리하는지, 그리고 왜 그렇게 하는지를 물었습니다. 외국 기업의 운영방식에 관심을 기울이며 질문을 제기한 것이죠. 그래서인지 중국 기업은 경영인제도부터 유통과정이나 시스템 등에 있어서 하나같이 외국 기업과 유사성이 있습니다. 처음에 중국이 개혁개방정책을 펼칠 때만 해도 외국과의 격차가 상당히 벌어져 있었어요. 중국인은 시골에서 갓 상경한 '촌놈'이나 다름없었죠. 제가 처음 난징에 갔을 때처럼 말입니다. 난징에 갔을 때 얼마나 화려하고 신기하던지, 사방에 반짝이는 네온사인을 보며 눈이 휘둥그레졌던 기억이 아직도 생생합니다. 시골에선 그런 네온사인을 찾아보기 힘드니까요. 그런데 요즘에는 난징에서 10년 살다가 베이징에 올라와도 그냥 크기만 클 뿐이지 아마 별다른 차이를 못 느낄 겁니다. 별 차이가 없으니 감흥도 없겠죠. 다년간 많은 외국 기업인

과 접촉하면서 경영 측면에서 본질적인 차이가 거의 없어졌다는 느낌이 들었습니다. 중국 기업인, 특히 새롭게 급부상한 인터넷기업의 경영인은 이제 해외 기업가와의 대화를 모두 이해하고 있으며, 서로 의견을 교류할 때도 어느새 같은 눈높이로 대화를 나누고 있습니다.

해외의 수많은 기업을 둘러보면 기업마다 추구하는 목표가 다르다는 점을 알 수 있을 거예요. 유럽의 기업은 정말 놀라운 게, 몇 백 년의 전통을 이어온 경우가 많아요. 가족이 8대, 10대를 이어가며 경영하는 사례도 있었고 지금 사장이 5대 또는 8대 계승자인 경우도 있지요. 영국의 한 유명 베이커리 전문점은 무려 12대째 이어져온다는 말도 들었습니다. 매일 몇 백 개의 빵을 만들어 파는데 다 팔고 나면 아무리 많은 사람이 줄을 서 있어도 양해를 구하고 판매를 종료한다고 해요. 그리고 가족과 함께 해마다 몇 개월씩 여행을 간다고 들었어요. 인지도를 감안해보면 판매량과 규모 면에서 지금보다 몇 십 배는 족히 판매할 수 있을 텐데 말이죠. 더 많은 빵을 구워서 큰돈을 벌 수 있을 텐데도 그러지 않더군요. 한번은 제가 뉴욕에 갔을 때 유명 일본요리 전문점에 들른 적이 있는데 이곳도 몇 개월 동안 문을 닫을 예정이라는 말을 들었어요. 돈을 벌기 싫다기보다는 휴식을 취하기로 선택한 것이죠.

그런데 중국인은 돈 버는 기회는 절대 놓치지 않으려 합니다. 만일 오늘 빵 10개를 팔 수 있다면 9개를 파는 것에 절대 만족할 리 없죠. 9개밖에 못 팔면 그날 밤에 잠도 제대로 못 잘 게 뻔합니다. 그리고 10개를 팔 수 있는데 왜 굳이 9개만 만드는지도 이해 못하죠. 중국인이라면 분명 다음 날 빵 11개를 만들어 팔 거예요.

이렇게 중국과 해외 기업인은 관념상에 차이가 있는데, 성공하려는 목적이 다르기 때문이라고 생각해요. 해외의 수많은 기업인은 성공 추구의 목적이 더욱 풍요로운 삶과 행복을 얻기 위해서이고, 화목한 가정생활에 큰 가치를 둡니다.

반면 중국 기업은 얼마나 돈을 많이 버느냐를 중요한 판단 기준으로 삼고 있습니다. 회사가 돈만 많이 벌면 된다고 생각하는 경향이 있어요. 돈만 벌어들이면 남이 경멸하며 하찮게 여겼던 사람도 한순간 영웅이 될 수 있어요. 예를 들면, 온갖 TV광고로 사람들을 현혹시켜 가짜 건강보조식품을 판매해 몇 백억을 벌어들이는 경우가 있는데, 주위에서는 그 사람을 대부처럼 떠받들면서 성공한 기업가라며 칭송이 자자합니다. 돈만 있으면 성공했다고 말하는 거죠.

이처럼 중국과 해외 기업인이 추구하는 가치에는 분명 차이가 있습니다. 그렇다고 해서 중국 기업이 무조건 잘못한다는 의미는 아니에요. 지금처럼 중국 기업과 사회가 발전하게 된 것도 어찌 보면 돈에 대한 강한 집착이 원동력이 된 게 사실이니까요. 중국인이 유럽인처럼 느슨하게 일하며 즐기려고만 한다면 이 역시 심각한 문제를 야기할 수 있겠죠. 나라에 일할 사람이 없다면 어찌 되겠어요? 돈이 하늘에서 뚝 떨어지는 것도 아니고, 정부를 운영하려면 예산이 필요한데 부를 창출하지 못하면 난감한 사태가 발생할 겁니다. 나라에 돈이 없으면 어떻게 될까요? 외부에서 돈을 끌어와야 합니다. 어찌어찌 돈을 끌어다가 써놓고 갚지 못하면 그리스 꼴이 나고 마는 거예요. 그리스처럼 나 몰라라 하면서 배 째라는 식으로 나오게 되는 겁니다.

유럽인의 삶의 방식을 그대로 따르라는 말이 아니에요. 유유자적하며 즐기기만 하는 풍조를 그리 권하고 싶진 않습니다. 게다가 정부가 국민의 노후를 보장하며 최상의 복지제도를 제공하는 상황에서, 정작 국민들은 부가가치를 창출하려는 노력도 하지 않은 채 세금도 제대로 납부하지 않는다면 그 국가는 결국 파산하게 됩니다. 지금 누리고 있는 모든 것이 하늘에서 뚝 떨어지는 게 아니니까요. 이에 반해 중국인은 조금 지나친 감이 있어요. 돈 외에는 행복의 가치를 찾지 못하고 있습니다.

저는 미국 기업의 방식을 좀 더 선호합니다. 미국은 부유한 나라로, 기본적인 복지제도가 잘 갖춰져 있으며 인간답게 살 수 있도록 보장해주고 있습니다. 그렇다고 해서 게으른 사람을 먹여 살리진 않죠. 노력하지 않는 사람은 삶의 질이 떨어지는 반면, 노력한 만큼 보상하는 국가라는 생각이 듭니다.

저는 언젠가 중국 기업인도 행복 추구를 목표로 삼는 날이 오기를 바라고 있습니다. 그러나 행복 추구가 나태함을 전제로 해서는 안 된다고 생각해요. 혁신과 노력을 바탕으로 행복을 추구해야 됩니다. 유럽과 중국이 극과 극을 달리는 반면에 미국은 상대적으로 시스템이 잘 마련되어 있다고 생각합니다. 동기부여를 하면서 지나친 나태함도 경계하게끔 말이죠. 결국 누구나 좀 더 인간답게 행복한 삶을 누릴 수 있습니다. ”

이 말을 통해 류창둥은 전 세계를 둘러보며 느꼈던 감상을 토로했다기보다는 기업의 경영이념을 거론하면서 노력과 수확의 관계를 강조하고자 했다. 결국 더욱 많이 노력해야만 인간으로서의 존엄과 행복을 추구할 수 있다는 의미다.

2007

2007~2010년

과감한 전략과 자본의 결합으로
'촌티'를 벗다

2010

京东
———————
1998~2006년

2007년에 징둥은 처음으로 외부 투자를 유치하면서 빠른 성장의 단계로 들어서게 된다. 이 벤처투자 자금은 류창둥에게 새로운 앞날을 활짝 열어주었다. 무명의 민초기업으로 출발했던 징둥은 점점 촌티를 벗고 도약의 날갯짓을 시작했다. 중관춘 전자상가의 볼품없던 '예비군'이 어엿한 '정규군'으로 편입된 것이다.

　같은 해에 징둥멀티미디어는 회사명을 정식으로 '징둥상청'(징둥닷컴 또는 JD닷컴이라고도 함─역주)으로 바꾸고 웹사이트 주소를 www.360buy. com으로 변경했다. 류창둥은 더 이상 IT전문 쇼핑몰에 만족할 수 없었다. 소비자의 수요를 최대한 충족시키기 위해 가능한 한 모든 제품을 판매하고자 했다.

　징둥은 불굴의 의지로 지속적으로 사업영역을 확대했다. 2007년에서 2010년 사이에 가전제품과 생활용품, 도서 등 취급품목을 계속 늘려나갔다. 또한 이 시기에 창고배송 단일화의 물류전략을 수립했다. 화난(華南), 시난(西南), 화중(華中), 둥베이(東北) 등 대도시 지역에 잇달아 물류거점을 구축함으로써 기존의 화베이(華北)·화둥(華東)지역과 더불어 전국적인 서비스를 제공할 수 있는 만반의 태세를 갖췄다. 1996년 제프 베조스는 아마존 직원에게 '빠른 성장(Get Big Fast)' 전략을 강조한 바 있다. 회사규모가 커질수록 도서 도매업체인 잉그램(Ingram)이나 베이커앤테일러(Baker&Taylor)로부터 한층 더 저렴하게 책을 공급받을 수 있고 유통채널도 더욱 강력해질 것이라고 판단했기 때문이다. 회사가 빠르게 성장하면 더욱 넓은 영역에 진출할 수 있으며 전자상거래 분야의 선두대열에 진입할 자격을 갖출 수 있다. 또한 새로운 브랜드를 창출해 경쟁에 참여할 기회도 얻을 수 있다.

마찬가지로 류창둥도 소매업에 있어 규모의 경제효과의 중요성을 확신하고 있었다. 그런 까닭에 상당기간 손해를 기꺼이 감수하면서까지 상품 카테고리를 다양화했으며 더욱 신속한 자립식 물류시스템을 갖추고 규모를 키울 수 있었다.

2007년부터 2010년까지 징둥은 매년 연간 매출액이 전년대비 무려 3배 정도 급증했다. 이는 징둥의 성장속도가 얼마나 빨랐는지 단적으로 보여준다. 물론 이 시기에 자금부족으로 어려움을 겪기도 했고 거의 매년 투자 유치를 통해 자금을 융통했다.

성공가도의 분수령, 투자 유치

2007년 : 새로운 세상을 열다

징둥이 온라인으로 사업을 전환했던 시기는 타이밍상 너무 늦지도 빠르지도 않은 적절한 시점이었다. 8848넷처럼 장렬히 전사하는 선봉장이 될 필요도, 당당왕처럼 불모지에서 고생하며 씨앗을 뿌리고 옥토로 개간할 필요도 없었기 때문이다. 2003년에 발생한 사스는 징

등이 온라인사업에 뛰어들 수 있는 작지만 좋은 계기를 제공했다. 전자상거래가 최고 전성기를 맞이한 시점은 중국에 인터넷 광풍이 거세게 휘몰아친 후, 연이어 21세기 초에 인터넷 거품이 꺼지면서부터다. 그때부터 중국 인터넷이 다시 르네상스시대를 구가하면서 인터넷 사용인구가 지속적으로 증가했다. 때마침 중국 경제도 급성장했고 이는 소비급증으로 이어졌으며 전자상거래업체들도 기대 이상의 성과를 거두게 된다. 특히 2007년 이후, 전자상거래시장은 대약진시기에 진입해 활황을 띠기 시작했으며 자본도 충분히 뒷받침되고 있었다. 심지어 가장 부진한 업체의 성장률조차 100%였으니 당시의 성황을 미뤄 짐작할 수 있을 것이다.

징둥의 성장세에도 더욱 가속도가 붙기 시작했다. 이에 류창둥은 자금이 필요한 시점이라고 판단했고 회의석상에서도 벤처캐피탈을 유치하자는 의견이 제기되었다. 2006년 10월의 어느 날 밤 10시, 류창둥은 베이징 샹그릴라호텔에서 캐피탈투데이의 창업주 겸 CEO인 쉬신 회장과 처음 만났다. 쉬신은 한눈에 류창둥이 성실하며 강한 포부를 지닌 청년이라는 인상을 받았다. 딱 봐도 그는 오로지 '한 길만 파는' 강직한 성품의 소유자로 보였다. 그녀는 류창둥이 사업을 제대로 해낼 것이라는 확신이 들었고 훌륭한 천리마 한 필을 발견했다는 강한 예감이 들었다. 특히 인상적이었던 부분은 광고비를 한 푼도 들이지 않고도 매월 전월대비 10% 이상의 이익 성장세를 유지했다는 점이다. 이는 비즈니스모델이 제대로 정곡을 찌르고 있다는 반증이었다.

새벽 2시가 되어서야 두 사람은 대화를 마쳤다. 쉬신은 바로 이틀

날 출발하는 항공권을 예매했고, 류창둥과 함께 오전 9시 비행기로 캐피탈투데이 본사 소재지인 상하이로 향했다. 천리마를 놓치고 싶지 않았던 쉬신은 일사천리로 일을 진행시켰고 류창둥은 제2의 투자가를 대면할 기회조차 가져보지 못했다.

현재 캐피탈투데이의 관리책임자인 창빈(常斌, 2013년 11월 1일 창빈은 징둥에 합류해 투자담당 부총재를 역임함)은 본인에게 맡겨진 업무인 징둥에 대한 시장조사를 진행했다. 조사 도중 그는 인터넷게시판에서 징둥을 비난하는 글을 발견했다. '화이트칼라라면 뉴에그(Newegg)에서 제품을 구매하고, 싸구려 제품을 원하는 학생은 징둥에서 사라'는 내용으로, 그러면 최소한 중관춘의 악덕 상인에게 바가지를 쓰거나 욕설은 피할 수 있다는 충고였다. 캐피탈투데이는 네티즌의 이런 지적 정도는 충분히 개선할 수 있으리라 판단했다.

창빈은 30명의 고객에게 일일이 전화를 걸어 설문조사도 실시했다. 고객들은 징둥이 편리하고 저렴하며 전문성을 갖춘 사이트라고 평가했다. 당시 온라인상에는 조립식 DIY컴퓨터 마니아층이 형성되어 있었는데, 이들은 징둥에 대한 충성도가 매우 높았다. 징둥은 특별 이벤트로 고객을 유인했는데 '웨헤이펑가오(月黑風高, 한밤중에 진행하는 행사 ─ 역주)'와 '라오류좐창(老劉專場, 6월 17일~19일까지 사흘 동안 이어지는 창립기념일 행사 ─ 역주)'이 유명했다. 심야에 게릴라식으로 진행하는 초저가 행사로 CPU와 하드웨어, 메인보드 등을 판매했는데, 행사 때마다 골수팬들이 직접 사이트에서 조립할 제품을 찾아서 구매하곤 했다. 이 외에도 창빈은 10개 공급업체에게 전화로 현황을 파악했는데, 이들은 징둥이 구매물량이 많지는 않지만 단결된 조직력을 바탕으로 열정적이며 신명나게 일하는 분위기라고 평가했다. 그리고 징 둥인 스스로 '우리는 남다르다' 는 자긍심도 대단하다고 덧붙였다.

징둥은 아직 규모가 작고 인력구성도 미흡한 편이었다. 또한 재무 운영도 아마추어 수준을 벗어나지 못했을 뿐만 아니라 재무시스템도 표준에 맞지 않았다. 게다가 ERP시스템도 류창둥이 직접 설계한 것 으로 재고와 판매량, 현금흐름 정도만 파악할 수 있을 만큼 조악했 다. 그런데 캐피탈투데이는 징둥의 재고와 현금현황을 조사한 후 제 대로 번지수를 찾았다고 평가했다. 우선 직원들이 류창둥을 진심으 로 존경하고 있었다. 또한 규범과 지시를 철저히 이행하는 조직문화 가 형성되어 있었고, 모두가 맡은 바 소임과 직분을 다하며 강력한 실행력을 보였다.

장치는 징둥에서 일하면서 스트레스가 가장 심했던 때가 2007년 투자 유치를 위해 직무조사를 받았을 때였다고 회상했다. 만일 자신 이 한 마디라도 실수해서 투자 건이 무산되면 어쩌나 하며 전전긍긍 했다고 한다. 회사의 명운이 달린 중요한 자금이었으니 그럴 만도 했 을 것이다. 그래서 류창둥에게 전화를 걸어 직무조사를 자기가 꼭 받 아야 하느냐며 다른 사람으로 교체해달라고 사정하기도 했다. 결국 장치는 사무실에서 캐피탈투데이의 담당자 4~5명과 1~2시간 독대 를 했는데, 입사 이후의 경험과 류 사장 개인에 대한 의견, 회사에 대 한 신념이나 회사에 문제는 없는지 등 질문공세가 이어졌다. 그는 질 문 하나하나에 신중하게 답변하느라 온 신경이 곤두섰고, 긴장한 나 머지 땀이 비 오듯 했다. 면담이 끝난 뒤 무슨 말을 어떻게 했는지 모 를 정도로 혼이 쏙 빠졌었다고 한다.

캐피탈투데이가 징둥에 대한 투자 여부를 내부적으로 논의하는 과정에서, 한 공동 출자자는 조립식 컴퓨터 시대는 이제 한물갔고 향후에는 컴퓨터완제품이 대세가 될 거라며 다소 부정적인 의견을 내놓았다. 또 만일 사업이 이익을 내지 못하면 기업평가는 어떻게 진행할 것인지 묻는 투자자도 있었다. 하지만 기업조사를 진행한 결과, 징둥에 대한 소비자의 충성도가 매우 높다는 점에 높은 점수가 매겨졌다. 비록 고객들의 혹독한 비평도 있었지만, 이 또한 징둥에 대한 관심의 표현이라고 받아들였고 자금을 투입해 서비스를 개선한다면 사업규모를 확장할 수 있다고 판단했다. 결국 쉬신은 징둥에 투자하기로 결정했다.

원래 류창둥은 200만 달러 정도의 투자를 희망했었다. 그런데 쉬신은 겨우 200만 달러로 무슨 일을 하겠냐고 반문하면서 '새로운 제품 카테고리 선점 전략'을 강조했다. 일단 새로운 제품군을 발굴하고 여기에 필사적으로 전력투구해서 최대한 규모를 확장해야 한다고 말이다. 그래야만 해당 업계의 최고 브랜드가 될 수 있고 시장을 온전히 장악할 수 있다는 논리였다. 그러려면 1,000만 달러는 필요할 거라고 쉬신은 주장하며 끝내 자기 의견을 관철시켰다. 그리고 기업의 가치평가액(Valuation)은 류창둥이 결정하기로 합의했고 쉬신은 징둥이 제시한 가격을 군말 없이 그대로 수용했다.

투자계약에 정식 서명할 때 있었던 일화가 하나 있다. 류창둥은 캐피탈투데이를 만나기 전 중국의 한 민영기업으로부터 500만 위안을 투자받기로 한 바 있었다. 당시 그 민영기업은 100만 위안만 투자한 뒤 징둥이 계속 적자를 기록하자 자금을 철수하기로 결정했다. 캐피탈투데이 입장에서는 징둥과 그 민영기업 간에 맺은 협약서에 시한폭탄이 될 만한 조항이 있는지 살펴볼 필요가 있었고, 그래서 만일의 사태를 우려해 해당 협약서를 보여달라고 요청했다. 그러자 류창둥은 이 요구를 일거에 거절했다. 협약서의 기밀유지조항을 깰 수 없다는 게 이유였다. 여기에서 끝까지 신의를 저버리지 않는 류창둥의 올곧은 면모를 엿볼 수 있다.

쉬신의 말을 들어보자. "류 사장은 앞뒤 꽉 막힌 고집불통이에요. 사실 공공연하게 드러내지는 않아도 비밀유지조항을 지키는 사람은 거의 없거든요. 그러니 그 조항이 무슨 의미가 있겠어요?" 캐피탈투데이는 징둥과 민영기업 간의 계약조건이 매우 까다로울 거라고 추측하고 있었다. 여기서 '추측'이라고 표현한 이유는 끝내 계약사항을 볼 수 없었기 때문이다. 쉬신은 결국 한 발 물러섰고, 변호사가 계약조항을 살펴보고 향후 캐피탈투데이에 위협요소가 될 만한 조항이 없는지 판단해서 통보키로 했다. 변호사로부터 문제없다는 답변을 들은 후 양사는 정식으로 투자계약서에 사인했다. 캐피탈투데이는 단기 자금압박을 해소시키기 위한 용도로 징둥에 즉시 200만 위안을 지급했다. 100만 위안은 그 전에 투자한 민영기업에 지급됐고 나머지 100만 위안은 직원 월급으로 쓰였다. 당시 징둥은 월급도 제대로 주지 못할 정도로 재정적으로 궁핍한 상태였다.

류창둥과 쉬신 사이에는 한 가지 공감대가 형성되어 있었다. 향후 몇 년간은 이익에 연연하지 않기로 한 것이다. 오로지 혼신의 힘을 다해 시장점유율 확보에만 전념키로 합의했고, 이에 따라 캐피탈투데이 측에서는 직원들의 동기부여를 진작시키기 위한 장치로 18%의

스톡옵션 조항을 내걸었다. 양사 간 투자협약서에는 '목표독려조항'
이라는 게 있었다. 외부에서는 이들 두고 도박성 계약조항이라고까
지 평했는데, 징둥 발전 역사상 유일무이한 '도박조항'임에는 틀림없
다. 그러나 캐피탈투데이는 '목표독려조항'을 반드시 넣어야 한다며
주장을 굽히지 않았다. 징벌조항은 없어도 되지만 독려조항은 필수
적이라는 것이 캐피탈투데이의 논리였다.

　이 조항에 따라 이제 '목표'를 정해야 했다. 창빈은 류창둥에게 전
화를 걸어 향후 3년간 매출목표를 제시해줄 것을 요구했다. 류창둥이
팩스로 숫자를 보내왔는데, 2007년에 3억 5,000만 위안, 2008년에
10억 위안이라고 적혀 있었다. 2006년도 당시 징둥의 매출액은
8,000만 위안에 불과했다. 그런데 그가 적어 보낸 숫자에 따르면, 다
음 해에 매출을 4배나 증가시키고 그 다음 해에는 전년대비 3배를 늘
리겠다는 것이었다. 이게 말이 되는 목표인가? 캐피탈투데이는 목표
치가 너무 높아 실현가능성이 없다면서 직원 사기진작에 오히려 부
정적인 영향을 줄 수 있다고 우려했다. 그리고 류창둥과 다시 협의를
해서 비교적 합리적이라고 판단되는 향후 4개년 매출목표를 설정했
다. 매년 매출액을 100% 증가시키고 4년째 되는 해에 영업이익을 흑
자로 돌리기로 한 것이다. 목표를 달성하면 캐피탈투데이가 일부 스
톡옵션을 징둥 직원에게 나눠주기로 하고 이 조항을 계약서에 포함
시켰다.

　2007년 징둥의 실제 매출은 3억 6,000만 위안이었으며, 2008년에
는 약 13억 위안을 돌파했다. 돌이켜 생각해보면, 처음 설정한 목표
매출액이 당시로선 다소 무모한 도전처럼 여겨졌지만 결과적으로 매

출을 초과달성한 것이다. 이를 통해 류창둥의 비즈니스 후각이 얼마나 민감하게 발달되어 있는지 알 수 있다. 처음 제시했던 매출목표도 사실은 여지를 두기 위해 보수적으로 하향조정했던 것이다. 필자가 당시 상황에 관해 묻자 류창둥은 이렇게 대답했다. "캐피탈투데이가 제시한 목표는 눈 감고도 달성했을 거예요. 그러니 두말 않고 계약서에 사인한 거죠."

2007년 8월 20일에 징둥과 캐피탈투데이는 베이징 중국대반점에서 기자회견을 열고 1,000만 달러 투자 건을 공식 발표했다. 이는 징둥의 발전 역사상 투자 유치를 대외적으로 밝힌 최초이자 유일무이한 기자회견이다. 투자 소식을 대대적으로 공표한 데는 이유가 있었다. 쉬신이 하루라도 빨리 징둥 브랜드를 널리 알리고 싶어했기 때문이다. 그 기자회견은 징둥이 1,000만 달러를 유치한 후 처음 진행한 마케팅 활동이었다. 당시에 징둥에는 마케팅전담 부서가 없었는데, 마케팅 판촉담당 고문인 쉬레이(徐雷, 현재 징둥 시장마케팅부 선임부총재)도 쉬신이 추천한 사람이다. 징둥은 화이트칼라의 생활동선을 파악하고, 베이징·상하이의 지하철, 버스 및 방송에 대규모 광고를 집행함으로써 브랜드 인지도를 높여나가기 시작했다.

이전까지 징둥의 유일한 판촉수단은 할인행사였다. 이는 기존 고객을 대상으로 하는 마케팅인 반면에, 광고를 한다는 것은 미래의 잠재고객을 대상으로 돈을 버는 활동을 의미한다. 류창둥은 처음에는 이런 광고에 적응이 되지 않았다. 고객 수가 순식간에 급증하자 신이 나면서도 한편으로는 적지 않은 광고비를 지출해야 하니 아까운 생각이 들었던 게 사실이다.

2007년 1월 징둥의 가입자 수는 10만 명에 육박했으며 월간 구매 고객 수는 1만 명이었다. 그렇지만 중국 전체 인터넷시장 규모를 감안해볼 때 이는 눈에 띄지 않는 미미한 숫자였다. 징둥 직원들 모두가 속된 말로 '밑바닥' 출신이었기 때문에, 해외유학파와 명문대 출신으로 포진된 다른 인터넷회사 직원과는 객관적으로 차이가 컸다. 마치 물과 기름처럼 업계에서 징둥만 유독 별종처럼 보였던 것도 어찌 보면 당연했다. 다른 회사는 하나같이 세상을 변화시키고 인류역사를 바꾸겠다는 이른바 '웅대한 꿈'을 품고 인터넷업계에 뛰어들었다. 반면 징둥은 전통 오프라인사업이 내리막길을 걸을 것으로 예측하고 사업방향을 전환하고 벤처투자를 유치한 케이스다. 그런데 이는 류창둥에게 완전히 다른 세상의 문을 열어주었으며 시야가 대폭 넓어지는 계기가 되었다. 소매업에 파묻혀서 허우적대던 그를 새로운 인터넷세상으로 인도한 것이다. 2007년의 류창둥은 인터넷이 무엇인지 제대로 감을 잡지 못한 채 헤매고 있었다. 하지만 '목마르면 우물 찾는다'는 말처럼 여기저기 가르침을 구하면서 지식에 대한 갈증을 풀었고 가치 있는 정보라고 판단되면 바로 노트에 기록해두곤 했다.

2008년 : 자본시장 혹한기에 시련을 겪다

2008년 자본시장은 꽁꽁 얼어붙으며 엄동설한을 맞이하게 된다. 그해 징둥은 2차 펀딩을 진행했지만 기업가치 평가액이 1억 5,000만 달러에서 1억 2,000만 달러로 하락하기 시작하여 1억으로, 그리고 또

8,000만 달러로 계속 떨어졌다. 6,000만 달러를 눈앞에 둔 시점에 한 유명 펀드회사가 징둥에 투자하겠다는 결정을 내렸다. 그런데 이때 미국의 리먼브라더스 파산사태가 발생하면서 시장은 더욱 혼돈에 빠졌다. 그러자 그 펀드회사는 긴축전략으로 방향을 선회했고, 펀드경영자가 갑자기 기업가치 평가액을 3,000만 달러로 낮추자며 수정제안을 해왔다. 류창둥은 이를 단호히 거절했다.

그는 이 시기 투자 유치를 진행할 때가 가장 힘들었다고 회고했다. 30~40개 펀드회사와 면담을 진행하면서 하루에 2~3개 회사를 만난 적도 있었지만 누구도 선뜻 투자를 결정하지 못했다. 모든 투자자의 질문은 거의 동일했다. 이를테면, '회사가 어떻게 수익을 내는가? 비즈니스모델은 타오바오왕(淘寶網, 중국의 인터넷기업인 알리바바그룹이 운영하는 오픈마켓-역주)에 비해 어떠한 강점이 있는가? 원가구조에 있어 궈메이나 쑤닝에 비해 장점은 무엇인가?' 등이었다. 대부분의 투자가들은 통상 이미 성공한 사례에 관심을 두기 마련이다. 성공사례가 없는 사람의 말은 누구도 귀담아 듣지 않았는데 어찌 보면 당연한 일이다.

못 견디게 힘들 때마다 류창둥은 인펑빌딩 옆 신다오라는 주점에서 혼자 술잔을 기울이며 스트레스를 풀곤 했다. 현재 징둥그룹 총재 보좌관인 먀오샤오훙(繆曉虹)은 훗날 류창둥에게 그 당시 혼자 끙끙거렸던 이유를 물었다. 류창둥은 직원들이 상황을 알면 자신감을 잃고 회사를 떠날까 봐 두려웠다고 털어놓았다.

류창둥은 투자 유치 건에 대해서 먀오샤오훙과 천성창(陳生强, 현재 징둥금융그룹 CEO) 두 사람에게만 정보를 공유하고 상의했다. 나름대로 방어벽을 마련하기 위해 최소한의 사람으로 한정해서 관련 정보를 통제했던 것이다. 직원들 대부분을 투자 건에서 배제시킨 이유는 자기 업무에만 집중해서 맡은 바 소임에 최선을 다하길 원했기 때문이다.

당시 회사는 자금에 매우 쪼들렸다. 한번은 징둥그룹의 부총재 겸 통신사업부 총경리인 왕샤오쑹(王笑松)이 대금청구서를 들고 천성창을 찾아왔다. 공급업체 측에서 대금을 지급하지 않으면 제품을 공급하지 않겠다고 통보해왔다는 것이었다. 그 전에도 대금지급 건으로 둘이 한바탕 입씨름을 했고 이것저것 이유를 들며 지급을 미뤘었다. 그런데 이번에는 천성창의 태도가 사뭇 단호했다. 이상하리만치 냉정한 태도로 "샤오쑹, 내일 직원들 월급 나가야 돼. 지금 이 돈을 지급하면 월급을 줄 수가 없네"라고 말하는 게 아닌가! 왕샤오쑹도 더 이상 군소리 못하고 청구서를 든 채 자리를 떠야 했다.

왕샤오쑹은 당시를 회상하며 말했다. "류 사장님은 징둥의 비전과 사업계획을 함께 공유함으로써 열정적으로 일할 수 있는 분위기를 만들었습니다. 우리 모두 사장님을 믿고 따랐지만, 때론 너무 무리수를 두는 게 아닌가라는 생각도 솔직히 들었어요. 여러 차례 자금에 쪼들려서 대금이 제대로 못 나가다 보니 사장님의 지나친 자신감이 내심 걱정됐거든요. 그런데 진짜 기적처럼 최악의 순간에 돈이 들어오곤 했어요. 사장님의 투자 유치 능력이 대단하다는 생각이 들었죠." 류창둥은 직원 앞에서 한 번도 초조함을 드러낸 적이 없었고 항상 자신감이 충만했다. 돈이 곧 들어올 거라며 직원들을 다독이면서 무거운 짐은 혼자 지었던 것이다. 기운이 빠져 있는 직원이 눈에 띄면 함께 대화하며 위로의 말을 건네곤 했는데, 그러고 나면 희한하게도 직원들이 금세 사기를 되찾고 치열한 현장으로 돌아가 열심히 일했다.

고비 때마다 캐피탈투데이는 징둥이 위기를 넘길 수 있게 4~5차례 단기자금을 대주었다. 그들도 마찬가지로 가슴이 타들어갔을 것이다. 2008년 11월 캐피탈투데이는 정기총회를 열어 LP(limited partner, 투자조합을 구성하는 출자자 중 출자액 한도로 유한책임을 지는 출자자를 의미-역주)를 초청하고 류창둥에게도 참석해줄 것을 요청했다. 류창둥은 그 자리에서 강단에 올라 자신만만한 기세로 회사를 소개했고, 이는 아시아의 유명한 투자금융인들을 비롯해 홍콩 바이푸친(百富勤) 그룹의 량보타오(梁伯韜)의 이목을 끌었다. 쉬신도 량보타오에게 류창둥을 적극 추천했으며(쉬신은 바이푸친그룹에서 량보타오의 부하직원으로 일한 바 있다), 만찬 시의 좌석배치도 각별히 신경 써서 류창둥을 량보타오의 옆자리로 배치했다. 량보타오는 류창둥의 열정과 강한 자신감을 높이 평가했다. 류창둥이 처음 돈을 벌게 된 경위부터 오프라인에서 온라인으로 사업을 전환한 스토리에 진지하게 귀를 기울이면서, 그가 소매업에 능통할 뿐만 아니라 인터넷 분야에도 상당한 역량을 지니고 있음을 확인했다. 량보타오는 류창둥의 전략적 관점, 즉 중국 소매업의 효율성이 저조한 이유가 중개상이 과도한 폭리를 취하기 때문이라는 점에 매우 공감했다. 두 사람 모두 중개상이라는 연결고리를 최소화해 이익을 확대하고, 이러한 이익을 소비자와 공유하는 게 이상적인 비즈니스모델이라고 여겼던 것이다.

량보타오는 이때 이미 투자의향을 굳히고 있었다. 다만 다른 펀드업체를 하나 더 물색해서 기업실사를 진행한 후 함께 투자할 생각이었다. 그가 물색한 대상은 불캐피탈파트너스(Bull Capital Partners Ltd)의 리쉬푸(李緒富)였다. 리쉬푸는 량보타오의 후배였으며, 당시 불캐피탈은 2007년 10월 설립된 이래 그때까지 아직 단 한 차례의 투자도 진행하지 않은 상태였다.

리쉬푸는 예전에 쑤닝을 도와 일한 경험이 있었다. 궈메이의 황광위 사장은 사업이 한창 승승장구할 무렵 다중(大中)을 인수한 후 전용기를 타고 난징으로 날아가 장진둥(張進東, 쑤닝 창립자-역주) 회장을 만나 사업협상을 벌인 적이 있었다. 그 당시에 장진둥 옆자리에 배석한 사람이 바로 리쉬푸였다. 창빈은 리쉬푸를 대동하고 류창둥을 만났다. 징둥의 장점이 무엇인지를 비롯해 그렇게 좋은 회사가 왜 아직 돈을 벌지 못하고 있는지, 그리고 대형가전제품을 판매할 수 있는지 등 리쉬푸는 그 자리에서 많은 질문을 던졌다.

류창둥과 딱 한 번 만나 이야기를 나눈 뒤 리쉬푸는 징둥에 투자키로 결정했다고 창빈에게 문자를 보내왔다. 투자가 체결되고 징둥은 대범하게도 21일 내에 투자금을 입금해줄 것을 요청했는데, 연말이 다 되어가는 시점이라 캐피탈투데이의 융자금을 상환해야 했기 때문이다.

리쉬푸와 창빈이 나눈 대화 가운데 재미있는 일화가 있다. 리쉬푸가 "징둥이라는 회사가 내 돈을 최소 8배는 족히 불려줄 것"이라고 말하자, 창빈도 반드시 그렇게 될 거라며 확신에 찬 답변을 했었다. 그런데 훗날 창빈이 리쉬푸에게 이실직고한 바에 의하면, 사실은 캐피탈투데이가 8배, 불캐피탈파트너스는 잘하면 4배 정도 벌 것으로 판단했었다고 한다. 다만 리쉬푸의 강한 확신에 지레 찬물을 끼얹고 싶지 않아 그렇게 대답했다는 것이다. 이에 리쉬푸는 "자네도 참 큰 일이군. 보는 눈이 그리 낮아서야…… 쯧쯧. 나중에 내가 얼마 벌었는지 잘 알지 않은가?"라고 농담조로 말하며 껄껄 웃었다.

량보타오는 이렇게 말했다. "저는 리쉬푸의 안목을 믿었고, 리쉬푸도 물론 저를 믿고 있었어요. 저는 이 분야가 전망이 밝다고 판단했고 류창둥이라는 인물도 높게 평가했습니다. 사람 하나가 비즈니스모델보다 더욱 중요한 법이죠. 신생업체의 비즈니스모델은 누구도 정확히 예측하기 어렵습니다. 많은 투자가가 기업이 얼마나 버는지에만 관심을 기울일 뿐 정작 중요한 현금흐름은 간과하는 경우가 많습니다. 사실 가장 중요한 것이 바로 현금흐름인데 말이죠. 현금이 플러스로 흐르면 생존할 수 있고 마이너스면 살아남지 못합니다. 적자가 난다는 의미는 피를 흘리고 있다는 말인데, 피를 흘려도 현금흐름을 통해 수혈할 수만 있다면 어떻게든 죽지 않고 살아나기 마련이죠."

징둥의 투자 유치 과정에서 먀오샤오훙이 발견한 흥미로운 사실이 하나 있다. 수없이 많은 투자가들과 공을 들여 여러 번 미팅을 해도 번번이 투자에 실패하곤 했는데, 막상 지금까지 성사시킨 투자를 보면 딱 한 번의 만남으로 투자가 결정되었다는 점이다. 엔젤투자가인 량보타오는 2008년에 개인적으로 징둥에 100만 달러를 투자했고 몇 백 배의 수익을 거둘 수 있었다. 그는 징둥이 가장 힘든 시기에 도움을 주었고, 자신도 그로 인해 큰 수익을 거뒀으니 충분히 만족스럽다며 뿌듯해했다.

2008년의 투자 유치 경험을 통해 징둥과 캐피탈투데이 모두 커다란 교훈 하나를 얻었다. 융자받을 기회만 있다면 반드시 그 기회를 잡으라는 것이다. 직원의 이직이나 경쟁업체의 공세 또는 매출하락 등의 요인으로 회사가 내일 당장 문을 닫지는 않는다. 하지만 돈이 없으면 그 회사는 100% 문을 닫게 돼 있다.

당당왕은 2006년에 2,700만 달러의 투자를 유치한 후 2007년과 2008년에는 펀딩에 성공하지 못했다(2010년 12월에 상장하기 전까지 당당 왕은 자본시장에서 눈에 띌 만한 성과를 보이지 못했다). 그리고 경쟁상대인 줘 웨아마존(줘웨왕이 아마존닷컴에 인수되어 자회사가 됨 - 역주)은 미국 본사가 2008년 금융위기의 여파로 자금난을 겪는 바람에 운영예산이 대폭 삭감되었다. 이때만 해도 류창둥은 당당왕과 줘웨아마존을 전자상거 래 분야의 거물급으로 여기며 경외감을 가지고 있었고, 이들에 비하 면 자신은 아직 애송이라고 생각했다. 그런데 존재감조차 없었던 '애 송이'가 연이어 자금 확보에 성공하면서 종합쇼핑몰의 면모를 갖춰 갔고 자체적인 물류거점도 확보하기 시작했다. 이것이 바로 징둥이 전자상거래 분야에서 두각을 드러내며 비약적으로 성장한 결정적 요 인이라 할 수 있다.

징둥이 캐피탈투데이로부터 첫 번째 투자금을 건네받는 시점에 미 국의 아마존닷컴은 시장에서 강세를 계속 이어가, 2007년 1사분기 매출이 30억 달러를 돌파했고 주가는 240% 폭등했다. 대부분의 투 자가들이 중국 인터넷회사에 대한 투자를 결정할 때 염두에 두는 게 있다. 바로 미국 시장의 성공모델이다. 투자가들은 미국의 성공모델 을 참고해 자신의 손 안에 있는 패를 분석한다. 그리고 그 모델에 가 장 근접한 패를 최종 선택한다. 징둥에 대한 투자도 내일 당장 이익 을 바라고 진행한 게 아니었다. 투자가들은 아마존모델을 면밀히 검토하고 매년의 발전상황과 재무제표를 분석한 후 그 자료를 징둥의 운영현황과 비교해 투자 결정을 내렸다. 그들은 중국에도 필연적으로 아마존과 같은 기업이 탄생할 것이라고 판단했는데, 그렇다면 미래의 중국아마존이 현재는 어떠한 모습을 갖추고 있어야 하며 앞으로 어떠한 길을 걸을 것인지 심사숙고한 것이다. 업계를 한 바퀴 훑어본 이후 정교한 체로 걸러낸 업체가 바로 징둥이었고, 아마존과 가장 근접한 기업이라는 결론에 도달했다. 그리고 징둥에 대한 기업실사와 평가를 진행하면서 아마존의 발전모델을 그대로 따라갈 수 있을지 가늠했던 것이다.

게다가 때마침 징둥의 경쟁상대가 주춤하는 양상이었기에 징둥은 더욱 투자가치가 있었다. 만일 아마존이라는 성공사례가 없었다면 징둥이 무슨 수로 투자가를 설득할 수 있었겠는가? 또다시 5년이라는 세월 동안 돈을 쏟아부으라는 말이 먹혔을 리가 없다.

징둥은 출중한 면모를 지니고 있었다. 투자가들은 류창둥의 전략을 인정하고 선뜻 투자에 나섰으며 인터넷시장이 활황을 맞이하자 그 가치는 천정부지로 뛰어올랐다. 그리고 그가 계속 앞으로 나아갈 수 있도록 지원을 아끼지 않았다. 징둥은 해당 업계의 독보적인 완자(玩家, 게이머라는 의미로 새로운 조류를 추구하는 사람을 뜻하는 신조어-역주)로서 돈을 버는 데 목적을 두지 않고 돈을 '없애는 데' 혼신의 힘을 기울였다. 그러자 그를 뒤쫓던 경쟁자들도 어쩔 수 없이 돈을 버는 쪽보다는 돈을 '없애는' 쪽에 치중해야 했다. 시장이 호황일 때는 투자가들도 여기저기 투자를 하지만 시장이 불투명해지면 신중을 기하며 3위 밑의 회사는 거들떠보지도 않는다. 징둥의 책략은 '이 시장에서 맏형이자 돈도 제일 많은 우리와 돈을 누가 더 많이 쓸 수 있는지 한 판 붙어보자'는 것이었다. 징둥을 쫓아가며 돈을 쓴 후발업체들은 점점 지쳐갈 것이고 시장상황이 열악해지면 돈이 떨어져 고사할 것이라 판단했던 것이다.

류창둥의 말을 빌리면 이렇다. "우리가 택한 전략모델에서는 투자가 매우 중요합니다. 자금이 엄청나게 많이 필요하다는 뜻이죠. 저는 당시에 돈에 대한 원칙 자체가 없었어요. 시장이 과열되어 이성을 잃을 정도가 되면 사실 우리 자신도 뭐가 뭔지 분간을 못하게 돼요. 그런데 이때 제일 먼저 이성을 찾는 사람이 오히려 시장에서 가장 먼저 퇴출되는 경우가 많습니다. 모두가 이성을 잃고 날뛸 때는 우리도 같이 이성을 잃어야 한다는 거죠. 이때 중요한 것이 바로 반드시 충분한 자금이 뒷받침되어야 한다는 거예요. 다행히도 징둥은 모두가 이성을 잃고 정신을 차리지 못할 때 충분한 돈을 손에 쥐고 있었고 그래서 오래 버틸 수 있었습니다. 지금은 어느덧 모두 다 이성을 차렸더군요. 퇴출될 업체는 이미 거의 다 시장에서 정리가 돼버렸고요."

2,000만 달러를 투자받은 후부터 징둥은 대규모 브랜드 확장 전략을 추진했다. 이에 따라 시장을 재빨리 장악하고 경쟁상대를 압박하는 데 총력을 기울였다. 그 당시에 바이두 검색창을 열면 오른쪽 거의 모든 광고를 징둥이 차지하고 있었고 뉴스를 클릭해도 수많은 징둥 광고를 볼 수 있었다. 마침 그해에 글로벌 금융위기로 인해 포털 사이트의 광고가 잘 팔리지 않아 가격도 매우 저렴했는데, 이런 이점까지 누리며 징둥과 판커청핀(凡客誠品, 영문명 Vancl, 인터넷 의류기업—역주) 두 업체는 인터넷 광고를 거의 독차지했다. 그렇게 최저가와 신속

한 배송을 내세워 이 두 업체는 성장을 거듭했고, 이후 4년 동안 B2C 전자상거래 신화를 새로 쓰며 업계에서 가장 두각을 드러내는 선도기업으로 부상하게 된다.

2009년 : 전자상거래시장 대세상승기를 맞이하다

2003년 '사스' 사태를 계기로 류창둥이 우연히 전자상거래 분야에 발을 들인 시점에 마윈은 알리바바 외에 C2C모델인 타오바오를 만들었다. 당시 마윈의 경쟁상대는 이취왕을 인수하면서 중국시장에 진입한 이베이였다. 중국시장 상황에 정통했던 마윈은 무료모델을 앞세워 맹렬한 공세로 이베이를 격퇴시켰고, 타오바오는 연간 100%의 성장률을 기록하면서 급성장하기 시작했다. 타오바오의 운영능력은 매우 뛰어났는데, 특히 오프라인 상점과 연합해 사이트를 더욱 활기차게 운영하고 있었다. 이베이를 제친 후 타오바오는 무주공산의 C2C시장을 독점하며 거침없는 행보를 보였다.

이 시기에 중국 온라인시장에서 가장 눈부신 활약을 보였던 사이트가 바로 타오바오였다. B2C시장은 아직 날개를 펴지 못한 채 움츠려 있었다. 2000년에 당당왕은 척박한 B2C시장을 힘들게 개척하며 겨우 씨앗을 뿌리던 참이었다. 그리고 2006년이 되어서야 인터넷업계는 특정 제품만을 대상으로 한 B2C 전문쇼핑몰에 주목하기 시작했다. 이후 3년 동안 제품 카테고리별로 다양한 B2C 전문쇼핑몰이 대거 등장하며 선풍을 일으켰다. 예를 들어 대형가전제품을 중점적으로 취급했던 스지뎬치(世紀電器, 나중에 쿠바왕(庫巴網)으로 개명함, 2006

년)가 있으며, 3C라 일컫는 컴퓨터, 휴대폰, IT제품을 주로 판매했던 이쉰왕(易迅網, 2006년)도 있는데, 특히 이 업체는 징둥의 직접적인 경쟁자였다. 이 외에도 의류전문 쇼핑몰인 판커청핀(2007년)과 러타오(樂淘, 2008년), 하오러마이(好樂買, 2007년)가 있다.

금융투자업계는 2008년 글로벌 금융위기의 여파가 중국에서는 그리 크지 않다고 판단했는데, 소비가 여전히 왕성했기 때문이다. 이들은 인터넷 열풍을 이을 다음 주자로서 어느 분야가 투자 최적지인지 살피기 시작했다. 그리고 중국의 내수 소비시장이 인터넷과 상호 연계될 수 있다는 점에 착안해 전자상거래 분야를 주시하고 있었다.

당시로선 전자상거래업계에 제2의 타오바오가 탄생하기란 불가능해 보였다. 타오바오가 탄탄하게 체질을 강화하며 시장에 깊게 뿌리내리고 있었기 때문이다. 그럼에도 징둥의 비즈니스모델은 주목할 만했다. 독립된 온라인쇼핑몰을 운영하면서 적지 않은 광고비로 트래픽을 모으고 있었고, 저렴한 가격과 빠른 배송이라는 강점도 있었기 때문이다. 이 시기에는 투자자금이 전문쇼핑몰 쪽으로 대거 몰렸는데, 2009년에는 거의 모든 카테고리별로 주요 3대 전문쇼핑몰은 모두 투자 유치에 성공했다 해도 과언이 아니었다. 타오바오사이트에서 상위 100대 브랜드에 해당하는 곳이라면 벤처투자업체가 한 번씩은 둘러봤다고 생각해도 무방할 정도였다.

그런데 이는 벤처투자업체에게는 재난의 시작이라 할 수 있었다. 온라인쇼핑몰업체들이 풍부한 자금을 이용해 시장을 나쁘게 물들였기 때문이다. 고객유인을 위해 30위안도 안 되는 제품에 6위안짜리 수건을 선물로 끼워주는 쇼핑몰이 등장하는가 하면, 사용자경험을 늘린다는 명목으로 제품포장이 화려해지면서 운영비용이 과도하게 증가하는 부작용도 나타났다. 게다가 고객확보를 위한 쟁탈전이 뜨거워지자 광고클릭단가가 갈수록 올라갔다. 심지어 바이두가 잘나가는 이유가 온라인쇼핑몰과 그것을 뒤에서 떠받쳐주는 벤처투자 덕분이라고 우스갯소리를 하는 사람도 있었다.

온라인쇼핑몰이라면 모름지기 저렴한 쇼핑과 편리한 쇼핑 그리고 안전한 쇼핑, 이 세 가지를 보장해야 한다. 그런데 타오바오는 앞의 두 가지는 제공했지만 마지막 세 번째 문제를 해결하지 못했다. 반면 징둥은 정품 판매만을 고수했고 손해를 감수하면서까지 규모를 키워왔다. 또한 고객 수도 빠르게 증가하는 중이었고 브랜드 이미지도 나름 좋게 형성되어 있었다. 다만 서비스유지 원가가 높았으며, 자체 물류창고를 구축하고 택배원을 확보하기 위해 지속적인 자금이 투입되어야 했다. 또한 징둥은 대중마케팅에 취약한 편이었는데 홈페이지에서 진행하는 이벤트도 하나같이 무미건조하고 식상했다. 이에 반해 타오바오는 밸런타인데이나 광군제(光棍節, 중국의 11월 11일로 독신절(솔로데이)이라 하며 '광군'은 홀아비나 독신 남을 뜻하는 말―역주) 등 다양한 이름으로 이벤트를 줄기차게 진행해 사이트가 제법 북적거리고 활기차 보였다.

징둥은 2007년부터 판매제품의 종류를 다양화했다. IT제품과 휴대폰, 소형가전, 일용품 등을 비롯하여 도서까지 판매를 확대하면서 다양한 고객층을 확보했다. 징둥이 손해를 무릅쓰고 규모 확장에 주력한 목적은 고객을 징둥에 오래 묶어두기 위해서였다. 반면 대다수 B2C 전문쇼핑몰의 경우, 손해를 감수하는 목적이 사이트접속률을 높이기 위해서였다. 그러다 보니 소비자들은 마냥 할인사이트를 따라 '메뚜기 떼'처럼 여기저기 옮겨 다녔다. 일반적으로 비용을 투입하는 목적은 시장개척에 있다. 그리고 비용 투입의 실질적인 근본취지는 단지 클릭 수만 올려서 단기매출을 늘리는 것이 아니라, 고정고객 확보에 있다. 따라서 고객의 발길을 오래 묶어두지 못하는 쇼핑몰은 장기적인 미래가치가 없다고 해석해도 될 것이다. 쇼핑몰이 50위안의 비용을 들여 고객 자체를 확보해야지, 50위안으로 100위안의 매출을 사들이는 꼴이 되면 안 된다. 시장에 투입하는 비용은 반드시 충성고객을 확보하는 데 사용되어야 하며 사용자경험을 바탕으로 재구매를 독려한다면 고객확보를 위해 투입한 최초의 비용이 희석될 수 있다.

2009년에 타이거펀드(Tiger Fund)는 징둥의 기업가치 평가액을 2억 달러로 제시했다. 류창둥은 주주들과 논의를 한 후 가격을 올려서 부르기로 결정했다. 타이거펀드가 받아들일지 떠보겠다는 의도였는데, 류창둥이 2억 5,000만 달러를 제시하자마자 상대방은 곧장 구두로 수용의사를 밝혔다. 징둥 주주들은 그제야 타이거펀드가 예상했던 금액이 훨씬 높았으리라고 짐작할 수 있었다.

여기에도 일화가 하나 있다. 비슷한 시점에 모 펀드에서도 징둥에 투자를 희망하고 있었다. 그 펀드사 대표는 주주들을 대동하고 홍콩에서 비행기를 타고 즉시 날아왔다. 이 회사가 제시한 가격은 3억 달러였다. 타이거펀드의 2억 5,000만 달러보다도 높은 가격이었다. 만일 이 펀드의 제안을 받아들이면 징둥 지분이 아주 조금 낮아진다. 먀오샤오훙과 천성창은 어찌할지 고민하기 시작했다. 홍콩의 펀드사 측에서도 징둥이 타이거펀드와 구두로만 협의했지 아직 정식으로 계약서에 사인한 게 아니니 마음을 돌리라면서 설득하기 시작했다. 먀오샤오훙은 급기야 제비뽑기로 정하자고 제안했다. 이에 류창둥은 "신용은 생명이다. 신용을 지키지 않는 사람이 어떻게 회사를 이끌겠는가?"라며 단칼에 거절했다. 결국 징둥은 타이거펀드의 투자를 받기로 결정했다.

이 일은 타이거펀드에게도 알려졌다. 타이거펀드는 이에 보답하는 차원에서 7억 달러의 가치평가액 기준으로 일부 주식을 사들이겠다고 제안했다. 그런데 류창둥은 징둥에 자금이 추가로 필요하지 않으니 원한다면 기존 주주의 주식을 사라며 돌려보냈다. 여기에서 사실 돈은 그다지 중요하지 않았던 것 같다. 이후 타이거펀드는 여러 가지 의사결정에서 류창둥에게 많은 힘을 보태주었다.

2008년과 2009년에는, 캐피탈투데이를 철수시키고 기업의 가치평가액을 낮게 산정하여 자사주를 발행한 다음, 직접 자사주를 취득하라며 류창둥을 부추기는 사람도 있었다. 하지만 류창둥은 가장 힘들 때 도움을 준 회사를 내칠 수는 없으며, 한 번 체결된 계약은 끝까지 지킬 거라며 단호한 태도를 보였다. 캐피탈투데이는 이 일에 대해 어딘가에서 전해 듣고는, 사람 하나는 제대로 봤다는 사실을 새삼 깨닫게 되었다고 한다.

'군자가 한 번 약속을 하면 오악(五岳, 중국의 5대 명산-역주)도 이 약속보다는 가볍다(君子吐然諾五岳倒爲輕)'는 말이 있다(이백(李白)의 시 협객행(俠客行)-역주). 예전에 쉬신은 먀오샤오훙에게 투자금의 10배만 벌면 충분하다고 말한 적이 있다. 먀오샤오훙이 이 말을 류창둥에게 전하자 그는 쉬 사장이 100배는 족히 벌 수 있도록 할 것이라며 자신만만해했다. 그리고 2014년에 징둥이 나스닥에 상장하면서 캐피탈투데이는 투자금의 150배를 벌 수 있었다. 투자가들이 류창둥을 이토록 신뢰하는 까닭은 과연 무엇일까? 자신이 한 번 내뱉은 약속은 어김없이 지켰기 때문이다. 일단 말을 꺼내면 반드시 실행했고, 실행하면 반드시 결과를 만들어냈다. 그러니 당연히 투자가들의 신뢰가 나날이 쌓여갈 수밖에 없었다.

2010년 : 천억 달러 가치의 시장으로 성장하다

2010년 중국 B2C시장의 최대 온라인업체인 마이카오린(麥考林, www.m18.com)이 미국 증시에 상장했다. 이 경우 대개 해당 업체에 투자했던 벤처캐피탈업체는 자본이득을 회수하고 점차 투자금을 철수하기 시작한다. 2010년에서 2012년까지 중국 전자상거래시장이 황금기를 맞이하면서 수천억 달러의 자본이 몰려들었다. 2010년 12월에는 당당왕도 미국 증시에 상장해 4,000만 달러를 투자받았으며 주당 발행가는 17달러였다. 그리고 상장 당일 주가가 25달러로 급등했고 몇 개월 후 다시 30달러로 상승했다. 그때 당시에 4,000만 달러의 투자로 시가총액 20억 달러의 회사가 탄생한 것은 상당한 성공사례라 할 수 있다.

　2010년을 기점으로 전문쇼핑몰은 너 나 할 것 없이 손쉽게 수천만 달러의 투자자금을 유치할 수 있었다. 전자상거래가 대세상승기를 맞이했기 때문이다. 타이거펀드와 같은 투자가들은 전 세계적으로 투자범위를 확대했을 뿐만 아니라 전 업종에 걸쳐 돈을 쏟아붓기 시작했다. 이들은 당당왕에도 투자하고 징둥에도 투자했으며, 판커청핀이나 러타오도 예외는 아니었다. '시합에서 뛸 선수를 영입하는 것은 물론이고 경기 트랙 전체를 통째로 사들였다'고 해도 과언이 아니었다.

돌이켜보면 2010년부터 2012년까지는 전자상거래업체에게 황금기였으며, 벤처투자가에게는 중세 암흑기였다. 당시에는 양측 모두 자금만 있으면 고객을 사서 시장점유율을 확보하고 핵심 경쟁력을 사들일 수 있다고 생각하는 경향이 강했다. 하지만 훗날 여기저기 '곡소리'가 끊임없이 울려 퍼지면서 처참한 국면을 맞이했다. 가장 큰 수혜자는 당연히 소비자였다. 저렴한 값에 좋은 제품과 서비스를 구매할 수 있었기 때문이다. 반면 사업 실패에 따른 손실은 오롯이 벤처투자가의 몫이 돼버렸다.

중국의 전자상거래시장 규모가 천억 달러에 이르는 상황에서 창업자는 시장참여자로서 당연히 이해득실의 당사자였으며, 벤처투자가도 당사자라 할 수 있었다. 벤처투자의 본질은 사회와 과학의 발전을 촉진함으로써 가치창조의 역량을 발휘하는 데 있다. 그리고 실제로 전자상거래의 발전을 위해 적지 않은 공헌도 했다. 그런데 천억 달러에 이르는 전자상거래시장에 정작 벤처투자가들은 끼어들 여지가 없었고 시대적 소명을 다하고 조용히 물러날 수밖에 없었다. 그들 다수가 실패한 쇼핑몰과 함께 역사의 뒤편으로 사라져 잊혀졌지만 그 공헌만큼은 부인할 수 없다. 실패자에 대해 중국 사회는 동정심과 배려심이 부족한 편이다. 과거 어떤 일을 했든, 얼마나 대단한 성과를 거뒀든 관심이 없다. 메마르고 야박한 세상이라 그런지 실패자의 뒷모습은 왠지 더 애처롭게 느껴진다.

2010년 징둥에게도 행운이 찾아왔다. 힐하우스캐피탈그룹(Hillhouse Capital Group, 高瓴資本)은 징둥의 기업가치를 10억 달러로 평가하고 2억 6,500만 달러를 투자했는데, 이는 그해 중국 인터넷 분야에서 이루어진 가장 큰 규모의 투자였으며, 이후에도 5,000만 달러가 추가로 투자됐다. 힐하우스캐피탈그룹의 회장 겸 CEO인 장레이(張磊)는 어차피 도박하려면 한판 크게 놀아야 한다는 식의 원칙을 갖고 있었다.

장레이가 이끄는 힐하우스캐피탈그룹은 다른 곳과 달랐다. 그는 창업주가 반드시 대주주로서 회사를 장악해야 한다는 조항을 요구했는데, 실제로 창업주가 회사를 통제하지 못하는 곳에는 절대 투자하지 않았다. 이는 장레이가 여러 기업의 발전 역사를 분석하며 나름대로 내린 결론에 근거한 원칙이었다. 창업주가 회사 대주주로서 지분을 장악했다고 해서 반드시 성공하는 것은 아니었다. 다만 분명한 사실은 창업주가 지분을 거의 다 팔고 회사를 제대로 통제 못하면 백전백패한다는 것이다.

얼마의 투자금을 원하느냐는 장레이의 질문에 류창둥은 5,000만~7,500만 달러라고 답했다. 그러자 장레이는 투자를 안 하면 몰라도 어차피 할 바에야 3억 달러를 투자하겠다고 제안했다. 류창둥은 이를 거절했다. 3억 달러를 투자받으면 장레이가 징둥 최대주주가 되기 때문이다. 양측은 협상을 벌이다 2억 6,500만 달러에서 서로 물러섰고, 류창둥은 이사회를 장악해 추가표결권(extra voting rights)을 행사할 수 있게 되었다. 장레이와 류창둥은 손발이 척척 맞았다. "우리에겐 모든 게 심플했어요. 둘 다 항상 솔직하고 직설적이었으니까요."

장레이와 류창둥은 2009년 말 한 포럼에서 처음 만났다. 장 사장은 청중이었고 류 사장은 연사였다. 두 사람 모두 런민(人民)대학 출신이었는데 장레이가 먼저 류창둥을 찾아와서 투자받을 의향이 없는지 물었다. 류창둥은 "자금이 꼭 필요하긴 하지만 벤처캐피탈은 선호하지 않는다"라고 솔직하게 말했다. 벤처투자가와 말을 섞으면 섞을수록 자신을 이해하지 못하더라는 말도 덧붙였다. 이들은 힐하우스캐피탈그룹 사무실에서 2시간 동안 대화를 나눴고 장레이는 징둥에 투자하기로 결정했다. 대다수 인터넷 창업주는 자금을 유치할 때 투자회사가 듣기 좋은 말만 늘어놓는 경우가 많다. 그러면서 인터넷회사는 고정자산 투자가 적은 사업인 경자산이라고 말하는데, 류창둥은 정반대였다. 징둥은 중자산(重資産) 형태이며 중자산만이 '사용자경험'을 제대로 보장한다고 강조했다. 그의 솔직담백한 태도가 오히려 장레이의 마음을 움직였다.

2007년에 징둥은 프라이스워터하우스쿠퍼스(Pricewaterhouse Coopers)에 회계감사를 맡겼다. 연매출이 고작 몇 억에 불과한 회사가 회계비용으로 몇 백만 위안을 지불한 것이다. 징둥은 모든 재무수치를 하나도 숨김없이 그대로 투자가에게 보여주면서 투자 전에 충분히 의견을 나누고 소통했다. 류창둥은 이렇게 말했다. "투자를 유치하는 과정에서 창업자들은 일단 자금을 융통하기 위해 회사의 실상을 허심탄회하게 밝히지 못하고 그래서 수많은 문제가 생기게 됩니다. 당연히 밝혀야 될 일을 숨기면서 대충 넘어가고, 또 나중에 자금을 투자받고서도 투자가가 모르게 일을 벌이다 결국 마찰이 생기는 거죠."

징둥그룹 전 최고재무책임자(현 징둥금융그룹 CEO)인 천성창은 투자 유치 당시를 회고했다. 투자가를 만나 사업운영방식을 논의하다 보면 일이 술술 풀릴 것처럼 대화가 잘 통했다고 한다. 그런데 막상 숫자와 재무이야기를 꺼내면 이튿날 그 투자가를 만날 수 없었다. 숫자만 보는 투자가는 의미가 없으며, 회사 입장에서는 진정으로 이 서비스를 이해하는 투자가가 필요했다. 심지어 숫자를 조작했다며 문제를 제기하는 투자가도 있었다. 징둥에는 그때만 해도 제대로 된 회계보고서가 없었다. 천성창이 매주 월요일 오전에 지난주 실적을 류창둥에게 보고하는 게 전부였던 시절이다. 류창둥은 투자가에게 아무 때나 상관없으니 특정 한 주간을 선정하라고 했고, 투자가가 선정한 해당 주간보고서를 이메일로 전달했다. 365일 내내 숫자를 조작할 수는 없는 법이고, 또 류창둥에게 매일 조작한 보고를 올릴 리도 없으니 투자가가 원하는 주간을 임의로 선정하라는 의미였다. "우리가 할 수 있는 건 딱 여기까지였습니다. 더 이상 요구하면 귀찮게 하지 말라고 따끔히 말하며 돌려보냈어요."

독재적 의사결정자

시장의 진정한 선도자는 거시적인 안목을 지녀야 하고 시장과 기술, 업계 추세를 제대로 파악해야 한다. 아마존닷컴을 높이 평가하는 이유는 대대적인 물류창고 및 IT 시스템 등 인프라 시설을 갖췄기 때문이다. 이는 아마존닷컴의 핵심 경쟁력이라 할 수 있다. 만일 제프 베조스가 책 파는 데만 관심을 기울였다면 이런 인프라가 다 무슨 필요가 있겠는가? 그의 전략적 안목은 당연히 눈앞의 일에만 국한되지 않았다.

징둥의 발전 역사에는 세 차례 결정적인 전략적 의사결정이 있었다. 첫 번째는 2004년 온라인시장에 진입해 사업구조를 전환한 것이다. 이를 통해 향후 10년, 심지어 그 이상으로 오래 지속될 소비트렌드를 장악할 수 있었다. 두 번째는 종합쇼핑몰로 확장을 결정한 것이다. 이로써 3C전문 쇼핑몰에서 원스톱쇼핑 플랫폼으로 전환하게 된다. 세 번째 결정은 자립식 창고·배송 단일화 물류시스템을 구축키로 한 것이다. 공교롭게도 두 번째와 세 번째 전략이 모두 2007년도에 추진되었고, 류창둥이 투자가와 경영진의 반대를 무릅쓰고 강행한 정책이다.

비즈니스 세계에는 항상 남보다 안목이 뛰어난 사람이 존재하기 마련이다. 이는 어쩌면 천부적으로 타고난 재능일 수도 있다. 류창둥은 소년시절에도 자기주장을 관철시키는 면모를 보였다. 농촌가정 출신의 자녀들은 중학교를 졸업하면 대부분 중등전문학교나 중등사범학교로 진학하는 게 관례였다. 그리고 졸업과 동시에 취업해서 국가의 중견지도자로 성장하는 게 가장 자랑스러운 일로 여겨졌다. 출세했다는 의미로 이를 '등용문'(登龍門, 잉어가 용문(龍門)을 뛰어넘는다는 의미로 '개천에서 용 난다'는 속담과 유사함—역주)이라 일컬었다. 하지만 류창둥은 반드시 고등학교에 진학할 것이고 대학에도 들어갈 거라며 고집을 꺾지 않았다. 그리고 베이징 아니면 상하이 같은 대도시에서 공부하겠다는 뜻을 밝혔고, 훗날 대학 입학지원서를 작성할 때도 베이징과 상하이지역 대학을 선택했다.

1992년 고등학교 졸업 후, 류창둥은 부친에게 쑤첸에서 연못을 사서 메운 뒤 그 땅을 팔거나, 아니면 그곳에 집을 지으면 10년 후에는 반드시 돈이 될 거라고 말한 적이 있다. 농촌지역에서 나고 자랐기에 농촌을 잘 알고 있던 그는 농촌의 인구가 대거 도시로 빠져나가 농촌이 갈수록 황폐해질 것이라고 중학교 때부터 말하곤 했다. 그러면 도시의 모든 물가가 오르기 마련이고 먹을 것과 입을 것은 물론이거니와 집값도 상승할 게 뻔했다.

류창둥은 창업 이후 꽤 오랫동안 '왜 이익이 나지 않으며 어떻게 해야 이익을 낼 수 있느냐'는 질문에 줄곧 둘러싸였다. 투자가는 물론이고 언론과 경쟁업체들도 줄기차게 이 질문을 던졌는데, 류창둥의 답변은 이러했다. "2007년에 징둥이 종합쇼핑몰로 전환하지 않았다면 미미하나마 영업이익을 낼 수 있었다. 3C제품의 표준화수준이 높아져서 운영원가를 통제한다면 영업이익을 실현할 수 있었기 때문이다. 사실 3C제품만 판매하면 수많은 택배원을 고용할 필요도 없었다. 하지만 종합쇼핑몰로 전환하려면 대규모 투자가 불가피하며 적자가 나는 기간도 그만큼 더 길어질 수밖에 없다." 그의 경영철학은 이익을 주머니에 넣어놓고 보관하면 안 된다는 것이다. 더욱 광활한 토지를 개간하고 확장해서 이익과 자원을 마치 씨앗처럼 넓은 토지에 골고루 뿌려야 한다고 생각했다.

어떤 제품군을 선택해서 온라인에서 판매할지 결정하는 것은 기업의 향후 발전에 커다란 영향을 미친다. 역사와 전통을 자랑하던 온라인업체 당당왕이 징둥의 추격에 뒤로 밀려나게 된 원인은 어디에 있을까? 중요한 원인 중 하나는 당당왕이 도서판매를 기반으로 발전했다는 점이다.

당당왕의 주요 품목은 도서였다. 2011년에 매출 36억 위안 가운데 도서·음반이 67.9%를 차지했다. 이 수치에서 주목할 점은 당당왕이 일용백화 카테고리에 역량을 집중·확대한 후에 집계된 데이터라는 것이다. 당당왕의 2010년 도서·음반 비중은 81.67%였다. 2011년 정가기준으로, 도서시장 총 판매규모는 1,063억 위안이었고 이 가운데 일반 대중시장은 726억 위안(이 외에 비공개적으로 유통된 물량도 있음)이었다. 게다가 이 숫자는 정가판매를 기준으로 산정한 것인데, 도서는 거의 대부분 할인판매하기 때문에 실제로 전체 시장규모는 700억 위안에 훨씬 못 미칠 것이다. 2010년에 온라인 도서시장의 단행본 발행 기준 총매출은 60억 위안 미만이었는데, 당당왕과 쥐웨이아마존닷컴이 시장을 양분하여 장악하고 있었다.

도서시장은 판이 너무 작았다. 따라서 온라인기업이 여기서 거둬들인 수익에만 의존해서는 대규모 사업 확장을 기대할 수 없었다. 반면 징둥은 3C전문 쇼핑몰로 출발했기 때문에 시장크기가 도서보다 훨씬 컸다. 또한 판매단가가 높고 제품교체와 출시주기도 빠를뿐더러 구전효과를 통해 판매할 수 있다는 장점도 있다. 즉 도서에 비해 훨씬 큰 규모로 사업을 운영할 수 있었다.

징둥은 3C제품 중에서도 IT제품에 치중했고, 쿠바왕은 대형가전 쪽이었다. 휴대폰이나 컴퓨터는 구전효과가 매우 강한 편이라서, 가격이 저렴하면 고객이 자연스럽게 입소문을 내주었다. 즉 고객 유치비용과 마케팅원가를 낮출 수 있다는 장점이 있었다. 한편 대형가전은 공급망관리에 훨씬 많은 노력이 들어가는데, 배송 외에도 설치서비스를 제공하기 때문이다. 징둥도 대형가전을 취급품목에 추가하면서 처음에는 얼핏 버겁지 않을까 우려했지만 굳게 마음먹고 막상 해보니 생각보다 크게 힘겹지는 않았다.

징둥이 처음 온라인시장에 진입할 당시 제품 선택은 우연에 의해 이루어졌다. 오프라인에서 원래 광자기디스크제품을 판매했기 때문에 IT제품을 들고 온라인에 진입한 것은 어찌 보면 자연스러운 선택이었다. 하지만 그 이후에 제품 카테고리를 확장하는 과정은 뚜렷한 확신 하에 단계적으로 추진됐다. 우선 IT제품을 판매하다가 디지털 통신제품을 추가했으며 그 다음에는 소형가전, 대형가전, 생활용품, 도서 순으로 확장해나갔다. 여기서 류창둥의 전략적 안목을 엿볼 수 있다.

대형가전을 취급하려면 막대한 자금이 투입되며 독자적인 창고를 갖춰야 한다. 뿐만 아니라 배송에 있어서도 중소형제품과는 달리 에어컨이나 냉장고를 실어 나를 수 있는 별도의 운송요원이 필요했다. 게다가 설치와 AS까지 고려해야 한다. 중견관리자들은 다시 생각해보라고 호소했지만 류창둥은 한 치도 물러서지 않았고 매우 완강했다. "반드시 해야 합니다. 소비자가 징둥에서 휴대폰도 사는데 가전제품을 사지 못할 이유가 무엇입니까? 가전업체도 징둥이 필요한 상황입니다. 오프라인 유통채널인 궈메이와 쑤닝의 시장점유율이 너무 높기 때문에 제조업자도 계속 궁지에 몰리는 처지입니다. 징둥이 발전하려면 반드시 새로운 제품을 판매해야 하며, 새로운 품목을 추가하지 않으면 분명 향후 발전에 지장이 있을 것입니다."

도서품목을 추가할 때도 강한 반대에 부딪혔지만 류창둥은 뜻을 굽히지 않았다. 징둥을 통해 고객이 모든 수요를 충족하도록 만들겠다고 결심했기 때문이다. 류창둥이 강행한 여러 의사결정 가운데 가장 격렬한 반대에 직면했던 것이 바로 도서품목 추가 건이었다. 우선 투자가들이 일제히 반대하고 나섰다. 비록 경영진 내부에서는 추진하는 쪽으로 가까스로 결론이 났긴 했지만 과반수에 가까운 사람이 반대표를 던졌다. 11개 부서 관리자 중에, 찬성은 6표에 불과했다. 그런데 결국에 류창둥의 식견과 전략적 안목이 옳았음이 또다시 입증되었다. 그 이후로 류창둥이 무슨 의견을 제시하든 반대하는 사람이 없었다. 한편으로는 이 역시 매우 위험한 일이 될 수 있었는데 갈수록 반대 목소리가 힘을 발휘하지 못했으니 말이다.

이사회는 원래 서로가 설득하고 설득당하는 곳이다. 만일 상대방을 설득 못하면 투표로 결정했는데, 9개 의석 중에 류창둥이 5개 의석을 대표했다. 이는 게임의 법칙과 다름없다. 몇 십억 달러를 투자한 사람 중에 누구는 의결권을 가지고 있고 누구는 없는데 그 연유가 무엇인지 묻자, 류창둥은 이렇게 대답했다.

❝ 만일 너도 나도 모두가 의결권을 가지고 있으면 회사에 의사결정권자가 없어집니다. 각자 의견이 일치하지 못해서 모두 상대방 의견에 반대표를 던졌다고 칩시다. 그러면 이 회사는 한마디로 엉망진창이 돼버리는 거죠.

벤처투자가는 해당 분야를 잘 알아야 합니다. 만일 잘 모른다면 저도 어찌 될지 두렵네요. 그래서 해당 분야에 정통하지 못한 투자가는 자신의 의사결정권도 넘겨줄 수 없는 겁니다. 어떤 결정이 옳은지, 그리고 향후 사업방향이 예상대로 진행될지 여부조차 판단할 수 없기 때문이죠. 그런데 징둥 투자자가 의사결정권을 넘겼다는 것은 이미 우리 사업을 잘 이해한다는 의미이고 징둥의 전략방향이 옳다고 확신한다는 의미입니다. 고위층 경영진의 투표에는 다수결원칙을 적용하는데, 소수가 다수의견을 따르는 거죠. 제 한 표도 그냥 한 표에 불과합니다. 예전에 제가 쌀을 판매해볼까 생각한 적이 있었어요. 콩과 녹두도 팔고 말이죠. 그런데 대부분의 직원들이 성공확률이 낮다고 반대해서 결국 부결됐어요. 만일 한 기업의 창업주가 늘 옳은 말만 하고, 실수를 한 번도 하지 않았다면 오히려 그 기업은 생명을 잃은 것과 다름없다고 봐도 무방합니다. 제가 전지전능한 신도 아닌데 무슨 수로 100% 다 맞추겠어요? 따라서 그럴 때는 아무래도 직원들의 지혜를 빌리는 게 현명합니다. 🙶

거의 대부분의 경우, 전략적인 중대 의사결정에서 류창둥이 절대적 독재자로 군림한 것은 사실이다. 징둥은 류창둥 혼자 힘으로 만든 게 아니다. 다만 한 가지 분명한 사실은 류창둥이라는 한 개인에 의해 징둥의 전략적 의사결정이 이루어졌다는 점이다. 류창둥은 "전략은 나 혼자 고민하면 되는 일이다"라고 말해왔다. 얼핏 들으면 다소 거슬리는 말이긴 하다. 그러나 류창둥 외에 다른 사람들은 현업에 바쁘며 매일 분주히 움직여야 했다. 특히 말단직원일수록 자질구레한 업무 부담이 더욱 가중되기 때문에 전략적으로 고민할 시간이 없기 마련이다. 이들은 주위의 사소한 일에 둘러싸여 있어서 사고의 흐름이 막힐 수밖에 없다. 실제로 "하루 종일 이런저런 잡다한 일로 짬을 낼 수 없어서 도무지 제대로 생각할 수가 없다"고 입버릇처럼 말하면서 "제발 쥐어짜지 말라"고 하소연하는 직원들이 많다. 사실 현업실무에서 벗어나야만 더욱 장기적인 전략을 고민할 여유가 생기는 법이다.

류창둥은 관리에도 특히 뛰어난 자질을 보이는데, 비유하자면 제갈량 스타일에 가까운 편이다. 그는 무슨 일이든 심사숙고해서 미리 치밀하게 계획을 세운 후에, 아래 직원에게 실행을 지시했다. 또한 모든 지시가 류창둥 자신에게서 출발되는 상명하달 형태로 업무를 추진했다. 이러한 '탑다운' 업무방식은 부권사회의 특징이 강한 중국에서 흔히 찾아볼 수 있다. 특히 80~90년대에 창업한 기업인은 가부장적인 가장처럼 독단으로 사업을 운영하며 권위에 도전하는 것을 용납하지 않는 편이다.

류창둥은 급성장한 창업회사일수록 절대적인 통제력으로 회사를 진두진휘할 사람이 반드시 필요하다고 생각했다. 그래야만 회사가 안정적 성장세를 유지할 수 있다고 믿었다. 또한 윗사람 지시에 불응하는 회사라면 앞날이 불투명할 뿐만 아니라, 민영기업에는 독재가 필요하며 민주적인 운영방식이 오히려 회사를 망칠 수 있다고 강조했다. 징둥은 창업주가 전략적인 측면과 '사용자경험'에 있어 절대적 독재권을 행사함으로써, 임직원이 '사용자경험'을 소홀히 여겨서도 그 원칙을 위배해서도 안 된다고 철석같이 믿도록 만들었다. 이는 누구나 무조건 지켜야 할 가이드라인이었다. 이와 동시에 기업전략을 확고히 수립하고, 전체 임직원이 회사의 전략목표와 정책노선에 따라 걸어가야 한다고 강조했다.

그의 경영철학은 과거 10년 동안 징둥이 고속성장을 구가할 수 있었던 원천이었다. 류창둥 본인이 커다란 톱니바퀴처럼 앞에서 이끌고, 그 뒤로 크고 작은 바퀴가 정교하고 단단하게 맞물리게끔 해서 맹속력으로 질주했던 것이다.

힘겨루기 게임

규모를 키워 발언권을 확보하다

징둥은 2005년부터 제조업체와의 직거래 전략방침을 수립했다. 처음에는 중관춘 전자상가 내 대형 매장에서 제품을 조달하다가 나중에는 성 대리점과 전국총판에서 제품을 공급받았다. 2005년 징둥의 매출액은 3,000만 위안 미만이었고 2006년에도 8,000만 위안에 불과했다. 성장률상으로는 나름 높은 수준을 기록했지만 워낙 거래물량이 미미했기 때문에 대부분의 대리점들은 징둥을 거들떠보지도 않았다. 담당직원이 대리점에서 한 번에 10개씩 제품을 구매할 때마다 대리점 사장은 "달랑 몇 개 사면서 현장 지불도 아니고 무슨 염치로 대금 지불 기한을 달라고 하는지 모르겠다"면서 딱 잘라 거절하곤 했다.

2007년에 야오옌중은 건너 알고 지내던 지인에게 소개를 받아서 에이서(Acer, 대만의 컴퓨터 제조업체 – 역주)와 접촉할 기회를 잡았다. 직속 상사였던 쑨자밍과 함께 갔는데 1시간을 기다려서야 겨우 담당자를 만날 수 있었다. 에이서 측에 노트북컴퓨터를 제작주문하고 싶다는 의향을 밝히자 상대방은 흔쾌히 가능하다고 했다. 그런데 제작주문하려면 매월 최소 1,024대를 출고하는 게 조건이라는 단서를 붙였다. 당시에 노트북제품라인 전체의 월간 판매량이 1,024대에도 못 미치는 상황이었기에 두 사람은 주눅이 들어 도망치듯 빠져나왔다고 한다.

그 시절에 야오옌중과 동료들은 매일 외근을 나가 대리점과 제조업체를 찾아다녔는데, 공급업체를 설득하기 위해 30~60페이지에 달하는 마케팅전략 관련 PPT자료를 준비했다. 글로벌 경제부터 시작해서 글로벌 전자상거래 동향과 중국 전자상거래 동향까지 읊어댔으며, 징둥의 발전모델과 휴대폰 분야의 발전추세 및 향후전망에 이르기까지 열변을 토하며 설명했다. 입이 닳도록 설명하다 보면 어느새 스스로 감동할 지경이었다. 그런데 공급업체 담당자는 정작 자리에 앉아 졸고 있는 게 아닌가!

직원들에게 이런 얘기를 전해 들을 때마다 류창둥은, 나중에는 발이 부르트도록 사방팔방 뛰어다니지 않아도 사무실에 편히 앉아서 전화 한 통으로 업체가 달려오도록 만들겠다며 이들을 위로하곤 했다. 야오옌중은 내심 '설마 그게 가능할까? 직접 제품을 가지러 가겠다고 해도 안 만나주는 판에' 하며 회의적이었다. 그런데 2011년이 되자, 에이서 측의 전담영업사원이 임시출입증을 발급받아 일주일에 사흘 동안 아예 징둥으로 출근하게 된다.

류창둥의 생각을 정리하면 이렇다. '초창기에 우리는 제조업체와 직거래를 원했지만 상대방이 받아주지 않았다. 심지어 일부 브랜드는 대리점에서조차 제품을 구할 수 없어서 중간딜러를 통해 겨우 조달했다. 그래서 지금도 나는 규모의 경제를 강조한다. 소매업자로서 규모가 안 되면 아무것도 할 수 없다. 어느 정도 규모를 갖췄다 해서 만사형통이라는 의미는 아니다. 하지만 규모가 안 되면 보나마나 백전백패다. 따라서 조급해할 필요 없이, 이것저것 신경 쓰지 말고 열심히만 하면 된다. 예를 들어 일단 거래물량을 2배로 늘린 후 업체와 협상을 진행해보고, 그래도 반응이 시큰둥하다면 다른 고민할 것 없이 물량을 다시 2배로 늘리면 된다. 우리 물량이 전체 시장의 10~20%까지 되면 상대방은 만나기 싫어도 우리를 만나게 되어 있다. 우리가 찾아가지 않아도 알아서 찾아올 수밖에 없다.'

류창둥은 화끈한 성격에 일처리가 노련하고 신속한 편이다. 그와 대화할 때는 불필요한 말을 삼가고 핵심만 거론하는 게 좋다. 밑주알 고주알 늘어놓기 시작하면 바로 말을 자르기 때문이다. 직원들도 열정적이고, 무슨 일이든 확실히 맺고 끊는 편이다. 또한 일처리도 대충 넘기지 않고 한 번 시작하면 끝을 보는 아집이 있다. 예전에 직원들은 대리점계약을 체결하기 위해 업체담당자를 방문한 횟수만 10여 차례가 넘었고, 매번 문전박대를 당했어도 끝까지 포기하지 않고 만나줄 때까지 찾아다녔다.

통상 600위안에 입고된 디스플레이를 649위안에 판매하면 하루에 30~50대 정도 팔 수 있었다. 이 경우 류창둥은 한 번에 500대를 주문하는 대신 제조업체와의 협의를 통해 대당 단가를 550위안으로 낮추도록 지시했는데, 이렇게 입고된 제품을 599위안에 판매해서 단기간에 판매물량을 늘려갔다. 이는 초창기에 징둥이 자주 사용했던 방식이다. 그렇다면 징둥이 이토록 고속성장할 수 있었던 배경은 과연 무엇일까? 바로 류창둥 사장의 강력한 카리스마 덕분이라 할 수 있다. 또 이는 구매수량과도 밀접한 관련이 있다. 간혹 직원이 좋은 제품을 발견하고 200개 정도 구매하겠다고 보고하면 류창둥은 구입하는 김에 화끈하게 1만 개를 구입하라고 지시하곤 했다. 구매물량을 대폭 늘림으로써 단가를 낮출 수 있기 때문이다. 단가를 낮추면 소비자에게 더욱 저렴하게 판매할 수 있으니 자연히 더욱 많은 소비자를 유인할 수 있다.

'구매영업팀'은 류창둥이 늘 관심을 두는 부서다. 매일 이곳에 들러 한 바퀴 돌면서 직원들과 이야기를 나누고 당일 판매현황을 체크하면서 문제가 없는지 살피곤 했다. 때로는 직접 현장에서 실무를 챙기면서 특정 제품의 판매가격을 낮추도록 지시했다. 이미 원가에 가까운 가격이라 더 이상 낮출 수 없다는 답변이 돌아오면 그래도 상관없이 추진하라며 강하게 밀어붙이는 경우도 있었다.

2008년 '6·18' 창립기념행사(징둥데이-역주) 때 류창둥은 몇 십만 위안의 사재를 털어 '라오류좐창(老劉專場, 류창둥의 '류(劉)'를 행사명에 사용함-역주)' 이벤트를 진행했다. 그 돈을 모두 고객에게 나눠준다는 기본취지 하에, 류창둥은 '6·18' 행사 기획업무에 직접 뛰어들어 어떤 제품으로 판촉행사를 진행할지 결정했다. 그리고 고객의 심리적 마지노선에 근접하는 파격가로 제품을 내놓아 구매를 유도하기로 했다. 돈 버는 게 목적이 아니었기 때문에 원가를 무시하고 다양한 수단과 방법을 동원해 이벤트 활성화에 주력했다. 예를 들어 징둥 11주년 기념일 행사에는 11위안의 CPU와 11위안의 메모리, 111위안의 카메라, 1,111위안의 노트북 등을 선보였다. 류창둥은 게릴라 영업방식으로 업계의 주목을 받았고, '최저가 판매'라는 인식을 소비자에게 각인시킬 수 있었다.

징둥 초창기에 송년회 때마다 연례행사처럼 이어지던 관행이 하나 있었다. 류창둥이 잔에 술을 채워 들고 걸어 나가면 비서가 옆에서 녹음펜을 들고 따라나섰다. 그는 테이블마다 순서대로 건배를 하면서 직원들에게 "자네 내년의 매출목표가 얼마인가?"라고 일일이 묻고 다녔다. 한번은 막 입사한 신입사원이 류창둥의 질문에 어리둥절해하며 곧이곧대로 "1,000만 위안입니다"라고 답했다. "진짜로 죽을 힘을 다해 노력하면 얼마나 할 수 있지?"라고 연이어 질문하자, "1,300만 위안 정도 예측됩니다"라는 대답이 돌아왔다. 이에 류창둥은 "자네가 1,300만 위안을 달성하면 상여금을 ○○위안을 줄 것이고, 또 1,500만 위안을 달성하면 ○○위안을 주겠네" 하며 잔을 들어 건배를 제의했다. 이런 경우를 처음 접한 그 신입사원은 그런가 보다 하고 그냥 넘어갔는데, 실제 매출목표를 달성했더니 연말에 약속했던 상여금이 한 푼도 다르지 않게 정확히 입금되었다고 한다.

맹렬히 돌진하는 구매영업팀

추이린웨이(崔琳瑋)는 2007년 4월 징둥에 입사했으며 사원번호는 166번이다. 당시 구매영업팀은 IT제품만 취급했고 직원 수는 40여 명이었다. 사무실은 인펑빌딩 내에 위치해 있었는데, 상당히 넓은 공간에 8줄로 자리가 배치되어 있었고 줄마다 10명씩 앉아 일했다. 앞의 두 줄은 고객서비스담당 직원들이 차지했고, 맨 뒤의 두 줄은 AS 담당자들이 앉았으며, 중간에 4줄이 구매영업팀 자리였다. 고객서비스팀장은 틈만 나면 일어나서 구매영업팀에게 전화통화 소리가 너무 커서 고객에게 다 들리니까 목소리 좀 줄여달라며 사정하곤 했다.

당시는 공급업체를 확보하기 위해 발로 뛰어다니던 시절로, 중관춘 전자상가 내 크고 작은 매장과 사무실을 일일이 돌며 안면을 트고 명함을 받아왔다. 추이린웨이는 디스플레이라인을 담당했다. 그는 디스플레이를 판매하는 모든 공급업체의 명함을 수집해서 파일로 정리했다. 어느 업체가 무슨 브랜드와 모델을 판매하고, 가격은 얼마인지 등을 상세히 작성했다. 그는 매일 공급업체에 전화로 제품을 주문했는데, 징둥의 저가전략으로 인해 자신들의 오프라인 매장이 타격을 받다 보니 선뜻 제품을 내주려 하지 않았다. 일부 소규모 대리점은 징둥을 통해 제품을 팔면 매출압박을 줄일 수 있기에 내심 팔고 싶은 마음을 내비치기도 했다. 하지만 한편으론 본사에서 경고를 받아 대리점 자격이 취소될까 봐 눈치를 보는 상황이었다. 추이린웨이는 이번 달에 A업체에서 도매로 구입하면 다음 달에는 B업체에서 분산 구매하는 방식으로 대리점이 받을 스트레스를 줄여주었다. 상황이 이렇다 보니 브랜드 하나당 4~5개 대리점과 거래를 할 수밖에 없었고, 최저가로 공급받기 위해 베이징, 상하이, 광저우, 칭다오, 청두 등 다양한 지역의 다수 공급업체와 거래를 했었다.

2008년부터 징둥은 거래 대리점을 선별해나가기 시작했다. 그 전에는 소규모 매장에서도 제품을 조달했지만, 이 경우 품질을 보증받기 어려웠다. 또한 회사규정에 따라 반드시 정품만을 취급했고 밀수품·가품을 제공하는 공급업체는 거래 대상에서 제외시켰다. 회사방침대로 구매영업팀은 반드시 총대리점과 협상을 진행했다. 추이린웨이는 모 디스플레이 브랜드의 베이징 총대리점으로부터 한 달에 대략 2,000~3,000대 물량을 구입했는데 대리점 측은 구매물량이 너무 적다며 투덜대곤 했다. 그러고는 매월 기본출고량을 조건으로 내걸었고 제품발송 시의 운송비도 별도로 청구했으며 현금결제를 요구했다.

베이징 총대리점과 거래를 트는 과정에서 추이린웨이는 일을 성사시키기 위해 상대방이 솔깃해할 만한 제안을 건넸다. 당시 총대리점이 재고로 쌓아둔 고가의 디스플레이제품을 대신 팔아주겠다고 한 것이다. 베이징에서는 기껏해야 몇 대 못 팔지만, 징둥은 전국적으로 판매하니까 금세 재고를 떨 수 있다며 설득했다. 총대리점은 징둥의 도움을 받을 수 있겠다는 판단이 섰는지, 어떤 제품을 원하는지 묻기 시작했고 그제야 '대화다운 대화'가 시작됐다. 그러면서 가끔 베스트셀러 제품도 제공해주고 포인트도 넘겨주겠다고 했다. 당시 대당 1,500위안의 디스플레이를 구입하면 환급 포인트가 20위안이었다. 징둥은 기본적으로 노마진 판매전략을 고수했기 때문에 환급받은 포인트까지 모두 고객에게 혜택으로 돌려주었다. 이러한 모든 정책은 결국 물량을 늘리기 위해서였고 충분한 물량을 확보해야만 더욱 많은 지원을 받을 수 있었다. 해당 베이징 총대리점의 매월 판매목표가 4만 대였는데, 잘 팔릴 때는 징둥이 1만 대까지 소화하기도 했다.

첫 번째 펀딩에 성공한 후, 징둥은 처음으로 전문경영인제도를 도입했다. 이때 왕샤오쑹이 징둥에 입사했다. 류창둥은 그와 면접을 시작하고 20분 만에, "자네는 우리 회사에 딱 맞는 사람이네"라며 그 자리에서 직접 합격통보를 했다. 가끔 이런 식으로 인사를 처리하다 보니 인사팀의 책임자도 연봉협상을 진행할 때 수동적이 될 수밖에 없었다. 왕샤오쑹은 순간 어리둥절했지만 류창둥 사장의 진정성과 솔직한 성품을 느낄 수 있었다고 한다.

2008년 1월에 왕샤오쑹은 월마트를 사직하고 선전을 떠나 베이징으로 올라왔다. 당시 주위 친구들은 "이름도 없는 회사에 뭐하러 들어가냐"며 그를 뜯어말렸다. 하지만 왕샤오쑹은 류창둥 사장의 정직함과 카리스마에 이미 매료되어 있었다. 또한 류창둥의 뚜렷한 주관과 리더십에 강한 믿음이 들었으며 부를 함께 나누려는 사고방식도 마음에 들었다. 그해 연말에 그는 예상치 못한 상여금을 받았다. "입사할 때 연봉 외 근무조건은 서로 자세히 협의한 바 없었는데, 막상 입사해보니 제가 상상했던 것보다 훨씬 대우가 좋았어요"라며 그는 당시를 회고했다.

입사 당일부터 왕샤오쑹은 징둥의 업무추진력에 혀를 내두르지 않을 수 없었다. 입사 수속도 채 마치지 않은 상태에서 면접관으로 차출된 것이다. 오자마자 바로 업무에 투입됐으니 '행군하면서 싸우는 격'이었다. 이튿날에는 주문량이 폭주했고 전 직원이 다루점(大盧店)으로 달려가 물건을 나르며 밤샘 작업을 했다. 이 일을 하면서 그는 한 가지 사실을 확실히 알게 되었다. 제품정보는 인터넷으로 고객에게 전달할 수 있지만, 제품 자체는 사람이 직접 손으로 들고 나르며 고객에게 전달해야 한다는 것이다. 한마디로 징둥은 온·오프라인을 동시에 관리하는 이중부담을 짊어진 회사였다.

하이뎬구 쑤저우 거리에 있는 인펑빌딩 사무실 기둥에는 마치 전쟁터처럼 '전투! 전투!' 라는 표어가 큼지막하게 붙어 있었다. 사무실 공간이 협소하다 보니 공급업체 담당자가 방문해도 앉아 있을 자리가 없어서 선 채로 업무를 협의하기도 했다. 구매영업팀은 도깨비시장처럼 늘 전화벨 소리가 끊이지 않았고, 주문량이 한꺼번에 몰려서 일시에 감당 못할 정도로 폭주상태가 되면 다들 하던 일을 멈추고 창고로 달려가 밤새 야근을 해야 했다. 야근수당을 얼마나 주는지도 개의치 않았으며 창고에서 물건을 나를 때도 네 일 내 일 가리지 않았다.

당시만 해도 구매영업팀 직원은 업무를 뚜렷이 분담할 수 있는 처지가 못 됐고, 하나에서 열까지 모든 업무를 처리했다. 오전에는 공급업체에 전화를 걸거나 직접 만나서 가격을 협상한 후 주문서를 넣고 계산서를 발급했다. 그리고 오후가 되면 제품을 입고시키고 주문·포장하는 일을 했는데, 제품손상 방지용 비닐 랩으로 택배상자를 돌돌 마는 일까지 손수 했었다. 대부분의 딜러나 대리점들은 운송비가 많이 든다며 외곽지역에 위치한 징둥 물류창고까지 제품을 직접 배송해주지 않았다. 그들은 인펑빌딩 아래층에 제품을 내려놓고 가는 경우가 많았고 이 제품을 입고시키는 일도 구매영업팀 직원의 몫이었다. 물류창고에서 차를 보내오면, 하루에 한두 차례 아래층으로 내려가 제품을 차에 실어 창고로 옮겼다. 이 외에도 매일 계획서를 작성해서 다음 날 주문할 제품이 무엇이고 어떤 제품을 팔지 정했다. 그리고 밤이 되면 사무실에 앉아 고객질문에 일일이 답변 글을 달며 상품페이지도 관리해야 했다.

사업 초기 구매수량이 적을 때는 공급업체에서 대금지불을 유예해주지 않아 거래 즉시 현금으로 결제해야 했지만 나중에는 일주일에 한 번씩 대금을 결제할 수 있게 되었다. 그런데 간혹 대금을 못 받을까 걱정이 됐는지 오후에 술 한 잔 걸치고 찾아와서 돈 달라며 생떼를 쓰는 업체직원도 있었다. 심지어 "대금도 제때 못주는 회사니까 여기서 절대 제품을 사지 말라"면서 빌딩 안내데스크에서 행패를 부리기도 했다. 그러면 왕샤오쑹은 그를 사무실로 데려와 살살 달랜 후 되돌려 보내곤 했는데 그것도 잠시였다. 잠잠한가 싶으면 어느새 고질병이 도져 또다시 난동을 부렸다.

당시에는 스피커나 이어폰 같은 작은 품목조차 원활히 조달하기 어려운 상황이어서 어떻게든 확실한 거래처를 확보하려다 보니 대리점 사장에게 식사와 술을 대접해야 할 일이 많았다. 그런데 왕샤오쑹은 본래 주량이 세지 않아 한 번 마셨다 하면 늘 인사불성이 되었다. 어떻게 집에 들어갔는지도 모를 지경이었다. 다음 날 날이 밝으면 어쨌든 출근을 하긴 했는데 오전 내내 토하고 물만 마셔도 구역질이 났다고 한다. 실제로 구매영업팀 직원의 증언에 따르면, 그들 모두 술 마시다 필름이 끊기는 일은 예사였고 눈이 벌겋게 충혈될 정도로 술에 찌들었다고 한다.

징둥이 거래처를 충분히 확보하지 못한 채 전전긍긍할 무렵, 구매영업팀 팀원들은 오직 끈기와 성실 그리고 몸뚱이 하나만을 무기로 공급업체를 하나하나 상대하며 버텨나갔다. 나중에는 공급업체도 징둥 직원들의 능력과 됨됨이를 인정하며 발전가능성을 믿어주었다. 또한 제품만 제대로 공급해주면 양측 모두 매출을 증대시킬 수 있다는 확신을 갖게 되었다. 구매영업팀 직원들은 마치 유격대원처럼 개

개인의 돌파력이 매우 뛰어났고 진득이 매복할 줄 아는 뚝심이 있었다. 어쩌면 가장 원시적이고 무식한 방법이었을 수도 있지만 그래도 제법 훌륭한 성과를 만들어냈다.

상위 공급채널을 확보하라

당시 구매영업팀의 '직무 이해도'는 아주 피상적인 수준으로, 한마디로 중관춘 매장 판매대에서 영업할 당시의 수준에 머물러 있었다. 예를 들어 7개 공급업체가 있다면 차례대로 가격을 문의한 다음 제일 저렴한 곳에 주문을 넣었다. 그리고 다른 쇼핑몰에서 파는 가격을 살펴본 다음, 별다른 고민 없이 그 가격보다 저렴하게 판매했다. 하지만 이런 방식은 문제가 될 수 있었다. 공급채널이 불안정해서 전략적 협력관계를 구축할 수 있는 공급루트가 미비했기 때문이다. 또한 매출증대도 단순히 가격에만 의존해서는 안 되며, 후속 서비스도 함께 고려해야 했다. 다시 말해 구매영업이란 전체를 아우르는 총체적 개념을 기반으로 토털솔루션을 제공하는 것인데, 가격에만 초점을 맞추는 방식은 언제든 전략에 구멍이 뚫릴 수 있었다. 그래서 왕샤오쑹은 제품 카테고리 관리, 가격책정 전략, 재고관리 및 협상기법 등 다양한 양성프로그램을 마련해 직원교육을 실시하기 시작했다.

한편, 소형 중개상한테서 100위안에 사올 수 있는 제품을 베이징 총판에서는 103위안을 불렀다. 게다가 비싼 가격에 팔면서도 징둥을 찬밥 취급했다. 그럼에도 소형 중개상으로부터는 충분한 물량을 공급받을 수 없었기 때문에 어쩔 수 없이 '울며 겨자 먹기'로 참아야 했다. 상위 공급채널과 협력관계를 구축해야만 향후 안정적인 제품공급원을 확보하면서 유리한 가격조건을 따낼 수 있다고 판단해서다. 당장은 베이징 총판가격이 다소 높지만 우선 거래를 트고 관계를 형성할 필요가 있었다. 나중에 무시할 수 없는 수준으로 물량이 확대되면 상대방도 가격 협상자리에 나올 수밖에 없을 것이라 생각했던 것이다.

당시는 휴대폰 브랜드 가운데 노키아(Nokia)의 판매비중이 가장 높았다. 그런데 징둥이 접촉할 수 있었던 가장 큰 공급업체는 성급 대리점의 직속 하부 라인이었다. 이 공급업체가 2008년 송년회에 왕샤오쑹을 초청했는데, 좌석 왼쪽에는 지오니(金立, GIONEE, 스마트폰 제조회사-역주)의 영업사원이 자리했고, 오른쪽에는 부부가오(步步高, 중국 전자기업-역주)의 영업사원을 배석시켰다. 당시 이 업체가 생각한 징둥의 위상이 어떠했는지 미뤄 짐작할 수 있을 것이다.

노키아는 그해 휴대폰 제조업체 가운데 최강자였다. 그리고 자사의 유통채널을 뒤흔들 수 있다는 우려 하에 징둥처럼 급성장하는 판매채널을 통제하고자 했다. 노키아 휴대폰의 중국지역 판매책임자였던 천팅(陳婷)도 징둥이 그저 온라인 거래처 중 하나에 불과했다고 기억하고 있었다. 2008년 말까지 매월 기껏해야 200~300만 위안의 매출을 올렸기 때문이다. 그래도 노키아는 프로의식이 투철했고 나름 운영원칙이 있었던지, 휴대폰 샘플을 징둥 구매영업팀에도 보내 피드백을 받곤 했다. 그러면 구매담당 직원은 실제 사용한 경험과 느낀 내용을 정성껏 기록하여 규정절차에 따라 노키아에 송부했다.

한번은 베이징 대리점에서 들여온 노키아 제품을 전국적으로 판매하다가 노키아에게 몇 백만 위안의 벌금을 물어야 할 처지에 놓이게 되었다. 당시 한 달 영업이익이 고작 몇 백만 위안이었는데 말이다. 왕샤오쑹은 갖은 방법을 동원해 성의를 보였고 결국 상대방을 감동시켰다. 당시 노키아 베이징·톈진지역 총경리가 직접 나서서 벌금을 면제해주었다. 여기에 더해, 징둥에게 전국 최초로 면죄부를 적용해 전국 대상 판매권까지 부여함으로써 이 논란을 완전히 불식시켜주었다.

그로부터 몇 년 뒤 스마트폰시장이 활기를 띠면서 노키아는 왕좌에서 점차 밀려나 처량한 신세로 전락하고 있었던 반면 징둥은 이른바 '떠오르는 태양'이 되어 있었다. 천팅은 "노키아의 시장점유율이 끝없이 추락하고 있을 때에도 징둥의 태도는 늘 변함없었다"고 말했다. 2014년 마이크로소프트모바일(마이크로소프트 사가 노키아를 인수함) 전체 매출 중 징둥이 차지하는 비중은 20~25%에 달했다.

롄상(聯想, 레노버(Lenovo)) 등과 같은 제조업체는 오프라인 판매채널을 구축함에 있어 뛰어난 면모를 보였다. 소매유통체계를 통해 겹겹이 제품을 깔아놓았는데, 자신의 브랜드가 중국의 시, 현, 진, 향, 촌 등 구석까지 속속 파고들게 만들었다. 그런데 소매유통단계를 하나씩 거칠 때마다 층층이 가격이 붙었는데, 한마디로 단계별로 크고 작은 소매점을 먹여 살리는 구조였다. 징둥은 이와 정반대의 길을 걸었다. 복잡한 채널을 단순화하여 유통단계를 줄일 수 있을 때까지 최대한 줄여나갔다. 가격도 최저가로 책정함으로써 소매유통단계를 없애고 제조업체의 견고한 가격체계를 타파했다. 2008년에 벤큐(BenQ Corporation, 明基電通股婷有限公司. BenQ는 브랜드명으로 가전통신기기를 판매하는 타이완에 소재한 다국적 기업 - 역주)는 강경한 어조의 성명을 발표했는데 '개별 온라인쇼핑몰'에서 판매하는 벤큐 상품은 정품으로 보장할 수 없다는 내용이었다. 비록 명확히 지적하진 않았지만 여기서 가리키는 업체가 징둥이라는 것은 누구나 알고 있었다. 징둥도 강경한 태도로 맞대응했다.

1980년대부터 구축되기 시작해 성숙단계에 접어든 소매유통체계는 그 규모가 매우 방대하고 견고했으며 뿌리도 깊어 보였다. 그러나 불과 몇 년 만에 풍전등화와도 같은 절박한 위기상황에 봉착했다. 징둥상청은 문전박대의 서러움에서 벗어나 썩어 문드러진 낡은 체제를 타파하며 승승장구했다. 2010년에 이미 상황은 반전되기 시작했다. IT브랜드의 총대리점 측은 징둥이 초저가 공세로 시장을 교란시킨다며 제조업체 측에 읍소하는 한편, 뒤로는 은밀히 징둥에게 제품을 공급했다. 전체 IT시장이 축소되는 상황이라 매출이 떨어지고 있었기 때문에 대리점 입장에선 제품을 공급할 수밖에 없었다. 그러면서도 제조업체 측에 대리점 입장을 설득시키려고 안간힘을 썼고, 매출부진의 이유를 징둥으로 돌리면서 저가 공세에 무력할 수밖에 없다는 점을 역설했다. 그러나 징둥은 이런 분위기에 휩쓸리지 않고 상위 공급채널 확보 전략을 꾸준히 추진했다. 제조업체와의 직거래를 성사시키기 위해 문턱이 닳도록 쫓아다닌 것이다. 추이린웨이가 처음 찾아간 업체가 벤큐였는데 이 업체는 직접 재고물량을 건네주었다. 제품을 출하받은 후에 시가 1,400위안짜리 제품을 1,200위안에 할인판매를 개시했으며, 하루이틀 사이 1,500대를 소화하면서 징둥의 판매역량을 입증해 보였다. 또 제조업체와 추가 협의를 통해 가격대를 유지하며 재고를 처리하는 대신에 더욱 좋은 제품을 제공해달라고 요구할 수 있었다.

2011년 초에 이르자 추이린웨이는 힘의 균형추가 이동했음을 실감할 수 있었다. 예전에는 공급업체에 직접 달려가 물건을 달라고 사정해야 했는데, 어느새 제조업체가 회사를 직접 방문해 다양한 이벤트를 제안하고 어떻게 홍보할지 의견을 나누게 되었던 것이다. 뿐만 아니라 무엇이 필요한지 먼저 물어오고 적극적인 지원 사격까지 서슴지 않았다.

작은 조직의 전투 전략

뉴에그를 격퇴시키다

2009년 1사분기에 아이리서치(iResearch, 중국 IT시장조사 전문기관 – 역주)가 발표한 B2C 전자상거래 기업 순위를 보면 당당왕이 1위, 줘웨아마존이 2위, 징둥은 3위를 차지했으며 뉴에그는 4위로 밀려났다. 경영진은 회의석상에서 징둥이 언제쯤 업계 1위를 차지할 수 있을지 토론했는데, 매출액과 성장률을 기준으로 순위를 따져보니 2009년 말에 1위가 될 수 있다는 예측치가 나왔다. 그 자리에 있던 누구도 쉽게 믿을 수 없는 예측 결과였다.

'촌티 나는 기업'이라고 비웃음을 샀던 징둥은 2005년에는 뉴에그를 벤치마킹하며 따라가기 바빴고, 2006년부터는 뉴에그와 본격적으로 치열한 경쟁을 벌였다. 실제로 연례총회에서 뉴에그의 매출을 누르겠다는 의지를 불태우기도 했다. 당시 뉴에그 매출규모는 징둥의 1.5배였다. 두 회사 간 가격경쟁은 혈전을 방불케 했다. 일례로 뉴에그에서 헤드셋을 개당 39위안에 팔면 징둥은 바로 38위안으로 가격을 인하했고, 이에 질세라 뉴에그도 37위안으로 다시 가격을 낮추곤 했다. 그러면 징둥도 가차 없이 36위안으로 가격을 낮췄는데, 원가가 35.5위안인 제품이었다. 가격이 36위안까지 내려가자 상대방은 별다른 움직임을 보이지 않았다. 뉴에그의 원가가 징둥보다 높기 때문에 따라올 수 없었던 것이다.

징둥은 의사결정단계가 짧았고, 업무를 추진할 때도 딱히 뾰족한 원칙이 없었다. 손해 볼 상황에 처하면 그냥 손해를 감수하는 쪽으로 결정을 내렸다. 뉴에그에서 어떤 제품을 판매하기 시작하면 징둥은 곧장 가격으로 맞불을 놓았다. 그럼으로써 규모가 작은 징둥은 최대한 손해를 적게 보고, 덩치 큰 상대방은 손해가 커지도록 전략을 짰다. 이는 뉴에그의 판매량이 더 많았기에 가능한 전략이었다. 개당 10위안을 손해 본다고 계산할 때, 징둥이 10개를 팔아 100위안의 적자를 감수하는 동안 뉴에그는 100개를 팔았으니 1,000위안을 손해 본 셈이었다. 징둥 직원들은 뉴에그의 가격인하 동향을 예의주시하며 신속히 대응했는데 밤낮없이 사이트를 지켜보며 '일당백'의 역할을 했다. 반면 뉴에그는 의사결정단계가 길어서 가격인하에 즉각 대응할 수 없었다.

2009년에도 뉴에그와 징둥은 힘겨루기에 여념이 없었다. 5월~6월이 되어 가격경쟁이 불붙기 시작하면 사실 징둥도 압박을 받아 버텨내기 힘들었다. 두 업체 간에 제품군과 고객이 중복되는 부분이 많았기에 더욱 그랬다. 징둥은 명확한 전략적 판단에 따라 전력을 기울이고 있었고 고객수요의 흐름을 주시하면서 재빨리 제품군을 확대해 나갔다. 결국 최대한 원스톱쇼핑이 가능하도록 만들어 소비자를 만족시키는 게 목적이었는데, 사실 기본전략은 매우 단순했다. 즉 제품 구매단가를 최대한 낮춰 소비자에게 최저가로 제품을 판매하는 것이었다. 또한 무엇보다 물량확대를 통해 규모를 키우는 데 역량을 집중했기 때문에 이익이 최우선 순위는 아니었다. 반면 뉴에그는 어떤 제품군은 아예 손도 대지 못했다. 전문경영인체제로 운영되다 보니 회사의 각종 단기지표에만 관심을 기울일 수밖에 없었던 게 그 이유였다. 그들에게는 시장점유율과 고객 입소문이 최우선 순위가 될 수 없었다. 1~2년 주기로 중국지역을 담당할 전문경영인이 바뀌는 구조여서 대부분 일관성 있게 정책을 실행할 수 없었고 연속성도 기대하기 어려웠다. 게다가 미국 본사 CEO도 중국 상황을 잘 이해하지 못했고 가격경쟁을 기피했으며 광고비 투입에도 상당히 회의적이었다. 2009년 이후부터 징둥은 더 이상 뉴에그를 주시할 필요가 없어졌다.

온라인 도서시장 진입을 위한 거침없는 질주

2010년 류창둥은 도서를 온라인에서 판매하는 계획을 추진했는데 이는 당당왕을 직접 겨냥한 전략이었다.

류창둥은 종합쇼핑몰을 향한 당찬 전략을 흔들림 없이 추진했다. 창사 이래 이사회 반대에 직면한 제품군이 두 가지인데 하나는 대형가전이고 다른 하나는 도서다. 대형가전 분야는 공급체계가 복잡할 뿐 아니라 쑤닝과 궈메이라는 강적이 버티고 있었기에 2010년의 징둥에게는 오르지 못할 나무나 다름없었다. 그리고 도서 분야는 온라인쇼핑몰인 당당왕과 아마존차이나(amazon.cn, 아마존닷컴 중국부문 - 역주)가 중국 내 양대 산맥으로 자리를 굳히고 있었다. 그래도 혹자는 한 번쯤 도전해볼 가치가 있다고 생각할 수도 있겠지만 이사회와 경영진 모두 도서만큼은 난공불락의 성역이라고 여기고 있었다. 양대 거물이 시장을 독점하는 상황에서는 득보다 실이 크다고 판단했기 때문이다.

그러나 류창둥은 고집을 꺾지 않았고 2010년 초 이사회에서 1,000만 위안만 투자해서 추진해보고 만일 그 돈을 다 잃게 되면 그만두겠다고 밝혔다. 하지만 말이 쉽지, 사실 일단 시작하면 쉽게 그만둘 수 없는 법이다.

2010년 4월 스타오(石濤)가 징둥에 합류하여 도서담당 부총재를 역임하게 된다. 그는 류창둥에게 도서 분야를 추진하는 데 어느 정도 결심이 서 있는지 물었다. 당당왕과 아마존차이나가 10년간 사업을 운영하면서 이미 대량의 고정고객을 확보하고 브랜드 인지도를 굳혔기 때문이다. 그 당시 징둥이 헤쳐나가야 할 장벽이 얼마나 거대했는지 미뤄 짐작할 수 있을 것이다. 막대한 자금을 쏟아부어야만 성공 가능한 일이었다. 류창둥은 화끈하게 밀어주겠다며 확신을 심어주었고 그는 충분한 자금지원을 약속 받았다.

스타오에게 주어진 시간은 그리 많지 않았다. 계획대로 2010년 11월 1일에 도서를 온라인에 올리려면 할 일이 산더미였다. 6개월 안에 일할 구성원을 꾸리고 백오피스시스템 개발과 물류배송시스템과의 연계를 추진함과 동시에 공급업체와 계약도 완료해야 했다. 또한 징둥 ERP시스템의 백오피스기능도 3C제품 위주로 개발된 것이라서 새롭게 개발을 추진해야 했다. 뿐만 아니라 창고도 텅 빈 상태라 물품 및 관련 자재도 3개월 내에 갖출 필요가 있었다.

아마존차이나는 성숙단계에 접어든 기업으로 엄격한 규정에 따라 업무를 추진했고 단계별로 승인을 받아 일을 처리했다. 반면 2010년의 징둥은 가까스로 정규군의 면모를 갖춘 상태여서 업무흐름이 체계적이지 않았지만, 대신 이런저런 복잡한 규정에 구속받지 않고 속도감 있게 일을 추진할 수 있는 유연성이 있었다. 특히 류창둥이 심혈을 기울이고 지원하는 만큼 천군만마가 부럽지 않을 정도로 폭발적인 추진력을 발휘할 수 있었다.

그 당시에 류창둥은 매주 도서부문의 추진경과를 보고받으면서 문제가 제기되면 바로 그 자리에서 결정을 내려주었다. 도서는 종수만 해도 몇 십만 개에 이르다 보니 당시 백오피스시스템으로는 그 많은 웹페이지를 올리는 데 어려움이 있었다. 사실 연구개발부서의 지원이 부족했다기보다는, 해당 부서의 업무로드가 만만치 않았고 일에도 순서가 있었기 때문이다. 보고를 받는 도중에 류창둥은 연구개발부서에 바로 전화를 걸었고 개발담당자가 황급히 달려왔다. 류창둥은 다짜고짜 "도서 쪽의 개발요구사항을 왜 아직도 해결 못했냐!"고 다그쳤다. 담당자의 간략한 해명을 들은 그는 무슨 문제든지 즉각 해결해서 보고하라고 지시했다.

2006년 스타오가 아마존차이나에 근무할 당시 회사에서 중국 내 모든 출판사와 공급계약을 맺으라는 지시가 떨어진 적이 있었다. 그는 2006년부터 2007년까지 총 200여 개 출판사와 계약을 맺어 '기적의 사나이'라고 불렸다고 한다. 그 전까지 누구도 기간 내에 이토록 엄청난 계약건수를 달성한 바 없었기 때문이다. 그런데 이번 징둥에서는 불과 3개월 만에 500개 출판사와 계약을 맺는 기염을 토했다. 구매담당 직원 8명이 일인당 하루 평균 4~5개 출판사를 방문해가며 이룬 결과였다.

2010년 8월에 가오옌(高燕)이 아마존차이나에서 징둥 도서부문으로 이직했다. 류창둥은 보안유지를 위해 모 광고회사의 사무실 공간 일부를 빌려 담당직원들을 배치시켰다. 심지어 징둥 내부에서도 도서품목 추가 작업을 진행 중인지 대부분 모르고 있었고, 가오옌이 개발부서와 백오피스시스템 개발을 위해 의견을 조율하거나 업무를 추진할 때도 개발팀 직원 2~3명하고만 접촉했다. 그들은 한자리에 모여 개발사항을 협의하고 현장에서 바로 적용테스트를 했고 문제가 있으면 그 자리에서 수정하면서 시스템을 완성해갔다. 매일같이 저녁밥도 먹는 둥 마는 둥 대충 때우고는 소매를 걷어붙이고 일했고 밤을 꼬박 새는 일도 다반사였다. 그런데 가오옌이 당당왕과 아마존은 '어떤 식으로 한다'며 말끝마다 비교를 해대는 통에 개발부서 동료들은 조금 반감이 들기도 했다고 한다. '거기 시스템이 좋으면 그냥 거기에 있지 뭐하러 여기로 왔냐'며 비아냥거리기도 했고 은연중에 '로마에서는 로마법을 따르라'는 식의 뉘앙스를 풍기기도 했다. 하지만 나중에는 직원들도 그의 말을 좋게 받아들였다. 다른 회사에 참신한 게 있다면 징둥 시스템에 도입하는 게 옳다고 생각했던 것이다.

이런 갖가지 우여곡절 끝에 그들은 3개월 만에 물류재고 및 백오피스시스템 개발을 완료하고 20만 종의 도서를 모두 온라인에 올릴 수 있었다.

물류시스템을 설계할 때도 도서만의 단독창고가 필요했다. 도서는 규격화된 제품으로 하중을 견딜 수 있기 때문에 높은 선반에 많은 제품을 쌓을 수 있다. 또한 도서품목을 추가하려면 최대용량의 제품관리기능이 수반되어야 한다. 그전에는 SKU(재고관리식별코드, 상품의 일련번호로 모든 상품마다 유일한 SKU번호가 부여됨)번호가 몇 만 개에 불과했지만 도서의 경우 당장만 해도 20만 개였고, 6개월 내에 100여만 개로 증가할 것으로 예측되었기 때문이다.

사업 초기에는 모든 제품의 카테고리 분류와 내비게이션기능을 수정하려면 류창둥의 승인을 얻어야 했다. 하지만 도서 카테고리 분류는 다른 제품군과 달랐다. 일례로 다른 제품은 고민할 필요 없이 생수면 생수, 컴퓨터면 컴퓨터로 분류하면 된다. 반면 도서는 내용에 따라 분류해야 하는데, 소설과 문학의 경계가 모호한 경우도 있고 청소년문학과 아동문학 등 카테고리가 중복되는 경우가 허다했다. 그러다 보니 분류체계를 설계할 때 여러 차례 수정이 필요했다.

수정이 필요할 때마다 직원들은 기존의 관례대로 류창둥 사장의 승인을 받아 처리했다. 하지만 수정횟수가 빈번한 이유를 알게 된 류창둥은 부총재에게 결재권한을 위임했다. 이렇듯 류창둥의 업무 스타일은 상황을 정확히 이해하고 나면 현실에 맞게 기존 규정제도를 신속히 수정하는 편이다.

2010년 10월 하순, 도서품목을 아직 온라인에 올리기 전의 일이다. 부서 간 협조가 원활치 않자 스타오는 류창둥에게 전체회의 개최를 건의했다. 시스템 관련, 배송, 물류창고, IT, 재무 등 모든 담당자가 전체회의에 참석해줄 것을 요청했다. 도서 온라인 판매가 정식 오픈되기 전에 정책결정이 필요한 사항을 점검하는 회의였는데, 스타오 혼자 힘으로 진행할 수 없는 일이 산적해 있었다.

일례로 데이터 관련해서 해당 부서의 협조가 필요했지만 해당 부서에서 협조요청 내용을 분석하고 의사결정절차를 밟으려면 도저히 예정기한 내에 오픈할 수 없었다. 또 예를 들면, 기존 시스템으로는 출판사에 주문서를 넣을 때 한 번에 1,000개 제품만 작성할 수 있었다. 하지만 도서 특성상 종류가 방대하기 때문에 간혹 한 출판사에 1만 개 제품을 주문할 경우가 있는데, 그러려면 주문서 10개를 작성해야 한다. 이에 도서팀은 주문수량 제한을 풀어달라고 개발 쪽에 요청했다. 하지만 개발 쪽에서는 시스템적으로 1,000개로 한정되어 있어서 불가능하다며 완강히 버텼다. 결국 도서만을 한정해서 수량 제한을 풀 것인지 여부는 류창둥의 승인이 필요한 일이었다.

류 회장 사무실에서 몇 백 명이 동시에 참여할 수 있는 영상회의가 열렸다. 제품입고에서부터 창고 진열과 출하 등 관련된 세부 문제만 해도 30~40개나 되었다. 그런데 류창둥은 불과 2시간 만에 모든 문제를 처리했다. 또한 회의록에 누가 어떤 업무를 담당하고 언제까지 작업을 마쳐야 하는지 일목요연하게 정리했다.

스타오가 아마존에서 일한 경험에 비춰보면 이런 회의는 통상 시간이 오래 걸린다. 2007년에 줴웨왕과 아마존닷컴이 통합하면서 시스템 통합·이전 작업을 진행한 바 있다. 이때 꼬박 반년을 매달려

비로소 두 시스템을 상호 연동시킬 수 있었다. 반면에 류창둥은 징둥의 시스템과 구조를 속속들이 꿰뚫고 있었기에 일을 일사천리로 진행할 수 있었다.

2010년 11월 1일에 징둥은 도서 카테고리를 예정대로 오픈했다.

당당왕을 기습하다

징둥에서 도서는 소비자에게 토털서비스를 제공하기 위한 전략품목이었다. 징둥은 3C제품에 대한 고객의 수요는 얼마든지 충족시킬 수 있었지만 도서구입을 희망하는 소비자 수요는 충족시킬 수 없었다. 결국 이 소비자들은 당연히 도서와 3C제품을 함께 구입할 수 있는 아마존차이나로 옮겨갈 수밖에 없었다. 그래서 징둥은 소비자가 원하는 최대한의 모든 제품을 팔기로 결정했다. 도서판매 전략을 수립할 때도 일부 잘 팔리는 베스트셀러만 갖추려 하지 않고 최대한 다양하고 많은 품목을 망라했다. 당연히 전략적 경쟁상대도 당당왕과 아마존차이나로 설정하게 되었다.

도서는 표준화수준이 높은 제품이다. 검색과 서핑효과가 다른 상품보다 뛰어나서 구글이나 바이두에서 검색순위 상위에 링크되면 덩달아 새로운 고객을 유인할 수 있다. 도서구입을 위해 징둥상청에 신규 회원가입을 한다면, 이 고객은 몇 개월 내에 휴대폰이나 컴퓨터를 구입할 확률이 높다. 그 이후에도 컴퓨터주변기기로 구매범위를 넓혀나가고 생활용품이나 의류도 구매할 가능성이 있다.

징둥이 도서품목을 오픈한 이후에도 여전히 당당왕과 아마존차이나가 도서시장을 양분하고 있었다. 전체 도서의 일반 시장규모는 320억 위안 정도였는데, 당당왕이 20억 위안을 아마존차이나가 대략 15억 위안을 기록했다. 그 외에 타오바오 등 영세업체를 포함한 온라인 도서시장의 전체 규모는 60억 위안을 넘지 않았고, 그 나머지를 오프라인 시장이 차지했다.

징둥은 기막힌 가격경쟁을 벌였는데 방법이 참신하며 다양했다. 출판업에 정통했던 양하이펑(楊海峰)도 징둥의 판촉활동이 얼마나 기상천외했던지 이 기회에 견문을 넓혀야겠다고 생각할 정도였다. 처음 온라인에 도서 카테고리를 오픈할 당시 징둥 고객을 포함해 대부분의 사람들은 징둥에서 도서를 파는지조차 몰랐다. 때문에 초창기 판매량이 매우 저조할 수밖에 없었고, 이에 류창둥은 도서 무료증정 이벤트를 실시하라고 지시했다. 당시 양하이펑은 기존에 듣도 보도 못한 과감한 아이디어에 아연실색했다고 한다. 책을 무료로 증정한다는 것은 그 누구도 꿈도 꾼 적이 없었다. 징둥은 몇 가지 베스트셀러를 선정하고 다이아몬드회원(당시 기준으로 연간 3만 위안 구매 고객)에게 도서 무료증정 이벤트를 실시했다. 고객은 원하는 책을 마음대로 선택할 수 있었고 배송도 무료였다. 그러자 효과가 즉각적으로 나타났는데, 매출이 순식간에 열 몇 배 증가한 것이다.

또한 류창둥은 브론즈회원 이상이면 자동으로 도서 추가할인 혜택이 제공되도록 회원관리시스템을 개발해 직접 반영토록 지시했다. 그리고 시스템 오픈일정을 반드시 당당왕의 주식 상장 시기에 맞추라고 강조했다. 지시가 떨어지고 겨우 48시간 만에 회원시스템에 할인혜택이 반영되었다. 할인제도는 그야말로 파급효과가 막강했는데,

브론즈회원이 아닌 사람들도 브론즈회원이 되고 싶어할 정도였다.

2011년 초에 징둥은 도서가격 할인전의 불꽃을 본격적으로 점화하기 시작한다. 당당왕의 도서 판매량이 하루에 12만~14만 건, 징둥은 3,000~5,000건에 불과하던 때였다. 당당왕의 CEO인 리궈칭은 감정적이며 화끈한 성격의 소유자였다. 당당왕 내부에서도 맞불작전으로 강력히 대응하자는 주장이 나왔다. 그런데 당시 당당왕 최고운영책임자(chief operation officer, COO)였던 황뤄(黃若)는 정면 충돌 대신에 다른 방법을 택했다. 그는 징둥의 3C제품 베스트셀러 50가지를 추려내도록 직원에게 지시한 후, 무조건 징둥보다 100위안 저렴하게 가격을 조정했다. 그의 생각은 이러했다.

'두 군대가 첨예하게 대치하는 상황에서, 적군이 기동대를 파견하여 아군 후방에 불을 지른다면, 제아무리 불을 끄려고 노력한들 결국 아군 진영만 타버리는 꼴이 아니겠는가? 그렇다면 불타도록 내버려두는 게 낫다. 그리고 우리도 적군 후방에 소부대를 파견해 불을 지를 수밖에 없다. 누구 불이 더 큰지 해볼 때까지 해봐야 하지 않겠는가? 책 한 권에 20위안이면 5% 싸게 해봐야 1위안밖에 되지 않는다. 그런데 노트북 하나를 100위안 저렴하게 팔아버리면 결국 누가 더 손해를 보게 될까? 보나마나 징둥은 3일이면 두 손 두 발 다 들고 철수할 것이다. 가격전쟁에는 원칙이 있다. 즉 아군 주력부대가 적군 기동대와 대치해서는 안 된다는 것이다. 도서는 징둥의 주력사업이 아니므로 도서로 공격해봐야 전혀 아프지도 가렵지도 않을 것이다. 제대로 공격하려면 명줄을 끊어놓을 수 있는 한 방의 치명타가 필요하다.'

징둥의 도서전략도 사실 황뤄의 생각과 같았다. 바로 작은 희생으로 큰 대가를 얻는 전략이다. 몸집이 작으면 피해도 그만큼 작다.

2011년 5월에 징둥은 아동도서 판촉전을 열었는데 할인폭은 최대 60%였다. 징둥 입장에서 이번 가격전은 과감한 결정이었지만 그렇다고 무모한 선택은 아니었다. 아동도서에서 손해를 보더라도 이벤트를 계기로 전체 도서품목의 매출이 4~5배 증가하는 견인 효과를 가져왔기 때문이다. 당당왕은 24개 아동전문 출판사와 연계해 집단적으로 반발하고 나섰다. 당당왕의 아동도서 시장점유율이 전체 시장의 50%를 차지하고 있었고 매출규모로 보면 당당왕 전체 매출의 3분의 1에 해당했기 때문이다. 당시에 업계 최고의 유명 아동서 출판사들은 당당왕과 독점계약을 맺고 있었고, 징둥은 아마존차이나와 마찬가지로 중간딜러를 통해서만 제품을 공급받을 수 있었다. 이들 출판사는 당당왕과 독점적인 협력관계를 구축하고 온라인에서는 당당왕에게만 제품을 공급했다. 그리고 오프라인 매장에는 이러한 제한 없이 일률적으로 공급했다. 징둥은 이번 기회에 출판사 측 행태가 오히려 시장질서에 반한다는 점을 알리고 싶었다. 그게 아니라면 징둥에게도 물건을 달라는 의미였다.

그 가격할인전을 치른 후 징둥의 도서사업은 특히 힘든 시련을 겪었다. 경쟁업체가 진정서를 제출하는 바람에 국가공상총국(國家工商總局), 베이징시 공상국(北京市工商局) 등 정부기관에서 제품의 매입할인에 대해 연이어 조사가 시작되었다. 이틀에 한 번 꼴로 직원들이 불려가서 조사를 받았는데, 징둥이 시장을 교란했는지 여부를 판가름하기 위한 조사였다. 출판사 측도 총회를 열고 언론을 통해 공동규탄

성명을 발표하고 나섰다.

징둥은 출판사로부터 직접 제품을 납품받은 게 아니라는 점을 정부기관에 여러 차례 해명했다. 단발성 판촉행사였을 뿐이며 출판사의 독점적 행위 때문에 어쩔 수 없이 할인행사를 진행했다고 강조했다. 징둥의 도서팀 직원들은 더 이상 못 버티겠다며 아우성이었는데 여기저기에서 온갖 조사를 받고 통제를 받았으니 그럴 만했다. 7월 말이 되어서야 이 사건이 일단락되었다. 이후에 많은 아동전문 출판사가 징둥과 직접 거래를 시작했다. 대신 징둥 측에 할인폭을 지켜달라고 요청했고 징둥은 요청을 따를 수밖에 없었다.

도서 가격할인전쟁에서 당당왕은 노련한 적수였다. 상위 공급채널을 독점적으로 확보하고 배타적인 협력관계를 구축했고, 이를 통해 압도적으로 다양한 도서를 구비해 안정적 이윤을 확보하고 있었다. 한편 아마존의 강점은 가격전략이다. 누가 조금이라도 싸게 팔면 그에 따라 가격을 낮췄다. 이들의 장기적 전략목표는 대규모 할인행사를 굳이 진행하지 않아도, 대대적인 홍보판촉 이벤트를 하지 않아도 아마존이 365일 가장 저렴한 쇼핑몰이라는 인식을 소비자에게 각인시키는 것이다. 징둥은 치열한 경쟁시장에서 '가격결정'이 가장 중요한 자원이자 파워라고 확신했다. 특히 신규 시장진입자로서 급진적인 방식을 취해야 했다. 경쟁업체가 최대 50% 할인가로 판매하면 징둥은 최대 52% 할인에 들어가면서 상대를 압박해갔다.

중국에는 신문출판총서(新聞出版總署, 국무원 직속의 언론과 출판물에 대한 관리감독기관-역주)에 등록된 출판사가 총 572개며 이 외에 5,000개의 민영출판사가 있다. 이들 거의 대부분은 교육이나 영업판촉 관련

도서를 출간하며, 실질적으로 일반대중을 대상으로 하는 민영출판사는 대략 1,000개 정도 된다. 징둥이 목표로 삼은 곳은 400개 출판사, 600개 민영업체였다. 처음 계약을 체결할 때 공급업체들은 징둥의 주력상품이 3C였기 때문에 도서상품을 제대로 팔 수 있을지 우려하면서 당당왕의 눈치를 살폈다. 2012년 징둥과 계약을 맺은 공급업체는 총 1,100개로 늘어났다.

출판사는 극명하게 두 부류로 나뉘었다. 적극적인 지지파들은 도서산업 자체가 계속 내리막길이고 독서인구가 갈수록 줄어들어 출판사 앞날이 막막하다며 우려를 표했다. 그래서 적절한 경쟁전략으로 시장을 활성화시킬 수만 있다면 얼마든지 도와주겠다고 했다. 이와 정반대로 대형 출판사는 상당히 적대적이었다. 시장질서를 유지하면서 두툼한 이윤을 계속 챙기고 싶었으니 당연히 가격할인경쟁을 지지할 리 없었다. 하지만 징둥은 이들의 지지를 확보하면서 일부 요구사항도 수용했다. 일례로 과학기술 분야는 고정수요(Rigid Demand)가 확보된 시장이므로 가격을 인하하지 않기로 했고, 문학서적과 자기계발서는 탄력적인 할인전략을 구사했다.

삼각 경쟁구도가 정착된다면 출판사로서도 환영할 일이었다. 기존에 아마존차이나와 당당왕만 있을 때는 둘 중 하나를 선택해야 했는데 두 업체 모두에게 밉보일 수 없었기 때문이다. 당당왕과의 관계를 위해 아마존차이나를 포기하는 것은 그런대로 괜찮았다. 하지만 징둥이 새로 등장한 상황에서 징둥과 아마존차이나 둘을 포기한다면, 과연 당당왕이 두 업체를 포기함으로써 발생한 손실분을 채워줄 수 있을지 고민할 수밖에 없었다.

징둥이 도서판매를 시작하고 가격할인전쟁에 여념이 없을 무렵, 당당왕은 주식 상장을 준비하고 있었다. 당당왕은 상장에 성공한 이후, 영·유아제품 분야와 3C제품 분야로 카테고리를 확장했다. 온라인쇼핑 분야의 베테랑으로 명성을 떨친 당당왕은 도서로 출발해 성공대로를 걸었기 때문에 도서는 당당왕의 본거지라 할 수 있다. 징둥이 도서에 손을 대면서 경쟁업체 인력을 모두 스카우트해서 '도서 가격전쟁'에 투입한 상황이었기에 징둥으로선 어떻게든 도서사업을 제대로 해내야 했다. 관도지전(官渡之戰)에서 조조(曹操) 군대가 원소(袁紹) 군대의 군량미 본영인 우소(烏巢)를 불태우고 원소 주력군을 섬멸했던 것처럼 말이다.

황뤼는 "정말 류 사장님을 존경하지 않을 수 없다. 그는 전사처럼 맹렬히 돌진하고 담력 있게 싸운다"라고 평한 바 있다. 황뤼가 2011년 6월에 당당왕을 떠날 당시 당당왕의 주가는 19달러였으며 이익률 20%, 비용률 17.5%, 순이익률은 2.5%를 기록했다. 그 이후에 당당왕은 앞뒤 가리지 않고 규모를 키워나갔고 징둥과 전면전을 불사하며 가격할인전쟁에 가담했다. 이로 인해 이익률이 14%로 하락했으며 비용률은 24.2%로 급증하면서 한때 주가가 5달러까지 하락하기도 했다.

당당왕과 아마존차이나를 전략적으로 견제했지만, 징둥에게 정작 도서 자체는 최대 가치를 창출해주지 못했다. 다만 다른 쪽의 반사이익을 가져다주었다. 도서는 신규 고객이 징둥에서 쉽게 제품을 구입하도록 진입장벽을 낮춰주는 매개체 역할을 해주었다. 징둥에서 도서를 구입하는 신규 고객의 비중은 30~40%에 달했는데 처음 도서 카테고리를 오픈했을 때는 심지어 비중이 더 컸다. 당당왕, 아마존차이나와 가격전쟁을 치르면서 온라인쇼핑몰의 양대 강자는 밑천을 드러내며 지쳐가고 있었다. 이들 고정고객 대부분은 인터넷 초창기멤버로서 인터넷과 함께 성장한 세대로 이미 10년의 쇼핑몰 이용경험을 가지고 있다. 연령대는 30대로 경제력이 튼튼한 우량고객이라 할 수 있다. 이들은 도서 분야에서 업체 간 혈전을 치르는 동안 징둥에게 눈길을 돌리고 3C제품 고객으로 새로이 합류하기 시작했다. 전자상거래의 승패는 두 가지에 달려 있다고 해도 과언이 아니다. 하나는 공급채널이며, 다른 하나는 고객이다.

도서판매량이 급증하면서 징둥은 경쟁전략에도 변화를 주어 사용자경험에 좀 더 치중했다. 원래 주요 경쟁자를 당당왕으로 설정했으나, 2012년에 이르러 당당왕과 겨뤄봐야 별 의미가 없다는 판단을 내렸다. 그 이후부터는 업계 최고의 좋은 가격만 유지하는 식으로 도서부문을 운영해나갔다. 2014년 6월 징둥의 도서부문은 아마존차이나를 제치고 해당 업계 2위로 올라섰다.

물류시스템 구축으로 핵심 경쟁력을 확보하다

10억 달러의 과감한 도박

징둥과 아마존의 발전사를 보면 유사한 점이 꽤 많다. 우선 두 회사 모두 종합쇼핑몰로서 원스톱쇼핑의 플랫폼을 제공한다. 또 다른 공통점은 제품의 직접구매·직접판매 방식을 택하고 공급채널을 장악함과 동시에, 개방형 플랫폼을 제공함으로써 제3자 거래가 가능토록 설계했다는 점이다. 징둥이 IT제품만 취급할 때는 뉴에그와 다름없었다(2008년 뉴에그를 추월한다). 또한 도서와 생활용품으로 품목을 확대하기 전에는 오프라인의 쑤닝에 비유되기도 했다. 이제는 향후 상당히 오랜 기간 중국의 아마존으로 불릴 듯하다.

제프 베조스와 류창둥의 사고방식이 매우 비슷하다는 점은 부인하기 힘들다. 어쩌면 류창둥이 제프 베조스로부터 영감을 받았다고 말하는 게 더 정확할 수 있겠다. 그 영감이란 바로 소매업은 대규모 투자를 통해 규모를 확장해야 한다는 것이다. 비즈니스논리는 이렇다. 투자 유치로 규모를 키우고 현금흐름을 플러스로 유지한다는 전제 하에 이윤추구보다는 사업팽창에 혼신의 힘을 다해 주력한다는 것이다.

징둥이 언제부터 탈바꿈을 하게 됐는가? 또 언제부터 '징둥은 누구도 아닌 그냥 징둥일 뿐이다'라며 강한 자신감을 표출할 수 있었을까? 2007년에 류창둥은 자립식 물류시스템을 구축해 창고배송 단일화를 추진키로 결정했다. 이는 아마존도 하지 못했던 일이다. 아마존의 물류는 창고저장에 역점을 두었고 '마지막 1km' 배송은 유피에스(UPS)와 페덱스(FedEx)를 통해 해결했다. 중국은 미국처럼 완벽하고 표준화된 물류시스템을 갖추지 못했고, 택배서비스가 엉망이라는 악명이 높았다. 중국여우정을 제외하고 거의 모든 택배회사가 마치 춘추전국시대처럼 각 지역을 차지하며 지역별로 산재해 있었다. 한마디로 전국적인 네트워크를 가진 회사가 없었다고 보면 된다. 택배회사들이 대부분 가맹점 형태로 지역을 넓히다 보니 서비스가 불안정했다. 택배제품을 함부로 다루거나 분실사고가 빈번했고, 택배회사 내부직원에 의한 도난사건도 끊이지 않았다. 그런데도 관리감독 부족으로 이를 근절하지 못한 채 속수무책이었다.

류창둥이 이사회에서 물류센터를 자체적으로 구축하겠다는 전략계획을 처음 제안했을 때, 투자가들은 우선 자금이 얼마나 들지 예산부터 짜보라고 답변했다. 딱 잘라서 대놓고 거절하기 곤란했기 때문이다. 류창둥은 10억 달러의 예산이 소요된다는 결과를 내놓았다. 그 수치를 본 투자가들은 울기 일보직전이었다고 한다.

쉬신이 계산한 바에 따르면 이렇다. 창고배송 단일화의 물류시스템을 구축한다면 한 도시에서 매일 20건을 배송하면 무조건 마이너스였고, 하루에 최소 2,000건을 배송해야 겨우 손익을 맞출 수 있었다. 20건에서 2,000건으로 확대하기까지 걸릴 시간을 계산해보면 어떤 도시는 9개월 정도, 어떤 도시는 2년 정도 소요되었다. 따라서 이런 장기간의 적자를 징둥이 과연 얼마나 버틸 수 있는지가 관건이었다.

상황이 이런데도 류창둥은 뜻을 굽히지 않고 끝까지 강행하겠노라 천명했다. 사실 투자가들은 자체적 물류센터 구축전략을 명확히 이해하지 못했다. 그렇다고 강하게 반대하지도 않았다. 류창둥의 전략적 결정이 옳은지 그른지 당시로선 판단할 수 없었기 때문이다. 다만 투자가들은 비즈니스에 대한 류창둥 특유의 민감한 촉만큼은 확신하고 있었다.

2007년 8월 류창둥은 베이징지역을 대상으로 소규모 파일럿 형태의 자립식 물류전략을 우선 추진하기로 결정하고, 베이징 배송팀의 책임자를 고용했다. 2008년 5월까지 베이징 배송팀은 산하에 5개의 배송거점을 개설했다. 그러나 아직은 거점별로 커버할 배송범위가 너무 넓었다. 예를 들면 야윈춘(亞運村)점은 베이징 북부 대부분의 지역을 담당했는데, 북쪽으로 톈퉁위안(天通苑)에서 남쪽으로 베이얼환(北二環)까지 그리고 서쪽으로 바다링(八達嶺), 남쪽으로 왕징(望京)까지였다. 야윈춘점의 택배원 5명이 대략 100㎢(약 3,000만 평 – 역주)지역을 책임지며 하루에 300~400건을 배송하는 실정이었다. 2009년 상반기에 야윈춘점은 3개 거점으로 분리됐고 톈퉁위안과 왕징지역은 다른 거점으로 이관된다. 배송거점을 구축하는 속도에도 탄력이 붙기 시작해 2010년에는 자체 물류센터가 베이징 우환(五環)까지 배송지역을 넓히게 된다.

류창둥이 자립식 물류센터 구축을 결심한 첫 번째 이유는 고객의 불만사항 중 절반 이상이 배송지연이나 제품파손 등 물류와 관련된 것들이었기 때문이다. 당시에 물류업계의 거친 행태는 이루 말할 수 없었다. 제품을 하역하거나 쌓을 때도 제멋대로였고 아예 택배상자를 화물차 위나 땅으로 내던지는 일도 예사였다. 특히 CD 같은 제품은 충격에 약해서 포장을 뜯어보면 깨져 있는 경우가 허다했다. 두 번째 이유는 제3의 택배업체를 활용하면 물품 값을 대신 수령하게끔 할 수가 없었기 때문이다. 설령 대신 수령해준다 해도 돈을 바로 입금처리하는 게 아니라 보름씩 늦게 입금했다. 그나마 보름이면 빠른 편이었다. 게다가 위험부담도 상당히 컸다. 택배사가 대부분 가맹점이어서 일부 업주는 아예 돈을 가로채 속된 말로 '토끼는' 경우도 있었다. 이럴 때면 회사도 속수무책이었다.

이렇듯 당시 물류업계의 서비스 상태는 매우 열악했다. 그렇다고 해당 업계가 변하기만을 마냥 기대할 수는 없는 노릇이었기에 결국 직접 물류에 뛰어들기로 결정했던 것이다. 사실 류창둥은 물류센터 구축에 소요되는 비용을 계산할 때도 치밀하지 못했고 솔직히 정확한 계산법도 몰랐다. 단지 어떻게 하면 고객 불만을 줄일 수 있을지 고민하면서 최대한 많은 고객이 징둥에서 쇼핑하길 원했을 뿐이다.

2008년 설날에 류창둥은 고향인 쑤첸에서 고향 친구들과 조촐한 모임을 가졌다. 술자리에서 그는 앞으로 물류 문제가 기업발전의 큰 걸림돌이 될 것이라고 강조했다. 그러면서 현지에서 오토바이 부품 사업을 하는 친구에게 "지역 내 물류에 치중하고 좋은 물류서비스를 제공하면 사업규모가 더 커질 것"이라고 조언하기도 했다.

징둥은 가장 어렵고 힘들다는 일을 해냈다. 2009년 뉴에그 중국 담당 CEO는 "우리는 절대 물류에는 손대지 않으며 제3자와 협력해서 추진할 것"이라고 징둥을 겨냥해 조롱 섞인 어조로 말했다. 하지만 현재 뉴에그는 중국에서 거의 종적을 감췄다 해도 과언이 아닐 정도로 존재감이 미미하다. 반면 징둥은 물류부문이 핵심 경쟁력으로 자리 잡았다. 자립식 배송시스템이 없었다면 징둥도 전자상거래 B2C 분야의 일인자는 꿈도 꾸지 못했을 것이다. 누구나 할 수 있는 일은 가치가 낮다. 남이 하지 못한 일을 해야 진정한 가치를 발휘할 수 있다.

윈다의 배송거점을 일거에 흡수하다

2007년 4월에 징둥은 화난(華南)지역에 물류센터를 건립하고 푸젠(福

建), 장시(江西), 후난(湖南), 광시(廣西), 광둥(廣東), 하이난(海南) 등 6개의 성에서 서비스를 제공했다. 첫 총경리로는 이원제(易文杰, 현재 화중지역 총경리)가 부임했다. 류창둥은 광저우(廣州)에 내려와 이곳 물류센터를 시찰한 뒤, 바이윈(白雲)공항에서 이원제와 작별인사를 나눌 때 손을 꽉 붙들며 이렇게 말했다. "이 사장, 광저우는 이제 자네에게 맡기고 가네."

화난지역 물류센터는 총 13명으로 출범했다. 광저우 톈허구(天河區) 스파이가(石牌街)의 민가밀집지역에 방 3칸짜리 집을 빌려 임시 대책본부로 활용했다. 그때 직원들은 잠옷차림으로 컴퓨터를 붙들고 업무에 매달렸다고 한다. 신입사원은 처음에 이 회사가 다단계 판매업체가 아닌지 의심했다고 회고했다. 13명의 직원들은 불과 한 달 만에 하이주구(海珠區) 하이롄로(海聯路) 48호 사무실의 인테리어 공사를 마치고 2,000여㎡(600여 평 – 역주)의 창고를 만들었다. 이곳에서 2,000여 건의 주문서를 처리했고 배송은 타 업체에게 맡겼다.

2007년 화난지역 물류센터가 구축된 지 얼마 되지 않아, 광저우시 리완구(荔灣區)에 화난지역 첫 번째 배송거점인 캉왕점(康王店)을 오픈하면서 택배원을 직접 고용하기 시작했다. 6명의 택배원은 리완구와 웨슈구(越秀區)지역의 배송을 책임졌다. 2008년에는 선전에 화난의 두 번째 배송거점이 설립되어 뤄후(羅湖), 난산(南山), 서커우(蛇口), 옌톈강(鹽田港) 등의 지역을 담당했다. 그로부터 3개월 뒤 주문이 폭주하자 관와이(關外) 바오안구(寶安區)에 추가로 배송거점을 설립했다.

선전지역은 배송범위가 넓어 택배원의 업무효율성이 떨어졌다. 따라서 좀 더 조밀하게 배송거점을 만들 필요가 있었다. 그런데 직접 거점을 구축하려니 속도가 나지 않았다. 이원제는 선전지점의 관리자를 시켜, 윈다(韵達, YUNDA 중국 배송업체 중 하나-역주) 택배지점의 점장과 택배원을 저녁 술자리에 초대했다. 술자리를 빌어 징둥의 비전과 근무여건 등을 상세히 설명하자 윈다 점장은 "내일부터 징둥에서 일하겠다"며 그 자리에서 주저 없이 결정을 내렸다. 그렇게 윈다에서 징둥으로 옮겨온 점장과 택배원들은 간단한 사전 교육을 받은 후 곧바로 현장에 투입되었다. 지점 간판도 새로 바뀌어 하루아침에 징둥의 배송거점이 되었다.

순식간에 윈다의 배송거점을 흡수할 수 있었던 데는 나름의 이유가 있었다. 이 지역 택배원들은 대부분 한 고향사람들로 서로 개인적인 친분이 두터웠다. 때문에 각 회사별 운영방침 및 근무여건을 속속들이 꿰고 있었다. 징둥은 택배원을 존중하고 제때 급여를 지급했으며 모든 배송거점마다 에어컨과 온수기가 설치되어 있었다. 남쪽지방은 습하고 무덥기 때문에 특히 에어컨과 온수기는 아주 유용한 시설물이었다. 화난지역에 배송거점을 막 구축했을 때 일부 택배원이 지점 내에서 지내는 경우가 있었는데, 류창둥이 이곳을 둘러보고는 모든 지점에 에어컨과 온수기를 설치하라고 지시했던 것이다. 심지어 이원제와 식사 도중에 "이 사장, 언제까지 설치할 수 있는가? 아예 딱 부러지게 날짜를 말하시게!"라며 재차 독촉했다고 한다. 사실 택배원들의 요구사항은 이렇게 아주 단순한 것들이었다. 그러나 당시 윈다지점에는 그 흔한 선풍기조차 없었다고 한다.

징둥의 택배원들은 그날 배송업무를 다 못 마친 직원이 있으면 함께 나서서 거들곤 했다. 반면 다른 택배사는 당일 할당된 배송물량의 처리가 끝나면 100위안을 받아 각자 흩어지기 바빴고 남이야 배송을 끝냈든 말든 서로 돕는 법이 없었다. 어느 회사나 똑같이 힘든 택배 업무였지만 징둥의 대우가 훨씬 좋았고 좋은 조직문화가 형성되어서 인지 단결도 더욱 잘됐다. 이런 연유로 다른 택배사 직원들이 하루아 침에 징둥으로 발길을 돌리게 되었던 것이다.

특히 화난지역 초창기멤버인 13명 가운데 아직도 10명이 징둥에 남아 있다는 것에 주목할 필요가 있다. 그 이유는 4가지다. 첫째는 회사에 대한 믿음이며, 둘째는 좋은 근무조건 하에 자신을 발전시킬 수 있다는 점이다. 셋째는 기대할 만한 수입이고, 넷째는 관심을 기 울이고 배려하며 긍정적인 에너지를 불어넣어 주는 사장이 있다는 점이다.

주문폭주와 창고이전이라는 '행복한 비명'

2008년 11월, 창고 공간이 턱없이 부족해졌고 주문도 감당할 수 있 는 수준을 넘어섰다. 이때 징둥은 창립 이래 가장 심각한 주문폭주 상황을 맞이했다. 결국 불가피하게 홈페이지에 공고를 올렸다. 가능 하면 다른 사이트를 이용해달라는 글이었다. 그대로 계속 주문을 받 다가는 심각한 배송지연 사태가 발생하고 급기야 회사이미지에 피해 가 갈 수 있었다. 이로 인한 피해가 주문접수의 일시중단에 따른 단 기매출 손실보다 훨씬 크다고 판단했던 것이다.

상황이 이렇다 보니, 인펑빌딩으로 출근한 사무직 직원들은 매일 저녁 6시에 업무를 마치고 창고로 가서 제품 포장일에 일손을 보태곤 했다. 중간에 짬짬이 도시락으로 끼니를 때웠는데, 맨밥이 민숭민숭하면 라오간마를 넣어 쓱싹 비벼먹기도 했다. 그렇게 새벽 한두 시까지 일하고 나면 회사에서 차로 도심까지 태워다주었다. 그러면서도 이튿날에 모두 정상적으로 출근했다. 사무실에 앉아 일하는 직원들은 현장에서 일하면서 창고업무가 얼마나 힘든지 뼈저리게 체험할 수 있었다. 포장을 전담하는 직원들은 저마다 손에 자잘하게 칼로 벤 자국이 있었고, 석둑석둑 반창고를 잘라 상처 위에 더덕더덕 붙이고 있었다. 동상이나 찰과상으로 고생하는 직원들도 부지기수였다. 겨울에는 창고 안이 실외보다도 추웠는데 선반에 제품을 진열하는 직원들은 뛰어다니느라 오히려 비지땀을 흘렸다. 새벽 3시까지 일하고 퇴근할 때면 패딩 안까지 땀으로 축축이 젖어 있었다. 주문서를 출력하는 등 하루 종일 서서 일하는 직원들은 밤에 전기난로를 발밑에 두고 일했다. 그런데도 좀처럼 냉기가 가시지 않았고 퇴근하고 집에서 뜨거운 물로 한참을 녹여야 그나마 몸에 온기가 돌았다고 한다.

류창둥은 주문폭주로 인한 창고부족 사태와 빈번한 창고이전 작업을 보면서 이 고질적 문제를 해결하려면 물류에 투자할 수밖에 없다고 판단했다. 그리고 2009년 자체 물류창고를 구축하기로 결심했다(그 전까지 임대창고를 사용했다). 천성창의 계산에 따르면 창고 하나를 구축하는 데 1억에서 1억 5,000만 달러가 소요되었다. 만만치 않은 자금이 투입되는 사안이라 그는 류창둥에게 확고한 생각인지 여러 차례 확인했다. 결심에 변함이 없다는 류창둥의 대답에도 불구하고 그는 "진심인가요?"라며 재차 물었다고 한다. 류창둥은 여전히 "확실하네. 반드시 추진해야 돼"라고 답했다.

회사 내부에는 정부기관을 전담하는 부서도 없었고 로비전담 부서도 없었다. 천성창이 나서서 각 지역의 지방정부와 창고부지 관련 협의를 시작해야 했다. 한번은 정부관료들과 술자리에서 인사불성이 될 때까지 왕창 마신 일이 있었다. 그때 상하이 자딩구(嘉定區)의 한 정부관료가 "이 지역에서는 세계적인 회사인 뉴에그가 이미 잘 하고 있다"며 징둥을 무시하는 발언을 술김에 내뱉고 말았다. 그 소식을 들은 상하이 자딩구 관리위원회 주임은 미국 출장에서 돌아오자마자 급히 사람을 시켜 천성창의 심기를 살폈다. 그가 그러는 데는 이유가 있었다. 미국 출장기간에 뉴에그를 방문했다가 징둥이 아주 거친 조직이라는 소문을 들었던 것이다. 그래서 자기 직원이 혹시라도 징둥의 심사를 건드려 어디 한군데 얻어터질까 봐 걱정했다고 한다.

2010년부터 징둥은 식품창고와 도서창고를 추가로 구축하기 시작했다. 당시 매출액은 빠른 속도로 급증하는데 창고시스템 구축작업은 매출액의 증가속도를 도무지 따라잡지 못하고 있었다. 투자 유치가 계속 진행되었기 때문에 자금은 사실 큰 문제가 아니었다. 창고 구축에 있어 가장 큰 골칫거리는 대규모 수요에 걸맞은 넓은 부지를 확보할 수 없었다는 점이다. 이 문제는 당시 몇 년에 걸쳐 계속 불거지고 있었다. 특히 2010년은 전자상거래가 폭발적으로 증가하고 소비자 수요가 봇물 터지듯 분출된 시기였다. 하지만 물류설비에 대한 정부계획이 부진했고 물류부지도 턱없이 부족했다. 부지를 달라는 업체는 줄을 섰는데 정부에는 나눠줄 부지가 없었다. 그러니 수요에 부합하는 규모를 갖춘 창고를 찾기란 더더욱 쉽지 않았다. 징둥은 공간 협소 등의 이유로 해마다 40%의 창고가 자리를 옮겨야 했다. 그래서인지 고위층 관리자부터 말단직원에 이르기까지 창고이전 작업에 베테랑 못지않은 능력을 발휘했다. 일상적인 주문배송 등 업무에 지장을 주지 않으면서도 제한된 시간 안에 창고이전 작업을 완료해야 했는데, 이 일은 기술력과 경영관리능력 못지않게 중요한 일이 돼버렸다.

창고부지를 찾는 일 외에 또 다른 골칫거리는 인력난이었다. 무엇보다 관리자층 인재가 턱없이 부족했는데 경험을 갖춘 전자상거래 종사인력을 구하기 어려웠다. 그래서 내부승진을 시키거나 물류업계에서 사람을 빼오든지 했는데, 말단 실무인력도 부족하기는 마찬가지였다. 직원채용을 위해 인력자원팀(국내 기업의 인사팀에 해당－역주)에서는 갖가지 방법을 강구했다. 채용박람회 참가를 신청하거나 현지의 노동인력 관련기관과 연계해서 취업준비생 자료를 수집하기도 했다. 여기저기 광고도 하고 벽보도 붙였다. 물류 및 전자상거래 관련 학과를 개설한 학교와도 산학협력을 추진하고 인턴사원을 모집하기도 했다. 한 번 모집하면 100~200명이 몰려왔는데, 대부분 18~19세의 중등전문학교 또는 전문대 출신이었다. 그런데 이튿날 창고에 가보면 마치 썰물 빠지듯 우르르 빠져나가고 10~20명만 남아 있었다.

2008년에서 2009년까지는 특히 물류창고의 인력난이 심각했다. 고용할 수만 있다면 한 달에 수백 수천 명을 입사시키고 싶을 정도로 인력이 절실했다. 징둥의 브랜드 인지도가 그다지 높지 않았던 시절이었고 창고 위치도 외곽이어서 창고에서 일하려는 사람이 매우 드물었기 때문이다. 그래서 어쩔 수 없이 파견회사 직원을 대량 고용했다. 정규직은 복리후생과 급여, 보험 등 모든 조건이 잘 갖춰진 반면에 파견직은 이런저런 자잘한 비용을 제하면 급여와 복리후생이 정규직과 상당한 차이가 있었다. 파견직원들의 불만이 커지면서 결국 징둥파와 파견파로 이분되는 상황이 벌어졌다. 2010년 류창둥은 모든 직원을 정규직화하겠다는 결단을 내리고 복지조건과 급여를 통일시켰다. 같은 일을 하는데 대우가 달라서는 안 된다고 생각했기 때문이다. 또한 관리효율성을 위해 교육이 필요한 직원을 대상으로 별도 교육 프로그램도 실시했다.

원래 당당왕은 7개 도시에 창고가 있었고 징둥은 5개 도시에만 창고를 갖고 있었다. 물론 나중에는 더 이상 숫자로 비교되지 않을 정도로 징둥이 압도적이었지만 말이다. 2014년 3월과 9월에 필자는 청두시(成都市) 피현(郫縣) 프로로지스(PLP, 세계 최대 물류회사-역주) 물류단지에 두 차례 시찰간 적이 있다. 2012년에는 징둥과 당당왕, 아마존차이나, 판커청핀의 물류센터가 모두 이 단지에 있었다. 그로부터 불과 2년이 지난 시점이었는데, 당당왕과 아마존차이나는 창고를 철수하고 청두에서 약 100㎞ 떨어진 메이산(眉山)으로 옮겨갔으며 판커청핀은 아예 창고가 없어졌다. 이 지역 물류단지 내 창고 대부분은 어느새 징둥이 차지하고 있었다. 그리고 징둥 창고 부근에 샤오미(小米, 2010년 설립되어 스마트폰, TV 등을 생산하는 중국 기업으로 '중국의 애플'이라고 불림-역주) 창고가 자리 잡고 있었다. 샤오미는 2013년과 2014년에 무서운 속도로 성장한 전도유망한 신생기업이다.

단지 창고 위치만 옮겼을 뿐인데 짠하다는 느낌이 절로 들었다. 치열하고 잔혹한 비즈니스 경쟁시대의 현주소를 본 것 같아 다소 씁쓸했다. 한 징둥 사원은 담담하면서도 자부심이 느껴지는 투로 이렇게 말했다. "우리는 전속력으로 질주했어요. 질주하면서 옆의 경쟁상대가 우리 앞에서 하나하나 쓰러져가는 모습을 지켜봤지요." 결국은 경쟁상대보다 반걸음만 늦어도 뒤처진다는 의미다. 당당왕은 카테고리 확장에 있어 발 빠르게 움직이지 못했고 투자 유치도 상당히 더뎠다. 반면 징둥은 꾸준히 펀딩에 성공했고 펀딩규모도 상당했다. 규모의 경제를 이루기 위해 막대한 자금을 투입했고 또 이러한 자금 투입으로 규모를 더욱 키웠다. 10년 동안 고속성장을 지속적으로 유지하고 백억 규모로 회사를 키운 후에도 4년 연속 고속성장을 기록했다. 이런 회사는 전 세계적으로 손꼽을 정도로 극소수며, 징둥이 바로 그런 극소수 중 하나다.

'211 배송보장 정책', 새로운 벤치마킹의 대상이 되다

2009년에 징둥은 배송팀 평가지표에서 '배송보장률'을 주요 평가기준으로 삼았다. 이 지표는 전체 주문건수 중 배송완료건수의 비중을 수치화한 것이다. 그런데 이는 시간을 기준으로 하는 시스템은 아니었다. 2010년에 들어 징둥은 '211 배송보장 정책'을 도입하는데, 이것은 한마디로 당일 배송서비스를 말한다. 즉 고객이 밤 11시 이전에 주문하면 이튿날 오후 3시 전에 배송되며, 오전 11시 전에 주문하면 당일 배송되는 서비스다. 이 정책을 주도한 인물은 당시 배송부서 담당 부총재였던 장리민(張立民)이다. 2010년 2월 징둥에 합류한 장리민은 중국여우정에서 16년간 근무했고, 순펑(順豊)과 자이지쑹(宅急送)에서 일한 경험도 있었다. 그가 입사하자마자 처음 제안한 것이 바로

'211' 정책이었고, 최소 8개 도시에서 하루 두 차례 배송을 실시하자는 것이 그 골자였다.

그 전까지는 주문이 접수되면 밤 11시에 배송거점으로 주문제품을 보내야 했는데, 그러기엔 시간이 너무 촉박하다는 문제가 제기되었다. 이 문제를 둘러싼 갑론을박 끝에 아예 오전 11시에 주문을 한 번 더 모아서 처리하자는 결론에 도달했다. 이렇게 오전 11시와 밤 11시 두 번 주문건을 처리한다는 의미에서 '211'이라는 이름이 붙여졌다.

'211 배송보장 정책'을 시행하게 되면서 부닥친 어려움은, 창고 현장에서 11시 전에 들어온 주문서를 정확히 찾아내는 일이었다. 211 정책을 적용할 주문건은 최우선적으로 배송준비 작업에 들어가야 했는데, 당시의 기술관리시스템으로는 녹록지 않은 일이었다. 또한 직원들의 작업방식에도 새롭게 변화를 줘야 했다. 주문서 총량은 변하지 않았는데 매일 오전 11시와 밤 11시 두 번에 걸쳐 주문건을 확인해야 하다 보니 일이 늘어날 수밖에 없었다. 따라서 직원들이 새로운 작업방식을 별 탈 없이 받아들이도록 충분히 설명하고 이해시킬 필요가 있었다.

징둥은 의사결정이 매우 신속한 회사다. 장리민은 필요한 사안이 있으면 우선 내부적인 검토 및 토론 초안을 작성해서 의견을 수렴했다. 그런 다음 다른 부서의 의견을 구했는데, 이 회의는 불과 몇 십 분 심지어 20분도 안 돼서 끝나곤 했다. 그러고는 곧장 지역단위로 파일럿 테스트를 진행하고 테스트 결과가 나오면 즉각 정식 시행에 돌입했다. 그는 충분한 권한을 위임받아 자신의 구상을 실행에 옮겼고 어려움에 봉착하면 사실대로 보고해서 자원을 지원받았다. 류창둥과 의견을 나누는 데는 10분을 넘는 경우가 없었다. 또 류창둥은 회사업무를 손바닥처럼 훤하게 꿰뚫고 있어서 문제를 제기하면 해결방법을 바로 제시해주었다.

무슨 일이든 서두르다 보면 구멍이 생길 수 있다. 의사결정을 신속히 하다 보면 놓치는 부분이 생기기 마련이다. 더구나 생면부지인 분야라면 100% 성공을 장담하기 어렵고 실수도 있을 수 있다. 특히 처음 시도하는 일은 데이터와 사례가 없어서 실행가능 여부를 판단하기 너욱 어렵다. 그렇다고 절대 불가능하다고 단언할 수도 없다. 그러면 어떻게 해야 할까? 방법은 실제로 시도해보는 수밖에 없다. 그런 측면에서 징둥은 실수에 관대한 편이다. 또한 실수하려면 최대한 빨리 저지를 것을 권장한다. 역사적인 거대한 흐름에 올라탄 상황에서는 우물쭈물할 겨를이 없기 때문이다. 신속한 의사결정이 정확한 의사결정보다 때론 더욱 중요하다.

몇몇 관리자는 211 정책이 추가비용 부담이 크기 때문에 결국 허언으로 끝날 가능성이 있다고 주장했다. 오히려 고객 불만만 가중될 거라고 우려했다. 하지만 류창둥은 211 정책을 적극 지지했고, 모든 영역에서 동종업계 경쟁사보다 탁월한 면을 보여야 브랜드 명성을 높이고 벤치마킹 대상이 될 수 있다고 강조했다.

징둥은 몇 십 킬로그램에서 심지어 몇 백 킬로그램에 달하는 물건에까지 '211 배송보장 정책'을 적용했다. 그럼으로써 경쟁사의 진입 문턱을 더욱 높일 수 있었다. 징둥의 모델을 따라 하고 싶어도 그러려면 막대한 비용과 대가를 치러야만 가능한 구조였기 때문이다.

'211 배송보장 정책'은 경이적인 일이었고 징둥의 입지전적인 혁신상품이라 할 수 있다. 이를 통해 전자상거래 분야의 '사용자경험'을 한 단계 업그레이드시키는 결과를 낳았고 타 업체가 감히 넘볼 수 없는 진입장벽을 세울 수 있었기 때문이다.

징둥의 사람들

상당 기간 류창둥의 생활반경은 좁고 매우 단순했다. 업무 아니면 접대였는데, 여기서 접대는 고객접대가 아닌 사내 부하직원들과의 모임을 말한다. 사업에만 몰두했던 그는 사회관계도 극히 단순했다. 특히 징둥이 고속성장을 거듭할 무렵에는 여유롭게 그와 대면하기가 더욱 어려웠다. 그는 다소 급한 성격에 거두절미하고 요점만 말하는 스타일이다. 간혹 말의 의미를 즉각 파악 못하고 머뭇거리는 직원이 있으면 "이렇게 단순한 것도 이해 못하냐?"며 불호령이 떨어지곤 했다.

한번은 할인쿠폰의 기한을 15일로 한정하고 유효기한이 지나면 사용할 수 없도록 변경하라는 지시가 류창둥에게서 떨어졌다. 왜 그렇게 하려는지에 대해서는 일언반구 없이 딱 잘라 지시가 내려온 것이다. 얼마 뒤 먀오샤오훙이 할인쿠폰 기한을 왜 변경해야 하는지 이유를 물었다. 그제야 류창둥은 이렇게 설명했다. "할인쿠폰에 유효기간이 없다면 월 평균 1회 구매하는 고객은 제품을 한 번 구매한 뒤 쿠폰을 사용하지 않고 그대로 둘 거야. 그런데 유효기간을 설정하면 기한 내에 급히 사용하고 싶은 마음이 들게 될 거고 실제 구매로 이어질 수 있는 확률도 그만큼 높아지지 않겠나. 그러면 그 고객의 구매횟수는 월 평균 1회에서 2회로 늘어나게 되는 셈이지."

초창기 창립 구성원을 보면, 대부분 밑바닥부터 시작해서 기본적인 사업 마인드가 부족한 게 사실이었다. 직원들은 류창둥의 의중을 파악 못하고 쩔쩔맨 적이 많았다. 또 류창둥은 성격이 급한 편이라서 자초지종을 설명하지 않고 건너뛰는 일이 많았다. 때문에 먀오샤오홍이 류창둥 옆에서 찬찬히 연유를 캐묻고 자세한 설명을 듣곤 했다.

2007년부터는 전문경영인을 기용하면서 회사가 투박함에서 벗어나 세련된 면모를 갖추기 시작한다.

실행력이 성패를 결정한다

첫 번째 투자 유치에 성공한 후 쉬신은 마케팅판촉담당 고문으로 쉬레이를 추천했다.

쉬레이는 징둥의 차상위 도메인을 최상위 도메인으로 변경하자고 류창둥에게 제안했다. 이때 두 사람은 2시간 넘게 주소를 무엇으로 등록할지 한참 고심했는데 뾰족한 아이디어가 떠오르지 않았다. 류창둥이 마침 생각해둔 주소가 있었는데, www.360buy.com이었다. 그들은 당장 마땅한 게 없으면 우선 이 주소를 사용하기로 했다. 일주일 뒤 쉬레이는 류창둥에게서 전화를 받았다. 그때 말한 인터넷 주소를 이미 구입했으니 온라인사이트를 오픈할 수 있다는 내용이었다. 쉬레이는 징둥의 신속한 업무추진력에 새삼 감탄했다. 그는 인터넷주소 변경에 대해 한 달 내에 징둥에서 별 얘기가 없으면 주소를 변경할 가능성이 없다고 판단하고 있었다.

류창둥의 말 한마디는 회사 안에서 곧 법이나 다름없었다. 2007년 징둥에서 로고변경 건으로 회의가 열렸다. 10여 명의 임원급 경영진이 모두 참석해 열 몇 개의 디자인 시안들 중에서 로고를 확정하는 자리였다. 류창둥이 어떤 디자인이 나은지 거듭 물었으나 아무도 입을 열지 않은 채 잠자코만 있었다. 그러자 류창둥이 시안 하나를 가리키며 "그나마 이게 낫다"고 말했다. 푸르스름한 후광이 푸른 지구를 둘러싸고 있는 도안이었다(과거 중국 기업의 광고스타일을 보면 세계적으로 이름을 날리자는 의미를 함축해 로고에 반영하는 경우가 많았다). 인터넷회사라는 느낌도 살리지 못했고 세련되지도 않은 디자인이었다. 그런데 류창둥이 그 시안을 맘에 들어하자, 회의에 참석한 모든 임원이 찬성의 뜻을 나타냈다.

1996년에서 1998년까지 류창둥은 한 일본 기업에서 근무한 적이 있었다. 그곳에서 컴퓨터유지보수와 창고관리, 딜러전담 업무 등을 담당했다. 그는 외향적인 성격에 성실하고 세부적인 업무까지 꼼꼼히 챙기는 편이었다. 딜러 대상 교육 프로그램을 운영할 때도 회사 깃발과 표어 등을 어디에 걸지 일일이 살피곤 했다. 한마디로 '몸 사리지 않고' 일하는 타입이었다. 일본 기업에서 창고 및 딜러관리를 하면서 쌓은 경험이 훗날 창업에 적지 않은 도움이 되었다고 한다. 일본 기업은 매일 아침 8시 반 조회시간을 갖고 당일 업무계획을 발표했는데, 류창둥은 이 조회제도를 징둥에 그대로 도입했다.

징둥의 조회시간에는 통상 여러 보고가 이루어졌다. 회사운영 및 세부관리사항을 챙기는 게 주된 목적으로 짧으면 5~10분 정도 걸렸고 길면 1시간 정도 진행됐다. 회사운영에 문제가 생기면 가장 먼저 회사 전체 관리자에게 전달된다. 그리고 조회를 통해 명확한 지시가 떨어지면 당일 오전에 말단사원에게까지 지시내용이 전달되었다. 조회가 속전속결로 진행되었기에 압박감이 상당했고 모든 관리자들은 시종일관 긴장의 끈을 놓을 수 없었다. 그렇게 무의식적으로 모든 사안에 집중하면서 뼛속까지 '실천형 인간'으로 변모해나갔다. 이렇듯 조회제도는 징둥의 '실천형 문화'의 출발점이라 할 수 있다. 징둥인들은 흡연실에서 담배 한 대를 피우며 잠시 휴식을 취할 때조차도 동료끼리 업무 이야기를 나눴다. 한가롭게 신변잡기나 수다에 몰두할 틈이 거의 없었다. 그래서 직원들은 징둥의 8시간과 타사의 8시간은 질적으로 차원이 다르다고 입 모아 강조했다.

2007년 운영연구개발부 선임이사인 샤오쥔(肖軍)이 징둥에 합류했다. 당시 연구개발부문에는 직원이 5명밖에 없었다. 샤오쥔은 두 달에 걸쳐 시스템 표준기획서를 작성해 보고했다. 보고를 받은 류창둥은 그날 오후부터 즉시 실행에 옮기고 몇 명의 인력을 지원할 테니 1년 안에 완료하라고 지시했다. 샤오쥔은 혼자서 인사시스템을 만들어 사내에 배포하는 일도 책임지고 수행했다.

2009년 상반기까지도 창고에서 제품을 픽업하는 데 서너 시간씩 걸렸다. 시스템으로 처리가 불가능해서 가득 쌓여 있는 물건더미에서 직원들이 천천히 뒤져가며 제품을 찾아야 했기 때문이다. 류창둥은 6개월 동안 샤오쥔 옆에 앉아서 오전에는 백오피스시스템의 개발사항을 이야기하고 오후에는 개발에 착수해 이튿날 온라인에 올려서 테스트를 진행했다. 시스템 틀이 갖춰지자 직원들이 널리 활용토록 했다. 초창기 시스템구조를 직접 설계했기 때문에 류창둥은 시스템을 손바닥 보듯 훤히 꿰뚫고 있었다. 구매영업, 창고보관, 배송, AS의 4대 시스템 로직이 그의 머릿속에 들어 있었다. 샤오쥔이 코딩하느라 지쳐서 현기증이 날 지경이라고 하면, 마음이 급해진 류창둥은 대신하겠다며 직접 소매를 걷어붙이고 나서기도 했다.

2008년에는 리다쉐(李大學)가 징둥에 합류해 기술담당 부총재를 맡게 된다. 이를 계기로 연구개발부문이 연구개발부서와 운영유지부서로 본격 이분화되었다. 리다쉐는 징둥상청의 전체 사이트 리뉴얼 작업에 착수했다. 10명의 엔지니어를 데리고 베이징 교외의 별장 한 채를 빌려 3개월 동안 비밀리에 작업을 진행했다. 이들은 매일 새벽 5~6시에 일어나 코딩작업을 시작하고 밤 1~2시가 되어서야 잠을 청했다. 식사와 빨래 등은 회사에서 고용한 가사도우미가 챙겨줬고, 주말에나 겨우 집에 들러 반나절 정도 숨을 돌린 후 다시 별장으로 돌아오는 일이 반복되었다.

이는 징둥상청 최초의 대대적인 사이트 개편이었고 현재 징둥사이트의 레드 컬러톤과 카테고리 분류 등의 기본 골격이 이때 만들어졌다. 백오피스 설계용량도 10만 개 주문을 동시에 소화할 수 있도록 확장했다. 당시 시스템으로는 하루 최대 5,000건의 주문만 수용 가능한 구조였으니, 이것이 10만 개로 확장됐다는 것은 엄청난 용량을 의미했다. 2008년 11월 1일 새롭게 리뉴얼된 사이트가 오픈되자마자 주문이 1만 건을 돌파했다.

한번은 관리자급 연례총회에서 모든 서비스담당과 지역별 책임자가 한자리에 모여 매출계획을 점검하는 시간을 가졌다. 전년 동기와 매출·예산 등을 비교하고 경쟁사 매출, 각 지역별 매출도 상호 비교했다. 실적이 우수한 부서에게도 칭찬은 고사하고 매출실적이 저조한 품목에 대해 그 원인을 담당자가 해명하고 내년 계획이 얼마인지 보고하라는 지시가 떨어졌다. 류창둥의 질문은 항상 정곡을 찌르며 날카로웠고 엄격한 요구수준을 내걸었다. 그는 회의 말미에 향후 2~3분기 안에 실적이 개선되지 않으면 옷 벗을 각오를 하라고 으름장을 놓았다. 또 이런 일도 있다. 성장률을 200%로 끌어올리라는 류창둥의 지시에 해당 업무 책임자가 어려움을 호소하며 불가능한 사유를 늘어놓기 시작했다. 그러자 그는 즉각 말을 자르며 "미안하네만, 자네는 내 말을 못 알아듣는구면. 어떻게 성장률을 달성할지 물어본 것이지, 어떻게 하면 달성 못할지를 물어본 게 아니네"라고 신랄하게 지적했다. 나중에 쉬신은 관리자급 회의해서 그 직원을 더 이상 찾아볼 수 없었다고 한다.

창업자라면 필사적으로 기를 쓰며 일을 해내는 치열함을 갖춰야 한다. 어떤 의미에서 보면 실행이 전략보다 더욱 중요하다. 추진방향을 정확히 파악하고 나면, 즉각 실행에 옮기고 끈기 있게 지속하며 더욱 많은 노력을 기울여야 한다. 그러면 언젠가 반드시 남보다 앞설 수 있다.

유격대에서 정규군으로 편성되다

2008년 징둥의 임직원 수가 1,000명을 넘어섰다. 위기감을 느낀 류창둥은 외부 경쟁환경과 향후 사업방향을 파악함과 동시에 내부문제도 전문적으로 처리해줄 인재가 절실하다는 것을 깨달았다. 그 적임자로서 류쌍(劉爽)이 2009년 춘절 이후 징둥에 합류하게 된다. 그는 예전에 류창둥과 만난 적이 있었다. 첫 대면에서 류창둥이 대범하고 큰 그림을 그리는 사람이라고 판단했다. 일반 중소기업 사장과는 사뭇 달랐다. 대부분 매년 돈을 얼마나 벌지 전전긍긍하는데, 류창둥은 향후 사업방향을 어떻게 밀고 나갈지, 어떤 제품군을 확장할지 고민하고 있었다. 또 물류시스템 구축을 위해 어떻게 자금을 투입할지 고심하는 모습이 무척 인상적이었다.

징둥은 실무중심의 회사라 할 수 있다. 관리자들은 매사에 열정적이며 성실한 직원을 높이 평가한다. 또한 남과 비교하기보다는 자기 자신과 싸우는 스타일이다. 그런데 류쌍이 담당하는 업무는 실무가 아닌 당장 눈에 보이지 않는 '이론과 정책'이었다. 고위직 임원들은 이론만 늘어놓는 류쌍이 거슬리고 눈에 찰 리 없었다. '정말 능력 있다면 우리처럼 물건도 팔면서 치열하게 현장에서 싸워보라'는 의중을 넌지시 드러내기도 했다. 류쌍은 인력배분의 합리성에 관한 보고서를 작성해 고위층 임원진에게 자료를 열람하게 하고 수정의견을 요청했다. 그러자 '감 놔라 배 놔라 한다'며 마뜩치 않아했다. 그는 이러한 사실을 류창둥에게 알리지 않았다. 그런데 류창둥도 미리 예상하고 있었던 모양이다. 이튿날 조회시간에 20여 명의 임원이 배석한 자리에서 "이 일은 매우 중요하며 향후 정식 팀을 구성할 계획이므로 류쌍의 업무에 편견을 갖지 말고 최대한 협조하라"며 단호히 자신의 입장을 밝혔다. 입사한 지 채 한 달도 안 됐던 류쌍은 류창둥의 직설적인 발언에 화들짝 놀랄 수밖에 없었고 나중에 류창둥에게 이메일을 보냈다. '사장님께서 저를 징둥에 데려온 이유는 사장님을 도와 문제를 해결하라는 뜻이지 짐이 되라는 의미는 아닐 것입니다. 저를 위해 말씀해주신 것은 감사합니다만 다음부터는 직접 나서지 않으셔도 됩니다. 앞으로 제가 임직원과 잘 조율하겠습니다.'

한편, 류창둥은 광고업체를 그다지 선호하지 않았다. 데이터를 가지고 장난친다는 느낌을 지울 수 없었기 때문이다. 평소 마케팅팀에서 광고에 돈 쓰는 것을 달가워하지 않았던 그는 결국 광고를 중단하라고 지시했다. 사실 이 부분은 다소 감정적인 일처리였다는 점을 부인할 수 없다. 본인 기호에 따라 조직의 의사결정이 이루어져서는 안 되니 말이다. 징둥이 광고를 하지 않으면 다른 업체가 그 광고를 가로채고 결과적으로 고객을 뺏길 수 있었다. 원래 류창둥은 쉽게 설득당하는 성격이 아니다. 직원들이 만류하자 그는 어쩔 수 없이 한 발 물러서서는 한 달만 광고를 잠정 중단한 후 그 영향을 수치상으로 확인하고 다시 최종 결정키로 했다. 그런데 마케팅팀의 예상대로 해당 월에 경쟁업체의 신규 고객 증가수가 징둥을 넘어섰다. 명확한 데이터를 눈으로 직접 확인하자 류창둥은 광고를 계속 집행하라며 기존의 지시를 깨끗이 철회했다. 그러고 보면 그가 설득하기 어려운 사람이라는 중론이 꼭 맞는 것만은 아닌 듯하다. 명확한 근거를 가지고 이야기하면 오히려 쉽게 설득할 수 있는 스타일이다. 그도 사람인지라 때때로 실수할 수 있다. 다만 그는 즉각 실수를 인정하고 개선할 줄 알았다.

초창기에 입사한 직원들은 번듯한 배경이나 대단한 졸업장은 없었지만 업무추진력만큼은 타의 추종을 불허할 만큼 탁월했다. 그들은 류창둥의 손발이 되어 지시대로 척척 움직여줬다. 이후 사업을 확장하고 기업규모가 커지면서 여러 직종의 전문경영인이 속속 영입되었다. 류창둥은 현장에서 잔뼈가 굵은 사람으로, 한마디로 흙냄새 풀풀 나는 '촌뜨기' 사장이다. 따라서 징둥이 성장한 만큼 류창둥 본인의 조직관리 능력도 더불어 성장했는지가 매우 중요하다. '유격대'에서 '정규군'으로 편입되는 과정에서, 자신의 통솔력과 전투력으로 과연 '정규군'을 지휘하며 대규모 격전에 나설 수 있는지가 그에게는 커다란 도전과제 중 하나였다.

1998년에서 2003년까지가 징둥의 역량 비축기라면, 2003년부터 2006년까지는 전자상거래기업으로 탈바꿈하면서 원시적인 비축기를 빠른 속도로 벗어나는 시기였다. 이 시기에 유격대는 규모를 갖췄고 미약하나마 이익을 내고 있었다. 2007년부터는 전문경영인이 징둥에 합류해 중간·고위층 관리자의 자리를 메우게 된다. 이때부터 유격대는 제법 세련된 모습으로 정규군의 틀을 갖춰나갔다.

전문경영인을 채용하면서 관리체제가 더욱 정규군화되었다. 전문경영인들은 부문기획, 기본제도 및 정보시스템을 과감히 개혁하며 본격적인 조직 개선작업에 돌입하기 시작했다. 일례로 예전에는 공급업체의 예약방문시스템이 딱히 없어서 공급업체들이 과거 '갑'이었던 관례대로 '을'이었던 징둥을 제멋대로 편하게 드나들곤 했다.

전문경영인의 합류는 예정된 수순이었다고 할 수 있다. 징둥의 규모와 관리모델, 관리난이도를 감안해볼 때 전문경영인을 영입하지 않고 기존 인력을 교육시켜 대충 때우려 했다면, 지금처럼 방대한 조직의 지속적인 운영과 유지는 불가능했을 것이다. 그러나 당시는 기존의 원로들과 새로 합류한 전문경영인 사이에 알력이 생기기 시작한 시점이기도 했다. 예전에는 일반 사원도 편하게 류창둥에게 전화나 메일을 보낼 수 있었지만, 지금은 직속관리자가 있어서 누구에게 보고할지 규정으로 정해져 있다. 당연히 기존 구성원 중에 적응 못하는 사람이 있을 수 있다. 하지만 이는 필연적인 과정이었다. 마치 가내수공업이 기계공업으로 전환하는 것처럼, 조율과 적응과정에서 뼈를 깎는 고통과 내상은 어쩌면 지극히 정상적인 일이다.

첫 투자 이후 쉬신은 류창둥에게 천성창을 추천했다. 류창둥은 새로 들어오는 직원의 급여가 기존 직원보다 높아서는 안 된다고 주장했다. 사장인 류창둥 자신의 월급도 1만 위안에 불과했다. 이 말은 새로 영입하는 경영진의 월급이 1만 위안 미만이어야 한다는 의미였다. 류창둥이 끝내 고집을 꺾지 않자 쉬신은 타협안을 내놓았다. 월급을 2만 위안으로 책정하는 대신 캐피탈투데이가 50%를 감당하고 징둥이 50%를 지불해서 우선 채용해보자고 제안한 것이다. 3개월 후 류창둥은 쉬신에게 천성창 같은 사람을 몇 사람 더 찾아달라고 부탁했다. 이후 천성창의 급여도 당연히 징둥이 전부 다 지급했다.

일반적으로 다른 회사의 경우, 임원을 채용할 때 30% 정도 급여를 삭감한다. 이들도 생계를 꾸려야 되니 급여를 너무 많이 깎을 수는 없다. 류창둥은 50%를 삭감하는 대신 스톡옵션을 조건으로 내걸었다. 조건이 이렇다 보니 임원채용이 더딜 수밖에 없었다. 하지만 장점이라면 이 조건으로 들어온 임원은 하나같이 회사의 가치관을 충분히 이해하고 공감했다는 것이다.

2007년 4월 천성창은 재무담당으로 입사했다. 당시 징둥은 보잘 것없는 회사였지만 그는 해당 분야의 향후 전망을 긍정적으로 내다 봤다. 그 자신도 중국 전자상거래의 초창기멤버로 2000년에 이미 쥐 웨왕의 VIP회원이었다. 뿐만 아니라 류창둥 개인에게 상당한 호감을 느꼈고 분명 큰일을 해낼 사람이라고 확신했다. 천성창은 징둥의 창 고부지를 확보하고 펀딩도 성공시켰다. 훗날 나스닥 상장 작업에서 혁혁한 공을 세운 그는 "류 사장님이 저를 믿어주셨으니 이번에 저도 류 사장님께 보답한 셈입니다"라며 뿌듯해했다.

천성창은 자신이 징둥을 위해 가장 큰 공헌을 했을 때가 2010년 10월이었다고 말한다. 그때 전사적으로 경영분석 회의를 개최했다. 주문폭주 상황이 번번이 발생하면서 인력을 줄기차게 추가로 채용하 던 시기였다. 천성창은 성장추세를 볼 때 주문량이 폭주한다고 단순 히 인력만 계속 늘리면 조만간 심각한 문제가 초래될 것이라고 판단 했다. 분명 운영효율을 높일 수 있는 여지가 어딘가에 있을 거라는 생각이 들었다. 그렇다고 직관만 믿고 일을 추진할 수는 없었다. 그 래서 수치화하고 분석하기 시작했다. 징둥은 그 전까지 수작업으로 통계수치를 작성했다. 천성창은 몇몇 직원과 함께 사업운영 차원에 서 분석틀을 만들고 1,000여 개의 지표를 정리했다(80% 이상이 업무지표 였다). 그리고 이 지표를 토대로 시스템을 만들기 시작했다. 종과 횡으 로 회사의 운영효율 차이를 비교한 데이터를 산출해냈다. 예를 들면, A지역 포장담당 직원의 효율이 30건이고, B지역이 50건이라면 이 둘의 효율성 차이에는 분명 이유가 있을 것이라고 판단했다. 이러한 결과수치를 통해 어느 부서가 효율성이 높고 어느 부서가 부진한지 한눈에 명확히 파악할 수 있었다.

이후로 경영분석 회의가 매월 1회 개최되었다. 순수 데이터분석 회의였기 때문에 군소리가 필요 없었다. 회의 때마다 몇 십 개의 의사결정이 이뤄졌다. 다음 달에 또 데이터를 훑어보면서 어떤 정책이 제대로 실행되고 있으며 어떤 정책이 부진한지와 그 원인이 무엇인지 파악했다. 심지어 이 결과로 인해 짐을 싸야 하는 사람도 생겨났다.

2007년 6월에는 옌샤오칭(嚴曉青)이 이사라는 직책을 달고 징둥에 합류했다. 당시에는 부총재라는 직책이 없었고 류창둥 직속으로 이사만 6명이 있었다. 상황이 이렇다 보니 업무체계가 제대로 잡혀 있지 않았다. 출장을 가면서도 별도 세부계획서 없이 그냥 다녀오곤 했다. 그런데 옌샤오칭이 출장에 나서기 전 출장목적과 세부일정이 포함된 상세한 출장계획서를 작성해서 보고했다. 류창둥은 이 보고서를 전 직원에게 회람시키고 향후에는 이 양식대로 출장보고서를 작성하라고 지시했다.

2008년 1월 옌샤오칭은 징둥의 첫 번째 부총재가 되어 고객서비스와 물류창고 업무를 총괄하게 되었다. 4월에는 리다쉐가 두 번째 부총재로 징둥에 합류해 연구개발부문을 책임졌다. 그리고 2009년 1월에 쉬레이가 징둥의 세 번째 부총재가 되어 마케팅부문을 담당했다.

2009년에 징둥은 비약적으로 성장했다. 시도 때도 없이 새로운 부서가 생겨나고 생전 듣도 보도 못한 업무가 수시로 주어졌다. 관리자들도 사전 예고 없이 여기저기서 뜬금없는 업무를 받아오기도 했다. 원래 쉬레이는 마케팅영업을 담당하고 있었다. 그런데 3월 조회에서 류창둥이 "내가 바빠서 챙길 수가 없으니 쉬레이 부총재가 기업영업부서를 나 대신 맡아주게나"라고 말했다. 이 한마디로 하루아침에 회사 매출액의 10%를 차지하는 업무를 쉬레이가 추가로 떠맡게 되었다. 그리고 4월에는 정부기관전담 부서가 필요하다는 조직적 판단 하에 정부기관 관련업무도 추가된다. 그 전 2년 동안에는 정부기관을 담당할 전문가를 따로 기용하지 않고 홍보부서에서 관련업무를 처리했었다.

그 당시만 해도 징둥은 아직 정부의 관심권 밖에 있었다. 류창둥은 언제쯤 베이징 시장이 시찰을 나올 것인지 시기를 가늠하고 있었다. 2009년에 중국 전자상거래가 활황을 띠면서 베이징시위원회 서기인 류치(劉淇)가 알리바바를 시찰하고 돌아와 베이징상무위원회 주임에게 베이징시에 있는 전자상거래업체 중 실적이 우수한 곳이 어디인지 물었다. 이때 징둥과 판커청핀이 거론되었다. 류치 서기는 11월에 징둥을 시찰하러 왔다. 그때 "징둥이 정말 장사 하나는 기막히게 잘하는 것 같군요. 창고는 빌린 거고 제품도 공급업체에서 납품받는 거라 하니, 전부 남의 걸로 사업하는 셈이니까요"라고 말했다. 이 말에 류창둥은 당당한 태도로 이렇게 답변했다. "창고도 빌린 거고 제품도 공급업체에서 받은 것 맞습니다. 그런데 우리가 무슨 배짱으로 이렇게 사업을 해나가고 있는지 궁금하지 않으십니까? 우리는 오로지 '사람' 하나만 믿고 의지하며 여기까지 온 것입니다!"

선비는 모름지기 자기를 알아주는 사람을 위해 죽는다

2008년 5월 12일 발생한 원촨대지진(汶川大地震)으로 중국 전역이 충격에 휩싸였다. 중국 자동차전문 사이트인 치처왕(汽車網) 편집자는 적십자회의 요청으로 지프차(레저용 차량)가 많이 필요하다는 것을 알게 되었다. 그리고 게시판을 통해 재난 복구작업에 동참해줄 것을 호소했는데, 류창둥은 마침 허머(Hummer) 지프 한 대를 보유하고 있었다. 그는 곧장 동참하겠다며 급히 신청서를 작성했다. 사실 회사 내그 누구와도 사전에 협의한 적이 없었다. 다만 투자가에게 살짝 언질만 했을 뿐이다. 쉬신도 류창둥을 말리지 않고 한마디만 건넸다. "용기 하나는 정말 알아줘야겠네요. 하긴 우리도 그 정신에 감명받았더랬죠. 하지만 잊지 마세요. 재난지역의 이재민에 대한 간절한 마음만큼이나 직원과 주주에 대한 책임도 있다는 것을요. 부디 안전하게 돌아오길 바라요. 우리도 모두 당신 하나 바라보고 있으니까요."

먀오샤오훙은 그를 극구 말렸다. "지금 그쪽에서 조건을 내걸길, 지프차도 있어야 하지만 시간을 낼 수 있는 사람을 찾지 않습니까? 비용도 스스로 내야 되고요. 저도 이 세 가지 조건에 모두 부합되니까 그러면 저도 가야겠네요?"라며 반문했다.

만일의 사태를 대비해 류창둥은 재난지역으로 출발하기 전에 회사전 직원에게 메일을 남겼다. 혹시 중간에 일이 생겨도 임원들이 회사를 정상적으로 운영해줄 것으로 믿는다는 내용이었다. 그 당시 부총재였던 옌샤오칭과도 사전에 얘기가 없었다. 다만 류창둥의 메일에 회사 모든 업무를 옌샤오칭에게 위임한다고만 적혀 있었다. 기업문화팀의 촬영기사인 쿵이(孔軼)도 함께 가겠다고 나섰다. 류창둥은 아내에게 쪽지 하나만 덜렁 남기고 급히 출발했다. 이에 아내와 아이들이 놀라서 울음을 터뜨렸다고 한다.

5월 14일, 차량대열이 베이징에 집합해 1박 2일 동안 운전해서 몐양(綿陽, 쓰촨성에 있는 도시-역주)에 도착했다. 몐양에 도착했을 때 황당한 소식이 전해졌다. 치처왕의 편집자 자신은 정작 현장에서 철수하겠다는 통보를 해왔는데, 결국은 보여주기 위한 쇼였던 것이다. 차량대열에 합류한 사람들은 류창둥이 리더십이 있다고 생각해서 그를 구조대장으로 추대했다. 이들은 핑우현 난바진(平武顯 南壩鎭)에 들어섰고 그곳에서 무려 보름을 머물렀다. 부상자를 실어 나르고 물자를 운송하고 의료진을 태우고 곳곳을 누비며 방역을 하고 다녔다. 설익은 밥으로 끼니도 대충 때웠고 발조차 제대로 씻기 어려운 환경이었다. 류창둥은 잠깐 틈이 나면 눈에 보이는 대로 대충 평지를 찾아 드러누워 어느새 곯아떨어지곤 했다. 그러다가도 급한 일이 생기면 훌훌 털고 일어나 바삐 움직였다. 가장 위험했던 순간은 류창둥과 쿵이의 차량이 도로 사이에 껴서 옴짝달싹 못했던 적이다. 한쪽은 산이고 다른 한쪽은 벼랑이었는데 산에서 돌덩이가 쉼 없이 굴러떨어지는 것을 무기력하게 바라볼 수밖에 없었다고 한다.

베이징으로 돌아왔을 때 지프차는 진흙더미로 엉망이었다. 게다가 까맣게 타고 깡말라 비틀어진 류창둥의 모습은 그야말로 가관이었다. 거기에 얼굴은 털로 뒤덮여 털북숭이가 따로 없었다. 차에서 내리자마자 쑨자밍은 류창둥을 꽉 안았다.

류창둥은 성품이 강직한 사람이다. 중간에 슬쩍 발을 뺀 치처왕의 편집자는 나중에 언론취재를 받으며 자신이 전체 일정을 다 소화했던 것처럼 사실을 부풀렸다. 이 일에 격노한 류창둥과 차량대원들은 베이징으로 돌아와 회식자리에 그 편집자를 불러들였다. 류창둥은 이렇게 말했다. "다른 것들에 대해선 저도 별말 안 하겠습니다. 그런데 난바진의 초등학교가 지진으로 초토화가 됐어요. 치처왕하고 당신 개인이 초등학교 재건비용이라도 부담하는 게 어떻겠습니까?" 그 자리에 있던 모든 사람들이 이에 동조하고 나섰고 편집자는 주눅이 들어 씁쓸한 표정만 지었다고 한다.

류창둥은 특유의 리더십과 카리스마가 있다. 특히 남을 감동시키는 힘이 있다. 이는 어쩌면 천부적인 자질일 수도 있다. 한번은 징둥 전략회의에서 회사가 처한 난관을 두고 토론이 벌어졌다. 논의가 진행될수록 차츰 사기가 떨어지면서 분위기가 침울하게 변해갔다. 이때 류창둥이 갑자기 말을 꺼냈다. "우리가 못할 일은 아무것도 없습니다. 그리고 경쟁사가 우리보다 잘할 이유도 없고요. 징둥만의 성공방식이 반드시 있을 것이고 그 길을 찾아야 합니다. 지금 여러분이 말하는 어려움은 어려움이 아닙니다. 별거 아니니 견뎌낼 수 있어요." 사실 이 말 자체는 그리 새로울 것도 없고 흔히 듣던 말이었다. 그런데 왠지 모르게 심금을 울리면서 무감각했던 열정이 다시 일깨워지는 느낌이 들었다고 한다. 앞을 향해 돌진하는 류창둥 특유의 파워가 폭발하면서 직원들의 사기가 일순간에 진작되었던 것이다.

우수한 기업이라 일컬어지는 많은 회사의 창업주를 살펴보면 사실 전통적인 의미의 '호인'과는 다소 거리가 멀다. 대부분 개성이 뚜렷하고 옳고 그름에 대한 기준도 명확하다. 또한 부하직원에게 가혹한 편이라서 본인의 기대치에 도달하지 못하면 신랄하게 쏘아대곤 한다. 거친 언행과 태도로 상처 주기 일쑤고 결코 사귀기 편한 사람이 아니다. 직장생활의 규율에 길들여져 있어 온화하고 세련되게 행동하는 전문경영인과 달리 처신이 투박하기도 하고 남을 감화시키는데도 능란하지 못하다. 그런데 아이러니한 점은 이런 독재적인 성향의 창업주를 많은 사람들이 기꺼이 따르며 그 리더십과 카리스마에 압도된다는 것이다. 그 이유가 무엇일까?

이러한 창업주는 탁월한 식견을 보유하고 있다. 비즈니스 흐름을 꿰뚫고 그 통찰력을 바탕으로 빠르고 정확한 의사결정을 내리곤 한다. 그리고 직원을 이끌어 경쟁에서 승리를 거두고 성공을 거듭하면서 단결력을 더욱 강화시킨다. 경쟁에서 매번 지기만 하는 리더는 아무리 호인이라 해도 비즈니스에서는 아무런 쓸모가 없다. 이런 리더 밑에서 일하는 팀원은 의기소침해지고 성취감을 느낄 수 없다. 우수한 기업의 창업주는 직원이 더욱 큰 무대에서 자아가치를 실현하며 자긍심을 느낄 수 있는 기회를 많이 제공해준다. 그리고 경쟁에서 승리하면 그 '전리품'을 기꺼이 함께 나눈다. 류창둥은 이렇게 언급했다.

"직원들이 나를 따르도록 하려면 첫째, 나를 전적으로 신뢰할 수 있게끔 해야 한다. 만일 나를 믿지 못하면 내가 하자는 대로 과감히 일하지 못할 것이다. 둘째, 회사가 반드시 성공할 수 있다고 믿게끔 해야 한다. 셋째, 회사가 성공하면 그 결과를 함께 나눌 것이라는 확신을 줄 수 있어야 한다. 이 세 가지 중 하나만 부족해도 안 된다." 2007년 첫 투자를 유치했을 때, 캐피탈투데이의 자금이 들어오기 전에 류창둥은 자신이 보유한 13%의 지분을 직원에게 나눠주었다. 당시 직원 수는 100여 명밖에 되지 않았고 주식가치는 4,500만 달러에 이르렀다.

류창둥은 창업 초기에 오로지 두 가지에만 관심을 두었다고 말한 바 있다. 하나는 사용자경험이다. 고객이 무엇을 생각하는지, 고객서비스와 관련해 징둥은 어느 부분이 부족한지를 매일 상당한 시간을 들여 고심하고 연구했다. 또 다른 하나는 바로 자기 직원에 대한 관심이다. 직원들이 무슨 생각을 하는지, 회사생활에는 별 탈 없는지 살피려고 애썼다. "진심으로 직원들을 대하고 그렇게 한결같이 10여 년을 지내다 보면 직원들도 제가 진심이란 걸 알게 됩니다. 그러면 속마음도 털어놓게 되지요. 제가 그들을 속이지 않는 한 그들도 저를 속이지 않습니다."

상하이 출장에서 돌아온 직후 류창둥은 임원회의를 열어 직원 기숙사에 에어컨이 부족하니 추가로 구매하라고 지시했다. 그리고 에어컨이 없는 곳으로 배정된 직원들은 에어컨이 있는 여관에서 지내도록 조치했다. 직원도 바보가 아닌 이상 사장이 자신을 돈 버는 도구로 생각하는지, 형제처럼 여기는지 정도는 구분하기 마련이다. 사장이 직원을 형제처럼 대하면 직원도 사장을 형제처럼 대한다.

2010년 회사 송년회 때 200개의 좌석을 배치했는데, 류창둥은 테이블마다 돌아다니며 일일이 건배를 청했다. 왕샤오쑹은 류 사장이 저러다 너무 과하게 마시지는 않을까 걱정되었다. 그래서 술을 적게 따르든지, 아니면 물로 대신 건배하는 게 어떻겠냐고 조심스레 말을 건넸다. 이에 그는 염려 말라면서 형제들과 건배하는데 물을 마실 수는 없다고 극구 고집을 부렸다. 한번은 식사 도중에 왕샤우쑹이 호기심을 억누르지 못하고 물었다. "사장님, 정말 주량이 대단하신 것 같습니다. 사장님이 술 취한 것을 단 한 번도 본 적이 없으니 말이죠."

류창둥은 빙그레 웃으며 "자네 아무것도 모르는구먼. 난 두 얼굴의 사나이라네. 자네들 앞에서야 취하면 안 되니까 안 취한 척 버티는 거지. 자네들 가고 나면 내가 어떤 꼴인지 아마 상상도 못할걸."

술을 얼마나 늦게까지 마셨든 얼마나 많이 마셨든―사실 대체로 류창둥이 가장 많이 마신다― 다음 날 이른 아침이면 그는 어김없이 조회에 때맞춰 참석했다. 회사에 일찍 도착한 순서를 10명 꼽으라면 아마 그가 반드시 들어갈 것이다. 이는 직원들에게 사실 보이지 않는 압박이나 다름없었다. 전날 사장이 자신보다 많이 마신 것을 알고 있었기에 차마 지각할 수가 없어서 쓰린 속을 부여잡고 무조건 출근해야 했으니 말이다.

류창둥은 스트레스가 심해지면 사막횡단에 나섰다. 사막횡단은 도전하면서 희열을 느낄 수 있을 뿐만 아니라 스트레스를 푸는 데도 도움이 되었기 때문이다. 휴대폰 신호조차 잡히지 않고 인터넷도 없는 사막은 그야말로 아무런 잡음이 없는 청정지대다. 푸른 하늘과 눈앞에 펼쳐진 사막의 장관을 말없이 바라보고 있노라면 어느새 복잡한 마음을 내려놓을 수 있었다. 투자가들은 혹여 사고가 나진 않을까 싶어 근심 어린 표정을 짓곤 했다. 그럴 때마다 그는 "제가 핸들을 쥐고 있는 한, 제 손으로 위험을 핸들할 수 있습니다"라며 가벼운 농담으로 넘어가곤 했다. 사막횡단을 위해 자리를 비우는 열흘 남짓의 기간 동안에는 업무보고는 물론 전화조차 받을 수 없었다. 이에 관한 우려가 제기되면 그는 회사에 권한위임제도가 마련되어 있어서 직원들이 충분한 인사권과 재무권한을 위임받아 업무를 처리할 수 있다고 말했다.

그가 처음 사막횡단을 했던 때는 2008년 5월 1일이었다. 그때 차가 모래에 처박혀 오도 가도 못하는 상황에 놓이고 말았다. 함께하던 동료들은 매몰된 차를 모래더미에서 한사코 빼내겠다며 일제히 달려들었다. 그러고는 아무 말도 할 수 없을 정도로 다들 온몸에 진이 다 빠져버렸다. 훈훈한 마음을 충분히 느낄 수 있었던 순간이었다. 이 일을 계기로 그는 절체절명의 순간에는 서로 의지하며 돕는 게 무엇보다 중요하며, 서로 돕지 않으면 반걸음도 나아갈 수 없다는 사실을 뼈저리게 깨달았다.

한번은 모 소형전자 제조업체와 협력사업을 추진했다. 제조업체에서 예약금으로 500만 위안을 요구했다. 예약금을 지불하고 나서 업체가 예정대로 납품하지 않으면 막대한 손해를 입을 수도 있는 사안이었다. 왕샤오쑹은 불안한 마음에 아무래도 류창둥에게 보고를 하고 지시를 받는 게 낫겠다는 생각이 들었다. 그는 자신이 사인한 출금전표를 들고 류 사장 사무실의 문을 노크했다. 류창둥은 그를 힐끗 보더니 "출금전표를 왜 나한테 가져왔지?"라며 의아한 표정을 지었다. 왕샤오쑹은 금액이 커서 아무래도 보셔야 할 것 같다고 말했다. 류창둥은 "자네가 결제할 금액에 한도제한이 있다고 말한 적이 있었나?"라고 물었다. 왕샤오쑹이 그렇지 않다고 대답하자, "그럼 된 거 아닌가? 나가보게"라며 너무도 태연하게 반응하는 게 아닌가! 왕샤오쑹은 잠시 멍하니 서 있었다. 류창둥은 "자네가 사인한 거면 재무 쪽에서 당연히 돈을 내보내겠지. 나한테 일일이 보고할 필요가 뭐 있겠나?"라며 돌려보냈다.

문을 나서는 그 순간, 왕샤오쑹은 '선비는 자기를 알아주는 사람을 위해 목숨도 내놓는다'는 말을 새삼 떠올렸다. 앞으로 회사를 위해 더욱 열심히 노력하겠다는 결심을 한 순간이었다. "사장님이 정말 저를 자기 사람으로 생각하고 친형제처럼 여긴다는 것을 알게 됐습니다. 저도 형제처럼 행동해야 마땅한 일이겠죠. 그래서 더 이상 스스로 전문경영인이라고 선을 긋지 않기로 결심했어요. 회사를 진짜 내 회사처럼 아끼고, 능력이 닿는 한 최대한 모든 경험과 정력을 쏟아부어 최고의 성과를 거둬야겠다고 다짐했습니다."

경영연수생

밑바닥부터 차근차근 다져야 더욱 높이 오를 수 있다

2007년 처음 투자 유치에 성공한 이후 징둥은 1차 경영연수생을 선발했다. 연수생 교육비용이 만만치 않았기 때문에 신중을 기하기 위해 1차 때는 2명만 뽑았다. 그리고 다음 해에 8명으로 정원을 늘렸다. 처음 2년 동안은 연수생이 교육연수에만 집중하도록 프로그램을 짜놓았기 때문에 회사규모가 작은 당시로서는 너무 많은 교육비용을 감당하기 어렵다고 판단해 아주 소극적으로 선발 인원을 책정했다. 하지만 이때 교육비용을 과감하게 집행하지 못했던 일을 류창둥은 훗날 크게 후회하게 된다. 고속성장기에 탄탄한 중견인력이 부족한 상황이 초래된 것이다. 징둥은 중간관리자의 70%는 외부에서 채용하고 30%는 내부승진으로 메웠다. 류창둥은 100% 내부승진을 허용하지 않는데, 동질화된 조직처럼 무서운 게 없다고 여겼기 때문이다.

2008년도 첫 연수생에게 가장 힘들었던 시기는 현장에서 순환근무를 할 때였다고 한다. 한겨울에 창고에서 3개월을 보냈기 때문이다. 현재 인력자원부 수석책임자인 왕산(王珊)은 연수생이었던 당시 매일 새벽 5시에 일어나 첫차를 타고 펑타이구(豊台區) 바이리웨이(百利威) 창고에 도착했는데, 차로 꼬박 2시간 걸리는 거리였다. 창고에서 저녁밥을 챙겨먹고 밤 11시까지 야근하다가, 창고에서 내어준 화물차를 타고 쑤저우 거리로 돌아오면 새벽 1~2시 정도가 되어야 귀가할 수 있었다. 그러고는 지쳐서 옷 입은 채 그대로 잠든 적도 많았다. 특히 베이징의 겨울은 뼈가 아릴 정도로 한파가 매섭고 기온이 영하 10도를 한참 밑돌곤 했다. 창고에 서 있다 보면 한기가 시멘트 바닥을 뚫고 올라와 발끝이 시리기 시작해 어느새 무릎까지 꽁꽁 얼어버리곤 했다. 양말 몇 개를 겹쳐 신고 두터운 장화로 무장해도 소용없었다. 나중에는 스티로폼 판자를 바닥에 깔고 그 위에 올라가 일했는데 나름 보온효과가 있었다고 한다.

  우스갯소리가 하나 있다. '징둥에 형제는 있지만 자매는 없다'는 말이다. 일하다 보면 서로 성별을 따지지 않고 친형제처럼 지낸다는 의미다. 왕산은 여성으로, 징둥에 입사하기 전까지는 본인이 수동운반차를 끌면서 화물을 지정선반에 옮기는 일을 할 거라고는 단 한 번도 생각해본 적이 없었다. 게다가 원숭이처럼 여기저기 뛰어다니며 창고 선반을 휘젓고 다닐 거라고 예상조차 하지 못했다. 그런데 현장에서 그녀는 한 번도 생각지 못한 생전 처음 보는 낯선 일들을 예사로이 해내야 했다.

  현장에서 순환근무를 할 때마다 평가항목이 주어졌다. 왕산이 주문서 출력업무를 담당할 차례가 되었는데, 당시만 해도 주문서를 출력하려면 손으로 일일이 입력하고 출력해야 했다. 회사로부터 주어진 목표치는 하루 1,000장이었다. 그것을 달성하려면 아침 8시부터 밤 12시까지 온종일 키보드를 두드려야 했다. 게다가 입력한 정보가 맞는지 수시로 확인도 해야 해서 눈앞에 글자들이 날아다녔고 머릿속은 이미 마비상태였다. 나중에는 기계적으로 손가락만 움직이는 지경이 되었다. 그날 창고업무를 지원 나온 임원은 왕샤오쑹이었다. 그는 그녀를 다독이며 격려해줬다. 이에 그녀는 "지금 당장 숨조차 쉴 기력이 없다"고 대답했다.

사실 당시에는 관리자든 연수생이든 '경영연수생'에 대한 개념이 없었다. 창고담당 팀장에게도 연수생이란 언제나 동원 가능한 노동력이라는 인식뿐이었다. 충분히 활용하면 되는 인력이라고 생각했기 때문에 특별 대접 따위는 없었다. 그냥 시키는 대로 일하라고 지시하면서 더욱 좋은 성과를 요구하곤 했다. 연수생들도 어떻게 해야 팀장이 지시한 업무를 제대로 완수할 수 있을지에 대해서만 매일같이 고민했다. "자네들은 무슨 일을 하는 사람인가?"라고 질문하는 사람이 많았는데 그때마다 일일이 '경영연수생'이 무엇인지 나름 생각하는 대로 설명해야 했다. 그러면 대뜸 하는 말이 "그러면 입사하자마자 바로 관리자가 되는 건가?"라며 의아해했다. 사실 이들은 아무런 특권도 없었고 오히려 일반 직원보다 더 고되게 일했다.

경영연수생들은 순환근무 가운데 창고업무가 가장 기억에 남는 경험이라고 했다. 이 시기에 고생했던 경험을 통해 '관리운영'이 무엇인지 뼈저리게 깨달을 수 있었기 때문이다. 순환근무가 끝날 무렵이 되자, 교정을 막 걸어 나왔던 사회초년생들은 눈에 띄게 달라져 있었다. 그들 스스로도 어느 정도 단단하게 단련되었다는 것을 몸소 느낄 수 있었다. 하지만 여기서 포기하고 멈추면 안 된다는 것도 잘 알고 있었다. 앞으로 어떤 미래가 펼쳐질지 알 수 없었지만 이것도 견디지 못한다면 향후 무슨 일을 할 수 있겠느냐며 마음을 다잡았다. 이제 겨우 산을 3,000미터 올라왔는데, 정상에 오르지 못한다면 아름다운 풍경을 어찌 감상할 수 있겠는가?

2009년 4월 징둥은 쑤첸에 콜센터를 설치하기로 했는데, 그 책임자로 인력자원부의 왕산을 이미 내정해두고 있었다. 그녀는 줘줴(卓婕) 이사를 따라 우한(武漢)에 도착해 인력채용 업무를 담당하기로 예정되어 있었다. 그녀는 이때 처음으로 징둥의 출장 스타일을 파악했다고 한다. 동트기 전에 우한에 도착해서 숙소에 짐을 풀자마자 바로 당일 면접업무를 시작해야 했다. 저녁이 되어서야 제대로 된 첫 끼 식사를 했는데 낮에 과자로 배를 채워둔 게 그나마 다행이었다. 면접 심사가 끝나자 그녀는 쑤첸에 파견되었고 경제개발구 관리위원회 512호실을 임시사무실로 빌려 사용하면서 콜센터 인테리어를 책임져야 했다.

그녀는 난생처음 단독 프로젝트를 맡게 되었다. 아침에 눈을 뜨면 대략 100건 정도의 처리할 일들이 쌓여 있었다고 한다. 스트레스가 너무 심할 때는 한쪽 구석에 앉아 대성통곡이라도 하고 싶은 심정이었다. 게다가 인테리어에 문외한이라 설계도를 봐도 도통 뭐가 뭔지 감이 잡히지 않아서 현장에서 배워가며 지시를 내려야 했다. 그 자리에서 당장 결정할 일도 한두 가지가 아니었다. 일례로 화장실을 수세

식으로 할지, 좌변기는 어떤 것으로 할지부터 유리창은 어떻게 설치할지도 결정해야 했다. 모든 가격결정부터 현지 정착을 위한 제반사항을 그녀가 도맡아 진행했다. 그 와중에 정부관료 접대업무까지 해야 했다. 이 지역 사람들은 술을 카라프(Carafe)라 불리는 병에 담아 한 병씩 들고 건배하는 관습이 있었다. 그녀는 술자리 때마다 거의 초죽음이 될 수밖에 없었다. 그래도 회사 체면을 생각해 간신히 버텨내면서 하루 저녁에 7~8차례 토하는 게 일상사가 돼버렸다. 왕산은 징둥에 막 입사했을 때 류창둥에게 "처음 입사하면 가장 먼저 무엇을 배워야 할까요?"라며 가르침을 청했다. 그때 류창둥은 "땅에 발을 딛고 버텨내는 일이지. 그동안 하늘에 둥둥 떠다녔다면 이제는 땅으로 내려와 발을 잘 내딛어야 잘 걸을 수 있는 법이라네"라고 일러주었다.

류창둥은 교육성과율이 가장 높았던 기수가 바로 2008년도 경영연수생이라고 말한 바 있다. 순환근무를 가장 제대로 해냈던 기수이자 거의 모든 실무현장을 경험한 연수생들이기 때문이다. 징둥그룹의 부총재 겸 화둥지역 총경리인 위루이(余睿)는 처음 창고에서 현장순환근무를 할 때의 기억이 여전히 선명하다고 했다. 그는 매일 퇴근하고 집으로 향하는 길에, 투덜대며 한바탕 욕을 해야 직성이 풀리곤 했다고 한다. "대체 뭐 이런 이상한 곳이 다 있어! 때려죽여도 다시는 안 와야지. 대체 뭐하는 짓인지 몰라……. 휴우, 그래도 조금만 참아보자."

로켓에 올라탄 '고속 승진'

위루이는 몸집이 통통하며 점잖은 스타일의 검은 뿔테 안경을 낀 청년이다. 그런데 외모와는 사뭇 다르게 일처리가 잽싸며 매섭고, 말투는 다소 거칠면서 말하는 속도도 따발총처럼 빨랐다. 아마 얼핏 보면 그가 홍콩의 중산층가정 출신에 석사학위를 보유했다고는 상상하기 어려울 것이다. 1982년생인 그는 2012년 12월 28세라는 어린 나이에 화중지역 총경리로 승진했다. 이는 입사한 지 2년여 만에 이룬 성과였으며 현재는 화둥지역 총경리를 역임하고 있다. 그는 경영연수생 중 현재 가장 직위가 높다.

힘든 현장 순환근무를 마치고 정식 부서로 발령이 날 무렵, 여러 부서가 비공식적인 접촉을 통해 위루이에게 자기 부서로 와달라는 요청을 보냈다. 그런데 유독 물류팀에서만 연락이 없었다. 석사 출신에 법률을 전공한 홍콩인이 거친 업무의 물류팀과는 맞지 않을 것이라 지레 판단했던 것이다. 하지만 위루이는 굳이 고집을 피우며 물류팀으로 발령을 신청했다. 생각해보면 왜 그렇게 물류팀에 가고 싶었는지 그 자신도 알 수 없었다. 6개월이 지나서야 그는 징둥에서 유일하게 대단위 인력을 통솔할 기회가 있는 곳은 물류팀뿐이라는 사실을 깨달았다. 또한 직위고하와 수입의 많고 적음에 따라 최고의 성취감을 얻는 게 아니라는 점도 알게 됐다. 진정한 보람은 땀 흘려 일하면서 팀 전체의 생존 환경을 변화시키는 데 있었다.

2009년 설날 직후에 상하이 물류집하센터에 업무 마비현상이 발생했다. 류창둥은 위루이를 급히 불러들였다.

류창둥 자네, 출장갈 수 있나?

위루이 네, 가능합니다. 어디로 가면 됩니까?

류창둥 상하이. 언제 출발할 수 있나?

위루이 내일 가능합니다.

류창둥 그럼 내일 아침 일찍 출발하게.

이 대화는 징둥의 스타일을 그대로 반영한다. 깔끔하고 명료하며 군더더기가 없다. 간다고 말하면 바로 가는 거고 한다고 말하면 바로 하는 식이다.

위루이는 행정관리센터의 경영구매부 이사인 량만(梁曼)과 함께 상하이로 향했다. 며칠 후 량만은 류창둥에게 "저는 베이징으로 복귀하겠습니다. 위루이 혼자 있어도 충분합니다"라고 말했다. 위기상황을 수습하기 위해 위루이는 일주일에 7일, 매일 14시간 이상 일에 몰두했다. 몇 개월을 그곳에 머물면서 심지어 24시간 풀가동한 적도 있었고 30여 시간을 쉬지 않고 일하기도 했다.

당시 팀원들은 정신이 해이해지고 단결력이 부족한 상태였다. 위루이는 현장실습 경험이 있어서 이곳 직원의 마음을 어느 정도 이해할 수 있었다. 그는 매일 팀원들과 함께 식사하며 최대한 소통하고 화합할 수 있는 기회를 만들었다. 또한 교육수준이나 능력고하를 떠나 모든 팀원들을 늘 공평하게 대했다. 한두 달 동안 팀원들과 부대끼면서 분위기를 안정시키고 조직을 정비한 다음, 조간과 야간 근무 순번을 정했다. 그 즈음 집하센터는 이미 혼란이 수습되고 정상을 회복한 상태였다. 위루이는 직원들이 야근하는 것을 원치 않았다. 때문에 시간이 되면 충분히 쉴 수 있도록 배려했다. 영수증 발급업무를 담당하던 한 여직원이 조간근무여서 오후 5시면 퇴근할 수 있었다. 그런데 출입보안을 거쳐 창고 문을 열고 나가더니 어찌된 일인지 다시 돌아왔다. 그러고는 "감사합니다. 입사한 지 6개월 됐는데, 퇴근하면서 처음으로 태양을 보게 됐어요. 아직 해가 지지 않아서요"라며 꾸벅 인사를 하는 게 아닌가! 그 순간 위루이는 자신의 일이 돈으로 살 수 없는 소중한 것임을 새삼 깨달았다.

2009년 6월 베이징 물류센터도 조직이 정비되지 않아 혼란이 가중되고 있었다. 불과 한 달 사이에 팀장이 4명이나 바뀌었는데도 좀처럼 상황이 수습되지 않았다. '6 · 18' 창립기념일 행사를 목전에 두고 있는 시점이라 본사의 위기의식이 더욱 고조되었다. 이에 위루이를 상하이에서 베이징으로 인사발령을 냈다. 기존 팀장은 부팀장으로 강등시키고 위루이에게 팀장을 맡겼다. 그는 인사팀장인 쥐줴와 함께 창고현장에 도착했는데, 새로운 팀장을 소개하기도 전에 직원의 반절 정도가 이미 자리를 뜨고 없었다. "인턴 주제에 감히 우리 팀장을 맡는다는 게 가당키나 하냐?"면서 반발한 것이다. 게다가 일부 '꼴통'이 조직 내에서 물을 흐리고 있었다. 물론 그때 윗선에서도 고민하지 않았던 것은 아니다. 다만 전임 팀장을 다른 곳으로 곧장 인사발령을 내버리면 조직이 더 불안정해질까 우려해서 잔류시켰던 것이다. 또 혹시라도 위루이가 조직을 장악 못하면 물류센터가 즉각 마비상태로 빠져들 수 있었기에 많은 고민 끝에 내린 인사결정이었다.

다행히도 별 탈 없이 창립기념일을 넘긴 이후에 위루이는 우선 발전 잠재력이 있고 기본적으로 열심히 일하는 직원 몇몇을 불러 모아서 업무를 분담시켰다. 연이어 바로 회의를 열고 대규모 '물갈이'를 선언했다. 그리고 조직분위기를 해치는 '꼴통'을 모두 잘라냈다. "회사에게 선택을 강요하지 마십시오. 회사가 누군가를 선택해야 한다면 여러분은 저와 비교해서 1%의 승률도 없습니다." 물갈이가 이루어진 후 조직은 기본적으로 안정을 되찾았다. "여러분이 이기려면, 가장 중요한 것은 팀워크입니다. 200여 명의 조직에서 각 관리자가 자신의 직분을 다해 단결력을 보임으로써 성과를 거두는 게 최우선입니다. 똑같은 인원을 가진 팀이라 해도, 구성원의 적극성 여부에 따라 성과는 하늘과 땅 차이로 벌어집니다."

위루이는 조직을 위해 신상필벌은 반드시 필요하다고 여겼다. 물론 팀원의 이익을 위해서도 최선을 다했다. 당시 류창둥이 베이징 물류센터가 '6 · 18' 창립기념일을 무사히 넘기려면 어떤 지원이 필요한지 물어본 적이 있는데, 그때 위루이는 "사장님께서 그때쯤 전체 팀원에게 밥 한 끼 사주시면 족합니다"라고 답했다. 류창둥은 흔쾌히 승낙했다. 그리고 격려 차원에서 1인당 500위안에 해당하는 금일봉도 책정해 세부적인 활용은 위루이의 재량에 맡겨주었다.

당시만 해도 징둥의 업무체계가 느슨한 편이어서, 위루이는 천성창에게 전표를 들고 가서 현금을 받아왔다. 그는 팀워크를 다지는 용도로 금일봉을 활용하기로 하고, 업무량에 따라 직원들을 세 등급으로 나누고 세 차례에 걸쳐 최고 등급에게 500위안을, 일반 등급에게는 100위안을 상여금으로 지급했다. "저는 폭군처럼 거칠게 일하고 싶지 않습니다. 열심히만 해주면, 여러분의 이익은 제가 챙겨올 것이고 업무지원도 제가 책임지고 하겠습니다." 물류창고에서 밤샘 작업이 있는 날에는 직원들이 각자 라면이나 커피 등을 직접 챙겨가지고 나오곤 했다. 사실 그러자면 개인적으로 쓰는 비용도 만만치 않고 배도 든든히 채울 수 없었다. 위루이는 물류창고 근처에서 아침식사를 판매하는 간이식당과 협의해 매일 밤 11시에 식당에서 직접 샤오빙(燒餅, 밀가루 반죽을 동글납작한 모양으로 만들어 화덕 안에 붙여서 구운 빵-역주)을 구워달라고 부탁했다. 그러면 직원들이 뜨끈하게 먹을 수 있기 때문이다. 이렇게 세심하게 챙겨주는 그를 직원들도 진심으로 따르게 되었다.

2010년 초 상하이에서 창고자동화 테스트를 실시했다. 이는 향후 '아시아1호(B2C 분야에서 가장 큰 규모의 자동화, 현대화 운영센터 구축계획으로 아시아 전역을 커버하기 위한 것-역주)' 프로젝트를 위한 준비작업의 성격을 띠고 있었다. 만일 자동화시스템을 테스트하지 않고 바로 아시아1호에 적용해서 만에 하나 시스템에 오류라도 생기면 큰일이 아닐 수 없었다. 그런데 테스트 도중에 마비상태가 발생해 주문서를 단 한 건도 처리하지 못할 상황이 벌어졌다. 당시 상하이 물류센터에서 커버하고 있던 화둥지역은 전국의 40%를 차지하는 중요한 지역이기에 한마디로 난리가 났다. 류 사장은 위루이에게 상하이의 주문서를 베이징에서 처리해줄 것을 지시하며 가능성 여부를 타진해왔다. 류 사장이 "자네 할 수 있겠나?"라고 묻자 위루이는 "책임지고 한번 해보겠습니다"라고 답했다. 그는 창고로 돌아와 직원들에게 말했다. "징둥 가족 여러분, 제 말에 집중해주세요! 평상시에 우리가 얼마나 대단한 놈들인지 제대로 못 보여줘서 한이었는데 이제 드디어 본때를 보여줄 때가 왔습니다."

이후 일주일 동안 전체 주문의 75% 이상이 위루이가 맡고 있던 창고에서 출고되었다. 매일 저녁 화둥지역으로 배송할 주문물품을 베이징 창고에서 꺼내서, 하루에 걸쳐 상하이로 보낸 다음 다시 상하이에서 각 지역 배송거점으로 분배했다. 만일 이렇게 하지 않았다면 화둥지역은 일주일간 제품 발송이 불가능했을 것이고, 그랬다면 분명 고객 불만이 하늘을 찔렀을 것이다. 비록 그 당시 물량이 아주 많지는 않았지만 그래도 7일씩이나 발송이 지체된다면 회사이미지에 치명상을 입을 수밖에 없었다. 그러면 경쟁사를 무슨 수로 이긴단 말인가? 그때 징둥은 이쉰왕과 치열하게 경쟁 중이었다.

2010년 12월에는 화중지역에도 물류센터가 건립되었다. 류창둥은 위루이에게 "화중을 자네한테 맡기려는데 할 수 있겠나?"라고 물었다. 위루이는 "저를 믿어주신다면 문제없습니다"라고 자신 있게 답변했다. 류창둥은 화베이지역에서 허난후베이(河南湖北)지역을 분리시키고 화난지역에서 장시후난(江西湖南)지역을 분리시킨 후 여기 4개의 성을 화중지역으로 편입시켰다. 위루이는 "거기서는 고생 좀 하겠는데요. 4개 성 가운데 3곳은 혁명의 본거지 아닙니까?"라며 농담조로 말하기도 했다.

화중지역의 가장 큰 문제는 관리자가 부족하다는 점이었다. 능력 있는 사람들은 베이징·상하이·광저우 등 대도시와 연해지역으로 떠나고 없었고 현지에 남아 있는 사람들은 편하게 일하면서 유유자적하려는 성향이 강했다. 그런데 이런 성향은 징둥 스타일과는 정반대였으니 큰 문제가 아닐 수 없었다. 정저우(鄭州)에 집하장을 새로 오픈하는 날, 위루이는 새벽 4시에 집하장 문 앞에 나와 있었다. 첫 번째 화물차가 예정대로라면 새벽 4시 반에 도착하기로 되어 있었기 때문에 화물차가 제시간에 도착하는지 점검하고 싶었기 때문이다. 팀장들 가운데 집하장에 제일 먼저 도착한 사람의 시각은 6시였고 8시 반이 되어서야 두 번째 팀장이 모습을 보였다.

화재조심, 절도조심, 연수생조심!

처음 3개 기수의 경영연수생은 운이 좋은 편이었다. 그 시절엔 회사 규모가 그리 크지 않았기 때문에 류창둥은 이들에게 열정을 쏟으며 초창기 창업실패의 경험과 당시 경영과정에서의 아이디어를 같이 교류했다. 하지만 젊은 연수생들은 아직 본격적으로 관리자 자리에 오르기 전이어서 그때 오갔던 내용의 30~40% 정도만 이해했을 뿐이었다. 훗날 이 시절을 회고하면서 그제야 자신들이 아주 특별한 대우를 받았다는 것을 알게 되었다.

그때 연수생들은 매주 주간보고를 작성해 류창둥에게 직접 보고했다. 때로는 류창둥의 회신을 받기도 했고 연말에는 연말 결과보고서도 작성했다. 그 시절에 유행했던 말이 있다. '화재조심, 절도조심, 연수생조심'이라는 표현이다. 연수생은 류창둥과 직접 의사소통할 수 있는 채널을 확보하고 있었고 주간보고에 자신들이 느낀 문제점도 함께 적어서 보고했다. 그러면 류창둥은 이 문제를 조회시간에 들고 나와서 관련부서를 혼쭐내곤 했다. 이 때문에 각 부서팀장들이 종종 힘들어했다. 연수생들도 미운털이 박혀서 사서 고생하는 일도 은근히 발생했다. 일부 부서의 관리자는 자기 팀으로 발령 난 연수생을 색안경을 끼고 보면서 '고자질'을 일삼는 소인으로 낙인찍어 골탕 먹이는 일도 있었다.

일부 연수생은 자기 신분이 남과 다르다는 우월감에 휩싸여 고개를 뻣뻣이 들고 안하무인격으로 행동했다. 또 일을 제대로 처리 못해서 상사에게 불려가 한소리 듣는 연수생도 있었다. "자네가 대단한 줄 알겠지만 지금 여기 자네가 해놓은 일 좀 보게나!" 물론 혼나가며 일을 배우면 더 이상 우쭐거리지 않고 현실적이 된다. 그리고 차분히 맡은 일에 최선을 다하기 마련이다. 하지만 교만한 태도를 바꾸지 않으면 몇 년이 지나도 발전이 없다.

2010년부터 경영연수생 프로그램이 제도화되어 정착됐다. 앞의 세 기수는 탈락제도가 없었지만 2010년부터는 이 부분이 추가됐다. 입사한 지 2개월 후에 테스트를 실시했는데, 교육담당관이 주가 되어 평가했고 연수생도 서로 점수를 매겼다. 그해에 80명의 경영연수생을 선발해 10개 조로 나눈 후 18일 동안 군사훈련을 실시했다. 또한 창고에서 14일 동안 현장훈련을 거쳤는데 모든 조원은 시종일관 전 과정을 함께하면서 서로의 속내를 잘 알게 되었다. 탈락 대상자가 되면 일반 직원이 되거나 회사를 떠나거나 하는 선택권이 주어졌다.

또한 연수생을 대상으로 3년간의 교육 프로그램을 실시했는데 1년에 한 단계씩 올라가는 구조였다. 주임에서 부팀장, 팀장으로 올라가는 식이며 일반 직원보다 더욱 많은 교육과 승진 기회가 주어졌다. 연수생이 예정목표를 달성하지 못하면 전문가와 소통하면서 문제점을 찾아내도록 했다. 나중에는 부총재와 이사급에서 우수한 관리자를 연수생의 멘토로 붙여주는 제도도 도입했다. 통상 멘토 한 명당 세 명의 연수생이 할당되었다. 이들은 정기적으로 함께 식사를 하면서 방향을 잡아주는 역할을 했다. 또한 연수생의 누적실적과 평가결과가 전체 시스템 안에서 관리되었다. 2010년도 80명의 연수생 중, 일부는 일반 직원으로 전환되었고 일부는 회사를 떠났으며 현재는 40여 명이 남아 있다.

현재 일용백화사업부 화장품부문 이사인 류베이(劉培)는 2010년도 연수생 출신이다. 처음에는 IT구매부문으로 발령을 받았고 그의 평가지표는 현물률(물류창고에 실제 현물로 가지고 있는 제품의 비율 – 역주)이었다. 만일 100개 상품 중 90개가 현물이면 현물률은 90%가 된다. 당시 그가 맡은 상품라인은 현물률이 35%에 불과했다. 그런데 한 달 뒤 현물률을 70% 이상으로 끌어올렸다. 그렇게 입사 한 달 만에 큰 성과를 거두며 이목을 끌었다.

2010년 5월부터 2011년 말까지 류베이는 주임이었는데, 부문 내 7명의 연수생 가운데 가장 먼저 제품팀장으로 승진했다. 그는 원래 내성적인 성격이다. 처음 브랜드업체와 회의를 진행할 때 너무 긴장한 나머지 한 마디도 못한 채 앉아 있었다고 한다. 회의를 마친 후 상사가 "대체 회의를 자네가 주관하는 건가, 아니면 내가 하는 건가?"라며 핀잔을 주었다. 자신의 단점을 고치기 위해 그 이후 6개월 동안 용기를 내어 사방팔방 사람들을 찾아다녔고 함께 어울리자고 쫓아다녔다. 2012년이 되자 동료들이 "자네는 도대체 줏대라는 게 없어"라며 우스갯소리를 할 정도로 류베이는 확연히 달라져 있었다. 그는 "죽기 살기로 저지르지 않으면, 무슨 수로 집안 식구를 먹여 살리겠어?"라며 천연덕스럽게 대꾸하곤 했다.

류베이는 추진력이 대단했다. 브랜드업체에서 판촉이벤트를 제안하면서 인터넷에서 함께 진행하자고 부탁할 때가 있었다. 다른 사람 같으면 통상 마케팅팀이나 물류팀의 협조가 필요하기 때문에 그냥 거절하는 경우가 많았다. 그런데 류베이는 힘든 일을 마다하지 않는 성격이었다. 마케팅팀의 협조가 필요하면 곧장 찾아가서 협조를 구했고 물류팀의 지원이 필요하면 물류팀에 직접 찾아가곤 했다. 여러 업무를 두루 경험했기에 연수생 출신이라는 게 이럴 때는 요긴했다. 업체도 징둥의 신속한 대응과 협조에 만족해하면서 이후에도 최대한 징둥과 함께 일하고 싶어했고 더 좋은 제품을 들고 찾아왔다.

2012년 디지털카메라 제품라인을 담당한 그는 카시오(CASIO)의 셀프카메라 제품으로 전국 3분의 1의 시장을 장악함으로써 순이익 5,000만 위안을 달성했다. 그리고 연말에 승진해 팀원을 거느리게 되었다.

2013년 11월에 류베이는 일용백화사업부로 발령 받았다. 당시 일용백화부서의 매출실적이 매우 저조했다. 샴푸팀은 월 매출액이 4,000만 위안으로 업계 4위였는데, 1위부터 순서대로 이하오잔(一號店), 쥐메이(聚美), 러펑(樂蜂) 그리고 징둥 순위였다(톈마오는 아직 순위 밖이었음). 당시 샴푸팀 직원이 5명이었다. 그는 매출액을 두 배로 올리려면 어떻게 해야 할지 고민하다가 사장에게 증원을 요청했고 정원 11명을 확보할 수 있었다.

그가 분석한 바에 따르면 사실 샴푸 등의 품목은 진입장벽이 그리 높지 않았다. 그런데 왜 매출이 저조한지 궁금했다. 알고 보니 결국은 온라인상의 노출 부족이 원인이었다. 당시 징둥의 월간 활동고객은 4,000만 명이었고 그들의 월 평균 구매횟수는 3회였다. 이 중에서

1%만이라도 샴푸팀의 제품을 구매한다면 40만 명이 구매하는 셈이다. 객단가(customer transaction, 客單價, 고객 1인당 평균 매입액 – 역주)를 80위안으로 계산하면 매출액이 3,000만 위안에 이른다는 계산이 나왔다. 이에 따라 류베이는 상품의 노출 빈도를 늘리면 매출액을 증대시킬 수 있으리라 판단했다. 그는 대형 브랜드를 방문하기 시작했다. 우선 P&G(Procter&Gamble)를 설득했다. 광고비 10만 위안이 소요되는 테스트 마케팅을 제안했고 효과가 좋으면 100만 위안을 투입하자고 했다. 2014년에 P&G는 징둥에서 2,000만 위안의 광고를 집행해 '징둥 학교의 꽃 헤드앤숄더(Head&shoulders)'라는 이벤트를 진행했다. 류베이가 P&G로부터 600만 위안의 협찬을 받아 진행한 이벤트였다. 2014년 6월 샴푸류의 월 매출액이 업계 1위로 뛰어올랐고 류베이는 이사로 승진했다.

이렇게 성장을 거듭해온 4년 내내 류베이는 쑨자밍의 말을 늘 가슴에 새기고 있었다. "징둥에서 자네는 반드시 '등락'을 배워야 하네. 내려와야 할 때는 반드시 내려오고, 올라가야 할 때는 올라가야지. 항상 위에 올라와 있을 수만은 없네. 자신의 신분을 잊고 들뜨지 말게. 그래서 나도 내 위치와 상관없이 늘 내려와 있으려고 노력하고 있지."

가치관이 확고한 조직

〈제일재경일보〉 편집장 친쉬(秦朔)가 저술한 《대변국(大變局)》은 중국 기업의 몇 가지 문제를 제기한 바 있다. '중국 기업 가운데 자신만의 핵심 가치관을 수립하고 실천한 기업은 과연 몇이나 될까? 기업에 몸담은 사람들 중 계속 노력하는 열정을 유지하는 사람은 얼마나 될까? 왜 열정이 그렇게 빨리 사그라지며 프로의식을 배양하기 어려운 이유는 과연 무엇인가? 무력감과 불평불만이 전염병처럼 쉽게 퍼지는 이유는 또 무엇일까? 대기업의 관료주의는 왜 생겨나며, 살 만하면 안주하고 타성에 젖어버리는 중소기업들의 '소기업병'은 어디서 연유하는 것일까? 기업 내부 및 본사와 지사 간에 경영권과 인사를 둘러싼 정치와 분쟁이 난무하고 결국 기업 내부의 의사소통이 외부와의 소통보다 힘들어지는 이유는 무엇인가? 또 이로 인한 소모비용은 얼마일까?

이 책은 이미 십수 년 전인 2002년에 저술되었다. 그 사이 중국 기업의 경영관리 수준도 한 단계 상승한 것만은 분명하다. 하지만 여전히 많은 기업이 말로만 기업문화를 중시하지 실질적인 관심 자체는 그리 크지 않다. 실제로 일부 창업회사의 경우 업무성과만 종용하며 직원들을 마구 쪼아대기도 한다. 가시적인 신속한 성과에만 주목한 채 기업문화는 훗날 회사규모가 커져서 관리규범이 필요할 때 천천히 강조하면 된다고 생각하는 것이다.

그러나 이런 회사들은 한 가지 중요한 사실을 간과하고 있다. 기업문화란 어느 날 갑자기 하늘에서 툭하고 떨어지는 게 아니라, 회사 뿌리부터 싹트기 시작해 서서히 자라나는 것이라는 점이다. 새로운 시스템의 도입이나 신기술의 흡수, 새로운 경영제도의 확립도 당연히 어려운 일이다. 하지만 아무리 어렵다 한들 기업문화를 바꾸는 것보다는 어렵지 않을 것이다. 수단과 방법을 가리지 않았던 사람이 하루아침에 신의성실을 외친다는 게 가능할까? 하늘에서 별을 따오는 게 더 쉬울지도 모른다. '독한 근성'으로 일해본 적 없는 사람이, 윗선에서 강압적으로 밀어붙인다고 해서 갑자기 독종처럼 목숨 걸고 일에 달려들 리도 만무하다. 회사를 뒤집어엎고 완전히 쇄신하지 않는 한 말이다. 기업문화가 한 단계 발전하고 개선될 수는 있지만 원점을 크게 벗어나는 경우는 아주 희박하다. 기업문화는 창업자가 창립멤버와 함께 회사를 시작하는 그 순간부터 영혼이 깃들고 탄생하는 것이기 때문이다.

가치관은 저절로 자라나는 것이지 규정될 수 있는 것이 아니다. 많은 회사의 가치관이 그저 종이와 벽에만 존재하는 이유도 바로 여기에 있다. 사장이 앞서서 행동하고 임원은 사장이 하는 모습을 보고 따라 하며, 중간관리자도 임원을 보고 따라 배운다. 말단사원은 중간관리자의 모습을 보고 배우는데, 결국 윗물이 맑아야 아랫물이 맑은 이치다. 직원을 세뇌시키면 된다고 주장할 수 있지만 새로운 가치관을 세뇌시킨다는 건 사실 불가능하다. 단지 겉으로 말로만 인정할 뿐 마음속 깊이 공감하지는 않는다. 하나의 가치관이 오랫동안 유지되는 회사를 생각해보자. 신입사원이 처음 입사할 때는 각자 나름의 가치관을 가지고 들어온다. 회사가 할 수 있는 일은 환경을 조성해주는 일밖에 없다. 이 사원이 회사의 기존 가치관에 동조하고 공감할 수 있는 환경 그리고 이 가치관이 지속될 수 있는 환경을 마련하는 것이다.

가치관은 팀워크를 형성하는 기초며, 공통된 가치관은 전체 팀원이 수많은 문제를 토론할 때 비교적 쉬운 의사결정을 가능케 한다. 가치관을 판단기준으로 삼아 전략방향을 분명히 할 수 있기 때문이다.

또한 역량을 어디에 쏟아부을지 고민하지 않아도 공감대를 형성할 수 있다. 따라서 제한된 자원으로 주요 역량을 어디에 집중하고, 어디에서 속도를 높이고 어디에서 속도를 늦출지 정확히 판단할 수 있다.

기업 가치관이 변질되고 왜곡되어 단층현상이 생기면, 조직이 확대됐을 때 통제가 불가능한 상태가 되고 만다. 성실, 협력, 교우관계를 포함한 징둥의 초창기 기업문화는 류창둥 본인이 직접 만들어냈다. 2007년부터 2010년까지 고속성장을 구가한 징둥은 2007년 300여 명에 불과했던 직원 수가 수십 배로 증가했다. 창업 초기부터 류창둥은 이를 미리 예상하고 대비했다. 그의 말을 들어보자. "가장 중요한 두 가지 일이 있다. 하나는 구성원을 잘 인도해서 기업문화가 절대 변질되지 않도록 유지하는 일이다. 다른 하나는 경영관리시스템의 구축이다. 사실 경영관리시스템은 직원 수와 무관하다. 30명이든 3,000명이든 관리시스템이 필요하며, 관리시스템만 확립되면 매출액 500억 달성도 문제없이 해낼 수 있다."

2009년 연례총회에서 류창둥은 오성관리법(五星管理法)을 제시했다. 펑박(拼搏, 전력을 다해 분투한다는 의미—역주), 가치, 욕망, 신의성실, 감은(感恩), 견지(堅持)다. 이는 징둥인의 성공철학 또는 류창둥의 성공철학이라 말할 수 있다. 배경도, 가진 것도 없이 무에서 시작한 그는 어떻게 이 모든 것을 이뤄냈을까? 자기절제와 자아발전을 통해 구성원을 이끌었고, 공동의 이상을 지향해 한 가지 일에 몰두했기에 가능했다.

2009년 전까지 업무평가의 주요지표는 실적이었다. 류창둥은 실적 위주의 평가가 단편적이라 여기고 가치관을 평가항목에 추가했

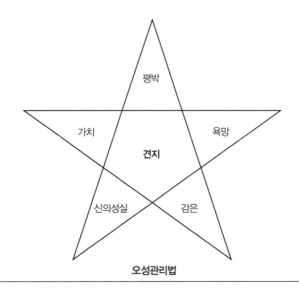

평박

가치   욕망

견지

신의성실   감은

오성관리법

다. 그는 GM의 인재평가모델을 참고해서 틀을 만들었다. 세로축은 업무능력(즉, 실적), 가로축은 가치관이다. 가치관이 좋고 실적도 좋은 사람은 '금(gold, 金)'에 해당한다. 능력과 가치관이 양호하면 강철(steel, 鋼)에 속한다. 가치관은 양호한데 능력이 부족하면 쇠(iron, 鐵)에, 능력은 뛰어난데 가치관이 기준치를 넘지 못하면 녹슨 쇠(iron rust)에 해당한다. 그리고 능력과 가치관이 모두 기준치에 미달하면 고철(metal scrap)에 속한다.

'사용자경험'을 최고치로 끌어올리는 원동력, 고객 수요

류창둥은 두 가지에 편집증적 집착을 보였는데, 바로 '사용자경험'과 '신의성실'이다. 이에 따라 자연히 징둥의 핵심 가치관도 고객 최우선주의로 귀결되었다. 사업 초기에 고객이란 주로 최종소비자였지만 나중에 그 범위가 점차 확대되어 공급업체 등도 포함됐다.

여타 온라인업체들과 달리 징둥은 '사용자경험'이라는 개념의 범주를 크게 확대해서 적용했다. 기본적으로 쇼핑몰 웹사이트의 접속속도가 빠른지, 주문과 결제 과정이 순조롭게 진행되는지 수시로 체크했고, 물류창고의 제품 출고속도와 AS 처리속도도 사용자경험의 체크항목에 들어갔다. 류창둥은 사용자경험 관련사항에 특히 관심을 쏟으며 한시도 긴장의 끈을 놓지 않았다. 그는 징둥사이트와 외부 SNS, 게시판 등을 둘러보며 모든 의견을 평가·종합할 수 있는 정보 수집제도를 운영했다. 문제가 있으면 어느 부분인지 손수 파악해 관련부문 이사에게 내용을 알리고, 부총재에게도 회람시켜 조직의 말단에 이르기까지 개선점을 관철시켰다.

비즈니스 기회는 늘 존재한다. 고객 수요는 끊임없이 변화하기 때문이다. 1990년대에는 비디오가 유행했고 2000년에는 VCD가 인기를 끌었다. 나중에는 DVD와 블루레이로 고객 수요가 몰려들었다. 동영상의 구매양상도 다운로드 방식에서 온라인 실시간시청으로 바뀌었다. 변화의 시기마다 새로운 비즈니스가 탄생하며 과거 비즈니스는 도태된다. 따라서 시장의 변화를 따라잡지 못하는 회사는 존폐의 위기에 봉착할 수밖에 없다. 시장변화의 흐름에 보조를 맞출 수 있는지 여부는 그 회사가 고객 수요를 발전의 원동력으로 삼는지에 달려 있다. 진정한 승자가 되려면 고객의 민감한 수요변화를 감지하고 고객을 더욱 감동시키기 위해 최선을 다해야 하며 고객보다 한발 앞서 원하는 것을 찾아내 만족시켜야 한다.

징둥은 성장의 길을 걸으며 뉴에그, 당당왕, 아마존차이나를 제쳤다. 그리고 쑤닝·궈메이 등과 결전을 치르며 톈마오와 경쟁하고 있다. 하지만 지금 이 순간에도 징둥이 진정 관심을 두는 곳은 단 하나, 바로 고객이다.

현재 징둥은 B2C의 선두주자다. 하지만 여전히 살얼음판을 밟는 심정으로 고객의 주문서를 대한다. 기업은 반드시 경외감과 감사하는 마음을 가지고 미래 발전방향을 고민해야 한다. 과학기술의 발전에 따라 많은 회사가 순식간에 무너져서 치명타를 입는 사례를 우리는 수없이 목격했다. 경외심을 잃는다면 벼랑 끝에 서 있는 것과 다름없다. 따라서 관리자층은 늘 위기감을 가져야 한다. 기업이 장기간 발전을 유지하려면 자신만의 경쟁력을 갖춰야 한다. 경쟁력은 입으로만 떠들어댄다고 생기는 게 아니라, 전 직원이 한마음으로 사용자경험을 최우선시하고 이 원칙을 지켜가는 가운데 주문서가 한 장 한 장 쌓여 축적되어야 확보되는 것이다. 사용자경험의 구현과 영업원가의 절감이 함께 보조를 맞춰나가야 하며, 둘 중 어느 하나만 부족해도 절대 성공할 수 없다.

운영부서는 징둥의 핵심 경쟁력이라 할 만큼 역량을 갖춘 부서다. 또한 구매와 판매에 있어 강력한 지원군 역할을 한다. 중국의 경우, 일반적으로 휴대폰 구매 시에 제품케이스를 개봉해 무상보증카드를 꺼내고 그 위에 품질보증 도장을 받아놓아야 무상수리를 받을 수 있다. 오프라인 매장에서는 간단히 처리할 수 있는 일이지만 온라인이라면 얘기가 달라진다. 이 문제를 해결하는 데는 제조업체와의 협력도 한계가 있었다. 제조단계에서 도장을 미리 찍어놓을 수도 없는 일이고, 택배원이 품질보증 도장을 일일이 가지고 다닐 수도 없었다. 그때 운영부서에서 생각해낸 방법이 있었다. 접착테이프로 품질보증용 스티커를 제작해서, 고객이 제품을 수령할 때 고객 앞에서 포장케이스를 개봉하고 품질보증스티커를 무상보증카드 위에 붙이면 되었다. 이 서비스가 출시되고 1년 뒤 업계 내 다른 업체들도 징둥과 똑같이 스티커를 제작해 사용했다.

한번은 류창둥 사장의 사무실에서 그를 기다린 적이 있었다. 잠시 후 그는 붉은색 택배원 복장으로 들어오더니 직접 배송을 다녀왔다며 설명을 덧붙였다. 해마다 하루는 자신이 제품을 배송하면서 택배원의 장비와 정보시스템, 조작흐름 등을 직접 살펴본다고 했다. 그렇게 택배업무에 있어 애로사항이나 비합리적인 부분은 없는지 등을 확인하는 과정을 통해 직원의 고충을 잊지 않고 경각심을 가질 수 있다고 했다. 한편, 류창둥은 주로 인터넷에 고객이 남긴 글을 유심히 읽는 편이지만 고객과 직접 소통할 일은 그리 흔치 않았다. 그래서 그날 하루는 몸소 택배원이 되어 제품을 배송하면서 고객에게 직접 구매소감도 물어보고 배송기간과 포장상태에 대한 만족도도 체크했다.

한 기업을 이끄는 리더라면 자신의 가치관을 일상에서 실천하며 행동으로 무엇이 옳고 그른지를 보여줄 필요가 있다. 그래야 직원들은 그 기업의 가치관이 형식적인 것이 아니라 반드시 준수해야 할 가이드라인이라고 느낀다.

예를 들어 고객이 제품을 주문했는데, 그것을 배송받기도 전에 가격이 떨어졌다고 가정해보자. 중국에서는 실제로 이런 일이 종종 발생한다. 징둥은 가격보증제를 도입해서 고객이 제품을 수령하기 전에 가격이 인하되면 차액을 보상한다. 또는 제품 수령 시 고객서비스센터와 연락해 차액을 보상받을 수도 있다. 징둥에서 아이패드(iPad)를 판매할 때의 일이다. 그때 가격인하 상황이 발생했는데, 애플 사에게 차액 보상을 요구했지만 협상에 실패했다. 징둥이 자체적으로 그 차액을 보상하면 300만 위안을 손해 보는 셈이었다. 애플 제품을 판매해 벌어들이는 수익이 1년에 몇 백만 위안에 불과했던 시절이었다. 결국 관리자 회의를 통해 표결을 진행했는데 딱 한 사람만 반대했다. 법률에 차액을 보상해야 한다는 조항이 없으므로 사실 법률로만 해석하면 반드시 보상해줄 이유가 없기는 했다.

사업 초기에 징둥은 핵심고객을 대상으로 '사용자경험' 행사를 진행한 적이 있다. 20명의 핵심고객을 징둥 본사에 초청해 펑타이의 창고도 직접 둘러보도록 일정을 마련했다. 이들 고객은 징둥의 열성팬이라 할 수 있었다. 컴퓨터 조립능력도 뛰어날 뿐만 아니라 상당한 구매력을 보유하고 있어서 좋은 구전효과를 기대할 수 있는 고객층이었다. 류창둥이 직접 사무실에서 고객을 접대했다. 그때 대화 도중 류창둥이 엉겁결에 그 자리에서 노트북을 20% 할인해준다고 하자 고객들은 반색하며 바로 컴퓨터를 구매했다.

그는 고객에게 직접 징둥의 운영시스템을 시현하기도 했다. 대형버스로 이동하는 동안 징둥사이트 개편 이야기가 자연히 화제에 올랐다. 그는 서버에 얼마를 투자하여 웹페이지 접속속도를 높였는지, 사용자경험을 개선하기 위해 어떠한 노력을 기울였는지 등을 설명했다. 그때 마침 한 고객이 사이트 구조의 문제점을 제기했다. 그렇게 비싼 비용을 들일 필요가 없다는 의견이었다. 그러자 류창둥은 나중에 기술부서를 통해 연락을 취하도록 하겠다면서 연락처를 그 자리에서 받아 적었다.

한 기업이 발전단계에 본격 진입하기 전까지는, 종종 창업주의 성향과 색채가 기업의 가치관에 선명히 묻어나기 마련이다. 확실히 류창둥의 가치관도 곧 징둥의 가치관이었다.

통신사업부 모바일서비스부문의 이사인 양치쿤(楊啓焜)은 처음에 상품관리부로 입사했다. 징둥은 예전에 전자상거래에 대해 매우 단순한 논리를 가지고 있었다. 상품을 온라인에 올리고 가격만 명시하면 된다고 생각할 정도로 어수룩했다. 나중이 되어서야 직접 만지거나 볼 수 없는 전자상거래 특성상, 제품구매를 유도하려면 고객과 충분히 교감을 나눠야 한다는 사실을 깨달았다. 이런 연유로 상품관리부가 신설되었다. 양치쿤은 상사의 지시로 직접 징둥사이트에 회원으로 가입해 제품을 구입해본 뒤 다른 모든 주요 쇼핑몰과 비교해서 개선점이 무엇인지 파악했다.

당시 그는 징둥의 상품상세정보가 미흡하다는 점을 발견했다. 상품의 명칭과 무미건조하고 간단한 설명만 있었기 때문에 고객은 충분한 정보를 얻을 수 없었고, 이로 인해 구매를 망설일 여지가 있었다. 양치쿤은 제품상세정보를 특화시키자고 제안했다. 이후 몇 개월 동안 그는 웹사이트 개선업무에 주력하면서 상품소개와 상품사진을 보기 좋게 편집하는 업무를 담당했다. 제품소개에 대한 가장 자세하고 확실한 출처는 당연히 제조업체 공식사이트다. 양치쿤은 제조업체 사이트에서 상품정보를 복사해서 징둥 웹사이트에 올리기 시작했다. 그런데 하루는 류창둥이 이 업무를 누가 담당하고 있는지 물어왔다. 양치쿤이 웹페이지 개선작업에 대해 자세히 설명했다. 그 설명을 듣고 류창둥은 이렇게 지적했다. "자네가 미처 생각하지 못한 점이 있네. 사진을 퍼 와서 그대로 다 올리면 웹페이지가 용량을 너무 많이 차지하게 돼. 그러면 고객이 사이트를 열 때마다 속도가 더뎌질 텐데 대체 어떡하려고 그러나? 수많은 고객이 웹페이지를 동시에 클릭하면 페이지가 깨져서 제대로 보기도 어려울 텐데……. 게다가 몇십만 번, 몇 백만 번 클릭이 반복된다고 생각해보게나. 서버에도 무리가 오고 대역폭에도 심각한 문제가 초래될 수 있어."

이 문제는 원래 기술부를 통해 부총리와 얘기하면 되는 일이다. 하지만 류창둥은 직원들이 세부사항까지 주의해가며 '사용자경험'이 가장 중요하다는 점을 몸소 깨닫길 바랐다. 또한 류창둥은 인터넷 게시판의 불만사항을 직접 회람하며 상황을 체크하기도 했다. AS담당 직원은 항상 밤 12시에 류창둥의 이메일을 받곤 했다. 그가 해결방법을 직접 지시할 때마다 AS담당 직원은 혼비백산하기 일쑤였다. 나중에는 직원들이 스스로 문제점을 먼저 찾아내서 해결했다. 사장의 독촉을 받기 전에 처리하는 게 신상에 편했을 것이다. 징둥 직원들은 고객이 아무리 황당한 요구를 해도 '고객은 영원히 옳다'라는 원칙 하에 일을 처리했다. 가장 핵심적인 가치관이 일상 속에서 하나하나 다듬어지면서 말단직원들의 뼛속까지 뿌리 깊게 자리잡았다.

화베이지역 AS팀 이사인 왕당후이(王黨輝)는 불같은 성격의 소유자다. 회사에서 AS업무를 담당하라고 지시하자 자신의 성격에 맞지 않는다며 재고해줄 것을 요청했을 정도다. 하지만 류창둥은 한번 해보라며 단호하게 요청을 뿌리쳤다. 한번은 고객이 환불을 요청한 건이 있었다. 누가 보나 불합리한 요구였고 말투도 매우 거칠었다. 왕당후이는 화가 치밀어 올라 온몸에 마비가 올 정도로 부들부들 떨었다. 전화기조차 제대로 못 들고 떨어뜨려서 깨지고 말았다. 류창둥은 대체 무슨 일이기에 이토록 화를 내냐면서 그를 위로했다. 그리고 "아무리 해도 고객과 말이 통하지 않으면 정중히 전화를 끊고 다른 사람이 대신 전화를 걸도록 하라"고 지시했다.

2007년에 제1회 네티즌간담회를 개최했다. 모든 임원진이 참석하는 큰 규모의 행사여서 AS팀에는 직원 2명만 남아 있었다. 이때 한 고객이 안내데스크에 와서 환불을 요청하며 소란을 피웠다. 원칙대로라면 환불정책에 해당되지 않는 사항이었다. 왕당후이가 대화를 시도했지만 고객은 막무가내로 물건을 던지기 시작했다. 이에 왕당후이도 화를 못 참고 거친 욕설을 내뱉고 말았다. 그 순간 후회했지만 때는 이미 늦었다. 아무리 달래도 고객은 물러서지 않았다. 고객은 징둥 측의 사과를 요청했고 결국 200~300위안을 배상할 수밖에 없었다.

AS센터에서 일하면서 왕당후이는 이제 '닳고 닳은' 두루뭉술한 베테랑이 되었다. 나중에는 고객이 난동을 부리며 그의 양복을 찢는 일까지 발생했는데도 그는 침착하게 사진을 찍더니 바로 경찰에 신고했다. 그의 냉철한 대응을 지켜본 고객도 기가 죽어 그냥 돌아섰다. "요즘 징둥은 예전에 비하면 천국이나 다름없어요. 요즘 벌어지는 문제는 사실 문제라고 부를 수도 없는 일들이죠."

'고객 우선주의'는 사소한 부분에 숨어 있다

전자상거래에서 고객과 접점이 생겨나는 곳은 두 군데다. 하나는 배송, 다른 하나는 고객서비스센터다. 자체 물류센터가 없는 회사의 경우 고객서비스센터가 고객과 만나는 유일한 지점이라 할 수 있다.

2007년에 이미 징둥은 화베이, 화둥, 화남 3개 지역과 베이징, 상하이, 광저우 3개 도시에 고객서비스팀 직원을 배치했다. 그러나 인원이 그리 많지는 않았고, 베이징도 몇 십 명에 불과했으며 근무조건도 상당히 열악했다. 베이징의 경우 구매영업팀과 같은 사무실을 사용하다 보니 전화소리까지 겹쳐서 서로 지장이 많았다. 업무량이 급증하면서 징둥은 쑤첸에 콜센터를 설치하고 베이징과 상하이, 광저우 3개 지역의 고객서비스센터 직원도 쑤첸으로 이동시켰다.

쑤첸의 콜센터는 2009년 11월 20일에 정식 오픈했으며, 첫 책임자로는 리쉬융(李緖勇)이 부임했다. 2009년 9월 말 80명의 인력이 쑤첸으로 이동했다. 처음에는 쑤첸 개발구 관리위원회 사무실을 임대해 고객서비스센터로 활용했다. 그런데 이곳에 도착하자마자 몇몇 직원이 회사를 관두고 떠나려 했다. 숙소 한 방에 6개의 침대가 덩그러니 놓여 있었고 이층침대에는 횅한 침대깔판 말고는 아무것도 없었기 때문이다. 대체 잠을 어떻게 자라는 말인지 난감할 수밖에 없었다. 팀장과 주임도 직원들과 같은 숙소에 머물렀는데, 젊은 직원들을 달래며 다독이자 그제야 조금 진정되는 듯했다. 관리위원회의 사무실 주변에는 밥 먹을 만한 곳도 없고 교통편도 불편했으며 사무실엔 난방기구도 제대로 갖춰져 있지 않았다. 리쉬융은 부임 첫해에 쑤첸 콜센터에서 겨울을 나면서 발에 동상이 걸려 한동안 고생했다.

고객서비스센터의 전체 콜 수신율은 원래 50% 정도였다. 쑤첸 콜센터가 문을 연 이후 류창둥은 리쉬융에게 콜 수신율을 96%로 올리라고 지시하면서 이 목표를 달성하면 전 직원의 급여를 인상하겠다고 약속했다. 그러자 콜센터 직원 100여 명이 하나같이 눈에 불을 켜고 업무에 매달렸다. 식사시간에도 끼니를 때우기 위해 잠시 자리를 비웠다 황급히 돌아와 전화를 받았다. 그해 12월에 콜 수신율이 98%에 달했다. 이듬해가 되어 새로운 지표가 주어졌다. '6·18' 창립기념일 전에 총 주문건수대비 전화수신 비중을 28%로 낮추는 목표였다. 당시 수신비율의 최고치는 56%였는데, 이는 100개의 주문건수 가운데 56통의 전화가 문의전화라는 의미다. 통화중이면 고객이 재발신을 하는데 이 경우도 문의전화건수에 포함된다. 결국 정해진 기한 내에 수신 비중을 27%로 낮추는 성과를 거뒀고 모든 팀원들이 기뻐서 어쩔 줄 몰라했다.

징둥인은 '임무는 반드시 달성'하는 정신으로 무장되어 있다. 한때 한 부서가 예상목표의 99.7% 실적을 달성하자 류창둥이 몹시 격노한 적이 있을 정도로 징둥인에게 100% 목표달성은 매우 중요하다.

콜센터 신입사원 교육 첫 시간에, 강사는 사원들에게 눈을 감도록한 뒤 각기 다른 어조로 "안녕하세요. 징둥입니다. 고객님, 무엇을 도와드릴까요?"라고 말한다. 그러고는 "여러분은 미소를 들을 수 있나요?"라고 묻는다. 그때 사원들은 "들었다"고 대답했는데, 실제로 미소가 들리는 듯했기 때문이다.

필자는 쑤첸 콜센터의 고객서비스팀 직원인 딩캉(丁康)을 만났다.

1990년생 남자 직원으로, 그를 만나는 날 마침 보석을 구입한 고객으로부터 걸려온 전화를 받고 있었다. 통상 보석구입 고객은 1년에 3만 위안 이상을 구입하는데, 전화를 걸어오는 경우는 매우 드문 편이라고 한다. 그런데 그런 고객이 전화를 했다는 것은 처리하기 어려운 일이라는 반증이다. 이 어려운 고객응대를 그 젊은 친구가 하고 있었다.

또 한번은 이런 일도 있었다. 쑤첸지역의 한 고객이 징둥에서 분유를 구매했다. 징둥의 입점업체에게 구입했는데 윈다택배를 통해 발송하는 건이었다. 그런데 7일이 지나도 제품이 배송되지 않아서 아이가 이틀이나 분유를 먹지 못했다고 했다. 제3업체(입점업체)가 배송을 지연하면 징둥도 뾰족한 해결방법이 없다는 사실을 고객도 잘 인지하고 있었다. 그런데도 홧김에 전화를 걸어 한바탕 쏘아붙이고는 전화를 끊어버린 것이다. 딩캉은 그 고객의 주문송장에서 윈다 고객서비스센터 연락처를 찾아내 자초지종을 확인했다. 알고 보니 실제로 물량이 많아 배송이 지연되고 있었다. 어찌 됐건 물류배송관리에 문제가 발생했고 고객도 재촉하는 상황이라 딩캉은 윈다 본사에 불만사항을 직접 접수했다. 결과적으로 윈다의 택배원은 이 클레임으로 인해 감점을 받게 되었다. 그러자 될 대로 되라는 심정이 되었는지, "제가 배송하려면 최소 3일은 걸리니까 정 급하면 직접 물건을 가져가세요"라며 딩캉에게 생떼를 부렸다. 딩캉은 고객에게 다시 전화를 걸어 "원하신다면 제가 대신 물건을 수령해서 전달해드릴게요"라고 말했다. 고객은 반신반의하면서도 알겠다고 했다.

윈다의 택배지점은 쑤첸 콜센터에서 15km 정도 떨어져 있었다. 6시에 퇴근을 한 딩캉은 부리나케 전동차(오토바이와 비슷한 충전식 자전거로 오토바이와 자전거의 중간 형태 – 역주)를 타고 7시 10분에 그곳에 도착했다. 그러고는 20분 동안 상품을 찾느라 헤맨 끝에 겨우 분유박스를 찾을 수 있었다. 8시가 다 되어 배송지에 도착해보니 고객의 가족들이 모두 골목 모퉁이까지 나와 기다리고 있었다. 물건을 전해주고 집으로 돌아오는데 하필 가랑비가 부슬부슬 내리기 시작했다. 게다가 반절도 채 못 왔는데 전동차 배터리까지 나가버렸다. 결국 전동차를 손으로 밀고 집까지 걸어왔다. 집에 도착하니 이미 밤 12시였다. 그때 문자 한 통이 도착했다. '고마워요. 38794님'이라고 쓰여 있었다. 38794는 딩캉의 고객서비스 번호다. 사용자경험을 가장 최우선으로 한다는 게 과연 무엇일까? 바로 이 경우가 아닐까 싶다.

콜센터에는 이처럼 숨겨진 스토리가 무궁무진하다. 고객서비스센터 청두분점의 온라인 고객서비스팀 직원인 좡징징(莊菁菁)은 스무 살에 입사했다. 당시 콜센터 인력이 매우 부족한 상황이어서 고등학교를 갓 졸업한 그녀도 채용자 명단에 이름을 올릴 수 있었다. 그런데 출근길에 대학입학 통지서가 날아왔다. 좡징징은 회사를 그만두고 대학에 입학해 한 달 정도 다녔다. 그러나 학교생활은 생각했던 것과 너무나 달랐다. 결국 그녀는 다시 콜센터로 돌아오게 되었다. 업무 스트레스가 없다면 거짓말이다. 하지만 팀장과 주임 모두 좋은 사람들이었고 그녀를 친동생처럼 돌봐주니 늘 감사한 마음이 앞섰다. 고객의 욕설 때문에 울기도 많이 울고 속도 많이 상했다. 그럴 때마다 주임은 곁에서 항상 따뜻하게 위로해주었다.

좡징징은 마음이 유독 약하고 감성적인 편이다. 고객과의 관계에도 이런 성향이 반영되어 늘 고객을 따뜻하게 응대한다. 한번은

CCTV에 분유파동 문제가 보도되었다. 그날 뉴스를 접한 고객들의 문의전화가 빗발쳤다. 그녀는 밀려드는 문의에도 짜증 한 번 내는 법 없이 오히려 자신이 마치 엄마라도 된 듯 초조해하며 발을 동동거렸다. 혹시라도 아기들이 이상한 분유를 먹고 탈이 날까 봐 진심으로 걱정되었던 것이다.

아마존차이나의 한 VIP고객은 원하는 책을 아마존차이나에서 구입할 수 없었다. 그 고객은 인터넷 검색을 통해 징둥에서 그 책을 구할 수 있다는 사실을 알아냈다. 그러나 배송범위가 화둥지역으로 제한된 도서라, 본인의 거주지인 화중지역의 우한에서는 그 책을 살 수 없었다. 당시만 해도 징둥은 '중앙집중식'으로 창고를 운영하고 있어서, 서비스범위를 벗어나면 제품을 발송할 수 없는 상황이었다. 그 책을 너무나 구매하고 싶었던 고객은 고객서비스센터에 전화를 걸었다. 회사 업무규정에 따르면, 이 경우 상담원은 고객에게 상황을 전달하고 화중지역에 재고가 들어올 때까지 기다려달라고 말하는 게 정석이다. 하지만 고객은 물러설 기미가 없어 보였다. 기필코 책을 사야겠다며 징둥에서 해결방안을 강구하라고 고집을 피우자 결국 이 민원이 '고객감동팀'으로 넘어왔다. 고객감동팀은 징둥의 최후방어선과 같다. 고객의 각종 불만과 해결하기 어려운 온갖 자잘한 문제는 모두 이곳에 맡겨진다.

좡징징이 이 민원전화를 받았다. 우선 고객을 진정시키며 "저도 애독자라서 고객님이 지금 느끼실 실망감을 충분히 이해합니다"라고 말했다. 그러고는 최대한 도울 방법을 강구하겠다고 하고 통화를 마쳤다. 그녀는 자기 아이디로 직접 그 책을 주문했다. 쑤첸은 해당 상

품의 배송범위에 해당되어 주문이 가능했기 때문이다. 이튿날, 원래
는 휴무였지만 그녀는 8시에 회사에 도착했다. 그리고 직접 그 책을
창고에서 픽업해 EMS로 고객에게 발송했다. 책이 어디쯤 가고 있는
지 문자로 배송상황도 알려주었다. 나흘째 되는 날 고객은 책을 수령
할 수 있었다. 후에 그 고객이 문자를 보내왔다. '어쩌면 징둥의 판매
시스템은 완벽하지 않을 수 있습니다. 하지만 당신의 완벽함이 그 부
족함을 메우고도 남네요. 제가 징둥의 충성고객이 될 수밖에 없는 이
유가 바로 이런 서비스 때문입니다.'

쫭징징이 선택한 해결방식은 사실 정상적인 업무범위를 넘어선 것
이다. 그러나 그녀는 나름 자신의 판단으로 고객의 문제를 해결했다.
통상 이런 경우 상담원은 실질적인 해결방법이 없다고 판단한다. 구
매부서에 도움을 요청하거나 화중지역에 재고를 채우도록 독촉하는
게 전부다.

콜센터에서 근무하다 보면 별의별 고객을 다 만나고 갖가지 기상
천외한 일들이 끊이지 않는다. 쫭징징은 회사를 고발하겠다는 전화
를 받은 적이 있다. 고발이라는 말을 들으니 눈앞이 캄캄해지고 다리
가 후들거렸다. 징둥에서 거의 모든 제품을 구매하는 징둥마니아라
고 자신을 소개한 그는, 지금 4개월 된 아기가 울음을 그치지 않고 있
는데 자기로선 도무지 해결방법이 없으니 어찌 됐건 징둥을 고발하
겠다는 황당한 내용이었다.

그야말로 말도 안 되는 억지였다. 그런데 곰곰이 생각해보니 얼마
나 답답하면 콜센터에 전화해서 하소연할까 싶었다. 그 고객은 신생
아를 키우는 젊은 아빠였다. 평소에는 아내가 전업주부라 아이를 전

담해서 보살폈는데, 주말에 집에만 있기 갑갑했던 아내가 아이를 남편에게 맡긴 채 장모님과 쇼핑을 나가버린 상황이었다. 혼자 아이를 돌보다가 너무나 막막한 나머지 콜센터에 전화를 걸었던 것이다.

쫭징징은 아이가 배고파서 울 수 있다면서 우선 분유를 먹여보라고 권했다. 분유통에 설명이 나와 있으니 살펴보라고 일러주면서 물의 온도가 너무 뜨거워도 차가워도 안 된다는 주의도 잊지 않았다. 고객은 분유를 먹이려면 아이를 안고 먹여야 되는데 방법을 모르겠다며 다시 전화를 걸어왔다. 쫭징징은 "아이 아빠니까 아이를 사랑하는 마음으로 꼭 안아주면 된다"고 안심시켰다. 얼마 뒤, 분유를 먹고 울음을 그쳤던 아이가 흔들침대에 뉘이니 다시 울기 시작했다며 또 전화가 왔다. 그녀가 마지막으로 생각해낸 게 기저귀였다. 아기 기저귀를 갈 때가 된 것 같다고 말하자, 고객은 기저귀가 어디 있는지 못 찾겠다며 안절부절못했다. 그녀는 대부분 아기침대 근처에 두니 잘 찾아보라고 말하고 기저귀 가는 법도 세심히 알려주었다. 당시 그 고객과의 전화통화 시간만 2시간이 넘었다.

사실 2시간이면 많은 전화를 처리할 수 있는 시간이다. 그녀처럼 참을성 있게 전화를 받을 수 있는 상담원이 과연 몇이나 될까? 아마 거의 없을 것이다. 쫭징징은 "제가 대단하다고 생각하세요? 아이를 어떻게 다뤄야 할지 몰라서 당황하는 아빠에게 아이 돌보는 법을 가르쳐주는 일은 상담원으로서 매우 보람찬 일이랍니다"라며 오히려 담담히 말했다. 언뜻 이런 일들이 너무나 사소해 보일지도 모른다. 하지만 그 일에 어떤 의미를 부여하고 어떤 마음가짐으로 임하는지에 따라 결과가 크게 달라질 수 있다. 우수한 상담원과 일반 상담원의 차이가 바로 여기에 있다.

노력하면 반드시 보답이 있다

징둥그룹 부총재 겸 IT디지털사업부 총경리인 두솽(杜爽)은 솔직하며 깔끔한 성격의 소유자다. 그녀는 2008년 징둥에 합류했다. 일반 평사원으로 입사해 USB메모리, 키보드·마우스, 라우터 등의 구매영업 업무를 담당했다. 원래 키보드·마우스는 단가가 낮으며, 판매가도 몇 십 위안에 불과한 제품이다. 두솽은 마치 콩나물가격이라도 깎는 듯 0.5위안이라도 낮추기 위해 소수점 이하의 숫자를 빼달라며 제조업체와 흥정을 벌이기도 했다.

그녀는 똑 떨어지는 단정한 말투에 논리정연하기로 유명하다. 대화할 때도 화끈하며 거리낌이 없다. 한번은 중관춘의 마우스 판매업체 사장이 구매금액이 5,000위안 미만이라는 이유로 배송을 거절한 적이 있다. 두솽은 "규모가 크든 작든 똑같은 비즈니스인데, 금액으로 차별하면 안 되지요. 중관춘이 쑤저우 거리와도 가까우니 물건을 보내주세요"라며 딱 부러지게 말했다. 결국 업체에서 삼륜차를 몰고 제품을 배송해주었다.

두솽이 해당 카테고리를 담당한 이후 월 매출액이 8개월 만에 100~200만 위안에서 2,000만 위안으로 급증했고 그녀는 팀장으로 승진했다. 징둥에 입사하기 전 두솽은 오프라인 대형 슈퍼마켓에서 '제품진열비(슈퍼마켓의 좋은 위치에 제품을 진열하기 위해 내는 비용-역주)' 협상업무를 담당했고 그 분야의 베테랑이다. 직속상사인 쑨자밍은 브랜드업체 관리업무를 그녀에게 맡겼는데, 주로 공급업체와 광고관련 협의를 진행하는 일이었다. 징둥의 IT부문에서 매출액과 연동하지 않은 순수 광고를 유치한 것은 두솽이 처음이었다. 그녀는 1년에 50만 위안에 달하는 광고를 수주했는데, 상품의 판매실적과 상관없이 징둥에게 50만 위안을 광고비로 지불하는 건이었다. 당시 그 공급업체의 연간 매출액은 200만 위안이었다.

징둥에 근무하면서 그녀는 연가나 병가를 한 차례도 쓰지 않았고, 영업 차원에서 공급업체와의 술자리도 빈번히 마련했다. 한번은 과도한 음주로 인해 뇌압이 높아져 안구 모세혈관이 파열되는 바람에 눈의 흰자위가 빨갛게 충혈된 적도 있었다. 결국 2010년 10월 두솽은 돌연 회사생활을 접고 집에 들어앉았다. 집에서 오롯이 휴식을 취하기로 한 것이다. 그녀는 너무 앞만 보고 달려온 자신을 뒤돌아보면서 그동안 놓친 것이 무엇인지 곰곰 생각해보았다. 바삐 살다 보니 주변 사람과의 인간관계에도 어려움이 있었다. 그 사이 한 공급업체에서 일자리 제의를 받기도 했지만 그녀는 거두절미하고 거절했다. 마음속 깊이 자신은 오로지 징둥인이라는 생각을 품고 있었기 때문이다. 동료들도 회사로 어서 돌아오라며 재촉해댔고 결국 1년 뒤인 2011년 10월 회사에 복귀했다.

처음 슈퍼마켓에서 근무할 때 두솽은 백지상태나 다름없었다고 한다. 세상 돌아가는 물정도 몰랐고 회사 내부적으로 경쟁도 치열해서 주위에 가르쳐주는 사람도, 도와주는 사람도 없었다. 감히 누구한테 물어볼 엄두도 못낸 채 혼자 끙끙대며 무작위로 일을 배웠다고 한다. 징둥에 입사한 지 얼마 되지 않은 시점에 두솽은 공급업체 상품에 대한 고객의 불만사항을 접수했다. 그녀는 곧바로 공급업체에 연락해 고객에게 직접 해명하도록 조치를 취했다. 그런데 옆에서 전화내용을 들은 동료가 징둥에서는 일을 그렇게 처리하면 절대 안 된다며 설명을 덧붙였다. 우선 공급업체와 관련내용을 협의한 뒤에 그녀가 직접 고객에게 연락해 상황을 정확히 설명해야 된다고 귀띔해주었다. 옆자리 동료는 그녀가 실수를 저지르는 모습을 보고는 핀잔은커녕 재빨리 상황을 수습할 수 있도록 슬며시 도와주었다.

두샹이 징둥에 입사했을 때 원래 직속상사는 장치였다. 장치는 그녀의 주특기를 알아보고는 쑨자밍에게 추천했다. 훗날 그녀는 장치보다 높은 자리로 승진했다. 그때도 장치는 그녀가 팀을 잘 이끌 수 있게 변함없이 조언을 아끼지 않았다. "자신의 재능을 업무실적으로 보여주면 됩니다. 우수한 실적을 거두면 승진할 기회가 주어지고 상사와 동등한 위치에 오르거나 심지어 더 높은 자리로 승진할 수도 있습니다. 이렇게 열린 마음으로 직원을 대하는 회사를 보며 저는 감동할 수밖에 없었죠."

회사로 복귀한 두샹은 주변기기·사무용품을 담당했다. 이 팀은 반년 연속 매출목표를 달성하지 못한 상태여서 팀원들의 사기가 바닥을 치고 있었고 침울한 분위기에 휩싸여 있었다. 두샹은 사흘 동안 업무상황을 점검한 후 해결방법을 모색해보았다. 그러고는 팀원들에게 이번 보너스는 우리가 차지하게 될 거라고 호언장담했다. 모든 구매영업팀은 예상매출액을 초과달성하면 보너스를 받게 되어 있었다. 그러나 기존 목표도 달성 못 한 처지에 무슨 수로 보너스를 타겠냐며 다들 회의적이었다. 두샹은 불가능은 없다고 생각했다. 매출을 증대시킬 방안을 찾아내면 될 일이었다. 중심점만 정확히 찾으면 지렛대 하나로도 지구를 들 수 있다는 말이 있다. 그렇다면 그 중심점이 어디인지 찾아내야 한다.

주변기기·사무용품을 담당하는 팀원들은 자질은 좋은 편이었다. 다만 의지가 박약해진 게 문제였다. 팀은 몇 개의 소그룹으로 나뉘어 움직이고 있었다. 어떤 그룹은 실적이 양호하고 어떤 그룹은 저조했다. 우수 그룹은 다른 그룹이 자신들의 발목을 잡고 있다고 생각했다. 두솽은 팀 내 부정적인 분위기가 확산되는 것을 절대 용납하지 않았다. 우선 팀원들을 한데 불러놓고 강조했다. "전체 팀이 하나이며 목표도 하나다. 능력이 있는 사람이 좀 더 열심히 해줘야 하며, 대신 나중에 보너스도 좀 더 가져가면 된다. 어려움에 처한 동료가 있다면 절대 그 사람을 포기해선 안 된다. 나는 여러분의 노력과 희생을 하나하나 지켜볼 것이고, 결코 그 희생을 헛되게 하지 않을 것이다."

이렇게 팀원의 사기를 북돋은 후 매출목표를 세분화했다. 그런 다음 매출달성을 위해 세부적으로 추진할 일을 적기 시작했다. 공급업체에 무엇을 지원해달라고 요구할 것인지, 내부적으로는 어떤 협조와 조율이 필요한지 등을 파악했다. 두솽이 투지를 불태우며 노력하는 모습을 지켜본 팀 내 중추인력들이 서서히 감화되기 시작했다. 중추인력이 움직이자 말단사원에게까지 그 열기가 전파되면서 한 단계씩 파급효과가 일어났다. 류창둥은 구매영업팀 사무실 근처를 어슬렁거리다 그녀와 마주치자 말을 건넸다. "두솽, 요즘 무슨 일 하나? 매출 실적은 괜찮은 편인가?" 두솽은 최근에 어떤 제품이 입고예정이고 가격도 대략 결정되었는데, 2,000대를 주문할지 아니면 수량을 더 늘릴지 고민이라고 답했다. 이 말을 들은 류창둥은 "자네가 하겠다면 100만 대를 구매한다고 해도 무조건 다 들어주겠네. 뭐든 내가 도와주지"라며 힘을 실어주었다.

일을 잘하는지 못하는지에 관한 업무평가는 실적이 말해준다. 이는 물론 실질적인 보너스에도 직결된다. 예전에 그녀가 슈퍼마켓에서 근무할 때 가장 큰 좌절감을 야기하곤 했던 것이 바로 불투명하고 불공정한 업무평가였다. 사장이 잘했다고 칭찬하면 잘한 것이고, 그렇지 않으면 무능한 것이었다. 그곳에서 두솽은 몸 사리지 않고 최선을 다해 매출을 늘리는 데 기여했다. 그런데 사장은 그녀의 실적을 인정해주지 않고 오히려 불만을 표했었다. 나중에 알고 보니 그녀는 이미 사장의 눈 밖에 나 있는 상태였다. 징둥에서 이런 일은 상상조차 할 수 없다. 그래서 그녀는 회사 가치관에 내재된 열정과 믿음에 깊게 공감할 수 있었다. 두솽은 뼛속까지 타고난 투사다. 팀원을 이끌면서 혈투와 격전을 벌이고 전진을 즐기는 사람으로, 그녀 앞에 포기란 있을 수 없다. 자신의 통솔과 지휘로 승리를 거둘 때 극도의 만족감을 느끼는 부류다.

그녀의 뼛속 깊이 내재된 투사정신이 예전 회사에서는 여건상 제대로 분출될 수 없었다. 간혹 분출된 적도 있었지만 이상한 형태로 왜곡됐다. 그리고 마치 물과 기름처럼 자신이 겉돌고 있음을 깨달았다. 일하는 게 즐겁지 않았기 때문에 그녀는 새로운 삶을 찾아나섰던 것이다. 징둥에 입사한 이후부터 자신이 하는 일이 하늘이 정해준 천직처럼 느껴졌고 갈수록 자신감도 회복되었다. 류창둥은 원래 만족을 모르는 사람이다. 류솽이 매출액 200만 위안을 달성하겠다고 보고하자 그는 400만 위안을 못할 이유가 뭐냐며 반문했다. 언제나 더 높은 요구사항을 내놓았다. 두솽도 류창둥이 요구한 매출목표를 달성하기 위해 최선을 다했다. 온갖 아이디어와 방법을 강구했고 스스로 채찍질하며 앞을 향해 달렸다.

현재 통신구매영업부 이사인 탕이선(唐詣深)의 경우도 류솽과 흡사하다. 그는 2008년 4월 징둥에 입사했다. 그 전에는 대형 소매유통체인점에서 근무했다. 전 직장에서는 그에게 업무를 알려주는 사람이 한 명도 없었다. 그렇다고 마냥 우두커니 앉아 있자니 평생 업무를 배정해줄 것 같지 않았다. 혼자서라도 업무를 익혀야겠다는 생각에, 구매전표를 출력하고 결산하는 사람의 어깨너머로 그 업무 과정을 지켜보기도 했다. 그러자 그는 귀찮아하며 "저쪽 재무팀에 가서 결산자료 나왔는지 물어보고 오게"라며 쫓아내버렸다. 얼른 다녀와서 좀 더 배우려 들면 이미 업무를 마치고 정리가 끝난 상태였다. 반면 징둥은 달랐다. 옆자리 동료가 늘 말동무가 되어 자기 업무도 제쳐놓고 시스템 사용법을 차분히 설명해주었다. 방법을 잘 몰라서 헤매다가 다시 물어보면 그때마다 귀찮아하는 법 없이 친절히 답변해주었다.

또한 전 직장 사장은 낮에는 별일 안하다가 저녁만 되면 회의를 열었다. 알고 보면 중요한 회의도 아니었다. 웃고 떠들며 휴대폰으로 게임을 하거나 그냥 멍하게 앉아 있는 사람이 상당수였다. 그리고 다음 날에는 대신 출퇴근카드를 찍어달라고 부탁하는 직원도 많았다. 회의도 종류가 많았다. 때론 본인과 관련 없는 회의인데도 거기에 앉아 있어야 했다. 그러다 보니 업무에 집중할 여력이 없었다. 구매영업이라는 게 원래 책상머리에 앉아서 하는 일이 아니다. 현장에서 공급업체와 만나 협상하는 게 정석인데 외근 나갈 시간도 없었다. 각종 문서작업도 많아서 부서마다 보고서를 작성하는 전담인력을 배정해야 했다.

그런 직장에서 탕이선은 월급 3,000여 위안을 받으며 매일 밤 12시까지 일했다. 업무교육도 제대로 받지 못했고 정신적·물질적으로 동기부여가 될 만한 게 전혀 없었다. 그러다 보니 그곳에서 오래 일해봐야 자신의 가치도 인정받지 못할 거라는 생각이 들기 시작했다. 물론 승진하면 월급이 올라가지만, 그마저도 본사 팀장에게 사례를 해야 한다는 고질적 문제가 있었다. 본사 팀장은 지사처럼 직접 공급업체와 대면할 창구가 없었다. 한마디로 '공돈'을 뒤로 챙길 수 있는 기회가 없었던 것이다. 그래서 자기 수중에 있는 인사권을 무기 삼아 지사 구매팀 직원의 승진이나 부서이동을 빌미로 '공돈'을 챙겼다. 그 회사에서 악악거리며 목청을 높이는 사람 중에 과연 진짜로 열심히 일하려는 사람이 있기나 한지 심히 의심스러운 상황이었다. 그들은 오로지 어떻게 커미션을 더 먹을까에만 관심이 있었다.

징둥에 입사한 뒤 그는 이제야 갈 길을 제대로 찾았다고 느꼈다. 전화 벨소리가 줄기차게 울리고 모든 직원들이 일사분란하게 바삐 움직이는 가운데 생동감과 열정이 넘쳐흘렀다. 직원들이 의기소침해하거나 맥 빠진 모습이었다면 한눈에 희망이 없다고 판단했을지도 모른다. 그 시절, 구매영업팀은 아침 8시 반부터 업무를 시작해 밤 11시~12시쯤 되어야 퇴근을 했다. 또한 물류창고시스템이 낙후되어 물품관리를 제대로 할 수 없었던 탓에 매주 직원들이 돌아가며 창고에서 재고조사를 도와야 했다. 4~5명이 창고로 내려가 몇 십만 개의 메모리카드를 일일이 손으로 세었는데 1,000장 단위로 세고 나면 횟수를 1회로 기록했다. 그런데도 혈기왕성한 젊은 친구들은 전혀 지친 기색이 없었다.

탕이선의 생각을 들어보자.

'징둥이 창업 초기에 고도의 효율성을 발휘할 수 있었던 연유가 무엇일까? 엄격한 관리감독제도가 없었는데도 직원들이 서로 협력할 수 있었던 비결은 또 무엇일까? 바로 모두가 징둥을 자기 회사처럼 아꼈기 때문이다. 회사규모가 커지면서 현재는 보다 합리적인 제도와 완벽한 시스템이 갖춰졌지만 그 전에는 어설픈 제도조차 제대로 없었다. 오로지 열정으로 똘똘 뭉치며 원대한 포부를 품고 전진했다. 그 시대를 겪은 징둥인은 초심을 잃지 않았고 자신만 돌보는 데 그치지 않고 회사를 생각한다. 한 기업 내에서 본인이 쓸모 있는 사람인지 아닌지는 기업을 위해 가치를 창조하는지 여부에 달려 있다. 가치를 창조하지 못하고 다른 사람이 대신할 수 있는 존재라면 무슨 의미가 있겠는가.

그렇다면 어떤 기업이 존경을 받을 수 있을까? 사회적으로 가치를 창조하는 기업이다. 오늘날 이렇게 성장하기까지 징둥은 법률과 사회제도의 허점을 악용하지 않았고 단 한 푼의 세금도 포탈하지 않았다. 게다가 이른바 홍얼다이(紅二代, 일명 태자당을 말하며 공산당 혁명 원로·고위간부의 자제 – 역주)나 재벌 2세하고도 전혀 관련 없는 회사다. 전자상거래의 운영효율은 전통적인 채널보다 높을 수밖에 없다. 예전에는 100명이 물건을 사기 위해 저마다 외출해야 했다면, 이제는 택배원 한 명이 100명에게 물건을 배달해줄 수 있다. 그만큼 사회적인 효율이 제고된 셈이고, 일자리 창출에도 기여할 수 있게 된다. 또한 7만 개의 일자리 창출에 그치지 않고, 더 나아가 이들이 기술을 배우고 업계에서 더욱 높은 자리에 오를 수 있는 기회도 제공한다. 또한 교육 프로그램을 통해 이들의 지속적인 자기계발을 독려한다. 이것이 바로 존경받는 기업이 직원에게 제공하는 가치다.

스물두 살의 멋모르는 청년이었던 내가 어느덧 서른이다. 나는 가장 찬란했던 청춘기를 징둥에 바쳤다. 그래서 회사에 떳떳하며 스스로 당당하다. 나는 무슨 일이든 항상 회사 이익을 가장 먼저 고려해서 행동하고 결정했다. 물론 회사도 나에게 떳떳할 것이다. 수입, 주식을 통한 이익창출, 업무환경 등에서 최상의 것을 주었으니 말이다. 내 친구들도 다른 회사에서 수습생부터 시작해 거의 10년을 일해 올해로 서른 살이 되었다. 똑같이 열심히 일하고 월급도 고만고만하다. 그런데 주식도 없고 어디 내놓을 만한 대단한 경력도 없다 보니 울상을 짓고 다닌다.'

징둥이라는 플랫폼의 최대 장점은 바로 열심히 일하는 성실한 사람을 있는 그대로 인정해준다는 데 있다. 도서음반사업부 총경리인 양하이펑은 출판사에서 7년 동안 죽어라 일했지만 승진할 기회조차 없었다. 그런데 징둥에서의 4년은 그가 가장 빨리 성장할 수 있었던 기간이었다. 예전 업종에서의 경험을 징둥에서 발휘함으로써 성과를 거뒀으며 반대로 징둥으로부터 많은 것을 배우기도 했다. 처음에는 도서부문의 마케팅 팀장이었지만 지금은 도서음반사업부를 총괄하는 책임자 자리에 올라 있다. 그는 징둥이 고생한 대가에 제대로 보상하는 매우 공정한 회사라는 점을 몸소 입증했다.

징둥에서 일하면 몸은 지옥이고 마음은 천당이라는 말이 있다. 육체는 기진맥진하지만 마음만은 매우 편하다는 뜻이다. 실제로 징둥의 직원들은 누가 시키지 않아도 새벽까지 밤을 새우며 일한다. 자신이 좋아서 하는 일이기 때문이다. 징둥은 한마디로 회사는 직원을 신뢰하고 직원은 결과에 책임지는 구조다. 따라서 복잡한 인간관계 따위로 직원의 능력이 사장되는 일은 결코 발생하지 않는다. 능력이 출중해서 더 많은 일을 하고 싶어하면, 회사는 더욱 많은 업무를 담당하게 한다. 또 그로 인해 성과를 거두면 거기에 상응하는 복지를 제공하고 더 높은 자리를 만들어줌으로써 잠재력을 충분히 발휘할 수 있도록 한다.

징둥은 직원 연령층이 젊은 편이다. 다들 일을 좋아하며 같은 곳을 지향한다. 대충대충 편하게 지내려거나 이득만 취하려고 기웃거리면 배척당하기 십상이다. 썩은 물이 고여 있는 조직에서는 아무리 혼자 열정을 불태우려 해도 그 불씨가 쉽게 사그라지기 마련이다. 징둥은 지금까지 줄곧 고속성장의 길을 걸어왔다. 새로운 도전과 자극을 받으며 개인은 잠재력을 최대한 발휘했고, 직원들의 열정은 좀처럼 식을 줄 몰랐다. 직원들은 기꺼이 스스로를 압박하며 높은 단계로 자신을 밀어 올렸다.

회사의 발전과 더불어, 직원들은 자신의 기량도 향상되었다는 사실을 자각할 수 있었다. 가격 협상에서 좋은 가격을 받아내고, 매출액 증대를 도모하면서 만족감을 얻었다. 또한 예전의 자신과는 판이하게 달라진 현재의 모습을 발견했다. 시야가 어느새 넓어지고 접촉하는 사람들의 차원이 달라졌기 때문이다. 물론 이로 인해 창출된 가치도 과거에 비할 바가 아니다. 이처럼 눈에 띄게 달라진 성과를 보면서 직원들은 더욱 많은 노력을 쏟아붓고 최선을 다하고 싶어했다.

인간의 본성은 선량해서 좋은 방향으로 발전하는 성향을 보인다. 관건은 기업이 이를 위한 토양을 마련할 수 있는가이다. 좋은 플랫폼을 제공하면 적극적이고 긍정적인 방향으로 나아가게 마련이다. 반면 플랫폼이 엉망이면 개개인의 성과도 인정받기 어려우며, 악화가 양화를 구축하는 일이 초래된다(16세기 영국의 금융가 토머스 그레셤(Thomas Gresham)이 제창한 법칙. 나쁜 것들이 득세하면 좋은 것들이 쫓겨난다는 의미－역주).

부정부패는 절대 눈감아주지 않는다

징둥 통신부문에는 7년에 걸쳐 이어져 내려오는 비화가 하나 있다. 한 직원이 공급업체와 업무 협의를 하고 있었다. 그의 손 옆에는 물한 병이 놓여 있었는데 공급업체 직원이 사온 것이었다. 왕샤오쑹은 회의실 옆을 지나면서 혹시라도 자기 직원이 그 물을 마시지는 않는지 유심히 지켜봤다고 한다. 세 번째로 그 옆을 지나갈 때 그는 그 직원이 갈증을 못 참고 물병 뚜껑을 열어 한 모금 마시는 것을 보고야 말았다. 얼마 후 왕샤오쑹은 이 일을 회의석상에서 언급하며 해당 직원을 호되게 나무랐다고 한다. 통신부문의 직원들을 인터뷰하면서 필자는 여러 명에게서 이 비화를 전해 들었다.

이 말을 듣고 처음에는 '가혹하다'는 생각이 들었다. 이후 징둥을 좀 더 깊이 이해하게 되면서, 이 조직의 부패척결 강도가 단순한 '집착' 정도가 아닌 '편집증' 수준이라는 것을 확실히 깨닫게 되었다. 이러한 편집증은 부패에 대한 류창둥의 혐오에서 비롯되었다. 그리고 이 혐오감은 어린 시절 농촌에서 직접 목격한 추악한 실상에서 기인한 것이다.

중학교 시절에 류창둥은 의식적으로 중대한 변화를 겪는다. 그는 읍내에서 중학교를 다녔는데 주모 씨라 불리던 회계사의 사무실에서 지냈다. 사무실에는 항상 〈런민일보(人民日報)〉, 〈신화일보(新華日報)〉, 〈중국 칭녠보(中國 靑年報)〉가 구비되어 있었다. 그는 특히 〈중국 칭녠보〉를 즐겨 읽었다. 이 신문은 진보적인 사상을 담고 있었고, 해외 소식도 자주 다뤘다. 신문을 통해 류창둥은 서양 부모들은 자녀에게 신혼집을 사주지 않을뿐더러 그럴 의무도 없다고 여긴다는 사실을 알았다. 집안에 며느리를 들일 때도 일체 간섭하지 않는다고 했다. 또 18세 이상 성인이 되면 부모에게서 독립해 스스로 일해서 돈 벌고 공부한다는 내용도 있었다. 신문에는 해외 유명 발명가나 개인의 성공 스토리도 종종 실렸다. 그는 이 신문을 통해 지식에 대한 욕구와 자립심을 깨우칠 수 있었다. 완전히 새로운 세상을 볼 수 있었고 자신이 우물 안 개구리라는 사실을 인정할 수밖에 없었다.

반면에 중국정부라는 단체의 바로 앞마당에서는 이와는 판이한 괴이한 광경이 펼쳐지고 있었다. 당시 말단 공무원의 부정부패는 매우 심각한 수준이었다. 백주대낮에 대놓고 부패를 일삼아도 법률적 제재가 없었다. 중추절만 되면 모든 읍내의 촌장들은 트랙터를 몰고 읍정부관료에게 선물을 갖다 바치느라 여념이 없었다. 돼지, 닭, 거위, 오리, 달걀, 자라, 게, 장어 등 종류도 다양했고 관리들도 거리낌 없이 선물을 받았다. 명절 때만 되면 정부관료들의 집집 처마마다 고기가 걸려 있었다.

'부잣집에서는 술과 고기 썩은 냄새가 나고, 길가에는 얼어 죽은 시체가 뒹구네(朱門酒肉臭, 路有凍死骨).'(두보의 시 '자경부봉선현영회오백자(自京赴奉先縣咏懷五百字)'의 일부—역주) 소년시절의 류창둥은 이 시구의 의미를 태어나 처음으로 뼈저리게 체험했다고 한다. 당시 시골사람들은 이제 막 허기를 채우고도 흰 쌀밥이라면 언제든지 한 그릇 뚝딱 비울 수 있을 정도로 가난에 찌들어 있었다. 전기는커녕 걸칠 만한 변변한 옷가지도 부족한 시절이었다. 상하이에서 건너온 옷이 그 당시 최고 좋은 것이었는데 옷을 선물 받은 아이들은 기뻐서 사흘 밤을 잠도 제대로 못 이룰 정도였다.

류창둥이 생생히 기억하는 바에 따르면, 일부 정부관료들은 사람을 짐승보다도 못한 존재로 취급했다. 항미원조(抗美援朝, 6·25전쟁. 미군을 몰아내고 조선을 돕기 위해 군대를 파견했다는 의미—역주)전쟁에서 고향으로 돌아온 노병들은 한쪽 다리를 잃고 한 달에 5위안에 불과한 보상금을 받게 되었다. 하지만 그나마 그 돈조차 제대로 지급받지 못했다. 상이용사들은 정부청사 앞에서 보상금을 돌려달라고 외쳤지만 일부 관료는 되레 큰소리를 치며 발로 노병들을 걷어차거나 얼굴을 짓밟았다. 이 관료들은 밤에 술을 마시고 이유 없이 행패를 부리기도 했다. 집에서 심심풀이로 마작하는 것조차 도박으로 몰고, 자경단원들을 데려와 방에서 구타를 일삼기도 했다. 마을사람들과 아이들이 "아버지를 살려달라"고 매달려 울어도 소용이 없었다.

고등학교 시절에는 치(戚) 선생님에게서 깊은 영향을 받았다. 류창둥의 동창들도 치 선생님이 그들 인생관에 큰 영향을 주었다고 입을 모아 얘기하곤 했다. 치 선생님은 강직한 분이었다. 연줄을 대거나 선물공세로 환심을 사는 등의 그 당시 흔히 볼 수 있는 관행과는 거리가 멀었다. 그래서 치 선생님은 오히려 괴짜 취급을 당했고 사람들의 배척도 적지 않았다. 치 선생님은 자기 주관이 뚜렷했다. '당신네 관료들에게 대항할 힘도, 대적할 힘도 없지만 최소한 당신들과 같은 부류는 되지 않겠다'는 소신이 있었다. 치 선생님의 장인은 교육계에 몸을 담았던 분으로 현지에서 꽤나 실권을 행사하는 인물이었다고 한다. 하지만 치 선생님은 묵묵히 교육에만 전념했으며 학생 가르치는 일을 평생 업으로 생각했다. 풋풋한 소년의 눈에 비친 치 선생님은 속세를 초월한 고상한 품격을 갖춘 분이었다. 또한 성적과 상관없이 제자들을 편견 없이 대했다. 훗날 서른의 나이가 되어 참석한 동창회 술자리에서 치 선생님에 대한 이야기가 오고갔다. 동창들은 인생관이 형성될 중요한 시기에 그토록 정직하고 훌륭한 선생님을 만난 게 얼마나 행운이었는지 새삼 깨달으며 그 시기를 회고했다. 치 선생님은 삶은 평등하며, 교사와 모든 학생이 평등하다는 가르침을 주었다.

치 선생님은 제자들에게 대학에 진학해 나중에 정부에서 일하라고 독려했다. 류창둥이 훗날 중국 런민대학 사회학과를 택한 것도 일부 그 영향 때문이었다. 중학교 3년 동안 그는 농촌 기층민에게까지 뿌리를 내린 부패를 새삼 확인할 수 있었다. 마을 주민들은 촌장이라는 관직을 얻기 위해 읍 관료에게 현금을 보냈고, 또 관료들은 당연하다는 듯 매관매직을 일삼으며 아예 대놓고 현금을 세기도 했다. 중앙정부에서 재정지원금이 지방으로 내려오는 경우가 있었다. 그런데 우바오(五保, 의·식·주·의료·장례를 보장한다는 의미—뜻)의 사회보장혜택을 받는 세대에게 지급해야 될 구호품 또는 일부 개인에게 무상으로 지원되는 솜이불도 돈 주고 사야 했다. 공개적으로 국가 구호품을 판매하는 파렴치한 짓이 자행되곤 했던 것이다.

런민대학의 사회학과는 취업이 힘든 과였다. 인구학과와 쌍벽을 이루며 취업률이 낮았던 학과로 꼽힌다. 한번은 류창둥의 기숙사 룸메이트 선배가 한 여학생을 쫓아다닌 적이 있다. 상대 여학생이 그 선배를 거절하면서, "너희 사회학과는 취업도 잘 안 되서 나중에 집도 결국 못 살 텐데 뭔 배짱으로 결혼하자는 말을 꺼내는지 모르겠다"며 코웃음을 쳤다고 한다. 류창둥은 이 말을 듣고 충격을 받았다. 그래서 그는 기술을 배우기로 결심했다. 당시 컴퓨터가 최첨단 기술이었기 때문에 중국공업출판사와 칭화대학(淸華大學)에서 출간된 책을 사서 독학했다. 그는 코딩 기술을 익혀 시스템 소프트웨어를 만들어주면서 돈을 벌었다.

대학 때 그렇게 모은 20여만 위안을 미래를 위해 투자하기로 마음먹고 창업을 결심했다. 하이뎬 서점가와 런민대학 서문 사이에 쓰촨식당이 매물로 나왔는데, 이 식당 요리가 특히 맛이 있어서 상당히 인기를 끌고 있었고 매출도 나쁘지 않았다. 그는 식당 주인과 3분 만에 얘기를 끝내고, 이튿날 여자친구와 책가방에 현금을 넣어 가서 거래금을 건넸다. 그는 부동산 소유증명이 무엇인지도 몰랐고 변호사에게 자문도 구하지 않은 채, 베이징에 정착할 수 있다는 생각만으로 한껏 부풀어 있었다. 결국 4개월이 지난 뒤, 집주인이 월세를 독촉하러 찾아오자 그제야 상황을 파악하고 아연실색했다. 가격을 협상할 때 식당 주인이 터무니없게 낮은 금액을 불렀던 이유가 있었는데 알 아채지 못했던 것이다.

류창둥은 '내가 상대방에게 잘해주면 상대방도 나에게 잘하겠지'라는 마음을 항상 가지고 있었다. 식당을 인수하면서 20여 명의 종업원을 내보내지 않고 고용을 승계했다. 월급도 두 배로 올려주고 일인당 100위안 상당의 시계도 선물했다. 원래 식당 주인은 종업원에게 남은 음식을 먹게 했다고 한다. 하지만 류창둥은 남은 음식은 모조리 버리도록 했고, 종업원 식사도 채소반찬 2개에 육류 2개를 기본으로 제공했다. 뿐만 아니라 매주 몇 병의 술도 마실 수 있게 제공했다. 그런데 두 달이 지나자 뭔가 이상하다는 느낌이 들었다. 원래 하루에 3만 위안, 아니면 최소 1만 위안의 매출이 나와야 하는데 어찌 된 게 최고 1만 위안, 최저 2,000위안에 불과했다. 게다가 식당의 구매담당 직원이 요구하는 돈도 갈수록 많아졌다. 그래서 벌어놓은 돈까지 다시 탈탈 털어넣었고 부모님과 이모한테까지 손을 벌리기도 했다. 어느 날 마흔 살 먹은 한 종업원이 도저히 더는 못 참겠던지 사장에게 조심하라고 일러주었다. 계산대를 담당하는 여직원과 주방장이 연애를 하는데 돈을 몰래 빼돌렸다고 귀띔한 것이다.

이들은 한 근에 6위안 하는 소고기를 장부상에 12위안이라고 조작하고, 1근에 0.2위안 하는 콩나물을 0.8위안으로 조작했다. 또 류창둥은 사흘이 지난 육류는 남아도 사용하지 말고 폐기처분토록 지시했는데, 하루에 보통 8근 정도 썼다. 그런데 주방장은 소고기를 반드시 12근을 들여와야 한다고 우겼다. 한마디로 물 빠진 독에 물을 계속 부어넣었던 꼴이었다. 류창둥은 결국 한 달치 월급을 더 주고 직원들을 해산시킨 뒤 식당 문을 닫았다. 몇 십만 위안의 손해를 보고 거기에 20만 위안의 빚까지 떠안은 채 사업을 접어야 했다. '그들에게 야박하게 대한 것도 아니고 최대한 잘해주고 존중했는데 결국 돌아온 대가가 고작 이거란 말인가'라는 생각에 몹시 상심했다.

실패를 겪으며 류창둥은 인생에 회의감이 들었다. 언론에서도 늘 떠들어대는 말이 있다. 성선설이 옳은지 성악설이 옳은지 말이다. 성악설을 믿는 사람은 법률과 도덕적인 구속으로 인간을 선하게 만들어야 한다고 주장한다. 반면 성선설을 주장하는 사람은 사회의 악습이 인간을 악하게 만들었다고 말한다.

'난 잘못이 없다. 너희들을 잘 먹이고 잘 재우며 장부확인조차 하지 않았다. 친척을 고용해 감시하는 짓도 안 했는데 어떻게 나한테 이럴 수 있지? 너희도 농민이고 나도 농민의 아들이다. 그 돈은 내가 몇 개월 동안 매일 3시간만 자며, 코딩해서 벌어들인 피 같은 돈이란 말이다.' 류창둥은 인간 본성에 대한 회의감을 안고 1996년 일본 기업에 입사했다.

일본 기업에서 그는 처음에 정보시스템 관리업무를 담당했다. 정보시스템을 통한 기업의 관리구조는 알면 알수록 흥미로웠고 그는 서서히 업무에 빠져들었다. 그는 돈과 물건이 어떻게 일대 일로 교환되는지, 지출은 어떻게 통제하며, 중개상은 어떻게 구성되는지 배울 수 있었다. 이후에는 창고관리팀으로 발령이 났다. 회사규정상 창고관리를 거쳐야 발탁승진이 가능했고 창고관리업무를 제대로 수행하지 못하면 승진이나 급여인상이 아예 불가능했다. 그는 침대 매트리스 관리업무를 담당했다. 하루 3분의 1의 시간을 창고에서 살다시피 하면서 새벽 1~2시까지 업무에 매달렸다. 통상 저녁에 중개상이 제품을 수령하러 왔다. 그 시간에 맞추려면 미리 제품을 주문해놔야 제때 물건을 화물차에 싣고 컴퓨터에 입력할 수 있었다. 야근수당을 지급해주지 않았기 때문에 파견사원들은 저녁에 일하기 싫어했다. 그는 결국 늘 혼자서 여섯 사람 몫을 해야 했다.

그는 창고관리를 하면서 외국 기업의 치밀함이 어느 정도인지 뼈저리게 깨달았다. 중개상에게 제품을 발송할 때 홍보전단도 동봉했다. 이때 제품 스타일별로 동봉하는 홍보전단도 5장 또는 3장 등 모든 규정이 정해져 있었다. 한 달에 보통 300~400장의 홍보전단을 발송하는데, 나중에 전단지의 재고수량을 셀 때 오차범위가 3~5장 미만이어야 했다. 일본인 관리자는 "너희 중국인만 '오차'라는 표현을 쓰지 우리는 '잘못'이라고 말한다. 숫자가 안 맞으면 그냥 잘못된 것이지, 그것을 두고 오차라고 말하는 게 말이 되는가?"라고 딱 잘라 말했다.

류창둥은 그제야 명확히 깨달았다. 첫 번째 창업이 실패한 이유가 남 탓이 아니라 자신의 잘못이었다는 것을 말이다. 시스템 관리를 통해 직원의 부패문제를 충분히 해결할 수 있었다. 식당 종업원을 전혀 관리하지 않았을 뿐만 아니라 영수증에 일련번호조차 없었다. 일련번호가 있었다면 함부로 찢어 없애지 못했을 것이다. 일련번호가 맞지 않으면 금세 탄로 날 테니 말이다.

그는 이 깨달음을 머리에 새겼고 징둥을 경영할 때도 철저히 관리했다. 그래서 당시 직원들은 무척 힘들어했다. 통상적으로 CEO가 경영관리에 대한 어떤 아이디어가 떠오르면 우선 제도로 정착시키고 직원들에게 알리고 실행에 옮긴다. 반면 류창둥은 아이디어가 떠오르면 바로 기술팀 직원을 불러 시스템설계를 변경한 후 직접 시스템에 관련사항을 반영했다. 따라서 직원들은 시스템 규정에 따라 행동할 수밖에 없었다. 2007년에 징둥의 사원 수는 200여 명에 불과했다. 그 당시 징둥과 비슷한 규모의 다른 회사는 시스템 없이 수동으로 관리하면서도 충분히 버텨냈다. 하지만 류창둥은 무슨 일이든 반드시 시스템화하고 규범을 정했다. 아이디어도 시스템에 녹아들게 만들어야 직성이 풀렸다. 예를 들어 제품을 창고에서 픽업할 때도 도난의 우려를 사전 차단하기 위해 시스템상에서 스캔작업을 해야 픽업할 수 있게 만들었다.

물론 이런 식으로 운영하다 보면 관리원가가 높아질 수밖에 없다. 하지만 장기적으로 보면 결국 언젠가는 해야 될 일이다. 사실 당시로선 원가도 부담이었고 직원들도 제품을 픽업하면서 뭔가 개운치 않았다. 어쨌든 유쾌한 일이 아닌 것만은 분명했다. 시스템 기능만으로는 각종 복잡한 상황을 해결하지 못할 수도 있다. 또한 모든 측면을 완벽하게 고려한 시스템 개발도 현실적으로 불가능하다. 결국 억지로 절차를 한 단계 더 끼워 넣은 셈이다. 행정제도를 통해 직원들을 계도하고 홍보하면, 예상 못한 상황에 탄력적으로 대처할 수 있다. 하지만 시스템 안에서 탄력성은 제로다.

정당하게 일해서 돈을 벌고, 승진기회도 충분하며, 연봉도 계속 오른다고 가정해보자. 이와 동시에 회사가 엄격한 관리제도로 부패온상 자체를 만들지 않는다면, 정도(正道)가 있는데 누가 사도(邪道)를 걸겠는가? 따라서 회사 차원에서 부정부패를 최소한의 범위로 통제해야 한다—사실상 어느 회사든 부패를 철두철미하게 원천 봉쇄하기는 어렵다.

류창둥은 이렇게 말한다. "만일 회사에서 10만 위안을 빼돌린 직원이 있다고 하자. 설령 1,000만 위안의 비용이 들더라도 이 사안을 철저히 조사하고 증거를 확보해 발본색원하고 그 직원을 해고해야 마땅하다. 내가 무자비하다고 생각하는 사람도 있겠지만, 그렇게 볼 일이 아니다. 그 직원은 내 가치관을 위배한 사람이고 내 꿈을 짓밟은 사람이기 때문이다. 어릴 때 부정부패가 인간의 존엄성을 무너뜨리고 평등한 권리를 묵살하는 것을 직접 목격하고 경악을 금치 못했다. 앞으로도 평생 부정부패는 절대 묵인하지 않을 것이다. 나는 부패를 용납할 수 없으며, 직원들에게도 마찬가지로 묵인하지 말 것을 요구하고 있다. 이 회사를 떠나지 않는 한 말이다."

거의 모든 기업의 구매영업부서는 예전부터 부정부패의 온상이었다. 가격을 결정하고 구매 권한과 결산 권한을 가지고 있기 때문이다. 이 부서의 직원은 가격 결정권을 지니고 있어서 시스템에서 숫자만 바꾸면 얼마든지 쉽게 부정을 저지를 수 있는 여지가 있다. 회사는 매출과 이익 두 가지 지표로만 관리하기 때문이다. 당시에는 류창둥도 심각하게 생각하지 않았다고 한다. 하지만 지금 돌이켜보면, 식은땀을 흘릴 만한 허점이었다고 말한다. 다행히 징둥의 기업문화는 잘 관리되어왔고 불미스러운 큰 사건은 없었다. 류창둥은 월간 회의 때마다 자신의 철학을 강조했다. 직원들도 류창둥 사장을 믿고 따르며 열심히만 하면 앞날이 창창하다고 생각했다. 이들은 굳이 부당한 방법으로 사리사욕을 채우지 않아도, 착실히 일해 가치를 창조하면 더욱 밝은 미래를 맞이할 것이라 확신했다.

류창둥도 진심으로 모든 사람과 성과를 나누고 싶어했다. 실제로 초창기 원로들은 모두 무상주를 보유하고 있다. 당시엔 주식이 뭔지 아무런 개념도 없었고 솔직히 쓸모없는 휴지조각에 불과하다고 생각한 직원들이 대부분이다. 직원들은 류창둥 사장을 믿고 따를 만한 가치가 충분한 사람이라 여겼다. 초창기 기업을 일굴 때 이들 원로들의 믿음 하나로 어려움을 뚫고 여기까지 왔다. 회사의 앞날이 어떤 모습일지 과연 누가 예측이나 할 수 있었겠는가?

지금의 구매영업 절차는 상당히 엄격해져서 모든 절차가 감독과 통제를 받는다. 구매가격도 심사·비준을 거치며 반드시 공급업체의 공문을 통해 확정된다. 판매가격도 공급업체의 확인을 거치며, 중간 이익이 투명하게 공개된다. 가격변동이 필요하면 공급업체가 공문을 통해 징둥에 요청하고 시스템에 가격을 반영한 후, 해당 부서 팀장의 승인을 받아야 한다.

예전에는 장부를 대조하고 결산처리를 할 때, 구매영업팀이 직접 주문서를 작성해 재무팀에 제출했다. 그러면 재무팀은 주문서만 보고 금액을 결제했다. 관련서류를 첨부하지 않고 일처리를 했기 때문에 결산이 마감되면 문제가 생겨도 어디에서 발생한 문제인지 찾을 수가 없었다. 나중에 장부대조 절차를 정비하면서 공급업체에게 확인공문을 발송하도록 요청했다. 결산보고서에 공급업체가 관인을 날인해 징둥에 보내면 그 서류를 근거로 금액을 결산했다. 시스템이 더욱 완비되자, 계약내용 자체를 시스템에 입력하고 시스템을 통해 결산처리를 한 후 최종 결재라인을 통해 승인을 받는 구조로 변경되었다. 절차를 완비하고 관리감독 메커니즘을 마련하는 일은 사실 형식에 불과하다. 가장 핵심은 문화를 정착시키는 일이다.

이를 위해 류창둥은 세 가지를 제시했다. 첫째는 합법적으로 부를 창조하는 공동 가치관을 수립한다. 둘째는 직원과 부를 향유하는 제도를 마련한다. 징둥에서 5년 정도 근무하면 고향인 현(縣) 소재지에서 집을 살 수 있도록 했다. 셋째는 인위적인 권력은 크든 작든 부패를 초래할 수 있기 때문에 시스템과 기술을 통해 이 문제를 방지토록 한다. 일례로 차트와 순위를 공개했다. 직원은 공을 줍는 서비스 사원이 되어야지 심판관이 되어서는 안 된다. 가장 중요한 점은, 윗물이 맑아야 아랫물이 맑듯 관리자가 솔선수범하여 청렴결백한 본보기가 되어야 한다는 것이다.

조직 내에 경종을 울리는 체제가 정착되고 업무 중에도 늘 경각심을 잃지 않도록 해야 한다. 관리자도 구매영업업무를 10여 년 하고 나면 그 부문에서 나와 다른 부서의 업무상황을 둘러볼 필요가 있다. 이로써 문제가 있는지 여부를 객관적으로 관찰할 수 있다. 회사도 우수한 인력배양 프로그램을 수립할 필요가 있다. 구매영업팀의 핵심 직원들은 대부분 졸업하자마자 바로 입사해 백지상태에서 회사생활을 시작했다. 징둥은 이들에게 지름길로 가지 않아도 정정당당하게 집과 차를 마련하고 떵떵거리며 살 수 있도록 많은 기회를 제공했다. 금전의 유혹에 빠지면 부당한 요구를 거절하지 못하며 떳떳해질 수 없기 때문이다. 세상에는 공짜 밥이 없으므로 탐욕을 버려야 한다. 공급업체로부터 뒷돈을 받으면 공정하게 제품과 가격을 평가할 수 없고 알게 모르게 압력을 받는다. 공급업체가 과연 뒷돈을 얼마나 찔러주겠는가? 몇 만 위안 또는 몇 십만 위안? 만일 이 돈을 위해 자신의 직업과 삶을 송두리째 잃게 된다면 투자대비 수익률이 너무나 낮은 비즈니스인 셈이다. 첫 직장을 징둥에서 시작한 사람들은 이런 가치관이 이미 머릿속에 박혀 있지만 '눈 가리고 아웅 하는 식'의 회사라면 상황이 다를 수 있다.

징둥은 아무리 사소한 부정부패라도 가이드라인이 설정되어 있다. 이 선을 넘어서면 징둥에서의 삶은 끝났다고 보면 된다. 실제로 10위안 때문에 해고된 사례가 있었다. 류창둥은 모든 사기·기만행위를 용납하지 않는다. 출퇴근카드를 대신 찍거나 카드를 찍은 뒤 다시 외출해서 개인용무를 보는 직원들도 발견 즉시 해고 대상이 되었다.

커미션 수수는 사회통념상 용납되는 관례처럼 행해졌다. 하지만 류창둥은 이를 절대 용납하지 않았다. 대형가전부문에서 심각한 부정부패 사안이 발생하자 그는 해당 직원을 가차 없이 해고했는데, 이때도 매출실적에 미칠 영향 따위는 전혀 고려하지 않았다. 설령 매출실적에 악영향이 생겨 다른 부문에서 이를 메우는 한이 있더라도 전체 부서를 깨끗이 정리하는 게 더 낫다고 판단했다.

징둥은 모든 협력파트너와 반부패 협약을 맺었다. 또 반부패수첩에 신고 연락처를 명시해서 배포했다. 직원이 공급업체와 식사할 수는 있지만 반드시 행정부서 또는 상사에게 미리 보고해야 한다. 한 대형가전 공급업체로부터 신고 한 건이 접수된 적 있었다. 가전제품을 담당하는 창고관리 직원과 모 공급업체 사람들이 식사를 했다는 신고 건이었다. 실사 결과 실제로 포장마차에서 몇 십 위안짜리 게살

죽을 대접받았다. 금액과 상관없이 해당 직원은 규정대로 해고됐다. 또한 해당 부서는 벌금으로 5만 위안을 토해냈는데 이는 신고인의 포상금으로 사용되었다.

2007년 징둥은 전문 감찰직원을 채용하여 반부패 문화를 정착시키고자 했다. 회사에 중대한 손해를 끼치거나 악랄한 행위는 바로 경찰에 신고하여 형법에 따라 처리토록 했다. 심지어 이직한 후에 발견된 것도 체포 대상에 포함시켰다. 류창둥은 부정부패를 뿌리 뽑는 일에 특히 전력을 기울이며 여지를 남기지 않았다. 또한 입안기준이 불충분한 사안은 사직서를 받아 처리하고, 회사 내부적인 준법사찰 사이트를 만들어 블랙리스트에 포함시켜 관리함으로써 범죄에 대한 대가를 톡톡히 치르게 했다. 한동안 회사 내에서는 직원들이 감찰부라는 말만 들어도 두려움에 떨며 사색이 되곤 했다.

징둥그룹의 준법사찰부 부총재인 리야윈(李婭雲)은 류창둥에게 직접 사안을 보고한다. 이 부문의 직원 수는 10명에 불과하다. 그 가운데 2명은 전문교육과 홍보강좌를 담당한다. 고위험부문(행정 구매영업, 상품구매, 배송부, 재고창고 등) 대상으로 연간 두 차례 교육을 실시하는데 형법규정을 강의한다. 또한 이들은 각 지역을 돌아다니며 공급업체 대상 교육도 진행한다. 많은 공급업체가 원해서 뇌물을 주는 것이 아니라 사회분위기상 뇌물을 줄 수밖에 없다고 생각하기 때문이다. 실제로 많은 업체들이 성의표시를 하지 않으면 본인 사업에 영향이 미칠 수 있다고 여긴다. 한번은 모 업체에서 징둥의 신입사원에게 100위안의 통신카드를 충전해준 일이 있었다. 막 입사한 직원은 당황해서 황급히 상사에게 보고했고 상사는 즉시 돌려주라고 지시했다. 명절만 되면 공급업체에서 선물을 보내오는데, 모든 선물은 행정부서에 보내야 한다. 한 이사는 실제로 공급업체로부터 사업이 잘되면 30만 위안을 사례비로 제공하겠다는 의사를 암암리에 전달받았다고 한다. 그는 "사장님, 정상적인 범위에서 최대한 협력해서 추진하면 됩니다. 만일 또다시 이런 제안을 하실 거라면 차라리 협력하지 않는 편이 좋겠습니다"라며 단호히 물리쳤다고 한다. 징둥은 가격과 서비스 품질평가를 통해 공급업체를 엄선하기 때문에 어떤 공급업체든 선물공세나 사례를 한다 해도 아무런 의미가 없으며, 오히려 블랙리스트에 오를 수 있다.

만일 회계감사부서에서 내사를 통해 의문점이 발견되면 감찰부에서 협력해 조사를 진행한다. 징둥은 권한위임 범위가 커서, 결재라인이 류창둥 사장까지 올라가지 않고 권한을 위임받아 1억 위안까지 결재하는 건도 있다.

경찰이 회사로 들어와 용의자를 현장에서 체포하는 경우도 매년 3~5건에 이른다. 가장 파문을 일으켰던 사건은 2013년에 발생한 300여만 위안에 달하는 부정부패 사안이다. IT부문 팀장이었던 주모 씨는 노트북을 판매하면서 온열기를 무료증정하는 프로젝트를 담당했다. 온열기 구매단가가 통상 20여 위안인데 그가 입고시킨 가격은 57위안이었다. 익명 투서에 범행 당사자의 이름은 적혀 있지 않았지만 감찰부는 정보조사와 기록을 토대로 주모 씨라는 사실을 밝혀냈다. 모든 조사는 비밀리에 진행되었고 류창둥만 진행상황을 보고 받았다. 한 달도 안 돼서 사건파악을 마치고, 경찰이 진입했을 때 감찰부가 직접 한 사람을 지목했다. 원래 주모 씨는 중점육성 인재였다.

그런데 상사가 교체되고 일부 직원이 다른 부서로 이동하자, 조직이 어수선한 틈을 타서 한탕 치려다 꼬리가 잡혔다. 원래 연간 매출목표를 달성한 기념으로 팀원끼리 주말에 영화관람 행사가 잡혀 있었는데, 뜻밖의 소식을 전해들은 팀원들은 모두 아연실색해서 말문이 막혔다. 공급업체에서도 2명이 체포되었고, 결국 주모 씨는 5년 5개월의 형을 받았다.

회사의 ABC 원칙에 따라 C가 법규를 위반하면 해고되며, B(C의 상급자)와 A(B의 상급자) 모두 기록에 남는다. 또한 2번 기록되면 강등 조치된다. 만일 상급자가 낌새를 파악하여 주도적으로 보고하면 면책될 수 있다. 한번은 아이폰(iPhone) 증정 판촉이벤트를 실시했는데, 한 직원이 2등상 명단에 자신의 아내와 친구 이름을 올렸다. 그의 상사는 뭔가 비정상적이라고 느끼고 감찰부에 조사를 의뢰했다. 결국 아이폰은 회수 조치됐고 해당 직원은 해고되었다.

최근 들어, 징둥의 반부패 활동 강도가 강해지면서 신고건수가 점차 줄어드는 추세다. 또한 주로 데이터분석을 통해 사전조사가 가능하다. 예를 들면 일부 브랜드의 광고삽입 단가가 500만 위안인데, 200만 위안만 광고비로 받았다면 반드시 합리적인 설명이 뒤따라야 된다.

감찰부는 사람의 심리적인 요소를 통제하다 보니 신변 위협을 받는 경우도 간혹 있다. 2014년에 징둥의 경찰신고로 체포된 3명 가운데 2명의 아내가 임산부였다. 이들이 회사로 달려와 무릎을 꿇고 용서를 구했다. 이를 지켜본 리야윈 등 직원들은 마음이 괴롭고 씁쓸했다. 리야윈은 전화나 문자를 통해 신변 위협을 받은 적도 있다. 이때 특수경찰 출신의 직원이 리야원 신변보호를 위해 배치됐었다. 그런데도 리야원은 자신이 감찰업무의 베테랑이 되고 싶다고 한다. 해고된 직원이 리야원 집에 직접 찾아와 울면서 한 번만 봐달라며 하소연한 경우도 있다. 그녀는 놀란 마음을 달래며 한동안 가슴을 쓸어내리기도 했다. 아무리 불쌍하게 울며 읍소해도 일을 공정하게 처리해야 한다. 그녀는 "그 사람도 아직 젊다. 인생은 기나긴 여정이기 때문에 한 번 크게 좌절한다 해도 나중에 돌이켜보면 그 좌절이 반드시 나쁜 일만은 아닐 것이다"라고 말했다.

제 3 기

2011~2015년

대기업의 면모를 갖추고
세계로 나아가다

京东

2011~2015년

2010년 말에 징둥 직원 수는 8,000명 가까이 되었다. 이때 중국 네티즌 규모는 이미 4억 5,700만 명이었으며, 휴대폰을 통해 인터넷에 접속하는 모바일 네티즌 규모는 3억 300만 명에 달했다.●

또한 같은 해 징둥은 사무실을 인펑빌딩에서 베이징 쓰환(四環)에 있는 베이전스지센터로 옮겼다. 이는 징둥의 발전사에서 보면 이목을 끌 만큼 대단한 일은 아니다. 하지만 직원들은 감회가 사뭇 달랐다. 징둥이 명실상부한 대기업의 반열에 들어섰다는 느낌이 들었기 때문이다.

류창둥은 인펑빌딩의 1202호 사무실을 매입하고 나서, 쑨자밍을 비롯한 몇몇 직원에게 "여기 수돗물은 그냥 마셔도 된다"라고 자랑스레 말하며 흐뭇해했다고 한다. 징둥은 인펑빌딩에서 꼬박 8년을 보냈는데, 나중에 입사한 직원들은 이곳을 가리켜 절대 있을 곳이 못된다며 악평을 했었다. 그럴 만도 한 것이, 엘리베이터가 자주 고장 나서 여직원들이 갇히곤 했다. 그때마다 남직원들이 동원되어 문을 강제로 열었다. 게다가 화장실에 갈 때마다 항상 줄을 길게 서야 했고 온갖 오수가 바닥에 흥건해서 뒤꿈치를 들고 다녔다. 컴퓨터 뒤쪽에는

● 출처 : 중국인터넷정보중심(CNNIC) 통계자료

바퀴벌레 잡는 테이프가 더덕더덕 붙어 있었고 아침에 출근해서는 컵을 최소 3번 정도 씻어야 사용할 맘이 생길 정도였다.

인펑빌딩은 징둥멀티미디어에서 징둥상청으로 변화되는 역사의 산증인이나 다름없다. 베이전스지센터의 빌딩관리회사는 징둥이 월세나 제대로 낼 수 있을지 회의적이었다고 한다. 2014년에 징둥은 이 빌딩의 6개 층을 통째로 사용했는데 층별 평수는 6,742㎡(약 2,040평 – 역주)이다. 빌딩 내의 스타벅스와 서브웨이에서는 징둥 사원증을 걸고 열심히 무언가를 토론하거나 컴퓨터를 두드리는 직원을 어디에서나 찾아볼 수 있다. 스물 남짓한 젊은 친구들이 30~40대 공급업체 담당자와 노련하게 협상하는 모습도 자주 볼 수 있는데, 30분 만에 미팅 한 건을 마치면 다음 미팅이 연이어지곤 한다.

2013년 3월 30일에 징둥은 새로운 로고를 발표했다. 은색 금속광택으로 반짝거리는 몸체에 미소를 띤 '조이(Joy)'라 불리는 강아지가 징둥의 마스코트다. 인터넷 주소도 www.360buy.com에서 www.jd.com으로 바꿨고 회사명도 징둥상청의 '상청' 두 글자를 없애 '징둥'으로 변경했다. '상청'은 소매업체 느낌이 드는 단어이기 때문에 이 단어를 없앰으로써 그 위상이 단순 소매업을 벗어났음을 대외적으로 선포한 것이다. 동시에 향후 금융, 물류, 클라우드 컴퓨팅 분야로 확장해나가겠다는 여지를 남겨두었다.

새로운 로고를 발표했을 때 징둥이 공개한 회사규모는 이렇다. '창고면적 100만㎡, 연간 교역액 600억 위안, 직원 수 3만 명, 상품 종류 수천만 개, 액티브 회원 수천만 명.'

징둥은 경이로운 속도로 성공가도를 걸으며 경쟁상대도 계속 갈아

치웠다. 그러다 보니 징둥을 흠집 내려는 갖가지 소문도 끊이질 않았다. 그중에 자금줄이 끊겼다는 소문이 특히 계속 들려왔다. 2012년 8월 대형가전 가격할인전쟁을 치른 이후 그 소문은 더욱 무성해졌다. 일부 공급업체는 회사를 찾아와 대금선불을 요구하기도 했으며, 투자가들 사이에서는 가장 위험한 투자 대상으로 분류되기도 했다. 2013년 1월 15일 징둥그룹 홍보부 부총재인 리시(李曦)가 징둥에 입사했다. 그녀가 인터넷에서 '징둥 자금줄 막힘'을 검색하니 관련뉴스가 614건이나 되었다고 한다.

그러나 실제로는 펀딩관련 작업이 일사천리로 진행되고 있었다. 2011년부터 2014년 5월 나스닥 상장 전까지 투자 유치 누계총액은 20억 2,600만 달러에 이르렀다. 주주명단에는 캐피탈투데이, 불캐피탈, 타이거펀드, 힐하우스캐피탈, DST, 세쿼이아캐피탈(Sequoia Capital), KPCB China, 캐나다온타리오교원연금계획(Ontario Teachers' Pension Plan), 텅쉰 등이 올라 있었다.

나스닥에 성공적으로 입성하면서 류창둥은 투자가들과의 약속을 지킨 셈이 되었다. 또한 직원들도 그동안의 노력에 대한 보상을 받았다. 2012년 3월 징둥에 입사해 화중지역 재무팀장을 역임하고 있는 후춘(胡純)은 스톡옵션 계약서에 사인할 때가 입사 이래 가장 인상 깊었던 순간이라고 회고했다. 그 당시에는 휴지조각에 몇 글자 적어 넣었을 뿐이었지만, IPO 이후 실질적인 수익으로 돌아왔다. 그 전에는 전국적인 가전 소매유통체인업체에서 힘들게 6년 동안 일해온 그녀였지만 사실 아무것도 남은 게 없었다. 화중지역의 원로 직원 중에 창립 초기 멤버가 있는데, 사람들은 우스갯소리로 그녀를 '부잣집 사모님'이라고 부른다. 이처럼 징둥은 공정함을 실천하는 회사다. 또한 성실하게 일하고 노력하면 반드시 보답이 돌아왔다.

후춘이 근무하던 예전 회사는 수시로 본사에서 감찰직원을 파견해 매장에서 순시를 돌게 했다. 고압적인 분위기를 조성해 규정에 어긋나지 않도록 직원들의 행동을 자제시키는 게 목적이었다. 하지만 나중에 이 제도가 변질되었다. 화장실에서 상사 험담을 한두 마디라도 하면 바로 보고가 올라갔다. 하지만 징둥은 불평을 토로한다고 해서 고자질할 만큼 한가로운 사람도 없을뿐더러 그런 일 자체를 귀찮아 한다. 후춘은 이렇게 비유했다. "우한지역 속담 중에 '집닭은 맞아도 빙빙 돌고, 야생닭은 맞으면 날아간다'는 말이 있다. 집닭(징둥인을 의미—역주)은 길들여져서 아무리 때려도 주인집 주위를 빙빙 돌면서 자기 집이라 여기고 다시 돌아오지만, 야생닭은 도리에 어긋난 주인과는 상종도 안 하겠다면서 안녕 하며 떠난다는 뜻이다."

류창둥의 사인이 필요할 경우를 제외하고는, 징둥의 상장유치를 위한 로드쇼(road show, 주식회사가 투자가들의 교류와 자사 주식의 마케팅을 위해 벌이는 설명회—역주)는 최고재무책임자(CFO)인 황쉬안더(黃宣德)가 주로 전담해서 진행했다. 또한 징둥상청의 CEO인 선하오위(沈皓瑜)가 2014년 5월 12일부터 전체 로드쇼 일정에 참여했다. 로드쇼 일정을 진행한 지 8일이 채 되지 않았는데도 자본시장의 반응이 상당히 좋았다. 투자수요가 당초 IPO 모집액규모의 몇 배를 훨씬 초과했고 최종 상장가격이 주당 19달러로 확정되었다. 로드쇼 전에 발표했던 주당 16~18달러보다 높게 책정된 것이다.

2013년 9월, 황쉬안더는 징둥에 입사해 최고재무책임자를 역임했다. 품위와 기품이 넘치는 황쉬안더는 IPO와 상장회사 관리경험이 매우 풍부한 사람이다. 그의 눈에 비친 류창둥은 군더더기 없이 명쾌하고 돌려 말하는 법이 없는 사람이었다. 또한 회사를 회색지대 없이 명확하고 투명하게 운영하고 있었다. 당시 류창둥은 상장을 서두를 필요 없이 2015년이 시기상 오히려 더 적합하다고 여겼다. 징둥의 사업전략도 여전히 투자 위주로 진행되는 단계였다. 상장하려면 재무보고서를 살펴보고 판단해야 했다. 황쉬안더 역시 개인투자자를 계속 모으는 게 더 낫다고 여겼다. 그런데 2013년 3사분기 재무보고 결과, 성장세가 양호하며 영업이익을 내고 있었다. 실적만 보면 상장조건을 모두 갖춘 셈이었다. 영업이익이 흑자를 보인 분기가 있었다는 의미는 지속적인 흑자가능성을 의미한다. 설령 예측치가 적자라 해도 긍정적인 신호였다.

당시에 알리바바가 상하이 상장에서 좌초를 겪자 징둥은 우선 알리바바의 상장추이를 보고 나서 IPO를 진행하자고 결론지었다. 그런데 알리바바가 상장일정을 잇달아 늦추자, 상대방 박자에 계속 맞추려다가는 자칫 수동적인 위치에 놓일 수도 있겠다는 판단이 들었다. 2013년 10월에 황쉬안더와 화싱자본(China Renaissance Partners, 華興資本) CEO인 바오판(包凡), 메릴린치(Merrill Lynch)투자은행의 고위층은 징둥의 상장시기를 몇 차례 논의했다. 11월에 황쉬안더는 IPO 진행 시의 장단점을 분석해 류창둥에게 보고했다. 그리고 시기를 앞당겨 IPO를 진행키로 결정했다. 그런데 미국 증권법에 따르면 IPO 개시를 대외적으로 언급할 수 없도록 규정되어 있었다. 즉 조용히 진행할 수밖에 없다는 의미였다. 2012년에 IPO 준비작업을 진행한 경험이 있었기 때문에 서류상의 작업은 비교적 순조로웠다. 팀원들은 2개월여 시간을 들여 상장신청을 위한 각종 준비작업을 마쳤다. 드디어 2014년에 미국 증권거래위원회에 첫 번째 신청서를 제출했다.

이 소식이 흘러나오자, 허를 찌르는 폭탄선언에 다들 놀라움을 감추지 못했다. 특히 타이밍이 매우 절묘했다. 우선 경쟁업체가 로비력을 동원해 일을 그르치지 못하도록 시기를 선정했다. 미처 손쓸 틈 없이 일사천리로 진행했던 것이다. 그날 저녁에 얼마나 많은 경제전문 기자들이 징둥을 원망하며 기사 원고를 준비하느라 동분서주했을지 가히 상상할 수 있을 것이다.

화싱자본은 징둥 IPO의 주식발행인수인 가운데 하나이자, 텅쉰이 징둥에 출자했을 때 징둥 쪽의 재무자문 역할을 했다. 화싱자본 사장 겸 CEO인 바오판은 2008년에 처음 류창둥과 안면을 텄다. 그때 징둥은 화싱자본의 투자를 받고 싶어했다. 하지만 화싱은 위험도가 크다고 판단했고 결국 계약이 성사되지 않았다. 바오판은 류창둥이 강한 신념과 카리스마의 소유자라고 생각했다. 또한 대업을 이룰 자질을 갖췄을 뿐만 아니라 의리를 중시하는 사람이라고 여겼다. 2010년에도 협력할 기회가 있었지만 성사되지 않았다. 2011년이 되어 화싱은 러시아 투자회사인 DST가 징둥에 투자하는 건을 성사시켰다. 바오판은 4년 동안 류창둥을 계속 지켜보며 일을 추진해왔다. "결국 제 판단이 옳다는 게 증명되었어요. 믿을 만한 사람을 찾아냈다는 건 엄청난 비즈니스 기회를 포착했다는 의미입니다. 사람을 제대로 택했다는 판단이 든다면 어떠한 대가라도 감수해야죠. 설령 4~5년이 걸리더라도 끝까지 지켜보며 포기하지 말아야 합니다. 류창둥 사장은 능력이 뛰어나며 대의를 지키는 사람이에요. 먼저 친구가 되고, 그 다음에 비즈니스를 하는 겁니다. 능력이 출중한 사람은 차고 넘칩니다. 하지만 대부분 이익만을 앞세우죠. 그런 사람과는 단순한 거래밖에 진행할 수 없어요. 저는 그런 부류와는 깊게 교감을 나누지 않습니다. 바꾸어 말해 하루 종일 돈 생각만 하는 사람은 큰일을 해낼 수 없다는 의미죠."

어찌 보면 지금까지 류창둥은 줄곧 구덩이를 파는 일에 몰두해왔다고 말할 수 있다. 그것도 엄청나게 깊은 구덩이였다. 자신이 판 구덩이로 뛰어들어 지구상 가장 어려운 일을 해냈다. 스스로도 해낼 수 있을지 장담할 순 없었다. 하지만 결과적으로 구덩이를 전부 파냈다. 이제 남은 일은 다시 위로 기어서 올라오는 일이다. 누군가가 경쟁하려고 구덩이에 뛰어든다면 다시 돈을 들여 구덩이를 더욱 깊게 파면 될 일이다. 경쟁업체가 징둥을 이기려면 과연 얼마의 돈을 쏟아부어야 할지에 대해 징둥은 사업단계별로 이미 계산해본 바 있다. 뉴에그가 당초에 5,000만 달러의 투자를 유치했다면 승부는 장담할 수 없었을 것이다. 2011년에 징둥은 10여억 달러의 투자 유치에 성공했다. 과연 누가 감히 10억 달러를 없애가며 덤벼들겠는가? 구덩이를 깊게 팠다고 해서 잘했다고 칭찬하기는 아직 이르다. 그 구덩이에서 올라와야 비로소 진정한 승자로 왕좌에 오를 수 있다.

류창둥에게 가장 큰 압박으로 다가온 것은 내부 관리였다. 4년 동안 직원 수가 1만 명에서 7만 명으로 급증했고 사업 분야도 전자상거래에서 물류와 금융 등 다양한 영역을 아우르며 확대되었다. 과거 30여 년간 중국은 고속성장을 거듭했다. 그 과정에서 성장이 모든 갈등을 덮어버렸고, 공정성보다는 효율추구를 우선시해왔던 게 사실이다. 전자상거래 분야도 예외는 아니었다. 발전이 1순위였고 효율이 무엇보다 중요했다. 이것들과 충돌하는 모든 문제는 잠시 제쳐두었다. 마치 기적처럼 징둥은 불과 몇 년 사이에 거래액이 2,602억 위안●에 달하는 소매업체의 강자로 우뚝 발돋움했다.

기적의 이면에는 보이지 않는 문제가 산적해 있기 마련이다. 성장을 위해 모든 것을 희생하며 매년 100%, 200%의 성장률을 달성했기 때문이다. 그 사이 여러 갈등요인들이 그대로 묻히거나 뒤로 미뤄졌지만 갈등은 언제라도 돌출될 수 있으며 반드시 해소되어야 한다. 류창둥은 당분간 그동안 놓쳤던 공부에 집중할 수밖에 없다. 한 손으론 성장을 일구고 다른 한 손으론 걸림돌을 제거하며 구멍을 메워나가야 한다. 그 어느 손도 내려놓을 수가 없다.

2012년으로 시계를 되돌려보면, 그 시기에 전자상거래는 이미 10년간 고속질주를 지속했다. 전체 소매업시장의 5%를 전자상거래가 잠식한 것이다. 이제 성장속도는 완만한 곡선을 그리며 일반적인 성장세를 유지할 것이다. 과거 10년간 전자상거래라는 불모지가 비옥한 토지로 바뀌는 동안 생태환경도 성숙단계에 접어들었다. 지금까지 규모 확대에 주력해왔다면 이제 앞으로는 운영효율을 추구해야 한다.

재야의 영웅시대는 이미 지나갔다. 또한 사회주의자도 필연적으로 도태될 수밖에 없다. 앞으로는 정성껏 꼼꼼히 경작하는 '정교한 경작시대'가 될 것이다. '정교한 경작시대'에 더욱 멋진 농작물을 재배하

● 출처 : 2014년 재무보고

는 자가 가장 높은 왕좌에 오른다.

징둥에는 세 종류의 칼이 있다. 첫 번째 칼은 '가격'을 도려내기 위한 용도다. 고객을 위해 상품가격을 더욱 저렴하게 도려낼 것이다.

두 번째 칼은 '원가'를 도려내기 위한 용도다. 징둥은 전통 소매유통업체의 거추장스럽고 효율이 낮은 공급체인을 없앰으로써 원가를 낮췄다. 기업 내부의 원가관리도 매우 엄격했다. 징둥의 돈은 100분의 1단위로 세세하게 계산된다. 일례로 원래 창고작업은 그래버(grabber, 데이터수집기)와 내역서를 들고 진행한다. 내역서란 주문상세 정보를 종이에 인쇄한 것을 말하는데, 초창기에는 A4 사이즈에 인쇄했지만 이제는 크기를 반으로 줄여 사용한다. 이렇게 해서 대략 43%의 원가를 절감했다. 나중엔 아예 내역서 자체를 출력하지 않고 페이퍼리스를 실현하면서 전체 1억 위안을 절감했다.

세 번째의 칼은 '사상'을 겨냥한 것이다. 소비자 입장을 고려하지 않는 모든 사상에 가차 없이 칼을 댈 것이다. 류창둥의 기본철학은, 회사의 비용과 이익이 아닌 '사용자경험'을 시작점으로 삼고, 혹시 도중에 문제가 불거지면 관리자가 내부절차를 개선하게끔 압박하겠다는 것이다. 소비자가 원하면 무조건 해결해야 한다는 의미다. 원가 상승이 문제라면, 그 고민은 관리자의 몫이자 의무라는 것이 류창둥의 생각이다.

2012년에 화베이와 둥베이지역의 택배원 간 옥신각신 말다툼이 벌어진 적이 있다. 화베이지역의 화물차가 규정대로 라벨을 붙이지 않아서 둥베이지역으로 제품이 배송된 일이 문제의 시발점이었다. 둥베이지역에서는 규정대로 화베이지역으로 물건을 되돌려 보냈다.

류창둥은 조회에서 "설왕설래하며 우리끼리 싸우는 동안 단 한 번이라도 소비자 권익을 생각해본 적이 있느냐!"고 호통을 쳤다. 둥베이지역 책임자는 즉각 직위해제를 당했다. 배송부 차량관리팀 이사였던 위안웨이(原巍)는 사태를 수습하라는 지시를 받고 그날 오후 바로 선양으로 달려갔다. 그리고 2013년 5월까지 줄곧 둥베이지역 배송담당 이사를 역임했다.

사용자경험을 철저히 시행하기 위해, 징둥은 100여만 위안 상당의 벤츠 대형 트랙터 한 대를 구입했다. 일반차 가격의 4배에 이르는 고가 차량이지만 안정적이며 사고발생률이 낮다. 베이징에서 네이멍구(內蒙古)로 향하는 도로에는 석탄운반 차량이 많이 다닌다. 그런데 붉은 바탕에 흰색의 'JD' 로고가 선명히 새겨진 벤츠 트랙터가 화물을 싣고 도로를 질주하면 눈에 확 띌 수밖에 없다. 일부 네티즌은 신기했던지 사진을 찍어 인터넷에 올리기도 했다.

연구개발부서에서는 기존의 사용자경험을 업그레이드하고 보다 새로운 것을 시도하기 위해 다양한 연구를 진행했다. 2010년에 연구개발부서는 셀프픽업점에서 고객 대상 리서치와 설문조사를 실시하고, 사용자경험 관련 초벌자료를 수집했다. 최대 규모의 셀프픽업점은 인펑빌딩 1층에 위치해 있다. 이곳에는 직접 노트북으로 주문서를 작성하는 사람들도 있다. 상품팀장은 조용히 고객들 뒤에 서서 징둥 온라인쇼핑몰을 어떻게 이용하는지 지켜봤다. 어디에서 키보드를 멈추며, 어디에서 조작오류가 나는지 등 고객의 반응과 후속행동 등을 면밀히 관찰했다.

2011년 초 연구개발부는 3개의 '사용자경험실'을 만들었다. 각각

인터뷰룸, 테스트룸, 관찰룸이다. 인터뷰룸은 포커스그룹(focus group, 시장조사를 위해 각 계층을 대표하도록 뽑은 소수의 사람들로 이뤄진 그룹-역주)의 인터뷰 때 사용된다. 진행자의 주도로 6~8명의 고객이 둘러앉아 토론을 진행한다. 테스트룸은 거실의 모습을 그대로 재현해놓았다. 편안한 분위기 속에서 실제 징둥에서 쇼핑할 때와 동일하게 행동하게끔 유도하고 고객들의 동작을 테스트하는 공간이다. 또한 컴퓨터와 스웨덴 TOBII 사가 제조한 아이트래커(eye tracker)를 통해 마우스조작과 안구이동데이터를 수집하기도 한다. 관찰룸에는 단면투시유리를 설치하여 상품팀장이 고객의 컴퓨터 조작 및 이용절차를 유리창을 통해 실시간으로 관찰할 수 있도록 했다.

사용자경험실을 설치함으로써 2012년 사이트 개편을 위한 기본 골격을 마련할 수 있었다. 2011년 하반기에 이미 프론트 페이지 개편 작업을 시작했는데, 고객에게 종합쇼핑몰이라는 인식을 심어주는 것이 주된 목적이었다. 한편 더욱 많은 여성 고객을 유인하기 위해 미적인 감각을 살려 사이트 외관도 세련되게 변경했다.

치열한 격전의 현장 리포트

대형가전은 징둥의 성장속도를 가장 잘 대변해주는 분야다. 2011년 대형가전이 폭발적인 성장을 기록하기 시작했다. 원래 대형가전의 운송은 배송부에서 담당했지만 그해에는 창고부문으로 업무가 이관되어 창고·배송 단일화체계를 수립하게 되었다. 이후 매년 8~10개의 대형가전 전용창고를 마련했으며, 지역도 7개 도시에서 40개 도시로 확대되었다.

마치 풍선효과처럼 한쪽을 누르면 다른 쪽이 부풀어 오르듯이, 징둥의 가전 매출액이 급증하면서 쑤닝과 궈메이는 타격을 입기 시작했다. 이전 10년 동안 중국 소매유통체인 분야는 황금기를 만끽하고 있었다. 2005년 기준으로 224개의 체인점을 보유한 쑤닝전기는 159억 3,600만 위안의 영업수익을 올리며, 순이익 3억 5,100만 위안을 기록했다. 2012년에는 체인점이 1,705개로 늘어나 영업수익 983억 위안, 순이익 26억 8,200만 위안을 달성하게 된다.

소매유통체인이 10년의 황금기를 누리는 동안, 중국 부동산업계는 더욱 눈부신 황금기를 맞이했다. 그런데 중국의 상업부동산이 소매유통업의 발목을 붙들면서 2005년에 9.68%의 매출총이익률을 기록했던 쑤닝전기는 2012년 매출총이익률이 16.93%를 기록했다. 매출총이익률이 생각보다 크게 늘지 않은 것이다. 이는 매장부지 임대료가 상승하면서 중간에 원가비중이 높아졌기 때문이다. 소매유통체인업체는 각종 방법을 동원해 제조업체를 압박하며 이윤을 쥐어짜기 시작했다. 원가부담이 가중되자 그 일부를 제조업체에 전가한 것이다. 그 결과 소비자뿐만 아니라 제조업체도 이득을 볼 수 없는 구조가 되었고, 본인들도 마찬가지로 이득을 취할 수 없었다.●

미국은 오프라인 소매업이 성숙단계에 접어들고 나서 전자상거래가 등장했다. 반면 중국의 전자상거래는 오프라인 소매업과 동시에

● 출처 : 쑤닝윈상(蘇寧雲商, Suning Commerce Group, 기존 쑤닝전기) 2005년과 2012년 재무보고서

발전했다. 때문에 소매유통체인업체는 전성기를 몇 년 누리지도 못한 채 전자상거래업체의 도전에 직면했다. 2012년 8월 15일 징둥은 궈메이와 쑤닝을 겨냥해 가격할인전쟁을 선포했다. 당시의 기습공격은 훗날 오프라인과 온라인 소매업체가 연합하여 징둥을 뭇매질하는 계기가 되었다. 그들이 떼 지어 호시탐탐 공격할 틈을 노렸기 때문에 징둥은 한동안 궁지에 빠진 적도 있었다. 나중에 당시 상황을 돌이켜보니, '8·15 가격할인전쟁'은 중국 전자상거래 역사상 한 획을 긋는 중요한 사건이었다. 중국 전자상거래기업이 인터넷의 범주를 벗어나 전체 사회의 이목을 집중시키며 뜨거운 감자로 떠올랐기 때문이다. 중국 소매유통업을 쥐락펴락하는 거대 기업과 징둥의 일대 격전을 통해 당시 소매업에 몸담고 있던 모든 이해당사자들은 변화와 혁신의 칼날이 얼마나 매서운지 뼈저리게 절감했다.

전쟁의 논리

'징둥이 대형가전제품을 쑤닝과 궈메이의 유통점보다 10% 저렴하게 판매한다'는 내용을 류창둥이 웨이보에 올림으로써, 마치 사라예보의 총성(제1차 세계대전의 시발점이 됨-역주)처럼, 3자간 본격적인 '삼파전'에 불이 붙었다.

2012년 8월 14일 오전, 징둥 회의실에는 20여 명의 고위층 임원들이 류창둥 사장의 양쪽에 촘촘히 포진되어 앉아 있었다. 20분 후 회의가 종료되었다. 전국 18개 도시에 분포된 대형가전창고는 제품을 추가 입고시키느라 분주히 움직이기 시작했다. 당일 저녁에 류창둥의 지시로, 미국에 있던 최고운영담당 임원(chief operation officer, COO) 선하오위를 제외한 모든 임원들이 휴일을 반납하고 출근했다. 또한 주주 컨퍼런스 콜을 마친 류창둥은 대형가전부문의 직원들과 기념촬영을 하고 10여 분 후 회사를 나갔다.

15일 새벽에 선하오위는 수도국제공항에 도착했다. 그리고 당일 오전 9시 징둥, 쑤닝, 궈메이 삼자간 가격할인전쟁이 본격 개시됐다.

16일 오후 2시, 베이징 베이전스지센터의 징둥 사무실에 있는 회의실 한쪽 유리벽에는 여전히 '쑤닝 공격 지휘부'라는 표지가 붙어 있었다. 지휘부를 꾸리고 결사대를 조직하는 방식은 원래 반군사화 경영을 실시하는 하이얼(海爾)의 스타일이다. 나중에는 오프라인 굴뚝 기업이 그 경영방식을 그대로 따라 했다. 류창둥도 중관춘 오프라인 매장에서 출발하여 기업을 일군 사람이다. 아무래도 전통적 기업의 스타일이 남아 있을 수밖에 없었다. 외부는 가격할인전쟁으로 떠들썩했지만 정작 징둥의 내부는 태풍의 눈처럼 고요했다.

류창둥은 '8년 동안 우리는 하루도 빠짐없이 치열한 전장에서 살아왔다. 격전이 안 벌어지면 팀원들은 오히려 생기를 잃고 의기소침해진다'라고 말했다. 근엄한 표정에 꼿꼿한 자세로 장군을 연상케 하는 창업주는 2004년에 온라인으로 구조를 전환하면서 8년이라는 짧은 시간 안에 징둥상청을 중국 B2C 분야의 강자로 만들었다. 그리고 이제 20여 년간 대형가전 분야를 석권해온 오프라인 소매유통업계 거물인 쑤닝에게 선전포고를 한 것이다.

류창둥의 사무실 크기는 약 200㎡(60.5평 - 역주)로 담황색 양탄자가 깔려 있고 붉은 갈색 병풍이 세워져 있다. 소매업계를 둘러보면 공급업체들은 통상 격식을 따지고 겉모습이 화려한 것을 좋아하는데, 또 그것이 곧 능력이라고 여긴다. 3미터 길이의 류 사장 책상 위에는 아들 사진과 'WenXin Ti Shi : English Only(온화하게 지시하라)'라고 쓰인 팻말이 놓여 있다. 그는 한참 영어공부에 매진하고 있었는데, 2012년 춘절기간에는 하버드 경영대학원에서 40여 일 동안 수학하기도 했다.

류창둥은 "3년 전부터 이미 쑤닝과의 일대 격전은 예상하고 있었다. 다만 그 시기가 언제가 될지 몰랐을 뿐이다"라고 덧붙였다. 그의 목소리는 본래 크고 우렁차며 비음이 약간 섞여 있다. 8월 15일 격전 당일, 20분간 조회를 한 류창둥은 그날 별다른 스케줄을 잡지 않고 완전히 비워두었다. 그리고 웨이보에 20~30개의 글을 올리기 시작했다. '전쟁이 시작됐다. 모든 일이 계획대로 일사천리로 진행되고 있다.'

징둥의 도발은 상대방을 격노시키기 충분했다. 쑤닝이거우(蘇寧易購) 직원들은 평균 연령이 23세로 혈기왕성한 젊은이들이다. 이들은 당장 뭐라도 들고 바닥에 내리치고 싶은 심정이었을 것이다. 전쟁의 불씨가 퍼지자, 쑤닝이거우, 궈메이, 쿠바왕, 당당왕이 모두 여기에 뛰어들며 혼전양상을 보였다. 역사적인 '8·15' 가격할인전쟁이 서막을 열었다—전자상거래 역사상 기록에 남을 만한 가격전쟁이었다. 이 전쟁의 발발 시점도 매우 절묘했다. 8월 8일에 쑤닝이거우는 언론 브리핑을 통해 8월 18일에 3주년 기념 판촉행사를 개최한다고 발표했었다.

2010년 하반기에서 2011년 하반기 사이 미국 나스닥에 입성한 중국 온라인기업 당당왕과 마이카오린 등의 기업은 실적이 썩 좋지 않았다. 게다가 유럽채무위기와 중국개념주(中國槪念股, 중국 테마주로 인터넷과 관련된 벤처기업 주식-역주)의 VIE(변동지분실체, Variable Interest Entity) 사태 등이 발생했다. 이로 인해 미국 자본시장은 적자를 감수하며 외형만 키우는 중국 전자상거래업체에 회의적이었고 기업가치를 낮게 평가했다. 그리고 2011년 하반기부터 벤처캐피탈은 전자상거래업체에 대한 투자를 중단했다. 2012년 6월, 온라인쇼핑몰 신규 가입자 수가 대폭 하락했다. 과거 10년간 전자상거래가 100% 성장률을 기록한 것은 중국의 경제성장과 인터넷 사용인구 급증이라는 호기를 맞이했기 때문이다. 경제불황이 지속되고 가입자 증가로 인한 부대효과가 사라지자, 자본시장의 관심과 인터넷 사용인구의 급증으로 고속성장을 이뤄온 전자상거래는 차츰 그 질주속도가 줄어들기 시작했다. '기형적' 급성장에서 '일반적' 인 성장속도로 그래프가 완만해졌다는 것은 결국 시장점유율을 둘러싼 경쟁이 더욱 가열될 것을 의미했다. 그렇다면 무슨 뾰족한 방법은 없는 것일까. 사실 방법이란 게 있을 턱이 없다. 오로지 전쟁밖에 생존할 길이 없으며, 전쟁의 논리가 이렇게 생겨났다.

징둥은 나스닥 상장 이전에 성장성을 추구해왔다. 투자가는 매출액과 시장점유율, 총이익율에 분명 관심을 둔다. 하지만 그보다 그들이 가장 눈여겨보는 것은 성장성이다. IPO가 순조롭게 진행되려면 징둥은 반드시 고속성장세를 유지해야 했다. 2012년의 매출목표가 450억 위안이었는데, 이는 매우 도전적인 숫자였다. 징둥을 일으킨 장본인인 IT제품은 이미 시장포화 상태였고, 도서는 시장규모 자체가 그리 크지 않았다. 또 일용백화는 단가가 낮아 매출달성에 역부족이었다. 징둥 플랫폼을 이용한 입점서비스도 급성장세이긴 했지만 톈마오과 치열하게 경쟁 중이었다. 또한 입점서비스의 거래액은 징둥의 영업수익으로 잡히지 않고, 거래성사 수수료만 영업수익으로 인정된다. 따라서 결국 대형가전 분야에 징둥의 사운을 걸고 새로운 성장 분야로 선정해 총력을 기울여야 하는 시점이었다.

전체 3C제품은 대형가전, 디지털통신, IT로 나뉜다. 그 가운데 대형가전의 시장규모가 가장 방대하며 연간 총 시장규모는 7,000억~8,000억 위안에 이른다. 기업 내부적으로 성장성을 추구하려면 격전은 불가피했다. 다만 격전에 앞서 징둥은 다소 서두른 나머지 충분한 준비를 마치지 못했다. 당초 계획으로는 제한적인 국지전을 염두에 두고 있었다. 하지만 뜻밖에 그 파장이 커지면서 전체 분야가 공방전을 벌이는 양상으로 확대되었다.

사실 당시 가격전쟁은 '공격적인 수비' 성격의 격돌이었다. 원래 도발은 쑤닝이 먼저 시작했다. 인터넷 마니아들이 징둥의 휴대폰과 디지털상품 가격이 경쟁력이 없으며, 오히려 쑤닝이거우나 궈메이 온라인몰이 더 싸다는 글을 퍼트리고 있었다. 이 소문이 6개월 정도 이미 지속되었고 갈수록 소문이 무성해지면서 기정사실화되는 듯했다. 그때 징둥은 정상가격으로 판매하고 있었다. 오히려 쑤닝과 궈메이가 휴대폰 등 디지털제품의 가격을 인하해 판매하면서 대형가전에서 벌어들인 이윤으로 그 적자를 메우고 있었다.

2011년 당시 대형가전 매출액이 징둥 전체에서 차지하는 비중은 낮은 편이었다. 대신 IT와 디지털통신기기 등이 비교적 높은 매출비중을 차지했다. 쑤닝은 이와 정반대로 대형가전의 비중이 높았다. 쑤닝은 자사의 매출비중이 낮은 IT부문 제품을 겨냥해 가격할인 전략을 펼쳤다. 먼저 '기동대'를 출격시켜 징둥의 주력부대에 불을 지른 셈이다. 징둥이 이를 두고볼 리 없었다. 최상의 방어가 바로 공격이다. 그렇다면 징둥도 기동대를 출동시켜 쑤닝의 주력부대에 똑같이 불을 놓는 수밖에 없다. 결국 징둥은 쑤닝과 궈메이의 주요 수익원을 겨냥해, 그들과 동등하게 경쟁할 것을 선포했다. 이는 2011년 징둥이 도서 분야에 진입했을 때 당당왕과 치렀던 일대 격전과 매우 흡사한 양상이다.

이번 가격전쟁에서 징둥은 격전범위를 오프라인 대형가전에 한정하고 싶었다. 그런데 쑤닝과 궈메이는 대형가전이 아닌 IT 및 디지털통신제품부문의 온라인시장에서 징둥과 일전을 불사하겠다고 공언했다. 양측 모두 격전범위가 자신의 주력상품이 되는 것을 원치 않았던 것이다.

그런데 세인의 이목을 집중시켰던 이 가격전쟁은 결국 허둥지둥 막을 내렸다. 2005년에 쑤닝은 동종업계 경쟁상대와 난징에서 가격할인전쟁을 치른 적이 있었다. 이때 한 매장에서 새벽 6시부터 저녁까지 5,000만 위안의 매출액을 기록한 바 있다. 이 매장이 커버하는 인구라고 해봐야 기껏 몇 백만 명에 불과했다. '8·15' 가격전쟁에서도 수치상 쑤닝이거우의 판매고객 수가 더 많았고 판매시간도 더욱 길었다. 단일 매출액도 3억 위안이었다. 쑤닝윈상의 부사장 쑨웨이민(孫爲民)은 필자에게 이렇게 속내를 밝혔다. "비록 사상최고치의 매출액을 올렸지만 좋게 평가할 수는 없다. 유명무실한 가격전쟁이었기 때문이다." 그리고 "가격전쟁은 언제나 일어나기 마련이다. 다만 유치한 방식으로 싸우고 싶진 않다"라고 덧붙였다.

쑤닝과 징둥의 가격전쟁은 양측의 현실적인 사정상 단시일 내에 끝나야 했다. 쑤닝 입장에서는, 온라인이 비록 본업이 아니라고는 하지만 상장회사이기 때문에 투자가들이 단기이익에 주목하고 있었다. 재무보고서 상황이 좋지 않으면 이를 용납할 투자가는 없을 터였다. 당시 징둥은 상장하기 전이었지만 온라인이 본업이다. 따라서 마찬가지로 장기전을 치르며 본거지를 초토화시킬 생각은 없었다. 또한 머지않아 양측의 격전이 또다시 일어날 수도 있었다. 어찌 됐든 양측 모두 그 전쟁을 지구전으로 질질 끌기를 원치 않았다.

파이다이왕(派代網) 총재인 싱쿵위(邢孔育)의 말을 들어보자. "타오바오는 가장 큰 전자상거래업체로 시장의 70~80%를 점유합니다. 그런데 왜 다들 징둥을 적으로 생각하는 걸까요? 이 부분은 생각해볼 필요가 있습니다. 아마도 류창둥 사장의 캐릭터나 징둥 핵심인력의 성향과도 관련이 있겠지요. 사실 이는 징둥에 이로울 게 없습니다."

공급업체와의 힘겨루기

가전사업부 블랙가전업무팀 총경리 쑨즈타오(孫志濤)는 2011년 징둥에 합류했다. 그는 아마존차이나에서 근무한 경험이 있다. 미국 기업은 중국에서 시장을 신속히 점유하는 게 왜 그토록 중요한 일인지 전혀 이해하지 못했다. 아마존차이나가 중국에서 사업등록을 신청할 당시, 미국 본사에서는 전자상거래란 차분히 시간을 두고 차근차근 다져나가는 비즈니스라고 생각했다. 2008년에서 2010년까지 아마존 차이나의 운영현황을 지켜보면서 제프 베조스는 중국이라는 시장을 차차 이해하기 시작했다. 그리고 2011년이 되어서야 비로소 광고를 집행하기로 결정했다. 제프 베조스는 다른 많은 국가에서 광고비를 들이지 않고도 전적으로 입소문에만 힘입어 사업을 펼쳐왔다. 왜 유독 중국에서만 광고에 돈을 투입해야 하는지 쉽게 납득할 수 없었다. 어찌 됐든 그때 중국 전자상거래시장이 폭발적인 성장을 거듭하던 시기라, 그는 하루빨리 시장을 장악하지 않으면 설 땅이 없을지도 모른다는 위기의식을 느꼈다. 결국 제프 베조스는 광고비를 투자하기로 결정했지만 안타깝게도 이미 늦은 감이 있었다.

아마존차이나는 본사에 시스템 개선을 건의했다. 그런데 시스템을 변경하려면 제프 베조스에게 보고하고 승인을 얻어야 했다. 또한 영국과 인도의 개발팀이 연구개발을 진행하려면 1년의 시간이 소요될 터였다. 쑨즈타오가 처음 징둥에 입사했을 때, 전국적으로 39개의 물류창고를 보유하고 있었다. 그 당시에 오로지 담당직원의 판단에 의존해 재고물량을 확보했는데, 그는 이 방식에 문제가 있다고 판단했다. 이 문제를 해결하려면 시스템 구축이 필요했다. 과거 구매이력데이터와 현재의 재고현황을 파악하여 재고의 부족·적체 리스크를 사전에 감지할 수 있는 시스템을 원했다. 연구개발부서는 그가 요청한 대로 바로 개발에 착수했고 솔루션을 도출해냈다. 아마존의 일처리 속도와 비교하면 그야말로 천지차이였다.

당시 징둥의 대형가전부문은 전문성이 부족했다. 구매영업팀의 젊은 직원들은 제품이 품절되면 공급업체에 요청해서 추가 입고시켰다. 3,000위안에 입고되면 100위안의 마진을 붙여 판매했다. 시장가격이 4,000위안일 수도 있는데 그런 것조차 사전에 파악하지 않을 정도로 어수룩했다. 노련한 베테랑이 없어서 공급업체 정책에 휘둘리는 경우도 많았다. 또한 대형가전의 매출규모도 어정쩡한 수준인 데다 이익률도 낮았다. 2009년에서 2010년까지만 해도 가전 제조업체에서 전자상거래 분야는 한직에 해당했으니 핵심인력이 있을 리 만무했다. 2011년이 되자 제조업체들도 전자상거래 유통채널을 비중있게 관리하기 시작했다. 그렇지만 전략 분야로 선정할 정도는 아니었다.

당시는 징둥의 대형가전 매출규모가 작았다. 때문에 손해를 감수해서 매출을 확대할 수 있는 여력이 있었다. 쑨즈타오는 제품가격을 10% 인하함으로써 쑤닝보다 무조건 저렴하게 가격을 책정했다. 쑤닝 판매가를 매일 예의주시하고, 가격이 조금이라도 변동되면 공급업체에 수시로 조정을 요청했다. 그리고 대외적으로는 '가격할인전쟁을 감행하는 이유가 자기방어 목적이다' 라는 점을 강조했다. 당시 대형가전 분야는 작은 몸집으로 희생을 감수하며 도박을 걸기에 여러모로 좋은 시기에 놓여 있었다. 오프라인시장에서 제왕으로 군림하는 쑤닝이거우도 온라인에서는 이제 막 이름을 알리기 시작한 터였다. 때문에 징둥이 공격적으로 접근한다면 자연스럽게 소비자가 온·오프라인 가격차를 피부로 느낄 수 있는 절호의 찬스가 될 수 있었다. 이러한 파급효과는 꽤 오래갈 수 있다.

2012년 8월 15일 오전 9시부터 오후 1시까지 징둥사이트의 방문자 수는 2012년 6월 18일에 비해 80% 증가했다. 2억여 명의 방문자가 사이트를 들락거린 것이다. 징둥이 서둘러 가격할인전쟁을 개시하면서 4억 위안 상당의 현물재고량이 반나절 만에 동이 나버렸다. 공급업체의 생산계획이 이미 확정되어 있는 상태였고, 판매량 급증에 따른 추가 생산에 돌입한다 해도 시간이 촉박했다. 9월에서 10월까지 하이신(海信)은 징둥의 수요량에 맞춰 5차례나 생산계획을 조정하기도 했다.

이번 가격전쟁으로 인해 징둥은 상당히 큰 대가를 치러야 했다. 일부 품목에서 혈전이 벌어진 탓에 공급업체와의 관계가 악화되었다. 징둥이 이번 사태의 주범이라고 판단해 공급량을 줄이는 업체도 있었다. 품절되어 제품을 요구해도 일부 공급업체가 입고를 미루는 등 갖가지 후유증이 남았다. 〈뉴스연합보도(新聞聯報)〉(중국 관영방송 CCTV 뉴스 프로그램명─역주)는 징둥이 '거짓 판촉행사'로 소비자를 유인했다며 연일 뉴스를 내보냈다.

사실 공급업체는 징둥을 중요한 거래처로 여기고 조심스럽게 대했다. 하지만 한편으론 쑤닝과 궈메이의 오프라인채널 파워를 무시할 수 없기 때문에 껄끄러운 존재로 여기기도 했다. 중국 내 TV브랜드는 이미 몇 년 전부터 다른 채널을 확보하면서 쑤닝과 궈메이 쪽 매출비중을 30%로 낮춘 상태였다. 하지만 합자기업인 컬러TV 제조업체의 경우 쑤닝·궈메이에서 비롯되는 매출비중이 50%에 가까워서 상대방이 칼자루를 쥐고 있는 상황이었다. 필립스TV는 중국에서 대만 관제(冠捷, AOC, 세계 2대 모니터 제조사─역주)에게 재판매를 실시했다. 관제는 쑤닝과 독점적인 협력관계를 맺고 있었는데, 이익이 운영비용을 감당 못해 고사위기에 처해 있었다. 2013년 하반기에 관제는 징둥과 전략적 협력관계를 맺으며 징둥으로 돌아섰다. 쑤닝과의 협력관계를 중단한 관계는 징둥사이트에서 빠른 성장세를 이어가 기존 쑤닝에서의 판매량을 넘어섰다. 덕분에 도산위기에 처했던 필립스TV가 생사의 기로에서 가까스로 기사회생할 수 있었다.

2011년에 캉자(康佳, KONKA, 유력 TV 제조업체─역주) 본사는 징둥과 협력관계를 구축했다. 캉자그룹 멀티미디어사업부 총경리인 차오스핑(曹士平)은 전자상거래 모델이 인력·상품·원가 측면에서 효율이 더욱 높으며 오픈 마인드로 협력을 추진한다고 판단했다. 캉자는 중국산 컬러TV 제조업체 가운데 징둥과의 협력의지가 가장 강한 업체였다. 또한 온라인에서 돌파구를 마련하려는 의지도 매우 강했다. 때문에 제조업체와의 전략적 협력을 통해 매출증대를 꾀하던 징둥과 서로 손발이 딱 맞았다. 또한 자원배분에도 양측 모두 전적으로 지원을 아끼지 않았다. 2012년 5월에 징둥은 캉자와 하이신의 컬러TV를 주력상품으로 내걸고 마케팅을 진행했다. 이때 월 매출액이 500만~600만 위안이었다. 9월에는 1억 위안으로 매출이 급증하여 20배의 파격적인 성장률을 기록했다. 공급업체에게 징둥의 강력한 파워를 제대로 보여준 셈이다. 한때 징둥 베스트셀러 8개 가운데 6개를 캉자가 차지하면서 징둥 TV매출의 22%를 점유하기도 했다. 2014년에는 징둥에서 팔린 캉자 TV의 총액이 10억 위안을 돌파하면서, 캉자 전체 매출의 10%를 징둥이 차지했다. 차오스핑은 이 비중이 향후 30%까지 높아질 것으로 예측했다. 특히 농촌지역은 캉자 총 매출액의 50% 이상을 차지하는 곳으로, 주로 중개상과 전문점을 통해 매출이 발생하고 있다. 농촌지역은 시장잠재력이 막강한 곳이다. 차오스핑은 2014년 말에 시작된 '징둥 헬프서비스센터(京東帮服務店)'(농촌지역에 온라인 결제, 가전제품 배송, 설치 및 AS를 제공해주는 서비스 - 역주) 프로젝트를 높이 평가하며 상당한 기대감을 내비쳤다. 유통채널의 진화에도 적자생존의 법칙이 적용된다. 고효율이 저효율을 대체하는 것은 당연한 이치다.

2012년 '8·15' 대전을 치렀을 때, 징둥은 국지전에서 좌절을 겪었다. 하지만 장기적인 측면으로 보면 전략적인 승리였다. 이번 대전의 궁극적 목적이 '작은 희생으로 큰 승리'를 취함으로써 쑤닝·궈메이의 대형가전 이윤을 끌어내리고 삼자간 동일한 경쟁구도를 구축하는 데 있었기 때문이다. 2015년 현재 쑤닝·궈메이를 합해도 대형가전부문의 시장점유율은 30% 정도에 불과하다.

비즈니스는 공급업체와의 관계개선에서 시작된다

징둥의 가전부문은 한동안 힘든 시기를 겪었다. 왕샤오쑹은 과도기에 잠시 가전부문을 담당했었다. 그때 가전실적이 매출목표의 80%에 불과해서 상여금이 전혀 없었다. 상여금은 전체 급여의 50%를 차지할 정도로 비중이 크다. 해당 팀원 중에는 월급이 적어서 지하실에 거주하는 사람도 있었다. 왕샤오쑹은 류창둥에게 매출목표를 낮춰달라는 말을 도저히 꺼낼 수 없었다. 원래 성격상 '전장에서 참패했다고 총사령관에게 사정을 봐달라'며 애원하는 스타일이 아니다. 반면 기존에 자신이 담당한 통신기기부문은 매출목표를 초과달성해 120%의 달성률을 기록했다. 이때 왕샤오쑹은 통신기기부문 직원들의 동의를 구해 해당 부문 상여금의 40%를 가전부문에 할당했다. 이런 상황이 대략 6개월간 계속되었다.

2012년 초 징둥그룹 부총재 겸 가전사업부 총경리인 옌샤오빙(閻小兵)이 징둥에 입사했다. 이때 류창둥은 옌샤오빙에게 모든 대금지불 시 본인의 사인을 받을 필요가 없다며 전권을 위임했다. 이 말을 듣고 옌샤오빙은 다소 난감했다. 책임자가 뛰어난 직업적 소양을 갖춰야 가능한 일이라고 여겼기 때문이다. 류창둥은 그만큼 업무를 추진할 때 믿고 편하게 맡기는 편이다. 물론 가전 분야를 가급적 빨리 키워보겠다는 류 사장의 의지가 반영된 결정이기도 했다. 매출을 단기에 올리는 일은 사실 마음먹기에 달려 있지만 업계의 전체 흐름을 바꾸는 것은 만만치 않은 일이다. 옌샤오빙은 징둥의 대형가전 중에 저가의 덤핑상품이 상당수 포함되어 있다는 점을 발견했다. 브랜드 업체와의 전략적 협력상품은 거의 없었고 중개상에게 여기저기 팔다 남은 '찌꺼기'를 들여오는 경우가 많았다. 게다가 그런 물건조차 간헐적으로 들어왔다.

당시 대형가전부문은 새롭게 조직된 부서였다. 가격체계도 없고 공급업체와의 관계도 구축되지 않은 상태였다. 능수능란한 베테랑이 딱히 없었기 때문에 단순히 얼마에 팔고 싶으면 그 가격으로 판매가를 책정했다. 한마디로 제품이 입고되면 기계적으로 판매하는 식이었다. '신속 입고 · 신속 판매'만 염두에 둘 뿐 직원들 머릿속에는 가격유지체계도 없었다.

옌샤오빙은 장장 1년이라는 시간 동안 공을 들여, '모든 비즈니스의 출발점은 공급업체와의 관계'라는 점을 직원들에게 각인시켰다.

공급처가 안정적으로 확보되어야만 마케팅·판촉이 의미가 있다. 그런데 징둥은 이와 정반대였다. 모든 출발점이 '가격'이다 보니 공급업체와의 관계가 악화되기 일쑤였다. 공급원이 불안정했기 때문에 판촉행사를 진행해도 공급업체의 협조를 거의 받을 수 없었다.

만일 새로운 체계를 서둘러 정착시키지 않았다면 징둥의 대형가전 부문은 여전히 소용돌이에서 빠져나오지 못했을지도 모른다. 우선은 가격을 시장질서에 부합하는 선으로 돌려놓아야 했다. 즉 누구나 지속적으로 발전할 수 있는 안정적 체제 속으로 하루빨리 들어가야 했다. 중국 500대 기업의 분포를 보면 가전 제조업체가 앞 순위를 차지하고 있다. 그만큼 이들은 시장가격 개념이 매우 뚜렷하다. 따라서 '제 살 깎기' 혈전으로 전체 시장을 교란하는 것을 원치 않았다. 옌샤오빙은 직원들을 대동하고 업체별로 찾아다니며 협상을 진행하고 징둥의 경영이념을 역설했다. 즉 가격전쟁으로 제조업체의 가격체계를 흔들 의도는 전혀 없으며, 징둥의 유통구조를 활용하면 확실한 원가 우위를 확보할 수 있음을 강조했다.

매출을 달성하려면 상품조합이 무엇보다 중요하다. 어떤 상품은 캐시카우(Cash Cow, 확실한 돈벌이가 되는 상품이나 사업 – 역주) 역할을 하므로 가격을 조금 높게 책정해도 되고, 어떤 상품은 가격을 최저로 설정해 '전투기' 역할을 하게끔 함으로써 '성장을 위한 모멘텀'으로 삼을 수 있다. 당연히 모든 상품이 전투기가 될 수는 없다. 옌샤오빙은 예전처럼 모든 상품가격을 일률적으로 하향조정하는 무질서한 마케팅 방법을 중지시켰다. 직원들은 늘 입버릇처럼 "상대방이 가격을 낮추면 징둥도 따라갈 수밖에 없다"고 말하곤 했다. 이에 대한 옌샤오빙의 의견은 이렇다. "우리는 업계 선두주자로서 나름 품격을 지킬 필요가 있다. 우선 막무가내식 가격전쟁을 즉각 중지하여 가격을 정상궤도에 올려놓아야 한다. 저가정책이 불가피하다는 점에는 공감하지만 합리적인 수준의 저가여야 한다."

류창둥은 과정에 대해 가타부타하지 않고 결과에 주목했다. 옌샤오빙은 예전 회사 사장에게 "회사 영업실적이 부진한 이유는 권한위임이 제대로 안 되기 때문이다. 누구도 책임지지 않고 갈수록 책임을 전가하는 조직 분위기가 형성되어서다"라고 강조한 바 있다. 대형가전의 매출실적이 부진하면 그로 인한 모든 압박은 옌샤오빙이 받는다. 사장이 권한을 모두 위임했기 때문에 실적이 부진해도 남 탓을 할 수 없다. 류창둥은 대금결제부터 정책결정까지 한 가지도 손을 대지 않았다. 이러한 강한 믿음 덕분에 옌샤오빙은 자유자재로 본인의 경영철학을 펼칠 수 있었다.

또한 류창둥은 옌샤오빙을 적극 지원했다. 대형가전은 광고가 필요한 부문이라 마케팅부서의 프로젝트비용도 할당해줬다. 대형가전의 창고구축비용이 만만치 않았지만 비용에 대해서는 회사 내부적으로 상당히 관대한 편이었다. 그는 대형가전부문이 처한 어려움을 피부로 느낄 수 있었다. 결국에 공급업체에서 돌파구를 마련해야 했다. 평소 공급업체와 만나지 않는다는 관례를 깨고 류창둥이 직접 메이디(MIDEA, 美的), 삼성(三星)과 자리를 마련하기도 했다.

류창둥은 경영자 시각이 아닌, 고객의 시각에서 징둥을 바라봤다. 한번은 옌샤오빙에게 메일을 보내 미용기기 종류가 왜 몇 가지밖에 없는지 물어왔다. 옌샤오빙이 서둘러 사이트에 들어가보니 아닌 게 아니라 세 종류밖에 없었고 그마저도 두 종류는 품절이었다. 류창둥은 이 정도로 세세하게 사이트를 둘러보곤 했다.

가전제품은 가격편차가 큰 품목인데, 정보가 투명하게 오픈되지 않은 탓이다. 대도시에서 99위안에 판매되는 전기밥솥을 변두리에서는 119위안에 판매했고 시골로 내려가면 판매가격이 무려 139위안에 달했다. 대형가전제품의 가격체계를 살펴보면, 대형 대리점은 통상 2~3개월에 한 번 정도 가격을 하향조정하고 소형 대리점은 입고한 가격 그대로 1년 내내 판매했다. 중간에서 엄청난 이윤을 챙기면서 자신들의 생계를 유지한 셈이다. 징둥이 베이징에서 제품을 입고시켜 전국적으로 판매하는 방식으로 가격체계를 뒤흔들자, 중개상이 제조업체에 전화를 걸어 징둥을 신고했다. 그러자 은근슬쩍 물건을 대주던 대리점도 징둥에 제품을 다시 공급하면 '자기는 그날로 황천길'이라며 난색을 표했다. 실제로 2012년에 제조업체가 제품공급선을 틀어쥐자 대리점들은 징둥의 '징' 자만 나와도 질색팔색했었다.

2011년만 해도 징둥은 대형가전 제조업체의 입에 오르내리지도 않았던 회사다. 회의에서 전자상거래 이야기가 나오면 타오바오에 '촨훠'(串貨, 지역별 입고시기에 따라 대리점별로 가격이 달라질 수 있는데 이때 가격이 저렴한 대리점에서 제품을 구매해 은밀히 되파는 경우가 있었고, 이 제품을 촨훠라고 함―역주)가 있다는 정도만 언급됐다. 2012년이 되어서도 징둥을 대하는 제조업체의 태도는 여전히 냉랭했고 비합리적인 조건을 내걸어 징둥의 발목을 붙들려 했다. 또한 모든 심사절차에서도 위험등급이 제일 높은 회사로 분류했다. 옌샤오빙은 오프라인에서도 체결한 적이 없던 공급업체와의 계약을 징둥에 와서 체결해야 했다. 그의 표현을 빌리자면 '굴욕적인 조약'이었다.

옌샤오빙은 공급업체와의 관계, 공급원 확보, 판촉, 가격의 순서대로 우선순위를 정해 업무를 진행했다. 막무가내식 경영에서 벗어나 점차 체계를 잡아갈 무렵 제조업체도 점차 징둥의 경영철학을 이해하면서 신뢰를 갖기 시작했다. 온라인쇼핑몰이 활기를 띠면서 가전제품에서 가장 먼저 타격을 받은 곳은 저가브랜드였다. 연이어 그 여파가 중저가와 고가브랜드에도 차례로 이어지면서 제조업체 간 경쟁이 치열해졌다. 결국 제조업체는 징둥으로 점점 무게중심을 옮기기 시작했다.

2012년 '8·15 가격할인전쟁' 이후, 일부 제조업체는 궈메이, 쑤닝의 압력을 받아 징둥에게 제품공급을 중단했다. 하지만 징둥은 제조업체와의 의사소통을 위해 계속 노력했고, 관계가 본격 완화되기 시작한 때는 2012년 말이다. 옌샤오빙은 제조업체와의 관계개선에서 관건이 무엇인지 언급한 바 있다. "제조업체가 우리와 협력할 가치가 있다고 느껴야 한다. 그러려면 제조업체의 니즈, 즉 수익과 판매량을 만족시키면 된다. 가치가 없다면 협력할 이유가 있겠는가?"

정확한 방향을 찾았더라도 즉각적인 효과를 기대해서는 안 된다. 결과를 차분히 기다리는 인내심이 필요하다. 하이얼과 협상을 진행했을 때 상대방이 결정을 내리지 못하고 고심하며 우선 세컨드브랜드인 '퉁솨이(統帥, Leader)' 제품을 팔아보자고 제안했다. 1년 만에 퉁솨이는 5억 위안의 매출을 올리면서 하이얼을 놀라게 만들었다. 2013년 말부터 하이얼의 모든 제품라인이 징둥 쇼핑몰에 올라갔다.

2013년에 산요(SANYO)와 옥스(AUX) 등 중저가브랜드가 급성장했다. 이로 인해 이른바 메기효과(catfish effect, 미꾸라지의 천적인 메기로 미꾸라지를 생존시키는 방식을 기업경영에 접목한 이론으로, 기업의 경쟁력 향상을 위해서는 적절한 자극이 필요하다는 의미 – 역주)가 가전시장을 휘저어놓았다. 많은 제조업체가 징둥과 협력하면 자금수급이 용이하고 회전(30일 이내)이 빠를 뿐만 아니라 수익도 챙길 수 있다고 판단했다. 그러면서 긍정적으로 징둥을 포용하는 전략을 채택했다. 이 때문에 온라인과 오프라인 간 갈등이 초래됐는데, 궈메이 · 쑤닝 외에 3 · 4선 도시의 중개상이 들고 일어났다. 온 · 오프라인 갈등과 마찰이 심화되자, 제조업체와의 협력도 '가다 서다'를 반복하며 혼선이 빚어졌다. 징둥의 시장파급력에 긍정적인 평가를 하며 협력을 진행하다가도, 온 · 오프라인 가격격차가 심하게 벌어지면 협력을 중단하는 일이 반복되었다. 훗날 제조업체들은 온 · 오프라인의 제품모델을 다르게 제작함으로써 소비자가 비교 자체를 못하도록 하는 교묘한 전략을 전개했다.

이렇게 제품모델에 차이를 둔 것은 노트북 제조업체들이 초창기에 활용했던 방법이다. 칭화퉁팡(淸華同方)이 당당왕에서 2,800위안에 판매하는 제품을 어떻게 징둥에서는 2,850위안에 팔 수 있었을까? 징둥이 칭화퉁팡 팀장을 불러 추궁했다. 알고 보니 이들은 징둥과 같은 강력한 유통채널을 상대하기 위해 제품번호와 모델을 달리하는 정책을 시행하고 있었다. 처음에 노트북에서 시작된 이중모델 방식은 나중에 휴대폰과 가전제품으로 확대됐다. 일례로 징둥에 메모리카드 리더기가 달려 있는 제품을 공급한다면, 쑤닝에게는 메모리카드 리더기가 없는 제품을 공급했다. 또 메모리카드 리더기가 없는 대신에 궈메이에 OS를 제공하고 당당왕 납품제품에는 블루투스를 탑재하는 식으로, 제품 자체는 표준화시키되 기능상의 미세한 차이를 두었다. 이렇게 제품에 작은 차이를 두는 방식은 제조업체 원가에는 거의 아무런 영향을 미치지 않았다. 반면 고객 입장에서는 가격 비교 자체가 어려웠고, 징둥과 쑤닝도 제조업체에게 따지기 애매한 상황이 되었다.

히트 상품을 우연히 봤다가, 세부모델번호를 모르고 그냥 구매한 고객이 있을 수 있다. 객관적이고 공정한 가격비교가 어려운 상황에서 그 미묘한 차이를 무슨 수로 알겠는가? 이처럼 대형가전은 시장규모가 크기 때문에, 일단 '소비자'라는 장벽을 넘어서면 성장가능성이 매우 큰 분야다. 징둥이 대형가전에서 고속성장을 거듭하자 제조업체도 징둥을 전략적 파트너로 인정하기 시작했다. 제조업체의 부총재 혹은 심지어 총재가 직접 나서서 징둥과 협상을 진행하기도 했다. 2013년에 징둥은 10억 위안 이상의 대규모 계약 건에 서명했다. 캉자, 하이신, 메이디, LG 등과 잇달아 계약을 체결한 것이다. 징둥은 자금력을 동원해 규모를 키웠으며 흔히 말하는 '갑을관계', 즉 가치 사슬 순위를 역전시키면서 날개를 달고 비상했다. 징둥과 유사한 형태의 온라인쇼핑몰을 구상하는 업체들은 더욱 운신의 폭이 좁아질 수밖에 없었다. 투자가의 첫 질문이 이러했으니 말이다. "시작부터 징둥과 매출 차이가 많이 나는데 무슨 수로 징둥보다 많이 팔겠다는 것인가?"

발버둥 쳐도 영원히 이길 수 없는 것이 대세다

2013년 8월 징둥의 대형가전 판매지역이 22개 성으로 늘어났다. 하지만 여전히 지역적으로 불균형한 상태였다. 광둥, 장쑤, 저장 등에서는 지급(地級), 현급(縣級)도시에 모두 서비스를 제공했지만 일부 성은 주요 성회성시(省會城市, 지급도시 가운데 비교적 큰 대도시─역주)까지만 커버하는 수준이었다(중국은 도시를 크게 성급, 지급, 현급으로 나누며, 전체 34개의 성급도시, 333개의 지급도시, 2,862개의 현급도시가 있음─역주). 따라서 영업판매망을 감안해볼 때 가전부문의 발전가능성은 여전히 크다.

2014년 메이디, 하이얼, 지멘스, 삼성 등 고가브랜드가 징둥에서 매출상승을 이루면서 하이엔드제품도 공급하기 시작했다. 또한 대기업 총재가 직접 징둥을 방문하는 등 적극적인 구애를 펼쳤다. 2013년 징둥은 제조업체와의 협력 외에도 서비스 측면에서 여러 개선작업을 진행했다. 모든 이익을 서비스에 재투자함으로써 소비자가 직접적 혜택을 느낄 수 있도록 했다. 가격만 할인해서는 의미가 없다고 판단했기 때문이다.

중국 가전업계는 향후 3~5년 내에 전체 판도가 새롭게 쓰일 것이다. 대도시 대형 매장의 경우 쇼핑의 편리함이라는 강점이 약화되고, 대형 매장이 입점되지 않은 농촌지역에서는 징둥의 물류가 오히려 강점으로 부각될 것으로 보인다. 징둥은 베이징, 상하이, 광저우 3대 도시의 대형가전 시장점유율이 30%에 이른다. 즉 대형가전 10대 중 3대 이상을 징둥에서 구입한다는 의미다. "우리는 눈 깜짝할 사이에 그들이 십수 년 동안 가꿔놓은 시장을 접수했다. 농촌지역은 아직 온라인쇼핑이 뭔지 잘 모르지만 일단 보급되면 그 여파는 더욱 막강할 것이다." 옌샤오빙은 대형가전 물류망이 최대한 전국 각지를 망라해야 한다고 판단했다. 그는 2020년이 되면 전자상거래가 전체 가전시장의 40%를 차지할 것이며, 유통채널 전쟁은 막을 내릴 것으로 예측했다.

"징둥이 제2의 궈메이 또는 쑤닝이 될 것인가?"라는 필자의 질문에 옌샤오빙의 답변은 명확했다. "전체 판도를 쥐고 흔드는 사람은 두뇌가 명석해야 하죠. 우리가 유통채널로서 무엇을 얻을지와 얻을 수 있는 몫이 얼마인지가 중요합니다. 선도적인 유통채널로서 고유의 특성을 변함없이 유지하려면 항상 원가를 낮춰야 합니다. 지속가능한 발전을 하려면 당연히 이익도 얻어야 하죠. 그런데 이때 만일 기업의 이익을 극대화하지 못하고, 또 원가를 더 이상 최소화하지 못하면 우리도 그냥 5%만 버는 데 만족해야 합니다. 제아무리 날고뛰어도 5%를 10%로 늘릴 방도가 없어요. 그 순간 우리는 이미 낙후된 유통채널로 전락하는 겁니다. 무한확장과 더불어 원가도 무한확대되면 결국 돈을 싸서 제조업체에 갖다 바치는 꼴이 됩니다. 그러면 고비용 유통채널로서 시장에서 버림받고 경쟁상대에게 짓밟힐 날만 기다리는 신세로 전락할 수밖에 없습니다."

류창둥의 전자상거래 철학은, 유통채널은 마땅히 받아야 할 이윤만 챙기면 된다는 것이다. 이윤 극대화를 추구하면 진입장벽을 낮추는 결과를 초래하고 수백 개의 경쟁자가 싸우려고 달려든다. 특히 이윤만 추구하는 유통채널은 가혹한 정책으로 공급업체의 이윤폭을 갉아먹는다. 결국 새로운 비즈니스 형태와 경쟁자를 양산하는 꼴이 된다. 회사를 백년기업으로 키우려면 자신만의 독보적인 경쟁우위를 보유해야 한다. 또한 상위 공급채널로부터 이익을 강탈할 게 아니라, 원가를 절감하고 효율을 제고해 부가가치를 창출해야 한다. 상위 공급채널에게 고효율·저원가의 판매 플랫폼을 제공하고 소비자를 끌어 모아 이 판매 플랫폼을 활성화함으로써 궁극적으로는 가장 신속하고 저렴한 쇼핑방식을 소비자에게 제공할 수 있게 된다.

많은 제조업체가 농촌시장을 '화수분'으로 여긴다. 반면 대도시에서는 손해를 감수하면서도 한 푼이라도 매출을 올리기 위해 아우성 친다. 농촌시장은 분명 이윤의 원천지가 될 수 있지만, 이곳은 인터넷업체에게 유리하다. 인구밀도가 낮아 분산 거주하는 지역에서는 인파를 집중시켜 판매하는 방식은 버텨낼 수 없는 법이다. 궈메이나 쑤닝도 현급도시에 체인점을 개설한 적 있지만 결과적으로 실패했다. 그 부분적인 원인은 원가와 효율 측면에서 제조업체의 중개상들이 감당 못하고 슬그머니 발을 뺐기 때문이다. 그동안 제조업체는 대리점이라는 유통채널을 통해 생산비용을 조달해왔다. 징둥은 재고회전율이 높고 자금력도 풍부하다. 이 말은 곧 이제 대리점을 통한 유통모델이 더 이상 불필요하다는 의미다.

제조업체는 온라인판매를 받아들일 수 없다기보다는 급작스럽게 게임판이 뒤바뀌는 상황을 원치 않았던 것이다. 급박한 반전은 오프라인의 혼란을 초래하며, 몇 십 년간 관리해온 기존 유통채널이 무너지기 때문이다.

징둥이 기득권을 타파하려면 많은 지원세력이 필요하다. 온·오프라인체제가 실질적으로 전복되기까지 아직은 5년 정도의 시간이 더 필요하다고 판단된다. 궈메이와 쑤닝이 전체 가전시장의 30%를 차지하고 있는데, 만일 온라인이 유통채널체제를 뒤엎으려면 최소 이와 동일한 30%의 시장점유율을 차지해야 한다. '마지막 1㎞ 배송' 문제가 해결되면 답은 나올 것으로 보인다.

2014년 징둥의 대형가전 물류망은 이미 허난성(河南省) 전체를 망라할 정도로 촘촘히 구축되었다. 이로써 허난성의 어느 곳에서 주문하든 배송이 가능해졌다. 이원제는 그동안 힘들었던 과정을 구구절절 설명했다. "물샐틈없이 촘촘한 물류망을 구축하기까지 비용이 많이 들었고 상당히 스트레스를 받는 일이었습니다. 징둥도 경험이 없을 뿐만 아니라, 전 업계를 통틀어 사례를 찾아볼 수 없는 일이었기 때문입니다. 물류망을 구축하고 반년 뒤 허난성 대형가전시장에서 주문량이 50%나 급증했습니다." 허난성을 첫 타깃으로 선정한 이유는, 화중지역의 다른 성이 대부분 산지인 데 반해 이곳은 광활한 평원지역이기 때문이다. 현재 허난성모델을 토대로 이미 전국적으로 물류를 구축하고 있다.

옌샤오빙이 징둥에 막 입사했을 때 대형가전창고는 13개만 남아 있었다. 주문량이 너무 미미한 탓에 일부 창고는 이미 철수한 상태였다. 그의 주된 전략은 창고 개설이었다. 배송범위를 넓히지 않으면 소비자 수요를 만족시킬 수 없다고 판단했기 때문이다. 비용부담은 컸지만 반드시 해야 했다. 2012년에 징둥은 15개의 신규 대형가전창고를 구축했다. 창고가 구축된 지역에서는 몇 십 건에 불과하던 일일 주문건수가 불과 1년 만에 몇 백, 몇 천 건으로 급증했다.

화중지역 대형가전물류팀장인 주쥔(朱峻)은 2010년 5월에 입사했다. 입사 당시 화중지역에는 독립된 가전창고가 없었다. 그가 우한의 대형가전 전문창고에서 근무했을 때 창고면적 200여㎡에 직원이 14명이었고 하루에 고작 100건 미만의 주문량을 처리했었다. 난창(南昌), 창사(長沙), 우한, 정저우 4개 성회도시만 커버하면 되었다. 그런데 2014년이 되자 화중지역 대형가전의 하루 평균 주문건수가 3,000여 건에 달했다. 광군제 당일에만 1만여 건이 접수되어 484개 구·현에 367개를 배송했고, 60개의 지급도시 전체와 허난성 전체에 제품을 배송했다. 또한 거의 대부분의 지급도시에는 당일 배송을 실시했다. 2015년 현재 물류창고 규모는 6만㎡(18,150평)이며, 5개 운영센터(정저우, 우한, 난창, 창사, 샹양(襄陽))에 100여 명의 택배원이 근무하고 있다.

대형가전 물류창고를 구축하려면 엄청난 초기비용을 투자해야 한다. 이는 '닭이 먼저냐, 달걀이 먼저냐'의 문제다. 징둥 철학은 고객을 먼저 생각한다. 서비스를 지속하면 고객이 선택하게 되어 있다는 논리다. 대형가전의 성장속도를 보면 3·4선 도시가 핵심도시를 넘어섰다. 성회도시의 소비자는 가전제품의 선택기회가 3·4선 도시보다 더욱 풍부하기 때문이다. 일부 고가브랜드의 경우 중간유통망이 3·4선 도시까지는 구축되지 못했다. 그래서 3·4선 도시에는 주로 중저가나 저가브랜드가 깔려 있다. 그런데 최근 농촌경제가 발전하면서 농촌도 부유해졌다. 소비자의 고급브랜드 구매 욕구가 커진 데 반해, 선택권이 거의 없고 소규모 중개상은 가격을 터무니없이 비싸게 받는다. 심지어 가격차이가 1,000~2,000위안에 이르는 제품도 있다. 농민들도 비싸다고 해서 구매를 포기하진 않는다. 대부분 정신적인 만족감을 추구하기 때문이다. 징둥에서 중소형가전을 구매해본 고객은 징둥 제품이 저렴하다는 점을 잘 알고 있다. 그런데 대형가전은 배송이 안 된다는 사실을 알고 나서 전화로 불만을 제기하는 고객도 있다. 그래서인지 배송가능지역의 주문량은 급증하는 추세다. 심지어 매출이 아예 전무했던 지역이 '봇물 터지듯' 폭발적 성장세를 보이고 있다.

공급사슬의 측면에서, 유통채널이 현급 · 성급도시까지 파고들어야 한다. 대형가전의 경우 현급 · 성급도시에서 서비스가 취약하기 때문이다. 징둥은 현지에서 기반을 갖춘 중개상과 협력하여 대리점 형태의 '징둥 헬프서비스센터'를 설립했다. '징둥 헬프'가 대형가전 및 가구 등 상품의 배송 · 설치 서비스를 담당하는데, 배송과 설치 서비스가 정착되고 검증되면, 유지보수 서비스도 제공할 예정이다. 이 밖에 '징둥 헬프'는 마케팅개발 기능도 수행하며, 고객 대신 주문서를 작성하거나 홍보판촉행사도 지원한다. 또한 징둥이 임대료를 지불하지 않는 대신에 관리 · 시스템 · SOP(Standard Operation Procedure, 표준작업절차)를 제공한다. '징둥 헬프' 서비스는 징둥 측에서 제공하고 현지 대리점은 서비스항목에 따라 비용을 지불하고 이익을 얻는 구조다. 지금까지는 꽤 오랫동안 대형가전 제조업체별로 제각각 서비스체계를 구축함으로써 사회자원을 낭비해왔다. 하지만 징둥은 상위 제조업체와 연계해 하나의 매장에서 여러 제조업체의 현지서비스를 지원하는 체계를 마련할 계획이다.

'발버둥 쳐도 영원히 이길 수 없는 것이 바로 대세다.' 저비용 · 고효율을 실현하면 변혁의 바람이 휘몰아칠 것이며, 전쟁의 최종 승자는 전자상거래가 될 것이다.

경영 업그레이드

징둥의 새로운 마스코트는 은색 금속광택을 입힌 강아지다. 이 마스코트를 보면 자연스레 징둥보다 1년 앞서 등장한 '검은 고양이'를 떠올리게 된다. 알리바바의 타오바오상청은 '톈마오'로 상호를 바꾸고 새로운 마스코트로 검은 고양이를 선보였다. 징둥이 드디어 강력한 숙적인 알리바바에게 정면승부를 제안한 셈이다. 사람들은 양사의 경쟁을 빗대어 '개와 고양이의 대전(貓狗大戰)'이라 부른다.

전자상거래는 반짝 등장했다가 사라지는 비즈니스도 아니며 단시일 내에 경쟁이 종료될 시장도 아니다. 앞으로도 10년, 아니 꽤 오랫동안 경쟁이 지속될 것이다. 시장참여자는 IT기술, 주문서관리, 물류창고 및 고객관리 등 다방면의 종합적인 능력을 둘러싸고 치열한 경쟁을 치를 것으로 예상된다. 2013년에 알리바바는 일부 회사와 연합해 차이냐오(菜鳥) 물류를 구축하겠다고 선언했다. 차이냐오 물류는 강력한 정보시스템이라는 강점을 지니고 있다. 한편 징둥은 인프라 설비가 튼튼하다는 장점이 있다. 양사의 물류구축 전략은 그 방법은 다르지만 결국 목적은 같다.

양사의 경쟁은 분명 대규모 공동작전을 불사하는 전쟁과 다름없을 것이다. 과거 게릴라전 작전을 수행하며 징둥은 일인당 세 명의 몫을 거뜬히 감당했고, 상대방을 무참히 격퇴시켰다. 이번 양사의 혈전은 10만 대군 간 격돌에 비유될 수 있다. 여기에서 개인의 사격술과 창술이 아무리 뛰어난들 무슨 소용이 있겠는가? 대규모 공동작전에서는 보병과 포병 간의 협력 수준, 육·해·공군의 공동작전 수행능력,

후방지원 병력 등 서로 겨루는 대상이 완전히 다를 수 있다. 이는 류창둥에게 또 하나의 커다란 도전이 될 것이다.

학습능력이 경험보다 더욱 중요하다

2014년 4월에 힐하우스캐피탈그룹은 징둥에 2억 6,500만 달러의 투자를 단행했다. 이는 그해 중국 인터넷업계에서 가장 큰 규모의 투자건이었다. 만일 한 회사의 최고 단계를 100점이라 설정한다면, 힐하우스 회장 장레이는 2010년의 징둥을 0에서 1 사이로 그리고 2014년의 징둥을 50점이라 평가했다. 류창둥이 스스로 틀을 깨고 실질적 도약을 시도한 시점은 2010년 이후다. 그 당시에 류창둥의 모습은 '맨땅에 헤딩하듯' 다소 전투적이었다고 평가할 수 있다. 물론 당시의 경영철학도 그리 나쁘진 않았다. 하지만 몇 천억 위안의 매출규모를 갖춘 회사를 경영하려면 한 개인의 경영철학만으로는 역부족이다. 징둥에 투자한 후 장레이는 류창둥이 월마트 본사를 참관하도록 기회를 주선했다. 또한 월마트 창업주 가족과 함께하는 자리를 마련했다. 류창둥은 미국에서 귀국해 장레이와 오랫동안 이야기를 나누며 다소 흥분된 어조로 "징둥 전체를 뿌리째 바꿔야겠다"고 말한 바 있다. 진흙 구덩이에서 가까스로 기어 올라온 류창둥이 이제 드디어 징둥을 튼튼한 갑옷으로 무장시키려 준비하고 있었다.

류창둥은 오픈 마인드의 소유자다. 학습능력이 탁월하며 각양각색의 사람에게 배움을 청하는 것을 두려워하지 않는다. 장레이는 "마치 무협영화 〈소호강호(笑傲江湖)〉의 흡성대법(吸星大法, 상대의 내공을 빨아들이는 무공 — 역주)의 신법을 구사하듯 지식과 이념, 인재를 흡수했다"
고 비유적으로 류창둥을 묘사했다.

2010년에 막 입사한 3기 경영연수생 출신 리루이위(李瑞玉, 현 징
둥그룹 투자자관계부 이사)가 처음으로 류창둥을 수행하고 미국 출장을
갔었다. 투자가인 타이거펀드에서 개최한 행사에 참석했는데, 류창
둥의 영어가 유창하지 못해서 리루이위가 통역을 진행했다. 류창둥
은 늘 영어책과 사전을 몸에 지니고 다녔다. 사람들과 대화하다 모
르는 단어가 나오면 무슨 의미인지 묻곤 했다. 이튿날 리루이위는
류창둥이 이야기하면서 어제 물었던 단어를 바로 사용하는 모습을
보았다.

이번 출장은 그녀가 사장을 수행한 첫 번째 출장이었다. 그녀는 우
왕좌왕하며 서두르다가 류창둥의 가방을 분실해버렸다. 그 안에는
신용카드와 증명서 등의 서류가 들어 있었다. 류창둥은 화를 버럭 내
며 아침식사 도중에 그녀에게 따끔히 충고했다. 무슨 일이든 항상 미
리 대비를 하고 매사에 여러 번 확인해야 할 뿐만 아니라, 법규와 제
도에 맞게 합법적으로 일하라는 게 훈계의 요지였다. 그러고는 영어
를 연습해야 하니까 중국어로 말하지 말라며 더듬거리는 영어로 리
루이위에게 덧붙였다. 다행히 분실한 가방은 곧 되찾았다.

리루이위가 류창둥 사장을 수행하고 두 번째 출장을 가게 되었다.
그녀의 상사인 먀오샤오훙이 심리적인 부담이 없는지 그녀를 걱정했
다. 지난번에 그녀가 사장에게 호되게 지적당한 게 내심 마음에 걸렸
던 탓이다. 리루이위도 잠시 고민했다. 하지만 그래도 끝까지 부딪혀
보겠다고 다짐했다. 그녀가 판단하기로, 류창둥 사장은 잘못한 것을

모르면 즉시 알려주는 사람이었다. 또한 잘못을 실제로 개선하고 발전하면 흐뭇해했다. 대신 두 번을 말해도 바뀌지 않으면 가차 없이 냉혹했다.

징둥 산하의 파이파이왕 총재인 쿠이잉춘(黃鶯春)은 원래 메릴린치 투자은행에서 근무했다. 입사 전 그녀는 현장실무 경험이 전혀 없었다. 2012년 6월 징둥에 합류한 그녀는 2013년 6월에 투자 유치 업무를 담당하다가 운영 쪽을 맡았다. 처음에는 POP(개방형 플랫폼업무)를 담당했었다. 나중에 파이파이왕의 책임자로 발탁됐는데 그녀에게는 커다란 도전이었다. 누구도 그녀가 파이파이왕을 맡으리라고는 상상도 못했다. 이는 류창둥의 대범함을 보여주는 대목이기도 하다. 선하오위도 비슷한 케이스다. 물류 경험이 없던 그에게 물류 등 포괄적 업무를 분담시켰었다. 처음에 COO를 역임하다가 현재는 징둥상청의 CEO 직책을 맡고 있다. 고속성장하는 회사에서는 한 개인의 발전 가능성을 판단할 때, 그 기준이 과거의 경험이 아니라 신속한 학습능력이다. 류창둥과 그의 직원들도 마찬가지였다.

2009년만 해도 파워포인트(PPT)와 엑셀(Excel) 표를 제대로 다룰 줄 아는 직원이 거의 없었고 구두로 보고하는 경우가 대부분이었다. 2013년이 되자 많은 직원들이 PPT로 멋지게 프레젠테이션도 하고 엑셀 표도 능수능란하게 다뤘다. 중관춘 작은 매장에서 시작한 '촌뜨기' 회사가 점차 대기업의 면모를 갖추고 있었다. 류창둥은 비약적 성장을 거듭하는 회사를 이끌고 그동안 앞뒤 가리지 않고 무조건 전진하기만 했다. 이제는 고개를 들고 주위를 찬찬히 둘러볼 필요가 있다. 글로벌 전자상거래시장에서 향후 징둥의 위상과 발전방향에 대해 심각히 고심할 때가 왔다. 2013년에 징둥은 '상청'이라는 두 글자를 버리고 '징둥'으로 사명을 변경했다. 위상이 달라진 징둥은 이제 기술기반의 공급사슬관리(SCM) 서비스와 전자상거래·금융·물류·기술 플랫폼을 제공할 계획이다. 징둥의 미래 모습은 더 이상 순수 전자상거래기업으로 남아 있지 않을 것이다.

전자상거래의 영역이 단순히 오늘날의 타오바오 또는 징둥에 국한되어서는 안 된다. 그러려면 회사의 지도자가 장기적이고 원대한 안목을 가지고 전자상거래의 미래 방향을 분명히 파악해야 한다. 온라인업계가 지금처럼 발전할 수 있었던 건 수많은 굴뚝기업을 밟고 올라섰기에 가능했다. 과거 비즈니스모델이 물건을 팔아 돈을 벌었다면, 앞으로는 다른 서비스를 통해 돈을 벌어야 할 수도 있다. 류창둥은 예를 들어 설명했다. "원가를 산정하여 냉장고 가격은 결정되겠지만, 전자상거래업체가 고객동의를 얻는다는 전제 하에 냉장고에 센서를 탑재해 매년 냉장고에 몇 개의 달걀과 음료, 채소·과일이 저장되는지를 파악할 수 있다. 이렇게 수집한 소비자데이터를 제조업체에 판매할 수도 있다."

징둥은 본질적으로 소매기업으로서 조직 내 빈틈과 허점을 용납하지 않으며 엄격한 규율과 기율(紀律)을 적용했다. 때문에 다소 군대 같다는 느낌도 있다는 사실을 부인할 수 없다. 장점이라면 실행력이 뛰어나다는 점이다. 이는 지난 10년간 고속성장이 가능했던 원동력이기도 했다. 다만 폐단이라면 혁신이 부족하며 다소 폐쇄적이라는 점이다. 이에 류창둥이 직접 나서서 기업문화혁신 항목에 별도로 '혁신의 실패를 포용하자'라는 문구를 추가했다. 예전처럼 회사규모가 작을 때는 새로운 혁신을 시도해서 한 번 실패하면 치명적 타격을 입을 수 있었다. 그런데 기업규모가 달라진 오늘날의 징둥은 분명 혁신창조력이 부족한 편이다. 따라서 실패를 과감히 포용할 필요가 있다.

향후 징둥이 어디로 향할 것인지가 류창둥이 가장 고심하는 문제다. 과거 10년 동안 징둥은 전자상거래라는 한 가지 비즈니스에 몰두해왔다. 지금 징둥은 막강한 회원 수와 방대한 데이터를 보유하고 있고, 물류와 IT연구개발력도 갖추고 있다. 이에 따라 류창둥은 비즈니스모델에 혁신을 가져올 수 있다고 확신한다. 중국 내 전자상거래 성장속도가 완만해지는 지금, 류창둥은 시야를 글로벌 무대로 넓히고자 한다. 내부적인 성장수요가 포화상태이므로 변화가 절실히 필요한 시점이며, 수만 명의 직원과 수천억 규모의 회사를 책임지려면 더욱 탁월한 식견과 포용력을 갖춘 리더십이 요구된다. 때문에 류창둥은 미국에서 선진문화를 배우고 싶었다. 그의 첫 번째 연수는 2009년 중국유럽국제경영대학원(CEIBS)에서였다. 그곳에서 제3자의 피드백을 통해 스스로를 객관적으로 파악할 수 있었다. 2012년 춘절에는 하버드 경영대학원에서 40여 일간 연수를 받았고, 2013년에는 콜롬비아대학에 연수를 다녀왔다.

류창둥이 미국에서 돌아왔을 때 고위층 경영진은 많은 변화를 감지할 수 있었다. 2013년 8월 초에 주자이거우(九寨溝)에서 상반기 경영회의가 열렸다. 징둥그룹의 인사담당 최고책임자 겸 법률총괄 수석고문(CHO&GC)인 장위(隆雨)는 류창둥이 모든 직원의 말이 끝나기를 기다렸다 말문을 여는 모습을 발견했다. 예전 같으면 회의에서 본인 의견만 신속히 전달하고 마쳤을 터였다.

쉬레이는 류창둥의 말투도 온화해졌음을 깨달았다. 예전에는 군인처럼 딱딱한 말투에다, 듣기 싫은 말도 거리낌 없이 회의 테이블에서 꺼냈다. 그리고 회의를 마치면 곧장 술자리로 옮겼었다. 반면 지금은 자신의 뚜렷한 견해를 다소 함축적으로 표현했다. 기술부문을 총괄하는 부총재인 리다쉐도 "사장님이 원래 과격한 편인데 요즘에는 많이 유해졌다"며 공감을 표했다. 류창둥은 글로벌전략 및 정교한 경영기법에 대한 자신의 생각을 관리자들과 공유하고자 했다. 기업은 투자가의 권익을 보호하고 투자가에 대한 언론의 영향력도 고려할 필요가 있다고 강조했다. 또한 오픈되고 공정하며 폭넓은 식견을 가진 리더가 되라고 주문했다.

중국식 교육을 받은 류창둥은 어려서부터 한 가지 정답만을 도출하는 사고방식에 길들여져 있었다. 흑백, 호불호, 시시비비 등 지향점이 뚜렷했다. 그런데 미국에서 연수를 받으면서 가장 감명 깊었던 부분은 교수님이 제기한 문제의 90%가 표준답안이 없이 학생들이 각기 다른 시각에서 사고하도록 자극한다는 점이었다. 그는 남을 고치려고만 하지 말고, 반드시 개방된 사고와 마인드를 배워야 한다는 사실을 절실히 깨달았다. 필자는 미국 롤리(Raleigh)에서 한 중학교 교장과 대화를 나눌 기회가 있었다. 이 학교는 글로벌 미래리더 육성 프로그램을 운영하고 있었다. 교장의 말이 인상적이었다. "글로벌 리더에게 가장 중요한 덕목은 경청하는 법을 배우고 서로 다른 문화를 포용하는 것이다."

'선수'에서 '감독'이 되다

류창둥은 무슨 일이든 직접 자신이 해야 직성이 풀리는 사람이다. 부총재 18명이 그에게 업무보고를 하면, 3개월 동안 얼마든지 쉬지 않고도 일할 수 있는 사람이다. 그는 최대한 본인이 할 수 있는 만큼 하려는 성향이 강했다. 그래서 다른 사람은 추진할 수 없다고 생각했다. 하지만 회사규모가 커진 상황에서 모든 일을 CEO 혼자서 감당할 수는 없는 노릇이다. 쉬신이 이 일을 두고 고심하는 표정을 지었다. 그때 류창둥이 콜롬비아대학에 공부하러 가겠다는 의사를 밝혔다. 그녀의 반응은 긍정적이었다. "세상에 그런 생각을 하다니! 류 사장이 권한을 위임할 유일한 방법일 수도 있겠네요. '나는 갈 테니 당신들이 알아서 하라'는 거지요? 어쩌면 최고의 방법이 될 수 있겠어요. 생각해보면 그것만큼 좋은 방법은 없을 듯싶어요"라며 맞장구쳤다.

류창둥이 권한을 아래 임원급으로 이관한 후, 경영연례회의가 열린 적이 있다. 그때 담당 임원들이 업무를 챙기는 모습을 볼 수 있었다고 쉬신은 회고했다. 한 투자가가 쉬신에게 전화를 걸어 "대체 사장이 그렇게 오랫동안 사무실을 비우면 회사가 어찌 돌아가라고 그런답니까?"라며 한탄했다. 그녀의 답변은 이랬다. "버티지 못할 일이 생기게 되면 류 사장이 분명 돌아올 거예요. 직원들이 알아서 해낼 수 있다고 판단하면 거기에 계속 남아 있겠죠. 류 사장이 얼마나 징둥에 목숨을 걸고 있는데요. 자기 목숨과도 같은데 어련히 알아서 결정했겠죠!"

화둥지역 행정책임자인 쑹젠후이(宋建輝)는 화둥지역 사무실 인테리어와 이사를 담당했다. 그는 50만 위안의 인테리어 설계비용을 절감하기 위해 자신이 직접 인테리어를 설계했다. 화둥지역의 총경리 위루이도 그를 믿는다면서 업무를 맡겼다. 쑹젠후이는 과거 대형 토목공사현장에서 공장을 건설해본 경험도 있고 다른 회사의 사무실 인테리어도 담당한 적 있다. 그는 "이곳 징둥 사무실이 제게는 진짜 친자식이나 다름없어요. 누구의 지시 없이 온전히 제 힘으로 인테리어를 해냈으니까요"라며 뿌듯해했다.

쑹젠후이는 예전에 폭스콘(Foxconn)에 근무했다. 폭스콘은 모든 업무가 일일이 규정되어 있어서 그저 업무절차대로 시행만 하면 되었다. 모든 직원이 궈타이밍(郭台銘, 세계의 IT공장을 이끄는 대만 최고 갑부이자 폭스콘 CEO – 역주)의 복제품이 되도록 교육받았다. 또한 모든 정책도 궈타이밍이 만들었다. 제2의, 심지어 1만 번째의 궈타이밍이 되어 그의 경영철학대로 업무를 추진했다. 굳이 그림에 비유하자면 폭스콘이 표본을 제시하고 직원들은 표본을 본떠 그림을 그렸다. 반면에 징둥은 방향성만을 제시해준다. 예를 들어 회사는 산수화라는 주제만 던져주고 어떤 산수화를 그릴지는 직원이 스스로 결정하는 식이다.

류창둥은 인사배치를 과감히 실시하면서 권한위임도 파격적으로 시행했다. 상하이 자동화창고인 '아시아1호' 구축을 책임졌던 팀원 구성을 보면, 동종업계 인력에 비해 연령층이 낮은 편이었고 경험도 상당히 미비했다. 그래서 당시 경영층에서는 외부 자문인력을 초빙해서 설계할 것인지, 아니면 내부적으로 팀원을 발탁하여 진행할 것인지에 대해 의견이 분분했다. 물론 전자가 비교적 안정적인 선택이었지만 류창둥은 회사 내부 팀원의 실력배양을 목표로 삼았다. 구매,

의사결정 등 모든 사항을 내부 팀원이 주도적으로 진행해야 한다며 끝까지 고집을 꺾지 않았다. 외부 자문과 감리 측은 보조역할만 수행하도록 했다. 1984년생인 한 젊은 청년은 징둥에 입사한 지 열흘 남짓 되었을 때 '아시아1호' 프로젝트의 구매 부문을 직접 담당하게 되었다. 그는 압박감을 견디지 못하고 밖으로 뛰쳐나가 한바탕 울고 싶은 심정이었다고 한다. 하지만 막중한 스트레스가 오히려 성장 동력이 되었고 현재 이 청년은 어느새 이사로 승진해 있다.

전통적인 기업의 조직구조는 피라미드형이다. CEO가 피라미드의 꼭대기를 차지하고 중간층은 관리와 통제를 담당하며, 하부층은 실행조직이다. 이러한 조직구성을 선택한 이유는 탑층에 있는 CEO가 해당 업종에 가장 정통하고 경험이 풍부한 사람으로서, 의사결정에서 실수할 확률이 적기 때문이다. 그런데 과거 세상은 인터넷시대에 비해 정적이며 거의 불변한다는 특징이 있다. 정보를 조금 늦게 전달해도 전혀 문제가 없었다. 반면에 인터넷시대에는 정보전달 비용이 저렴하고 빠른 의사결정이 무엇보다 중요한 요소로 부각된다. 만일 일일이 단계를 거쳐 보고한다면 보고를 마칠 즈음에는 이미 기회를 놓치는 경우가 허다하다.

따라서 인터넷기반의 기업구조는 신뢰를 바탕으로 일선현장 직원과 이사급 관리자에게 충분한 권한위임이 이루어져야 한다. 이곳에서 CEO는 감독의 역할에 비중을 두고 지원업무를 담당하는 게 바람직하다.

2014년 12월 징둥은 10년 동안의 고속성장을 거듭한 결과 거대한 조직으로 성장했다. 7만 명의 직원을 보유하고 자체 물류창고가 전국적으로 1,862개 구·현(중국에 총 2,860개의 구·현이 있음)에 구축되어 있다. 즉 류창둥 개인의 영웅주의에만 의존해서는 이제 더 이상 한 단계 도약할 수 없다는 의미다. 또한 한 개인의 뛰어난 무용(武勇)만으로는 회사의 정상적이고 일상적인 운영을 유지하기 어렵다는 뜻이기도 하다. 이제 징둥은 조직력과 치밀한 시스템에 의존하면서 경영할 시기가 되었다.

류창둥은 CXO(CEO, CFO, COO등, 중간에 영문 X만 교체하는 형태) 인사체제를 수립하고 세부적인 경영에서 몸을 빼고 있다. 다시 말해 자신이 수행할 과제 중 하나인 '권한위임'을 추진중이다. 전자상거래의 모든 세부사항을 꿰뚫고 있는 오너로서, 과거 류창둥은 실무에 정통한 강점을 활용해 일사불란한 추진력을 발휘했다. 그런데 이제는 15년간 익숙했던 습관에서 벗어나야 할 시점이 도래했다.

2013년 7월 29일에 열린 '개방형 플랫폼 협력파트너 총회'에 류창둥은 엷푸른 티셔츠에 아이보리색 캐주얼한 바지 차림으로 등장했다. 검게 그을린 피부에 예전보다 다소 마른 모습으로 나타났는데 확실히 배도 홀쭉해 보였다. 그는 희색이 만면한 매우 활기찬 모습으로, 총회에 참석한 협력업체들에게 각자 자신의 운명을 스스로 손안에 움켜쥐자고 말했다. 그해 4월부터 8월까지 류창둥은 단 5주 동안만 중국에 머물렀다. 8월 18일에 다시 미국에 돌아가 연말이 되어서야 귀국했다. 당시 그는 고위 임원진에게 우스갯소리로 "내가 국내 사무실에 있는 1개월 남짓한 시간을 제대로 활용하라"고 말하기도 했다.

그는 권한위임을 하려면 '자신의 입'을 잘 관리해야 한다는 점을 잘 알고 있었다. 만일 먼저 입을 열면 모든 일이 기정사실로 정해진다. 때문에 반드시 모든 말을 경청한 후 마지막에 입을 열어야 한다. 그는 아예 '기왕 내친김에 끝장을 보자'는 심정으로 미국에서 연수를 받았다. 가장 좋은 권한위임 방법이라고 판단했기 때문이다. 회사에서 자리를 비우면 임원진하고 서로 연락 안 하는 '습관'을 기를 수 있을 거라고 생각했다. 사무실에 있다 보면 아무래도 뭔가 일을 손에 쥐게 된다. 자기도 모르게 입을 열고 지시나 질문을 하기 쉽다. 부하직원들도 사장이 자리에 있으면 찾아와서 "이것 좀 봐주세요"라며 의지하기 마련이다. 그는 해마다 '6·18' 창립기념일이 되면 직접 사이트를 지켜보면서 주문서와 접속건수를 일일이 챙겼었다. 하지만 2013년만은 예외였다. 진행되는 사항도 중간점검을 하지 않았다. 5월에 귀국해서 회의석상에서 지나가는 말로 "올해 6·18은 잘 준비되고 있나?"라고만 언급했다. 쉬레이가 15분 정도 간략히 보고하자 경품추첨 행사만 하나 추가하자고 건의했다. 이 말 한마디로 마케팅팀은 iPhone41999, iPad21999를 경품으로 선정하고 몇 천만 위안의 예산을 추가로 배정했다.

2010년 '6·18' 창립기념행사 때 폭발적인 호응을 얻으며 매출이 급증했다. 하지만 류창둥은 그래도 뭔가 부족하다며 오후에 쉬레이와 몇몇 책임자를 사무실로 불렀다. 그리고 한시적 '반짝 세일'을 추가 진행하라고 지시하며 100만 위안을 추가 투입했다. 그런데 이번 2013년에는 말 한마디에 몇 천만 위안이 투입됐으니 징둥의 규모가 얼마나 엄청나게 커졌는지 가히 짐작할 수 있을 것이다.

인펑빌딩 시절에 류창둥은 매일 사무실을 순시하며 직원들의 업무현황을 챙겼는데, 매출이 얼마인지 물어보면서 모든 구매영업 전략에 본인이 직접 가담하기도 했다. 고위층 임원의 말에 의하면 베이전스지센터로 옮겨온 뒤부터 그와 직접 대면할 기회가 적어졌다고 한다. CXO 인사제도가 자리를 잡은 후부터 류 사장이 구체적인 실무를 챙기는 일이 매우 드물어졌다. 직원 수가 30명인 회사라면 모든 세부사항을 일목요연하게 파악할 수 있지만, 300명으로 늘어나면 사장이 아무리 모든 일을 총괄하고 전력을 다해도 세부실무까지 일일이 통제하기 어렵다. 게다가 직원 수가 3,000명이 되면 본인과 관련된 몇몇 사람의 일을 제외하고는 직접 나설 수 없게 된다. 하물며 2013년에 이미 직원 수 3만 명이 된 징둥은 더 말할 나위도 없었다. 류창둥은 실무에서 벗어나서 조직제도를 통해 계층별 권한과 책임, 권리를 체계적으로 통합 관리할 필요가 있었다. 원래 그는 적합한 사람을 물색해 일을 맡기는 편이었다. 그러다 마땅한 인재를 못 찾으면 본인이 직접 하기도 했다. 그런데 요즘은 우선 어떤 사람을 찾아야 할지부터 고민한다. 또 이러한 인재가 어떻게 올바른 의사결정을 할지, 그리고 어떻게 하면 제대로 업무를 수행할지에 역점을 둔다.

류창둥은 사업 초창기에 세세한 업무까지 꼼꼼히 챙겼다. 성격도 급해서 직원에게 방법까지 하나하나 일러주었다. 관리자들은 업무 지시와 지적이 담긴 메일을 자주 받곤 했다. '당장 그 상품의 가격을 바꾸고, 바꿨으면 됐으니 왜냐고 물을 필요 없네'라든지 혹은 '홈페이지 디자인이 보기 흉해서 고객을 유인할 수 없겠네' 등의 내용이었다. 메일을 받자마자 직원들은 엄청난 스트레스를 받을 수밖에 없었다.

류창둥은 점차 권한을 내려놓을 때가 됐음을 깨달았다. 세부사안은 관여하지 않겠다고 강조하고 소신껏 자체 결정하라고 밝혔다. 하지만 관성이란 게 무서운 법이다. 자신도 모르게 어느새 업무에 파고들고 간섭했다. 그래서 지금도 여전히 어떻게 하면 적절히 권한을 내려놓을지 배우고 있다고 말했다. 임원들은 일정기간 과도기가 필요하다고 생각했다. 간혹 류 사장이 너무 실무적으로 챙긴다 싶으면 넌지시 일깨워주기도 했다. 하나에서 열까지 자신이 직접 챙겨야 직성이 풀리던 사람이 어느 날 갑자기 의식적으로 신경을 끄기까지는 사실 용기와 투지가 필요했다. 그는 회의 때마다 누차 '내 권한 밖의 일은 아예 묻지도 말라'고 지시하기도 하고, 때로는 '내가 간섭할 수 없으니 알아서 결정하라'고 말하는 경우도 있었다. 간혹 임원진이 의견을 듣기 위해 찾아가면 칭찬은 고사하고 다짜고짜 나무라기도 했다.

징둥은 ABC 관리체계를 도입했다. 인사권한, 재무권한, 업무권한, 문책권한을 ABC로 나눈 것으로 원래 징둥에 있던 제도다. 하지만 이제는 관리용어로 통용되고 있다. 류창둥은 좀 더 과감한 권한위임을 원했다. 규모가 확장되면서 직접 관리하기 어려웠기 때문이다. 합리적인 원칙 하에, 혈전이 벌어지는 현장의 일선직원에겐 그에 마땅한 의사결정권이 필요했다. 기업이 커졌으니 '코끼리가 춤을 추기'란 어려운 법이다. 아래 직원에게 충분한 권한위임을 함으로써 모든 부서가 제각각 역할을 발휘해야 전체 조직도 조화롭게 운영될 수 있다.

권한을 위임하기로 결정하고 류창둥이 유일하게 고심했던 것은 충분한 권한위임이 이루어졌는가이다. 각 부서 책임자의 권한이 충분하지 못하면 시장에 즉각 반응할 수가 없기 때문이다. 예를 들면 쓰찬지진 같은 예기치 않은 일이 발생할 때 재난구호금을 보낼지 여부까지 일일이 사장인 본인에게 보고해야 하는지, 또 어떤 사람에게 얼마만큼의 권한을 위임할 것인지 등, 그는 늘 이 문제를 연구하며 권한이관을 위해 노력해왔다. 매년 두 차례 열리는 전략회의와 동계 경영운영회의를 통해 부서별 경영실적과 사업계획이 전향적인지, 또 선견지명이 있는지 충분히 파악할 수 있었다. 현재 무슨 일을 하고 있고 무엇을 하려는지도 그는 명확히 알 수 있었다.

2014년 4월 징둥그룹은 회사체제를 분리하기로 결정했다. 그룹 산하에 2개의 자회사 그룹, 하나의 자회사와 하나의 사업부를 두는 형태로 조직을 분리했다. 이로써 징둥상청그룹, 징둥금융그룹, 파파이왕, 그리고 해외사업부로 나뉘었다. 그리고 이후부터 류창둥은 징둥그룹의 CXO 그룹장 회의의 조회에만 참석했다.

시스템을 통해 회사를 관리하다

멀리 미국에 있으면서도 류창둥은 징둥을 늘 지척에 두고 있었다. 징둥의 정보시스템을 통해 세계 어느 곳에서나 휴대폰과 아이패드로 모든 데이터를 볼 수 있었고 어느 창고에 재고가 얼마나 있는지까지 바로 파악이 가능했다. 또한 내부 감시시스템을 통해 웨이보나 게시판에 올라온 징둥에 대한 고객의 평가와 목소리도 접할 수 있었다. 해외에서 연수를 받고 있었지만, 회사에서 발생한 모든 일을 손바닥 보듯 훤하게 꿰고 있었다.

2013년 귀국했을 때 그는 갑자기 구매영업팀 전원을 소집해놓고 한바탕 듣기 싫은 연설을 한 적이 있다. 공급업체를 상대로 독단적이고 명령조로 업무를 추진해서는 안 되며, 최대한 서비스를 제공한다는 마음가짐으로 대하라고 따끔히 충고한 것이다. 아닌 게 아니라, 당시 회사가 승승장구하면서 일부 직원들의 교만한 태도가 조금씩 눈에 띄었다. 대학을 졸업한 지 3, 4년밖에 안 되는 혈기왕성한 젊은 팀장들이 자기보다 몇 십 년 인생선배인 공급업체 직원을 인정사정 없이 몰아세우는 일이 적지 않았다. 류창둥의 한바탕 연설 직후 직원들의 태도가 전보다 확실히 부드러워지는 등 효과가 바로 나타났는데, 아무래도 다들 뜨끔했던 모양이었다.

기술담당 부총재인 리다쉐는 이렇게 말했다. "문제가 발생하면 사장님이 발견하시기 전에 반드시 미리 해결해야 합니다. 사장님께 전화나 이메일이 왔다면 그 순간 끝장인 거죠. 아마 바로 그 자리에서 칼을 들이밀지도 모릅니다." 제품이 시장에 출시되기 직전인 중요한 시기에, 류창둥은 미리 제품을 사용해보고 직접 체험하기도 했다. 하루는 모바일연구개발부의 전임 부책임자였던 슝위훙(熊宇紅)을 급히 사무실로 불러들였다. 음악 카테고리의 클라이언트 구매흐름이 매끄럽지 않으니 다시 설계하고 수정한 후 보고하라고 지시하기 위해서였다.

그는 사고방식에도 다소 변화를 보였다. 사용자경험에 있어 자질구레한 세부사항에 집착할 게 아니라, 반드시 문제의 출발점과 근원을 찾아내서 뿌리째 고치라고 강조했다. 한번은 청두의 고객이 직접 류창둥에게 메일을 보내 끔찍했던 구매경험을 하소연한 적이 있었다. 그는 메일을 임원들에게 회람시키고 문제를 신속히 처리하라고 지시했다. 하루 뒤 청두지역의 업무담당자가 고객을 찾아가 반품과 환불 건을 처리했다고 회신 보고를 했다. 그런데 내심 류창둥의 칭찬을 기대했던 담당자는 도리어 심하게 꾸중을 들어야 했다. "시스템적으로 문제근원을 찾아 처리하고, 모든 소비자가 다시는 유사한 일을 겪지 않도록 조치하라"고 지시한 것이다. 아울러 "눈 가리고 아웅 하는 식으로 일을 대충 무마시킨다면, 사용자경험을 진심으로 구현하고 개선하려는 태도가 아니다. 그 순간에만 어떻게든 문제를 넘기려는 태도는 버리라"고 강조했다. 사실 예전 같았으면 오히려 칭찬을 받았을지도 모른다. 하지만 지금의 류창둥은 태도가 달랐다. 즉 '개별 사안에 대해서는 보고할 필요가 없으며, 내가 듣고 싶은 것은 시스템적인 해결방안이다' 라는 뜻을 확실히 밝혔다.

실제로 아마존은 이렇게 일을 처리한다. 결코 개별 사안에 집착하지 않는다. 그날 징둥의 경우와 유사한 건이 터지면 정확한 처리절차는 다음과 같다. 우선 CEO에게 즉각 각 부문의 협조를 통해 일을 처리하겠다고 보고를 한다. 그런 다음, 일주일 후에 절차상의 문제가 어디에 있으며 절차를 어떻게 개선하고 실행할지 다시 CEO에게 보고한다. 그리고 또다시 일주일 후에 모든 문제의 근원을 찾아 해결했으며 다시는 이와 유사한 일이 재발되지 않을 것이라고 최종 보고를 올린다.

징둥의 물류창고관리지원팀 이사인 우하이잉(吴海英)은 2011년 징둥에 입사했다. 그는 화둥지역 물류창고를 책임지면서 몇 가지 다른 업무도 겸직하고 있었다. 그때 화둥지역 물류창고의 직원 수는 500여 명이었고 하루 주문처리건수는 몇 만 건에 이르렀다. 2년 뒤에는 물량이 정점일 때를 기준으로 하루 주문처리건수가 7배 이상 급증했다. 이에 반해 직원 수는 겨우 2배 정도 증원에 그쳤는데도 처리물량을 너끈히 감당할 수 있었다. 이는 조직구성의 정비와 창고업무절차의 특화, 최신 설비시설의 도입에 기인한다. 이 외에도 합리적인 인센티브 제도를 시행한 덕분이라고 할 수 있다.

처음 화둥에 부임했을 때 우하이잉은 혼자 창고업무를 총괄했을 뿐만 아니라, 외부 회의는 물론이고 부서 간 협력회의도 주관했었다. 양손에 휴대폰을 들고 있는데도 사무실 직통전화가 울려댔고, 그 옆에는 직원 몇 명이 결재를 받기 위해 대기 중이었다. 이 당시에 관리계층의 간소화(Delayering)를 추진한다는 것은 시기상조였다. 물류창고는 지점직속 조직이었는데, 창고운영부가 신설되고 업무기능에 따라 부문을 나눈 뒤 부문 간 협조지원체제를 구축했다. 예를 들어, 정밀화경영팀장은 교육 등의 업무를 담당하고 종합관리팀장은 행정, 파손방지, 보안 등의 업무를 담당했다. 조직구조 정비를 통해 업무분장과 협력체제가 구축되었다. 과거에는 물류창고 책임자가 온갖 크고 작은 일을 담당하면서 안 하는 일이 없을 정도로 업무가 과중되었다. 이제는 계획수립, 조직의 발전방향, KPI(핵심성과지표)관리 및 직원의 자기계발 등에 한정해 몰두할 수 있었다. 우하이잉은 3개월 동안 매주 7일을 근무하며, 하루에 3~4시간밖에 자지 못했다. 6개월 뒤에야 비로소 조직구조의 정비가 마무리되었다.

조직구조의 정비는 업무기능이 더욱 세분화된다는 의미였다. 업무부문의 수가 끊임없이 늘면서 부문 간 협력업무도 당연히 증가했다.

과거에 류창둥의 업무 스타일은 단호하며 신속했다. 문제가 생기면 즉각 해결해야 했고, 부하직원이 반드시 결과를 피드백하고 지시에 따라 문제를 해결토록 했다. 하지만 나중에 관련부서가 많아지자, 단순히 지시를 내리려 해도 대개 여러 부서가 관여될 수밖에 없었다. 통상 이런 경우 부서 간 수평적인 업무협조가 필수적이었다. 나중에 그는 하는 수 없이 방향성만 제시했다. 예를 들어 어느 팀이 속된 말로 '총대'를 맬 것이며 어느 부서가 지원해서 체계적으로 문제를 해결할지 가이드라인만 제시하는 식이었다.

회사규모가 더 커지자 부서 간 소통도 효율성이 떨어졌다. 2009년에 징둥은 상하이 모 관련기관과 '아시아1호' 부지 관련 기본합의서(MOU)를 체결했다. 그리고 2012년 8월과 9월에 '국가입찰경매' 절차에 따라 부지를 확보하고 물류설계수립과 건축설계에 착수했다. 연이어 2013년 4월 첫 번째 설비가 현장에 설치되었으며, 2014년 3월 프로그램 디버깅(Joint debugging, 오류를 검출하여 수정·제거-역주)을 실시했다. 그리고 2014년 광군제를 맞이했을 때 10만 개의 주문서를 처리할 수 있었다. 이 물류창고가 징둥의 첫 번째 자동화창고다. 각 부문 간 조율에만 시간이 한참 걸렸던 프로젝트다. 물류와 구축부서 간 교차시공을 진행했는데, 회사규모가 커지면서 흔히 말하는 '대기업병'이 슬그머니 고개를 들었다. 도대체 누구 의견을 기준으로 일을 진행해야 하며, 모 부문에서 제시한 요구사항이 적절한 수준인지 등의 여러 문제가 잇달아 발생했다. 책임소재가 불분명했고 처리절차도 정립되지 않았던 탓이다.

일례로 물류창고 설비를 입고시키는 건이 있었다. 설비를 해외에서 생산하고 해외에서 발송해야 했다. 정부사무부(政府事務部, 기업 내

정부관련 홍보 및 접촉부서-역주)는 기간을 설정하고, 물류부서에 입고에 필요한 준비를 마친 후 모든 설비를 예정기한 내 입고시키라고 요청했다. 하지만 물류부서 입장에서 따져보니 그건 불가능한 일정이었다. 과연 예정기한 내 입고가 가능할지에 대해 양쪽 의견이 팽팽히 맞서기 시작했다. '진척도'는 양쪽 부서 모두에게 해당하는 평가항목이었다. 설비가 예정기한에 들어오지 못하면 해외에서 창고비용이 발생하는데 그 비용발생에 대한 책임을 어느 부서가 질 것인지도 이슈였다.

또한 부서별 실적평가 기준도 달라서 마찰이 생기곤 했다. 구매영업팀은 재고의 준비·입고율이 중요한 반면, 물류창고부서는 창고공간의 효과적인 이용률을 기준으로 평가받았다. 다시 말해 재고량이 많으면 회전율이 떨어져서 물류창고부서의 실적에 부정적 영향을 미치게 된다.

당시 회사의 성장속도가 지나치게 빠르다 보니 직원들이 감당할 업무량이 포화상태에 이르렀다. 그러니 자진해서 많은 일을 맡겠다는 열정과 의욕이 갈수록 떨어질 수밖에 없었다. 직원 수가 적었던 시절에는 문제가 생기면 서로 머리를 맞대고 같이 논의했었다. 서로 담당이 아니라는 판단이 들면, 담당자를 찾아내서 같이 문제를 해결하기도 했다. 그 당시에는 내 일인지 아닌지가 중요하지 않았다. 그런데 어느덧 네 일도 아니고 내 일도 아니면 관심을 끄고 모른 척하기 일쑤가 되었다.

부서 간 협력과 조율이 필요한 상황에서 때로는 인정에 호소해야 하는 경우도 발생한다. 예를 들어 이런 일이 있었다. 연구개발부 마케팅연구개발팀 부총재인 마쑹(馬松)의 경우, 최고마케팅경영자(Chief Marketing Officer, CMO)의 인사고가를 받게 되어 있다. 샤오쥔도 CMO의 평가를 받아야 한다. 그런데 샤오쥔이 마쑹의 도움을 받아 시스템을 수정할 일이 생긴 것이다. 마쑹은 "지금 란 사장님(징둥그룹 CMO인 란예(藍燁))이 지시한 일을 진행 중이라 3개월쯤 이후에나 요청한 일을 할 수 있다"고 대답했다. 한 달 내에 수정작업을 완료할 계획이었던 샤오쥔은 어떻게 해야 할지 곰곰 생각해보았다. 이런 일로 류창둥을 찾아가 조율해달라고 요청하면 보나마나 양쪽 부서 모두 한바탕 곡소리가 날 게 뻔했다. 샤오쥔은 결국 고심 끝에 인정에 호소하기로 했다. "여러분 모두 수고 많으십니다. 제가 밥 한번 살 테니 주말에 시간 좀 내주세요. 일손이 부족하면 우리 팀 직원을 보내서 돕겠습니다." 다행히 그는 호응을 얻어 계획대로 수정작업을 완료할 수 있었다.

징둥은 업무실적 평가체계에 '협력업무' 항목을 추가했다. 이에 따라 직원들은 어떻게 협력을 진행하는지 설명해야 한다. 재무지표는 CXO 실적평가의 50% 비중을 차지하며, 부총재는 30%, 이사는 20%다. 우선 협력을 추진해야만 회사재무지표에도 우수하게 기록된다. 그런데 실제로 협력으로 해결할 부분은 정신적인 측면이다. 모든 직원들의 마음속에 협력의지가 뿌리내려야 한다. 자기중심적인 성향이 지나치게 강하면 서로 협조가 잘 이뤄지지 않을뿐더러, 이런 직원은 남의 일에는 관심이 없기 마련이다. 따라서 회사 입장에서도 큰 그림을 볼 줄 아는 관리자를 발탁하려 특별히 노력한다. 넓은 안목을 가진 관리자가 남을 기꺼이 도우려 하기 때문이다.

징둥에는 내부배송시스템이 구축되어 있다. 베이징에 입고물량이 많을 경우 이 시스템을 통해 마우스 클릭 한 번으로 베이징에서 상하이로 제품을 보낼 수 있다. 특히 구매영업팀 입장에서 이는 유용하게 활용될 수 있다. 안 팔리는 물건이 있으면 내부배송시스템을 이용해 문제를 해결할 수 있기 때문이다. 관리자들은 직원에게 내부배송시스템을 신중하게 활용할 것을 주문한다. 마우스를 클릭하는 순간, 창고에 근무하는 회사동료가 진열대에서 물건을 내리고 재고를 정리·점검해 출고시킨 다음, 간선물류시스템을 통해 상하이까지 운송해야 하니 말이다. 또 상하이에서도 마찬가지로 화물차에서 물건을 하역해 재고를 점검한 후 입고시키는 작업을 진행해야 한다. 다시 말해, 자기 업무실적만 신경 쓸 게 아니라, 업무를 처리할 때 최대한 타 부서 직원의 입장을 고려하고 회사 입장에서 판단하라는 의미다.

2008년에서 2013년 사이 징둥의 인력은 200~300명에서 3만여 명까지 급증한다. 레노버 경영대학(聯想管理學院) 상무부원장인 가오챵(高强)은 "이는 중국 기업에서 보기 드문 경영학 사례로 경영학이 풀어야 할 과제다. 레노버그룹의 직원 수가 3만여 명이 되기까지는 28년이 걸렸다"라고 언급한 바 있다.

업무와 조직이 나날이 팽창함에 따라 류창둥은 필연적으로 치밀한 운영시스템을 구축해 회사를 경영해야 했다. 2013년 2사분기에 징둥은 처음으로 KPI지표를 기준으로 인센티브를 산출했다. 2009년부터 2010년까지는 마치 '고삐 풀린 망아지'처럼 거리낌 없이 질주하던 시절이었다. 연초에 매출목표와 업무가 확정되면 모든 직원이 각자 능력껏 최선을 다해 연말까지 냅다 내달렸다. 당시에도 '실적평가'라는 것이 있긴 했지만 압박감을 느낄 만한 정도는 아니었다. 그저 몸은 피곤해도 본인이 사서 고생하며 적극성을 발휘하면 될 일이었다. 당시에는 마케팅 책임자 KPI의 65%가 매출액이며 35%는 '정성적' 평가인 문화적 소양평가였다. 지금의 조직평가는 여러 관련지표가 추가되어 더욱 엄격하고 치밀해졌다.

2010년에는 이익률과 매출액을 중요시했으며, 2012년부터 이익률, 공급업체관리, 재고회전율의 지표를 도입하기 시작했다. 이는 징둥의 전략적 변화와도 관련이 있다. 3C제품 위주에서 종합쇼핑몰로 방향을 전환하면서 B2C 플랫폼을 통한 판매모델도 적극 도입하기 시작했다. 또한 자영시장(自營市場, 자체생산 · 자체판매 – 역주) 형태가 대시장이론(Theory of Big Market, 대량생산에 의한 규모의 이익실현 – 역주) 개념으로 바뀌었고, 회사 자체의 성장만을 추구하던 경영모델이 제3의 판매자와 사회적 수요를 충족하기 위한 서비스 제공 쪽으로 변화되는 추세였다. 이 밖에도 기타 여러 요인으로 인해 징둥의 운영효율이 더욱 제고되어야 할 필요성이 대두되었다. 2012년에 징둥은 연구개발경비를 대폭 확대하고 운영시스템 개선에 박차를 가하기 시작했다. 이를 통해 일인당 평균 업무처리건수, 일인당 평균 배송수량, 고객서비스 응답전화건수 및 효율 등이 모두 크게 개선되었다. 쉬레이는 "이제는 대기업 반열에 들어섰습니다. 매년, 매월, 매분기별로 데이터를 분석하고 자신의 목표 KPI가 무엇인지 파악해야 하니 아무래도 더욱 압박을 받게 될 겁니다"라고 설명한 바 있다.

업무절차도 더욱 치밀하고 엄격해졌다. 이는 매우 역설적이라 할 수 있다. 규범과 절차가 없으면 의지가 박약한 직원이 허점을 파고들 확률이 높다. 반대로 업무절차가 엄격해지면 의사소통과 실행력이 반감될 수 있다. 예전에는 그냥 "이 일은 이렇게 정합시다"라고 말 한 마디만 하면 모두가 일사분란하게 업무에 돌입했다. 하지만 이제는 일정범위의 권한을 넘어서는 일은 미리 보고절차를 밟아야 한다.

경영관리학의 관점에서 보면, KPI라는 게 권장할 만한 것인지에 대해 논란이 있을 수 있고 가타부타 결론내리기도 매우 애매하다. KPI 때문에 직원의 자율성과 적극성을 제한하는 면도 있기 때문이다. 하지만 징둥이 개인적인 카리스마와 영웅에 의해 움직일 수 없는 상황이라는 것만은 분명하다. 따라서 시스템과 체제의 정비는 필수적이다. 세상에 완벽한 관리문화라는 것은 없다. 다만 기업이 처한 상황에 따라 자연스럽게 생겨난 관리문화만이 존재할 뿐이다.

초창기에 징둥에도 인센티브 문화라는 게 있었다. 류창둥이 회식자리에서 "자네 열심히 한번 해보게. 매출목표만 달성하면 근사한 차 한 대 뽑아줄 테니"라는 말로 동기부여를 했다. 이 때문에 모두들 류창둥 사장과 식사하고 싶어한다는 말도 한때 떠돌았다. 인력자원부에서 산출해 지급하는 인센티브라고 해봐야 기껏 몇 만 위안이었지만, 류창둥 사장과 식사 한 번 같이 하면 뭐든 불가능한 게 없었다. 인력자원부는 공정한 평가체계를 만들어 시행하는데, 류창둥이 그 체계를 간혹 마음대로 뒤흔들었던 셈이다.

2011년과 2012년 내내 인력자원부는 류창둥에게 하소연하며 불평하곤 했다. 급여·보상체계라는 게 마땅히 사리에 맞고 공정해야 하니 말이다. 류창둥도 버티는 데 한계가 있었다. 한편으론 자신의 모든 행동이 하나에서 열까지 제재를 받자 답답한 마음도 들었다. 자기 돈인데 마음대로 쓰지도 못했으니 말이다. 훗날 그도 인력자원부의 의견에 일리가 있다며 자신의 경솔함을 수긍했다. 회사규모가 달라졌으니 제도를 마련해야 했다. 이 말은 결국 류창둥의 자유로운 공간도 그만큼 줄어들었음을 의미한다. 류창둥도 여느 직원들과 마찬가지로 회사 돈을 마음대로 쓸 수 없었고 인센티브 내역도 인력자원부에서 별도 특별항목을 만들어 관리했다.

이 책에서 독자는 구매영업팀의 기이한 일화와 비화를 자주 접할수 있다. 특히 2012년 이전의 잘 알려지지 않은 이야기가 많이 나온다. 예를 들면 술 한 잔에 모든 시름을 떨치던 시절이 있었는데, 당시매출목표를 초과달성하면 연말에 보너스로 30만~40만 위안(한화로 약5,000~7,000만 원)의 거금이 주어졌다고 한다. 이런 비화는 직원들의 열정에 불을 댕기기 충분했고 당시에 사기도 하늘을 찔렀다. 지금은 불가능한 일이 되었지만 말이다. 비록 전설처럼 내려오는 이야기지만그 이면에는 명확한 경영철학이 숨겨져 있다. 더욱 공평한 원칙을 전제로 했다는 의미다. 일례로 징둥에서 상금 800만 위안(한화로 약 13억7,000만 원)의 혁신대상을 선정한 일이 있다. 대상자를 선정할 때도 어떻게 사례를 분석하고 단계별로 어떻게 상금을 수여할지 등 모든 절차가 제도화되어 있었다.

인사체계의 완비

류창둥은 과거 피터 드러커(Peter F. Drucker)의 책을 읽고는 몇 가지견해에 동의할 수 없었는데, 요즘 다시 정독하면서 적지 않은 영감을받았다고 한다. 피터 드러커는 회사가 커지면 한 개인에 의지해 경영할 수 없으며 고위 경영층이 필요하다고 말했다.

2007년 징둥 최초의 부총재인 옌샤오칭이 입사했다. 2008년에 두 번째로 부총재로 리다쉐가 합류했고 2009년에는 세 번째로 쉬레이가 들어왔다. 상당 기간 징둥의 경영관리는 류창둥 한 개인의 어깨를 짓누르고 있었다. 15년 동안 류창둥은 7시에 출근해 8시에 조회를 열었다. 조회석상에는 고위 경영진이 류창둥을 중심으로 테이블 앞에 촘촘히 둘러앉아 있었다. 하지만 2013년 조회 때부터는 류창둥이 거의 모습을 보이지 않았고 COO인 선하오위가 조회를 대신 주재하게 된다. 그리고 선하오위가 부재 시에는 CMO인 란예가 회의를 주재했다. 조회는 대개 15분이면 종료되었는데, 주로 6개 지역별 총경리와 고객서비스센터 총경리가 물류창고·배송·고객서비스 등 일상적인 경영문제를 보고했다. 예를 들면 시난지역에 강우량이 많아 제품의 재발송 건이 증가했다든지, 시베이지역에 지진이 일어났는데 직원과 배송거점에 문제가 없는지 등이 주요 보고 대상이었다.

2011년 징둥에 합류한 선하오위는 회사의 첫 번째 CXO급 임원이었다. 류창둥이 그를 채용한 것은 현대적인 대기업 CEO체제로 회사를 경영하겠다는 의지의 표명이었다. 또한 본인은 업무의 처리절차와 권한위임에 주력하고 전략 수립에 더욱 시간을 할애하겠다는 뜻이었다. 선하오위는 이렇게 설명한다. "류창둥은 아르바이트 경험도 거의 없고 어려서부터 일찍이 자기 회사를 창업한 사람이다. 그는 성숙단계에 진입한 회사의 CEO가 무엇인지, 또한 창업주 색깔을 살리면서 어떻게 경영할지 더욱 고심하고 있다." 징둥은 선하오위 COO, 란예 CMO, 왕야칭(王亞卿) CFO, 장위 CHO&GC 등 고위 경영진을 잇달아 영입했다. 이 중에서 왕야칭은 입사 후 1년이 채 안 되어 징둥을 떠났다. 2014년 3월에는 징둥이 텅쉰의 지분을 인수·합병하면서 회사 내부적인 구조조정이 진행되었고 징둥상청이 징둥그룹의 자회사 그룹으로 편입됐다. 그리고 선하오위가 징둥상청의 CEO에 임명되었다.

장레이는 류창둥을 우수한 인재를 두려워하지 않는 사람이라고 평가했다. 많은 민영기업의 창업주가 우수한 인재를 배척하는 경향을 보인다. 통제권을 잃게 될까 두려워서다. 반면 류창둥은 오픈 마인드의 소유자로 자신감이 넘쳐났다. 장레이는 류창둥에게 선하오위와 야오나이성(姚乃勝, 현재 징둥금융그룹 전략연구부 부총재)을 소개했다. 당시 징둥에서는 고위 경영자를 영입하는 데 어려움을 겪고 있었다. 징둥이 촌스럽기 그지없는 무명회사인 데다가 흔히 말하는 힘들고 더러운 3D업종이라는 인상이 강했기 때문이다.

선하오위는 류창둥이 말끝마다 "이 일은 내가 관여해서는 안 되는 일이니 자네들이 정하시게. 나는 손을 떼겠네"라고 의식적으로 말한다는 점을 잘 알고 있었다. "사장님은 때로 간섭하려다가도 이러면 안 되지 하면서 한 발짝 물러서셨죠."

징둥의 조직체계에 따르면 부총재는 CXO급 임원에게 일상적인 업무보고를 해야 한다. 류창둥은 도서음반 및 국제비즈니스를 담당할 사람으로 부총재인 스타오를 직접 지명했다. 스타오는 국제브랜드 입점업무를 담당하며 직접 사업계획을 보고했다. 그때 류창둥이 그와 면담 이후 "이 일을 자네에게 직접 지시하긴 했지만 다음부터는 란예 CMO에게 보고하고 나에게는 참조로만 보내시게. 란예를 건너

뛰어선 안 되지"라고 말했다. 스타오는 이 일에 대해 "마케팅 내부업무를 따로 분리해서 진행하는 것을 용납하지 못하셨죠. 결재라인을 건너뛰도록 내버려두면 CMO를 무시하는 행위니까요"라고 덧붙여 설명했다.

징둥의 고속성장은 많은 문제를 덮기도 했지만 더불어 적지 않은 문제도 표출시켰다. 과거에 장기적 안목이 부족했던 탓에 훗날 인력 부재의 어려움을 겪게 된 것이다. 징둥은 이미 중국의 1,862개 구·현에 배송거점을 구축했으며 모든 거점마다 점장을 배치해야 한다. 배송체계가 매해 확장될 때마다 앞으로도 충분한 점장 인력을 과연 확보할 수 있을 것인가? 인원과 실적이 고속성장하는 회사는 조직을 지탱할 수많은 말단 간부를 필요로 한다. 때문에 장위는 징둥에 입사한 후 인재전략을 대규모로 정비하기 시작했다. CXO에서 부총재, 이사, 팀장에 이르기까지 모든 직급마다 회사의 장기적 발전을 위한 충분한 인재를 확보하고 있는지, 또한 모든 관리층에 합당한 후임자가 있는지 등을 면밀히 검토했다. 검토 결과 부총재와 이사급 인력은 어느 정도 안정적으로 확보되어 있었다. 하지만 이사급 이하의 인력은 부족했다. 때문에 부족한 인력을 빠르게 충당하고 배치함으로써 이사급 보직전환 및 승진이 생기면 그 자리로 올라올 수 있도록 대비해야 했다. 이는 만만치 않은 일로 막중한 과제라 할 수 있었다.

2010년 징둥에 합류한 류멍(劉夢, 현재 징둥 인력자원부 총재)은 입사한 지 얼마 안 된 시점에 회사가 어떤 인력자원시스템을 사용하는지 물었다. 그런데 시스템 없이 사람 손으로 일일이 엑셀 표를 작성해서 관리한다는 대답이 돌아왔다. 그녀는 도저히 믿을 수 없었다. 징둥의 발전속도가 거의 경이적인 수준이고 들고나는 사람도 많은데 인력자원관리를 수동으로 한다는 게 믿기지 않았다. 그녀가 시스템을 구매하자고 제안하자, 이번에는 징둥이 직접 개발한다는 대답이 돌아왔다. 시중에 잘 만들어진 경영관리 프로그램이 널렸는데 그것을 사용하지 않겠다는 말을 들었을 때 그녀는 회사가 다소 폐쇄적이라는 느낌을 지울 수 없었다. 나중에 사장이 공급업체를 물색해서 인력자원시스템을 구매하라고 승인하긴 했지만 책정된 예산은 10만 위안뿐이었다. 류밍은 머리가 핑 돌 지경이었다. 다른 회사는 인력자원시스템에 쏟아붓는 돈이 자그마치 1,000~2,000만 위안이었으니, 황당하지 않을 수 없었다.

그녀는 급여·보수체계, 실적·인센티브체계, 직급별 직위체계 등을 포함한 총괄적인 인력자원제도 관련 구축업무에 본격적으로 착수했다. 그 프로젝트를 막 시작할 때 5,000명이었던 직원 수가 끝날 때쯤에는 이미 2만 명으로 불어나 있었다. 하나의 체계가 정비되고 나면 회사에는 새로운 변화가 생겨났다. 변화가 생기면 인력이 또 충원됐는데, 새로 입사한 경력사원들은 간혹 기존 직장의 관리개념을 그대로 들고 와서 관철시키기도 했다. 그렇게 여러 항목이 추가되고 체계에도 일부 조정이 가해졌다.

그 즈음 굉장히 첨예한 대립이 발생했다. 관리자의 리더십 항목으로 무엇이 최우선인지를 둘러싸고 설전이 오간 것이다. 운영부서에서는 고효율과 표준화, 원가를 강조했고, 연구개발부서는 창의력과 기술력, 업무에 대한 기술도입 여부 등을 강조하며 고효율만 주장해서는 안 된다고 맞섰다. 또한 구매영업부서에서는 전략의 중요성을 내세우며 미래의 먹거리를 염두에 두고 어떤 카테고리를 확장할지가 우선과제라면서 연구개발은 도구에 불과하다고 역설했다.

급여·보수체계를 놓고도 갈등이 빚어졌다. 징둥의 터줏대감인 고참 임원들은 'A급 인력이라고 해도 우선 B급의 기본급여만 가져간 다음에, 나중에 A급 실적이 나오면 그때 A급에 적합한 대우를 해주면 된다'는 의견이었다. 하지만 새로 영입된 임원들의 생각은 달랐다. 징둥의 플랫폼이 커진 상황에서 우수한 인재를 채용하기로 결정한 이상, 회사가 그들에게 충분한 신뢰를 먼저 보여줄 필요가 있다는 생각이었다. A급 인력은 당연히 A급 연봉을 가져가고 A급의 실적을 달성하면 되지 않느냐면서, 그러지 않는다면 다른 사람이 징둥의 이상과 꿈을 어떻게 믿고 따르겠냐고 주장했다. 한마디로 '구 징둥파'의 주장은 돈을 썼으면 눈앞에서 입증해 보여달라는 것이었다. 그들은 푼돈까지 아껴가며 어렵게 키워온 회사인 만큼 한 푼도 허투루 쓸 수 없다면서, 희생을 해야만 비로소 그에 응당한 보상을 얻을 수 있는 법이라고 강조했다. 반면 '신 징둥파'의 주장은, 징둥의 규모와 경영성숙도를 고려할 때 뛰어난 인재를 채용하면서 아무런 보장도 없이 '무작정 징둥을 믿으라'고 강요할 수 없다는 것이었다. 한두 명이야 어떻게든 데려올 수 있지만 수천, 수만 명의 인재를 채용하려면 그것으로는 불가능하다는 것이었다. 양측의 대립이 극도로 첨예해지자, 노발대발하며 자리를 박차고 나가는 임원도 있었다.

류멍은 현재와 미래에 부합하는 포용적인 제도가 필요하다는 관점이었다. 원래 급여·보수체계라는 게 나중에 스카우트되어 입사한 사람이 유리한 법이다. 하지만 기존 직원도 일만 열심히 하면 금세 나중에 입사한 사람과 같은 대우를 받게 될 것이라고 알려야 했다.

2013년 리더십모형이 구축된 후 징둥은 인재평가를 실시했다. 예전에는 인재평가라고 해봐야 극히 단순해서, 사장이 오케이하면 되는 구조였다. 그러나 사람이 어떤지는 반드시 다각도로 살펴보고 판단해야 한다. 직속 이외의 다른 상사들은 어떻게 평가하는지, 또 동료들은 어떻게 보는지 등 여러 각도에서 판단해야 한다. 대신 반드시 평가 기준용어를 통일시키는 것을 전제로 해야 한다. 그러지 않으면 1, 2, 3으로 평가하는 사람이 있는가 하면, A, B, C로 평가하는 사람도 있기 때문이다. 그렇다고 1, 2, 3이 틀리고 A, B, C는 맞다고 할수도 없다.

징둥은 9등급으로 인재평가를 실시했는데, 1은 실적 부진, 잠재력 부진으로 100% 도태 대상이다. 2는 실적 부진, 잠재력 보통이며, 3은 실적과 잠재력이 모두 보통인 경우다. 4는 실적 부진, 잠재력 우수라는 의미로 부서를 잘못 배치했든지 아니면 신입사원일 가능성이 높다. 5는 회사의 중견 역량으로 실적과 잠재력이 모두 우수한 경우고, 6은 실적은 좋은데 잠재력이 없는 경우로서 주로 우직하고 묵묵히 일하는 사람들이 여기에 해당한다. 7은 잠재력이 우수하고 실적은 중간인 경우, 8은 실적이 우수하고 잠재력은 보통, 9는 실적과 잠재력이 모두 우수한 경우다. 향후 승진하고 연봉이 오르고 스톡옵션을 받을 수 있는 사람은 7, 8, 9등급의 인재라고 보면 된다.

회사의 제1차 인재평가는, CXO급 회의를 통해 부총재를 평가할 때였다. 류멍은 일일이 CXO급 인사에게 전화를 돌려 회의의 성격을 설명했다. 모두 무난하게 넘어갔으나 마지막으로 류창둥에게는 어떻게 설명해야 할지 좀 난감했다. 휴이트 어소시에이츠(Hewitt Associates, 세계적인 인사관리전문 경영컨설팅기업-역주) 측에서는 회사에서 처음으로 실시하는 인재평가인 만큼 이번이 매우 중요하다고 강조했다. 제1차에서 잘못되면 모든 게 수포로 돌아갈 확률이 높다고 덧붙이며, 가능하면 평가현장에 류창둥이 배석하지 말고 멀찍이 떨어져서 평가과정을 지켜보기만 하는 게 좋겠다는 의견을 내놓았다. 장위가 이메일로 정중하고 완곡하게 회의의 성격과 해야 할 역할을 류창둥에게 전달했다. 메일을 받은 류창둥은 간략히 '분부대로 하지요'라고 회신했다고 한다.

2013년 6월 8일, 류창둥은 회의실 한쪽에 조용히 앉아, CFO, CMO, CHO, COO 등의 임원이 30여 명에 달하는 부총재들의 소양과 잠재력을 평가하는 모습을 지켜봤다. 대다수 부총재는 류창둥이 직접 징둥에 데려온 사람들이다. 그래서 그 누구보다 그들을 잘 알고 있었다. 류창둥은 자기도 모르게 입에서 말이 튀어나오려고 하는 통에 몇 차례 고비를 간신히 넘겨야 했다. 그때마다 얼른 물 한 모금을 마시며 애써 하고 싶은 말을 삼켰다. 장장 6시간 동안 평가작업이 진행되었고 류창둥은 시종일관 침묵을 유지했다. 그리고 마지막으로 참관인 자격으로 정리발언을 했다.

그날 류창둥은 부결권을 딱 한 번 사용했다. 8등급 인재를 평가할 때 승진 대상자가 너무 많았는데, 그때 모 CXO급 임원이 "그러면 이렇게 하시죠. 저희 쪽 직원을 빼겠습니다"라며 한발 물러선 것이다. 그러자 류창둥이 "미안하네만 내가 부결권을 사용하겠네. 정말 그 직원이 8등급 인재라면 승진 대상이 되어야 마땅한 게 아닌가. 자네가 양보하는 것에 동의할 수 없네"라고 말했다. 인재평가가 종료되면 비로소 참관자가 하나하나 의견을 개진할 수 있었다.

당시 인재평가를 하면서 류창둥은 내심 놀라움을 금치 못했다. 모두가 상당히 객관적이고 전면적으로, 또한 솔직하게 의견을 나눴기 때문이다. 이는 그가 예상 못했던 일이었다. 인적자원(HR) 수석고문도 장위에게 "징둥에서 이번 평가시스템이 성공적으로 정착하리라고는 솔직히 예상 못했다"고 말하며 연신 감탄했다. 그는 이제까지 민영기업이 이 정도까지 개방적 인사를 추진할 것이라고 생각해보지 않았다고 한다.

장위는 해외 각종 포럼에 참석할 때마다 가장 눈에 안 띄는 모퉁이에 사장들이 앉아 있는 모습을 보곤 했다. 그러다 2012년에 처음으로 징둥 회의에 참석했는데, 대부분 임원들은 몇 마디 안 하는 반면 유독 류창둥 사장만 혼자 이런저런 의견을 피력하고 있었다. 사실 이는 바람직하지 않았다. 향후 10년 동안 류창둥만 입을 여는 회사가 되어서는 안 되며 반드시 여러 사람의 지혜를 모아야 했다. 그런데 2013년 8월 주자이거우에서 열린 상반기 경영회의에서 본 류창둥의 모습은 사뭇 달라져 있었다. 모든 사람들의 발언이 끝난 후에야 자신의 견해를 밝힌 것이다.

온정을 유지하라

2012년 8월 17일 저녁 6시 반, 야원춘의 위궁위포(漁公漁婆) 식당에 6개의 테이블이 마련되었다. 테이블마다 쑤첸에서 생산된 양허난서징

덴(洋河藍色經典, 중국 장쑤성의 대표적 명주 중 하나임—역주)과 여러 개의 젤리가 놓여 있었다. 그날 저녁 류창둥은 베이징에서 5년 동안 근무한 고참 직원들을 초대했다. 5년 미만이나 5년 이상 된 직원은 참석 대상에서 제외됐다. 류창둥은 필자가 직원들과 한담을 나눌 수 있도록 이 연회에 초대해 자리를 마련해주었다. 모두 40세 전후반의 중년 남성이었다. 쉬원이(徐文義)라는 직원은 2007년 8월 20일에 배송부로 입사하여 처음에는 시청구 마롄다오(西城區馬連道) 배송거점에서 근무했다. 당시 징둥에는 3개의 배송부만 있었고 각각의 배송부에는 4~5명의 직원이 근무했기에 다 합해 봐야 20명이 채 안 되었다. 그는 2012년에 신파구(新發區) 배송부로 옮겨왔고 월급이 5,000여 위안이라고 했다. 그를 포함해 처음 입사했던 택배원은 그때까지 4명이 남아 있었다.

류창둥은 흰색 반팔 면티셔츠와 푸른색 긴바지 차림에 블랙 캔버스화를 신고 식당에 들어왔다. 그러고는 연회에 참석한 80여 명의 직원과 돌아가며 일일이 악수했고, 떠들썩하게 웃으며 환담을 나눴다. 그는 모든 직원의 부서와 이름을 정확히 기억하고 있었다. 그런데 다들 착석한 후 젤리를 후루룩 먹어치우더니 빈 젤리 통을 술잔 삼아 술을 채우는 게 아닌가. 이는 징둥의 독특한 전통이라고 한다.

류창둥은 술이 가득 찬 젤리 통을 들더니 이렇게 말했다. "5년 되었습니다. 여러분, 감사합니다. 처음에는 해마다 여러분과 몇 차례 술자리를 가졌는데, 지금은 술자리는 고사하고 1년에 한 번 뵙는 것도 쉽지 않네요. 사실 우리끼리는 별 말이 필요 없습니다. 5년 전 쑤저우 거리에서 일할 때 우리는 볼품없는 작은 회사였습니다. 하지만

5년 후의 지금, 우리는 국내에서 제법 알아주는 기업이 되었습니다. 앞으로 5년 후에는 징둥이 분명 대단하며 존경받는 기업이 될 것이라고 확신합니다. 미혼이신 분은 향후 5년 내에 짝을 찾기를 바라며, 이미 결혼하신 분은 앞으로 5년 내에 아이가 생기기를 바랍니다."

그는 돌아가며 모든 직원과 건배했다. 그가 한 직원에게 "우리 2년 동안 못 봤네, 맞지?"라고 말을 건네자, "3년 됐습니다"라는 대답이 돌아왔다. 한가롭게 이야기를 나누면서 그는 불쑥 이런 말을 꺼내기도 했다. "우리도 이제 서른이 훨씬 넘은 나이니 건강을 챙겨야 해. 난 지금도 하루에 3~5킬로미터씩 달리지. 밤 12시에 귀가해도 달리기는 꼭 하고 있어."

연회가 막바지에 다다르자, 경품추첨 이벤트가 시작됐다. 아이패드(iPad2) 10대, 아이폰(iPhone4s) 10대, 그리고 5만 위안의 현금이 경품으로 주어졌다. 류샤오밍은 2007년 6월에 입사한 택배원이었는데 술을 거하게 걸친 듯 보였다. 그가 "입사한 지 5년 동안 한 번도 당첨된 적이 없다니까요"라고 농담조로 말하자 류창둥은 그 자리에서 바로 아이폰을 경품으로 주었다. 기뻐서 흥분한 나머지 그는 류창둥을 꼭 껴안았다.

장위는 류창둥이 솔직하며 단순하고 순수한 사람이라고 말했다. 그리고 알면 알수록 '온정이 있는 사람'이라는 생각이 든다고 했다. 다른 기업들과 마찬가지로 징둥에서도 능력이 있으면 위로 올라가고 그렇지 않으면 강등된다. 인재평가회의에서도 일부 부총재가 1, 2, 3등급으로 내려가기도 했는데, 이는 곧 실적은 고만고만하지만 잠재력이 없다는 뜻이다. 류창둥은 조직규모가 충분히 크기 때문에 이들에게도 적합한 자리를 찾아줄 수 있다고 여겼다. 그는 '안타깝지만 우리 조직에 맞지 않으니 떠나라'고 말하는 사람이 결코 아니다. 또 입사한 지 꽤 되었지만 사고방식이 고루해서 회사의 발전속도를 따라가지 못하는 부총재도 일부 있었다. 이 경우 류창둥은 그와 찬찬히 이야기를 나눠보고는, 비록 전략적 핵심부서는 아니더라도 그가 충분히 능력을 발휘할 수 있는 다른 부서로 발령을 내곤 했다. 그러곤 혹시라도 그 일로 상처받지 않도록 격려와 칭찬을 아끼지 않았다. 이는 회사에도 피해가 가지 않으면서 원로 직원의 체면도 세워줄 수 있는 하나의 방법이었다.

화난지역 물류창고담당 이사인 천옌레이(陳岩磊)는 8년차 직원이다. 입사 당시 그는 어수룩한 편이었고, 학력도 변변치 않은 젊은 청년이었다. 하지만 2,000~3,000㎡ 창고를 관리하는 일부터 시작해서 지금은 20~30만㎡ 창고를 관리하며 2,000~3,000명의 직원을 거느린 화난지역 물류담당 이사가 되었다.

천옌레이가 입사한 지 열흘 남짓 된 시점에 징둥은 화난에 첫 번째 창고를 구축하기 시작했는데 2,000㎡의 규모였다. 화난지사 설립 당시 류창둥은 광저우 톈허에 방 3칸짜리 집을 잠시 빌려 직원들과 함께 식사도 하고 샤오후투산지유(小糊涂仙酒)를 마시기도 했다. 약 한 달간 류창둥이 계속 광저우에 머무르자, 광저우는 징둥의 임시 대책본부가 되었다. 류창둥은 성격이 다소 급한 편인 데다가 정책결정도 과감했다. 일례로 그 창고부지도 한 번 보고는 그 자리에서 바로 결정했다. 천옌레이의 예전 직장 사장과는 판이하게 달랐다. 예전 사장은 여러 군데를 비교하면서 뜸을 들이곤 했다.

류창둥은 술도 거절하는 법이 없었고, 입만 열면 '우리 형님, 아우들'이라는 친근한 표현을 썼다. 또한 그가 하는 말은 설득력이 있고 쉽게 공감할 수 있어서 듣다 보면 절로 가슴이 뭉클해지고 뜨거워지곤 했다. 천옌레이는 당장에라도 '돌격 앞으로!'를 외치며 목표를 향해 돌진할 수 있을 것만 같았다. 실제로 2009년 전에는 회사 구호가 '전투'였을 만큼 동료끼리 고군분투하며 명운을 걸고 일했고 매사에 의협심을 보였다. 회사가 시스템과 경영, 치밀함을 강조하기 시작한 시점은 2010년부터였다.

이후 2년 동안 전문경영인이 대거 영입되기 시작했으며, 물류부문이 창고팀과 배송팀으로 나뉘었다. 천옌레이의 업무보고 대상도 자주 바뀌었고 그럴 때마다 혼란을 겪기 일쑤였다. 회사가 점점 유명해지고 성공기업에 가까워지는 모습을 보면서 과연 자신이 계속 버틸 수 있을지 고심했다. 본인은 한자리에서 변함없이 일하고 있는데, 사장이 다른 곳에서 사람들을 데리고 오곤 했다. 천옌레이는 진화하는 징둥에 적응하고자 기를 쓰며 몸부림치는 동시에, 각기 다른 상사의 스타일에 적응하느라 나름 애를 먹었다. 주위에 사람이 계속 바뀌면서 적지 않은 스트레스를 받았지만, 자신의 소임만 다한다면 누구도 자신을 어쩌지 못할 것이라는 확신만큼은 변함이 없었다.

징둥처럼 하루가 다르게 성장하는 회사에서는, 개인의 성장이 회사의 변화를 따라잡거나 추월해야만 회사가 요구하는 인재상에 어느 정도 부합할 수 있었다. 이는 어찌 보면 잔인한 것 같겠지만, 엄연한 현실이기도 하다. 경영은 이성적이어야 하며 뚜렷한 성과를 보여주어야 한다. 칼날이 필요하다면 칼날을 동원해야 한다. 물론 과거 회사를 위해 희생하며 혼신을 기울였던 '창업공신'에게는 그에 상응하는 기회를 주어야 한다. 하지만 그렇다고 마냥 줄 수도 없는 노릇이다. 경영에는 유연성이 필요하지만 지나치게 유연하면 건전한 조직 문화에 부정적인 영향을 미쳐 '전투력'을 상실하게 만드는 요인도 되기 때문이다.

그때 천옌레이 등 원로들은 술자리에서 "우리 이렇게 현실에 대충 적응하며 줏대 없이 흐르는 대로 살게 되는 걸까? 왜 좀 더 분발할 수 없는 걸까?"라며 한탄한 적이 있다.

류창둥은 모 전략포럼에서 각 지역별 조직구조에 대해 거론하며 담당 총경리에게 "조직에 걸림돌이 되고 능력이 안 되면 망설이지 말고 갈아치울 사람은 바로 갈아치우라"고 단호히 지시한 바 있다. 다만 원로 직원들에 대해서는 급여 등 대우에 각별히 신경 쓰고 적합한 자리를 마련해주었으며 집안에 도움이 필요하면 기꺼이 나서서 도와주었다. 그의 잠재의식 속에 이들 원로를 아끼고 보살피는 마음이 컸던 것이다.

솔직히 천옌레이는 업무처리가 다소 엉성한 편이었다. 류 사장은 결과를 중시하는 사람이었기 때문에 그는 좀처럼 능력을 인정받지 못하고 있었다. 다행히 원로들에 대한 류 사장의 배려로 그는 늘 다시 기회를 얻을 수 있었다. 2012년에 초조해하고 불안해하면서도 그는 전체 창고관리담당 중 1위의 실적을 거두었다. 이는 자신을 믿고 노력한 결과이자, 자신에 대한 타인의 시각을 바꿀 수 있었던 계기가 되었다. 자신에 대한 주변의 평가와 시선을 통해 이제는 사람들이 자기에게 확고한 믿음을 가지고 있다는 사실도 깨달았다.

1990년대생 젊은 세대의 반란

청두시 진장구(錦江區) 왕장샹수린(望江橡樹林) 주택단지 입구에 위치한 진장 택배센터는 징둥의 전국 최대 배송거점으로 100명의 택배원이 근무하고 있다. 안개가 자욱한 새벽 6시가 되면 붉은 페인트 바탕 위에 미소 띤 은색 강아지가 그려진 화물차가 요란한 소리를 내며 나타난다. 그리고 붉은 작업복을 입은 택배원들이 한 줄로 길게 늘어서서 택배상자를 릴레이로 전달하기 시작한다. 상자 분리작업을 마치면, 이들은 또 전동차를 몰고 나란히 줄지어 거리로 나가 각자의 목적지를 향해 분주히 달린다.

2013년 초에 시난 배송부는 청두의 동쪽구역에 대형 배송거점을 시범적으로 건설하기로 결정했다. 청두 동쪽구역을 담당한 룽후이(龍暉) 팀장은 우연히 왕장샹수린 주택단지 부근에서 임대 부지를 발견했고, 1㎡당 230위안짜리를 180위안으로 단가를 낮춰 부지를 확보했다. 이렇게 해서 그해 5월 4일에 진장 택배센터가 구축되었다. 2014년 '6·18' 창립행사 때는 이곳에서 처리한 일일 배송건수가 1만 2,000건에 달했는데도 무리 없이 배송을 완료할 수 있었다.

700㎡(약 212평)의 공간에 별도 휴게실도 마련해 택배원들이 편하게 식사할 수 있도록 배려했다. 예전에는 협소하고 낡은 민가를 빌려서 다들 문 앞에 쭈그리고 앉아 한 끼를 때우는 식사장소로 사용했다. 그 전까지는 몸을 제대로 돌리기 힘들 정도로 협소한 공간에서 일해야 했다. 직원 10여 명이 4~5평 남짓한 작업실에서 택배 분리작업을 진행하느라 배송시작이 늦어지고 효율도 떨어졌다. 반면 진장 택배

센터는 입구 쪽 공간이 널찍해서 주차하기 편리하기 때문에 하역작업 시 속도가 매우 빨라졌다. 게다가 전동차들도 입구에 몰려 있지 않을 수 있었다. 고객이 방문했을 때 택배센터가 제대로 갖춰진 모습을 보일 수 있어 이미지 제고에도 도움이 되었다.

진장 택배센터는 청두 동쪽구역의 5개 배송거점을 합병한 것으로 관리인원의 비용도 절감할 수 있었다. 5개 배송거점에는 5명의 점장과 5명의 주임이 필요했지만, 이제는 1명의 점장과 4명의 주임이면 충분하기 때문에 인건비만 2만 위안 이상 절감효과가 있다.

1990년생인 왕우(王武)는 진장 택배센터의 점장이다. 쓰촨 몐양 출신인데 원래는 다톈(大田)물류에서 근무했었다. 그는 징둥 창고에 물건을 배달하러 왔다가 생전에 단 한 번도 본 적이 없던 '웅장한' 물류센터 시설규모에 입이 떡 벌어졌다. 그는 이틀을 고민하다가 시난지사에 직접 찾아와 "제가 징둥에서 일하고 싶은데, 아무 일이나 상관없으니 시켜주세요"라고 말했다. 시난지사는 그에게 둥먼점(東門店)에서 택배 배송을 해보라고 권해주었다. 이렇게 해서 2011년 5월 4일에 그는 징둥으로 옮겨오게 된다. 그는 자신이 징둥에 들어온 것이 정말 행운이라고 말하면서 "다른 회사에 있었으면 10년, 아니 20년이 지나도 이렇게 많은 물건은 아마 구경도 못했을 거예요"라고 덧붙였다.

둥먼점에서 사흘 정도 일했을 때 회사는 그를 원장점(溫江站)으로 발령을 냈다. 그가 원장에서 학교를 다녔기 때문이다. 당시 원장점은 막 설립되었기 때문에 배송건이 하루에 30~40개 정도밖에 되지 않았다. 4명의 택배원이 하루에 7~8개만 배송하면 되었다. 하지만 거리가 멀어서 택배 하나 배달하는 데 최소 20km를 달려야 하는 경우가 많았다. 택배 배송이 완료되면 고객과 허풍도 섞어가며 수다를 떨기도 했다. 2011년 말에 청두거점의 규모가 확대되면서 그는 옌스커우(鹽市口)의 점장으로 발령 받았다. 그리고 2013년 3월 처음에 잠시 머물렀던 둥먼점의 점장이 되었다. 그는 청두 동쪽구역의 싼환(三環) 이내에서 베이먼점(北門站)을 제외하고 옌스(鹽市), 둥먼, 리쟈투오(李家沱), 룽왕(龍王) 등 거의 모든 지역에서 점장을 역임했다. 징둥은 성장속도가 빨라 새로운 제도와 시스템이 자주 도입되었는데, 그래서 나이 좀 지긋한 점장들은 변화를 따라가지 못하고 스트레스를 받다가 결국 못 견디고 회사를 떠났다. 2013년에 배송거점의 점장들이 자주 바뀌었던 것도 이 때문이라 할 수 있다.

왕우는 류창둥 사장을 두 차례 만난 적이 있다. 한 번은 2011년에 징둥에 입사했을 때 시난지사 사무실의 엘리베이터에서 우연히 보았다. 당시는 사장님인지도 몰랐다. 단지 전체적으로 풍기는 느낌이 매우 당당해 보였다. 그가 엘리베이터에서 내리자, 직원들이 모두 "류 사장님, 안녕하세요?"라고 말하는 소리를 듣고서야 사장님이라는 사실을 알게 되었다. '사장님인 줄 알았다면 진즉에 악수라도 했을 텐데'라고 생각하며 혼자 중얼거렸다. 그리고 2012년 송년회 때 류창둥이 시난지역 직원들과 단체사진을 찍었는데 그때가 두 번째 만남이었다. 류창둥의 첫인상에 대해 그는 이렇게 기억하고 있었다. "마치 야수처럼 저돌적이고 거침없었어요. 우리 회사의 특징이 류 사장님의 개인 캐릭터와 관련이 깊은 거 같아요. 아직도 이런 특징이 남아 있고요."

'지우링허우'(90년대에 출생한 사람을 '지우링허우(90後)'라 함 – 역주)인 왕우는 업무 스타일이 저돌적이며, 성격도 거침없고 숨기는 것 없이 호탕했다. 진장 택배센터에는 100여 명의 직원이 있는데, 택배원들의 구성을 보면 60년대에 출생한 중년층부터 시작해서 70년대, 80년대, 90년대에 출생한 사람까지 다양했다. 농촌 출신도 있고 도시에서 온 사람도 있었다. 또한 궁여지책으로 먹고살기 위해 온 사람, 또는 사회보장제도를 받기 위해서라거나 징둥이라는 회사가 좋아서 입사한 사람도 있다. 각양각색의 배경을 지닌 사람들이 혼재해 있다 보니 직원관리가 특히 힘들 듯했다. 하지만 왕우에게는 나름의 직원관리 비법이 있었다. 택배원들의 말에 의하면 왕우는 직원들을 능수능란하게 대한다고 한다. 왕우는 실수를 하는 직원을 교육시키곤 했는데, 한 번 붙들어놓으면 일장연설을 하기 시작했다. 배송을 끝내야 돈을 벌 수 있는 직원들 입장에서는, 그렇게 붙들려 있으니 초조해지고 속이 새까맣게 타들어가기 마련이었다. 송장에 사인하지 않은 직원에게는 본인 이름을 100번씩 써오도록 했고, 고객 불만이 접수되면 해당 택배원은 '경과보고서'를 작성해야 하는데 500자 이상이었다. 차라리 벌금을 내고 말지, 책상에 앉아 머리를 쥐어짜면서 글 쓰는 것은 누구라도 질색할 터였다.

왕우는 지금 집도 사고 차도 한 대 장만했다. 동년배 친구들에 비해서 자신이 최소 중상 이상은 되는, 소위 '잘나가는 편'이라고 행복해했다. 그는 "징둥에 감사하고 있어요. 이 모든 것이 징둥 덕분이죠"라고 말했다. 그의 부친도 택배센터에 들른 적이 있는데 "요놈, 몰라보게 달라졌네. 어디 가면 못 알아보겠는데"라며 뿌듯해했다고 한다.

그는 베이징 본사에 교육을 받으러 갔을 때 배송팀담당 고위 경영진을 만났다. 그때 앞으로 전국을 100여 개 지역으로 쪼갤 예정이라서 승진 기회가 더욱 많을 거라는 말을 들었다. 이 말을 듣고 미래에 대해 더욱 희망과 확신을 가질 수 있었다. 왕우는 "징둥에는 엄청난 기회가 있어요. 제 목표는 CXO급으로 성장하는 것입니다. 선 사장님(선하오위)의 자리에 오르는 거예요. 어쨌든 목표는 높게 설정해야 되니까요"라고 말했다.

리쥔샹(李俊祥)은 1991년생으로 2011년 11월 징둥에 입사했다. 현재 화중지역 소형가전창고 총괄팀장을 맡고 있다. 그는 첫날 야근을 하고 퇴근하는데 몹시 춥고 배가 고팠다. 창고를 막 나선 뒤 휴대폰을 보니 여러 통의 문자가 와 있었다. 서로 안면을 튼 지 하루밖에 안 된 동료들이 보낸 문자였다. '고생 많았어. 지금 따뜻한 물이랑 우유, 빵, 과일도 준비해놨어.' 문자를 보는 순간 그는 가슴이 뭉클해졌다.

2014년에 리쥔샹은 현장 모범사원으로 선발되어 대만에 여행을 다녀왔다. 화중지역에서 3명이 선발되었는데, 징둥 전체 인원의 0.15%에 해당했다. 대만에 다녀온 사람들은 나름대로 이야기보따리를 안고 돌아왔다. 그는 대만에서 7박 8일 동안 곳곳을 둘러보며 맘껏 즐길 수 있었는데 기분이 정말 최고였다고 한다. 대만에서도 물류와 서비스 쪽 현장직원들은 유니폼을 입고 있었다. 그런데 지나가는 사람마다 "징둥 직원이에요?"라고 묻곤 했다. 리샹쥔은 "그렇다"고 대답하면서, "인터넷으로 주문하면 편리하고 배송도 빨라요"라는 한 마디를 덧붙였다.

그는 처음 입사했을 때 픽업업무를 담당했다. 조장이 되려면 픽업이 누구 못지않게 가장 빨라야 했다. 당시에 그는 죽을힘을 당해 창고를 휘젓고 뛰어다녔다고 한다. 그리고 조장이 되었을 때 일만 잘해서는 안 되고 다른 사람과의 조화로운 인간관계가 중요하다는 점을 깨달았다.

화중지역에 소형가전창고가 개설되었을 때, 그는 매일 저녁 9시에서 12시까지 창고를 지켰으며 두 달 동안 단 하루도 쉰 적이 없었다. 총괄업무를 담당한 탓에, 창고에 빗물이 새거나 컴퓨터가 켜지지 않아도 그가 해결해야 했고, 영수증 발급에 문제가 생겨도 해결은 그의 몫이었다. 리쥔샹은 말주변은 없지만 귀 기울여 듣는 편이고 기꺼이 경청하는 성격이었다. 그러다 보니 직원들은 그와 대화하는 것을 좋아했으며 어려움이 있으면 그를 찾아왔다. 그리고 리쥔샹도 본인이 해결할 수 있는 일이라면 직접 나서서 해결했고, 혹시 본인이 못하면 여기저기 뛰어다니며 도우려 애썼다. 그의 상사의 평가에 따르면 리쥔샹은 관리자 중에서 말주변이 제일 없는 사람이지만 대신 적극적 실행을 통해 직원들에게 가장 인정받는 사람이라고 한다.

그는 소형가전창고에서 일하면서 매주 금요일에 작은 이벤트를 열곤 했다. 특히 명절만 되면 상사에게 경비를 신청해 월병(月餠, 음력 8월 15일 중추절에 먹는 전통 과자로 '웨빙'이라고 부름—역주)이나 과일을 준비하고 소소한 경품도 마련해서 창고 직원들과 게임을 했다. 명절에 고향에 가지 못하는 직원끼리 시끌벅적 명절 분위기를 살리고 싶었던 것이다. 때로는 배드민턴 대회를 마련해서 각 부서의 직원들을 불러 모았다. 덕분에 배송을 끝내고 바로 달려오겠다는 택배원도 있었고 여러 부서가 같이 참석해서 어울렸다. 리쥔샹은 행사의 의미를 이렇게 설명했다. "소형가전 쪽은 독립된 부지에 있어서 다른 부서와 떨어져 지냅니다. 거리가 멀어서 부서 간 협력도 더딜 수밖에 없는데, 이런 행사를 통해서 서로 얼굴을 익히면 나중에 일할 때 상당히 수월하게 할 수 있어요."

징둥의 DNA는 '지우링허우'가 신나게 일할 수 있는 분위기를 만들어준다. 2014년 광군제 때, 화베이지역의 주문처리건수가 120만 건에 달하자, 직원들의 분위기가 한껏 고조되었다. 주문이 몰려들자 누가 시키지 않아도 손을 걷어붙이며 일했고 팀장들도 옆에서 거들기 시작했다. 다만 주문서를 생성하고 배송작업을 진행할 때는, 전체 물량을 조절해가며 주문서를 생성했다. 전체 업무흐름에 균형을 맞추지 않으면 제품분류센터에서 도저히 물량을 감당 못하기 때문이다. 이 때문에 물류창고에서의 출고흐름을 통제했었다. 그러자 '주문서를 내려주지 않으면 고객에게 죄송하다'며 일부 직원들은 거의 울먹거리기 시작했다. 젊은 친구들은 이틀만 지나면 휴가를 쓸 수 있다면서, 발바닥이 불어터지도록 뛰어다녔다.

지우링허우는 아직 돈에 대한 강한 집착도 없고 집안 식구를 먹여 살려야 한다는 부담도 없다. 인력자원부에서는 이들을 고용하면서 공무원처럼 쉰 살이 넘어서까지 안정적으로 일할 수 있을 것이라는 기대는 하지 말라고 말한다. 다만 최대한 완벽한 근무체계를 마련해줄 수 있으니 2~3년만 고생하고 난 후에, 원하면 이곳에 남아도 좋고 설사 딴 곳에 가더라도 인재로서 인정받을 수 있다는 점을 강조했다. 관리자는 인재양성 및 교육에도 관심을 가지고 고민할 필요가 있다. 직원이 단순히 돈을 버는 것뿐만 아니라 자기계발을 통해 몇 년 후 인력시장에서 경쟁력을 갖춘 인재로 성장하도록 해야 한다. 돈 말고도 얻을 게 있어야 회사에 대한 만족도가 더욱 커질 수 있기 때문이다. 징둥에는 직원마다 프로그램이 짜여 있는데, 누가 교육을 담당하고 언제 교육을 이수하는지 등이 규정되어 있다. 또한 강사와 수강생에 대한 평가방법도 수립되어 있다.

　인재양성 과정에서 지우링허우를 어떻게 관리해야 하는지가 새로운 과제로 떠올랐다. 이들은 자유분방하고 솔직하며 남의 비평을 잘 받아들이지 않고 자신만의 방식을 고수하는 세대로서 개인주의적인 성향이 강하다. 관리자는 이들의 자긍심을 키워주며 자존심이 상하지 않도록 더욱 세심히 배려할 필요가 있다. 동시에 조직이 그들에게 무엇을 요구하는지 정확히 인식시키고 자신의 과오가 조직에 미치는 영향에 대해서도 알려줄 필요가 있다.

　화둥지역의 상하이 아시아1호 물류팀장인 양타오(楊濤)는 조회 때마다 그 전 날 실수한 직원이 강단에서 개인기 등 공연을 하도록 시켰다. 강단에 오르는 것 자체가 훈련이나 마찬가지였다. 자기 실수로 인해 강단에 오르게 된 것인 만큼, 그 직원이 경각심을 갖게 되리라는 기대도 있었다. 벌금을 낼지언정 남 앞에 서는 것은 대개 꺼리기 마련이다. 그의 생각은 이러했다. '자신의 과오에 정면 대응하고 적극 대처하는 자세가 필요하다. 급여를 깎는 것은 사실 아무런 소용이 없고 오히려 실수를 해도 우연한 현상으로 치부할 가능성이 있다. 자꾸 급여를 깎아봐야 회사에 원망만 쌓일 뿐이다.' 조회 분위기도 점차 활기를 띠기 시작했다. 활기찬 조회는 하루를 시작하는 직원들의 근무열정과 사기에 매우 중요하다고 할 수 있다.

　창고에는 보드가 걸려 있는데 그 위에 '실수율'이 공지되어 있다.

젊은 친구들은 내심 자부심이 강하고 명예도 중요시하기 때문에 자신의 이름이 걸려 있기를 원치 않았다. 양타오는 반드시 이들이 이해할 수 있는 언어로 표현해야 한다고 강조한다.

지우링허우는 참여의식이 매우 강하며 적극적으로 사고한다. 문제를 발견하면 개선하고 그 결과를 눈으로 보려는 경향이 있다. 따라서 이런 경향을 맘껏 펼칠 공간을 마련해줘야 한다. 다시 말해, 의견을 개진하고 분석과 평가를 통해 타 부서에 자신의 피드백을 전달할 수 있도록 해줘야 한다. 관리 측면에서도 과거와 같은 딱딱한 방식보다는, 더욱 독려하고 인정해주는 방식을 적용할 필요가 있다. 모범적 사례를 제시하고 긍정적 에너지를 발산할 수 있는 사례를 통해 동기부여를 해야 한다. 그래야 남들도 하면 나도 할 수 있다는 마음이 생기게 된다.

존중은 매우 중요한 덕목이다. 자신의 지위가 더 높다고 해서 일방적으로 명령해서는 안 되며 설교하는 것도 시대에 맞지 않는다. 지우링허우는 함께 누리는 '공유'의 관리방식을 더욱 선호하기 때문에, 상사의 역할은 코치나 친구에 가깝다고 할 수 있다. 의견을 제시하고 자신의 경험을 공유하는 게 바람직하다 할 것이다. 지우링허우는 자의식이 강하며 감정처리에 미숙한 편인데, 한마디로 돈도 있고 고집스러우며 이직을 쉽게 생각하는 세대다.

물류팀 한 직원이 징둥그룹의 부총재 겸 화난지역 총경리인 인훙위안(尹紅元)을 직접 찾아와서 회사를 관두겠다고 말한 적이 있다. 이유를 물으니, 밥을 못 먹게 한다는 것이었다. 인훙위안이 시계를 확인해보니 11시가 조금 넘은 시간으로, 회사규정상 12시에 밥을 먹을 수 있었다. "아직 시간이 안 됐는데 왜 그렇게 급히 밥을 먹으려 하는 건가?"라고 묻자, "배가 고파서요. 아침에 밥 먹을 시간이 없거든요"라고 답하는 게 아닌가!

인홍위안이 "다들 일하고 있는데 혼자만 밥 먹으러 가면 남들이 뭐라고 생각하겠는가?"라고 타이르자, 그는 "저는 일을 남들보다 빨리 해요"라고 말했다. 그래서 이번 달 실적이 어떤지 다시 물으면서 "1등이나 2등 할 수 있겠어?"라고 떠봤다. 그러자 젊은 친구는 "저는 원래 1등 하고 싶으면 1등 하고, 2등 하고 싶으면 2등 해요"라고 대꾸하면서 지금 일하는 부서가 싫으니 딴 곳으로 옮겨달라고 덧붙였다. 이에 인홍위안은 이렇게 말했다. "오늘은 지금 10분을 줄 테니 얼른 식사를 하고 오게. 대신에 다음부터는 아침식사를 거르지 말게. 건강을 생각해야지. 앞으로 자네가 3개월 연속 3등 안에 들면 가고 싶은 곳이 어디든 보내준다고 약속하지."

그런데 이 친구가 밥도 안 먹고 바로 일하러 총알같이 뛰쳐나가는 게 아닌가. 훗날 인홍위안은 그 친구를 볼 때마다 이번 달 실적이 얼마나 되는지 물어보곤 했다. "그 친구는 매우 단순합니다. 그런데 주임이 그에게 진정 뭐가 필요한지 주의 깊게 살피지 못한 거죠. 회사를 관두고 싶다고 말한다 해서 그럼 꺼지라고 말할 수는 없지 않습니까? 사실 젊은 친구들에게 회사규정을 들먹거려봐야 소용이 없어요. 그들의 언어로 마음속의 원망과 서운함을 풀어줄 필요가 있죠. 그 일 이후에도 그 젊은 친구는 늘 열심히 일했어요. 실적도 줄곧 상위권이었고요."

1991년생인 저우항(周航)은 감정이 풍부한 여직원이다. 2012년에 징동에 입사하여 현재 전국서비스센터 운영팀장으로 일하고 있다. 2013년에 징동이 새로운 마스코트인 강아지 '조이'를 처음 선보인 그날 저녁, 저우항은 웨이보를 계속 주시하면서 '조이'가 언제 올라오는지 이제나 저제나 기다리고 있었다. 드디어 웹사이트에 '조이'가 올라오자 감격에 겨워 눈가에 눈물이 그렁그렁 맺혔다. "이 마스코트가 우리 회사 거예요. 오늘 드디어 세상에 선보이게 됐네요."

사실 대부분의 현장직원들은 별 감흥 없이 주어진 일만 하는 경우가 많다. 그런데 잠재력을 갖춘 인재가 미래의 꿈나무로 발탁되려면 아무래도 좀 더 강한 주인의식이 필요하다. 문제의 해결방안을 둘러싸고 토론을 벌일 때 상사가 "자네가 책임자라고 가정하고, 이 일이 생기면 어떻게 대처할 텐가?"라고 질문을 던질 때가 있다. 미래의 꿈나무들은 온갖 방법을 궁리하고 아이디어를 모아 결국 해결책을 찾아내며 실행가능성까지 재평가한다.

저우항이 막 입사했을 당시에는, 콜센터시스템이 여전히 미비했었다. 서로 다른 고객이 동일한 문제에 직면했을 때 콜센터 직원들은 이에 대한 통일된 해결방법을 제시하지 못했다. 당시 저우항이 근무했던 팀의 팀장이 '동일한 문제에 대한 해결방법이 각양각색인데, 이때 콜센터 직원은 어떻게 해야 하는가?'라는 질문을 제시했다. 이때 이들은 지식베이스(knowledge base)를 생각해냈다. 바이두와 비슷하게 키워드를 검색하면 표준답안이 나오는 구조. 이 아이디어가 통과된 후에 기본 골격을 짜게 되었고 지금까지 발전시켰다. 지식베이스는 이제 전담직원이 관리를 하면서 계속 업데이트하고 있다. 저우항은 이 일이 자신이 입사 후 했던 일 가운데 가장 보람찼다고 회고했다.

저우항이 주임으로 승진해 일할 때, 그 부서에 18세의 활발하고 직설적이며 적극적인 여직원이 있었다. 다 좋은데 조심성 없이 말하는 게 흠이었다. 그녀는 이 어린 소녀의 말투를 고쳐주기로 마음먹었다. 사실 저우항의 미래 꿈은 단순히 콜센터 직원에 국한되지 않았다. 회사에서 회식자리를 마련할 일이 있었는데, 저우항은 그 여직원에게 이 일을 맡겼다. 예상대로 그녀는 멋지게 회식자리를 준비했고 다들 신바람 나게 먹고 즐길 수 있었다. 그녀도 흐뭇해했다. 이후 그 여직원이 저우항을 직접 찾아와 앞으로도 회식자리에 관한 일은 자신이 맡아서 하겠다고 자청했다. 이는 저우항이 회사에서 일하면서 터득한 방법이기도 하다. 즉 권한을 위임해서 맡기면 직원도 성장할 수 있으며, 상사도 시간적 여유가 생겨서 팀을 더욱 잘 다스리고 새로운 문제에 집중할 수 있다는 것이다. 자신이 실제로 배우고 익힌 방법을 어린 여직원에게 그대로 활용해본 것이다.

저우항은 팀장으로 승진한 후 반항심이 강한 직원을 만난 적이 있다. 직속 주임이 업무지시를 내리면 일부러 자신을 겨냥해서 일을 시킨다고 오해하더니 급기야 무단결근까지 했다. 사전에 휴가신청을 한 것도 아니었고 주임의 전화도 받지 않았다. 처음에 저우항은 혹시라도 그의 신변에 무슨 문제가 생기지는 않았는지 걱정되었다. 그녀는 인력자원부에서 긴급연락처를 받아 그를 찾아다닌 끝에, 결국 남자기숙사에서 발견했다. 너무 멀쩡한 상태였는데 괜히 한바탕 난리를 쳤던 것이다.

저우항은 그에게 "직속 주임이 업무지시를 내리는 이유가 일부러 고생시키기 위해서일까, 아니면 일을 더 잘하도록 이끌어주기 위해

서일까?"라고 물었다. 그는 전혀 개념이 없는 듯했다. 그 직원은 주임이 하루 종일 자기만 주시하며 귀찮게 한다고 대답했다. 저우항이 연이어 "왜 무단결근을 했지? 휴가를 내면 되는데?"라고 말하자, 그는 대뜸 "가기 싫어서요"라고 대꾸했다. 그는 회사규정에 대해 생각조차 해본 적이 없는 듯했다. 저우항은 계속해서 "이 일을 관두고 설령 다른 회사에 면접을 본다고 해도 회사에 오고 싶으면 오고, 말고 싶으면 마는 태도를 보인다면 그 회사 사장한테 인정을 받을 수 있을까?"라고 반문했다. 이번에 그는 저우항의 말에 수긍했다.

이 일이 있고 나서 저우항은 주임에게 부하직원과 대화 시 주의해야 할 몇 가지 사항을 당부했다. 목적이 무엇인지 분명히 일러주고, 직원 본인과 회사에 어떠한 이익이 있는지, 그리고 그 일의 가치가 얼마나 큰지 인식시키라고 주문한 것이다.

2009년 인턴으로 콜센터에 입사한 뤼루이(呂路毅)는 장시성 간저우(贛州) 출신이다. 어머니 아버지는 그녀가 쑤첸으로 가는 것에 반대하며 계속 고향으로 돌아오라고 종용했다. 처음에는 부모와 도무지 말이 통하지 않는다며 답답해했지만, 나중에는 외지에서 혼자 고군분투하는 딸이 안쓰러워서 그랬다는 사실을 알고 부모님을 이해하게 되었다. 그녀는 직장을 다니는 동안 자신이 얼마나 의젓해졌는지 부모님께 보여주고 싶었다.

콜센터에서 성공하려면 OPM이라는 3가지 길을 선택할 수 있다. O는 운영직원 직군을 말한다. 일반 직원에서 베테랑 전문직원이 되는 것인데, 베테랑이 되면 응대고객 등급이 높아지고 난이도도 그만큼 높아진다. 일상적 질문을 처리하는 수준에서 벗어나 불평신고와 위기사안 등으로 업무내용이 달라진다. P는 전문인재로서 품질관리, 데이터분석 및 재무 등을 담당하며 전문적 기술을 점차 높여나가게 된다. M은 관리직군으로 주임, 부팀장, 팀장, 선임팀장, 이사 등의 직급 순으로 승진할 수 있다.

류루이가 팀장으로 막 승진했을 무렵, 경험이 부족한 탓에 한 달도 채 안 돼 거의 절반에 가까운 직원들이 정서적 불안을 느꼈고 팀을 떠난 직원도 꽤 있었다. 사장은 선임팀장에게 류루이를 도와서 간담회를 갖고 직원들을 안정시키라고 지시했다. 류루이도 자신의 팀원관리 방식에 대해 후회하고 있었다. 자기도 모르게 조급증에 휘말려 이제 막 교육을 마친 신입사원에게 전화를 받게 했고 주임을 지나치게 엄격하게 대했다. 이에 주임이 직원들에게 스트레스를 전가하면서 조직 내 미묘한 분위기가 조성됐는데, 이를 미처 감지하지 못했던 것이다. 그 일을 겪은 후, 류루이는 팀원들을 배려하고 마음의 안정을 찾게 해야 비로소 자신을 믿고 따른다는 점을 뼈저리게 깨달았다.

지금의 류루이는 자신의 직원관리 철학을 당당히 밝힐 수 있다. 그녀는 지우링허우가 무슨 생각을 하는지 반드시 알아야 한다고 강조한다. 높은 실적에 관심 있는 직원이 있는가 하면, 더 큰 물에서 놀고 싶어하는 직원도 있으며, 어떤 친구들은 전문성을 살려 인정받고자 한다. 또한 리더는 반드시 투명한 보상체계로 팀원을 독려해야 하며 팀원이 정기적으로 자기 목표를 분석하고 업무를 마무리할 수 있게 도와야 한다. 성과를 얻고자 노력하는 직원들에게 목표를 명확히 알려주면, 자신이 얼마의 인센티브를 가져갈 수 있는지 가늠해보고 더욱 업무에 몰두할 수 있다.

　관리자가 되고 고위층 경영진으로 승진하고 싶다면, 첫 번째 단계는 주임과 함께 직원들 의견이 합리적인지 평가하는 것이다. 두 번째 단계는 직원이 좋은 실적을 거두도록 독려하는 것 외에도, 주임에게 아래 직원을 관리하며 단련시킬 수 있는 기회를 주어야 한다. 일부 직원 가운데 예상 밖의 탁월한 재능이나 특기가 있는 사람은 그 능력을 발휘할 수 있게 추천해야 한다. 지우링허우의 특징은 돈에는 그다지 관심이 없으며 자신이 좋아하는 일을 하려 한다는 점이다. 그리고 그 일을 해서 인정을 받으면 만족해한다. 뤼루이는 "관리자가 최대 성취감을 느낄 때는 자신이 얼마나 파워가 있는지를 실감할 때가 아니라, 자신의 팀원이 더욱 좋은 방향으로 발전하여 큰 성취를 얻을 때다"라고 말한다. 그녀가 주임이었을 때 12명의 팀원을 데리고 있었다. 훗날 그중 3분의 2가 모두 주임으로 승진하는 모습을 지켜봤다.

　"징둥에서 저는 제 자신을 완성했습니다. 예전에는 고향에 갈 때마다 엄마가 늘 입버릇처럼 여자가 집에서 멀리 떠나 지내면 좋을 게 없다면서 얼른 돌아오라고 성화셨죠. 그런데 주임이 되고 팀장이 되니, 더 이상 그러지 않더라고요. 제가 웬일로 다그치지 않느냐고 여쭤보니까 엄마가 이제 그럴 필요가 없다고 하셨어요. 네 일은 네가 잘 알아서 하고 있고, 이제 철이 들었다면서요. 그러고는 밖에 마실 다니면서 다른 집 애들은 부모 인맥으로 일자리를 찾는데 내 딸은 알아서 척척 직장도 잡고 승진도 했다면서 은근히 자랑하셨어요. 게다가 주식까지 받고 부모님께 선물보따리도 챙겨온다며 뿌듯하시던데요."

류창둥은 이렇게 언급한 바 있다. "10여 년 전에는 '바링허우(1980년대 후반에 태어난 세대-역주)'를 게으른 세대라 손가락질했으면서 이제는 '지우링허우'를 가리켜 게으르다 말하고 있다. 장담하건대 7~8년 지나면 2000년대에 태어난 청년들에게 분명 같은 말을 할 것이다. 50~60년대에 태어난 선배들은 우리 같은 1970년대생들이 '문화혁명'을 겪지 않아서 투쟁의식이 없다고 지적한다. 모든 세대마다 그들 나름의 독특하고 선명한 문화가 있다. 뚜렷한 개성을 표출하며 추구하는 바도 각기 다르다. 하지만 모든 세대마다 반드시 사업에 뜻이 있는 1%가 존재한다. 풍족한 돈과 으리으리한 저택을 소유하고 수많은 고급차를 모는 그런 1%가 아니다. 매일 디스코텍에서 춤이나 추고 전 세계를 누비며 여행하는 그런 1%를 말하는 것도 아니다. 시간을 허투루 낭비하지 않고 목표를 성취하기 위해 몸부림치며 결국 사업성과를 누리는 사람이 어느 세대에나 존재했다는 의미다. 따라서 내 임무는 70년대, 80년대, 90년대에 태어났든 아니면 2000년대에 태어났든 상관없이 이러한 1%의 사람을 잘 선별해 회사 고위 경영자가 되도록 하는 것이다."

류창둥의 경영방식은 원칙적으로 변할 리가 없다. 다만 세대별로 분명 각기 다를 것이다. "예를 들어 지우링허우는 자유를 갈구한다. 나는 그들이 원하는 대로 자유로운 공간을 줄 것이다. 지우링허우는 자신을 표현하길 좋아하기 때문에 매번 회의 때마다 충분히 발표할 시간을 준다. 그리고 발표가 끝나면, 다시 기존의 주제로 돌아와 토론을 지속한다. 토론의 목적은 공감대 형성이기 때문이다."

남다른 기업문화

사기는 승리를 통해 만들어진다

화베이지역 물류팀 선임팀장인 궈신웨이(郭新偉)는 2012년 '6·18' 창립기념일을 별 탈 없이 잘 넘겼다. 그런데 그해 광군제에는 화물위치 코드가 잘못 붙여져서 혼란이 생기고 말았다. 명색이 팀을 이끄는 팀장인데 순간 어찌해야 할지 방향을 잡지 못하고 그는 갈팡질팡하기 시작했다. 회사 상부에서는 하는 수 없이 화베이지역 부팀장급 이상의 관리자를 모두 불러들여 창고업무를 지원하라고 지시했다. 궈신웨이는 속이 까맣게 타들어가는 심정이었고 치욕스러웠다. 광군제를 맞이하여 제대로 한판 겨뤄보지도 못하고 뒷수습조차 남의 손을 빌려야 하는 처지였기 때문이다. 그 일로 인해 침체된 조직 분위기는 2013년 춘절까지도 좀처럼 회복되지 않았다. 춘절 연휴가 다가오자 마음을 다잡은 궈신웨이는 직원들과 회식자리를 가지며 2013년도에 어떻게 업무에 매진할지 논의했다. 그때 한 직원의 말이 인상적으로 다가왔다. "궈 팀장님, 우리끼리 지나치게 많은 의견을 내놓기보다는 하나의 목소리를 내는 게 중요할 듯합니다. 무슨 결정을 하시든지 팀장님 의견에 먼저 따를게요. 혹시 조직에서 어렵다고 하면 다시 상의하면 됩니다. 대외적으로는 반드시 한목소리가 필요합니다. 이렇게 넋 놓고 있을 순 없어요." 두 달 동안 다시 기존 현업에 적응해나가면서 이곳 팀원들은 점차 사기를 되찾기 시작했다.

2013년의 창립기념일이야말로 궈신웨이가 진정 피부로 느꼈던 첫 번째 행사다운 행사였다. 그는 새벽 5시가 조금 넘어서 최종 점검 차원으로 창고를 한 번 둘러보았다. 순간 눈가에 눈물이 맺혔다. 직원들과 미리 만반의 준비를 마친 작업상황을 흐뭇하게 둘러보다가 갑자기 감정이 북받쳐 올라왔던 것이다. 산더미처럼 쌓여 있던 택배상자들을 정리해 깔끔히 분리한 뒤, 번호대로 가지런하게 정돈해놓은 터였다. 설비도 윤이 반짝거리게 닦아놓고 차량에도 기름을 가득 채워 출동 차비를 마쳤다. 직원들 모두 활력이 넘치는 모습으로 함박웃음을 지으며 전열을 가다듬었다. 그는 직원들에게 "아무 탈 없이 잘 될 거야. 걱정들 마시게. 오늘만큼은 반드시 완벽하게 해낼 거니까"라며 용기를 북돋아주었다. 그날 궈신웨이가 담당한 창고는 1회 차에 10만 주문건을 최초 소화한 팀이 되어 우승을 거머쥐게 되었다.

그는 이 모든 게 기적과도 같았다. "제가 팀원들과 진심으로 함께한다는 느낌을 받았고, 제 존재감을 느낀 하루였어요. 사람은 친구가 필요하고 인정받아야 합니다. 지역담당 총경리와 이사님이 하나같이 저희 팀을 인정해주고 제게 신뢰와 발전의 기회를 주었기 때문에 저도 더욱 강한 자신감으로 팀원들을 이끌어나갈 수 있었어요." 2013년 광군제 기간 동안, 누추한 여관에서 나흘간 머무르며 하루하루 전쟁을 치르는 심정으로 버텼다. 하루에 15만 주문건을 처리하기도 했는데 평일의 나흘 치 업무량이었다. 2014년의 광군제에는 20만 건을 초과했지만, 2013년 창립기념일에 10만 건을 처리할 때보다 인원은 오히려 적게 투입되었다. 징둥에서 인력효율성은 지속적으로 제고되어야 할 목표로, 주요 관리지표 가운데 하나다.

조직 차원에서 가장 우려되는 것이 대격전을 앞두고 스스로 무너지는 경우다. 사기란 거듭된 승리를 거두면서 점차 진작될 수 있으며 다음번의 혈전을 계속 기대하게 만드는 원동력이다. 물론 패전한 군대가 기죽지 않고 역경 속에서 더욱 강한 근성을 보일 수도 있지만, 이 경우 역시 최소한 한 번은 승전을 거쳐야 역경 속에서도 반전을 꾀할 수 있다. 연패를 거듭하면 패배감에 휩싸여 조직이 해이해지고 조직 장악력이 떨어질 수 있다.

귀신웨이가 담당하던 2곳의 창고는 나중에 3곳으로 분리되었는데 3곳의 관리자 모두 예전 창고에서 근무했던 직원이 승진해 맡았다. 이는 노력해서 맡은 바 소임을 다하면 발전할 가능성이 얼마든지 있다는 점을 보여준 사례라 할 수 있다. 이렇게 되면 조직이 선순환을 이룰 수 있게 된다.

2011년 6월에 DHL은 우정관리국(郵政管理局)의 벌금통지를 받고는 일부 자산을 매각하고 중국 내 택배시장에서 철수하기로 결정했다. 당시 DHL에 근무했던 사오지웨이(邵繼偉)는 크게 낙심하고 있었다. 그러던 중 류창둥이 웨이보에 남긴 글을 우연히 보게 되었다. 내용은 이러했다. 'DHL이 중국 내 택배시장에서 철수를 선언했는데, 중국 택배사업의 비극인지 아니면 민영기업이 대단한 건지 모르겠다. 경쟁력이 문제인가? 아니면 경쟁환경이 문제인가?'

그는 이때부터 징둥을 주시하기 시작했다. DHL에서의 근무기간이 만료되자 그는 징둥에서 면접을 치렀다. 당시 면접이 하루에 7차례 진행됐다. 그리고 2011년 12월 16일 징둥에 입사하여 화베이지역 배송담당 이사를 맡기로 했다. 입사 당일 그의 직속상사는 3번이나 전화를 걸어 빨리 근무를 시작해달라고 재촉했다. 그러고는 누구를 찾아가면 되는지, 컴퓨터는 어디에 있는지 등 만반의 준비를 해놨다는 말도 덧붙였다. 사오지웨이는 30분 만에 입사수속을 마치고 차를 몰고 근무지로 향했다. 회사 문에 들어서자마자 상사로부터 대뜸 2012년도 업무계획을 수립하라는 지시가 떨어졌다. 일주일 후에 열릴 연례회의 때 발표할 예정이라고 했다. 그는 순간 멍해졌다. '왜 이리 번갯불에 콩 볶듯 속전속결이지? 이제 막 입사해서 내 앞가림도 못하는 마당에……'

어느 날 그는 점심 때 조수와 함께 식사를 하다가 창고에 가봐야지 도저히 안 되겠다면서 바삐 자리를 떴다. 마쥐챠오(馬駒橋) 창고에 화물적체 현상이 심각해지면서 문제가 생긴 것이다. 평소에 주문 건수가 8~9만 건이었는데 갑자기 12만 건으로 급증해 일어난 일이었다. 원래는 제3업체에 5만 건을 맡기기로 되어 있었는데, 그쪽에서도 물량을 소화하지 못해서 화물을 싣지 못한 상태였다. 그러다 보니 창고에 물건이 적체되면서 새로운 물건도 입고가 불가능해졌다. 그러면 결국 새로운 창고에 물건을 보관해야 되는데, 이 경우 재고관리 등의 어려움을 겪게 된다. 사오지웨이는 이어폰을 낀 채 강좌를 들으면서 새벽 6시부터 저녁 8~9시까지 화물을 운반했다. 그 누구에게도 알리지 않고 지시하지도 않았기 때문에 그를 알아보는 사람은 없었다. 만일 거기서 화물을 운반하는 모습을 보이면 직원들의 원망을 들을 수 있기 때문에 고개를 숙인 채 묵묵히 일했다. 창고가 유독 지저분해서 얼굴과 몸이 흙투성이가 돼버렸다. 거의 십여일 동안 쉬지 않고 화물을 운반하자 아내가 안절부절못했다. 남편이

도대체 어디에서 일하기에 저 모양인지, 혹시 직장을 잃은 것은 아닌지 전전긍긍했다.

2014년 6월 20일 사오지웨이는 류창둥과 처음으로 단독 면담의 기회를 가졌다. 류창둥은 세상에 전자상거래보다 더 가치 있는 일은 없을 것이라고 말했다. 면담이라고는 하지만 사실 가벼운 한담에 가까웠다. 그에게 올해 나이가 몇 살인지, 어디에 살고 아이는 있는지, 부모님이 하시는 일이 무엇인지, 그리고 집은 샀는지 등을 물었다. 그는 융자를 받아서 집을 살 수는 있겠지만, 부담스러워서 융자를 받고 싶지 않다며 아직 집을 살 형편이 안 된다고 대답했다. 그러자 류창둥은 "열심히 해보게. 나중에는 원하는 곳이 어디든 간에 집을 살 수 있을걸세"라고 말했다.

30분 정도 이런저런 이야기를 나누다가 류창둥은 말미에 "자네가 화베이지역을 맡아주게"라며 본래의 용건을 꺼냈다. 그리고 7월에 사오지웨이는 화베이지역 배송담당 이사에서 화베이지역 총경리로 승진하고 정식 임명장을 받았다. 그로부터 3개월 뒤 그는 막중한 임무를 맡게 된다.

2014년 11월 APEC(아시아태평양경제협력기구) 정상회담이 베이징에서 개최되면서 보안이 삼엄해졌다. 거리마다 곳곳에 보초가 서 있었고 차량과 도로통행을 일부 제한하기 시작했다.

APEC 회담 마지막 날인 11월 11일 저녁 8시 8분, 화베이지역 배송팀은 도로통제와 여러 난감한 여건에도 불구하고 100만 건의 주문 물량을 소화해냈다. 화베이지역의 4개 성과 2개 시, 서쪽으로 네이멍구 우하이(內蒙古烏海)까지, 동쪽으로 산둥 웨이하이(山東威海)까지, 북쪽으로 허베이 청더(承德)까지, 그리고 남쪽으로 산둥 쫘오좡(棗莊)까지를 아우르는 220만㎢(6,655만 평)의 광범위한 지역에 전체 주문물량의 90%를 배송 완료한 것이다. 당시의 도로 여건을 감안할 때 이는 거의 기적에 가까운 일이었다.

징둥은 '백미터 달리기'를 전력 질주하는 최우수 선수에 비견된다. APEC 정상회의 기간 동안 절름발이와 다름없는 환경인데도 절뚝거리며 끝까지 결승점을 넘었다. 고객을 최우선으로 생각하는 가치관과 더불어 직원들의 혈전의지가 있었기에 가능했다. 그때 직원들은 피곤에 지쳐 밥 먹다 잠들기도 했다고 한다. 창고에 산적한 화물 틈새의 몇 십 센티미터 공간에 몸을 가로누워 새우잠을 청하기도 했다.

기업문화의 뿌리는 창업주로 거슬러 올라간다. 〈량젠(亮劍)〉(밝은 칼이라는 의미, 항일전쟁부터 문화대혁명까지 중국 근현대사에서 가장 암흑기면서 역동적인 시기를 그린 TV연속극－역주)의 독립단 정신이 리윈룽(李雲龍)에게서 나왔듯이 말이다. 징둥 관리자층의 투철한 직업정신은 맨주먹으로 기업을 일으킨 류창둥의 열정과 의욕에서 찾아볼 수 있다. 창업 초기에 류창둥은 직접 물건을 나르고 새벽에 일어나 고객문의에 댓글을 달았다. '우리라고 못할 이유가 없다'며 투지를 불태웠고 몇 안 되는 직원들과 똘똘 뭉쳤다.

류창둥이 말단조직을 세심히 배려하고 관심을 기울인 덕분에 징둥의 기반은 매우 튼튼하다고 할 수 있다. 징둥처럼 7만 명의 직원을 보유한 회사 가운데 인력을 제대로 관리하는 기업은 그리 많지 않다. 징둥이 뛰어난 추진력을 발휘할 수 있는 이유는 바로 말단직원의 행복에 각별히 관심을 기울여서다. 회사 가치관이 정착되려면 위로부터 아래까지 마음에서 우러나오는 공감대의 형성이 필요하다. 또한 회사 가치관은 회사의 발전속도에 부합해야 하는 것은 물론 직원의 기본이익을 위배해서도 안 된다. 열정을 발휘해 업무에 즐겁게 임해야 한다는 점은 누구나 잘 알고 있지만, 업무에서 즐거움을 얻을 수 없는 환경이라면 탁상공론에 불과하다. 그것이 현실화되려면 동기부여를 제공할 시스템이 뒷받침되어야 한다. 직원들은 비단 금전적인 것 외에도 영예나 명성을 누림으로써 보람을 느낄 수 있다. 젊은 친구들은 이제 금수저인지 은수저인지를 따지지 않으며 이들을 부러워하지도 않는다. 오히려 실력을 갖춘 회사에서 일할 기회를 얻는 것에 더욱 관심을 둔다. 성실히 일하고 그에 상응하는 보상을 얻을 수 있는 회사, 자신의 노력으로 공정한 발전 기회를 얻을 수 있는 직장을 원한다. 바로 이것이 열정의 근원이다.

　직원 수가 단기간에 급증하면 자칫 고유의 기업문화가 희석될 수 있다. 또한 기존 기업문화와 새로 입사한 직원들의 관념이 상호 충돌할 수도 있다. 징둥은 2009년 초에 1,000명이었던 직원 수가 2009년 말 2,000여 명으로 증가했다. 선배사원 한 명이 신입사원 한 명을 데리고 가치관을 전수하는 게 뭐 그리 대수겠는가. 하지만 2010년에는 2,000명에서 7,000명으로 또다시 인력이 급증했다. 이로써 신입직원의 숫자가 기존 직원의 두 배가 되었다. 이런 상황에서 무슨 수로 가치관을 전수하며 감화시킬 수 있을까. 특히 2010년에는 대기업 출신 직원이 대거 영입되었다. 직업훈련을 받은 경험이 있는 사람들이며, 이들은 기존의 가치관을 가지고 입사했다. 백지상태가 아니라는 의미다. 때문에 분명 징둥의 회사 가치관과 마찰이 불가피할 수밖에 없다.

그렇다면 과연 기존의 기업문화와 신입들의 문화 중 어느 쪽이 좀 더 많이 양보해야 할까? 결론적으로 말하자면 이럴 때는 양보 차원이 아니라 온전히 새로운 가치관이 형성되어야 한다. 물론 그러려면 매우 고통스러운 과정을 거쳐야 한다. 현실적인 압박에 의해 구조조정 되는 과정이다.

기업 입장에서 직원이 언제까지나 초창기 창업 때의 초심을 유지 하길 바라는 것은 욕심이다. 마찬가지로 회사규모가 커진 후 입사한 직원들이 과거 징둥에서 그랬던 것처럼 적은 월급에 노동 강도가 높 은 일을 받아들일 리도 없다. 만일 회사가 조잡한 경영방식을 고수한 다면 더더욱 이를 받아들이기 어렵다.

창업주란 원래 '목숨 걸고 죽어라 일하는' 특징이 있다. 혼자 힘으 로 한두 명만 데리고 일을 해낸다. 앞서 말했듯 류창둥도 과거에 엔 지니어 한 명과 징둥의 백오피스시스템을 뚝딱 만들어내지 않았던 가? 창업 초기에 창업주는 직원 한두 명만 데리고 60~70% 정도의 업무를 완수한다. 이후에 10~20여 명의 고연봉 직원을 영입해 완성 도를 90%까지 끌어올린다. 물론 전자의 가성비가 훨씬 좋다. 하지만 70%와 90% 차이의 간극을 메우려면 반드시 고연봉의 능력자가 있어 야 가능하다. 얼핏 가성비가 떨어지는 것처럼 보일 것이다. 그래서 수긍하기도 쉽지 않다. 창업주는 창업 초기에 자신이 연대장임과 동 시에 사병이나 다름없다. 이때는 본인이 솔선수범해 선봉에 서서 군 대를 이끌어야 한다. 하지만 규모가 커지면 창업주는 사령관이 된다.

모든 조직을 진두지휘해야 하기 때문에 전장에서의 소소한 득실을 일일이 따질 수 없게 된다.

징둥 '38군(軍)'

2013년 8월에 쑨자밍은 일용백화부문을 인계받았다. 일용백화는 시장규모가 가장 큰 분야다. 과거 징둥은 이쪽 시장에서 거의 맥을 못 추고 있었다. 2010년에서 2013년까지 잇달아 담당임원이 교체됐는데, 1년에 한 번 꼴로 임원이 바뀌었다. 고위층 인사개편이 잦아지자 조직 내 가치관도 흔들리고 팀워크에도 문제가 생겼다. 창업 당시에 힘든 고비를 넘기며 뼛속까지 뿌리박혔던 투철한 직업정신이 임원이 세 차례 바뀌자 어느덧 흔들렸다. 게다가 경영전략에도 문제점이 드러났다. 젊은 화이트칼라가 일용백화의 주요 소비층인데, 그들은 간식이나 화장품을 징둥에서 구매하지 않았다. 류창둥은 이를 못견뎌했다. 일용백화부문이 비실거리자 마음이 초조해진 류창둥은 쑨자밍을 불러들였다. 쑨자밍은 "좋습니다. 제가 맡겠습니다"라며 흔쾌히 수용했다. 일용백화 카테고리는 영·유아, 화장품, 식품, 주류, 시계, 자동차 등의 6대 품목으로 나뉘어 있다.

일용백화부문의 어려움은 브랜드 집중도가 낮다는 데서 비롯된다. 톱(TOP) 브랜드가 무려 100여 개가 넘는다. 거기에 비해 컴퓨터는 10여 개 회사만 관리하면 된다. 쑨자밍은 초창기 IT제품을 담당하면서 공급업체에게 매번 문전박대 당하던 그 시절로 다시 돌아온 느낌이었다. 그는 원점에서 시작하기로 다짐하며 이렇게 강조했다. "우리는

1등 아니면 안 한다. 방법은 반드시 있다. 우선 절대 패배하지 않는다는 불굴의 정신을 가져야 한다. 그래야 남을 이기겠다는 의지와 동기가 생긴다." 그는 일용백화 쪽의 매출이 3C제품보다 1,000억 위안을 먼저 돌파할 수 있다고 여겼다. 쑨자밍은 IT구매영업팀의 예전 직원들을 다시 데리고 왔다. IT구매영업팀은 징둥의 '38군'(중국인민해방군의 '38군'은 종합전투력이 뛰어나며 실전에 제일 강한 부대로 알려져 있음-역주)이라 불린다. 이들은 지시가 떨어지면 즉각 행동으로 옮기는 행동파 대원들이다. 우선 일용백화부문 직원들에게 가치관이 무엇인지를 심어주어야 했다. 그래야만 공감대를 불러일으킬 수 있고, 조직역량이 단합할 수 있다. 이 부분이 전제되어야 다음 단계로 넘어가 업무를 진행하고 상위 공급업체를 확보할 수 있다.

전문경영인은 기본적으로 징둥의 최고경영층을 차지했다. 초창기 원로들은 주로 이사급에 포진되어 중견역량이 되었다. 전문경영인의 강점은 축적된 업무경험과 노하우를 기반으로 참신하며 선진적인 활력을 제공한다는 점이다. 폐쇄적인 시스템은 징둥의 발전에 하등 도움이 되지 않기 때문에 신선한 바람이 필요했다. 한편 원로들은 책임감이 강하며 매사에 열정적이다. 과감하고 실패를 두려워하지 않으며 희생정신이 특히 강하다. 대신 지식의 폭은 상대적으로 좁은 편이다. 그래도 이들은 정작 회사에 위기가 닥치면 가장 선봉에 서서 막아내는 뚝심이 있다.

일용백화부 영·유아담당 이사인 궈샤오보(郭曉博)는 2006년 3월에 입사했다. 처음에 웹사이트 유지보수업무를 담당했는데, 주로 제품사진과 설명자료를 수정하는 일이었다. 지금은 일용백화 영·유아

카테고리를 담당한다. 그는 징둥의 업무 스타일은 서로 잘하려고 은
근히 겨루는 특징이 있다고 설명했다. 모 직원이 특가상품을 기획하
거나 좋은 제품을 발굴해오면, 자기도 어떻게든 체면을 세우고 한 건
하려고 최선을 다했다. 류창둥이 자주 사용하는 한마디도 바로 "오늘
무슨 좋은 건수 하나 올렸나? 매출을 얼마나 올릴 수 있어?"였다.

  궈샤오보는 49.9위안에 컴퓨터가방을 판매한 적이 있다. 당초 계
획으로는 7일 내 판매완료가 목표였다. 그런데 의외로 반응이 좋아서
이틀이면 품절이 예상되었다. 그러자 그는 59.9위안으로 가격을 올
렸다. 이 가격으로도 충분히 완판할 자신이 있었고 회사에도 이득이
라 판단했다. 이 사실을 알게 된 류창둥이 궈샤오보를 불러 나무랐
다. "왜 그렇게 생각이 짧은 건가? 돈 몇 푼 벌겠다고 그런 건가? 도
대체 고객이 어떻게 생각할지 단 한 번이라도 생각해봤는지 묻고 싶
네. 갑자기 가격을 올리면 고객에게 피해를 주게 되고, 당장에 몇 푼
더 벌어보려다가 고객을 잃는 법이라네."

  당시에 궈샤오보는 매사를 꼼꼼히 챙기는 류창둥을 '류 팀장'이라
는 별칭으로 부르곤 했다. 2007년에 그는 해당 월 실적이 분명 좋을
것으로 예상하고 있었다. 그래서 부문 내 1등을 차지할 거라며 류창
둥 앞에서 호언장담했다. 그러자 류창둥이 진짜로 1등을 하면 디지털
카메라 한 대를 선물로 주겠다고 약속했다. 옆에 있던 동료가 "저도
할 수 있어요"라고 나섰다. 그러자 류창둥은 둘이 경쟁해서 1등 하는
사람에게 디지털카메라를 인센티브로 주겠다고 했다. 결국에 궈샤오
보가 리광(理光) 디지털카메라를 받았고 그 동료도 LG 휴대폰을 받을
수 있었다.

징둥 직원들 사이에 꽤 유명한 일화가 있다. 앞에서 한 번 소개했 듯, 과거 류창둥은 회식자리에서 술잔을 들고 직원들이 앉아 있는 테 이블을 일일이 돌며 건배를 제의했고 그 옆에는 비서가 녹음 펜을 들 고 따라다니곤 했다. 그는 한 사람씩 매출목표를 물어보고 목표를 달 성하면 30만 위안을 보너스로 지급했다. 류창둥은 오로지 100%만 인정했다. 그의 눈에 99%는 100%와 고작 1%밖에 차이가 안 나는데 도 여전히 목표를 미달한 것이었다. 1% 차이가 결국 3,000위안과 30 만 위안의 차이를 가져왔다. 류창둥은 이처럼 강한 인센티브 정책을 통해 직원들의 투지를 자극했다.

2011년과 2012년에 궈샤오보는 연이어 30만 위안의 인센티브를 받았다. 한번은 그 팀의 목표를 11억 위안으로 설정했었다. 목표를 달성하려면 12월에 1억 1,000만 위안의 매출을 달성해야 했다. 팀원 7명은 각자 목표치를 받아들고 매일 동분서주 바삐 움직였다. 창고 쪽에 협조를 구하는 직원이 있는가 하면, 재무·결산 쪽에 가서 재촉 하기도 하고 서비스센터에 주문서 관련 협조도 요청했다. 당일 할당 업무를 처리하지 못한 팀원은 늦게까지 사무실에 남아 업무에 매진 했다. 자신이 조직 내 '민폐'가 될 수 없었기 때문이다. 결국 12월에 매출 1억 6,000만 위안을 달성했고 궈샤오보는 인센티브 30만 위안 을 받을 수 있었다. 팀원들 중에는 20만 위안을 받은 사람이 있는가 하면, 각각 몇 십만 위안, 몇 만 위안 등 금액은 달랐지만 모두 인센 티브를 받을 수 있었다. 그는 "류 사장님은 한 번 약속하면 반드시 지 키는 분입니다. 당시에 우리 팀 매출상황을 살펴보고는 목표달성이 힘들겠다고 생각했는지, 우리 팀 인센티브를 미처 책정해놓지 않는 바람에 예산을 초과할 수밖에 없었죠"라고 말했다.

2008년 8월 글로벌 금융위기가 발생하자 전체 시장상황이 급속히 악화되었다. 이로 인해 디스플레이 가격이 한 달 사이에 150위안이 폭락했다. 불과 두 달 만에 회사는 100만 위안의 손해를 입었다. 이때 궈샤오보는 불안해서 잠도 이룰 수 없었다고 한다. 류창둥은 "이번 일은 MBA를 따는 것보다 오히려 가치 있으니, 비즈니스 세계의 잔혹함을 피부로 적나라하게 느끼라"고 일러주었다.

일용백화부 식품업무팀 총경리인 장리(章力)가 2010년에 입사했을 때, 가장 인상적이었던 것은 자신의 생각을 현실로 옮기고 그 생각이 옳은지 그른지 바로 검증할 수 있다는 점이었다. 저녁에 아이디어가 떠오르면 다음 날 실행에 옮겼다. 그리고 오후가 되면 자신의 판단이 옳았는지 알 수 있었다. 장리는 그해에 매출목표를 초과달성해서 연말보너스로 40만 위안을 받았다. 당시 그는 한 파트를 담당하는 팀장에 불과했다. 2010년 말, 베이징에서 자동차구매제한조치가 시행되려 하자 많은 직원들이 서둘러 자가용을 구입했는데, 차번호 끝자리가 대부분 360이었다. 당시 징둥의 인터넷주소가 360buy였기 때문이다. 이 사실만으로도 당시 직원들이 징둥을 얼마나 자랑스럽게 여기고 소속감을 느꼈는지 충분히 알 수 있을 법하다.

일용백화부 식품·식용유팀 팀장인 왕나는 2005년 11월 25일에 징둥에 입사했다. 당시에 회사 전 직원은 몇 십 명에 불과했다. 2013년 8월에는 일용백화부 식품·식용유팀의 한 달 매출액이 몇 백만 위안에 이르게 되었다. 왕나는 주말에 마트에 들러 둘러보다가 아직도 많은 고객이 쌀이나 식용유 등을 구매할 때 할인혜택을 받지 못하는 것을 확인했다. 그는 징둥이 아직도 할 일이 많다는 것을 다시금 느꼈다. 많은 소비자가 반나절의 시간을 들여 마트에서 물건을 사고 집까지 들고 나르면서 시간과 돈을 기꺼이 쓰고 있었다. 2013년 10월, 식품·식용유팀의 매출이 천만 위안을 돌파했고, 2014년 10월에는 또다시 4배 넘게 폭발적으로 성장했다. 왕나는 이렇게 말했다. "단기적으로는 식품 분야의 경쟁상대가 월마트나 까르푸가 되겠지만 장기적으로 보면 자신과의 경쟁이라고 생각합니다."

IT구매영업팀 출신의 직원들을 인터뷰하며 필자가 절실히 느낀 점이 있다. 이들의 목표가 바로 회사의 이윤 창출, 최고 매출액 경신, 새로운 고객 유치, 또는 그것도 아니면 고객의 충성도 높이기에 있었다는 사실이다. 다시 말해 이들은 무슨 일을 하든 회사를 위해 가치를 창출한다는 사고방식을 가지고 있었다. 가치가 없는 일에는 결코 손도 대지 않았다.

쑨자밍의 말을 들어보자. "오늘날의 징둥이 어떻게 지금에 이르렀을까요? 오랜 기간 변함없이 노력하고 분투한 직원들이 이곳에서 버텼기 때문입니다. 이런 직원이 많아지면서 주류를 형성했습니다. 물론 상응하는 물질적 보상과 정신적 동기부여도 중요합니다. 직원들은 노력하는 사람과 그렇지 않은 사람의 결과가 판이하게 다르다는 것을 깨달을 수 있었죠. 자기는 죽어라 일하는데 노력하지 않는 사람과 그 결과가 같다면 누가 일하려 들겠어요? 류 사장님은 상대적으로 공정한 환경을 조성했습니다. 노력 여부에 따라 결과도 달라지게 말이죠."

노력해서 실적을 거두면 연봉을 올려주고, 그렇지 않으면 연봉에 변화가 없었다. 누가 얼마나 실적을 올리는지 누구나 분명히 알 수 있었다. 쑨자밍은 고위 경영층에 오르고 나서 특히 이 부분에 관심을 기울였다. 스스로 왜 이렇게 오랫동안 열정적으로 일할 수 있는지 생각해보았다. 그 이유는 바로 상사의 인정을 받기 때문이다. 사실 한 달에 얼마를 버는지는 그리 중요하지 않다. 정말 중요한 것은 사장이 날 인정해주는지와 노력한 만큼 물질적으로 더욱 풍요로운 삶을 누릴 수 있는지다. 또한 누구나 더욱 많은 것을 배우고 안목을 넓힐 수 있는 일을 원한다. 이것이 첫 번째다. 다음으로, 공정하고 우수한 환경이다. 노력한 사람과 그렇지 않은 사람 사이에 명확한 차이를 두는 분위기가 조성되어야 한다. 사실 대부분의 기업들이 제대로 못하는 부분이다.

징둥에서는 해마다 두 차례 정기 직원평가가 실시된다. 상반기에 성과가 좋으면 급여가 인상되고, 연말에도 또 한 차례 평가가 이뤄진다. 누구의 연봉을 올리고, 또 얼마나 인상할지에 대해서 쑨자밍은 이사들과 부문 내 팀장들을 모두 불러놓고 반복해서 회의와 토론을 진행했다. 몇 백 명에 이르는 인원을 상세히 파악할 수 없기 때문에 민주적인 결정이 필요했다. 평가방식은 이미 정착되어 있어서 모두들 이 토론이 형식에 불과하다는 점을 잘 알고 있었다. 매출실적과 평상시 업무능력 등을 여과 없이 평가해서 객관적인 인센티브를 정한다. 결론적으로, 노력하면 연봉은 무조건 오르게끔 설계해놓았다. 직원들은 옆 동료가 열심히 일하는 모습을 지켜보며 자극을 받고 점차 발전할 수 있다. 물론 노력하지 않으면 도태될 것이라는 점도 인식시켜야 한다.

류창둥이 작은 매장에서 시작해서 오늘날의 회사를 일굴 수 있었던 데에는 물론 그 개인의 천부적인 능력도 한몫했다. 하지만 특별한 영재집단이 아님에도 징둥이 성공할 수 있었던 관건은 직원들이 전력을 다해 매진할 수 있는 환경을 조성했기 때문이다.

직원 수가 10명인 회사에서 모든 구성원은 100%의 능력을 발휘할 수 있다. 하지만 직원 수가 1,000명으로 늘어나면 직원들은 80%의 능력도 발휘 못한다. 사업을 영속적으로 유지하는 기업은 하나같이 수만 명의 구성원이 다른 회사보다 훨씬 탁월한 능력을 발휘한다. 이들이 최고의 능력을 발휘한다고 장담하기는 어렵지만 말이다. 어쩌면 70% 정도에 불과할 수도 있다. 그렇다면 다른 기업은 50%, 심지어 30%에도 못 미친다는 뜻이다.

기업의 제도, 조직구조는 복제할 수 있다. 하지만 기업문화는 복제가 불가능하다. 제도를 통해 한 기업의 영구적 발전을 보장할 수만 있다면 그 제도를 복제하면 된다. 그러나 한 기업이 지속적인 생명력을 유지할 수 있는 것은 결코 표준화되고 정형화된 틀에 의해서가 아니다. 오히려 비표준화된, 정신적인 그 '무언가'에 의해 기업은 생명력을 유지한다.

또한 기업의 미래성장을 견인하는 원동력도 다름 아닌 자신에서 비롯된다. 그렇다면 초창기 성공을 견인했던 그 '무언가'를 어떻게 지속적으로 확대·발전시킬 수 있을까? 또한 성공의 원동력이 되었던 초심이 과연 어떻게 해야 계속 유지될까? 만일 실패했다면 그 원인은 외부가 아닌 분명 내부적인 요인 때문이다.

'공통된 인식'이 있어야만 '공동의 향유'가 가능하다

초창기 IT구매영업부문은 직원 수가 십여 명에 불과했다. 그러다가 나중에 몇 백 명으로 늘어났다. 업무 분야도 IT를 넘어 가전, 일용백화, 도서 등으로 빠르게 확장됐다. 방대한 물류체계는 물론이고 새로운 인력도 대거 유입되기 시작했다. 구성원이 몇 만 명으로 늘어난 현 시점에 모든 구성원이 당초 성공을 견인했던 '초심'을 어떻게 유지하고 그 초심에 공감할 수 있을 것인가? 또한 '38군'의 정신도 과연 계속 계승될 수 있을 것인가?

2007년의 기업문화는 류창둥 개인이 만들었다. 징둥의 기업문화를 형성하는 데 있어, 류창둥은 창업정신을 수립한 장본인이자 전수자인 동시에 실행자였다. 하지만 더 이상 한 개인의 힘으로 버티기에는 한계가 있었다. 2013년에 기업문화가 점차 창업주 개인의 절대적 영향력에서 벗어나기 시작했다. 모두가 함께 머리를 맞대고 새로운 가치관을 탐색했는데, 그 가치관은 바로 고객 최우선, 성실·신의, 팀워크, 열정, 혁신이다.

2013년 한 해 동안 류창둥은 줄곧 더 많은 고위 경영진을 영입하기 위해 인재를 물색했다. 미국에서 꼼짝 못하고 연수를 받을 때도 여의치 않으면 영입 대상자를 미국으로 불러들여 면접을 진행했다. 1명의 CXO급 경영인을 영입하기 위해 최소 10명 심지어 40여 명을 만나기도 했다. 류창둥은 매우 세세한 질문을 던졌다. 예를 들어 예전 회사에서 8년간 일한 사람의 경우라면, 그곳의 부하직원을 데리고 오고 싶은지 질문했다. 만일 데려온다면 업무를 보다 쉽게 진행할 수 있었다. 그리고 데려오지 않으면 새로운 부하직원과 서로 손발을 맞춰야 해서 그 과정이 녹록지 않을 것이라는 점도 상기시켰다. 면접 대상자가 예전 직원을 데려오고 싶다고 대답하면, 류창둥은 일단 그를 영입 대상에서 아예 제외시켰다. 류창둥이 원하는 경영인은 리더십이 강한 사람으로, 자신의 카리스마와 노하우로 새로운 조직을 이끌고 융합할 수 있길 바랐다. 전문경영인은 징둥문화에 스스로 동화되든지 아니면 떠나든지 둘 중 하나를 선택해야 했다. 그는 현재 전체 시장규모와 징둥이 구축한 핵심적인 경쟁우위를 감안할 때, '전략과 기업문화'에만 별 탈이 없다면 큰 문제가 없을 것이라고 확신했다.

2013년 7월 귀국했을 때 류창둥은 자신이 부재 시의 회사 운영상황에 상당히 만족했다. 다만 부문 간 협조가 다소 매끄럽지 않아서 아쉬웠다. 징둥에 차츰 '대기업병' 징후가 보였던 것이다. 부문들 사이에 협조가 삐거덕거리고 의사결정효율이 저하됐으며 파벌이 형성될 징조가 보였다. 류창둥은 징둥의 고유문화가 희석될 수 있다는 위기감을 느꼈다. 기존 결과 중심의 업무 스타일과 신속한 피드백 문화가 점차 사라지고 부서 간 알력다툼이 생겨났다. 더구나 조직이 방대해져 결재라인도 복잡해졌다. 결국 전략적 의사결정이 말단에까지 관철되기 어렵게 변해갔다. 류창둥은 이번 기회에 기업문화를 강화하고 임직원 전체에게 핵심적 전략·사상을 진파하려는 계획을 세웠다. 이를 통해 경영관리흐름을 원활히 하고, 부문을 초월한 더욱 효율적인 협조체제를 구축할 필요가 있었다.

한 기업이 우거진 수풀을 헤쳐 나와 광활한 활로를 개척하기 위해서는 통상 한 개인의 영웅적 활약에 의지한다. 정신적인 리더로서 창업주의 인성과 카리스마가 조직의 활력소이자 단결력의 원천이 된다. 또한 이 덕분에 기업은 '상명하달'의 경영모델을 매우 유리하게 구축할 수 있다. 이 경우 창업주의 추진력에 의해 사업이 진행되는 게 대부분이다. 만일 기업 내부적으로 창업주 관심 밖의 사업을 추진한다고 가정해보자. 말단사원이 모든 결재라인을 밟아가며 진행하려면 시간이 오래 걸린다. 물론 조직 내 수평적인 협력도 기대하기 어렵다.

조직규모가 일정 수준에 이르면, 한 기업가의 개인적인 카리스마만으론 조직을 움직이고 융합시키기가 이미 불가능하다. 사장과 직접 접촉가능한 사람도 한정적일 수밖에 없다. 거의 대부분의 중간관리자와 말단사원 입장에선 '류창둥'이 단지 기업을 상징하는 마스코트에 불과할 수 있다. 이때 회사의 비전, 사명과 가치관은 그 중요성이 더욱 부각된다. 사람은 감정적 동물이라서 자신과 비슷한, 정신적인 공감대를 형성한 사람과 일하고자 한다.

2012년에 입사한 장위는 인사담당 최고책임자를 역임할 때 첫 번째 임무가 기업문화의 정비였다. 현대 경영관리에서는 공감대와 공동향유를 강조한다. 우선 공통된 인식이 전제되어야만 공동으로 향유할 수 있다. 2012년에 기업문화정비를 추진할 때, 장위는 더 많은 관리자와 직원이 프로젝트에 참여토록 유도했다. 또한 '화웨이기본법'을 제정한 화샤기스(華夏基石, china stone management consulting group) 측에 자문을 요청해 설문조사를 진행했다. 익명을 전제로 설문지를 돌려 4,000개의 유효설문지를 취합했으며 200명 이상을 대상으로 직접 인터뷰도 진행했다. 또 징둥인이 어떤 행동을 좋아하고 어떤 행동을 혐오하는지도 찾아냈다. 최종적으로 부총재급 이상이 참여한 토론회가 열렸다. 그런데 이곳에서 징둥의 새로운 기업문화와 기존 문화가 충돌했다. 토론회 현장에서 격렬한 논쟁이 이어졌는데 그 분위기가 실로 살벌했다. "'고효율'이 우리 회사에서 먹히지 않는다니, 저는 못 믿겠는데요" 하며 서로 한 치의 양보도 하지 않았다. 논쟁이 계속되자 보다 못한 류창둥이 "설전은 거기까지만 하게. 내가 이만 정리하도록 하지"라며 토론회를 마무리했다. 여기서 주목할 점이 있다. 예전에는 류창둥이 본인 위주로 회의를 주도했는데, 이번에는 토론 마무리 발언 외에 자신의 의견을 거의 제시하지 않았다.

결국 '하나의 중심과 4개 기본점'으로 징둥문화가 정해졌다. 즉 고객을 최우선으로 하며 성실·신의, 팀워크, 혁신, 열정이 이를 뒷받침하는 구조다. 2013년 3월 말 류창둥은 이사급 경영진을 대상으로 첫 번째 기업문화 강연을 진행했다. 강연을 마친 후, 이사급 이상 경영진이 모두 강단에 서서 짧게 발언하는 시간을 가졌다. 소리 내서 말해야만 그 정신과 문화가 뼛속까지 스며든다고 생각해서다. 그해 8월 말에 기업문화 강연회가 전 직원 대상으로 확대·실시됐다. 그리고 부서별로 기업문화와 가치관 기준을 세분화했다. 일례로 콜센터는 '고객이 나의 미소를 듣게 하자'였다. 콜센터 직원들은 책상 앞에 작은 거울을 세워두고 자신이 말할 때 미소를 짓는지 관찰했다. 스타오가 총괄하는 부문의 경우 이사와 선임팀장급이 기업문화의 내용을 즉각 대답할 수 있을 정도로 충분히 숙지하고 있었다. 또 일반 사원

중에 50~60% 정도가 기업문화의 내용을 알고 있었다. '하나의 중심과 4개 기본점'의 세부내용은 가물가물했을 것이다. 하지만 그 자체가 이미 큰 변화였다.

2013년 당시, 기업문화 정착에 있어 류창둥이 가장 우려했던 직급은 사실 이사 · 선임팀장급인 중견관리자층이었다. 고위 경영진은 류창둥이 직접 면접을 치르고 영입했다. 그래서 이들이 강한 정신력을 바탕으로 움직이는 인력이라는 확신이 있었다. 또한 말단조직인 배송 · 물류 쪽은 선배사원이 신참에게 기술 · 경험 등을 전수하며 잘 이끌고 있었다. 그 자신이 직접 현장을 둘러보기도 했고, 엄동설한에 헤이룽장(黑龍江) 배송거점에 차를 몰고 다녀온 적도 있다. 하지만 중견관리자층은 달랐다. 류창둥이 직접 면접을 보고 채용한 것도 아니고 그 전에도 세심히 살피지 못했던 게 사실이었다. 이사급만 해도 200~300명에 달했다. 류창둥은 사실 이들 대부분을 잘 몰랐다. 아마 이들도 마찬가지였을 것이다. 그는 가능하면 폭넓게 자신의 경영철학을 알릴 기회를 마련하고자 했고 중견관리자의 피드백을 여과 없이 파악하고 싶었다.

회사에는 전수 · 계승이 가능한 체제가 마련되어 있어야 한다. 선배사원이 떠났어도 가치관이 사라져서는 안 된다. 마찬가지로 신입사원이 기업 가치관을 수용하지 못해도 문제가 된다. 즉 기업 내에 넓은 바다처럼 포용할 공간이 필요하다. 인생의 단맛 쓴맛도 넓은 바다에 들어가면 결국 짠맛만 난다. 이처럼 하나로 융합되는 장을 마련할 필요가 있었다.

이원적 대립에서 융합으로

류창둥이 자립식 물류센터 구축계획을 밝혔을 때 쉬신이 반대한 이유 중 하나는 물류택배 쪽이 사람관리가 어렵다는 점 때문이었다. 열의 아홉이 물건을 슬쩍한다면서 블루칼라가 얼마나 통제하기 어려운지 역설했다. 물류센터가 구축된 이후 쉬신은 징둥에서 제품을 구매하고 택배원과 이야기를 나누면서 이들이 자신의 일을 얼마나 소중히 여기는지 새삼 알게 되었다. 택배회사 중에서 순펑(順豊, 중국 최대택배업체 – 역주)을 제외하면 징둥의 급여가 가장 높은 편이다. 고향에 돌아가면 집도 장만하고 체면 차릴 정도는 되었다. 또 징둥에는 택배원을 관리하기 위한 강력한 제도가 있다. 불만사항이 2건 이상 접수되면 해당 택배원은 바로 해고된다는 조항이다. 간혹 배송이 조금 지연되면 택배원이 불만접수를 자제해달라며 고객에게 신신당부하는 것도 이 때문이다.

'6 · 18' 창립기념일이나 광군제만 되면 다른 택배회사 직원들은 혹시나 하는 마음으로 징둥에서 사람을 뽑진 않는지 기웃거리곤 했다. 징둥 택배원의 수입이 매월 4,000~6,000위안으로 청두에서 중상급에 속하는 반면, 다른 회사는 2,000~3,000위안에 불과했기 때문이다.

칭두 진장 택배센터의 택배원인 왕롄웨이(工連偉)는 원래 자이지쑹 택배회사에서 8년 동안 배송업무를 했었다. 그 회사도 모범사원을 선발해 연말에 상품을 주기도 했다. 그러나 기껏해야 치약, 칫솔, 비누 등이어서 내심 실망하곤 했다고 한다. 징둥에 입사한 그는 화물 하역작업을 할 때마다 항상 솔선수범했고 실적평가도 상위 3등 안에 들었다. 단 한 차례도 고객 불만이 접수된 적도 없었다. 그만큼 고객서비스에도 최선을 다했다. 고객들도 무슨 문제가 있으면 콜센터가 아니라 그에게 직접 연락하곤 했다. 또 동료 택배원이 도움을 청하면 군말 없이 나서는 성품을 지녔다. 그는 모범사원으로 선발되어 연말에 보너스 1만 위안을 받았다.

징둥의 택배원들은 항상 자신감 있게 고개를 들고 다닌다. 과연 이러한 자부심은 어디에서 나오는 것일까? 징둥의 기업이미지가 좋을 뿐더러 징둥 유니폼을 입고 일하면 자신감이 절로 차오르기 때문이다. 회사도 직원에게 공정하게 대우하는 편이고 나름 사회적 입지도 보장받을 수 있다. 사실 택배원들을 만족시키는 것만큼 쉬운 일은 없다. 징둥에서는 5대 보험(의료보험, 실업보험, 양로보험, 공상보험, 출산보험을 말함-역주)과 주택구입 자금을 지원하고 월급도 항상 제때 지급한다. 어쩌면 당연히 할 일을 해줬을 뿐인데도 이런 것들이 물류업종에서는 큰 이점으로 작용했다.

지금은 전통적인 굴뚝산업과 인터넷 변혁·융합으로 인한 새로운 산업이 서로 교차하는 시기다. 인터넷회사의 변신도 갈수록 속도를 내고 있다. 온라인쇼핑몰을 운영하는 징둥과 공동구매로 유명해진 메이퇀(美團), 콜택시 어플인 디디다처(滴滴打車, 중국판 우버-역주) 등 모두가 온라인을 운영하면서도 방대한 규모의 오프라인 부대를 거느린다는 특징이 있다. 고학력 출신 사무직 엔지니어들이 비해, 오프라인 인력들은 상대적으로 낮은 학력을 보유하고 있다. 이들은 주로 일선 현장에서 분주히 몸을 움직이며 일한다.

이러한 모습은 중국의 도시·농촌 간 이원적 대립구조와 매우 흡사하다. 인터넷기업이 직면한 새로운 경영과제 중 하나가 이런 구조를 타파하는 것이라 할 수 있다. 2011년 이전에 류창둥은 회사 내부적으로 뚜렷한 간극이 존재한다는 점을 깨달았다. 징둥 내부의 사무직 직원들이 택배원을 대하는 모습이 농민을 바라보는 도시인의 시각과 비슷했고, 사회적 위치가 다르다며 교류하길 꺼렸다. 그런데 2011년부터 사회적으로 이런 경향이 차츰 변화되기 시작했다. 주된 원인을 살펴보면, 과거처럼 값싼 노동력에 의존하던 시절이 이미 지나갔기 때문이다. 택배원의 수입이 늘면서 월수입이 6,000~7,000위안에 이르는 경우도 생겼다. 이 정도 월급이면 웬만한 사무직보다도 조건이 좋다고 할 수 있다.

류창둥에게는 농민의 피가 흐르고 있다. 그는 '가치관 공유회'라는 토론회에서 고위층 경영진에게 존경을 표하며 말했다. "이 자리에 계신 여러분께 진심으로 감사드립니다. 징둥의 문을 박차고 나가도 비슷한 자리를 쉽게 찾을 수 있는 대단한 능력을 가진 분들인데 이곳에서 일해주시니 감사할 따름입니다. 현장의 말단사원들은 거의 농촌 출신으로 좋은 교육도 받지 못했습니다. 그래도 이제 징둥이라는 플랫폼 안에서 스스로 피땀 흘려 돈을 벌고 안정적인 삶을 영위하고 있습니다. 만에 하나라도 징둥에 문제가 생기면 가장 먼저 현장에 계신 말단사원들이 피해를 봅니다. 여러분들과 달리 징둥과 같은 일자리를 찾기 어려우니까요."

2014년 춘절 전, 중티에(中鐵) 물류의 전임 부총재였던 마쥔(馬珺)은 뤄디페이(落地配, 온라인쇼핑몰을 대신해 물건을 배송하고 물품대금을 받아주는 '대금교환인도(Cash on Delivery)'를 대행하는 업체－역주) 물류업체 사장 두 명과 함께 식사를 하며 대화를 나눴다. 그때 한 물류업체 사장이 이런 말을 꺼냈다. 류창둥 사장이 택배원들에게 통 크게 돈을 쾌척한다는 소문이 업계에 떠돌면서 자기 회사의 택배원들이 동요한다고 했다. 류창둥이 춘절 전에 '류서우 얼퉁'의 자살소식을 듣고 춘절기간에 당직직원 중 외지에 자녀가 있는 경우 자녀 1인당 3,000위안을 지원한 일을 일컬어 '통 크다'고 했던 것이다.

징둥 택배원인 쉬원이(徐文義)의 동서도 징둥에서 택배 일을 시작했다. 동서는 자녀가 셋이었는데, 춘절기간에 일주일 연속 근무한다면서 처음에는 류창둥의 그 말을 믿지 않았다고 한다. 쉬원이는 동서에게 "류 사장님은 한 번 한다고 하면 반드시 하는 분이야. 걱정 말게. 진짜로 돈이 들어올 테니"라고 말했다. 그 동서는 얼마 되지 않아 9,000위안이 입금된 통장을 확인할 수 있었다.

쉬원이는 징둥의 초창기 택배원 10명 중 한 사람이다. 2012년 8월 17일 저녁, 류창둥이 입사 5년차 직원 대상 연회에 필자를 초청했는데, 그곳에서 쉬원이를 알게 되었다. 2014년 3월 징둥 본사에서 그를 다시 만났다. 필자와의 미팅을 위해 짬을 내서 본사를 방문한 것인데, 그는 어느 한 곳 흠잡을 데 없는 깔끔한 옷차림을 하고 그 자리에 나타났다. 회색 야구모자에 진회색 외투를 걸치고 안에는 연회색 브이넥 스웨터를 입고 있었다. 스웨터 안에는 남회색 체크무늬 와이셔츠를 입었는데 옷깃까지 단추를 꼼꼼히 여미어 단정해 보였다. 그리고 카키색 캐주얼바지 밑단을 검정색 군화 안에 밀어 넣고 신발을 꽉 묶어 맨 차림이었다. 오로지 거칠게 그을린 피부만이 햇볕과 비바람에 노출된 육체노동자임을 암시했다.

쉬원이는 1971년생이고 안후이성 푸양(安徽阜陽) 출신이다. 2007년 8월에 입사해서 택배업무를 시작했는데, 인터넷쇼핑을 접해본 적이 없었던 그는 처음에 뭔가 불안했다고 한다. 베이징 난싼환(南三環) 펀중스(分鐘寺)에 위치한 집에서부터 자전거를 타고 난우환(南五環) 바이리웨이(百利威)까지 가서―당시 징둥은 창고를 임대해서 사용했다―실제로 창고가 있는 것을 눈으로 확인하고서야 그는 마음을 놓았다.

2007년 8월 25일, 징둥 배송시스템이 정식 가동됐다. 베이징을 동서남북 4개의 지역으로 나눠 퇀제후(團結湖, 동), 판자위안(潘家園, 남), 야윈춘(북), 마롄다오(서)에 각각 거점을 구축했다. 서구(西區)는 북쪽으로 펑안리시다제(平安里西大街)부터 서쪽으로 스제궁위안(世界公園), 동쪽으로 베이징중저우셴(北京中軸線) 그리고 남쪽은 전체가 관할 배송범위였다. 쉬원이는 서구에 단둘뿐이던 택배원 중 한 명이었다. 그는 기본급 1,500위안에 택배 한 건당 3위안을 받았다. 업무 첫날 서구에는 택배가 딱 3건 있었다. 그는 한 시간 동안 자전거를 타고 마롄다오 배송거점에서 12㎞ 떨어진 루화루(蘆花路) 1호까지 마우스 하나를 배송했다. 이튿날 7건으로 주문이 늘어났고 한 달 후 마롄다오의 택배원은 6~7명으로 증가했다.

2008년이 되자 하루 배송건수가 50개로 늘어났다. 그리고 판촉행사가 실시되면 주문폭주현상이 발생하곤 했다. 2008년부터 주문건수가 기하급수적으로 급증했다. 그에 따라 배송거점도 폭발적 성장을 거듭했다. 현재 서구에는 총 21개의 배송거점이 있고, 각 거점마다 20~30명의 택배원이 활동하고 있다. 택배원 한 명이 보통 작은 구역

하나를 담당하거나 몇 군데 사무실빌딩을 담당해 배송하면 하루 물량을 소화한다. 월평균 수입은 5,000위안 정도다.

양팡잉(楊芳穎)은 쉬원이의 첫 번째 점장이었다. 당시 쉬원이는 딸아이를 시골에서 데리고 올라와 베이징에서 한동안 돌봐야 했다. 현재 화베이지역 배송부 품질개선팀 책임자인 양팡잉은 그때 쉬원이의 딸아이를 자기 집에서 한 달 동안 묵게 해주었다. 어린 여자아이가 창고숙소에서 지내는 게 안쓰러웠기 때문이다. 양팡잉은 꽤 오랜 기간 징둥의 유일한 여성 점장이었다. 그녀는 무슨 일이든 세심히 챙기는 스타일이다. 그녀가 점장을 했던 2년 동안 택배원들은 아무 걱정 없이 편하게 지낼 수 있었다. 당시 그녀와 함께 일했던 택배원들은 지금까지 거의 징둥에 남아 있다. 그녀 밑에서 일하던 한 젊은 친구가 있었는데 성격이 유난히 낙천적이었다. 그는 항상 전동자전거를 타고 배송을 다녔다. 당시에 마롄다오에서 스징산(石景山)까지 배송하려면 언덕을 올라가야 했다. 대부분 거기까지 가면 전동자전거의 배터리가 떨어져서 언덕길은 전동자전거를 밀고 올라가야 했다. 그래서 스징산에는 번갈아가며 배송을 나갔다. 다들 갈 때마다 배터리가 떨어진다며 불만을 토로하곤 했다. 그 젊은 친구는 다얼바(大二八) 자전거를 타고 다녔는데, 그의 말에 의하면 충전방법이 따로 있어서 평생 배터리 떨어질 일이 없다고 했다. 다들 그 방법을 궁금해하자, "샤오빙 하나 사먹으면 바로 충전이 돼서 힘이 불끈 솟거든요"라고 넉살스럽게 말했다.

쉬원이가 쉬안우(宣武), 차오차오(草橋), 자오먼(角門) 등 일부 지역을 담당할 때, 일반 가정집이 비교적 많았다. 젊은 친구들은 재빨리 택배를 마치고 일찍 퇴근하려고 서두르는 편이었다. 하지만 그는 빠르지도 느리지도 않게 차분히 택배를 분리해서 기업과 가정집 배송시간을 정해 움직였다. 그는 인내심이 강하고 고객관리도 제법 잘하는 편이다. 그때는 기업고객이 그리 많지 않았다. 수표의 경우 미리 입금이 되어야 배송을 진행했다. 어떤 고객은 양팡잉에게 전화해서 "방금 주문서 작성했어요. 쉬 기사님께 수표 가지러 와달라고 말씀해주세요. 바로 입금될 수 있게요"라고 말했다. 이 정도로 고객과 택배원, 그리고 징둥 간에 비교적 끈끈한 신뢰관계가 구축되어 있었다.

쉬원이가 류창둥과 처음 직접 대면한 것은 2012년 8월 17일 입사 5년차 직원 대상 연회자리에서다. 류창둥은 그때 참석한 72명의 직원과 한 명씩 돌아가며 술을 마시고 한담을 나누었다. 그가 알고 있는 류창둥은 정직하며 약속을 중요시하는 사람이었고 눈에 거슬리면 직설적으로 대놓고 말하는 성정이었다. 다른 사람이라면 그냥 모른 척 넘길 수 있는 일도 류 사장은 그러는 법이 없었다. "류 사장님은 말단직원을 세심히 배려합니다. 매년 송년회마다 택배원의 노고를 잊지 않고 언급하셨죠. 본인이 직접 택배를 배송하기도 했고요. 그 분은 저를 모르겠지만, 저는 마음속으로 항상 류 사장님을 존경하고 있습니다." 쉬원이의 동생과 동서, 아들 모두 징둥에서 택배원으로 일하고 있다. 그의 아들은 1993년생인데 17세부터 택배원으로 일했다. 지금은 어느새 22세가 되었고 베이징의 비디추(八大處) 배송거점 점장으로 근무 중이다. 쉬원이는 컴퓨터 사용법도 모르고 컴퓨터만 보면 속이 울렁거려서 자신은 점장이 될 수 없다고 말한다. 마롄 배송거점에서 근무했던 동료 중에 한 사람은 허베이

탕산(河北唐山)의 점장이 되었고 또 한 사람은 산둥에서 점장을 맡고 있다. 당시의 점장이었던 양팡잉은 현재 화베이지역에서 선임팀장을 맡고 있다.

쉬원이가 필자와 만나 인터뷰를 한 시점은 고향에 못 간 지 어느덧 7년째 되는 해였다. 연가를 쓸 수도 있지만 휴가를 신청하지 않았다고 했다. "저는 진짜로 저희 본가를 제대로 돌보지 못했어요. 농촌의 너무 가난한 환경에서 태어나 모든 여건이 좋지 않았고 좋은 일자리도 구할 수 없었거든요." 그의 아내와 딸은 안후이 고향집에서 지내고 있다. 쉬원이 누나 집에 컴퓨터가 있어서 매주 한 번 인터넷 화상전화로 가족과 만나고 있었다. 그의 아내는 베이징에 온 적이 없는데 돈 쓰는 게 아까워서다. 올해 12세인 딸아이는 최근 2년 동안 여름방학이면 베이징에 놀러오곤 한다.

쉬원이는 매월 6,000위안을 벌어서 2,000위안은 자신이 사용하고 나머지는 모두 고향집에 송금했다. 그는 배송거점에서 기거하면서 수위도 겸하고 있었다. 매일 두 끼 식사를 하는데 아침에 한 끼를 먹고 저녁 6시에 한 끼를 해결한다. 기사가 점심에 물건을 싣고 오면 바삐 배송을 나가야 해서 밥 먹을 시간이 없었다. 그는 "할 일이 있어야 하루가 뿌듯한 것 같아요. 스스로 너무 풀어지면 오히려 몸에 이상이 생길까 봐 걱정되거든요"라고 말했다.

베이징에서 푸양까지는 900㎞가 채 안 된다. 기차를 타면 빠르면 7시간이면 도착할 수 있다. 그의 부친은 전화로 언제쯤 고향에 올 수 있는지 가끔 묻곤 했다. 한번은 막 택배를 접수하던 참이라 바쁘다고 하자, 부친은 황급히 전화를 끊었다고 한다. 쉬원이는 화웨이 휴대폰을 사용했는데 류창둥이 연회에 참석한 5년차 직원 모두에게 한 대씩 선물했다고 한다. "저도 집이 무척 그립죠. 부모님도 보고 싶고요. 못 뵌 지 7년이나 되었으니까요. 벌써 연세가 일흔 살이 되셨는데 아마 많이 늙으셨겠죠. 이제 찾아뵐 때가 된 거 같아요. 부모님을 뵙자마자 한바탕 눈물바다가 될지도 모르겠네요." 쉬원이는 여기까지 말하다가 참지 못하고 눈물을 흘렸다. "부모님들은 누구나 자식에게 부담을 주지 않으려고 하시죠. 제게 늘 집안에는 별일 없으니 걱정 말라고 하셨어요. 저희는 8남매인데, 부모님은 늘 제가 가장 자랑스럽다고 하세요."

상하이 진장 배송거점의 점장인 장안밍(江安明)은 2007년 11월에 징둥에 입사하여 2008년 9월에 점장으로 승진했다. 그는 류창둥이 수여한 우수점장 상장을 아직도 보관하고 있었다. 그때 비상장주식 500주를 인센티브로 받았다. 화동지역 택배원 중 유일하게 주식을 받았는데 지금 환산하면 1,500주에 해당한다. 그는 나중에 회사에서 발행한 주식도 받았다. 2007년에 입사한 택배원들은 대략 2,000~2,800주를 받을 수 있었다. 현재 장안밍은 비상장주식을 총 7,000여 주 보유하고 있다.

필자가 장안밍을 인터뷰할 무렵에는 이미 징둥 주식이 상장되어 매도가 가능한 시점이었다. 그는 주식을 조금 매도해봤다고 했는데, 실제로 돈으로 바꿔주는지 궁금했다고 한다. 필자가 농담으로 "류창둥 사장이 속였을까 봐 걱정돼서요?"라고 말하자, "설마요. 류 사장님이 속이려 했다면 상장 전에 이미 속이고도 남았죠"라며 확신에 찬 어조로 대꾸했다. 농촌 출신으로 택배원부터 시작한 이 중년 남성은 류창둥 사장에 대해 오로지 감사한 마음뿐이라고 했다.

　2007년에 징둥은 상하이 창닝(長寧), 쉬후이(徐匯), 루완(盧灣), 황푸(黃埔) 4개 지역에 총 5개의 배송거점을 설립했다. 총 7명의 택배원이 매일 한 사람당 50건을 배송했는데 장안밍은 루완구의 50%와 황푸의 일부 지역을 담당했다. 당시엔 모든 업무가 수작업으로 이루어졌다. 이른 아침 7시부터 점장과 함께 화물을 내리기 시작해서 일일이 수작업으로 택배를 분리했다. 이후에 수동으로 택배시스템에 정보를 등록하고 주문서도 손으로 하나하나 입력했다. 그때 한 팀장이 그에게 "평생 택배만 나를 수는 없잖아? 미래를 생각해야지, 컴퓨터 좀 배워봐"라고 조언했다.

　장안밍은 배송할 때 나름 머리를 굴려 배송순서를 정했다. 고객에 따라 배송시간을 조정했는데, 고객이 샐러리맨인지, 집에 아내나 노인어른이 계신지, 또 자녀가 있는지, 아이를 픽업하러 나가는지 등 꼼꼼히 살폈다. 그렇게 고객 특성을 대략 파악한 후 배송주소를 확인하고 어느 곳부터 배송할지 순서를 정하곤 했다.

　그는 한때 민항구(閔行) 외곽으로 파견돼 배송을 했는데 두 개 학교를 담당했다. 학생들은 문화적 소양을 갖춘 편으로 서비스 기대수준도 높을 것이라 예상되었다. 또한 학교에는 배송시간이 정해져 있어서 참을성 있게 기다렸다. 나중에 학생들은 그에게 친근하게 '장형'이라 불렀다. 2008년 9월에 그는 장장(長江)에 배송거점을 구축할 때 점장이 되어 아직까지도 그곳에서 근무하고 있다. 장장 배송거점의 배송건수는 매일 2,300~2,400건 정도 된다. 그중에 700~800건은 징둥의 입점업체가 판매한 것으로 택배후불 건이 대부분이다. 6개월 이상 근무한 택배원의 월수입은 대략 5,000위안 정도다. 이곳은 '311 배송보장 프로그램'을 실시하는 거점이어서 하루에 3회 배송을 실시한다. 오전 주문서는 3시 전에 완료되고 오후는 3시에서 7시, 저녁은 7시에서 10시까지다. 장장 배송거점은 현재 27명이 근무하는데 이곳에서 배출된 점장이 이미 5~6명이나 된다.

장안밍은 업무를 공정하게 처리했다. 사적으로도 동료들과 식사자리를 갖지 않았는데, 한 사람하고 개인적으로 만나서 식사하기 시작하면 다른 모든 사람과도 공평하게 만나 식사해야 한다는 부담감 때문이다. 대신 회식자리를 마련해 전체 택배원을 한 명도 빠짐없이 초대했다. 그러면서도 다른 택배원이 초대하면 절대 응하지 않았다. 장안밍은 원래 누구 편도 들지 않는 성격이다. 또 무슨 일이든 공개석상에서 해결했고, 배송거점을 운영할 때도 필요한 제도가 있으면 함께 토론해서 정했다. 누가 무슨 잘못을 하면 함께 정한 규칙이니 그 규칙에 따라 처리했다.

팀 내에는 뛰어난 사람도 있지만 실력이 그에 못 미치는 사람도 있기 마련이다. 그는 이를 용납하지 않았다. 어떻게든 전체 팀원이 모두 실력을 갖추도록 만들었다. 장안밍은 한 택배원이 예정목표를 달성 못하면 그 연유를 물었다. 그 택배원이 배송지역의 여건이 열악해서라고 답변하면, 다른 사람을 대신 보내 일을 마무리하고 결과를 알려주었다. 무엇이 중요한지 그 택배원에게 요지를 설명하고 다시 일주일의 기간을 주고 시도해보라고 권했다. 택배원이 노력해서 개선된 실적을 보이면 일을 계속 하게 했지만, 형편없는 결과가 나오면 조직을 떠나게 했다. 징둥은 해마다 택배원 평가를 실시한다. 성과를 달성하지 못하면 권고사직을 유도했다. 실적은 데이터로 분명히 알 수 있었다.

노동집약형 기업에서 노사 간 갈등의 원인은 대부분 돈이다. 현장에서 일하는 택배원에게는 대부분 건당 보수가 책정된다. 기본급은 정해져 있고 건당 배송을 많이 하면 그만큼 더 많이 가져가는 구조다. 따라서 관건은 실적평가가 투명하고 상세한 기록이 근거로 남아야 한다는 것이다. 이러한 데이터를 근거로 평가가 진행된다. 오늘 5건을 한 사람과 10건의 실적을 올린 사람이 있다면 전자의 수입이 적은 것은 당연한 이치다. 또 실수해서 점수가 깎이면 명확히 기록으로 남는다. 평가기록이 투명하고 정확하면, 다른 동료가 300위안을 더 가져갔다며 이의를 제기할 사람은 없을 것이다.

회사에는 가족의 생계를 책임지며 하루하루 살아가는 사람들이 많다. 수입의 공정성과 투명성에 의구심을 가지면 부정적인 감정이 생긴다. 매월 3,000~4,000위안을 벌어서 고향집에 생활비로 보내고 자식도 돌봐야 하는 사람은 상황이 절박하기 때문에 100위안만 모자라도 크게 느낄 수 있다.

징둥에서는 여름이 되면 '고온수당'을 지급한다. 3개월 동안 매월 300위안을 보조하는데 음료수 등을 구입하는 용도다. 또 겨울에는 '방한수당'을 지급하는데 마찬가지로 3개월간 지원한다. 2014년에 징둥은 물류와 배송부문 직원들을 위해 특별간식을 준비했다. 매일 한 사람당 5위안의 간식비를 예산으로 책정해 바바오저우(八寶粥, 영양죽으로 찹쌀에 붉은팥·연밥·용안·대추·땅콩 등을 넣어 만든 죽—역주)나 과자, 햄·소시지 등을 나눠주었다. 사무직에 종사하는 화이트칼라에게는 이런 복지제도가 흔히 시행된다. 적은 인원에 1인당 가치 창출액도 높은 편이라 가능한 제도다. 하지만 노동집약형 기업에선 거의 찾아보기 어려운 제도다.

사회통념상 택배원에 대한 고정관념이 있다. 가장 밑바닥에서 일하며 아무런 목표 없이 심부름꾼처럼 물건이나 배달하는 사람이라고 여기는 경우가 많다. 이런 삐딱한 편견 때문에 택배원들이 스스로 심리적으로 위축되고 자의식도 부족한 편이다. 기업문화부 이사인 장웨이펑(章巍峰)은 '징둥의 속도'라는 제목의 홍보영상을 필자에게 보여주었다. 일선현장에서의 하루일과에 주로 초점을 맞춰 제작된 것이었다. 현장직원의 노동 가치를 긍정적으로 평가하고 인정하기 위해 만들었다고 한다. 이 영상은 '징둥의 속도'가 어떻게 진행되며, 상품이 얼마나 빨리 고객 손에 전달되는지를 보여줌으로써 고객의 호기심도 충족시키고 현장직원의 자부심도 고취시켰다.

류창둥도 농촌에서 태어나 노력하고 공부해서 운명을 바꾼 케이스다. 그는 도시와 농촌 간 이원적 대립구조로 인해 상호 간 큰 격차가 존재한다는 사실을 누구보다 잘 안다. 필자도 4~5개월 동안 원저우 공장과 청두 폭스콘에서 연구조사를 진행한 바 있다. 그때 중국의 블루칼라 노동자(주로 농민 출신)가 도시에서 생존하기 위해 얼마나 피나는 노력을 하는지 알게 되었다. 거의 대부분의 노동집약형 기업이 제공 못하는 일을 징둥은 현장 노동자에게 제공하고 있다. 이들 직원을 대하는 태도만 봐도 류창둥의 측은지심이 어느 정도인지 엿볼 수 있다.

'류창둥 형님과 동창생 되기' 프로그램

예전 인펑빌딩 시절에 류창둥은 "다 같이 밥 먹으러 나가자"며 목소리 높여 직원들을 불러 모았다. 이렇게 함께 모인 술자리에서 서로의 경험을 나누곤 했다. 2012년에 직원 수가 수만 명에 이르게 되자, 예전처럼 '스승이 제자 손을 붙들고 하나하나 가르쳤던 도제 방식'이 더 이상 불가능해졌다. 그렇다면 내부의 경험과 지식을 어떻게 체계적으로 전수해 시너지를 창출할 것인가?

류창둥은 '징둥대학'을 설립해야겠다는 아이디어를 떠올렸다. 그렇게 해서 2013년 2월 징둥대학의 선임이사인 마청궁(馬成功)이 징둥대학 업무를 담당하게 된다. 마청궁은 원래 완다(萬達)그룹에서 근무했다. 그는 완다광장의 유동인구가 3분의 1로 감소한 원인이 온라인쇼핑몰 때문이라는 보고서를 읽었다. 이를 계기로 온라인쇼핑이 대세라면 자신도 대세를 따르자고 결심하게 되었다. 그 전에 리닝(李寧)에서도 근무한 경험이 있다. 최근 리닝이 주춤하는 가장 근본적인 원인은 소비자의 급변하는 수요를 정확히 파악하지 못한 데 있었다. 전략을 수립하기 전에 우선 큰 흐름을 파악해야 하는데 이를 놓쳐버린 것이다.

마청궁이 징둥에 들어와서 제일 처음 발견한 문제점은 교육비의 40%가 출장에 사용된다는 점이었다. 전국에 산재한 직원을 대상으로 교육을 진행하기 때문에 강사의 출장이 빈번할 수밖에 없었다. 그는 교육 프로그램에서 출장비의 원가비중이 과도하게 높은 구조는 바람직하지 않다고 판단했다. 그리고 타오바오 입점업체를 대상으로 한 타오바오대학을 면밀히 연구했다. 타오바오대학이 참신한 이유는 대학을 하나의 플랫폼으로 삼았다는 점이다. 이곳에서 600만 타오바오 입점업체가 자신의 경험을 공유한다. 대학 측은 이들 입점업체가 강사가 될 수 있도록 독려한다. 입점쇼핑몰의 운영 노하우와 감상을 PPT로 대학에 제출하면, 대학 측은 이 자료를 다시 연구해서 업체의 '실제 경험'을 '이론'으로 정립시킨다. 한마디로 타오바오대학이 더욱 많은 사회적 자원을 동원해 각자 '자신의 아이디어'를 정립할 수 있도록 지원하는 구조다. 즉 아이디어를 정립한 후에 교육 과정을 만들어 강의하는 구조가 아니었다.

마청궁은 징둥대학을 크게 두 갈래로 나눴다. 하나는 전통적인 교육방식이다. 직급별로 관리자 대상 리더십과정, 전문능력 배양과정 등 교육훈련 프로그램을 꾸준히 진행했다. 다른 한 갈래로 그는 TED(미국의 민간 비영리기구)를 벤치마킹해 '징둥 TALK'라는 교육 플랫폼을 만들었다. TED는 한 사람이 18분 동안 하나의 스토리를 강연하는 프로그램이다. '징둥 TALK'는 각 지역별로 매월 연사를 선정해 강연을 진행한다. 주로 직원들이 자신의 업무경험을 공유하는 형태로 운영된다.

인력자원부문은 매년 구성원의 '조직몰입도(Employee engagement)'를 암암리에 조사했다. 그 결과, 현장직원들이 회사의 교육훈련 프로그램에 낮은 점수를 준 것으로 나타났다. 이들은 회사에서 교육훈련을 제공하지 않는다고 생각하고 있었다. 마청궁은 지역별로 모두 교육 프로그램을 운영하는데 왜 교육훈련 과정이 없다고 응답했는지 의아했다. 현장직원을 추궁해 이유를 확인했다. 그 직원은 다소 곤란한 표정으로 "교육이 아니라 회의를 하는 것 같다"며 마실 것도 안 주고 회의실에서 교육을 진행했는데, 아무리 생각해봐도 교육 같지 않다고 했다.

그제야 그는 화이트칼라와 블루칼라가 교육훈련에 대해 다르게 이해한다는 것을 깨달았다. 화이트칼라는 교육훈련 프로그램을 학습이라고 여긴다. 따라서 이들에겐 강사가 수업을 잘하는지와 무엇을 배우는지가 중요하다. 반면 블루칼라는 복지제도의 일종으로 간주한다. 그래서 교육훈련의 외형적인 형식에 더 많은 관심이 있다. 이들에게는 자신을 얼마나 세심히 챙겨주고 배려하는지가 중요했다. 그래서 2014년부터 징둥대학의 현장직원 교육훈련 과정에는 특별히 간식비 예산을 추가로 배정했다.

마청궁은 화이트칼라 교육훈련 분야에서 쌓은 다년간의 경험을 토대로, 처음에는 블루칼라의 교육예산을 각 지역으로 할당하고 교육을 자체 시행토록 했었다. 2013년 중순에 그는 지역별 교육담당자를 베이징으로 소집해 회의를 진행한 바 있다. 마청궁은 현장직원 대상 교육훈련이 어떻게 진행되는지 물었다. 그때 다들 불평불만을 토로하기 시작했다. 재정 자원도 없고 강사 자질을 갖춘 인력도 없을뿐더러 관리자의 관심 부족으로 예산도 제대로 편성되지 않았다고 했다. 마청궁은 다음 질문으로 넘어가서 "좋습니다. 알겠어요. 저는 여러분이 진행한 교육이 무엇이었는지 실제 사례가 제일 궁금합니다"라고 말했다. 교육담당자들은 이 질문에 대해서도 여전히 빈정대며 부정적인 말만 내뱉었다. 마청궁은 그 자리에서 즉각 제안을 하나 내놓았다. 10만 위안의 예산을 책정하고, 각 지역에서 최고의 교육훈련 프로그램을 선정하겠다고 밝힌 것이다. 2013년이 저물려면 아직 5개월이 남아 있었다. 남은 기간 동안 매월 2만 위안의 상금을 걸고 지역별 교육훈련 계획을 본사에 제출토록 했다. 본사에서 채점해서 1등은 1만 위안, 2등은 6,000위안, 3등은 4,000위안의 상금을 주기로 했다.

마청궁은 그런 제안을 던졌던 이유를 이렇게 설명했다. "저는 다만 현장의 교육훈련에서 가장 주안점을 두는 게 무엇인지 알고 싶었을 뿐이에요. 제가 현장직원을 직접 지도하는 게 아니니까요. 다들 돈을 좋아하잖아요. 그래서 상금을 내걸었는데, 대신에 제가 정한 게임의 룰을 따르라는 게 조건이었어요." 상금이라는 유인책이 생기자 각 지역마다 나름대로 다양한 아이디어를 개발하기 시작했다. 암송법을 만들어 활용하거나 만화를 그려서 제출하기도 했고, 현지 교육기관과의 공동훈련 프로그램도 제안했다. 마청궁은 그런 모든 사례를 다 함께 공유하도록 했다. 덕분에 지역별 교육담당자가 타 지역의 아이디어를 참고할 수 있었다. 인간의 창조력은 무궁무진한 법이다. 관건은 오로지 어떻게 이를 발굴할 것인가이다.

징둥에서 블루칼라와 화이트칼라는 교집합 부분이 그다지 많지 않다. 물론 기본적으로 대우도 똑같고 식비 보조, 5대 보험과 주택구입 지원 혜택 등은 모두 동일하게 적용한다. 이 부분과 관련해 문제가 있다면 관리자가 힘들다는 점이다. 두 개 그룹을 동시에 관리하기 때문에 각기 다른 화제로 눈높이를 맞춰 이들과 소통해야 한다. 화이트칼라와는 이상과 꿈, 삶, 여행, 제품경영, 혁신적 사고 등을 이야기하고 택배원과는 자녀 진학, 농촌에 계신 부모님의 건강문제, 생활비 등이 주된 화제가 된다. 이렇게 각기 다른 주제를 가지고 소통해야만 문화적 공감대를 형성할 수 있다.

직원들은 회사의 각종 하드웨어와 제도, 업무절차와 리더의 행동 등을 통해 기업문화를 감지한다. 한편, 고객이나 언론기관, 공급업체 등의 관련 이해당사자는 그 회사가 제공한 서비스를 통해 기업문화를 감지한다. 만일 대내외적으로 동일한 기업문화를 감지했다면 그 문화가 상부조직뿐 아니라 아래 말단조직까지 정착했다는 반증이다. 반대로 서로 다르게 기업문화를 느꼈다면 조직 내 커다란 골이 생겼다는 의미이고 그 골은 엄청난 에너지를 잡아먹는다. 직원에게 '고객 최우선'을 강조하면서 정작 구체적인 서비스방법을 모른다면, 또 오로지 원가 절감에만 매달린다면 과연 어떻게 될 것인가? 겉과 속이 다른 기업의 이중적 모습을 보게 된 소비자는 그 기업을 가식적이라고 판단한다. 책임감 있는 기업이라고 입으로는 강조하면서 실상 '노동력 착취공장'으로부터 제품을 구입하고 있었다는 걸 소비자가 알게 된다면 어떻게 될까?

과거 징둥의 기업문화부에서는 현장직원 대상으로 기능대회를 개최했었다. 그런데 스피드퀴즈 형태로 진행되어서 주입식 기억력 테스트나 마찬가지였다. 여기에도 변화를 주었다. 2014년 9월에 각 지역에서 '물류 만능왕' 실전 경기를 개최한 것이다. 이는 택배분류센터에서 추진 중인 표준화작업과도 부합되는 경합이었다. 우선 지역 내에서 예선을 치르고 마지막에 우한에서 결승전을 개최했다. 이때 전체 물류센터 직원의 30%가 자발적으로 시합에 참가했다. 표준화작업은 첫째, 효율성을 보장하고 둘째, 안전성을 보장해야 한다. 따라서 선수의 동작이 규정에 부합해야 하는데 규정에서 어긋나면 벌

점이 부과되었다. 또 신속성을 평가했는데, 현장에서의 숙련도와 기교에 따라 좋은 결과를 얻을 수 있다. 때론 과학적인 관리방법이 오히려 업무절차를 과할 정도로 세부적으로 규정해서 직원들의 능동성을 해칠 수 있었다. 따라서 규정에만 부합하면 각자 재량껏 창의적인 기교를 활용할 수 있도록 했다.

옛말에 길고 짧은 것은 대봐야 안다는 말이 있다. 지역 내에서는 '잘나가는 능력자'일지 모르지만 '뛰는 놈 위에 나는 놈'이 있는 법이다. 어쩌면 이번 시합의 등수가 평생 직장생활 동안 가장 높은 등수가 될 가능성도 있다. 현업에서는 효율성과 직원들의 사기를 강조하더라도 강압적으로 직원에게 상처를 주어서는 안 된다. 모든 구성원 개개인의 감정을 헤아리고 이들의 희망과 성장, 또는 명예 등을 존중할 필요가 있다. 유화적인 방식으로 누구나 공생할 수 있도록 동기를 부여해야 한다. 직원들이 풍요로운 문화생활을 누릴 수 있게 배려한다는 의미는 비단 여가활동만을 가리키는 게 아니다. 업무적인 측면도 마찬가지로 고려할 필요가 있다. 결국 기본방향은 회사의 전략을 수용하고 업무적인 필요성과 개인적인 욕구를 함께 아우르는 것이다. 인간은 단순히 돈 버는 기계가 아니다. 사회적인 동물로서 인간은 물질과 정신 모두가 충족되어야만 비교적 건전한 삶을 영위할 수 있다.

흙수저를 물고 태어난 사람, 금수저를 물고 태어난 사람 등 저마다 불평등하게 태어난다. 하지만 이러한 불평등이 죽을 때까지 변하지 않는다면, 인생이 얼마나 절망적이겠는가? 전 사회가 신분상승을 위한 통로를 넓히기 위해 노력할 필요가 있다. 능력이 출중하면 출세해서 성공가도를 걸을 수 있도록 해야 한다. 비록 지금은 밑바닥 인생이라 해도 언제까지나 이곳에만 머무르라는 법은 없어야 한다. 회사에서도 마찬가지로 능력이 된다면 기술 분야의 장인이 되거나 또는 관리자가 될 수 있어야 한다. 회사는 젊은이들이 능력을 맘껏 분출할 수 있도록 자본으로 뒷받침하고, 영광을 얻을 기회도 충분히 제공해야 한다. 최소한으로 치더라도, 영광을 얻지 못하는 이유가 기회가 없어서가 아닌 능력 부족이 되어야 한다. 출세하려면 자신을 더욱 강하게 단련시킬 필요가 있다.

징둥의 인사승진제도에 따르면, 3가지 직군인 관리직군(M직군), 전문직군(P직군), 기술직군(T직군)에 따라 승진이 가능하다. 모든 사원은 이 제도 안에서 자아발전의 기회를 모색할 수 있다. 화이트칼라는 M과 P 두 가지 직군으로 승진할 수 있고, 블루칼라는 세 직군 모두 가능하다. 기술직군에서 최고 위치까지 오른 뒤, 충분한 잠재력을 갖추면 회사가 공부할 기회를 제공함으로써 P나 M으로 전환할 수 있는 가능성을 열어두고 있다. 인재를 발굴하고 교육훈련을 통해 승진 기회를 마련하는 게 바로 장우가 추진 중인 핵심 업무다. 2013년에 류창둥은 70%의 관리자가 내부 승진을 통해 결정될 거라고 밝히며 인력축적의 필요성을 역설한 바 있다. 2014년 말이 되자 내부 승진의 비중이 52%에 달했다.

회사가 승진 기회를 주고 싶어도, 어릴 때 열심히 공부를 안 했거나 공부를 계속할 집안형편이 아니었을 수도 있다. 이제라도 죽어라 열심히 일하고 성공을 향해 매진하려는데 학력이 걸림돌이 된다면 어떻게 해야 하나? 이를 염두에 두고, 징둥대학은 학습의 장을 제공함으로써 그 길을 열어주었다. 지금 당장에 먹고살 돈을 벌면서, 동시에 미래에 더욱 풍성한 밥상을 차릴 수 있는 밑천도 얻을 수 있게 했다.

현장직원들은 대학이 무엇인지조차 전혀 모르는 경우가 허다하다. 때문에 징둥대학은 '둥거(東哥, 류창둥 형님이라는 의미, 류창둥의 '둥(東)' 뒤에 형을 뜻하는 '거(哥)'를 붙여 부름-역주)와 동창생 되기'라는 단기 교육훈련 프로그램을 구성했다. 하계캠프와 유사한데, 50~60명의 우수한 직원을 선발하여 베이징에서 1주일간 캠프를 연다. 사실 배우면서 노는 자리다. 런민대학의 강의실을 임대해 런민대학의 교수와 교육훈련부의 강사진을 초빙해 '자기브랜드 관리법'을 알려준다. 자신에 대한 타인의 인상, 특히 고정적인 인상을 '자기브랜드'라 한다. 살면서 내가 어떤 기회를 포착할지의 관건은 나 자신의 시각이 아닌, 남이 나를 어떻게 보는지에 달려 있다.

현장직원의 가장 큰 취약점이 저학력이라는 판단 하에 '징둥대학 입학 프로그램'도 마련했다. 고등학교와 협력해 전자상거래 관련학과를 개설하고 직원에게 학비 할인혜택을 제공한다. 직원들이 자비로 공부하도록 독려하고, 졸업하면 전문대 진학과 학사학위를 받을 수 있는 프로그램이다. 지금은 다들 돈을 빌려 결혼하고 집도 장만하며 자녀도 양육한다. 그렇다면 돈을 빌려 공부도 할 수 있어야 하지 않겠는가. 전체 8,000위안의 학비 중 첫해 등록금이 4,000위안인데, 그간 저축한 돈과 일부를 빌려서 보태면 학위문제를 해결할 수 있다. 졸업 후 징둥에 잔류할 동기를 제공하기 위해 학위를 취득하면 그에 맞게 승진할 기회도 주어진다. 1등급 승진하면 학비의 3분의 1을 환급해주고 2등급 승진하면 2분의 1, 3년 내에 3등급 승진하면 학비 전액을 환급한다.

이 프로그램이 도입된 이후 이미 학사학위를 소지한 직원들도 이와 유사한 프로그램을 개설해달라고 요청했다. 이에 베이징 항쿵항텐 대학(航空航天大學, 우주항공 관련 대학 – 역주)과 협력을 추진해 '징둥 학업프로그램'을 구성했다. 이곳에서 학업을 마치면 엔지니어석사를 받을 수 있다.

교육훈련을 위해 기꺼이 돈을 투자한 회사의 미래는 매우 밝고 발전가능성이 높다. 반면 아까워서 벌벌 떨며 직원교육에 투지를 꺼리는 회사는 그 미래가 불투명하다. 필자가 택배작업 현장에 직접 방문한 적이 있는데, 그때 고위층 관리자와 기능부문, 배송거점을 비롯한 각 지역이 교육을 받느라 여념 없었다. 징둥은 실제 무서운 속도로 발전을 거듭하고 있다. 회사가 안정적으로 뿌리내려 정착하려면 인력자원을 통해 충전해야만 삐거덕거리지 않고 미래의 발전을 유지할 수 있다. 판만 크게 벌여 덩치만 키워놓은 상태에서, 관리능력이 부족해 이를 제대로 정비 못하면 붕괴할 위험도 그만큼 높아질 수밖에 없다.

징둥은 잠재력 있는 우수 직원을 선발해 입소식 집합교육을 진행한다. 사원이 회사의 발전방향과 현황을 파악하여 업무의 우선순위를 깨닫고 어느 방향으로 업무를 추진해야 하는지 제대로 알도록 하는 게 주된 목적이다. 또한 물류, 제품분류, 운송 등의 타 부서 업무도 이해할 수 있도록 했다. 자기 업무에만 열중해서 부서 간 협력에 걸림돌이 되는 경우를 미연에 방지하기 위해서다. 회사의 큰 그림을 이해하면 자신이 어떻게 거기에 맞춰 일할지 파악할 수 있다. 집합교육 기간에는 외부에서 강사를 초빙해 경영이론도 강연한다. 현장부터 시작해 관리자가 된 직원들은 이론적 소양을 쌓을 필요가 있었다. 현장에서 관리자 노릇을 제대로 하려면, 자기 경험만 앞세워 큰 소리 치며 우격다짐으로 직원을 다뤄서는 안 되니 말이다. 그들이 진정한 경영관리를 터득하도록 하려면 교육이 필요했다.

2011년 9월에 입사한 배송부 총괄책임자인 왕후이(王輝)는 순펑쑤 윈(順豊速運)에서 이직했다. 그는 배송부문과 관련해 징둥과 순펑의 공통점을 이렇게 말했다. 첫째는 노동집약형 업종에서 사람을 중시 하는 기업은 직원의 선발·교육·관리·평가가 모두 우수하다는 점 이다. 둘째는 상품품질을 중요시한다는 공통점이 있다. 순펑은 우수 한 서비스 품질을 통해 높은 고객만족도를 유지하는 회사다. 고객만 족도가 높으면 직원들에게도 좋은 복지를 보장할 수 있는 법이다.

2014년, 배송부문의 가장 핵심 사안은 표준화교육 문제와 승진 문 제를 해결하는 것이었다. 왕후이는 이렇게 언급했다. "현재 52개 구 역이 있고, 향후 100여 개로 구역이 추가 개발될 예정입니다. 이는 곧 직원들이 승진해서 더욱 많은 돈을 벌 수 있다는 의미죠. 자신의 미래 청사진을 제대로 그려야 합니다. 자신이 이곳에서 돈 버는 것 외에 과연 무엇을 얻을 수 있는지 고민하라는 뜻이죠. 노동집약형 기 업이 해결해야 할 중요한 과제이기도 합니다. 2~3개월만 일하고 이 곳을 떠나버리는 사람이 생기지 않길 바랍니다. 기업 입장에서도 원 가가 높아지기 때문이죠."

외국계 기업(외자기업)에서 영입된 전문경영인에게는 징둥의 기업 문화가 상당한 충격이었다. 외자기업은 업무를 수행할 때 무슨 일이 든 확립된 절차를 따른다. 또 그날 저녁 6시에 지시를 내리고는 다음

날 아침 8시에 보고서를 제출하라는 요구는 상상조차 할 수 없다. 무슨 일을 하든지 절차대로 일정기간을 설정해서 미리 요구사항을 알려준다. 그래야만 기한 내에 보고서를 제출할 수 있기 때문이다. 하지만 징둥은 달랐다. 저녁에 지시를 내리고는 이튿날 결과물을 요구했다. 이곳에선 반응이 느리면 낙오자나 다름없었다. 전체적으로 신속한 흐름에 박자를 맞추고 늘 긴박감을 유지하면서 전투력을 높여야 생존할 수 있었다.

어떤 사람은 '무모한 패기'라는 단어로 징둥의 특징을 설명한다. 밑바닥에서부터 출발한 회사가 비약적으로 성장하기까지 '무모한 패기'가 원동력이 되었다는 것이다. 실제로 징둥인들은 '마음을 모으면 쇠도 자를 수 있다'는 말처럼 형제애로 똘똘 뭉쳤다. 기업의 명줄이 달린 급박한 사안에 직면하면, 직원들은 기꺼이 자신을 희생하고 한마음으로 움직였다. 외자기업의 경우, 현재 상황이 주문건수 1만 개를 처리할 수 있다면 정확히 1만 개만 처리한다. 직원에게 1만 5,000만 개를 처리하라고 강요할 수 없다. 반면 징둥은 할 수 없는 상황인데도 이유 불문하고 무조건 해내야 했다. 피곤에 지쳐 박스를 분리해 바닥에 깔고 새우잠을 잘지언정 말이다. 물론 이런 문화는 부작용도 낳았다. 현장직원에 대한 관리가 때론 '막무가내식'이다 보니, 직원들은 윗선에서 지시가 내려오면 그날 밤에 반드시 야근을 했다. 원래 집안 행사가 잡혀 있던 직원마저도 남아서 일해야 하는 분위기였다.

분위기가 이처럼 전투적이다 보니 업적평가도 등수를 기준으로 이루어졌다. 지역 간에 '인력효율'을 두고 경합을 벌였다. 통상 하루에 주문량 1만 건을 100명이 처리하면, '인력효율'을 100점으로 산정한다. 인사고가를 줄 때는 인력효율이 110점이 되어야만 A등급으로 처리했다. 어찌 됐든 이론적으로는 그렇다. 그런데 실제 현업에서 모 지역의 인력효율이 120점을 기록하면, 그때부터 기준치가 높아진다. 그러면 인사고가에서 인력효율이 120점이 되어야 A등급을 받는다. 이렇게 기준치가 계속 높아지고, 직원들은 이에 부합하기 위해 혼신을 다해 경주한다. 말은 쉽지만 고혈을 짜는 것과 같은 이런 식의 경쟁은 매우 잔인하다.

상당한 규모로 성장한 징둥에게 과연 이토록 적나라한 KPI 경쟁이 여전히 필요할까? 여기서 강조하고 싶은 점은, 이제까지 징둥이 채택한 동기부여 정책은 상당히 훌륭했었다는 점이다. 발전속도도 이상적이었고 직원들도 원한다면 얼마든지 조장에서 주임, 팀장까지 충분히 승진할 수 있었다. 다만 한 조직의 단결력이 형제애에 가까운 '의리'에 의존하는 구조가 지속되는 게 옳은지 고심할 필요가 있다. 기업의 전투력이 이제는 더욱 자동화·정밀화된 경영관리와 혁신을 통해 제고될 시점이 되었다.

업무가 쌓이면 현장직원들은 매일 12시간씩 일하며 한 달에 26.5일을 근무해야 한다. 노동 강도가 상당히 센 업무라서 여가시간까지 묶일 수 있다. 구성원들 모두가 의리 있고 동료애가 투철하다. 또 꿈을 향해 매진하며 강한 정신력으로 버티는 사람이 많다. 하지만 이들의 육체는 매우 고통스러운 상태다. 다리에 쥐가 나면 계단을 오를 때마다 다리를 주물러가면서 뛰어다닌다. 피곤하지 않느냐고 물으면 항상 멀쩡하다고 답변한다. 진짜 괜찮은지 다시 진지하게 물으면 그제야 힘들다고 솔직히 털어놓는다. 숨 가쁘게 성장가도를 질주할 때에는 분명 놓치기 쉬운 부분이었다. 징둥이 직원들과 동반성장하길 원한다면 성공의 열매를 함께 나눠야 한다. 이는 결국에 개개인 생활수준의 질적 향상을 통해 가능하다.

포장과 제품 픽업을 예로 들어보자. 숙련공의 효율은 신출내기보다 배 이상 높다. 회사가 소홀히 대하면 100~200위안 더 벌어보겠다고 회사를 옮기는 일이 발생할 수 있다. 회사는 직원을 더욱 배려하며, 직원들에게 관심을 기울이고 있다는 점을 보여줘야만 직원도 오랫동안 회사를 위해 봉사할 마음이 들 것이다. 요즘은 십 몇 년 전처럼 일자리가 부족한 상황이 아니다. 어디든지 할 일은 널려 있다.

징둥이 임대한 창고환경도 점차 개선됐다. 직원식당도 생기고 에어컨과 의자 등 휴식공간도 마련했다. 예전에는 어수선하게 정돈되지 않아서 아무 곳이나 대충 자리 잡고 식사를 때우곤 했다. 이제는 농구코트도 만들고 헬스클럽도 설치했다. 법률규정상 창고 내에서 취사 등의 불 다루는 일을 금하고 있다. 때문에 특색 있는 스낵바를 입점시켜 직원들의 다양한 욕구를 충족시키고자 정부와도 의견을 조율중이다. 징둥은 중국 각지에서 올라온 다양한 사람이 혼재한다. 북방 출신은 면류를 좋아하고 남방 출신은 쌀밥을 좋아하는 등 입맛도 각양각색이다.

상하이 물류창고는 교육훈련실 안에 다기능 룸이 있는데, 이곳에 프로젝터를 설치해 소형 영화관을 만들 계획이다. 또 방송실 운영 계획도 있다. 우수한 직원을 표창하거나 직원들 애소사가 있으면 공지할 수 있고 생일 축하송도 내보낼 수 있다. 지나친 '전시행정'이라는 시각도 있을 수 있지만, 현장직원들의 마음은 절대 그렇지 않다. 생일을 기억해서 노래 한 곡 들려주면 1,000위안의 보너스보다도 더욱 값진 일이 될 수 있다. 노동집약형 기업일수록 직원들에게 정신적인 배려가 절실하며 고향을 떠나 머나먼 타지에서 고생하는 사람에게는 고향 같은 따뜻한 온기가 무엇보다 중요하다.

류창둥은 이렇게 말했다. "우리는 항상 균형점을 찾아야 한다. 중국모델과 유럽모델이라는 두 극단적 모델에서 하나를 선택할 수 없다. 굳이 선택해야 한다면 나는 둘 다 선택하지 않고 차라리 미국모델을 선택할 것이다. 미국모델은 사원들의 휴식과 행복을 보장하면서도 게으른 직원은 생존할 수 없는 구조를 가지고 있다.

만일 직원이 피곤에 찌든 상태에서 쉼 없이 전진해야 한다면, 관리자의 실적에도 영향이 미칠 수밖에 없다. 결국 생존할 방법을 못 찾고 둘 중 하나를 선택해야 한다. 단순무식한 관리방식을 바꾸든지 아니면 자신이 조직을 떠나야 한다. 또 정반대로 직원이 매일 '룰루랄라' 흥청거리며 출근도 느지막이 하고 야근도 안 한다고 가정해보자. 이 경우도 실적 달성이 요원하기 때문에 마찬가지로 조직을 떠나야 한다. 말단조직에서 일하든 자회사에서 일하든, 인간이 매일 하루도 빠짐없이 밤 11시까지 일한다는 게 과연 가능하겠는가? 3~5년 정도는 가까스로 버텨보겠지만 그 이상은 어불성설이다. 물론 야근도 잠시 단기간 필요하다면 해야 한다. '난 죽어도 평생 야근은 절대 못한다'고 버티면 애석하지만 우리도 이 직원의 미래를 보장할 수 없다. 이런 사고방식을 가진 직원이라면 미안하지만 떠나달라고 요청할 수밖에 없다."

판매채널의 저변 확대

농촌으로 들어가다

청두에서 북쪽으로 70km를 가면 쓰촨성 스방(什邡)시 짜오자오(皁角)읍이 나온다. 농민이 농가용 삼륜차를 몰고 덜덜거리며 도로를 달리고 있다. 길가에는 황금색 유채꽃이 한창 만발하고 길 저편으로는 붉은 벽돌 벽이 보인다. 벽에는 흰색 페인트로 '집안을 일으켜 부자가 되는 것은 노동에 의해서며 근검절약으로 알뜰히 살림하려면 징둥에 의지해라' 라고 쓰여 있다. 여기에 징둥의 도메인 주소인 'JD.COM'도 한 줄 적혀 있다. 징둥은 2013년 말부터 도시와 농촌의 경계지역과 향진(郷鎮, 소도시-역주)에 있는 건물 외벽에 이러한 문구를 프린트해서 광고하기 시작했는데 전국적으로 광고면적만 대략 40만㎡에 이른다.

1선 도시의 시장이 갈수록 포화상태에 이르자 2014년에 징둥은 판매채널의 저변 확대 전략을 채택했다. 중·서부지역의 경제가 발전하면서 인터넷과 모바일이 농촌까지 파고들기 시작했다. 이곳은 연간 거래액 천억 규모의 인터넷기업인 징둥에게 판매채널 확대의 기회를 제공했다.

현급도시의 시장은 경제수준이 성회도시에 비해 낮은 편이다. 하지만 온라인 구매금액이나 빈도수는 오히려 성회도시를 웃돌았다. 현급·성급도시는 상업이 발달하지 않아서 사고 싶어도 제품이 없거나 가격이 터무니없이 비싼 경우가 많다. 심지어 조잡한 짝퉁도 판을 쳤다. 이런 3·4선 도시는 시장이 협소해서 징둥과 쑤닝 간 경쟁이 걷잡을 수 없을 정도로 가열된 상태였다. 일례로 징둥은 화중지역의 후베이 샹양(襄陽) 비즈니스센터에 큰 광고판을 내걸었다. 그런데 하필 이곳은 쑤닝 매장의 위층이었다. 쑤닝 직원은 광고에 까맣게 먹칠을 하더니 광고판을 철거해버렸다. 원칙대로 따지면 부동산 사용권은 건물주가 가지고 있으므로 쑤닝은 그럴 권리가 없었다. 징둥은 건물주와 협의해서 다시 광고판을 설치했다. 그런데 또다시 먹칠을 당하고 말았다. 이렇게 몇 차례 신경전이 벌어지자 결국 징둥은 샹양 기차역으로 광고판을 옮겨 설치했다.

2013년에는 지역 내 시장마케팅부를 신설하고 지역별로 마케팅 직원을 배치해서 저비용의 판촉활동을 실시했다. 예를 들면, 맥도날드 같은 체인점과 협력해서 공동마케팅을 진행했다. 징둥 택배원이 제품을 배송할 때 맥도날드의 전단지를 같이 배포한다든지, 징둥의 광고판을 맥도날드 매장 앞에 설치하는 등 상호 판촉활동을 실시했다.

판매채널의 저변을 확대할 때 첫 번째 단계가 공급망의 확대다. 징둥은 제3의 데이터분석회사에 의뢰해서 3~5급 행정구역 내 브랜드 점유율을 조사했다. 규격화된 제조제품은 브랜드집중도가 높은 반면에 식품·음료 등 비규격화 상품은 지역별로 선호도에 큰 편차가 나타났다. 따라서 지역별 브랜드 선호도를 겨냥한 공급망관리가 필요했다.

만일 상품재고와 물류가 제대로 뒷받침이 안 되면, 시장마케팅부에서 고객을 유인하기 어렵다. 판매채널 저변 확대의 마지막 단계가 비로소 마케팅이라 할 수 있다. "판촉광고는 제대로 착착 진행되는

데 정작 제품과 서비스가 이를 뒷받침 못하면 구매율 증가로 이어질 수 없다. 현재 가장 시급한 과제는 공급망과 물류를 제대로 정비하는 일이다." 시장마케팅부 선임부총재인 쉬레이의 말이다. 2014년에 징둥은 물류거점을 1,000개 정도 추가 구축했고, 서비스 지역도 600개의 구·현으로 확장했다. 과거 2년 동안 했던 작업을 6개월 만에 완료했다.

2014년 3월 8일 오전에 필자는 베이징에서 출발, 청두에 도착하여 서남구역 배송부 터미널관리팀 팀장인 양타오를 만났다. 그는 아직도 몸서리가 쳐지는지 떨리는 목소리로 말했다. "말레이시아 항공기 실종사건을 보니 제가 비행기 타고 시짱(西藏)에 가다가 기류를 만나 위아래로 심하게 흔들렸던 게 생각나네요"라고 말했다. 라싸시(拉薩市) 청관(城關) 배송거점에 9명의 택배원이 근무하는데 주로 티베트의 쓰촨 출신과 칭하(青海) 출신이 대부분이다. 징둥의 화물은 중톄(China Railway Express)를 통해 청두에서 칭짱(青藏)철도로 라싸시까지 운반된다. 고객이 주문 후 제품을 받기까지 꼬박 7일이 소요된다. 양타오는 앞으로는 항공편으로 배송이 이루어졌으면 좋겠다는 희망사항을 밝혔다.

양타오는 2003년에 순펑의 택배원으로 근무한 경험이 있다. 그는 현재 징둥의 청두 점장으로 승진해 허화츠(荷花池) 일대를 담당하고 있다. 2011년 징둥에 입사한 그는 청두 룽왕점 점장으로 일하면서 처음에 7명의 택배원을 관리했다. 그런데 일주일 사이 직원 수가 14명으로 늘어났고 연말에는 30여 명이 되었다. 그는 쓰촨지역에서 징둥의 비약적 발전을 몸소 체험한 산증인이다. 원래 몐양의 3개 배송거점에서 하루 700건을 배송했는데 2014년 3월에는 몐양 한 개 거점에서만 일평균 1,300~1,500개의 주문건을 배송했다.

2010년 3월 18일에 징둥 시난지사가 설립되어 5개의 배송거점을 구축한다. 실제 배송범위는 중국의 서남·서북부지역으로 심지어 신장과 간쑤(甘肅)까지 포함된다. 2011년 말, 거점은 30~40개로 확장되었고 2012년에는 70~80개, 2013년에는 115개가 되었다. 2015년 4월 초, 시난지역은 쓰촨, 윈난(雲南), 구이저우(貴州), 시짱 및 충칭(重慶)지역까지 망라했고 배송거점은 273개에 이르렀다.

동부지역은 지형이 평탄하고 도시가 밀집되어 있으면서 사통팔달 교통이 편리하다. 반면 시난지역은 지형과 환경이 매우 복잡하여 서남부지역으로 건너갈수록 인적이 매우 드물다. 촨베이(川北)와 촨난(川南)의 경제는 상대적으로 발달되어 배송거점을 촘촘히 구축할 수 있었다. 촨시(川西)는 도시 간 거리가 비교적 멀어서 거점을 듬성듬성 마련할 수밖에 없었고 청두에서 가장 먼 배송거점인 판지화(攀枝花)까지 거리가 700km나 떨어져 있었다.

네트워크를 구축하려면 주문량이 어느 정도 받쳐줘야 가능하다. 징둥이 수립한 전략은 '징둥의 기존 물류네트워크를 중심으로 종으로는 중서부 성까지, 횡으로는 3·4선 도시, 읍, 농촌 현·향까지 물류거점을 확대'하는 것이다. 이는 배송부 기획팀의 전임 이사였던 탄샹밍(譚響명, 현재 싱둥그룹 구매입찰센터 책임자)이 밝힌 내용이다.

이는 사실 황당무계한 몽상에 가깝다. 과연 어떤 기업이 중국의 960만km²라는 광활한 토지에 13억 인구를 위해 이러한 네트워크를 구축할 수 있단 말인가? 게다가 고객이 어디에서나 제품을 주문하고

8시간 이내에 물건을 수령한다는 게 과연 가능한가?

　이를 실현하려면 비즈니스규모가 일정수준에 도달하기 전에, 미리 거대한 자금을 투입해야 가능하다. 동시에 대담한 결단과 용기가 필요하다. 한마디로 잘되면 거대한 기회가 될 수 있지만 동시에 험난한 도전이었다. 류창둥과 징둥이 이러한 '몽상'에 가장 가까이 다가갔다. 2014년 12월 31일까지 징둥은 전국적 규모로 7대 물류센터를 구축하고 40개 도시에 123개의 대형 창고를 운영했다. 또한 3,210개의 배송거점과 셀프픽업점을 보유하고 전국적으로 1,862개의 구·현을 망라하면서 물류시스템을 자체 운영하고 있다. 134개의 구·현에서는 당일 배송을 보장하는 '211 배송보장' 서비스를 제공하며 866개 구·현에서는 익일 배송서비스를 제공한다.

　2007년에 류창둥은 투자가와 경영진의 반대를 무릅쓰고 자립식 물류시스템 구축을 결행했다. 이는 징둥 역사상 가장 중요한 전략적 결정이었다. 현재 징둥의 핵심 경쟁력을 물으면 사람들은 이구동성으로 물류라고 말한다.

　탄샹밍은 "징둥의 물류시스템 구축전략에 대한 의지는 확고했다. 단 한 번도 흔들린 적이 없다"라고 자신 있게 말했다. "류창둥 사장은 원래 깔끔한 성격이다. 매사에 군더더기가 없다. 배송담당 이사를 전부 불러놓고 사기를 진작시키려 애쓴 적도 없다. 다만 우리가 제출한 계획서에 그는 늘 '오케이'라고 말했다. 이 말 한마디에서 류 사장의 의지를 읽을 수 있었고 그것이면 충분했다." 2013년에 화물차 한 대를 1억 위안을 들여 구매했었다. 지금은 7.6미터와 9.6미터 길이의 스카니아(SCANIA)와 벤츠의 폐쇄식 화물차량을 1,500대나 운영하고 있다(2014년 3월 기준).

2014년 전까지 징둥은 수평적인 창고모델을 채택했다. 베이징, 상하이, 광저우, 선양, 우한, 청두의 중점창고를 중심으로, 그 주변으로 방사선식으로 구역을 커버하고 있다. 또한 중국을 화베이, 화둥, 둥베이, 화중, 시난 등 6개 지역으로 분할했는데, 마치 6개의 대바구니를 중국 지도 위에 엎어놓은 모습이다.

2014년 1월에 시안에 중점창고를 설립함으로써 7번째로 시베이 지역이 추가되었다. 또한 한 개 지역에 재고를 보관하고 전국으로 발송하는 모델을 채택했다. 한 지역에서 전국으로 배송이 가능해야만 징둥의 물류가 날실과 씨실로 직물을 짜듯 촘촘하게 사통팔달의 네트워크를 구축할 수 있었다.

2014년 12월 31일에 류창둥은 물류시스템을 1,300개 구현에서 1,800개 구현으로 확대하라고 지시한다. 불과 1년 만에 500개 구현을 추가하라는 의미다(2014년 12월 31일 기준, 징둥 물류서비스는 전국적으로 1,862개의 구현을 망라함). 판매채널의 저변을 확대하기 위해 징둥은 '선봉거점' 계획을 가동했다. 거의 2만 명에 가까운 택배원이 신청서를 제출하고 고향으로 돌아가 거점을 구축할 수 있도록 한 계획이다. 이런 곳은 주로 평균 주문량이 20~40개 정도 되는 지역으로, 일평균 주문량이 안정적으로 50건 이상이 확보되어야 징둥에서 사람을 파견해 거점을 설립한다.

탄샹밍은 이를 사내 창업프로젝트라고 설명했다. 택배원이 고향에 돌아가 자기 사업처럼 시장을 개척할 수 있기 때문이다. 현지의 점장이자 택배원이 되는 것인데, 주문량이 늘어나면 아내와 가족까지 끌어들여 제품을 배송할 수 있다. 만일 주문량이 징둥의 배송거점 개설 기준에 부합하면 정식 거점으로 승격될 수 있고 직원의 가족이 원한다면 교육을 받고 정사원이 될 수도 있다.

그의 설명은 계속 이어졌다. "판매채널의 저변 확대 전략의 가장 난제는 운송을 안정적으로 보장하는 문제다. '선봉거점'을 운영하다 보면 사원 가족들까지 동원돼서 제품분류센터로부터 중계거점, 배송 거점까지의 지선구간 운송을 직접 담당해야 되는 상황이 생길 수도 있다. 또 직접 운전해서 물건을 접수하고 배송거점으로 돌아와야 한다." 선봉거점 1단계 구축계획에 신청자는 대략 300명 정도였다. 일부 지역은 2~3명이 한 자리를 두고 경쟁을 벌였다. 심지어 팀장급에서 귀향할 의사를 표명한 사람도 있었다.

표준화를 통한 고속성장

2014년 3월 11일 새벽 3시 40분, 기온이 섭씨 9도인 청두는 다소 쌀 쌀했다. 칠흑 같은 어둠이 내려앉은 거리에 가로등의 노란 불빛만이 도로를 비추고 있었고, 몇 십 미터 길이의 화물차가 간헐적으로 휙휙 소리를 내며 도로를 질주하고 있었다. 필자는 택시를 타고 그 도로를 달려 4시 20분에 청두시 신두(新都) 순원(順運)로 바오완(寶灣) 물류단지에 도착했다. 이곳은 징둥의 청두소재 3C 및 소형가전창고다.

신두 창고는 높이 12미터, 면적 1만㎡의 단일창고 2개로 구성되어 있으며 각각의 창고는 서로 마주 보고 있었다. 창고 앞에는 붉은색 화물차 5대가 주차되어 있었는데, 길이 5미터에 높이는 3미터에 달한다. 붉은 유니폼을 입은 기사가 이미 제품을 트레일러로 옮기고 있었고, 셔터 문을 활짝 열어젖히니 화물적재구역이 한눈에 다 들어왔다. 백색등 불빛이 황량한 창고를 비추고 있었고 잘 봉해진 엷은 노란색 상자가 차곡차곡 쌓여 있었다. 상자 안에는 포장을 마친 제품이 들어 있었다. 기사가 창고와 화물차를 4번 왕복하고 나니 화물차 한 대가 빼곡히 채워졌다. 대략 40분 정도 소요된 것 같았다. 새벽 5시부터 화물차가 잇달아 제품을 가득 싣고 출발하기 시작했다. 먼저 도착한 순서대로 줄을 지어 들어왔다가 나갈 때도 줄줄이 나갔다. 5시 40분이 되자, 40대의 화물차가 전부 물건을 싣고 청두 주변의 더양(得陽), 몐주(綿竹), 스팡(什邡), 졘양(簡陽), 메이산(眉山), 충라이(邛崍) 등 지역으로 향했다. 고객은 주문 당일 또는 익일에 제품을 수령할 수 있다. 대신 윈난과 구이저우 등 서남의 다른 지역으로 향하는 화물차는 물량이 적기 때문에 시차를 두고 출발해야 했다.

기사들은 통상 새벽 5시면 일을 시작해서 오후 5시에 마무리한다. 올해 34세의 우자오시(吳朝喜)는 체크무늬 셔츠를 입고 그 위에 붉은 유니폼을 걸쳐 입고 있었다. 춥지 않느냐고 물으니 가슴을 툭툭 치면서 "사장님이 사주신 유니폼인데 아주 따뜻해요"라고 말했다. 우자오시는 집이 근처였는데 한 달에 3,000~4,000위안을 번다고 했다. 그 돈이면 현지 공무원의 급여수준과 맞먹는다.

시난지역은 청두의 신두, 피셴(郫縣), 칭바이장(青白江), 충칭 등 4개 단지에 7개의 창고를 보유하고 있다. 시난지역 물류담당 이사인 지제(吉芥)가 2012년 입사했을 때 이곳에는 두 개의 단지만 있었고 창고 면적은 5만㎡, 직원 수는 400여 명이었다.

베이징, 상하이, 광저우 등 각 지역에서 운송된 화물은 모두 우한을 거쳐 청두로 발송된다. 베이징에서 청두까지는 총 108시간이 소요된다. 그리고 우한에서 청두까지 가려면 통상 저녁 10시에 발차한다. 2명의 기사가 4시간씩 교대로 운전하면서 24시간 만에 청두에 도착한다. 이 노선을 징둥 내부적으로 청우셴(成武線)이라 부르고 있다.

청우셴을 거쳐 집화 화물이 창고에 도착하면 직원들은 화물을 풀고 제품을 확인하는데 어떤 상품은 하나하나 점검하는 경우도 있다. 그런 다음 스캐너로 시스템에 입력작업을 진행하고 제품인수 플랫폼에서 물류창고로 옮긴 후 진열대에 올린다. 청우셴 구간은 제3업체의 간선운송(Main transport, 터미널에 집화한 화물을 배달할 지역별로 분류하여 배달 또는 중계 터미널로 운송하는 것을 말함 – 역주)을 주로 활용하는데 제품 손실률을 0.1% 이내로 규정하고 있다. 이 규정을 초과하면 페널티가 적용된다. 징둥의 직영 화물차의 경우 간선운송의 손실률은 0.05%다.

고객이 쇼핑몰에서 제품을 주문하면 시스템의 분류모듈이 주문주소에 따라 화물을 분류하고, 각기 다른 지점의 창고로 분배한다. 주문서가 물류창고에 도착하면 바로 제품을 픽업한다. 높은 진열대에 있는 제품은 이동식 포크리프트(forklift)나 밸런스형 지게차를 이용한다. 일반적인 진열대라면 직원이 직접 픽업하여 RF인증을 실시한다. 그런 다음 점검대를 거쳐 재확인절차에 들어간다. 이후에 포장작업대에서 규격에 따라 포장작업을 진행한다. 지제의 설명에 따르면, 시난지역의 물류창고에서는 1시간 내에 모든 업무프로세스가 마무리된다. 빠르면 몇 분 안에 끝나는 경우도 있다고 한다. 밤 11시에 전송된 주문서는 밤 12시 전에 작업을 진행하고, 규정에 따르면 날이 밝기 전에 작업을 종료해야 한다.

상품이 출고될 때 시스템의 운송모듈에서 차량을 배차하여 각 화물을 각기 다른 차량으로 분배시킨 후, 다음 단계의 분류센터 또는 중계 터미널로 보낸다. 그곳에서 재분배 작업을 거친 후에 마지막으로 배송모듈에 진입한다. 택배원이 제품을 고객 손에 전달하면 모든 절차가 마무리된다. 시스템을 통해서 택배흐름을 한눈에 파악할 수 있다. 제품 픽업→분류→발송→발차→배송거점 제품 픽업→검품→택배기사 제품인수→배송완료 등의 8개 절차를 일목요연하게 볼 수 있다. 이 전문적인 배송서비스 체계를 칭룽(青龍)시스템이라 하는데 류창둥이 직접 명명한 것이다.

"본사의 직접적인 경영관리부터 각 지역별 경영관리에 이르기까지, 전체적인 관리시스템을 효율적으로 운영할 수 있을까? 또한 경영관리의 권한위임이 각 지역으로 이양되어도 원래 취지가 변질되지 않고 유지될 수 있을 것인가? 우리는 이 부분을 우려할 수 있다. 사람마다 각자 자기 방식대로 임의로 운영하면 혼란이 가중되기 때문이다. 이를 보완하기 위해 기술적인 정보시스템을 구축할 필요가 있었다. 뿐만 아니라 완벽한 감시통제시스템도 뒷받침이 되어야 했다. 모든 물류창고와 인력들의 실시간 움직임, 작업상황을 파악함으로써 징둥의 물류시스템을 전국적으로, 대규모로, 신속하게 확대할 수 있었다." 전임 '아시아1호' 프로젝트남당 선임이사였던 허우이(侯毅)의 설명이다.

2009년에 징둥은 ERP시스템을 구매했지만 물류가 확장되자 무용지물이 되었다. 예전 시스템은 모든 작업단계, 즉 창고에서부터 배송거점까지의 자질구레한 업무들이 서로 연계가 되지 않았다. 하는 수 없이 수작업으로 데이터를 입력해서 업로드했었다. 시스템이 구조적으로 많은 주문량을 소화할 수 없었고 모듈이 미비해 외부의 수주작업은 아예 진행조차 못했다.

국제적인 4대 물류기업과 중국의 순펑을 벤치마킹하면서 징둥은 다시 계획을 수립했다. 그리고 100여 명의 직원을 고용하여 보안을 유지하면서 비밀리에 칭룽시스템 개발에 착수했다. 그리고 마침내 2012년 11월 11일 전국적으로 시스템을 정식 가동한다. 칭룽시스템은 천만 단위의 주문량을 소화할 수 있고 과거의 컴퓨터 다운이나 데이터관리 등의 어려움을 해결했다. 또한 기존에는 PDA로 스캔하는데 23초의 반응시간이 걸렸는데 개발 완료 후 0.3초로 단축했다. 또 예비분류시스템을 통해 배송거점을 자동 분류해내는 정확도도 기존의 70%에서 98%로 제고되었다. 이는 징둥의 물류 플랫폼이 외부 수주를 진행해 상용화를 추진하는 데 든든한 기반이 되었다.

택배원이 사용하는 POS기기(카드결제시스템)에 칭룽시스템을 탑재하고 위치정보 확인기능도 추가했다. 시스템에서 모든 택배의 움직임을 제어·파악하기 위해서다. 문제가 생기면 데이터를 보고 어떤 택배에 문제가 생겼는지 즉시 판단할 수 있다. 또한 시스템에서 자동으로 보고서가 생성되어 물류배송을 담당하는 부총재, 이사, 구역팀장 및 점장 등 모든 관리자가 직원들의 작업현황과 실적을 한눈에 파악할 수 있다. 특히 시난지역은 지형이 복잡하고 교통이 불편하여 관리자가 직접 배송거점을 시찰하려면 관리비용이 만만치 않다. 이제는 시스템의 데이터를 통해 배송거점 운영현황을 파악할 수 있고 특정 배송거점의 주문량이 유난히 적으면 바로 문제점을 찾아내서 물량을 배분할 수 있다.

과거에 배송거점 점장이 가장 힘들어했던 게 바로 매일 보고서를 작성하는 일이었다. 손으로 데이터를 입력하다 보면 새벽 1~2시까지 앉아 있는 경우도 있었다. 지금은 시스템에서 데이터만 출력하면 되므로 10분이면 보고서를 완성할 수 있다.

징둥은 베이징·상하이·광저우 등 7개 지역에 중심물류센터를 구축했다. 그런데 담당지역이 너무 넓다는 한계가 있어서 지난, 난징, 충칭 등 도시에 FDC(화물사전분류센터)를 추가 설치하여 배송범위를 넓히고 있다. FDC의 기능은 전 품목을 다 갖추진 못해도 회전율이 높은 제품을 보관하고 있기 때문에 2·3선 도시의 고객이 빠르게 제품을 받아볼 수 있다는 장점이 있다. 즉 시간적 효율성을 제고함으로써 사용자경험을 증진시킬 수 있다. FDC 아래 단계가 분류센터며, 그 아래 단계는 중계 터미널이고 마지막이 배송거점이다. 택배원은 배송거점에서 출발하여 승합차나 삼륜차, 오토바이 등으로 배송을 진행한다.

허우이는 이렇게 설명했다. "물류는 소매업의 목숨 줄이나 다름없습니다. 마트든 매장이든 대형 체인점의 핵심은 바로 물류에 있어요. 외주로 운영하는 곳이 단 한 곳도 없다는 점에 주목할 필요가 있습니다. 당시에 우리가 원하는 물류표준을 갖춘 기업이 단 한 군데도 없었죠. DHL은 경자산(Asset-light)전략을 신봉했기 때문에 임대가능한 자산은 매입하지 않았지만 네트워크만큼은 다른 택배회사와 협력하지 않고 자체 구축했습니다. 네트워크는 곧 목숨 줄입니다. 창고는 빌릴 수 있겠지만요. 물론 인력도 반드시 자기 사람이어야 하고요."

상하이 '아시아1호' 1기 프로젝트는 2010년에 착수해 2011년에 부지를 확보했다. 본격적인 구축은 2012년부터 시작해 2014년 3월 10일에 시험가동을 했다. 상하이 '아시아1호' 1기 프로젝트의 면적은 약 10만㎡며, 노트북, 컴퓨터, 소형가전 등의 중형 제품을 주요 대상으로 하고 있다. 일반 고객의 주문서 처리용량은 1일 10만 건이며 최대 10만 개 중형 제품의 SKU번호를 지원할 수 있고 430만 건의 재고수요를 수용할 수 있다. 과거 참고할 만한 사례가 없었기에 징둥은 공급업체와 함께 연구하여 업무공정흐름을 셋업할 수 있었다. 류창둥은 '아시아1호' 구축의 어려움을 다소 과소평가했던 것 같다. 왜냐하면 2011년도에 이미 대외적으로 '아시아1호' 프로젝트 소식을 공표했기 때문이다.

허우이는 "하나의 프로젝트에 10억 위안을 쏟아부었는데 만에 하나 잘못되면 그 손실은 엄청날 수 있었다"고 말한다. 류창둥은 업무 중 발생할 수 있는 과오에는 관대했다. 설계가 완벽하지 못하거나 계획이 회사의 발전속도를 따라가지 못해서 몇 십만, 심지어 몇 백만 위안의 손실을 초래해도 그는 이해했다. 처음에 도서품목을 시작했을 때 미리 세심히 챙기지 못한 탓에 이동가능한 구조물(나무틀)을 고정적으로 만들었다. 이 때문에 100만~200만 개의 구조물을 폐기해야 했고 몇 십만 위안의 손실을 초래했다. 또 상하이 난샹(南翔)에서 창고를 2층으로 설계했는데 결과적으로 효율성이 떨어져서 창고를 부수고 다시 짓느라 100여만 위안을 날리기도 했다.

"실패에 관용을 베풀지 않으면 모든 사람이 개선하지 않고 기존의 것을 그대로 사용하려는 경향이 나타난다. 징둥은 급변하는 회사다. 실제 데이터를 분석해보면, 주문건수가 200만이 되면 내부적인 협조가 더욱 복잡해진다. 따라서 조직형태와 관리방식에도 늘 변화가 뒤따라야 한다. 징둥은 지금 이 순간에도 변화하고 있다. 혁신을 독려하지 않고 변화에 맞서도록 용기를 북돋울 줄 모르는 기업은 미래가 없다."

화둥지역 물류담당 이사인 황싱(黃星)이 징둥에 막 입사했을 때만 해도 물류네크워크에 대한 장기적인 비전이 미흡했다. 화둥지역의 물류창고 구조가 향후 어떤 모습을 갖춰야 하는지 또 후속조치로는 무엇이 필요한지에 대한 대비가 부족했다. 그 전 2년 동안, 상하이 재고창고는 각각 7~8개 단지에 분산 위치해 있었다. 때문에 상호 간 협조체제가 이루어지지 않았다. 자원배분도 비효율적이었다. 또한 중간관리자층(팀장, 부팀장, 주임)의 역량이 부족해 단절현상이 발생했다. 다시 말해 중간관리자가 전문성을 키우고 안목을 넓히지 않으면, 급성장하는 회사에서 병목현상이 더욱 심각해질 수 있었다.

이 외에 징둥은 자원을 확보하는 능력도 미흡했다. 물류업에 해박한 사람이 있어야 대규모 단지를 쉽게 찾는데 그렇지 못했다. 대규모 단지는 공정이 대략 60% 정도 진행되면 이미 임차인을 물색하기 시작한다. 따라서 건설 초기단계에 해당 업체와 미리 접촉하지 않으면 부지확보가 불가능하다. 첫 번째 단지를 확보함과 동시에 건설 중인 두 번째 단지 물색에 들어가야 한다. 그러면 첫 번째 단지가 완공되어 이 단지를 사용하면서 두 번째 부지를 확보할 수 있다. 이와 동시에 세 번째 단지를 확보하는 계획도 순조롭게 진행할 수 있다. 이렇게 하면 선순환이 이루어진다. 2014년 5월 7개 물류센터를 전부 갖추기까지 장장 7년이라는 시간 동안 엄청난 인적·물적 자산을 투입했다. 택배물량이 매일 몇 만 건에 불과하면 제3업체를 활용해 배송을 진행할 수 있지만 종합쇼핑몰 전환전략을 추진하면서 고객수요가 폭증했다. 이 주문수량을 감당할 수 있는 물류 외주업체를 찾기란 결코 쉽지 않다. 또 이곳저곳 여러 물류업체를 끌어 모아 외주를 주면 서비스의 품질을 보장할 수 없다.

이 시기 3년 동안 물류시스템에서 가장 관건은 바로 업무절차 표준화작업이었다. 조직구조의 완비와 분업절차를 통해 전체적인 복잡한 업무절차를 모듈별로 분해했다. 즉 물류창고와 터미널의 모든 업무절차를 여러 개로 조각조각 나누고, 이렇게 업무별로 세분화한 모듈을 또다시 수많은 작업동작으로 분해했다. 그런 다음 이 동작을 표준화했다. 물류의 업무절차를 표준화함으로써 창고를 신설할 때마다 신속히 추진할 수 있었다. 이 표준화모델을 복제해 그대로 적용·관리하면 되었기 때문이다. 뿐만 아니라, 감시통제시스템과 보고시스템도 구축함으로써 수많은 구성원의 해당 업무를 통제할 수 있도록 했다. 개인적인 노하우를 일대 일 형태로 전수하는 업무방식은 개인별 수준 차이에 따라 결과가 달라질 수 있어서 불완전한 방법이다.

징둥이 단시일 내에 대규모로 물류를 확장할 수 있었던 까닭은 작업흐름시스템을 과학적으로 기획하고 고효율의 정보화 관리수단을 채택했기 때문이다. 이 두 가지를 확실히 관철시켰기에 신속한 물류시스템의 복제와 효과적 관리가 가능했다. 표준화체계가 제대로 정착 못하면 창고를 하나 개설하는 게 아니라, 오히려 창고 하나를 망치는 결과를 초래한다. 실제로 일부 전자상거래업체는 회사를 대규모로 확장한 후 제도관리가 본래 취지를 잃고 변질되어 직원들이 뿔뿔이 흩어진 사례가 있다. 이는 표준화체계를 제대로 수립하지 못한데서 기인한 일이다.

2013년에 회사는 '숨 고르며 수련하자(修養生息)'고 강조한 바 있다. 즉 물류에 있어 단순히 숫자와 속도만을 강조할 게 아니라 이제는 물류의 운영원가에 신경을 쓰자는 의미였다. 2013년 JIT(Just In Time, 재고가 없는 것을 목표로 하는 생산시스템-역주)와 ALMS(노동력관리시스템)를 개발하여 인력효율(人效)과 면적효율(坪效, 1평당 생산 가능한 매출액을 의미하며 1평은 대략 3.3㎡-역주)을 강조했다. 이는 매일 1인당 생산력과 단위면적당 생산량을 극대화하자는 의미다. 정보화 구축은 본사가 모든 권한을 쥐고 있는 핵심사안으로서 정보화를 통해 표준화체계를 효율적으로 통제 가능하며, 완벽한 감시통제시스템으로 작업과정에 차질이 없도록 보장할 수 있다.

창고 내 재고가 마침 모든 주문서를 처리할 정도로 딱 맞게 되면, 원가비중이 낮아지면서 결과데이터가 가장 멋지게 나온다. 하지만 징둥은 고속발전을 거듭하는 중이어서 주문량이 끊임없이 늘고 있었다. 재고는 항상 부족해서 제품이 수시로 새로 입고되어야 했다. 주문량이 늘면 창고부지의 면적도 늘릴 수밖에 없다. 징둥상청 운영체세 책임자인 리융허(李永和)는 최대한 계획과 일치되도록 미리 창고부지를 확보하고 구축하는 일을 담당했다. 그런데 신규 창고를 구축하고 나면 택배물량이 또 증가해서 증가한 물량만큼 딱 맞게 소화했었다. 하지만 물량이 예상 외로 급증하게 되자, 이러한 물류계획이 그 증가속도를 따라잡지 못했다.

주문폭주에 따른 창고부족 현상은 만성적인 일이 돼버렸다. 화난지역에서만 1년 반 사이 크고 작은 창고이전 횟수가 무려 총 38회에 이른다. 화난지역 물류팀장 류톄뱌오(劉鐵彪)는 38시간 쉬지 않고 창고를 옮기면서도, 동시에 배송작업을 진행한 경험이 있다. 당시는 창고이전과 관련해 정해진 업무절차도 없었고 시스템도 미비했다. 이제는 몇 시간 만에 뚝딱 창고이전 작업을 마칠 수 있다. 그의 말에 따르면 창고이전 경험이 없는 팀장은 물류팀장이 아니라고 한다. 당시에 비록 완벽한 보고서양식은 없었지만 그래도 직원들끼리 늘 서로 밀착해 일했다. 관리자들도 모든 직원의 이름을 기억하고 무엇이 필요한지 꿰뚫고 있어서 직원들 고충에 귀 기울일 줄 알았다. 사실 복지제도란 표면적인 것일 수 있다. 어느 기업이든 복지제도를 시행하고 있지만 직원들이 존중받는다는 느낌을 받는 곳은 실제로 그리 많지 않다. 직원들의 악착스러운 불굴의 의지도 여기서 비롯된다.

누구나 예외 없이 동분서주하며 바삐 움직였다. 때문에 순서대로 여유를 부리며 차분히 일할 수 있는 상황이 아니었다. 시간적 제약이 있어서 주문서 출력에서 포장·출고까지 반드시 1시간 내에 완료해야 했다. 마치 모든 직원이 거대한 파도의 소용돌이에 휩쓸려 쫓기는 듯 보였는데, 이곳에서는 오로지 질주해야만 '사용자경험'을 최대한 구현할 수 있었다.

화둥지역 대형가전 물류팀장인 양레이(楊磊)는 2010년에 경영연수생으로 입사했는데 처음 발령 받은 곳이 상하이 대형가전창고다. 2011년 5월, 당시 화둥지역의 창고면적은 협소했고, 거기에 폭염까지 겹쳐 에어컨이 불티나게 팔렸다. 주문폭주현상이 발생하자, 배송을 위해 입고된 제품 때문에 창고에 더 이상 물건을 쌓아놓을 공간이 없어졌다. 사흘 내에 반드시 창고를 옮겨야만 물건이 들어올 수 있었다. TV 6만 대를 창고에서 옮기는데, 20~30명이 꼬박 사흘 밤낮을 지새웠다. 사흘째 되자, 양레이는 거의 서서 잠들 지경이었다. 주문서가 빗발치듯 몰려들었기 때문에 하루라도 주문서가 밀리면 전체 운영시스템이 마비될 수 있는 상황이었다. 일반 사원들도 거의 새벽 2~3시까지 일해야 가까스로 당일 업무를 마칠 수 있었다. 이들은 창고와 임시로 빌린 여관 등 숙소에서 3~4시간 자고 새벽 6시에 또다시 출근했다. 낮에는 일상적인 주문업무를 처리하고 밤마다 창고이전 작업을 진행했다. 관리자들은 창고이전을 거들면서도, 직원들이 잠시 새우잠을 청하는 사이에 제품진열 등 업무절차에 이상은 없는지 계속 점검하고 시스템 유지·보수작업을 수행했다.

2013년 하반기, 화중지역 무한 하이항(海航)단지의 2기 프로젝트 구축을 위해 12만㎡의 부지를 확보했다. 그런데 단지 측은 창고를 인도하지 못하고 있었다. 때문에 화중지역의 실제 사용면적은 불과 4만㎡로 옹색하게 버텨야 했다. 막상 제품이 입고돼도 적재할 곳이 없었다. 게다가 하이항단지와 계약관계로 묶여 있어서 새로운 창고를 물색하기도 어려운 상황이었다. 연말이 되어 창고부족 사태가 최고조에 이르자, 8~9만 개의 온열기를 황포(黃陂)의 2만여㎡ 식품창고로 옮겼다. 통상 판촉행사를 진행하면 고객의 주문서 한 건당 제품수량이 평균 4개 정도 된다. 판촉행사 전인 정상적인 상황에서는 일평균 1만 건을 처리하는데, 이를 악물고 악착같이 버텨도 최대 1만 2,000

건까지 처리할 수 있다. 그런데 황포 식품창고의 경우, 식품과 온열기 판촉이 동시에 물리고 말았다. 이 탓에 고객 한 명(주문 한 건당)이 평균 8개의 제품을 구매한 셈이 되었다. 이런 상황에서 하루에 주문서 7,000~8,000건을 처리했다고 하니 정말 대단한 일이었다(고객이 평균 8개를 구매했으니 실제 창고에서 준비하고 배송할 물량은 평상시보다 약 5~8배를 곱해야 한다 - 역주).

게다가 온열기는 무게가 많이 나가는 제품이다. 식품창고 직원들은 육중한 제품을 처음 다루다 보니 더욱 힘들 수밖에 없었다. 약 일주일이 지나 주문이 적체되기 시작하자 다들 지쳐서 일말의 희망도 품을 수 없는 지경에 이르렀다. 화중지역의 물류담당 이사인 러쉬안(樂旋)도 도저히 뾰족한 방법이 떠오르지 않았다. 결국에는 화중지역의 모든 자원을 동원하기로 했다. 관리자와 현장 택배원까지 합세해 지원에 나서면서 겨우 힘든 고비를 넘길 수 있었다.

화중지역은 2014년 '6·18' 행사 때 주문서 17만 건을 처리했다. 1,500명이 5개월 동안 구조조정과 최적화를 거쳐 '인력효율'을 높였고, 그해 광군제가 되어서는 1,200명이 30만 건을 소화해냈다. 판촉기간이 아닌 경우 정상적인 근무형태를 보면 주간근무는 8시부터 오후 4시까지, 야간근무는 오후 4시부터 밤 12시까지다. 평상시에는 업무량이 포화상태가 아니라서 주·야간이 동시에 근무할 필요가 없었다. 그러나 광군제 기간에는 주문서 30만 건을 처리하기 위해 전체 직원이 조율해가며 24시간 창고를 풀가동했다. 주간근무는 오후 6시까지, 야간근무는 낮 12시로 앞당겨서 근무함으로써 중간 6시간 동안 전체 직원이 동시에 작업에 투입됐다.

2014년에 화중지역은 2013년의 교훈을 되새기며, 창고 신축과 불필요한 제품정리에 박차를 가했다. 2014년 한 해 동안 8개 신규 창고를 구축했는데 전년도에 비해 2배 빠른 속도였다.

잠식과 병탄

새벽 6시 정각에 시난지역의 장둥친(張冬勤)은 나베코 화물차에 옷장, 식용유, 마우스, 휴대폰, 샴푸 등을 포함한 86개의 상품을 싣고 신두바오완 물류단지를 출발해 108번 국도를 달렸다. 가로등도 없어서 오로지 자동차 전조등만이 어둠을 가르고 있었다. 불빛이 비치지 않는 도로 옆 논밭에는 분명 금빛 유채화가 넘실거리고 있을 터였다.

7시 10분, 날이 어슴푸레 밝아질 무렵 우리는 더양 배송거점에 도착했다. 8시에 제품인수를 완료하고 장둥친은 한 그릇에 7위안짜리 쉐차이러우쓰몐(雪菜肉絲面)으로 후닥닥 배를 채우고는 바삐 청두로 돌아갔다. 집에서 2시간 동안 휴식을 취한 그는 낮 12시에 신두 창고에 다시 도착했다. 그리고 1시에 다시 더양으로 출발해 오후에 화물을 내린 후, 징둥의 개방 플랫폼을 사용하는 더양지역 상가를 돌며 택배를 수령하고 4시 반에 청두로 돌아왔다. 5시 반에야 귀가해 휴식을 취할 수 있었다. 그는 매월 3,000~4,000위안의 수입을 벌었다. 처음 출근한 한 달 동안은 새벽 4시 반에 일어나는 게 고역이었는데, 지금은 어느 정도 익숙해져서 매일 저녁 8시면 잠자리에 든다.

올해 서른여덟인 장둥친은 예전에는 차 수리를 했었다. 그는 징둥에서 일하는 게 훨씬 덜 힘들고 대우도 좋다고 말했다. 5대 보험도 보장하고 사흘 일하고 하루 쉴 수 있으니 주위 친구들도 그를 모두 부러워한다고 귀띔했다. 예전에는 징둥이 무슨 회사인지도 몰랐다. 지금은 집에 있는 55인치 촹웨이(創維)TV나 전자렌지, 인덕션 등 모두 징둥에서 구매했는데 그 금액이 거의 1만 위안에 이른다.

징둥의 물류시스템은 물류창고, 운송, 터미널로 나뉜다. 터미널은 배송거점을 말하며 운송은 간선운송을 일컫는다. 업계에서 간선운송이란 통상적으로 성을 넘나드는 것을 의미하지만, 징둥 내부적으로는 각 지역본부 간 운송을 가리켜 간선운송이라 한다. 쉬솨이(徐帥)는 시난지역의 운송관리를 책임지고 있다. 청두에는 118대 차량과 172명의 기사가 있으며 충칭에는 25대 차량과 33명의 기사가 있다. 청두와 충칭 주변을 제외한 다른 지선 쪽은 제3업체를 활용하고 있다. •

시난지역의 징둥지사는 쓰촨 EMS 청두지사 입장에서 보면 물량이 가장 큰 고객 중 하나다. 2010년에 33만 건을 발송했는데 당시에는 신장과 간쑤 등 서북지역을 포함한 수치다. 2013년에는 신장, 간쑤는 시베이지역으로 편입되었고 그해에 쓰촨 EMS는 징둥의 시난지사를 대신해 100만 건을 발송했으며 그중에 70~80%는 3급 이하의 도시였다. 아베이저우(阿壩州), 간쯔저우(甘孜州), 량산저우(凉山州) 등의 주문서는 모두 EMS를 통해 처리했고 EMS 18명의 직원이 징둥서비스를 전담했다.

징둥이 물류시스템의 기반을 확장해나갈수록 택배업체와 배송대행업체가 설 자리는 차츰 줄어들었다. 창산자오(長三角), 주산자오(珠

● 2014년 3월 기준 데이터

三角), 환보아완(環渤海灣) 일대는 거의 기본적으로 징둥 물류망이 포진된 지역이어서 제3업체에게 외주를 주지 않았다. 상황이 이렇다 보니 현지 배송대행업체의 기반이 갈수록 축소되고 있다. 쓰촨 어메이(峨眉) 배송거점 점장인 리하룽(李海龍)은 가끔 위안퉁(圓通) 택배를 통해 물건을 보내는 경우가 있다. 그곳에 갈 때마나 느꼈는데 그다지 우호적이지 않았다. 어메이점이 오픈되기 전까지 징둥의 택배를 위안퉁이 대행했었기 때문이다. 지금은 징둥 어메이점이 주변의 성리전(勝利鎭), 황완샹(黃灣鄕), 어산진(峨山鎭), 푸시진(符溪鎭) 등까지 망라하고 있고 가장 먼 지역은 시내 배송거점에서 10㎞ 정도 떨어져 있다. 어메이점의 일일 배송건수는 180~230건으로 현재 3명의 택배원●이 근무하고 있다. 리하룽은 다소 격양된 목소리로 말했다. "주문건수는 앞으로 계속 증가할 거예요. 자장(夾江)에서 어메이로 오는 도로 옆에 '근검절약으로 알뜰히 살림하려면 징둥에 의지해라' 라는 광고가 붙어 있거든요."

주문물량이 증가하자 징둥은 자체 배송거점을 구축했고 결과적으로 배송대행업체와의 갈등도 두드러지기 시작했다. 2014년에 징둥이 대규모로 자립식 배송거점을 구축했을 때, 시난지역의 일부 택배업체가 직원을 감축하거나 물류망을 축소해 서비스품질이 저하됐다는 등의 보고가 속속 들어왔다.

시난지역의 전임 배송담당 이사인 다이칭(代靑)은 DHL에서 몇 년을 근무하다가 2012년 징둥에 입사했다. 그는 이렇게 말했다. "거대

● 2014년 3월 기준 데이터

한 고래가 시장을 잠식하면 작은 물고기는 생존 공간이 줄 수밖에 없다. 앞으로 시장에는 큰 고래와 작은 새우만 남고 중간 먹이사슬은 아예 존재하지 않을 것이다."

중국 물류산업의 문턱은 매우 낮은 편이다. 부부가 골드 승합차 한 대만 몰아도 바로 물류사업에 뛰어들 수 있는 게 현실이다. 중국의 크고 작은 물류회사가 몇 십만에 이른다는 예측치도 있다. 가격경쟁이 치열해지면서 업계 이윤도 박해졌다. 택배업종의 이윤이란 게 하나둘 힘들게 배달하며 생긴다. 한 택배업체 사장이 농담조로 하는 말이, 베이징 순이(順義)에서 골프를 치다 보면 친구들의 사업 관련 전화내용을 옆에서 들을 수 있다고 한다. 다들 단위 자체가 몇 십만, 몇 억 위안 등 엄청난 반면에 택배업체 사장들은 10~20전만 싸게 해줘도 덥석 문다고 한다. 물류업계는 단가의 계산단위 자체가 몇 전이기 때문인데, 심지어 100분의 1위안 단위까지 꼼꼼히 챙기는 업체도 있다.

거의 대부분의 물류업체가 겨우 버티면서 굶어죽지만 않는 상황이다. 사업을 번창시키고 싶어도 자금이 없는데 무슨 수로 가능하겠는가? 다이칭은 전형적인 북방사람으로 말투가 호탕하며 거리낌이 없었다. "이쪽 일은 돈이 두둑이 있어야 할 수 있는 사업이에요. 아무튼 이제 피할 수 없으니 차라리 알아서 항복해버리는 거죠."

어떤 업체는 아예 전문적으로 쇼핑몰업체의 주문서만 받는다. 건당 6위안에 받아서, 다시 4.5위안에 넘겼다. 어떤 때는 4.5위안에 받아온 물건을 3.7위안에 전달하는 경우도 있다. 알리바바의 마윈은 택배업계에 정말 실망했다고 언급한 바 있다. 마치 못이나 호수의 물을 다 퍼내고 고기를 잡는 것과 같으며 미래를 저당 잡히는 꼴이라 악평했다. 또한 해당 업계는 경영과 기술발전도 기대하기 어려웠다. 2013년에 많은 물류기업이 힘든 겨울을 예감하면서 서로 연합해 위기를 공동 극복하려는 움직임이 있었다.

1991년생인 택배원 쩌우런후이(左仁辉)는 택배업계 현황에 대해 뼈저리게 느낀 바 있다. 그는 쓰촨 더양 현지인으로 중등전문학교를 졸업하고 2009년부터 사회생활을 시작했다. 작은 마트를 운영하기도 했고 동업자와 한 택배업체의 가맹점을 열기도 했다. 택배업체는 당일 결제를 요구했는데 일부 큰 고객은 종종 3개월, 심지어 반년에 한 번 결제를 해주기도 했다. 결국 본인이 먼저 돈을 택배회사에 지급했는데 자금이 부족해져서 도저히 버틸 수 없었다고 한다.

2014년 2월에 그는 징둥에 합류했다. 징둥은 제대로 된 대기업으로 5대 보험과 주택자금 지원도 보장해주었고 붉은 유니폼을 입고 일하다 보면 제법 폼도 나고 수입도 짭짤했다. 또 택배상자 하나에 1.5위안을 주고 큰 상자는 금액이 추가된다. 그는 2만 위안으로 구입한 중고 둥펑(東風) 승합차를 타고 배송하는데, 가장 먼 곳인 자오징진(角井鎭)은 더양점에서 20km 떨어져 있다. 3월 11일에 필자는 그를 따라 배송현장에 나갔다. 쩌우런후이는 매우 싹싹하며 붙임성이 좋았는데 고객에게 아는 척을 할 때도 넉살좋게 "형님(누님), 제품 어땠어요? 다음번에도 저희 징둥에서 물건 많이 사주세요"라고 했다. 그는 오후 2시 반에 당일 오전에 할당된 50건을 배송 완료하고는 길거리에서 9위안짜리 쏸더우장러모(酸豆豆炒末) 볶음밥을 사먹고 급히 더양점으로 돌아갔다. 그리고 오후 3시부터 계속 배송을 진행했다.

'마지막 1㎞'의 필사적인 배송 현장

2014년 3월 12일에 필자는 더양시 아래의 현급도시인 몐주시 배송 거점에 도착했다. 이 배송거점은 면적이 66㎡로 너무 작다 보니 '링룽점(玲瓏, 정교하고 작다는 의미 – 역주)'이라 불린다. 이곳에는 독립된 침실과 화장실이 딸려 있고 침실에는 이층침대가 있어서 점장과 3명의 택배원이 교대로 당직을 서고 있었다.

이른 아침 7시 25분이 되면 5미터 길이의 붉은 나베코 화물차가 어김없이 입구에 대기하고 8시면 하역작업이 완료된다. 7시 45분에 검품을 마치고 확인해보니, 총 111건에 118개의 화물이 오늘 물량이다. 기사가 사인하고 돌아가자 택배원은 주문서를 분배했다. 몐주시 남북방향의 마웨허(馬尾河)를 경계로 해서, 동그랗고 앳된 얼굴의 원타오(文滔)가 서북구역의 총 40건을 담당했다. 마르고 긴 얼굴형에 눈웃음을 지으면 실눈이 되는 린충차이(林忠才)는 서남구역의 35건을 맡았고, 네모난 얼굴에 우직해 보이는 류관쥔(劉官俊)이 마웨이허 동쪽의 외곽지역을 담당해서 총 36건이다.

링룽점의 매월 임대료는 1,500위안이며 회사 규정상 전기료 지원 기준은 315kW로 1kW에 0.8위안이다. 링룽점이 2월에 실제 사용한 전기량은 324kW로 7.2위안이 초과돼서 4명이 공평하게 분담했다. 배송 거점은 징둥 물류의 핵심 경쟁력으로서 물류의 말초신경에 비유될 수 있으며 고객과 직접 대면할 수 있는 유일한 창구다. 징둥은 판매 채널을 확장하면서 배송거점에 직접적인 마케팅 기능도 부여했는데, 이에 따라 배송거점의 위치도 보다 중요해졌다. 직접 물건을 찾으러

온 고객이 펑자쥔(彭加俊) 점장에게 위치 찾느라 한참 애먹었다며 하소연한 적도 있다.

링룽점은 4월 12일자로 임대가 만료될 예정이었는데, 징둥 규정에 따르면 배송거점의 면적은 90㎡ 이내, 월임대료는 3,000위안 미만이다. 임대료에 영수증을 청구해서 정산하면 임대료가 2,000위안인 경우 실제 2,560위안을 지불해야 한다. 펑자쥔은 한 달 내에 새로운 장소를 물색해야 했다. 마음이 조급해졌지만 여러 곳을 둘러봐도 면적이 너무 크거나 위치가 좋지 않아서 결정할 수 없었다.

펑자쥔은 1987년생으로 피부가 희고 단정한 생김새에 안경을 끼고 있었다. 2012년 5월에 그는 택배원으로 징둥에 입사했다. 2013년 '6·18' 창립기념일 행사 이후에 링룽점의 일평균 주문건수가 안정적으로 100건을 넘어섰고, 당시 택배원이 2명밖에 없어서 한 사람이 도시의 절반을 돌았다. 배송 중에는 잘해야 한 끼 식사를 대충 때웠고, 차량 안에 늘 생수와 라면 등 먹을거리를 챙겨 다녔으며, 저녁 7~8시가 돼서야 겨우 밥다운 밥을 챙겨먹었다. 그의 최고 기록은 하루에 120건을 배달한 것이라 한다. 통상 하루에 80건 정도 배송을 해야만 고객도 편안하게 제품을 원할 때 수령할 수 있다. 2014년 1월에 그는 링룽점 점장조수로 승진했고 곧이어 점장이 되었다.

점장은 매일 보고서를 작성하고 세무와 사회보험, 복지기금 등의 업무를 처리한다. 매일 점심 12시 전에 전일에 수령한 제품대금을 은행에 입금해야 하며 오차가 20위안을 초과하면 안 된다. 펑자쥔이 처음 점장조수가 되었을 때 하루 종일 일해도 다 마치지 못해서 골치를 앓기도 했었지만 지금은 많이 적응되었다고 한다.

징둥 배송부문의 직급체계는 COO, 부총재, 이사, 구역팀장, 점장, 택배원 순서다. 점장은 말단조직의 관리자로서 일선현장의 최전선에서 근무한다. 고속성장에 따른 부작용을 피하기 위해서라도 말단조직의 관리자층이 조직의 버팀목이 되어야 했다. 배송거점이 신설되면 점장이 반드시 필요하다. 그렇다면 점장은 어떻게 조직에서 성장할 수 있을까?

모든 배송거점마다 스트리밍미디어(streaming media)가 설치되어 있어서 스크린에 회사 뉴스와 중요 정책이 공지되거나 류창둥 사장의 연설을 내보내기도 한다. 회사는 이러한 매체를 통해 기업문화를 관철시키고자 노력했다.

30명의 점장을 관리하는 양타오는 이렇게 말했다. "회사는 속도를 추구하고 주문물량을 늘려야 합니다. 이는 가장 기본이라 할 수 있지요. 점장들은 큰 틀 안에서 최대한 능력을 발휘하되 회사에서 정한 가이드라인은 절대 넘어서면 안 됩니다. 돈을 빼돌리거나 장부를 조작하면 무조건 해고되지요. 그리고 이러한 사실을 모든 점장에게 통보해서 경각심을 갖게 했습니다."

그는 매주 YY어플(나스닥 상장기업 환쥐스다이(歡聚時代)에서 운영하는 채팅어플－역주)을 통해 30명의 점장과 회의하며 소통했는데, 사실 효과는 미지수였다. 점장들이 진지하게 받아들이는지 확인할 수 없었다. "아주 치밀하게 관리한다는 게 거의 불가능해요. 청두시 안에서라면 문제가 안 되겠죠. 혹시 문제가 생기면 바로 운전해서 달려가면 되니까요. 하지만 여기는 그럴 수가 없으니 한계가 있어요."

'구매금액 59위안 이상 배송료 무료정책'(이전에는 39위안이었음)이 실시되고 춘절 이후 비수기까지 겹치면서 몐주의 주문량이 다소 하락했다. 택배원 3명이 일평균 40건을 처리했는데 배송거점 설립기준이 평균 65건이었다. 때문에 펑자쥔은 초조했다. "목표치를 달성하지 못하면 안 되니 뭐든 방법을 찾아야 했어요. 양타오 형님이 아는 방법은 다 알려 줄 테니 저는 무조건 열심히만 하면 된다고 하셨죠. 그러고는 제게 좋은 아이디어가 있으면 별도로 보고할 필요 없이 일단 실적부터 올리라고 했어요. 보고는 그 다음이라고 말씀하시더군요."

펑자쥔은 기존에 확보했던 1,000여 명의 징둥 이용고객에게 문자를 보내 웨이신(微信, 중국판 카카오톡으로 QQ메신저로 유명한 텅쉰이 2011년에 출시한 메신저 프로그램 – 역주)번호를 문의했다. 그리고 100여 건의 회신을 받아 이들 고객을 웨이신 친구로 추가하고는 단체 채팅방을 만들었다. 그는 매일 두 대의 휴대폰을 소지하고 다니면서 한 대는 '오늘의 추천' 페이지를 올리고 나머지 한 대로는 사진을 찍어 웨이신 단체 채팅방에 올린 후 링크를 걸었다.

그는 바이두에서 온라인카페도 운영해봤는데 연령대가 낮아서 효과가 별로 없었다. 지금도 그는 온갖 방법을 동원해 기업이나 정부기관 밴드에 가입해서 틈만 나면 징둥을 홍보한다. 또 현지 훙싱(紅星)증권에 계좌를 개설하고 훙싱증권 밴드에 가입하기도 했다. 첫날 광고 링크를 올렸는데 다행히 경고를 받지 않았다. 둘째 날 다시 광고링크를 올리자마자 1분도 안 돼서 바로 퇴장당했다.

훙싱증권의 재무담당은 펑자쥔이 류형이라고 부르는 징둥의 오랜 단골이다. 그는 류형에게 1년여 넘게 택배를 배송해주고 있다. 류형이 재가입할 수 있게 도와주겠다고 하자 펑자쥔은 후회하며 말했다.

"제가 잘못한 거죠, 뭐. 그렇게 조급하게 굴면 안 되는 거였는데……." 그는 등산밴드나 하이킹, 애완동물 등의 밴드에도 가입할 생각인데 이들 고객층이 돈도 있고 여유로운 편이라고 판단해서다.

'오늘의 추천'은 징둥이 매일 추천하는 특가상품을 말한다. 배송하는 도중에 고객들이 "오늘 무슨 좋은 상품 올라왔어요?"라고 류관쥔에게 물으면, "오늘은 여성분과 미식가들이 좋아할 만한 간식이 특가로 올라왔네요"라고 답했다. 그는 필자에게 이렇게 일러주었다. "오늘의 추천 상품을 너무 자세히 알려주면 안 돼요. 궁금증이 해소돼서 사이트에 들어오지 않거든요. 범위를 넓혀서 애매모호하게 답변하는 게 좋죠. 그래야 사이트를 둘러보다가 다른 제품도 구매할 수 있거든요."

3월 12일 오전 8시 30분에 필자는 류관쥔이 운전하는 창안지싱(長安之星) 승합차에 탑승했다. 그는 징둥의 붉은 유니폼(등과 소매는 검정색임)과 청바지 차림이었다. 허리춤에는 '징둥상청'이라고 인쇄된 작은 가방을 두르고 있었다. 그 가방은 현금과 PDA, POS기기 등을 넣어 가지고 다니는 용도다.

1980년생인 류관쥔은 11년 동안 미용사를 했다고 한다. 매일 아침 8시 반부터 저녁 9시까지 일하면서 남성은 7.5위안, 여성은 25위안을 받았는데 한 달 수입이 대략 2,000위안 남짓이었다. 하루 종일 매장 안에 틀어박혀서 햇빛을 볼 수 없다 보니 더 이상 갑갑해서 참을 수가 없었다. 그러다가 택배회사인 위안퉁으로 직장을 옮겨 처음 배송을 나갔는데 그 당시 심정을 표현하면, 마치 오랫동안 새장 안에 갇혀 있던 새가 자유를 찾아 훨훨 날아다니는 느낌이었다고 한다.

류관쥔은 1만 4,000위안으로 중고 승합차를 구입했다. 위안퉁의 몐주점에 매일 600여 건의 주문서가 들어오면 택배원 4명이 평균 150건, 많을 때는 200건까지 처리했다. 어떤 때는 한 건 배송하는 데 1분도 채 안 걸리는 경우도 있었다. 택배를 문 앞에 두고서 고객 대면 없이 출발하면 가능했다. 위안퉁은 택배원에게 건당 0.5위안의 성과급을 주는데 상자크기와는 상관없이 동일하다. 기본급은 600위안에, 유류비 300위안과 전화비 150위안을 보조해줬는데 월평균 3,000위안 정도를 벌 수 있었다. 류관진은 위안퉁에서 3개월간 일하다 2013년 12월 징둥으로 옮겼다. 징둥은 유류비로 1,000위안을 지원하고(그는 외곽지역을 담당했다) 건당 1.5위안을 성과급으로 주는데 택배상자가 크면 조금 더 준다. 2013년 12월에 이직해 불과 보름 만에 2,400위안을 벌었고 2014년 1월에는 4,000위안, 2월에는 3,000여 위안을 벌었다.

낮 12시에 필자는 몐주시 재정국 입구에서 류관쥔이 배송을 마치고 돌아오길 기다리고 있었다. 그때 우연히 택배업체 중퉁(中通)의 택배원을 만났다. 그는 회색 외투에 안경을 끼고 삼륜차를 몰고 있었다. 중퉁에서 1년 넘게 일했는데 곧 그만둘 예정이라면서 삼륜차에 가득 실린 택배를 가리키며 이렇게 말했다. "하루에 150개에서 200개를 배송하는데 1분 내에 택배상자 여러 개를 그냥 던져주고 오는 경우도 있어요. 한 건에 0.7위안을 버는데 하루에 기껏해야 150위안이죠. 징둥은 건당 1.5위안 쳐주고 크고 무거운 택배는 더 준다고 하던데요. 한 친구도 위안퉁에서 징둥으로 옮겨갔어요." 그러고는 눈을 동그랗게 뜨더니 "징둥은 5대 보험도 들어준다던데, 지금도 사람 뽑나요?"라고 필자에게 물었다. 현지에서 중퉁은 건당 0.7위안을 택배원에게 지급했는데 기름 값과 전화료는 지원하지 않았다. 또 다른 택배업체인 선퉁(申通)은 건당 0.75위안인데 두 업체 모두 가맹점이다.

오후 2시에 류관쥔은 배송거점으로 돌아와 셀프픽업 고객을 기다렸다. 그는 캉스푸(康師傅) 라면을 사서 점심으로 때웠다. 4시 반에 필자가 현지 컴퓨터매장을 시찰하고 돌아왔을 때도 그는 아직 퇴근 전이었다. 고객이 돈을 지불하고 제품을 픽업할 때까지 기다리고 있었던 것이다. 당직직원에게 맡기지 않고 직접 점장에게 당일 결제금액을 정산하고 퇴근하기 위해서다. 그는 6시가 되어서야 승합차를 타고 김이 모락모락 나는 밥상이 기다리는 집으로 향했다.

몐주의 매월 거래금액은 100만 위안을 조금 웃도는데 2월에는 98만 위안을 기록했고 이 중 30%가 휴대폰, 컴퓨터, 3C부품이다. 일용백화와 영·유아 제품도 매출이 증가추세에 있다. 몐주시에는 5~6개의 디지털·휴대폰·컴퓨터 제조업체가 있는데 그중에는 징둥을 싫어하는 업체도 있었다. 자신들의 삶의 터전을 갉아먹는다는 이유였다. 어떤 업체는 징둥이 판촉행사를 진행하면, 그때 징둥에서 제품을 구매해 농촌 고객에게 되팔기도 했다. 때문에 지금은 행사 때 최대 2대로 구매수량을 한정하고 있다.

마웨이허 근처에 위치한 청(曾) 씨의 컴퓨터매장의 면적은 대략 20㎡ 정도다. 필자가 매장에 도착했을 때 그는 매우 무료한 표정을 짓고 있었다. 원래 컴퓨터 한 대당 200위안 정도 마진을 챙길 수 있는데, 요즘은 100위안 정도 남기면 그것도 감지덕지라고 했다. 사업이 가장 잘되었던 때는 2010년으로, 원촨 지진으로 농민들이 새 집에 입주하면서 컴퓨터를 구매하는 경우가 많아서였다. "4년 정도 지났으니 컴퓨터를 바꿀 때도 됐는데 왜 아직도 장사가 안 되는지 모르겠네요"라며 그는 한숨을 지었다.

검색엔진으로 정보를 검색하면 누구나 동일한 정보를 얻을 수 있다. 전자상거래는 누구에게나 공정한 상품정보를 평등하게 제공함으로써 사회에 공평과 효율을 가져왔다. 예전에 일부 브랜드는 쓰촨의 소도시에서는 구경조차 할 수 없었고 베이징지역의 오프라인 매장에 가야 구매할 수 있었다. 이제 전자상거래를 통하면 어디나 배달해주기 때문에 쓰촨에서도 구입 가능하다. 외진 지역일수록 유통단계 때문에 제품가격이 비쌌는데 징둥의 판매채널이 확대되면서 이들에게 큰 혜택을 안겨주고 있다. 유통단계별로 붙었던 마진체계를 철저히 타파했기에 가능해진 일이다.

소매업의 경쟁력을 좌우하는 공급망

물류와 공급망은 기본적으로 소매기업의 생사를 결정한다. 소매기업의 경쟁은 공급망 간의 경쟁이라 해도 과언이 아니다.

월마트의 경쟁력은 어디에 있는가? 표면적으로는 1년 365일 변함없이 최저가를 유지하는 데 있다. 그런데 이를 실현하기 위해서 월마트는 특화된 공급망을 확보·유지하고 정보기술 분야에 엄청난 자본을 투입했다. 1969년 월마트는 최초로 컴퓨터를 통해 재고추적을 실시했으며 1980년에 바코드를 최초로 사용한 기업이기도 하다. 또한

1985년에 공급업체와 최초로 전자데이터를 교환했고 1988년에 무선 스캐너도 최초로 사용했다. 1980년대에 월마트는 이미 모든 매장과 배송센터를 연결했을 뿐만 아니라 공급업체와도 연동했다. 배송센터에 원스톱관리시스템을 도입해서 공급업체로부터 제품이 입고되는 즉시 분류작업을 실시하고 포장한 후 각각 소매점에 배송했다. 재고 및 화물의 적체기간을 대폭 단축하고 상품·자금의 회전율을 제고시킴으로써 경쟁상대보다 배송원가를 2% 정도 낮출 수 있었다. 매년 수억 달러의 배송원가를 줄였기에 '365일 최저가'도 가능해졌다. '최저가'는 고객을 유인하기에 충분했다. 덕분에 단위영업면적당 최고의 매출액을 기록했으며, 전자데이터 교환방식을 활용하고 배송센터를 이용해 공급망 효율을 극대화할 수 있었다. 공급업체는 월마트의 시스템에서 매출액, 판매단위수량, 각 매장별 재고현황, 예상판매량 및 송금정보 등의 데이터를 수집할 수 있었다. 이를 토대로 주문서대로 배송센터를 통해 월마트 매장에 제품을 추가 입고시킬 수 있다. 주문접수부터 화물이 매장에 도착하기까지 24~28시간이 소요되는데, 예전 같으면 최소 1개월이 걸렸던 시간을 대폭 단축한 것이다. 이러한 신속한 피드백시스템 덕분에 고질적인 재고부족 현상도 완벽히 해결해냈다.

그렇다면 징둥의 핵심 경쟁력은 무엇인가? 마찬가지로 '공급망'이다. 상품판매예측, 창고배송 단일화 물류시스템, AS, 고객서비스 등을 통해 최상의 사용자 만족도를 끌어낼 수 있는 공급망이 바로 핵심역량이다. 택배물류는 업무흐름이 길게 늘어져 있고, 공급사슬도 매우 복잡하다. 이를 지탱할 수 있는 관건요소는 방대한 기술 시스템이라 할 수 있다.

기술력으로 공급망을 본격 가동하다●

2008년 5월에 징둥의 두 번째 부총재로 합류한 리다쉐는 기술부문을 총괄책임졌다. 당시 회사의 전체 직원 수가 400명이었는데 기술부문은 20여 명에 불과했다. 2014년 말이 되자 기술부문의 인력은 이미 4,000명을 넘어섰다. 리다쉐는 기술부문을 그룹연구개발과 업무연구개발 2대 부분으로 분리했다. 전자는 그룹의 연구개발 관리, 클라우딩 컴퓨팅, 빅데이터 등의 인프라와 구조적 성격의 기술연구개발을 담당한다. 후자는 구매영업, 마케팅, 직능 연구개발 등 현업과 관련된 구체적인 서비스의 연구개발을 맡아 처리하며 업무단위로 TFT가 구성된다.

전자상거래업계의 내부 평가에 따르면 당시 리다쉐가 징둥에서 추진한 프로젝트 중 가장 크게 공헌한 것이 바로 SEO(검색엔진 최적화, Search Engine Optimization)를 구현함으로써 광고비를 대폭 절감한 일이다.

"SEO는 전체 온라인쇼핑몰의 구조와 관련이 있습니다. 제가 징둥에 입사해서 처음 진행했던 프로젝트는 사이트 개편작업이었죠. 개편작업 이후 SEO 전문가들은 이번 개편에 어떤 의미가 있는지 분석했고, 그 결과 징둥이 SEO에 특별한 강점이 있다는 점을 발견했습니

● 이 부분은 징둥 연구개발부문에서 저술한 《징둥 기술의 비밀 해부(京東技術解密)》의 내용을 참고함

다. 나중에 바이두나 구글 등의 회사가 진행한 SEO 포럼 등을 보면 하나같이 징둥을 모범사례로 벤치마킹하여 분석하고 있습니다."

리다쉐의 첫 번째 업무는 사이트 개편이었다. 기존 IT시스템은 이미 2008년에 더 이상 감당하기 어려울 정도로 노후한 상태였다. 리다쉐는 별장 한 채를 빌려서 침구 등을 준비하고 10여 명을 데리고 신규 시스템 개발에 돌입했다. 하루에 3~4시간만 눈을 붙이면서 꼬박 3개월 동안 개발에 매달렸다. 이 시스템 용량은 일일 10만 건의 주문서를 소화했는데 그 당시 징둥의 일일 주문량이 5,000건 미만이었으니 하루에 10만 건이면 엄청난 용량이었다. 2008년 11월 1일에 새로운 시스템이 업로드되자 주문건수가 곧바로 1만 건을 돌파했다. 이는 처음 시행된 징둥 시스템의 전반적인 구조조정이었다.

2010년에 징둥의 핵심적인 상품교역 부분은 여전히 .net 시스템을 사용하고 있었다. 2008년 리다쉐가 별장에서 보안을 유지하며 개발 완료한 후 2년이 지났다. 그동안 징둥의 거래시스템과 광양자시스템이 30여 개나 되어서 업그레이드가 매우 힘들었다. 오로지 하드웨어를 추가해가며 버텼는데 그러다 보니 유지보수 비용이 갈수록 증가했다. 2011년에 쇼핑몰 시스템구조를 업그레이드하면서 .net시스템을 자바(Java)시스템으로 교체했다. 자바를 선택한 이유는 두 가지다. 첫째는 국내외 대다수 대형쇼핑몰이 자바기술을 채택했기에 노하우와 기술력을 참고할 수 있었고, 검증된 오픈소스 프레임을 사용할 수 있었기 때문이다. 두 번째는 원가 때문이다. .net 랭귀지 자체는 무료지만 윈도우운영체계(Windows OS)는 비용을 지불해야 한다. 비주얼스튜디오(Visual Studio) 개발도구 역시 가격이 만만치 않다.

2011년 리다쉐는 일일 주문량 1,000만 건을 수용하도록 시스템용량을 업그레이드하겠다고 보고했다. 당시 일일 주문량이 피크타임 기준으로 50만 건이었다. 회사의 고속성장은 연구개발부문에게는 커다란 도전이 되었다. 기존 시스템을 무리 없이 운영함과 동시에 새로운 구조를 구축해야 했다. 서비스가 확장되면 시스템구조에 신규 기능을 계속 탑재해야 되기 때문이다. 리다쉐는 이래저래 어려움을 겪으며 초조한 나날을 보냈다.

  새로운 시스템구조가 구축되기도 전인 2011년 도서 판촉행사를 진행하면서 구 시스템이 완전히 다운되는 상황이 발생했다. 고객들의 행사상품 구매가 3시간 동안 집중되었기 때문이다. 고객들은 장바구니에 도서를 담은 후 행사 마감시간에 임박해서야 주문서를 작성했다. 수많은 고객이 동시에 주문서를 작성하는 동안 시스템에서는 끊임없이 재고유무를 확인하는 프로세스가 돌아갔다. 게다가 시스템 용량에 한계가 있었기 때문에 주문서를 작성하는 도중에 사이트가 먹통이 되면서 결제 창으로 넘어가지 않았던 것이다. 이 때문에 고객의 불만이 최고조에 달했다. 류창둥은 웨이보에 사진 한 장을 올렸다. 차 두 잔과 칼 하나였다. 이 의미는 프론트 업무를 책임진 리다쉐와 백엔드를 책임지고 있는 장하이둥(姜海東)에게 차 한 잔 하자는 '협박'이었다. 리다쉐는 마침 출장 중이어서 가까스로 위기를 넘길 수 있었지만 나중에 회사에 복귀하자마자 스스로 죄를 물었다.

  고객에게 24시간 서비스를 제공하는 온라인쇼핑몰 입장에서 거래 시스템을 교체·업그레이드한다는 것은, 연구개발부서 직원들의 말을 빌리면 이렇다. "마치 초고속으로 질주하는 고속철도의 바퀴를 교체하라는 것과 다름없으며 2만 미터 상공에서 비행하는 항공기의 날개를 교체하라는 의미다." 신·구 시스템의 교체를 위해 연구개발부서는 고객이 상품을 장바구니에 담으면, 매우 복잡한 시스템 교체 내용을 공지해야 했다.

우선 사용자 부분의 교체작업을 진행한 후, 회사 내부 계정을 통해 소수 인원을 대상으로 내부 테스트를 거친다. 그런 다음, 서비스 유형별로 교체작업을 실시한다. 우선 온라인지불 부분을 교체하고 착불(cash on delivery)과 셀프픽업 부분을 진행한다. 그리고 자영 및 입점 업체의 주문서를 차례대로 교체한 후, 우대쿠폰, 선물카드, 적립금 등을 사용한 주문서의 순서대로 교체한다. 연이어 지역별로 작업하는데 우선 둥베이 3성의 트래픽을 신규 시스템으로 옮기고, 트래픽에 따라 시스템을 교환한다. 신규 시스템을 이용해서 우선 주문서 100개를 처리해보고 일정시간 관찰한다. 100건의 주문서가 순조롭게 출고돼 고객에게 배송되면 문제가 없다는 의미다. 이후에 1,000건 단위로 시스템을 이전하고, 마지막에는 트래픽 백분율에 따라 1%, 5%, 10%로 점차 늘리면서 100% 트래픽을 완벽하게 신규 시스템에 업로드한다. 이러한 전후 과정을 거치려면 1개월 남짓이 소요된다.

2012년 4월 말 신규 시스템이 정식 가동됐다. 신규 시스템은 설계상 일일 주문량 1,000만 건을 수용할 수 있었다. 당시 리다쉐는 향후 3년간 용량은 걱정 없을 것으로 예측했다. 2014년 광군제 당일, 주문량이 2013년 동기대비 2.3배가 증가했다. 이때 모바일 단말기(징둥 모바일 어플, 징둥 웨이신, 징둥 휴대폰 QQ쇼핑 등을 포함)를 통한 주문량이 전체 주문량의 40% 비중을 차지했다.

2008년 자립식 물류시스템이 빠르게 모습을 갖춰가면서 징둥은 경쟁자들을 상대로 진입장벽을 높이기 시작했다. 류창둥은 택배이동 흐름을 고객이 한눈에 보면서 편안하게 제품을 수령할 수 있도록 시스템을 완비할 계획을 세웠다. 2010년에 류창둥이 이 계획을 밝히면서, 주문서의 디스플레이를 담당한 상품팀장은 '배송추적' 기능 개발에 돌입했다. 이는 고객의 주문 시점부터 시작해 전체 진행절차와 중요한 포인트 등을 기록해 보여주는 기능이다. 고객은 언제든지 수시로 인터넷에 접속해 주문상품이 어디쯤 왔고 현재 어떤 상태인지, 또한 어떤 택배기사가 배송을 담당하는지와 연락처도 볼 수 있다.

얼핏 간단해 보이는 정보다. 하지만 이를 구현하려면 정보시스템이 제품상태와 흐름을 기록하고, 주문서·물류·분류·배송·배송거점 관리·택배원 정보 등 일련의 시스템이 모두 하나로 연동되어야 한다. 배송추적시스템은 현재 모든 온라인쇼핑몰업체가 제공하고 있다. 하지만 징둥은 초창기부터 이 기능을 탑재하고 있었다.

배송추적을 위한 모든 과정을 개발 완료하고 추적시스템을 온라인에 업로드하자, 고객의 인바운드콜이 대폭 감소했다. 모든 정보를 한눈에 볼 수 있었기에 고객들은 재촉할 필요 없이 편안하게 택배를 기다렸다. 2012년에 물류창고시스템과 제도절차가 더욱 완비되었다. 빅데이터가 누적되면서 배송시간효율을 제고하는 프로미스(Promise) 시스템을 도입했다. 재고상황, 창고소재지, 제품수령지, 주문시간, 배송능력 등의 요인을 분석해 주문배송시간을 조기에 예측하는 시스템이다.

그렇다면 어떻게 하면 최적의 공급업체를 통해 더욱 저렴한 가격으로 정확한 시간에 제품을 공급받을 수 있을 것인가? 또 어떻게 하면 우수한 품질기준에 맞춰 알맞은 수량의 제품을 입고시키고 소비자수요를 만족시킬 수 있을 것인가? 이는 데이터분석을 통해 가능하다. 또한 빅데이터를 활용해 공급망시스템을 제대로 운용할 수 있다. 판매량예측기능은 공급망시스템에서 가장 기본이 되는 부분이다. 판매예측의 정확도에 따라 공급사슬의 하부단계인 상품의 자동입고, 조달·내부배치, 재고시스템 완비 등이 직접적인 영향을 받는다.

판매량은 빅데이터를 통해 예측할 수 있다. 그렇다면 방대한 데이터 중에 필요한 데이터를 어떻게 하면 정확히 추출할 수 있을 것인가? 또 이 데이터를 기반으로 향후 판매량을 더욱 정확히 예측할 수 있는 방안은 무엇인가? 2011년 6월에 연구개발부문은 이 분야에 몰두하기 시작했다. 당시 오픈소스인 Pamirs 분산배치처리구조를 채택했다. 즉, 두 대의 응용서버를 활용해 데이터베이스에 계수(module value)를 등록하고 'Task표'로부터 끊임없이 계수에 대응되는 데이터를 읽어낸다. 이 구조의 장점은 두 개의 서버가 부족하면 서버를 계속 추가해 연산기능을 제고할 수 있다는 것이다. 결국 개발하면서 발견한 사실은 주로 데이터를 읽어들이는 데 시간이 걸린다는 점이었다. 당시 징둥사이트에는 몇 백만 개의 상품이 올라가 있었는데 상품마다 과거의 모든 판매기록을 보관하고 있었기 때문에 읽어들이는 시간이 오래 걸렸던 것이다. 징둥은 처음부터 'SKU+배송센터+시간'을 키워드로 데이터를 보관하고 있었다. 때문에 데이터양이 순식간에 기가바이트 급으로 증가해버렸다. 기존의 MySQL(관계형데이터베이스 관리시스템)은 이러한 데이터를 지탱할 수 없었다. 나중에 MySQL

의 기능을 새롭게 설계하면서 SKU마다 과거판매기록을 LOB(Large Object)로 저장함으로써 데이터용량을 메가바이트 급으로 줄일 수 있었다.

2012년 징둥의 비약적 성장은 사람들의 상상을 초월했다. 우선 SKU가 100여만 개에서 눈 깜짝할 사이에 500만 개로 급증한 것을 보면 그 성장속도를 가늠할 수 있다. 그때 당시 일일 판매량을 예측하는 데 6시간 이상이 걸렸다. 시스템구조의 발전은 사실 현업 수요에 의해 불가피하게 진행된다고 보면 된다. 연구개발부문은 또다시 판매량예측시스템을 개인클라우드로 이전했다. 매일 오라클(Oracle) 데이터베이스의 데이터를 HDFS(분산파일시스템)와 동기화해서 추가된 데이터를 전체 데이터 원본과 통합시켰다(모든 데이터는 하나의 SKU와 과거 판매량기록을 보유하는데, MySQL을 빈번하게 판독하지 않기 위해서다). 그리고 MapReduce의 예측모형을 동원해 연산을 완료했다. 시스템 이전 후에는 일일 판매량예측 시간이 1시간 이내로 단축되었다.

2013년 하반기에 판매량예측시스템에서 과거 데이터와 예측모형을 또다시 구축했다. 4개월 후에, 과거의 데이터체계를 완벽하게 구축했고, 더욱 정밀한 가격모형, 계절성 모형, 의사결정트리 모형을 업로드할 수 있었다. 이로써 판매량예측시스템의 정확도가 20% 향상됐고, 예측 정확도를 제대로 컨트롤할 수 있었다.

자동입고시스템은 판매량예측시스템과 동일한 시점에 구축되었다. 판매량예측의 목적이 결국은 더욱 원활하게 제품을 구매·입고시키기 위해서다. 자동입고시스템이 가장 절실한 품목은 도서부문이었다. 2011년 도서 SKU가 이미 100만 개를 넘어서 수동으로 입고시키는 게 불가능해졌기 때문이다. 아마존과 월마트는 이미 비교적 검증된 자동입고시스템을 사용하고 있었다. 특히 아마존은 지능화 · 자동화 수준이 매우 높은 편으로 대부분 구매행위가 시스템에서 구현되었다. 하지만 자동입고는 아마존 공급망의 핵심 시스템 중 하나로 외부로 공개되지 않았다. 연구개발도 전적으로 미국 본토에서 인력을 데려와서 진행했기 때문에 직접적 교류나 노하우 전수는 아예 불가능했다. 결국 '자력갱생'으로 사명을 완수해야 했다. 자동입고시스템을 가동한 이후부터는 도서부문에서 구매전담 인력을 보강할 필요가 없어졌고 오히려 인력을 줄여나가는 추세에 있다.

2012년 상반기에 자동입고시스템을 다른 품목으로 확장했다. 우선 자동차 용품과 휴대폰 부품, 그 다음에 IT품목으로 넓혀나갔다. 2013년에 란예 CMO는 전체 입점업체 단위까지 자동입고시스템을 보급 · 활용토록 하겠다고 밝혔다. 자동입고시스템을 보급할 때 연구개발부문은 자동화 구매 · 주문시스템도 동시에 개발했는데, 2013년 7월 도서의 EDI(전자문서교환시스템) 구매 시 완벽한 자동화주문을 구현할 수 있었다. 자동입고시스템이 구매데이터를 분석한 후, 인위적인 개입 없이 직접 구매시스템에 접속해 자동으로 주문서를 생성한다. 그리고 이를 공급업체에게 자동 발송함으로써 주문 이후의 후속조치가 진행되는 방식이다.

1억 위안의 불량재고를 처리하다

2008년 베이징 펑타이구에 200여㎡의 예비부품창고가 있었다. 창고

안에는 제품이 먼지투성이가 된 채 곳곳에 쌓여 있었다. 당시 IT구매영업팀 직원들은 주말만 되면 예비부품창고에 가서 파손부품을 정리하곤 했다. 5~6미터 길이의 화물차 두 대에 상자마다 리콜제품을 싣고 창고 입구까지 끌어왔다. 메인보드, 방열판, 전기코드 등 없는 게 없었다. 당시 업무절차가 정비되지 않은 탓에 파손부품을 전문적으로 처리할 사람이 없었고, 예비부품창고 안에는 고장 제품, 폐기 제품 등이 잔뜩 쌓여 있었다. 구매영업팀 직원들은 창고 안을 보자마자 아연실색했다고 한다. 상자를 하나씩 내린 후, 제품유형과 번호에 따라 분류했는데 제품 하역작업이 완료되었을 때는 이미 날이 어두워져 있었다. 대부분 겉으로 보기엔 새 상품처럼 멀쩡했다. 하지만 막상 열어보면 제품이 모두 부서지거나 망가진 상태였다.

　AS 정보시스템이 구축되기 전, 징둥에서는 상당 기간 엑셀 표를 사용했었다. AS업무를 진행할 때도 오전에 신청서와 제품을 인수하면 오후에 중관춘 수리점에 들고 가서 수리한 후 저녁에 제품을 발송하는 식으로 매우 원시적이었다. 그러다 보니 전체 AS절차가 완료되는 데 30~50일이 소요되었다. 2009년에 류창둥은 AS를 5일 이내에 완료하라고 지시했다. 왕당후이(王黨輝)는 속된 말로 돌기 일보직전이었다. 돈을 내다버리겠다는 말이나 다름없었기 때문이다. 택배원이 고객에게 수리가 필요한 제품을 수령해 반품하는 데 1~2일이 소요되고 제품을 다시 제조업체에 보내는 데 하루가 필요하다. 더구나 최대한 서둘렀다는 가정 하에 그렇다. 또 제조업체가 그렇게 빨리 제품을 수리해준다는 보장도 없다. 만일 5일 안에 이 모든 과정을 완료하지 못한다면 어떻게 해야 하는가? AS를 포기하고 고객에게 반품처리를 요청하거나 새 제품으로 교환해줘야 한다. 그러고 나서 수리를 마친 제품을 오프라인 고객에게 되판다면 30~40% 할인가에 팔아야 하는데, 이는 결국 손해를 볼 수밖에 없다는 의미다. 그는 이 상황 그대로 류창둥에게 보고했다. 그러자 류창둥은 "대체 그게 무슨 사고방식이냐?"고 반문하면서 고객의 요구를 무시하는 행동이라고 질책했다.

2010년이 되어서야 왕당후이는 명확히 이해할 수 있었다. 류창둥의 지시는 좋은 서비스를 통해 고객을 유인하는 게 목적이었다. 당시 징둥 시스템은 매우 낙후되어 있었다. 또 '오로지 앞으로 나아갈 뿐 후퇴란 없다'는 위기감으로 매출증대에 매진하던 시절이다. 거의 대부분 수작업으로 업무를 진행했기에 이전 처리절차에서 무슨 일을 어떻게 처리했는지 찾아낼 수도 없었다. 2010년에야 AS에 새로운 시스템이 적용됐다. 즉 시스템을 여러 모듈로 나누고 업무흐름 전후의 절차를 정확히 분리했다.

2010년 말에 입사한 리천(李晨)은 예비부품담당 전국 운영이사를 역임했다(현재 징둥 시난지역 총경리). 류창둥은 농담조로 징둥에 몸값이 제일 높은 이사가 들어왔다고 말한 바 있다. 당시 징둥은 1억 위안 상당의 불량품을 처리해야 했는데, 리천이 역할을 제대로만 해주면 1억 위안을 되살릴 수 있었고 못해내면 1억 위안을 날리는 셈이었다. 리천은 그 전에 델(Dell) 사에서 컴퓨터 AS 물류망 기획과 관리를 담당했다. 징둥에 입사하고 나서 그는 불량품 처리업무와 관련해 체계적 관리가 전무하다는 것을 알게 되었다. 그해 매출이 100억 위안을 초과했는데 불량품 재고는 1억 위안이었다. 규범화된 처리절차가 수립되지 않기에 불량품의 회전주기가 60여 일이나 되었다. 정상적이라면 10여 일, 아무리 길어도 20일 이내여야 했다.

당시만 해도 AS 기준이 명확하지 않고 불량품이 반품되면 처리할 방도를 몰랐기에 대부분 그대로 창고에 처박아두곤 했다. 그 창고를 둘러본 첫날 리천은 마치 쓰레기처리장 같다는 느낌을 받았다고 한다. 되돌아온 불량품이 뭉텅이로 여기저기 아무렇게나 널려 있었던 것이다. 그리고 꽤 오랫동안 AS · 반품처리가 그런 식으로 진행되고 있었기에 악순환이 계속되었다. 그는 이 부분을 제대로 바로잡지 못하면 기업 순이익에 큰 영향을 미칠 것으로 판단했다.

리천은 제조업체 측을 상대로 반품절차를 강화하고 반품제품의 가격할인을 높여 최대한 현금화하기로 했다. 반품제품은 제조업체의 귀책사유에 의한 것으로 업계표준에 따라 제조업체가 감당해야 할 의무였다. 또는 제조업체가 특별할인가로 징둥에 넘기고, 징둥이 AS 대상 제품을 전부 떠안는 방법도 있었다. 이를 추진하려면 구매영업팀이 제조업체와 사전 협의를 진행해주어야 했다. 업계표준에 따라 제조업체가 100% 반품을 받고, 제조업체 규정에 부합되지 않는 제품은 80%의 현금으로 환불해주거나 제품을 교환해주는 방식을 징둥 구매팀이 제조업체에 관철시켜야 했다. 리천이 직면한 가장 큰 어려움은 바로 내부적인 협조였다. 반품이라는 업무 자체가 번거롭고 쉽지 않은 일이다. 또 구매영업팀에서 책임감을 가지고 추진해야만 마무리될 수 있었다. 구매영업팀의 업무라는 게 원래부터 실적을 채워야 하는 압박감 때문에 모든 정력을 매출목표 달성에 투입할 수밖에 없다. 그런데 여기에 한술 더 떠서 일부 인력을 AS에 할당해야 할 판이었다.

리천은 1년이라는 시간을 들여 업무절차와 규범을 수립했다. 첫해에 '손실제한' 목표를 설정하여 4~5억 위안 상당의 불량품을 처리함으로써 원가 1억 위안 이상을 절감했다. 2012년 말에는 불량품 재고가 1억 2,000만 위안 수준으로 낮아졌고 매출액이 5~6배 급성장할 때에도 불량품 재고수량을 안정적으로 유지할 수 있었다.

고객서비스가 내부 업무절차의 최적화를 유도한다

2012년 9월 10일에 필자는 처음으로 쑤첸을 방문했다. 징둥의 쑤첸 정보과학원은 쑤샹구(宿豫區) 훙저후 둥루(洪澤湖東路)에 위치해 있다. 두 채의 원통형 건축물은 이미 지붕공사가 완료되었고, 외벽 인테리어가 한창 진행 중이었다. 단지 내 홍보표지판에는 1기 건축물의 면적이 6만㎡이고 2012년 3월 16일에 착공하여 2013년에 정식 가동되며 입주인력은 5,000여 명이라고 쓰여 있었다. 2기의 면적은 10만㎡로, 완공 후 1만 2,000명을 수용할 계획이었다.

당시 징둥의 전국 고객서비스센터 본부는 쑤샹 경제개발구역 빌딩에 자리하고 있었는데, 면적이 협소한 탓에 400명도 채 수용할 수 없어서 나머지 1,500여 명의 콜센터 직원들은 옌당산루(鴈蕩山路)의 한 완구공장 사무실을 임대해서 사용했다. 콜센터 직원은 이렇게 말했다. "지금 저희 업무가 너무 바빠서 새로운 직원이 급히 필요해요. 그런데 윗분들 말로는 사람 구하기가 어렵다고 하네요." 대부분 쑤첸 현지인 위주로 뽑았는데 입사할 때 초봉이 1,200위안이고 1년 근속하면 2,000위안으로 급여를 인상해주는 조건이었다.

2014년 12월에 필자는 다시 쑤첸에 들렀다. 직원들은 이미 콜센터 1기 건물에 입주한 상태로 3,000여 명이 근무하고 있었다. 콜센터 2기 공정은 한창 진행 중이었는데, 전체 19층 건물에 1~4층까지는 사무실이고 5~19층까지는 직원 기숙사로 쓰일 예정이라고 했다. 기숙사는 기본적으로 6인실로 구성되며 면적은 60㎡에 독립된 화장실과 온수가 구비된다. 쑤첸 콜센터의 가장 큰 골칫거리는 숙소문제였다. 예전에는 여러 학교의 도움을 받아 숙소문제를 해결하기도 했다. 쑤첸 콜센터는 거의 주변 대학교에서 신입사원을 모집했는데, 시골 출신이 대부분이고 버스가 운행되지 않는 지역에 거주하는 경우가 많았다. 그런 직원들은 전동차를 몰고 출퇴근하기 때문에 안전에도 문제가 있었다. 회사 규정에 따라 10㎞ 이상 떨어진 곳에 거주하는 직원은 직원 기숙사를 신청할 수 있도록 했다.

징둥은 덩치 큰 어린아이와 다름없었다. 게다가 유난히 몸집이 크고 빨리 성장했다. 조직규모가 커지면서 많은 직원들이 빠르게 관리자로 승진했다. 청두 온라인고객센터는 2012년 200~300명에 불과했던 직원 수가 2014년에 2,000여 명으로 급증하면서 불과 2년 사이에 10배가 늘어났다. 또한 팀장과 일반 직원의 비율도 1:12에서 1:15로 달라졌다.

초창기 업계에서는 한창 서비스 외주바람이 불었다. 류창둥은 당시 고객서비스를 담당하던 왕즈쥔(王志軍) 부총재에게 "전문적인 일은 전문업체에게 맡기는 게 낫겠나?"라며 의견을 구했다. 이에 왕즈쥔은 외주는 자신의 가장 소중한 고객자원을 다른 사람에게 넘기는 일이라고 답했다.

고객서비스부 부총재 황진홍(黃金红)은 2011년 7월에 입사했다. 입사한 지 3년여 만에 직원 수가 600여 명에서 7,000여 명으로 늘어났다. 고객서비스는 처음에는 기업의 보호 · 보좌역할을 하지만 나중에는 고객의 가려운 곳을 찾아내는 역할로 진화한다. 이제는 연구 · 분석을 통해 주도적으로 나서서 서비스절차를 개선하는 원동력이 되어야 한다.

왕즈쥔이 처음 징둥에 입사해서 황진홍에게 고객 불만사항을 전달하자, '가야 할 길이 멀고 험난하다'라는 답신이 왔다. 당시 고객서비스 수준이 상당히 우려할 만한 수준이었고 관리직 인원은 6명에 불과했다. 또한 그중에 1~2명만이 콜센터 운영관련 전문적인 기초지식을 갖춘 상태였다. 회사규모가 급속도로 팽창하는 데 반해, 쑤첸에서 인력을 확보하는 게 만만치 않았기 때문에 발전의 걸림돌이 되고 있었다. 급증한 업무량과 전문적 서비스 사이에서 균형을 찾기 위해서는 채용 네트워크를 늘려야 했다. 모든 관리자들은 주중에는 현장에서 진두지휘하면서 주말만 되면 여러 도시의 전문대와 대학교를 찾아다니며 인력확보에 나서기 시작했다. 이 외에도 전문상담라인을 구축했는데, 고객 문의에 일반 상담원이 대응 못하는 경우 일부 직원을 전담팀에 배치해 비교적 전문적인 답변이 가능토록 했다. 또한 관리자층을 더욱 확충하고 전문적인 교육훈련과 운영을 총괄토록 했다.

황진홍은 팀장을 선발할 때 특히 고심했다. 전국 콜센터 COO인 차오커(曹珂)는 "자네 기준으로는 단 한 사람도 팀장을 선발 못할걸세. 기준을 낮추고 개중에 젤 나은 사람을 뽑으면 되지 않겠나?"라고 조언하기도 했다. 황진홍은 경영연수생이 쑤첸에서 교육이수를 받게 하자고 제안했는데 예비간부를 확보하기 위해서였다. 2011년도 경영 연수생 중에 30명이 남았는데 모두 팀장급 이상이다. 2011년에도 급한 불을 끄는 데 여념이 없어서 SOS 메일은 그녀가 관리자층에게 보내기도 했다. 황진홍은 "콜센터 업무를 십여 년 넘게 했는데도 여전히 이것 때문에 발을 동동거린다"며 친구에게 하소연한 적이 있다. 당시 사무실 인테리어도 딱딱한 감이 있어서 몇 십만 위안을 들여 아늑한 분위기로 꾸몄다. 직원들 입장에서 제일 크게 바뀐 게 있다면 화장실에 휴지가 구비된 것이라고 한다.

2011년 국경일에 황진홍은 쑤첸에서 처음 류창둥을 만났다. 류창둥이 황진홍에게 어려운 점은 없는지 물었다. 그녀는 첫째, 평균 급여가 1,300위안인데 너무 낮은 수준이라고 말했다. 더 나은 조건의 채용공고 현수막을 이미 회사 근처에 걸어놓은 회사들도 있다고 덧붙였다. 둘째, 출근할 때 안전사고의 우려가 있으니 출퇴근 버스를 운행해주길 요청했다. 그녀는 사장을 만날 기회가 그리 흔치 않다고 생각했기에 만난 김에 통 크게 요구하겠다고 마음먹은 터였다. 사실 입을 열기가 쉽진 않았다. 그렇다고 가만히 있을 수도 없는 상황이었다. 류창둥은 흔쾌히 해결해주겠노라 답변했다.

차오커는 2010년에 쑤첸 콜센터에 입사해서, 2011년에 선임팀장으로 승진했고 2012년에 부총재, 2013년에는 최고관리자(CXO급)가 되었다. 징둥이 그를 높은 자리로 빠르게 밀어 올린 셈이다. 그 자신도 입사한 지 5년도 되지 않아 직원 3,000여 명의 콜센터를 총괄하게 되리라고는 전혀 예상치 못했다.

가장 좋은 서비스는 서비스 수요가 발생하지 않는 것, 즉 고객이 콜센터로 전화하지 않아도 되는 상황이다. 이를 위해서는 회사 내부적인 업무절차의 개선이 필요하다. 초창기에는 주문고객의 30% 이상이 콜센터에 문의전화를 걸어왔다. 이는 징둥의 물류흐름이 불명확하고 판촉활동의 규정도 불확실했던 데서 기인한 바가 컸다. 콜센터는 마케팅부서와 함께 모든 판촉 및 이벤트 규정을 규범화하기 시작했다. 덕분에 2014년에는 문의전화건수를 주문건의 9~10%로 낮출 수 있었다. 징둥의 매출규모가 커졌음에도 인바운드콜 수는 안정적인 수준을 유지하면서 뚜렷한 증가세를 보이지 않았다. 광군제와 같은 대규모 판촉행사를 제외하고는 기본적으로 2013년도 인바인드콜 수와 비슷한 수준을 유지했다.

콜센터는 고객의 질문사항을 수집해 데이터분석을 거친 후 내부적 업무절차를 최적화하는 데 활용했다. 유사 문제의 재발을 방지하기 위해서였다. 일례로 고객의 불만사항을 접수하는 과정에서, 화베이지역 네이멍구의 배송대행업체가 배송시간을 준수하지 않는 등의 고객 신고가 끊이지 않는다는 점을 발견했다. 콜센터는 화베이지역과 내선전화로 상황을 협의했다. 이후 대행업체의 배송건수를 점차 줄이고 나중에 그 업체와의 협력관계를 종료함으로써 이 문제를 완벽하게 해결할 수 있었다.

2014년 '6ㆍ18' 행사기간에는 화난지역의 불만접수가 유난히 많았는데, 원인을 파악해보니 당시 배송인력이 부족해서 사무직원까지 동원해 배송을 진행했기 때문이었다. 사무직원들이 시내 지리도 잘 모르고 배송도 처음이어서 서툴렀던 것이다. 이에 반해 시난지역은 상황이 양호했다. 이삿짐센터를 활용했는데 시내 지리에 밝고 대형

박스 운반도 능숙할 뿐 아니라 비용도 적당했다. 콜센터는 시난지역의 방법을 화난지역에 추천해주었다. 덕분에 광군제 행사 때는 유사 상황이 재발하지 않았다.

차오커가 처리한 고객 불만사항 중 가장 심각했던 신고 건은 아빠가 주문한 분유를 먹고 아이가 설사로 입원한 사건이었다. 아이 아빠는 크게 흥분해 징둥에 불만을 제기했고 결국 차오커까지 나서게 됐다. 이 고객은 외지에서 임시직으로 일하고 있어서 구체적인 상황을 정확히 모르고 있었다. 알고 보니 분유통을 오픈한 지 한참 지난 시점이었고, 할아버지가 손자를 돌보면서 습기로 변질된 분유를 먹였던 것이다. 그런데도 고객은 이런 해명을 납득하려 하지 않았다. 징둥이 판매한 제품에 문제가 있어서 탈이 났다며 책임지라고 막무가내로 우겨댔다. 병원에 입원한 손자를 돌보느라 노인은 낮에 계속 병원에 머물렀는데, 차오커가 아이 할아버지와 계속 통화를 시도했으나 노인에게 휴대폰이 없어서 저녁 8시가 넘어서야 겨우 연결되었다. 차오커는 노인을 친절하게 위로하며 우선 아이 상황이 호전된 다음에 천천히 문제를 해결하자고 다독였다. 아이가 어느 정도 안정을 찾고 나서 차오커는 환불처리를 해주기로 했다. 그런데 고객이 착불로 구매해서 온라인 입금기록도 남아 있지 않았다. 차오커는 우체국 송금내역을 찾아내어 꼬박 일주일 만에 이 문제를 해결할 수 있었다.

타오바오 고객들은 제품 구입 후 문제가 생기면 직접 제조업체에 전화를 걸도록 되어 있다. 하지만 징둥의 고객들은 제3업체의 물건을 구입하고 문제가 생기면 징둥에 직접 전화를 걸었다. 알리바바의 경영철학은 세상에 어려운 비즈니스는 없다는 것이다. 징둥의 경우는 삶을 더욱 편리하게 만드는 것이 기업철학이다. 즉 두 회사는 소구점이 달랐다. 알리바바는 직원들이 비즈니스를 더욱 원활하고 편리하며 신속하게 하는 데 중점을 둔다면, 징둥은 직원들이 소비자의 사용자경험을 더욱 완벽하게 구현하도록 하는 데 심혈을 기울이고 있다.

콜센터 업무는 스트레스가 아주 심한 편이다. 그런데 직원 본인이 즐겁게 일하지 못하면 고객에게도 좋은 서비스를 제공할 수 없다. 그래서 징둥은 심리치료사를 배치해 상담원의 스트레스를 해소해주기 위한 노력을 기울인다. 콜센터의 상급 관리자들도 상담원에게 여러 가지 조언을 아끼지 않는다. 예를 들어 고객이 화를 내는 대상이 직원 개인이 아닌 징둥이라는 점을 잊지 말고 스스로 자책하지 말라고 강조한다. 상담원에게는 처음 3개월이 고비인데 이 고비를 넘기고 나면 평정을 찾는다. 팀장과 주임도 일선 상담원부터 시작해서 관리자가 된 사람들이다. 이들은 수시로 현장을 돌며 통화시간이 길어져서 말투가 변화는 상담원을 발견하면 다가가서 어깨를 두드리며 위로했다. 상담원 능력 밖의 문제가 생기면 윗선으로 문제를 넘기고 상위 관리자가 처리하는 방법도 있다.

2012년 3월 징둥의 온라인고객센터가 정식 오픈했다. 이로써 인터넷 방문객과의 실시간 의사소통 채널이 전격 개시됐다. 청두의 온라인고객센터를 예로 들면, 하루 8시간 동안 160명의 고객을 응대한다. '6·18' 등 큰 행사가 있으면, 아침 9시부터 저녁 11시까지 피크타임에는 400~500명을 응대해야 했는데 인력이 부족하다 보니 동시에 3개의 채팅창을 띄워놓고 답변하는 경우도 있다. 밥 먹을 시간조차 없어서 때론 팀장과 주임이 물과 도시락을 공수해줬다. 또 직원

간 경쟁의식이 강해서 누가 240건을 처리했다고 말하면 옆에서는 오늘 300명의 고객을 응대했다고 으스대기도 했다. 당시 사무실 환경은 열악한 편이었다. 기온이 36도일 때도 에어컨이 없어서 상담원들 앞에는 훠샹정치수이(藿香正氣水, 더위 먹었을 때 복용하는 비상약-역주)가 늘 놓여 있었다.

'6 · 18' 행사를 마치고 류창둥은 직접 청두에 내려와 이곳 100여 명 직원에게 50만 위안의 보너스를 지급하면서 무척 흡족해했다. 사실 한참 전이었던 2008년에 고객서비스 담당 부총재인 옌샤오칭이 온라인고객센터 구축을 제안한 바 있었다. 당시 류창둥은 콜센터가 있는데 굳이 온라인센터까지 필요하겠느냐며 별 관심을 보이지 않았다. 2010년에도 고객서비스부문을 담당하던 왕즈쥔이 온라인고객센터 건을 다시 꺼내들었으나, 류창둥은 이미 상담원들이 전화로 잘 대응하고 있지 않느냐고 반문했다. 왕즈쥔은 온라인을 통한 상담이 대세라고 여겼다. 또 전화료도 고객과 징둥 양쪽으로 비용이 나가기 때문에(중국은 수신과 발신 모두 비용을 지불하는 구조임-역주) 온라인대비 원가가 높았다.

결국 2011년 10월에야 징둥은 온라인고객센터 조직을 꾸릴 계획을 세웠다. 다른 회사라면 3개월 걸릴 일을 반나절 만에 결정했다. 부지를 선정하기 위해 몇 사람이 의견을 모은 결과 왕즈쥔은 청두로 최종 결정을 내렸다. 우선 징둥지사의 소재지이기도 해서 자원을 확보하는 데도 용이할 뿐만 아니라 청두 지방정부도 유치에 적극적이었기 때문이다. 두 번째로는 학생자원이 있어야 일자리도 의미가 있었다. 청두는 뭐든 잘 갖춰진 편이었다. 청두에서 온라인고객센터를 구축함과 동시에, 쑤첸에서는 신입사원 교육훈련을 진행했다. 사실 날씨도 춥고 잘 곳도 부족해 여러모로 여건이 좋지는 않았다. 게다가 쑤첸 콜센터도 인테리어로 한창 분주할 때였다. 이때 징둥에 입사해 현재까지 남아 있는 직원들을 보면 하나같이 알짜배기 엘리트라 할 수 있다. 가장 험난한 시기를 감내하며 단단해진 이들은 가치관이 제대로 정립된 친구들이다.

온라인고객센터를 구축하기로 결정한 순간부터 첫 번째 경영자가 발령이 나기까지 정확히 사흘이 걸렸고 팀원이 꾸려지는 데 보름도 채 걸리지 않았다. 그리고 2012년 1월 청두 온라인고객센터가 시범 운영에 들어갔고 그해 3월에 정식 오픈했다.

대부분의 고객은 간섭을 싫어하는 경향이 있어서 온라인상으로 해결이 가능해지면 콜센터로 전화까지는 하지 않는다. 따라서 온라인고객센터의 주된 업무는 우선 고객이 스스로 해결할 수 있도록 돕는 일이다. 해당 직원들은 고객이 불편하다고 느끼는 곳이 있으면 관련 부서와 연락해 개선토록 했다. 주문서를 수정·조회하며 취소하는 것부터, 배송추적 등 물류까지 세심히 살폈다. 혹시 문제가 생긴 경우 택배원이 출발하지 않았으면 일단 배송을 중단시키는데, 고객이 수령을 거부하면 이 또한 배송원가가 들기 때문이다. 연구개발부문에서는 원격지원시스템을 개발해 고객 불만사항의 26%를 해결했다. 둘째, 고객끼리 서로 돕도록 유도하는 방법이 있다. 인터넷의 일부 고객들은 남을 돕는 데 적극적이다. 셋째, 사람이 직접 도움을 준다. 온라인으로 해결할 수 있으면 가능한 한 온라인상의 해결을 유도하지만, 그래도 안 되면 담당자를 전화로 연결해준다.

2014년 11월에 전국 고객서비스센터 쑤첸지사는 8개월 동안 공을 들여 콜센터 품질관련 국제표준이라 할 수 있는 COPC 인증을 받았다. 중국 전자상거래업체로는 최초이자 유일무이하게 이뤄낸 성과였다.

2012년 말 청두 온라인고객센터의 한 상담원은 베이징에 거주하는 한 여성의 상담전화를 받았다. 그 내용인 즉, 그녀는 지하실에 살고 있고 울적한 마음에 수면제를 준비했다는 것이었다. 일반적으로 이런 내용을 접하면 장난으로 치부해버린다. 하지만 상담원이 그녀의 배송주소를 확인해보니 확실히 지하실에 거주하고 있었다. 그녀는 바로 주임에게 보고했고 주임은 즉각 경찰에 신고했다. 주임은 먼저 청두 110으로 전화를 했다가 다시 베이징의 110에 전화를 걸었다. 나중에 파출소까지 연락이 되어 경찰과 고객 친구가 급히 지하실로 향했는데 실제로 그 고객이 수면제를 먹으려 하고 있었다. 나중에 고객의 친구는 직접 메일로 '여러분이 이렇게까지 해주실 줄 정말 몰랐습니다. 진심으로 감사합니다' 라고 감사의 말을 전해왔다.

서비스 개방을 통해 새로운 먹거리 창출에 나서다

2010년 전자상거래업계 내부에서 전자상거래에 대한 회의적인 목소리가 일부 나오기 시작했다. B2C 전자상거래업체가 난무했고 대부분의 재무상황이 선순환으로 돌아서지 못했다. 이는 전자상거래의 필연적 운명일 수도 있다는 게 회의론자의 견해였다. 당시에 전자상거래 업종은 상품판매가 주요 수입원 또는 유일한 수입원이라 여기는 사람이 대부분이었다. 제3업체 대상 플랫폼 판매나 금융수입 또는 빅데이터 등의 다른 분야로의 확장은 미처 생각지 못했다.

기업을 운영한다면 당연히 수익을 내야 하고 이는 피할 수 없는 의무라 할 수 있다. 그렇다면 관건은 어떻게 돈을 벌 것인가이다. 단순히 제품을 팔아서 돈을 버는 것은 가장 간단한 원시적 방법으로, 여기에는 고객의 입장이 전혀 반영되어 있지 않다.

2013년에 징둥은 '상청'이라는 두 글자를 기업명에서 제외시켰다. 2014년에는 금융과 파이파이 등 일부 자회사를 설립해 기업을 분리했다. 징둥은 이제 소매업의 경계를 넘어서 공급망 기반의 개방형 플랫폼으로 새로운 비즈니스를 창출하고 있다.

기술의 개방

징둥의 가치는 역시 네트워크에 있다. 첫째, 사용자경험 수준을 지속적으로 제고함으로써 '정보 비대칭(Information asymmetry, 정보소유의 불균형이 경제활동에 미치는 영향으로 판매자가 구매자보다 더 좋은 정보를 가지고 있어 정보격차가 발생함−역주)'과 '정보의 즉시성' 등의 문제를 해결할 수 있다. 오프라인 매장을 예로 들면, 소매상이 우한에서 제품을 구매해 청두에서 팔면 그 가격차를 이용해 이윤을 챙길 수 있다. 바로 정보 비대칭의 사례다. 온라인쇼핑몰은 가격과 배송경로, 생산정보를 투명하게 공개하며, 고객이 이를 파악할 수 있어서 안심하고 구매할 수 있다. 둘째는 물류, 셋째는 자금의 흐름이다. 이 모든 것이 강력한 정보시스템을 통해 가능하다.

전자상거래업체에게 가장 큰 도전은 정보의 정확성과 즉시성이라 할 수 있다. 제품이 입고되면 즉각 고객의 반응을 파악할 수 있어야 한다. 반면 전통적인 오프라인 매장은 제품을 진열하고 하루이틀이 지나야 반응을 알 수 있다. 이 외에도 제품파손과 재고부족 등의 정보도 즉시 업데이트될 필요가 있다.

징둥 기술부문이 최근 몇 년간 주로 역점을 두었던 사안은 다음과 같다.

첫째, 물량과 고객서비스를 기반으로 판촉영업 및 특가관련 데이터를 탐색한다.

둘째, 수많은 누적데이터를 통해 서비스별 담당자와 판매자에게 데이터분석 자료를 제공한다.

셋째, 대용량 시스템을 운용하면서 쌓은 노하우와 시행착오를 기반으로, 프론트엔드인 마케팅부터 백엔드인 공급망관리, 물류배송 등을 포함한 정보시스템을 사회에 공개한다. 2012년 광군제를 치르면서 시스템이 다운되는 사태가 발생했었다. 다행히 고객 주문서에는 이상이 없었다. 다만 입점업체의 백오피스에 영향을 미쳐서 이를 복구하는 데 한참 걸렸다. 이때 베이전스지센터 전체가 아수라장을 방불케 했고 모든 개발자의 전화통에 불이 났었다. 휴대폰이 쉴 없이 울려댔고 통로마다 직원들이 뛰어다니느라 정신이 없었다. 당시 뼈아팠던 경험을 교훈 삼아 연구개발부문은 1,000여 개의 예산항목을 신설하고 모든 업무절차를 물샐틈없이 샅샅이 살폈다. 덕분에 2014년 광군제 때는 개발자들이 농담조로 "주문서가 미친 듯이 더 몰려들어도 된다"며 상당히 여유로운 모습을 보였다. 당일 징둥그룹의 모든 유통채널을 통해 1,400만 건이 넘는 주문이 몰려들었고 아무런 문제 없이 그것들을 모두 완벽히 처리해냈으니, 징둥 시스템은 이제 합격 점을 받은 셈이다.

넷째, 클라우드 컴퓨팅(인터넷상의 서버를 통하여 데이터 저장, 네트워크, 콘텐츠 사용 등 IT 관련 서비스를 한 번에 사용할 수 있는 컴퓨팅 환경 – 역주)을 구현한다. 징둥은 이미 내부적인 컴퓨팅, 저장 등 모든 자원을 클라우드화했다. 따라서 판촉이나 굵직한 이벤트 등으로 인해 트래픽이 급증해도 충분히 지탱할 수 있다. 동시에 내부적인 경험과 다양한 검증을 거쳐 클라우드 컴퓨팅 자원을 이미 단계별로 외부에 개방하기 시작했다.

다섯째, 개방형 플랫폼을 만들고, API(응용프로그램 인터페이스) 기반의 응용프로그램을 개발했다.

외부 업체와 교류가 많은 리다쉐는 간혹 징둥 시스템을 판매할 계획이 없는지 질문을 받곤 했다. 사실 징둥의 여러 플랫폼은 대외적으로 충분히 서비스를 제공할 수 있는 수준으로 올라와 있었다. 재고관리시스템을 구매하고자 하는 사람도 있었고, 배송시스템을 구매해 클라우드 플랫폼(cloud platforms)에 적용하려는 사람도 있었다. 그들이 징둥의 시스템을 구매하려는 주된 이유는 방대한 거래량을 소화한다는 점 때문이다. 또 다른 이유는 징둥이 다양한 상품과 서비스를 제공하면서 모든 과정의 가치사슬을 빈틈없이 관리하고 있었기 때문이다. 이러한 실질적인 운영 노하우가 시스템에 고스란히 녹아들어 있었다. 따라서 어찌 보면 시스템을 구매함과 동시에 이러한 노하우를 구매한다고 해야 더욱 적합한 표현일 것이다.

징둥 기술의 가장 강력한 핵심은 공급망이다. 프론트엔드인 마케팅·영업부터 백엔드인 서비스까지 토털시스템이 경쟁력이라 할 수 있다. 과거에는 비즈니스가 모든 분야를 선도했다. 반면 기술은 기본적으로 비즈니스를 지원하며 따라가는 구조였다. 최근 2년간 징둥은 시스템 정비에 줄곧 총력을 기울여왔는데, 그럼으로써 시스템이 비즈니스를 둘러싸고 보호하는 작용을 해왔다. 현재는 어느덧 점차 비즈니스와 비중이 같아지며 어깨를 나란히 하고 있다. 앞으로는 기술이 서서히 비즈니스를 견인하는 형태가 될 가능성이 높다. 영업, 구매, 가격책정 등이 자동화되며 빅데이터가 기반이 되면, 사람의 업무량이 줄어든다. 판매할 때 어떻게 상품을 조합해야 가장 효과적인지도 사람이 고민할 필요가 없다. 기술력을 제대로 활용한 부서가 더욱 손쉽게 매출실적을 달성할 가능성이 높아졌다.

2013년 3월 회사는 구조조정을 실시해 연구개발부문을 사업부로 승격시켰고 2014년에는 이를 다시 두 개로 분리했다. 업무와 직결된 연구개발기능은 사업부문과 통합하고 구매영업시스템 연구개발과 함께 란예 CMO가 맡도록 했다. 그리고 운영시스템 관련 연구개발은 선하오위 COO의 직속에 두었다. 업무관련 개발기능과 사업부문이 통합되자 '가려운 곳'을 제대로 짚어내어 문제해결도 그만큼 빨라졌다. 또한 그룹 차원의 연구개발부문도 인프라구조 개발에만 전념할 수 있게 되었다.

징둥의 비즈니스는 온라인으로 이루어지기 때문에 IT시스템은 생명줄과 다름없다. 최하층은 클라우드 플랫폼과 유지보수시스템으로 구성되며, 상부의 모든 응용프로그램을 지탱한다. 두 번째 층은 빅데이터 플랫폼과 전자상거래 개방형 API로서, 모든 데이터가 이곳에 집중되어 일괄 저장·처리·탐색된다. 이는 가치사슬의 단계가 길고 절차·시스템이 복잡한 회사에게 매우 중요한 부분이다. 세 번째 층은 응용 플랫폼이다. 앞의 두 층이 단단한 기반이 되어 지탱하기 때문에 그 위에 구축되는 구체적인 응용 플랫폼은 사실 상당히 쉽게 구현할 수 있다. 징둥의 온라인사이트, 모바일 클라이언트, 내부적인 ERP를 포함하여 외부적인 ISV 등의 모든 애플리케이션 개발에서는 전자상거래의 핵심 API를 호출할 수 있다. 이와 동시에 여기에 매칭되는 모든 데이터가 빅데이터 플랫폼으로 들어간다. 또 이러한 애플리케이션은 응용 플랫폼에서 구현될 수 있다.

리다쉐의 말을 들어보자. "우리도 처음에는 저희가 전자상거래기업이라고 생각했죠. 하지만 지금은 기술주도형 기업이라고 생각합니다. 앞으로는 기술서비스가 우리의 주요 수입원 중 하나가 될 것입니다."

징둥그룹 최고마케팅 경영자(CMO)인 란예는 마케팅·영업 외에도 구매와 판매관리에 주로 심혈을 기울였다. 공급업체관리와 제품 입고·판매·재고, 가격책정 등은 회사의 매출액과 순이익, 현금흐름 등의 핵심적인 재무지표와 직결되기 때문이다. 한마디로 요약하면 상품을 다양화하고 경쟁력 있는 가격으로 제품을 공급하며, 매출·운영관리를 더욱 치밀하게 함으로써 보다 많은 고객이 더 나은 조건과 여건 하에 제품을 구매할 수 있도록 유인한 것이다.

2013년에는 공급업체와 협력을 통해 단순한 제품 판매가 아닌 중계역할도 했다. 공급업체를 위해 마케팅·판촉을 진행한 것이다. 일례로 리뷰포럼 등 고객관계관리(Customer Relationship Management, CRM)를 통해 제조업체의 브랜드를 알리고 신상품을 추천했다. "바닥을 쓸면 청소부 일당을 주고 아이 돌봄이 역할만 하면 보모 일당만 준다. 만일 아이의 교육문제까지 상담한다면 부가가치가 생겨 몸값은 더욱 높아지기 마련이다. 징둥은 청소부와 보모의 역할 외에도 재테크 상담사 등 1인 3역을 함으로써 공급업체에게 더욱 높은 가치를 제공하고 이익을 창출시켰다."

2015년에 징둥은 효과마케팅(effect marketing, 온라인 광고에서 광고단가를 광고 이후의 클릭 수, 신규 가입자 수 등을 근거로 정하는 것−역주)을 두 분야로 나누었다. 하나는 아이디어와 노하우를 기반으로 판촉행사 정보를 인터넷 매체를 통해 전파함으로써 각 접속채널에 노출시켜 고객을 유인한다. 다른 하나는 디지털 마케팅 또는 프로그래매틱 마케팅(Programmatic Buying)이라 불리는 기법이다. 이는 전적으로 빅데이터에 의존해 진행하는 일대 일 마케팅기법으로 첨단기술과 시스템이 뒷받침되어야 가능한 일이다.

이를 위해서는 반드시 자체 투자한 시스템이 구축되어야 하며, 이 시스템을 활용해 광고를 집행한다. 과거 전통적인 마케팅기법에서는 1만 명의 고객을 유행추구형, 초보자그룹, 완벽추구형 등으로 그룹핑한 후 유형별 고객군을 타깃팅하여 차별화 전략을 구사했다. 하지만 이제 더욱 정밀한 마케팅기법이 등장했다. 1만 명의 고객을 군이 그룹핑하지 않고 모든 고객을 고유 특성을 지닌 독립체로 판단한다. 1만 명과 일대 일로 소통한다는 것은 이론적으로 불가하다. 하지만 시스템을 통해서는 가능하다. 삼성 가전부문은 일관되게 오프라인 채널을 중시해왔기 때문에 징둥은 거들떠보지 않았었다. 2014년 초까지도 삼성은 징둥이 스스로의 능력을 증명하라며 회의적인 시선을 보냈다. 삼성에는 영아아동복 전용세탁기가 있는데 대당 5,000위안 정도의 고가제품이다. 징둥은 최고급 분유를 구매하는 고객을 대상으로 타깃마케팅을 실시해, 쑤닝이나 궈메이에서 1,000대도 팔지 못한 제품을 두 달 만에 2,000여 대를 파는 기염을 토했다. 다른 곳에서 못하는 일을 해내는 게 바로 자신만의 가치라 할 수 있다.

플랫폼 개방 계획과 파이파이왕

2013년 광군제 행사 때, 시장부 브랜드마케팅팀 선임책임자인 먼지펑(門繼鵬)은 남다른 광고전략을 채택했다. 그는 광군제 때 브랜드광고가 필요하다고 판단했다. 전 국민이 구매열풍에 들떠 있는 시점에 징둥 브랜드를 알리자는 생각이었다. 이 날은 특수한 날이기 때문에 굳이 별도로 광고하지 않아도 접속량이 제일 많은 하루다. 바꿔 말하면 광고투입대비 효과가 가장 낮다는 말이기도 하다. 광군제는 주로 톈마오가 승기를 잡고 주도하는 이벤트이기 때문에, 먼지펑은 징둥을 '2인자'로 포지셔닝했다. 1위를 목표로 마케팅을 하는 것은 무모한 일이라고 판단했기 때문이다.

도전자 입장에서 자신의 강점을 활용해 상대방 약점을 파고들어야 하는데, 은밀한 전술일수록 오히려 아예 공개적으로 대놓고 하는 게 현명하다. 2012년 광군제 때는 톈마오 판매업체의 물류망이 제대로 가동되지 않아 고객 불만이 폭주했는데, 그도 그럴 것이 1주일이 지나도 제품을 받지 못한 사례가 허다했기 때문이다. 이 일을 참고 삼아 2013년 광군제 행사에서는 징둥 브랜드마케팅 기본전략을 '최저가 총알배송'으로 설정했다. 징둥 시장부가 추진한 광고 내용은 이렇다. 젊은 여성이 선크림을 구매했는데 새까맣게 그을린 모습으로 제품을 수령하는 황당한 장면을 연출했다. 또한 수염이 덥수룩한 남성이 주문한 면도기를 기다리다가 수염이 땅까지 자라버린 우스꽝스러운 광경도 내보냈다.

이런 신랄하고 풍자적인 광고가 사람들 뇌리에 각인되면서 대단한 광고효과를 거둘 수 있었다. 다른 쇼핑몰 광고는 대부분 판촉광고인데 반해 징둥은 오로지 브랜드광고만 내걸었다. 광군제의 구체적인 행사내용은 한 마디도 언급하지 않은 탓에, 자칫하면 몇 천만 위안을 날릴 수도 있는 위험한 도박이었다. 쉬레이가 먼지펑에게 대폭적인 권한을 위임하면서 힘을 실어주었기에 가능한 일이었다. "이러한 공격적 마케팅은 리스크가 크다고 할 수 있죠. 분명 스트레스를 받으면서 일을 추진할 수밖에 없습니다. 제가 아이디어를 말씀드리자 쉬레이 부총재님은 흔쾌히 승낙하며 도박할 만한 가치가 있다고 하셨어요. 만일 원리원칙대로 일을 추진하면 리스크는 작겠지만 대신 효과는 그만큼 얻을 수가 없습니다."

언젠가 징둥이 알리바바와 경쟁하게 되리라고 상상이라도 해본 사람이 과연 있을까? 2009년에 알리바바에서 10대 인터넷기업을 선정했는데 징둥도 포함되었다. 하지만 그 당시 두 기업은 감히 비교도 되지 않았다. 그러나 오늘날 이 둘은 가장 강력한 경쟁상대가 되었다.

징둥과 알리바바의 경쟁은 B2C 플랫폼에서 시작되었다. 인터넷의 4대 핵심 분야는 첫째, 검색엔진, 둘째는 SNS이며 셋째가 하드웨어·소프트웨어 통합, 그리고 마지막이 B2C 소매 플랫폼이라 할 수 있다. 생산과 소비를 직접 연계시키기 위해서는 플랫폼이 그 근간이 된다. 이 분야는 톈마오가 추진 중이던 분야이며 징둥의 POP(Platform Open Plan)도 제공하는 서비스다. 이론적으로 비즈니스 가치가 매우 높은 분야라 할 수 있으며 10억 인구의 소비시장을 둘러싸고 전자상거래는 총 소매시장의 15~20%를 차지할 가능성이 있다.

2000년에 아마존은 전자상거래 플랫폼인 마켓플레이스(Marketplace)를 출시했다. 그리고 2012년에 전 세계 200만 개에 달하는 제3업체가 아마존에 입점하여 상품을 팔기 시작했고 이 플랫폼을 통한 거래액이 전체 거래액의 40%를 차지한다. 2011년도 아마존의 영업이익 480억 달러 가운데 9~12%가 마켓플레이스 플랫폼을 통해 달성됐다.

B2C 소규모 입점업체(자영업자)는 구매와 물류에 한계가 있다. 특히 일용백화의 경우 상품이 규격화되어 있지 않고 브랜드도 산재해 있어서 자체 조직으로 구매와 판매를 해나가기엔 결코 만만치 않다. 이런 상황에서 아마존이 개방형 플랫폼을 제3의 입점업체에게 제공함으로써 입점업체는 다양한 카테고리를 신속하게 확장할 수 있었으며, 플랫폼을 이용한 판매원가도 저렴해서 순이익을 늘릴 수 있었다. 또한 순이익을 기반으로 저가판매를 진행하면서 고객을 유인해 자금흐름을 개선시켰다. 그런 가운데 아마존은 물류와 기술, 킨들 이북(Kindle e-book) 등의 서비스로 돈을 벌었다. 이것이 바로 아마존의 비즈니스모델이며 징둥이 가고자 하는 방향이기도 하다. 류창둥은 향

후 플랫폼을 통한 매출액을 징둥 전체 매출의 50%로 끌어올릴 계획이다.

　알리바바는 일찍이 플랫폼서비스를 시작했기 때문에 중국 소매업체와의 협력관계가 감히 그 누구도 따라잡을 수 없을 만큼 강력하다. 조명기구와 바닥자재 전문업체인 덩쥐즈샹(灯具之鄕), 디반즈샹(地板之鄕) 등 많은 중소기업은 마윈의 알리바바만을 추종하며 협력관계를 구축하고 있다. 이렇게 알리바바는 자영업자와 끈끈한 유대관계가 형성되어 있다. 아직은 징둥의 개방형 플랫폼의 운영능력이 알리바바에 비할 바 못되는 게 사실이다.

　징둥도 아마존처럼 초창기에 규모를 키우기 위해 총력을 기울이고 직영제품의 종류와 수량을 늘려왔다. 그러나 이제 대세는 플랫폼화이다. 전자상거래의 궁극적 경쟁은 플랫폼에서 이루어질 것이다. 이 서비스를 둘러싼 치열한 각축전이 예상된다. 예를 들면 배송, 효율, 공급업체와의 가격협상력 등에서 경쟁우위가 가려진다. 승부를 결정짓는 요소는 IT기반 능력으로 주문서관리, 물류관리, 데이터서비스, 고객관리 능력이라 할 수 있다. 톈마오의 경쟁우위는 프론트엔드 쪽으로, 사이트 외관과 판촉활동 및 고객과의 공감대 등이다. 단기적으로 보면 톈마오가 가장 다양한 상품을 보유하고 있으며 시장장악력도 제일 뛰어나고 대응도 민첩하다. 반면 징둥의 경쟁우위는 백엔드 쪽이다. 제품 공급원 확보, 공급망관리와 물류배송 등의 분야에 강점을 보이며 효율성 제고에 주력하고 있다.

　징둥은 오프라인을 해부하고 철저히 파헤쳐 개조작업을 진행했다. 동시에 엄청난 비용을 투입했다. 타오바오는 '농민의용군' 처럼 무차

별적으로 시장을 흔들었고 기존 질서를 무너뜨렸다. 그런데 정작 이들이 짓밟고 수립한 '신질서'가 오히려 무질서와 혼돈을 야기했다. 징둥은 이와 비교하면 오히려 군벌에 가깝다. 엄청난 대가를 치렀지만 새로운 질서를 수립할 수 있었다. 톈마오와 다른 점이 있다면 징둥에 입점해 있는 업체 제품에 문제가 생기면 고객들이 징둥을 찾는다는 점이다. 류창둥의 철학은 제조업체는 오로지 제품만 잘 만들고, 물류배송과 고객서비스는 징둥에게 전적으로 맡기라는 것이다. 이렇게 징둥이 제조업체를 지원하고 서비스를 대행하는 대신에 일정비용을 '서비스 외주' 대가로 받는 형태다.

2012년 톈마오, 징둥, 아마존차이나, 당당왕, 쑤닝이거우, 텅쉰 등은 모두 '플랫폼 드림'을 꾸고 있었다. 하지만 시장은 아직 이 플랫폼을 수용할 만큼 성숙하지 않았었다. 2015년이 되자 플랫폼시장에는 톈마오와 징둥 두 업체만 남게 되었다. 류창둥과 마윈은 이 시장을 둘러싼 주요 경쟁자가 되었고, 이제 수많은 사람의 운명과 성공·실패가 이들 손에 달려 있다.

POP에 참여한 업체는 징둥이 정품 판매를 고수한다는 점에서 브랜드가치를 높게 평가했다. 또한 징둥 고객층이 대부분 중산층 소비자로서 교육수준이 높고 소양이 뛰어나며 수입도 양호하기 때문에 '고객가치'에도 높은 점수를 주었다. 물론 징둥의 물류배송 단일화시스템도 강력한 경쟁우위라고 판단한다.

POP를 추진하면서 총 4명의 책임자가 바뀌었다. 마쑹은 첫 번째 POP 책임자였는데 9개월 동안 백오피스시스템을 만들었다. POP 연구개발에 있어 힘들었던 점은 시스템을 완전히 뒤엎지 못한다는 것이다. 직영시스템과 POP를 연동해야 하는데, 업체마다 요구사항이 다양했다. 배송을 직접 수행하겠다는 업체도 있었고 또 배송만 징둥이 대행해달라는 곳도 있었다. 또 징둥 물류시스템을 직접 운영하겠다거나, 자신이 배송거점까지 제품을 가지고 올 테니 그 다음부터 징둥이 처리해달라고 요구한 경우도 있었다. 이런저런 유여곡절 끝에 2010년 9월 POP가 정식 가동됐다.

마쑹은 자신의 임무를 완수했으며, 그 이후에 장서우촨(張守川)이 POP를 담당했다. 장서우촨은 원래 메트로(麥德龍, METRO)에 근무했었다. 그는 오프라인 판매에 풍부한 경험을 가지고 있다. 2012년 8월, 필자가 장서우촨의 사무실을 방문했을 때 그는 그날 새벽에 코피를 쏟았다고 말했다. 매일 필사적으로 업무에 매달리다 보니 몸이 견디지 못하고 탈이 나버렸던 것이다. 그는 "설령 쓰러져도 그 장소는 사무실이 될 거예요. 저는 경제적으로는 이미 자유로운 상태라서 오로지 이상만을 위해 분투하고 있습니다. 중국인의 소비습관을 바꾸고, 더 나아가 글로벌 비즈니스 틀을 바꾸는 데 미력하나마 영향력을 행사하는 사람이 되고 싶어요." 장서우촨이 POP를 담당하는 사이 2011년 23억에 불과했던 POP 거래액이 2012년 100억 위안을 달성했다. 거래액이 증가할 수 있었던 데는 선택할 상품의 종류가 많아졌다는 점이 크게 작용했다. 2010년 6월 10만 개였던 SKU가 2012년 8월에는 239만 개로 급증한 게 주효했다. 온라인 플랫폼은 소비자가 쇼핑할 마음이 들도록 선택 폭을 다양하게 제공해야 한다. 그리고 고객이 최상의 제품과 원하는 제품을 신속히 찾도록 특화된 검색엔진을 탑재해 관련 추천상품을 적절히 제시해줄 필요도 있다. 장서우촨은 이런 측면에서는 전자상거래에 한계를 보였는데, 본래 오프라인 소매 쪽 운영철학에 편중되어 있었기 때문이다.

2012년에 한 업체가 징둥과 타오바오 플랫폼에 동시 입점해 있었다. 그는 필자에게 "징둥 플랫폼은 아직도 미개한 상태를 벗어나지 못했다"며 불만을 토로했다. 타오바오에 입점하려면 5%의 판매수수료를 지불해야 하는데, 대신에 입점업체에게 80여 종류의 마케팅 툴을 제공한다고 했다. 금액도 다양해 마음대로 고를 수 있는 장점이 있었다. 매출을 올리고 싶으면 마케팅 툴을 구매해서 활용할 수 있고, 돈이 없으면 웨이보 등의 SNS를 통해 접속량을 늘릴 수 있었다. 그런데 징둥 플랫폼에 입점해보니 마케팅개념이 부족해서 마치 백화점처럼 상품만 즐비하고 입점공간만 내줄 뿐이지, 그 외 다른 것들은 나 몰라라 한다며 투덜댔다. "징둥 플랫폼을 타오바오와 비교하면 이제 막 걸음마를 뗀 아기와 산전수전 다 겪은 성인으로 비유할 수 있다"라는 게 업체의 평이었다. 또한 징둥의 소비자는 좀 더 까다로운 편이라 업체의 측에서는 품질검증에도 더욱 신경을 써야 했다.

그런데 그 업체 사장은 이런 불편함에도 불구하고 징둥에서 더욱 서비스를 확대하고자 했다. 징둥 플랫폼이 트래픽도 더 많고 순이익이 타오바오보다 높다는 게 이유였다. 나중에 판매량이 늘면 상당한 이익을 올리게 될 거라는 계산이었다. 실제로 2012년까지도 징둥 플랫폼서비스는 아직 걸음마 단계였다. 경영철학도 제대로 정립이 되지 않았고 직원들의 태도도 다소 불손했으며 경험도 미천했다. 당시 징둥에게 필요했던 것은, '입점업체도 우리 고객이므로 서비스를 제대로 제공해줘야 하며, 입점업체가 성장하도록 도와야 결국 최종소비자에게도 좋은 서비스를 제공할 수 있게 된다'는 마음자세였다.

판매업체가 징둥을 지지하는 첫 번째 이유는 본능적으로 대세를 파악해서다. 두 번째는 텐마오 같은 강력한 플랫폼에 대해 다들 위기의식을 느끼고 '계란을 한 바구니에 담지 않으려는' 리스크 분산의 의도가 있었다. 타오바오 입점업체를 대상으로 백오피스서비스를 제공하는 한 창업주의 말을 빌리면, 그동안 접촉해본 입점업체가 하나같이 타오바오를 좋아하면서도 동시에 두려움도 느끼고 있다고 했다. 대부분의 입점업체들이 매출의 80% 이상이 타오바오에서 나오기 때문에 당연히 애착을 가질 수밖에 없지만, 다른 한편으로는 타오바오를 견제할 세력이 없다 보니 모든 규정을 수립하는 데 있어 타오바오가 마치 '선수인 동시에 심판' 역할을 한다고 느꼈다. 그러니 입점업체 입장에서는 당연히 두려워할 만했다.

징둥의 경우, SKU가 증가해 매출이 늘어나자 POP 운영에도 한계가 나타났다. 앞서 한 업체가 불만을 토로했듯, 징둥의 운영노하우 부족으로 잡음이 생겨나기 시작했다. 플랫폼사업은 기존의 전자상거래 운영방식과 다를 수밖에 없는데, 이를 간과하고 '밀어붙이기' 식으로 공급업체를 대하던 타성에 젖어 한때 갈팡질팡하기도 했다.

특히 장서우촨 이후 단기간에 두 명의 책임자가 이 사업부를 거쳐갔는데, 이렇게 고위 경영진의 잦은 인사 교체까지 더해지자 POP 내부문제가 더욱 불거졌다. 윗선에서 메일도 확인하지 않고 회신도 제때 하지 않는 등 불성실한 모습을 보이자 직원들의 불만도 더욱 고조되었다. 2013년 6월에 류창둥은 투자은행 출신인 쿠이잉춘에게 POP를 맡기는 결단을 내렸다. 사실 이는 도박에 가까운 결정이었다. 쿠이잉춘은 해당 비즈니스를 담당해본 경험이 없었기 때문이다. 그녀는 류창둥에게 "사장님 진심이십니까?"라고 물었다. 그는 "내 생각은 변함없네. 아무려면 지금보다 더 나빠지겠나?"라며 결심을 꺾지 않았다.

투자은행은 사냥과 비슷해서 목표물을 한 마리 저격하고 나면 잠시 휴식을 취한다. 하지만 소매업은 밤낮없이 쉬지 않고 움직이는 시계와 같다. 쿠이잉춘이 POP를 맡아 찬찬히 살펴보니 확실히 내부 조직이 엉망인 상태였다. 업무 간 경계가 모호할 뿐만 아니라 직원들도 산만한 편이었다. 그녀는 오히려 지금이 POP를 제대로 해볼 최상의 기회라고 판단했다. 이미 징둥 직영사업의 투자 유치도 완료되었고 서비스규모도 더욱 커지고 있어서 자금줄이 끊길 염려가 전혀 없었기 때문이다. 또한 알리바바의 영업환경에도 변화가 생기기 시작했는데, 입점업체의 이윤이 갈수록 줄고 있었다. 그녀는 POP 포지셔닝 전략을 수립한 후, 입점업체 대상 설득 포인트를 '계란을 한 바구니에 담지 말라'는 것에 두면서 징둥 POP를 시험해보라고 강조했다. 그리고 3개월 동안 입점업체 백오피스시스템 정비에 주력해, 트래픽의 라우팅을 설계하고 백오피스기능을 완비해나가자 접속량이 더욱 빠르게 늘어났다.

POP는 몇 만 개의 입점업체를 관리하는 생태계시스템과 같다. 징둥도 처음 시도하는 비즈니스이기 때문에 오픈된 마인드가 필요했다. 플랫폼은 처음부터 끝까지 오픈되는 게 가장 중요하다. 생태계시스템 자체가 오픈된 개념이기 때문이다. 직영사업이 계획경제라면, 개방형 플랫폼은 시장경제에 비유될 수 있다.

계획경제를 성공적으로 수행한 기업에게 시장경제를 추진하라고 하면 당연히 쉽지 않은 일이다. 쿠이잉춘은 이렇게 덧붙였다. "류 사장님께서 제게 POP를 맡긴 것도 바로 이 때문입니다. 제가 선입견 없이 오로지 인터넷기업의 시각으로 이 사업을 바라볼 수 있었기 때문인 거죠. 소매업체의 시각으로 보면 오히려 정확한 판단이 어렵다고 보신 거예요."

쿠이잉춘은 우선 류창둥과 란예의 전폭적인 지지를 필요로 했는데, 두 사람이 자신을 믿어주지 않으면 업무를 추진할 수 없다고 생각해서다. 다음으로는 직원들에게 POP가 무엇인지 정확한 개념을 심어줄 필요가 있었다. 직영사업의 경우, 재고가 부족할 때 그냥 딱 한마디만 하면 바로 알아서 척척 움직인다. 하지만 POP는 아무리 얘기한들 업체가 귓등으로도 듣지 않는 경우가 많다. 사실 입점업체 입장에서는 징둥의 말을 진지하게 들을 이유가 별로 없었는데, 당시 징둥을 통한 매출이 알리바바의 10분의 1도 되지 않았기 때문이다. 그러니 입점업체들에게 더욱 합당한 동기부여가 제시될 필요가 있었다.

결국 입점업체 관리, 물류 지원, 마케팅 계획, 제품 판촉, 백오피스 시스템 등 여러 각도에서 모두 개방해야 했다. 그 당시 업체들의 불만은 징둥 시스템이 엉망이라는 것이었다. 그런데 자세히 따져보면 사실 기술력이 뒤처졌다기보다는, 사고방식 측면에서 업체를 포용하려는 의식이 부족했다고 보는 게 적합하다. 시스템을 개방하려면 입점업체의 실질적 니즈에서 출발해서 테스트하고 조율해야 정석인데 이를 간과했다.

시장경제의 핵심은 '관리'가 아닌 규칙 제정에 있다. 클린턴은 미국 대통령에 당선된 후 실리콘밸리의 경제를 통해 미국 경제를 살리려고 노력했다. 그러려면 과학기술혁신 분야에 새로운 동기부여가 필요했다. 이때 역점을 두고 추진했던 것이 바로 정보고속도로 건설 프로젝트(information super highway, 고속도로가 산업화를 이끌었듯 국가 정보화를 촉진시킬 정보인프라가 필요하다는 판단에 따라 초고속정보통신망 사업을 추진함-역주)였다. 쿠이잉춘도 POP의 임무는 규칙 제정, 한마디로 원활한 도로의 건설이라고 판단했다. 규칙을 제정하는 일은 길을 잘 닦는 것과 같다. 길을 제대로 닦아놓은 후 각종 장려정책을 추진함으로써 업체가 스스로 나서도록 유도하는 게 중요했다.

그녀는 이렇게 말한다. "우리가 유일한 판매채널이 된다는 것은 불가능합니다. 여러 채널 가운데 하나일 뿐이죠. 대신 가치 있는 채널이어야 오랫동안 비즈니스를 영위할 수 있습니다. 먼저 남이 돈을 벌 수 있게 해야만 자신도 돈을 벌 수 있는 법이죠."

쿠이잉춘의 관리방식은 명령을 하달하는 게 아닌 문제를 제기하는 방식이었다. 즉 자신이 보고 느낀 것을 여러 사람과 공유하여 같이 고민하고 해결방안을 도출하는 식이었다. 그녀는 자신이 면밀하게 상황을 관찰해야만 직원들도 상사를 보고 배운다고 생각했다. 소매업이라는 게 원래 세부적인 부분까지 면밀히 관찰하는 비즈니스라 할 수 있다. 품절된 품목, 의류나 신발 등에서 특정 사이즈가 빠져 있는 품목, 새로운 입점업체의 명칭이 부정확해서 검색효과가 떨어지는 문제 등을 쿠이잉춘은 하나하나 따지고 챙기는 편이었다.

2013년 6월에 쿠이잉춘은 '노예가 되는 길(通往奴役之路)'이라는 글을 발표한 적이 있다. 당시 입점업체 중에 징둥의 '6·18' 행사에 참여하기를 망설이는 곳이 많았는데, 경쟁 플랫폼에서 자기 공간이 없어질까 두려워했기 때문이었다.

2014년 3월에 징둥은 텅쉰 전자상거래(tencent.com)와 합병했고 쿠이잉춘은 징둥 산하의 파이파이왕 총재가 되었다. 파이파이왕에 입점한 소규모 업체들 입장에서 보면, POP기반의 운영에 적응하면서 동시에 대형 업체와의 경쟁에서 이기는 게 그리 쉽지만은 않다. 소규모 업체는 자신만의 독특한 운영방식이 필요할 수 있다. 징둥은 파이파이왕을 분리시킨 후 더욱 독립적이고 규모를 갖춘 C2C 비즈니스 모델을 계획했다. PC 쪽은 이미 타오바오가 장악하고 있는 상태라 이 분야에 뛰어드는 것은 무모하다는 생각으로 타깃을 바꿔 전적으로 모바일에 심혈을 기울였다. 웨이신이나 휴대폰 QQ라는 채널을 통해 거대한 SNS 파워를 충분히 활용할 수 있기 때문이다.

파이파이왕은 시스템 용량에 여유가 많았다. 텅쉰이 합병해서 들어온 이후에 두 달 동안 시스템 하부구조 개선작업을 진행한 뒤 2014년 7월 17일에 정식으로 오픈했다. 9월 말에는 파이파이 웨이잔(拍拍微店, 파이파이 모바일 미니상점)을 출시하면서 광군제 때 2억 위안의 매출을 올리는 등 빠른 성장세를 보였다. 사실 굳이 거대한 시장만을 노리며 고군분투할 필요는 없다. 자신이 얼마만큼의 가치를 창출할 수 있는지 명확히 판단하면 된다. 전자상거래는 전체 소비자시장에서 아직 10%에도 못 미치는 점유율을 보이기 때문에 성장잠재력이 무궁무진한 시장이다. 2015년 1월에 파이파이왕은 일간 6,000만 위안의 거래규모를 기록했다.

파이파이왕의 입점업체 가운데 일부는 타오바오 입점업체이기도 한데, 그곳 매출이 여의치 않아서 새로운 탈출구를 찾아온 경우다. 또 다른 유형은 전통 오프라인 도매업체로, 온라인사업을 시도하려는 경우다. 이 외에도 웨이신에서 친구 그룹을 만들어 파이파이왕을 통해 제품을 판매하는 개인도 있다. 다만 개인은 영업허가증이 없어서 거래에 위험이 있을 수 있는데 파이파이왕은 가능하면 이들도 합법적인 체제로 끌어들이기 위해 노력하고 있다.

쿠이잉춘을 뒤이어 징둥그룹 부총재 겸 POP 개방형 플랫폼 사업부 총경리인 신리쥔(辛利軍)이 부임했다. 그는 류창둥에게 예전처럼 1년 만에 바로 성과를 올리기는 어렵다는 사실을 명확히 보고했다. POP는 반드시 인내심을 가지고 추진해야 하는 사업으로서, 내부 환경을 정비하고 구조를 만들면서 사업 환경을 제대로 조성할 필요가 있었다.

POP 사업부문을 접수한 후에, 그는 우선 내부 환경을 정리했다. 브랜드모델과 가격모델을 정비함으로써 소비자가 개방 플랫폼에서 원하는 제품을 쉽게 찾도록 했다. 원하는 디자인의 의류를 반나절 동안 검색하고 돌아다녀도 못 찾는 고객이 많았기 때문이다. 2014년에 POP는 전년 동기대비 200% 이상의 성장률을 기록했으며 플랫폼 거래액은 1,000억 위안을 돌파했다.

징둥은 입고상품에 대한 심사기준이 비교적 엄격한 편이다. 신리쥔은 의류품목을 고품질의 고가브랜드로 포지셔닝했는데, 그 일환으로 중국판 〈바자(BARZAR)〉 잡지와 협력해서 매년 2차례 패션쇼를 개최하고 있다. 징둥은 남성 고객의 비중이 높은 편이기 때문에 POP 의류 분야에서 남성복을 주력품목으로 선정했으며, 2014년에는 '남성복의 날'이라는 행사도 진행한 바 있다. 2013년 징둥 의류는 톈마오와 비교해 1:18의 비중을 차지했으나 2014년에는 1:9로 비중을 높였고, 그중 남성복의 비율은 1:7이다.

여성복 브랜드인 거리아(GOELIA, 중국 유명 여성복 브랜드 - 역주)의 온라인마케팅담당 총경리 류스차오(劉世超)는 징둥의 변신을 주목하기 시작했다. 징둥이 단순한 제품구매 차원을 넘어서서 브랜드를 경영한다는 느낌을 받았기 때문이다. 원래 구매란 주문서를 작성해서 돈과 제품을 교환하는 행위로 주문량에 따라 할인율을 논하면 된다. 하지만 의류업종은 음악에서 음을 조율하는 행위와 비슷해서 섬세한 운영이 요구되며, 단순히 가격논리만 내세우면 낭패를 보기 쉽다. 그는 징둥이 의류업종의 운영 룰을 습득하여 프론트엔드의 운영과 상품을 잘 결합하고 있다고 판단했다. 제조업체와 소비자 모두에게 적합한 주제를 찾아낸 것인데, 이는 커다란 진전을 의미했다.

소비자가 구매하는 것은 상품의 가치가 아니라 '감성'의 가치다. 의류판매는 소비자와 감성을 교류하는 것으로 의류의 외면적 가치만으로 단순히 판단할 수 없다. 비규격화된 상품을 구매할 때 고객은 감정교류의 과정과 구매체험을 동시에 경험한다. 따라서 규격화된 전자제품처럼 성능을 따지는 것과는 구매패턴이 판이하게 다르다. 소비자는 저렴한 것을 원하는 게 아니라 좋은 제품을 저렴하다고 느끼며 만족감을 얻고자 한다. 결국 고급상품을 상대적으로 저렴한 가격에 구매하고자 하는 것이다. 류스차오의 말을 들어보자. "징둥이 원래는 구매업체로서 갑의 태도를 지니고 있었다. 그런데 이제는 점점 우리를 고객으로 대하며 심도 있는 협력을 추진하려고 한다. 규모가 커지고 나면 예전처럼 100~200% 고속성장을 구가할 수는 없는 법이다. 성장하고 나면 치밀한 운영에 주력하고 상대업체를 고객으로 대해야 한다."

인터넷 할인시대는 이미 지나갔다. 물론 가격은 여전히 매우 중요한 요소이긴 하지만 유일한 요소는 아니다. 소비자는 품질과 편리함을 위해서도 기꺼이 돈을 지불하기 때문이다. 플랫폼을 운영하려면 소비자를 우리 편으로 유인해야 하므로 브랜드의 중요성이 더욱 부각된다. '거리야'는 징둥의 배송서비스를 이용하고 있다. 지금껏 배송관련 불만을 단 한 건도 접수받은 적이 없다고 한다. 문제가 발생하지 않으니 당연히 불만도 없었다. 전체 플랫폼의 핵심과제는 브랜드의 유연함과 '백화점화'를 통해 징둥을 '인터넷백화점'으로 각인시키는 것이다. 즉 '전자상가'라는 이미지에서 벗어날 필요가 있다.

입점업체가 징둥 POP를 중요하게 여기는지를 판단하는 지표가 있다. 첫째, 신상품 업데이트가 톈마오와 동일하게 진행되는지의 여부다. 둘째는 입점업체 경영자가 전담직원을 배치하는지의 여부다. 셋째는 징둥 고객을 겨냥한 전용상품을 기획하는지의 여부다. 광군제 행사의 의류 인기상품을 분석해보면 50%는 톈마오 전용 기획상품이고 나머지 50%는 '징둥 전용 타깃상품'이다.

징둥은 피라미드처럼 업체고객을 최상층 업체, 중간층 업체, 하층 업체로 분류했는데, POP 거래량이 확대되면 분명히 업체도 동반성장하기 마련이다. 아래 단계에 있다고 해서 기회가 없는 것은 아니며, 최상층 업체라고 해서 항상 모든 물량을 쓸어 담고 끝없이 확장하리라는 법도 없다. POP의 하층이 중간층으로, 중간층은 최상층으

로 성장하도록 견인해서 전체 피라미드 체적이 불어나도록 하는 것
이 POP 사업부의 궁극적 목표다.

물류 개방

전자상거래는 거대한 시장수요를 창출했다. 전자상거래의 폭발적
성장으로 인해 전자상거래 공급사슬의 일환인 물류도 폭발적 성장
을 거듭하면서 단기간에 떠오르는 업종이 되었다. 판매업체와 구매
자 모두 택배업종에 대한 수요가 급증하면서 편리함과 함께 속도가
강조되었고 친절한 서비스도 요구되었다. 따라서 최저 원가로 최상
의 서비스를 제공하는 것이 택배회사의 핵심 경쟁력이라 할 수 있
다. 지금은 수많은 업체들이 시장에서 산발적으로 경쟁하면서 가격
과 시간, 서비스를 둘러싸고 불꽃 튀는 각축전을 벌이고 있다. 향후
에는 결국 몇 개의 대형 업체만이 살아남아 시장을 장악할 것으로
예상된다.

　물류, 운송, 터미널 등을 망라하며 징둥이 만능형 거대한 고래가
되려면 원가문제를 해결해야 한다. '쓰퉁이다(四通一達)'(선퉁, 위안퉁,
중퉁, 바이스후이퉁(百世匯通), 윈다택배를 가리킴)가 소하물 전담업체인 더방
(德邦)과 협력하여 차량을 통합 운영하는 것도 결국은 원가를 절감하
기 위해서다. 징둥은 자립식 물류시스템을 구축해 직접 간선운송을
하는데, 이를 위해서는 충분한 화물량이 뒷받침되어야 한다. 베이징
에서 상하이까지 120㎥의 화물을 싣고 운행하는데, 만일 돌아올 때
화물차량을 다 채우지 못하면 비어 있는 채로 달려야 하며, 그것은

곧 낭비를 의미한다. 일례로 시난지역은 진입화물량이 항상 출고화물량보다 많다. 베이징에서 청두까지는 이틀이면 되는데, 청두에서 베이징으로 돌아올 때는 화물차량을 꽉 채워야 하기 때문에 하루를 더 기다려 사흘이 소요된다.

거대한 고래가 생존하려면 더욱 많은 먹을거리로 본인의 배를 채워야 한다. 따라서 규모의 효과와 사회화 운영은 필연적 대세라 할 수 있다. 징둥 물류를 POP 입점업체에게 개방해야 할 뿐만 아니라, 징둥과 관련 없는 전문쇼핑몰과 오프라인 매장 등에도 개방할 필요가 있다. 징둥 시난지점은 청두에 위치한 신발제조 집산지인 이른바 '신발도시(鞋都)'를 타깃으로 고객 유치관련 홍보를 계획하고 있다. 징둥 물류가격이 '쓰퉁이다' 보다는 다소 높지만 순펑보다는 저렴하다는 점을 강조하기 위해서다. "우리가 고객으로 가장 유치하고 싶은 여우상(友商, 인터넷기업들은 경쟁상대를 우회적으로 여우상이라 부름. 선의적인 경쟁상대라 할 수 있음-역주)은 정작 우리하고는 시스템을 연동하려 하지 않네요." 탄샹밍은 조심스럽게 '여우상'이라는 표현으로 타오바오를 빗대어 말했다.

마쥔은 징둥 물류가 현재까지 아직은 온실 속의 화초라고 여겼다. 전자상거래업체로서 물류시스템을 자체 구축하는 일은 투자 유치가 있었기에 가능했다. 반면 전통적인 물류기업은 수입을 올리고 이익이 나야 다음 단계로 확장하고 연이어 발전을 거듭할 수 있다. 징둥은 사용자경험을 제일 우선과제로 선정해 추진했고 원가는 그 다음이었다. 시장에서 대등하게 물류 동종업계와 원가경쟁을 하기 시작한다면 과연 사용자경험과 원가가 균형을 유지할 수 있을 것인가? 또한 외부업체의 주문서를 받아 처리하기 시작하면 기존 내부의 물류체계·운송체계·배송체계와 상호 마찰이 발생할 수 있다. 일례로 제품파손이나 유실이 발생하면 누가 책임질 것인지도 문제라 할 수 있다.

여우정 택배의 청두지사 부총경리도 만일 징둥 물류가 공공 플랫폼으로서 제3자에게 서비스를 제공한다면, 과연 어떻게 업무흐름을 최적화할 것이며 자체 화물과 동일한 수준으로 서비스품질을 지킬 수 있을지 의문을 제기하고 있었다.

2013년 8월부터 징둥은 외부 주문서를 받기 시작했다. 징둥이 일정규모의 네크워크를 구성하고 규모효과를 거두면서 고정적인 고객군이 기본물량을 받쳐주고 있었다. 또한 기본물량을 확보했기 때문에 물류네트워크 운영의 손익분기점을 유지할 수 있었다. 징둥 물류의 경쟁우위는 전국적으로 착불서비스를 제공한다는 점과 최종소비자까지의 배송능력이 택배회사의 본보기라 칭송받는 순평에 견주어도 전혀 손색이 없다는 점이다.

자체 주문서만 처리할 때는 단순히 원가만 낮추면 되었다. 하지만 외부 주문서를 대행하면서부터 서비스품질 외에 수익도 고려해야 했다. 배송부 업무확장팀 부이사인 펑위쉬안(彭雨萋)은 2012년 10월 징둥에 입사했다. 당시 배송부에는 외부 주문서 전담직원이 9명이었는데, 일부는 타 운영팀에서 파견되어 업무를 겸직하고 있었다. 칭룽시스템에 외부 주문서관련 기본틀은 잡혀 있었지만 그 외 전체 운영시스템이 미비한 상태였고 단가표조차 없었다. 펑위쉬안은 시스템을 구축하고 고객군을 규정하는 한편 가격정책을 확정했다.

우선 POP기반을 활용할 필요가 있다고 판단하고, 가까운 주변 고객을 끌어들였다. 2013년 광군제 때 무료배송 이벤트를 실시하면서 1,000여 개의 POP 입점업체와 배송관련 협력을 추진했다. 당시 입점업체들은 처음으로 징둥 물류시스템을 활용하면서 빠르고 편리하다는 점을 확인했고 상당수가 이후에도 배송대행을 맡겼다. 징둥 POP가 알리바바와 같은 서비스를 제공한다면 알리바바를 추월하지 못할 이유도 없어 보였다. 물류의 경쟁우위를 통해 입점업체의 만족도를 높이면서 차별화된 강점을 발휘할 수 있었다. POP 입점업체를 기본 물류고객으로 확보한 이후, 펑위쉬안은 전문쇼핑몰을 다음 타깃으로 삼았다.

온라인쇼핑몰 외에 징둥 물류가 넘볼 수 있는 시장으로는 또 어느 곳이 있을까? 징둥 물류운영의 가장 큰 강점은 성 내부에서 이뤄지는 배송으로, 기존 물류망과 연계한 서비스를 제공할 수 있다는 점이다. 그렇다면 O2O(online to offline, 스마트폰 등 온라인으로 상품이나 서비스 주문을 받아 오프라인으로 주문을 처리하는 서비스로 한국의 카카오택시 등을 예로 들 수 있음-역주)도 징둥의 잠재적인 시장이 될 수 있다. 일례로 쌀국수 포장판매업체가 있었는데, 이 업체와 징둥이 협력함으로써 고객이 웨이신으로 주문하면 징둥이 쌀국수를 고객에게 직접 배송했다.

외부 주문서의 처리는 분류센터가 담당했다. 업체가 제품을 분류센터로 보내오면 다시 이곳에서 배송거점으로 제품을 운송하는 형태로 운영된다. 2010년 화베이지역 배송부 이사인 장후이샤오(姜會曉)가 징둥에 입사했다. 그의 말에 따르면, 분류센터를 구축할 당시 직원들 모두 창고포장대 옆의 100~200㎡ 정도 공간에 쭈그리고 앉아서 손으로 일일이 제품을 분류했다고 한다. 당시 전체 물류시스템의 설계상에는 '택배'라는 개념이 정립되어 있지 않았고 독자적인 택배 운영시스템도 없었다. 작업시설도 부족했고 인력도 부족했다. 직원들 대부분 물류창고에서 일하던 사람들이라 택배업무를 해본 적이 없었다.

2012년 3월에 첫 번째 '2급 분류센터'가 개설되었다. 이때 회사 내부적으로 반발이 적지 않았다. 전문 택배업체에서 분류센터를 설립한다고 하면, 이는 당연한 일이다. 하지만 징둥은 택배업체가 아니었기 때문이다. 분류센터 설립에 찬성하는 사람들은, 분류센터가 설립되지 않으면 향후 수많은 거점을 하나의 네트워크로 구성하기 어렵다고 판단했다. 반대쪽의 주장은 단계가 하나 더 생기면 오히려 효율이 떨어질 거라는 의견이었다. 하지만 분류센터가 없으면 네트워크를 구축할 수 없을 뿐만 아니라, 베이징에서 톈진까지 매일 몇 십 대의 차를 동시에 왕복 운행해야 한다. 큰 화물차량 한 대만 운행해서 제품을 우선 분류센터로 옮긴 뒤, 분류센터에서 다시 각각의 배송 거점으로 보내면 오히려 효율적이며 원가도 절감할 수 있다.

물류망을 하나의 유기적인 통합체로 구성하려면 반드시 자체 간선 망이 있어야 한다. 분류센터는 물류망에서 심장과 같은 역할을 하며, 자체 간선망은 혈맥, 배송거점은 세포에 비유할 수 있다. 동맥과 정맥, 모세혈관이 모두 완비되어야만 세포가 영양분을 흡수할 수 있다. 발송대행업무를 확대·추진하는 데 가장 큰 걸림돌은 간선망이라 할 수 있다. 입점업체가 전국적으로 산재해 있었기 때문에, 배송부는 구조조정을 통해 네트워크 기획부를 신설하고 외주 주문서 대행 네트워크와 자체 네트워크를 통합했다. 자체 주문서만 처리할 때는 간혹 빈 차로 돌아가는 경우가 있었는데, 외부 주문서를 받아 발송대행업무를 시작하자 이 부분을 메울 수 있었다. 원래 징둥의 간선운송으로는 소하물만 처리할 수 있었고 외주제품은 제3의 택배업체에게 맡겼었다. 이제 자체적인 간선망을 구축했으니 시간을 더욱 효율적으로 통제할 수 있었다.

2013년 5월에 징둥은 간선 운송망 구축에 착수했다. 당시 20개의 간선으로 시작했으나 현재 3,000대의 자체 차량을 보유하고 있다.

2014년 12월 31일까지 전국적으로 3,210개 거점(배송거점, 셀프픽업점, 셀프픽업대를 포함)을 확보했다. 철도국에서는 베이징에서 상하이, 상하이에서 광저우까지 전자상거래 전용열차를 배정했다. 순펑과 '쓰퉁이다'를 제외하고, 전자상거래업체로는 징둥이 유일하게 전용열차를 운행하는 기업이 되었다. 징둥 배송부 근로계약의 주체도 베이징 징방다(北京京邦達) 유한공사로 바뀌게 된다.

징둥은 브랜드업체의 전체 공급망 솔루션을 만들고자 했다. 징둥 물류는 WMS(Warehouse management system, 창고관리시스템)와 WCS(창고설비관리시스템)를 사용한다. WMS는 완전한 지적재산권을 보유하고 있으며 시스템을 통해 동선을 설계한다. 픽업자가 RF스캐너를 들고 지시를 따르면서 동선에 따라 제품을 픽업하는데 한 번에 20여 개 주문서 제품을 픽업할 수 있다. 리융허의 설명에 따르면, 전반적인 업무기획부터 정보시스템 연동에 이르기까지 창고의 평면레이아웃 설계나 제품진열, 동선 설계 등 징둥의 창고시스템이 모든 솔루션을 제시할 수 있다고 한다. 그는 "전체 물류채널의 재고관리와 주문서계약 및 처리 등에 있어 징둥은 충분한 경쟁력을 갖췄다"고 덧붙였다. 또한 배송대행서비스 개발을 위해 32개의 물류 API 인터페이스를 만들었다.

"가장 이상적인 공급망은 공장에서 직접 징둥의 물류창고에 입고시킨 후 바로 소비자에게 전달하는 것이다. 이러한 공급망이 가장 경제적이라 할 수 있다. 징둥은 업계에서의 영향력을 통해 나눔의 정신으로 공급망의 낭비요소를 제거할 것이다."

자본이라는 날개

텅쉰 뎬상(騰訊電商, 텐센트 전자상거래-역주)과의 합병

텅쉰과 징둥을 하나로 묶은 두 단어

2014년 3월 10일 징둥과 텅쉰은 전략적 협력 동반자관계를 선언한다. 이번 전략적 제휴를 통해, 징둥은 텅쉰 B2C 플랫폼인 'QQ왕거우(QQ網購)'와 C2C 플랫폼인 파이파이왕의 100% 권리, 물류인력과 자산, 이쉰왕의 소수 지분과 이쉰왕의 남은 지분을 구입할 권리 등을 인수하기로 했다. 텅쉰은 징둥에게 웨이신과 모바일QQ 클라이언트의 접속화면의 첫 번째 메뉴위치를 제공하며(텅쉰의 게임과 같은 레벨에 위치함-역주) 기타 주요 플랫폼을 지원하기로 했다. 또한 텅쉰은 징둥의 약 15% 지분을 갖는다. 이 외에도 텅쉰은 징둥이 최초 주식공개모집을 진행할 경우, 추가로 5%의 징둥 주식을 발행가로 매수할 수 있다. 또한 텅쉰 총재인 류츠핑(劉熾平)이 징둥 이사회에 들어갔다.

당일 오전 9시 반에 선전의 텅쉰 회의실에서 류창둥은 강단에 올랐다. "오늘은 매우 특별한 날입니다. 여러분을 만나 뵙게 되어 반갑습니다. 텅쉰은 위대한 기업으로서 중국에서 가장 성공한 인터넷기업입니다. 이미 충분한 성공을 거뒀음에도 멈추지 않고 여전히 활력이 넘치는 기업으로 고속성장을 지속하고 있습니다. 하지만 오늘 제가 드리고 싶은 말은 언젠가는 중국의 최대 인터넷기업은 징둥이 될 것이며, 중국의 최대 민영기업도 징둥일 것이라는 점입니다!"

업계를 뒤흔든 전략적 제휴소식에 여론은 들끓기 시작했다. 업계는 중국의 전자상거래 체제가 이로써 다시 한 번 중대한 변화에 직면했음을 예감하고 있었다. 텅쉰과 징둥의 합병은 징둥의 투자가인 힐하우스캐피탈그룹의 회장 겸 CEO 장레이가 앞장서서 성사시켰다. 장레이가 이끄는 힐하우스캐피탈그룹은 현재 210억 달러규모를 보유한 아시아 최대 투자기관이다. 처음에는 징둥과 텅쉰 내부적으로 합병에 반대하는 의견이 있었다. 텅쉰 쪽의 반대가 더욱 강했다. 장레이는 농담조로 말했다. "텅쉰 내부에 아마 칼 들고 저를 찾아오고 싶은 사람이 있었을 겁니다. 제가 그 분들 사업을 흔들어놨다고 생각해서요."

2011년에 장레이는 류창둥과 텅쉰의 창업주 마화텅(馬化騰)을 만나 대화를 나눴다. 2012년에도 이들을 한자리에 모아놓고 또 한 차례 이야기를 나눴다. 그때 2년 동안 두 사람의 마음은 각기 달랐다. 텅쉰은 전자상거래에서 승복할 생각이 없었고 투자를 통한 합종연횡까지는 생각조차 안 하고 있었다. 징둥도 상승일로를 걷고 있었기 때문에,

마찬가지로 합종연횡에 대한 강력한 의지가 없었다. '언젠가 전장에서 한판 붙으면 되지'라는 생각이었다.

하지만 장레이는 포기하지 않고 줄곧 시기를 가늠하고 있었다. 그는 2013년에 PC 전자상거래가 모바일로 전환하려는 움직임을 포착했다. 또한 그 추세도 상당히 빨라질 것으로 예측했다. 투자가들은 징둥 이사회에서 매번 류창둥에게 "모바일 인터넷은 어떻게 할 것인가?"라며 질의하곤 했다. 그럴 때마다 류창둥은 기술과 물량이 아직 못 미친다고 대답했다. 장레이는 류창둥이 이미 모바일을 염두에 두고 텅쉰과 협력할 의지가 있다는 사실을 확인하고 내심 환호성을 질렀다.

하나의 아이디어를 실천에 옮기려면 반드시 쌍방의 이익에 부합해야 한다. 양측 모두 돈벌이가 되어야 추진할 테니 말이다.

징둥 입장에서는 고속성장을 원하고 있었지만 기술을 교체할 여력이 없었다. 전자상거래 접속환경이 모바일로 이전되는 추세가 뚜렷한 상황이었다. 텅쉰이 웨이신과 모바일QQ라는 모바일 접속량이 엄청난 채널을 보유하고 있기 때문에 협력이 이루어진다면 징둥에게는 엄청난 기회가 될 터였다. 징둥이 모바일이라는 대세에 올라타려면 호기를 잡아야 하지만, 여러 경쟁자 틈바구니에서 혈전을 치르는 상황이라 여력이 없었다.

텅쉰 입장에서 이번 전략적 제휴는 징둥에 투자할 수 있는 최고의 호기였다. 당시 징둥의 기업가치가 80억 달러였는데 2015년 4월 10일에는 시가총액이 454억 달러가 되었다. 장레이는 마화텅을 설득할 때 '재고'라는 두 글자를 사용했다.

텅쉰이라는 회사는 무엇이든 강력했다. 기업가정신도 뛰어나고 창업문화도 형성되어 있었고 사용자경험도 구현하는 회사다. 하지만 마화텅의 사전에 '재고'라는 단어는 없었다. 이미 반평생을 비즈니스에 몸담았지만 그는 눈으로 직접 '재고'를 본 적은 없었다. 이쉰왕은 매년 100%의 성장률을 보이며 빠르게 성장하고 있었고 몇 년 후에는 1,000억 위안규모가 될 가능성이 있었다.

장레이는 마화텅에게 "이쉰왕 매출이 1,000억 위안이 되면 아마 재고가 200~300억 위안이 될 텐데, 매일 재고조사를 해야만 물건을 빼돌리는 현상과 부패를 미연에 방지할 수 있으며 제품손상도 줄일 수 있다"고 상기시켰다. 마화텅은 이런 문제는 한 번도 생각해본 적이 없었다. 인터넷제국을 거느리면서 가상의 세계(중국 내 유명게임업체임-역주)만을 접하고 고민해왔기 때문이다. 마화텅이 창고에서 재고를 세고 있다고 누가 상상이나 할 수 있겠는가?

장레이는 마화텅이 해결할 가장 큰 문제는 돈을 버는 것이 아니라, 쓰지 않아도 될 시간과 정력을 줄이는 것이라고 강조했다.

2013년 12월 31일에 징둥과 텅쉰 투자팀은 함께 식사를 하게 되었다. 그리고 2014년 1월 하순에 류창둥과 류츠핑 텅쉰 총재가 회동을 가짐으로써 합병안이 가동되기 시작했다. 그 전에 텅쉰은 써우거우(搜狗, Sogou 검색엔진-역주)에 투자하면서 자신의 비즈니스 방향을 잡고 있었다. 굳이 비유하자면, 속된 말로 '딸을 시집보내면서 데릴사위를 들일' 속셈이 있었다.

징둥과 텅쉰 투자팀은 첫 번째 미팅을 마친 뒤 양측 모두 장레이에게 발언을 요청했다. 회식자리에서 장레이는 네 가지를 언급했다. 첫째, 인생은 힘들고 짧다. 어차피 한판 벌이려면 크게 벌여야 한다. 둘째, 크게 벌이되 영원한 것을 해야 한다. 셋째, 영원한 비즈니스만으로도 부족하다. 아무리 잘났어도 끊임없는 혁신이 필요하다. 넷째, 매도 먼저 맞아야 한다는 말이 있듯이 내 차례가 될 때까지 기다릴 게 아니라 먼저 나서야 한다. 스스로 죽든지 아니면 스스로 파멸시키고 다시 환생해야 한다. "제가 우샤오광(吳宵光, 텅쉰 멘상 CEO) 자리를 없애버린 셈이 되었죠. 나중에 우 사장은 힐하우스캐피탈에 합류하기로 결정하고 투자고문을 맡았습니다. 싸우지 않으면 친구가 될 수 없는 법이에요. 우리는 오히려 친구가 되었습니다. 대세를 읽지 못하는 사람은 자신의 목숨 줄을 끊었다고 생각하겠지만 '대세관'(거시적 안목과 전향적 사고를 의미—역주)을 가진 사람은 오히려 저로 인해 해방됐다고 여길 겁니다."

협상이 교착상태에 빠지자, 류창둥에게서 7통의 전화가 걸려왔다. 장레이는 프랑스 남부 알프스산 스키장에 있다가 중국으로 불려왔다. "일을 하다 말고 방치하면 안 되니 얼른 돌아오십시오. 안 그러면 협상이 결렬될지도 모릅니다." 사실 협상 자체가 심각한 것은 아니었다. 다만 사공이 많다 보니 배가 산으로 올라가면서 진척이 더뎠다. 중개인, 변호사, 양측 관리자 등 관련자 20여 명이 세부적인 사항을 협의하다 보니 합병안의 본래 취지가 무색해지고 있었다. 장레이는 다음 날 프랑스에서 급히 귀국해서 상황을 수습하기 시작했다. 회의에는 모든 중간관리자와 변호사를 비롯해서 투자은행도 참석할 수 없었고, 오로지 의사결정권자만 참석토록 했다.

텅쉰 쪽에서는 마화텅, 류츠핑, 우샤오광, 장샤오룽(張小龍, 텅쉰 수석

부총재, 웨이신 창업주), 제임스 미첼(James Mitchell, 텅쉰의 최고전략책임자 (Chief Strategy Officer, CSO))이 참석했고, 징둥 쪽에서는 류창둥과 징둥 그룹 CFO 황쉬안더, 그리고 중개인으로 장레이까지 총 8명이 한자리에 모였다. 장레이는 회의를 주재하면서 "오늘 협상이 마무리되기 전에는 그 누구도 자리를 뜰 수 없다"는 말로 시작했다. 회의는 4시간 동안 진행되었고 35개 항목에 대해 합의했다. 예를 들면 경쟁과 비경쟁 분야를 정하고, 결재시스템은 어떻게 처리하며 웨이신과 QQ에서 어떤 형태로 징둥을 지원할 것인지, 그리고 지분은 얼마인지 등이다.

장레이는 '재고'와 '모바일'이라는 두 개의 단어로 중국 인터넷 역사상 가장 큰 규모의 합병안을 성사시켰다. 이로 인해 징둥은 2014년 4사분기에 모바일 비중이 3사분기의 29.6%에서 36%로 급상승했으며 동기대비 무려 372%의 성장률을 기록했다. "만일 웨이신과 QQ가 없었다면 징둥의 모바일 채널이 과연 이렇게 높은 비중을 차지할 수 있었겠는가? 또한 텅쉰도 이번 투자로 70억 달러의 순이익을 얻었다. 가장 중요한 점은 역량이 더욱 집중되었다는 사실이다. 역량도 제고되고 70억 달러라는 순이익이 창출되었으니 이보다 좋은 일이 또 있겠는가? 이것이 바로 '대세관'이라 할 수 있다. 기업을 운영하면서 거시적 안목을 가진 사장은 대세를 장악하기 마련이다." 장레이는 이에 덧붙여 "이번 제휴는 중국 인터넷 역사상 찾아보기 힘든 진정한 원원을 실현한 거대한 전략적 제휴 건"이라고 평했다.

96.5%의 계약 전환율

2014년 11월 23일, 무한시 차이뎬구(蔡甸) 둔커우(沌口)의 분류센터

앞에 징둥의 붉은 로고가 그려진 10여 대의 화물차가 대기하고 있었다. 길이가 5~6미터인 것부터 10미터에 달하는 화물차들은 차량번호만 봐도 전국 각지에서 몰려온 것으로 보였다. 광저우, 선전, 상하이, 청두, 충칭, 베이징 등 지역이다. 차벽에 붙어 있는 표지만 봐도 어디로 향하는지 알 수 있었다. 무한 둔커우 분류센터에서 상하이 푸시(浦西) 분류센터, 광저우 뤄강(蘿崗) 분류센터, 청두 피셴 분류센터로 향하는 차량이다. 이들 지역은 징둥의 전국 육로 허브거점으로서 남쪽에서 북쪽으로 운송하는 화물은 모두 이곳을 거쳐 전국 곳곳으로 분배된다.

화중 분류센터 팀장인 멍칭진(孟慶臻)은 원래 이쉰의 화중지역 물류팀장이었다. 텅쉰이 징둥과 합병된 이후에 멍칭진은 지금 자리로 발령 받았다. 그는 류창둥의 업무추진력이 타의 추종을 불허할 정도라고 강조하면서, 징둥은 윗선에서 지시가 떨어지면 아래 말단조직까지 하루이틀이면 일사분란하게 움직인다고 말했다. 그러면서 이쉰은 일주일은 지나야 일선의 현장직원까지 내용이 전달된다고 비교하며 덧붙였다. 이쉰은 사장과 부총재가 회의를 하면 그 결과가 각 업무부문으로 전달되고 다시 각 지역별 지사로 전달되는 체계다. 여기서 다시 지역별 각 업무담당 부서까지 하달되는 데 사흘이 소요된다. 또 현장직원이 실제 움직이기까지 또다시 4~5일이 소요되기 때문에 꼬박 1주일이 걸리는 셈이다. 이쉰은 텅쉰 덴상의 전체 사업구조에서 일부분에 불과했기 때문에 고려할 사항이 더욱 많았다.

2006년에 창립된 이쉰은 줄곧 정도경영을 추진해왔다. 원가구조가 좋은 편으로 안정적으로 운영되었으나 펀딩이 제대로 이루어지지 않아서 대규모 투자를 진행하기 어려운 구조였다. 그러다 보니 확장 속도가 네티즌의 발 빠른 수요를 따라잡지 못했다. 2007년에 징둥은 첫 번째 펀딩에 성공한 후 베이징과 상하이의 버스·지하철에 광고를 집행하기 시작하면서 브랜드를 널리 알렸고 그것이 매출액 증가에 적지 않은 도움이 되었다. 반면 이쉰은 광고할 여력이 없었기 때문에 성실히 상품 운영에만 주력했다. 2009년 말에 이쉰도 뉴에그를 추월하며 징둥을 계속 추격해왔다. 2011년 이쉰은 텅쉰과 협력관계를 구축하면서 자금과 접속량 등에서 텅쉰의 지원을 받았다. 2012년에는 두 회사 간 매출액 차이가 더욱 벌어졌다. 이쉰은 화둥지역에서 제법 인지도가 있었고 창산쟈오 고객 비중이 높은 편이었다. 반면 징둥은 재차 투자 유치에 성공했고 전국적으로 창고, 배송거점을 속속 구축하면서 폭발적인 성장을 기록하고 있었다. 결국 전략과 자본의 차이가 결과를 크게 바꿔놓았다. 텅쉰 덴상 체제 안에는 B2C도 있고 C2C도 있었기 때문에 균형점을 찾아가며 전략을 실행했다. 어찌 보면 당연히 속도가 뒤처질 수밖에 없었다.

그 당시 2년 동안 징둥은 배송대행업무를 물류의 돌파구로 정했고 멍칭진이 화중 분류센터를 맡았다. 이곳은 징둥 전국 물류망의 허브라 할 수 있다. 멍칭진은 압박과 동시에 영광스러운 자리를 맡았다는 이중적 감정을 느꼈다. 그는 이쉰에서 근무할 때 화중지역 물류의 선임팀장으로서 화중 4개 성의 물류배송을 책임진 바 있었다. 그가 느끼기에 징둥은 이쉰에서 건너온 직원들을 아무런 편견 없이 대했다. 쌍방이 합병을 추진할 때 분명 자신의 자리가 있을 거라는 확신은 있었지만 어느 자리로 발령 날지는 알 수 없었다.

2014년 12월 8일, 징둥과 텅쉰 뎬상이 합병한 지 9개월가량 되었지만 상하이 이쉰의 안내대, 사무실 벽의 와이파이(Wi-Fi) 표식, 사무 공간 등 어디에서나 여전히 펭귄 로고의 자취를 발견할 수 있었다. 그런데 직원들이 열람하는 잡지진열대에서는 징둥과 관련된 회사라는 흔적을 찾을 수 있었다. 바로 징둥의 사보인 〈징둥인〉이 진열대 안에 있었다.

텅쉰은 급여수준이나 복지가 좋은 회사이며 주가도 높은 편이다. 그렇다면 과연 직원들이 징둥으로 옮기려 할 것인가? 징둥 쪽에서 보면 이번 합병은 반드시 성공해야 했다. 이미 돌이킬 수 없는 강을 건넜기 때문이다. 이를 위해 두 회사의 합병담당 팀원들은 매일 새벽 3~4시가 되어서야 잠자리에 들었다. 이를 본 텅쉰 직원들은 업무강도에 놀라면서 속된말로 '빡세다'는 인상을 받았다고 한다.

류창둥은 징둥 인력자원부에 다음 3가지 조건을 내걸었다. 첫째, 해고 불가. 텅쉰 직원이 떠나겠다고 결정하지 않는 이상 반드시 적합한 자리를 마련한다. 둘째, 임금삭감 불가. 셋째, 잔류한 모든 직원은 계약보너스와 잔류보너스를 지급한다.

합병으로 징둥에 합류할 대다수 직원은 사실 급여가 달라지는 것에 크게 신경 쓰지 않았다. 그들이 관심을 둔 것은 어떤 자리에 배치되고 자신의 직위가 어떻게 바뀌는지였다. 처음 통합작업을 시작할 때 징둥의 많은 부서가 갈팡질팡하며 술렁거렸다. 징둥그룹의 인사담당 최고책임자 겸 법률총괄 수석고문인 장위는 그 누구라 할지라도 합병위원회의 비준 없이는 단독으로 일처리를 할 수 없으며 관련 내용을 숙지하라고 못 박았다. 만일 외부로 관련 내용이 하나라도 유출되면 갖가지 유언비어가 난무할 것이 불 보듯 뻔했기 때문이다. 또 고도의 추진력을 발휘하려면 모두가 보조를 맞춰야 했다. 규칙으로 정하지 않으면 논란이 가중될 수 있는 상황이었다.

3월 10일에 계약이 성사되었다. 4월 3일에 징둥은 텅쉰에서 이동한 직원과 근로계약을 체결했는데 계약 전환율이 무려 96.5%에 달했다. 리나(李娜)는 원래 이쉰에서 100명의 직원을 이끌고 있었는데 이번에 잔류하지 않고 떠난 사람은 10명 미만이었다. 리나는 2011년에 이쉰에 입사해 구매관리를 담당했다. 텅쉰과 징둥의 합병소식이 인터넷에 올라오자 직원들은 공황상태에 빠지기 시작했고 뉴스가 나온지 며칠이 지나도 술렁거리는 분위기는 가라앉지 않았다. 막상 뉴스가 정식 발표되자 오히려 분위기는 차분해졌다. 징둥의 인력자원부가 내부 통합사이트를 만들고 직원들과 소통을 시작하면서 점차 자리가 잡혔다.

징둥 모바일 채널이 날개를 달다

2015년 1월 26일, 선전에 위치한 기존의 텅쉰 사무실 공간은 이제 징둥 웨이신과 모바일QQ 사업부가 사용하고 있다. 이곳 사무환경은 공간이 확 트여 있어 쾌적하며 조용하다. 필자는 통로에서 접이식 침대 3개가 놓여 있는 것을 보았는데 아마도 야근한 직원이 피곤해서 잠시 눈을 붙인 듯 보였다. 파이파이왕의 많은 직원은 텅쉰에서 오래 근무한 직원들로 10년 가까이 된 사람도 있다. 징둥과 텅쉰 뎬상의 합병 이후 이들 인력이 징둥에 합류했다.

징둥 웨이신·모바일QQ 사업부 운영책임자인 핑옌(馮燕)은 2005

년 텅쉰에 인턴으로 입사했다. 처음 합병소식을 접했을 때는, 2년만 있으면 10년 근속으로 '골드펭귄' 근속패를 받을 수 있는데 아쉽게 되었다는 마음이 앞섰다. 텅쉰에서는 혼자 처음부터 끝까지 챙겨야 하는 구조여서 업무절차가 길게 늘어져 있었는데, 일례로 업체 유치 부터 제품선택과 운영까지 모두 그의 몫이었다. 그런데 합병 이후 징둥의 강력한 공급망 덕분에 업체 섭외에 도움을 받기도 했다. 텅쉰에 서 협력을 성사시키지 못했던 브랜드의 경우, 징둥 구매담당자가 공급업체와의 미팅을 주선해주기도 했다. 덕분에 예전에 추진하지 못했던 계획을 이제 실행에 옮길 수 있었다. 예를 들면 중싱 누비아 (nubia, 스마트폰 기종 이름-역주), OPPO(스마트폰 제조사-역주), GAP, 유니클로 등 유명 브랜드업체를 유치할 수 있었다. 어쩌면 징둥의 PC 채널과 텅쉰 덴상의 단독적인 기반만으로는 유치하기 어려웠을 것이다. 양사의 합병소식이 전해지자 이런 유명 브랜드업체가 벌떼처럼 몰려들었고 웨이신 채널을 통해 신상품 출시 소식을 가장 먼저 전하는 방법을 선호했다. 실제로 OPPO에서 새로운 기종을 출시하자, 징둥 웨이신 담당팀이 SNS 게임이벤트를 기획하여 홍보를 시작했다. 그 결과 처음 10만 명의 접속자 수가 나중에 1억여 명으로 급증하면서 인지도를 높일 수 있었다.

2·3선 도시에서 모바일QQ의 활용도가 특히 높은 편이고, 공장 밀집 도시가 성회도시보다 사용빈도가 높다. 또한 모바일QQ의 주된 고객군은 고졸 출신으로 젊고 구매력은 낮은 편이지만 유행을 좇는다는 특징이 있다. 모바일QQ는 지역별 특정 구역을 핀포인트로 삼아 광고를 집중하면 상당한 효과를 거둘 수 있었다. 이를 통해 신규

고객을 대량 유치하면서 노출도가 급증했다. 2014년의 징둥 재무보고에 따르면 연간 실사용자 수가 전년 동기대비 104%가 증가하여 9,660만 명에 달했다.

징둥그룹 부총재 겸 웨이신·모바일QQ 사업부 총경리인 허우옌핑(侯艶平)은 원래 파이파이왕의 총책임자였다. 처음 양사의 합병소식이 공식 발표되었을 때, 그녀는 매우 복잡한 심경이었다고 했다. 파이파이왕은 그녀에게 자식처럼 소중한 존재였기 때문에 파이파이왕의 운명이 어떻게 될지 노심초사하며 더욱 잘되기만을 바랄 뿐이었다. 이성적으로 판단할 때 합병은 현명한 선택이었다고 생각했다. 징둥이 온라인쇼핑몰에 더욱 강했기 때문이다.

허우옌핑은 2007년 8월 텅쉰에 입사했는데, 야후와 이베이에서 다년간 일한 경험을 가지고 있다. 당시 미국 최고의 엔지니어 및 상품팀장들과 협력작업을 진행하면서 상당히 많은 노하우를 배울 수 있었다. 그녀는 자신이 행운이라고 여겼다. 중국 인터넷이 비약적으로 발전하는 중차대한 시기에 자신도 이 대세에 편승하여 위대한 시대의 작은 영웅이 될 수 있었기 때문이다. 또한 그녀는 시대의 변화무쌍한 모습을 직접 겪은 산증인이었다.

텅쉰은 2004년부터 파이파이왕을 운영하기 시작했다. 시기적으로 알리바바보다 약간 늦긴 했지만 거의 비슷한 시기라고 보면 된다. 하지만 이 두 업체의 결정은 천양지차였다. 그 당시에 타오바오는 알리바바의 모든 미래였다. 알리바바는 가장 좋은 자원과 모든 자원을 타오바오에 쏟아부었다. 반면 텅쉰에게 파이파이왕은 단지 새로운 작은 시도에 불과했고 잘하면 좋지만 잘 안 돼도 대세에는 별다른 영향이 없었다.

이베이를 두려워했던 알리바바는 직접 엘리트를 엄선해서 전력투구하면서 인터넷에 모든 광고를 집중시켰다. 이때는 타오바오의 모든 업무를 마윈이 직접 관장하던 시기였다. 텅쉰도 파이파이왕을 잘 운영하고 싶은 마음이 없었던 것은 아니다. 하지만 텅쉰이 벌 수 있는 돈은 여기저기 널려 있었기에 아쉬울 게 없었다. 파이파이왕은 텅쉰의 작은 상품이나 다름없었다. 이러한 상황에서 예산을 받아내기란 녹록지 않은 일이었다. 자원 투입의 많고 적음이 가져오는 차이는 엄청났다. 한편으로 의식의 차이도 한몫했다. 알리바바는 마케팅을 통해 기업을 일으킨 케이스였기 때문에 얼마든지 광고에 돈을 퍼부을 준비가 되어 있었다. 반면 텅쉰은 돈 쓸 필요 없이 구전효과를 통해 홍보하면 된다고 생각했다. 그러다 보니 매년 예산도 통상 100~200만 위안에 불과했다. 게다가 파이파이왕은 적자를 내는 사업부문이었고 비주류 서비스로서 회사 내부적으로 위상도 매우 미약했다.

텅쉰이 온라인쇼핑몰의 중요성을 깨닫고 독립된 자회사를 설립해서 자원 투입을 확대할 당시에, 모든 자원은 이쉰왕에 투입됐다. B2C를 직접 경영하면 더욱 큰 비즈니스 기회를 얻을 것이라 판단해서다. 텅쉰 덴샹의 전략적 선택을 회고해보면 한정된 자원을 가지고 오로지 단 하나만의 전략적 방향을 선택할 수 있었다. 그 결과 텅쉰은 B2C 직영이라는 카드를 선택했고 여기서 또 한 번의 기회를 놓쳤는데, 바로 플랫폼형 B2C라는 카드를 선택하지 못한 것이다. 2009년에 텅쉰이 QQ상청을 오픈했을 때 비즈니스모델은 엄청난 잠재력을 보유하고 있었다. 그 당시에 톈마오라는 명칭은 아직 세상에 등장하지 않고 '타오바오상청'만이 존재했었다. 시장을 주도하는 거대한 업체가 등장하기 전이었기 때문에 업체들은 QQ상청에 상당히 호감을 가지고 있었다. 또한 징둥도 2010년 말이 되어서야 비로소 POP를 시작했다. 다소 늦은 감은 있었지만 류창둥의 사업 추진 의지는 매우 확고했다.

허우옌핑은 나중에 자신의 사고방식이 근시안적이었다며 씁쓸해했다. 첫째로 A 아니면 B라는 식으로 선택을 스스로 강요했을 뿐 두 가지 모두 시도하려는 노력을 못 했다는 점이다. 이 말이 맞다면 징둥 입장에서도 파이파이왕이나 POP도 할 필요가 없다는 의미다. 만일 기업 입장에서 지나치게 많은 자원을 투입하는 게 꺼려진다면, 창업 방식으로 진행할 수 있다. 외부에 비즈니스를 개방해 투자를 받으면 된다. 둘째로 항상 더 좋은 모델이 없는지 고민해서 흔들렸다. 처음에 타오바오 모델이 이상적이라고 판단해서 시작했는데 스스로 부정적인 면만 봤다. 잇달아 QQ상청을 오픈해서 추진하면서도 또다시 부정적으로 변해갔다. 어떤 모델이든 자신만의 독특한 강점을 보유하기 마련이고 자신만의 '결정적 시기'라는 게 존재한다. 만일 결정적 시기를 놓치면 성장할 수 있는 기회를 놓칠 수 있다. 한 번 시작했으면 반드시 전력을 기울여야 하며 흔들림 없는 추진력으로 끝까지 밀어붙일 필요가 있다.

텅쉰과 징둥의 합병을 지켜보면서 이들이 과연 문화적인 융합을 이룰 수 있을지에 대해 필자는 의구심을 가졌다. 두 기업의 문화적 차이가 컸기 때문이다. 텅쉰은 전형적인 인터넷기업으로 상품팀장부터 분위기와 문화를 강조한다. 자유를 추구하는 반면 의사결정은 느긋한 편이고 신중하면서도 세심히 고심한다. 또한 사용자경험을 매우 중시한다. 여러 의견이 나오면 거침없이 맞서는 분위기다. 텅쉰은 비즈니스 경계가 모호한 편으로, 자유롭고 느슨한 분위기가 조성되지 않으면 새로운 것을 창조하기 어렵다고 여긴다. 이에 반해 징둥은 의사결정단계가 텅쉰보다 짧고 무엇이든 결과를 강조한다. 추진속도와 피드백속도 또한 텅쉰보다 빠르다. 무엇이든 전자상거래모델을 기준으로 결정하며, 모든 경영·관리도 서비스지원 쪽에 초점이 맞춰져 있다.

류이(劉軼, 현재 징둥 사용자경험 설계부 부총재)는 텅쉰 덴샹이 징둥에 합병된 이후에 징둥의 사용자경험 업무를 담당했다. 그 당시 징둥은 통일된 사용자경험 표준을 수립할 필요가 있었다. 기존에는 표준 없이 산만하게 운영되었기 때문이다. 때로는 메인페이지 이외에는 공급업체가 직접 제작한 화면을 그대로 적용해 고객에게 오픈하는 경우도 있었다. 류이가 이를 발견하고 원인을 파악해보니, 공급업체와 업무 협의를 마치고 나면 징둥 쪽에 시간이 늘 촉박해서 오픈까지 2시간 정도만 남은 경우가 허다했다고 한다.

메인페이지의 카테고리 분류만 봐도, 예전 텅쉰은 별다른 개념 없이 자유롭게 운영한 편이다. 류이가 결재를 상신할 때마다 무슨 이유인지 몰라도 매번 통과되지 못했다. 류창둥이 별도로 그를 불러놓고 30분 동안 이야기를 나누면서 1단계 분류와 2단계 분류의 개념을 설명했다. 류이는 징둥이 이 분야에 특히 민감하고 신중하다는 사실을 깨달았다. 알고 보니 분류체계도 사용자경험을 토대로 이루어지고 설계방식도 사용자의 예상루트를 벗어나지 않도록 짜여 있었다.

징둥에 입사한 후 류이는 인상 깊었던 것이 몇 가지 있다. 첫째는 사용자경험에 대한 회사의 집착이 그의 상상을 초월했다. 둘째로 권한위임 폭이 매우 컸다. 셋째로는 메인페이지 개편과 채널페이지 개편에 대해 승인을 받으려면 그 과정이 상당히 힘들다는 점이다. 상품팀장이 연구개발팀의 개발을 통해 신상품을 올리려면 대부분 구매영업팀의 심사를 거쳐야 했다. 페이지가 변경되거나 개편되면 구매영업팀 매출에 영향을 줄 수 있기 때문에 상품팀장들은 늘 노심초사했다. 신상품 출시 후 개편 승인에 대해서는 천천히 진행할 수밖에 없었다.

전자상거래의 경계선

중국 고객의 소비수준

소비자의 시간을 많이 점유한 자가 더욱 많은 가치를 창출할 수 있다. 궈메이와 쑤닝의 경우, 소비자들이 가전제품을 구매하려 할 때 궈메이와 쑤닝을 바로 떠올릴 만큼 소비자의 인식에 각인되어 있다. 또한 화장지 등 생활용품에 있어서는 소비자들이 월마트나 까르푸, 우메이(物美)를 우선 떠올린다. 그런데 궈메이와 쑤닝은 소비자의 시간을 거의 점유하지 못했다. 소비자 입장에서 가전이나 IT제품을 구매하는 경우가 한정적이기 때문이다. 반면 마트는 더욱 많은 시간을 차지한다. 징둥은 제품 종류가 다양하고 서비스가 광범위하여 소비자 구매수요를 거의 대부분 만족시킬 수 있다.

류창둥이 일용백화용품을 추진하겠다고 결심한 후, 징둥은 우선 적은 수량으로 출발했다. 처음에 고위 경영진은 3C도 아직 자리 잡지 못했는데 성급한 결정이라며 반대했다. 3C제품만을 전문적으로 판매하는 뉴에그가 좋은 사례라고 반박했다. 일례로 로컬 브랜드인 날라(Nala)의 창업주 류융밍(劉勇明)이 글을 하나 올린 적이 있다. 혼수용품을 준비하려고 징둥에서 컬러TV를 구입했는데 결국 망가졌다는 내용이었다. 당시 류융밍은 한국에서 유학중이었는데 류창둥이 류융밍에게 직접 전화로 사과의 뜻을 전했다. 류융민의 그 글에는 한국이 전자상거래가 가장 발달한 국가라는 내용도 있었다. 류창둥은 당시 징둥 총재보좌관이었던 류솽을 즉각 한국으로 보내 시찰토록 했다. 류솽은 귀국 후 상세한 보고서를 제출했는데, 보고서의 요점은 '일용백화시장이 3C시장보다 훨씬 방대하다' 였다.

류창둥은 이 보고서를 고위 경영진과 투자가에게 회람토록 했다. 그리고 2009년 6월부터 대대적으로 일용백화시장에 진입하기 시작했다.

캐피탈투데이는 전국적으로 3,000명을 대상으로 가정방문 인터뷰를 실시한 바 있다. 주로 중산층을 대상으로 했는데, 인터뷰 결과를 확인한 쉬신은 징둥 주식을 장기 보유하는 것에 더욱 강한 믿음을 가졌다. 그 이유는 첫째, 1980년대생은 인터넷 충성고객으로 매일 최소 5시간 이상 인터넷을 본다. 은둔형 외톨이들은 어릴 때부터 형제자매가 없이 늘 QQ만 끼고 채팅에 몰두한다. 형제자매가 있다 해도 그들 모두 인터넷 세대다. 둘째는 50% 이상의 제품을 인터넷에서 구매한다. 셋째, 소비자는 영유아용품, 식품, 화장품 등에서는 금액을 더 지불하고 구매할 의사가 있다. 특히 이런 제품일수록 반드시 정품을 구매했다. 이 부분이 바로 징둥의 강점과도 부합된다.

3·4선 도시에 거주하는 월수입 5,000위안 정도의 3인 가정을 보면, 결혼할 때 주택은 부모가 사준 경우가 많고 여자 쪽에서 가구와 자동차 등을 마련했으며 생활하는 데 큰 부담이 없는 계층이다. 500~800위안은 자녀에게 사용하고 1,000위안은 생활비로 사용하며 2,000위안은 저축을 한다. 그리고 남은 2,000위안 정도는 편하게 지출한다. 그렇다면 이 2,000위안을 어디에 사용하는지가 중요하다. 100~200위안 상당의 제품 구매는 이들에게 전혀 문제가 되지 않았다. 웨이핀후이(唯品會, vip.com)에서 '객단가'를 100위안으로 낮추자 판매량이 폭증했다. 이 고객층은 의류디자인을 중시하며 신발은 편안함을 추구한다. 비록 아디다스나 나이키를 구입하지는 못해도 최소 리닝(李寧)이나 안타(安踏)를 구입한다. 원래 차차과쯔(恰恰瓜子, 해바라기씨 제품명 – 역주)를 구입했던 사람도 이제는 산즈쑹수(三只松鼠, 견과류 제품명 – 역주)를 구입했는데 식품에서도 소비수준이 높아졌다는 의미다.

3,000명을 대상으로 실시한 인터뷰에서 조사지역은 1선 도시 2곳, 2선 도시 2곳과 3선 도시 5~6곳이었다. 소비자는 징둥을 '정품 판매를 고수하여 가품이 전혀 없으며 배송서비스가 특히 우수하고 영수증 발급과 확실한 AS 등 믿을 만한 기업'이라고 평가했다.

타오바오의 결정적 단점은 선택권이 너무 많다는 점이다. 소비자가 원하는 제품을 신속하게 찾기 어렵고 가격편차가 심해서 어느 입점업체를 믿어야 할지 모르겠다고 평했다. 품질에 민감한 고객은 이미 징둥과 웨이핀후이로 옮겨온 상태였다.

중국 중산층이 점차 확대되면서 품질과 서비스에 대한 소비자의 기대수준이 높아졌고 상대적으로 가격에는 덜 민감하게 반응한다. 따라서 중산층이 사회의 주류세력으로 자리 잡는다면 사용자경험이 바로 승패의 관건이 된다. 징둥이 규모를 확대할 수 있었던 것도 사용자경험을 제대로 구현했기 때문이며 실제로 이 분야에 적지 않은 자원을 투입해왔다.

영ㆍ유아 및 식품 등은 반복구매율이 높은 품목으로, 잠재력이 큰 시장이다. 영ㆍ유아시장은 연간 시장규모가 3,000억 위안이다. 1980년대생, 1990년대생 가운데 부모가 된 사람들은 특히 온라인쇼핑에 열중한다. 영ㆍ유아 제품은 고정적 수요가 발생하는 품목이다. 젊은 부모가 노트북은 없어도 되지만 아이에게 분유를 안 먹일 수는 없기 때문이다. 또한 고객층도 협소한 편이라서 아직 자녀가 없는 고객에게 아무리 광고를 내보내고 이벤트를 실시해도 유인할 방법이 없다. 따라서 온라인 영ㆍ유아 제품시장에서 50% 이상의 시장점유율을 차지하려면 관건은 바로 정품 판매다. 결국 공급업체와의 협력을 통해 안정적인 정품 공급이 절대적으로 필요하다.

식품시장의 규모 자체는 매우 방대하지만, 현재 인터넷으로 식품을 구매하는 시장에는 한계가 있다. 원인은 두 가지다. 하나는 전자상거래가 오프라인 구매의 적시성을 만족시킬 수 없다는 것인데, 식품이란 게 언제든지 구입해서 바로 먹어야 하기 때문이다. 둘째는 낱

개 구입이 어렵다는 점인데, 온라인은 통상 대량으로 판매하기 때문이다.

멍뉴(蒙牛)나 이리(伊利) 같은 기업은 제품기획을 모두 오프라인에 맞춰 설계한다. 징둥은 기업의 발 빠른 구조전환을 돕고자 노력하고 있는데, 특히 온라인담당 전문인력을 배치하지 않은 기업에게는 전담조직을 구성하라고 권고하기도 했다. 식품 공급업체의 98% 이상이 오프라인채널만 운영하고 있는데, 물론 이들도 온라인의 가치를 뼈저리게 절감하고 전환할 의지도 보이고는 있다. 내부적으로 신·구 세력이 힘겨루기를 하며 설왕설래를 하고 있고, 다행히 '온라인은 절대 불가하다'고 단언하는 업체도 아직은 없다.

3C시장이 직면한 문제는 성장모멘텀을 찾지 못한다는 점이다. 반면 식품은 곳곳에 기회가 있다. 다만 단시일 내에 어떻게 비약적 성장을 견인할지가 관건이다.

식품의 가격민감도는 낮은 편으로, 콜라를 구매할 때 소비자는 별다른 고민 없이 목이 마르면 구매한다. 식품 판촉행사를 보면 반값할인 행사를 자주 목격할 수 있다. 반값으로 판매하는 경우 판매수량을 4배 올려야만 매출액이 2배가 될 수 있다. 그렇다면 매출액은 어떻게 늘어난 것일까? 구매 고객의 숫자가 증가한 것인가? 아니면 한시적으로 집중 구매한 것인가? 전자의 경우처럼 구매 고객의 숫자가 늘어난 거라면 의미가 있지만, 후자라면 문제가 있다. 후자라면 고객군은 그대로 변함이 없으면서 6개월 동안 구매할 제품을 한 번에 구매했기 때문이다. 현재 징둥 고객 가운데 9%만이 식품을 구매한 이력을 보였는데, 이는 징둥에게 도전이자 기회라 할 수 있다.

농촌 전자상거래

2013년 8월, 고객서비스를 담당하던 왕즈쥔은 류창둥의 지시로 배송부 부총재로 발령이 났다(2015년 3월에 왕즈쥔은 징둥그룹 산하의 O2O 자회사인 '징둥다오자(京東到家)'의 총재로 임명됨). 류창둥은 배송 분야에서 돌파구를 마련하고 싶었다. 가장 말단인 최종소비자 서비스에서 혁신을 창출하려는 의지가 있었고, 지능형 셀프픽업대가 그 일례라 할 수 있다. 또한 직영상품의 배송서비스를 POP 플랫폼에도 그대로 적용해 공공 물류를 추진하고자 했다.

류창둥의 야심은 중국 행정구역지도에서 볼 수 있는 곳이라면 어디에나 징둥의 그림자가 보이도록 만드는 것이다. 그는 왕즈쥔에게 중국 지도에 10만 개의 붉은 기를 꽂으라고 지시했는데, 다시 말해 10만 향촌에 진입하라는 의미다.

농촌의 소매시장은 매우 낙후한 상황이며, 유통단계를 거칠 때마다 여러 번 가격이 올라가고 가품이 판을 치고 있다. 이름만 들어도 알 수 있는 유명 브랜드의 '짝퉁'은 말할 것도 없고 농민의 삶의 터전이 되는 씨앗, 화학비료, 농약 등도 가짜를 만들어 팔고 있다. 이런 문제가 과거 몇 십 년 동안 농민의 삶을 짓누르고 있으며 여전히 해결되지 않고 있다. 전통적인 유통판매 방식을 살펴보면, 종자품종만 해도 성 단위 본점에서 시 단위 지점으로 공급되고 다시 시골 읍내로 전달된다. 5~6단계의 유통채널을 거치면서 채널별 원가가 더해지는데, 이는 결국 농민들의 재배원가 상승을 초래했다.

도시민들은 과일이나 채소가 비싸다고 아우성이지만 정작 농민들은 전혀 돈을 벌지 못하고 있다. 농산품이 원산지에서 최종소비자에게 전달되기까지 유통단계가 너무 길기 때문이다. 그러나 전자상거래업체는 상위 공급망의 단계를 대폭 축소해서 농약을 직접 제조업체에서 농민에게 전달하는 역할을 할 수 있다. 종자도 종자 생산기지에서 징둥을 통해 농민의 손에 직접 전달될 수 있다. 비즈니스 이익을 지속 창출한다는 전제 하에, 징둥은 채널을 단순화하여 생산원가를 인하하고자 노력하고 있다. 이뿐만 아니다. 농민들은 생활필수품에 대해서도 상당한 소비수요가 있다. 특히 전자제품에 대해 강한 구매 욕구를 보인다. 하지만 같은 모델의 TV를 농촌에서 구매하면 징둥에서 구매할 때보다 1,000위안은 더 지불해야 하는 상황이다. 이런 측면에서 이쪽 시장은 충분히 군침을 흘릴 만한 거대한 케이크에 비유될 수 있다.

모바일 인터넷은 농촌의 전자상거래시장에 불을 지핀 주력군에 비유될 수 있다. 과거 농촌의 컴퓨터 보급률은 매우 낮았다. 우선 대당 3,000위안인 컴퓨터에, 매월 80위안 정도의 인터넷비용을 지불해야 하고, 농민들이 컴퓨터 앞에 한가롭게 앉아 있을 여건이 못 되기 때문이다. 농촌고객 입장에서는 정보 취득의 대가가 너무 컸던 셈이다. 하지만 이제는 스마트폰과 모바일 인터넷이 일반화되면서, 농민들도 일하다가 짬짬이 휴대폰 어플로 인터넷에 들어갈 수 있다. 400~500위안 정도면 스마트폰을 구입할 수 있기 때문이다. 이제는 휴대폰으로 주문하고 택배기사가 제품을 가져오기를 기다리기만 하면 된다. 전자상거래기업에게 농촌시장은 아직은 계몽단계라 할 수 있다. 시골 사람들은 아직은 눈으로 직접 본 것을 믿는 편이다. 온라인쇼핑몰이 아무리 좋다고 떠들어본들 직접 보지도 만져보지도 못한 물건은 믿지 않으며 심지어 다단계판매라고 의심하는 사람도 있다.

징둥이 농촌지역에 진입할 수 있는 기반은 이미 조성된 물류망이다. 전국적으로 2,860개 구·현에 1,821개소의 배송거점이 깔려 있다. 계획에 따르면, 우선 현급 이상의 일부 배송거점을 서비스센터로 개조해 진열공간을 늘리고 일부 상품을 전시할 것이다. 이곳은 현지인에게 인터넷쇼핑 방법을 안내하는 용도로 활용된다. 다음으로 향촌협력점을 구축할 계획이다. 농촌지역에서 사회적인 지위와 명망을 갖춘 인사들과 협력을 추진해서 기존 자원(현지의 작은 매장이나 슈퍼, 수리점 등)을 충분히 활용해 거점을 마련한다. 이를 통해 징둥을 널리 홍보하는 한편 농민들이 구매할 수 있도록 도와줄 수 있다. 수익은 배분하는 형태로 가져가며, 징둥에서 택배상자를 거점까지 배송하고 거점에서 최종소비자에게 전달하는 형식을 취한다. 이렇게 해서 현도(縣都, 현정부 소재지―역주) 서비스센터를 중심으로 그 아래 농촌까지를 망라하는 방사형 물류망을 구성할 수 있다.

징둥은 농촌교정업무부를 신설하여 지역별로 2~3명의 향촌주임을 지정하고 현급 서비스센터 구축을 전담토록 했다. 류창둥은 왕즈쥔에게 '징둥 농촌공작소 소장'이라는 꼬리표를 달아주면서 왕즈쥔을 놀리기도 했다. 원래 왕즈쥔은 5만 개 향촌을 기준으로 예산을 편성했다. 그러자 류창둥은 "그것 가지고 되겠어? 최소 10만 개는 해야지"라고 말했다. 이에 왕즈쥔이 "그러면 제가 1년에 돈을 1억 위안 넘게 써야 되는데요"라고 대답하자, 류창둥은 "걱정 말게나. 푼돈이구먼. 1억 위안으로 되겠어? 2억 위안 줄 테니 해보게"라며 오히려 판을 키웠다.

왕즈쥔은 2015년 상반기에 3,000~5,000개의 향촌협력점을 안정적으로 구축할 것으로 예상했다. 한 개의 현에서 첫 단추를 잘 꿰면 그 다음부터는 배로 성장할 수 있다. 하나의 현에 몇 십 개의 향이 있고 또 하나의 향 아래에 10여 개의 촌이 있기 때문이다. 이후에는 폭발적인 성장을 기대할 수 있다.

2015년 3월 21일 오전 10시, 광저우에서 동북쪽으로 250㎞ 떨어진 광둥성 쯔진현(紫金縣)에 위치한 한 상가가 등롱을 달고 시끌벅적하게 경사스러운 행사를 준비하고 있었다. 상가는 도로에 인접한 한 아파트단지에 위치해 있었다. 상가에 붙어 있는 붉은색 징둥 로고가 유난히 반짝거렸다. 이곳에서 징둥 쯔진현 서비스센터 개소식이 막 거행되고 있었다. 현지 고적대를 초빙하여 흥을 돋우고 있었고 몇 백 명이 둘러싸고 구경하기 시작했다. 린훙쿤(林宏堃)은 화난지역의 광둥성 동·북쪽 향촌을 대상으로 거점 확대업무를 담당했다. 2014년 12월 27일에 담당업무가 확정되자, 29일 광둥 허위안시(河源市) 쯔진현에 도착하여 우선 거점후보를 찾았다. 그런 다음 현지담당 주임을 만났는데 택배원과 함께 채용전단지를 돌리고 있었다. 2015년 1월 21일에 쯔진현 서비스센터가 개소했다.

간젠러우(甘建樓)는 쯔진현 징쯔전(敬梓鎮) 중학교 교사로, 매월 징둥에서 1,000여 위안어치 제품을 구매하는 고객이다. 가끔은 동료들을 대신해 주문서도 작성해주곤 했다. 그는 농담처럼 가장 익숙한 '이방인'이 징둥 택배기사라는 말을 자주 했다. 거의 매일 학교에서 택배를 받았기 때문이다. 그는 징둥의 배송속도와 AS에 매우 만족하고 있었다. 아직까지 징둥에서 구매한 제품은 단 한 번도 말썽을 일으킨 적이 없다고 한다. 와이어스(Wyeth) 분유 한 통을 징둥에서는 138위안에 구매할 수 있는데 마을에서 사는 것보다 90위안이나 저렴했다. "월급쟁이들은 한 푼이라도 아낄 수 있으면 아껴야죠. 90위안이나 저렴하니 말해 뭐하겠어요?"

학교는 징둥의 취약 부분 중 하나로, 70여 개 대학에만 징둥이 알려져 있다. 대학 내 인지도가 낮은 편은 아니었지만 기반이 약하다 할 수 있다. 시난지역에서 조사한 결과 징둥을 선택한 학생 비중이 10여%에 불과했는데, 이는 징둥의 시장점유율에 걸맞지 않은 비중이다. 학교시장을 공략하기 위해 2015년에 600개 소의 '징둥 모모대학 출장소' 구축 계획을 수립하고 이 업무를 경영연수생에게 맡기는 게 좋다고 판단했다. 교정을 떠난 지 3년이 지나면 아무래도 교내 분위기를 파악하기 어렵고 참신한 대학생의 사고를 따라잡지 못하기 때문이다. 농촌지역은 계몽이 필요한 상황이고, 학교가 그 출발점이 될 수 있다. 기존 물류자원으로 교내를 공략하면 될 일이었다.

농촌에서 전자상거래의 핵심은 두 가지인데, 진입전략도 '전자상거래' 와 '금융' 을 중심으로 세워야 한다. 온라인을 통해 농촌시장을 공략할 때, 주로 전자제품과 의류잡화 위주로 진행하거나 농자재 등을 판매할 수 있다. 그런 다음, 농촌에서 우수한 품질의 농산품을 확보해 농민과 소비자를 직접 연결시키는 데 도움을 줄 수 있다. 과거 농산품이 4~5단계의 중간상을 거쳐서 소비자에게 전달되었던 구조를 타파하는 게 궁극적 목적이다. 징둥은 농지에서 바로 식탁으로 농산품이 전달되기를 희망하고 있다. 여기서 또 다른 새로운 영역인

'신선식품' 전자상거래가 대두된다. 지금까지는 온라인을 통해 중국 내에 신선식품을 대규모로 판매한 업체가 없었으며 완벽한 방안을 찾아낸 업체도 없었다.

신선식품 전자상거래

징둥은 허난성 탕양현(湯陽縣)에 소재한 무공해 채소재배 협동조합과 제휴를 추진하여 이곳에서 생산한 채소를 직접 징둥을 통해 정기적으로 정저우로 배송하기로 했다. 계약을 추진하면서, 징둥그룹의 정책연구실 주임 장젠서(張建設)는 직접 밭에서 흙을 파고 지렁이가 있는지 살펴보기도 했다. 장젠서는 채소를 운반하는 화물차를 따라 탕양현에서 안양시(安陽市) 도매시장까지 직접 따라가보기도 했다. 채소 산지 가격은 1근에 1.8위안인데, 두 번 중간상을 거쳤고 그럴 때마다 한 번에 0.5위안씩 올라갔다. 여기서 정저우에 도착해서 또다시 두 번 가격이 올라갔고 최종적으로 1근에 4.8위안에 거래되었다. 이 과정에서 협동조합의 순이익은 2~5%에 불과했으며 1근에 대략 0.1위안 정도의 수익을 올릴 수 있었다. 결론적으로 중간상이 너무 많았다. 징둥을 통하면 바로 최종소비자에게 전달되며 일반 채소 가격으로 무공해 채소를 판매할 수 있었고 이윤도 더 많이 챙길 수 있었다.

과일·채소 등 신선식품의 일반적인 유통과정을 살펴보면 이렇다. 산지 구매→산지 거래상→산지 도매상(예를 들면 베이징 신파디(新發地) 시장)→소형 도매상→지역 내 소매상→소비자. 이렇게 매번 단계를 거칠 때마다 물류원가가 붙는다. 그래서 도시 소비자가 과일과 채소 가격이 비싸다고 느끼는 것인데 알고 보면 유통단계 때문에 원가가 높아진 탓이다.

반면에 전자상거래업체는 농산품 원산지와 최종소비자를 직접 연결할 수 있다. 상품 카테고리를 살펴보면 신선식품은 쇼핑몰업체 입장에서 공격해야 할 최후의 보루라 할 수 있다. 신선식품의 경우 온라인쇼핑몰의 침투율은 1%도 안 된다. 그런데 온라인은 이미 전체 소매시장규모의 10%를 차지하고 있다. 예로부터 '백성은 음식을 하늘로 여길 만큼 중요시한다(民以食爲天)'는 말이 있을 정도로 먹을거리는 인간의 삶에 절대적인 부분을 차지한다. 이 시장규모는 현재 수조에 이른다고 해도 과언이 아니며, 특히 신선식품은 이익률이 높은 편이다. 객단가도 200위안에 달하며 그 가운데 약 100위안 정도의 이익을 얻을 수 있다.

하지만 중국의 신선식품 전자상거래는 아직 시장 육성단계로서 이곳에서 돈 버는 업체는 단 한 군데도 없다. 신선식품은 모든 전자상거래 플랫폼이 직면한 고질적 난제라 할 수 있다. 엄청난 시장잠재력을 보유하고 있으면서도 하나같이 갈피를 잡지 못했으며 완벽한 운영모델도 정착되지 않았다. 그렇다면 신선식품을 온라인에서 판매하기 어려운 이유가 과연 무엇일까? 우선 손실률이 크다는 점이다. 일례로 중국에서는 채소의 손실률이 25%에 육박하는데 다른 나라의 경우 5%에 불과하다. 두 번째 이유는 콜드체인(저온유통체계를 의미함—역주)의 원가가 비싸다는 점이다. 전국적인 콜드체인을 구축하려면 최소 수천억 위안을 투자해야 한다. 따라서 어느 기업이든 단독으로 이 분야에 뛰어들기 어려우며 반드시 사회적 자원을 활용해야 한다.

신선식품을 판매할 수 있는지의 여부는 콜드체인의 운송능력에 달려 있다. 현재 중국의 시장체계에서 콜드체인은 가장 큰 골칫거리이자 취약점이라 할 수 있는데, 투입원가가 막대한 분야이기 때문이다. 첫째, 저온유통 설비의 가격이 비싸다. 둘째, 배송효율이 일반 화물보다 낮다. 셋째, 시간을 다투는 품목으로 손실률이 크다. 넷째, 고객이 제품 수령을 거부할 경우 반송물류체계도 복잡하다.

징둥 물류팀에서 실제로 계산해본 적이 있다. 1만㎡의 일반창고 구축비용이 500만 위안인 데 반해 동일한 규모의 저온창고를 구축하려면 수천만 위안이 든다. 우선 냉동기기는 1년 365일 하루도 쉬지 않고 가동되어야 한다. 그러려면 표준임대 산업창고의 경우, 전기용량을 늘려야 하고 변압기가 1㎞ 밖에 있다면 도로를 건너 전기케이블을 끌고 와야 한다. 이것도 투자가 필요한 일이다. 게다가 인건비도 일반창고보다 높은데 한여름에도 두터운 잠바를 입고 냉동창고를 들락거려야 하기 때문이다.

또한 신선식품의 물류창고를 운영하려면 냉장종류별로 각기 다른 온도를 유지해야 한다. 저온냉장(영하 18도~25도), 고온냉장(0도~4도), 급속냉동(영하 25도~영하 35도) 등 다양하다. 또한 제품 종류에 따라 냉장온도도 다르다. 예를 들어 연어와 아이스크림은 영하 25도, 돈육은 영하 18도, 채소는 4~6도, 초콜릿은 18~22도를 유지해야 한다. 또 돈육 가운데 생고기는 영상 4도 이상을 유지하면서 일정기한 내 배송을 완료해야 육질이 손상되지 않고 식감을 유지할 수 있다. 냉동육은 영하 18도에서 냉동한 후 먹을 때 해동하는데 상대적으로 육질을 보장하기는 어려운 제품이다.

냉동창고를 운영하려면 우선 창고설계에서 온도별로 창고를 구분하고 향후 품목을 고려하여 설계에 반영해야 한다. 일례로 신선우유를 판매할지 돈육을 전문적으로 판매할지에 따라서 창고설계가 달라진다.

황싱(黃星)은 물류창고에서 거의 20년 가까이 근무했다. 그는 냉장차는 일반차를 개량해서 냉장기기, 냉동박스 등을 추가 설치하는데 그 비용만 7~8만 위안이 든다고 설명했다. 거기에 별도 모터를 달아 냉동기기를 유지하는데 기름소모도 만만치 않다고 한다. 냉장차는 반드시 일정온도를 유지해야 하는데, 물류팀에서 테스트한 결과 화물칸 온도를 4도로 설정하면 문을 열고 제품을 꺼낼 때마다 온도를 낮춰야 했다. 그런데 하루에 50건, 한 시간에 5건을 배송하기 위해서 평균 10분에 한 번 화물칸 문을 열면 온도를 도저히 4도로 유지할 수 없다는 결론에 도달했다.

차량을 개조할 때도 각기 다른 온도의 창고가 최소 두 개가 필요하다. 예를 들어 냉동고는 영하 18도, 외부는 0도~4도로 유지해야 한다. 그런데 어떤 노선을 배송할 때 각기 다른 온도의 제품물량을 통제할 수 없다는 것이다. 일례로 어느 특정 구간의 제품이 모두 0도~4도 제품이라면 어떻게 할 것인가? 이를 위해서는 물류시스템의 조절능력이 매우 중요하며 데이터분석도 치밀해야 한다.

뿐만 아니라, 신선식품 구매고객이 다른 날 배송해달라고 요청한다면 어떻게 할 것인가? 상온배송 상품의 경우는 분류센터에서 배송거점, 그리고 배송거점에서 고객까지 배송을 하면 되고, 만일 고객이 내일 다시 배송해달라고 하면 배송거점으로 다시 반송하면 된다. 그런데 육류라면 이야기가 달라진다. 다시 냉동고로 보낼 시간적 여유가 없다. 배송거점으로 반송하려면 배송거점 내에 냉동고가 설치되어 있어야 한다는 의미인데, 고객이 수령을 거부한 제품물량이 많아서 저장할 공간이 부족하면 어떻게 할 것인가? 한두 건을 위해 별도로 냉동차를 운행해 분류센터로 반송한다면 그 물류비용을 감당하기 어려울 것이다.

하지만 어찌 됐든 신선식품의 온라인 판매는 반드시 진행할 사업이다. 몇 조에 달하는 시장을 마냥 두고볼 수만은 없지 않은가. 여기서 뒤로 물러서면 향후 징둥의 발전이 한계에 부딪힐 수 있다.

징둥은 2014년이 되어서야 콜드체인을 구축하기로 확정했다. 실험단계에서는 원가 절감을 위해 물류시스템 내에 해운용과 70~80㎥의 냉장컨테이너를 분류창고에 설치했다. 주문이 몇 백 건에 불과할 경우 바로 이 안에서 작업한다. 이 외에 소형 냉장박스를 구비하여 분류센터의 운송차량 안에 비치함으로써 24시간 내 저온유지가 가능토록 했다. 2014년에 베이징·상하이·광둥 3대 도시 배송거점에 냉동고를 설치하기 시작했다.

콜드체인의 원가가 높기 때문에 신선상품의 운영 초기에는 반드시 고품질의 단가가 높은 제품을 취급할 필요가 있었다. 2014년 6월, 개방형 플랫폼 대형고객부 이사인 황링(黃玲)은 해외의 신선식품을 취급하기 시작했다. 특히 희소가치가 있는 제품을 판매했다. 예를 들면 과테말라의 새우 또는 모상킹(Musang king)의 두리안(말레이시아의 최고 브랜드) 등이다. 누구나 마트에서 구입 가능한 제품은 판매하지 않고 고객이 구하기 어려운 품목을 취급했다. 현재 27~40대 가정은 특히 식품품질에 대해 까다로운 편이며 비싸더라도 건강하고 안전한 상품을 구입하려는 경향을 보인다.

2014년 8월에 반기 결산회의에서 전자상거래의 미래 3대 성장 분야를 선정했다. 바로 신선상품, 해외 전자상거래, O2O다. O2O를 시도하는 기업은 많지만 어떻게 방향을 잡아야 할지 아직 갈피를 못 잡고 있다. 신선상품은 하드웨어 설비 투자에 한계가 있으며, 해외 전자상거래는 제도적인 면에서 돌파구 마련이 필요한 분야다. 신선상품이 설비문제를 해결하고 해외 전자상거래의 법률제도문제가 원만히 해결된다면 이 두 분야는 비약적 성장을 기대해도 좋을 것이다.

황링은 예전에 신선식품과 관련해 안타까운 사례를 직접 목격한 바 있다. 한 공급업체가 산둥에서 앵두를 구매했는데 시간을 맞추기 위해 더운 날씨에 채취를 감행했다. 뜨거워진 상태의 앵두를 냉동시설도 없이 바로 고객에게 배송한 결과 40%가 손상돼버렸다. 손해금액도 어마어마했지만 고객의 원성이 자자해서 한동안 곤혹을 치러야 했다. 반면 그녀는 칠레산 앵두는 전혀 문제가 없음을 확인할 수 있었다. 칠레산 앵두는 우선 물로 깨끗이 행군 후 물에 담그고 온도를 낮춘다. 그리고 다시 2도 정도로 저장을 해서 한 달 동안 배로 운반하여 중국 소비자에게 전달되는데 여전히 신선도를 유지할 수 있었다.

징둥은 신선식품 가운데 우유를 직수입하기도 하는데, 우유 원산지 중 가장 손꼽히는 지역이 호주와 뉴질랜드다. 품질과 가성비 모두 우수하며 아직 중국에 진입하지 않은 브랜드가 많다. 우유를 직수입하려면 일정량을 주문해야 하는데 다 못 팔아도 무조건 1,000상자를 구매해야 한다. 또한 항공운송을 하려면 비행기 한 대당 4,200상자

기준으로 주문을 받으며, 그 미만으로 주문하면 발송해주지 않는다. 관건은 유효기간 내에 제품을 모두 소화해야 한다는 점이다. 유효기간이 9개월이면 실제 판매할 수 있는 기간은 6~7개월이며, 유통기한이 1~2개월 남은 제품은 소비자가 구매하지 않기 때문에 의미가 없다. 호주산 A2 우유는 호주에서 항공운송을 하는데 유효기간이 21일이다. 공장출고, 항공운송, 국내통관까지 열흘 정도 소요된다. 그리고 3일 남은 제품을 고객이 구매할 리 없기 때문에 실제 판매가능 기간은 7일에 불과하다. 그런데 2014년 말에 A2 우유 수만 톤을 4~5차례 걸쳐 수입해 일주일도 안 돼서 판매 완료한 바 있다.

장리는 현재 류창둥이 신선식품 판매에 지속적인 관심을 가지고 있다고 설명했다. 지금은 아직 파이가 크지 않지만 향후 분명히 잠재력이 있다고 판단하기 때문이다. "식품 분야는 향후 무난히 1,000억 위안을 달성할 것이다. 다만 목표를 달성하기까지 5년이 걸릴지 아니면 10년이 걸릴지는 아직 장담할 수 없다." 류창둥은 항상 웨이신을 통해 장리에게 "신선식품 추천할 만한 게 뭐 없나?" 혹은 "지금 지방 특산품 팀원이 몇 명이지?"라고 묻곤 했다. "특산품의 경우에 류 사장님은 전국적으로 1,000개 소 학교의 대학생을 동원할 생각을 했습니다. 학생들이 자력으로 돈도 벌면서 사회에 조기 진출하도록 독려하는 거죠. 대학생 대부분이 전국 방방곡곡에서 모여든 경우예요. 그래서 자기 고향의 특산품이 무엇인지 훤히 꿰고 있기 때문에 그 제품을 가지고 와서 팔 수 있다고 판단했습니다. 우리가 일정보수를 제공하면 학생들 입장에서 수입도 생기고 사회에 진출할 기회도 생기게 되는 거죠. 징둥도 각종 지방특산품을 신속히 수급할 수 있어서 도움이 되고요."

신선식품과 지방특산품은 같은 맥락으로 봐도 된다. 누가 먼저 선점하는지에 따라 우위를 점할 수 있는 분야다. 관건은 시장 진출입에 기동성을 발휘해서 속도감 있게 진행해야 한다는 것이다. 또한 제품을 고르는 안목도 필수적인데, 그렇지 않으면 손실률이 커서 문제가 될 수 있다. 이 외에도 희소상품을 온라인에서 판매함으로써 오프라인 마트에서 구하기 어려운 품목을 취급할 필요가 있다.

일용백화사업부 식품업무팀 선임팀장인 옌쉬훙(閻旭紅)은 2012년 3월에 개방형 플랫폼 건강식품부에 입사했다. 당시 한 달 매출액이 400만 위안이었는데, 2013년 7월에 그녀가 팀을 떠날 무렵에는 한 달 매출이 6,000만 위안에 달했다. 2013년 8월에 그녀는 일용백화 식품부의 두 개 팀을 맡았다. 하나는 '만년 2등'인 명차·인스턴트 드링크 상품인데 여기서 2등이란 거꾸로 2등을 말한다. 그리고 꼴찌는 바로 신선식품이다. 명차는 매출목표의 31.3%밖에 달성하지 못했고 인스턴트 드링크의 달성률은 31.2%였다. 신선식품은 늘 만년 꼴등을 독차지했다. 2014년 하반기에 징둥 내부적으로 구조조정을 실시하고 기존 POP 신선상품부문을 일용백화부로 편입시켰다. 2014년 11월에 옌쉬훙이 국내 신선상품과 명차를 인수받았는데, 그녀는 신선상품을 맡은 9번째 책임자였고 해당 월의 주문건수는 1,000건이었다.

옌쉬훙은 건강식품부를 떠날 때 너무 고통스러워서 눈물이 절로 나왔다고 한다. 오랫동안 힘들게 공들여 키워온 것을 빼앗겼다는 느낌이 들어서였다. 게다가 설상가상으로 실적이 가장 저조한 두 개 상품라인을 맡았으니 그럴 만했다. 하지만 지금은 POP 책임자인 신리쥔에게 감사하고 있다. 예전에 그녀는 의약품을 담당해서 학연이나 인맥, 자원도 모두 의약품 업종에 있었다. 의약품 업종을 떠나면서 그녀는 살아남기 힘들 거라는 강박관념에 휩싸였다. 명차에 문외한이어서 더욱 그랬다. 1976년생인 그녀는 나이가 좀 먹은 상태에서 업종을 전환해야 했으니 분명 큰 도전이 될 것이고 쉽지 않은 일일 거라 예감했다. 2014년 화이트데이에 옌쉬훙은 톄관인(鐵關音, 우룽차(烏龍茶)의 일종. 푸젠성에서 생산됨 – 역주) 판촉행사를 기획했다. 그때 신리쥔이 그녀를 불러들였다. 밸런타인데이나 화이트데이 같은 행사는 감성적인 부분을 터치해야 되는데 톄관인은 딱딱한 느낌이 들고 전혀 감성적이지 않다고 지적했다. 이 일로 옌쉬훙은 정식으로 질책을 받았다. 그때 오히려 그녀는 느낀 바가 남달랐다고 한다. 나중에 감성적인 상품을 물색한 결과 '걸이식 드립커피'를 이벤트 상품으로 선정했고 행사 당일 웨이신 채널을 통해 40만 위안의 매출을 올렸다. 한 번의 실수를 통해 뼈저리게 자신의 잘못을 깨닫고 크게 성장할 수 있었다. 그녀가 생각하는 이상적인 관리자 유형은 두 종류다. 하나는 업무적으로 끊임없이 채찍질하고 진심으로 직원들에게 관심을 보이며 전진할 것을 독려하는 관리자다. 다른 하나는 자유롭게 방임하며 마음껏 능력을 펼치도록 운신의 폭을 넓혀주는 관리자다. 최근 조직구성원을 보면 85년, 90년 이후에 출생한 사람들이 대부분인데 이들은 안정적인 것을 원한다. 또한 이들에겐 돈이 우선이 아니며 자신이 직장생활을 영위하면서 부가가치를 창출할 수 있는지에 더욱 의미를 둔다.

옌쉬훙이 명차를 막 담당하기 시작했을 때만 해도 무엇을 팔아야 할지 감을 못 잡아서 그저 톈마오가 하는 대로 따랐다. 2014년부터는 바뀌기 시작했다. 명확히 개념을 잡았기 때문이다. 차농장에서 찻잔까지 모든 과정을 두루 살피면서 징둥에서 판매하는 제품은 무엇이든 안전하다는 인식을 소비자에게 심어주기 위해 노력했다. 전국적으로 10차례의 상품유치설명회를 개최하고 우선적으로 주문을 받기 시작했다. 하지만 상품을 당장 입고시키지는 않았다. 차엽의 보존방법이 매우 복잡하기 때문이다. 또한 푸얼차(普洱茶, 보이차라고 하며 푸얼현(普洱縣) 차시장에서 모아 출하하기 때문에 푸얼차라 부름-역주)만 해도 종류가 700여 개나 된다. POP기반에는 롱테일 법칙(Long Tail, 몇 개의 히트상품이 위력을 발휘했던 시장의 법칙이 바뀌고 꼬리에 있던 틈새상품이 중요해지는 새로운 경제패러다임-역주)이 적용될 수 있었다. 다시 말해 다양한 상품으로 각기 다른 명차 마니아를 공략해서 '가느다란 꼬리' 매출을 모아서 키울 수 있었다. 차엽은 문화적인 요소를 담고 있으며, 지방특산품도 단순히 물건만을 추천할 게 아니라 지방만의 '특색'을 부각시킬 필요가 있다. 그녀는 요즘 주말에도 마트에 들러 신선상품 코너를 살펴보곤 한다.

징둥의 80개 입점업체는 양청호(陽澄湖) 다자셰(大閘蟹, 민물대게 요리-역주)협회와 계약을 체결하여 주문매출이 1억 5,000만 위안을 기록했다. 2014년 9월 26일부터 양청호수가 영업을 개시하는데 판매량의 80%가 9월 26일 전에 이미 예약판매를 완료했다. 주로 고객 상품권과 비즈니스용 선물이 대부분이다. 9월 초부터 대게 인양을 처음 시작하면 2주에 한 번 꼴로 판촉행사를 진행하는 방식이다.

2014년 12월에는 둥베이 차간호(査幹湖) 어류를 일괄 구입했는데, 경영진에서는 전체 물량을 소화하지 못할까 우려했다. 그러자 류창둥이 옹졸하게 찔끔찔끔 하지 말고 한 번에 통으로 구매하라고 지시했다. 원래는 마리당 5.5~6.9근을 기준으로 삼고 8만 마리 판매계획을 수립했다. 낚시가 시작되자, 옌쉬훙은 둥베이지역의 영하 20도가 넘는 실외에서 대기하고 있었다. 3겹으로 패딩을 껴입어도 살이 에이는 추위였다. 그런데 겨우 2만 마리밖에 잡히지 않아 공급부족 현상이 초래되고 말았다. 결국 3,000명의 예약자에게 배송을 못하는 초유의 사태가 벌어졌고 고객의 항의가 빗발쳤다. 온갖 욕설이 끊이지 않자, 옌쉬훙은 고객에게 단체 문자를 보내 사건경위를 해명하기에 이르렀다. 이번 일을 계기로 커다란 교훈을 얻었는데, 신선식품의 공급원을 안정적으로 확보하는 게 얼마나 힘든 일인지 깨달았다.

"이렇게 많이 팔릴 줄은 몰랐어요. 지방특산품을 전국적으로 판매하려면 공급원을 안정적으로 확보해야 합니다. 비규격화된 상품을 소규모로 판매하다가 대규모 고객을 대상으로 판촉범위가 확대되자 상품이 턱없이 부족하게 됐고, 결국 이를 이해해주는 고객도 있었지만 절대 받아들이지 못하는 고객도 있었죠." 옌쉬훙은 단 한 번도 어획 물량이 부족할 것이라고는 생각조차 못했다고 말했다. 처음에 어장 쪽과 협의할 때 8만 마리를 일괄 구매하겠다고 제시하자 어떻게 그 물량을 다 팔 수 있겠느냐며 회의적이었다.

신선식품을 판매하려면 다양한 판촉과 마케팅을 통해서 고객의 관심을 유도해 매출을 올려야 한다. 당시 징둥이 어장 측에 홍보를 도와달라고 요청했을 때, 차간호의 모든 판매권을 일괄적으로 넘겼으니 징둥이 모든 것을 알아서 하라며 뒷짐을 졌다. 지방특산품을 판매하면서 과연 징둥의 역할이 무엇인지 고민하는 계기가 되었다. 과연

이 모든 일을 징둥이 도맡아서 하는 게 맞는지에 대해 심각히 고심할 필요가 있었다.

뤄촨(洛川)사과는 뤄촨현의 특산품으로 주로 도매시장에서 판매된다. 결국 중간상이 가짜와 섞어 파는 상황이 벌어졌는데, 최근 2년 동안 지방정부에서 브랜드전략을 수립해 전문판매점을 개설했다. 장젠서가 처음 산시성 궈예국(果業局, 지방정부 농산품 관리담당 부서-역주)을 찾아갔을 때, 그들은 징둥이 무슨 회사인지도 몰랐고 특히 온라인쇼핑몰에 편견을 가지고 있었다. 인터넷에 뤄촨사과로 둔갑한 가품이 판을 치면서 진품이 3%에도 못 미치는 상황이었기 때문이다. 징둥은 상품을 발송하면서 영수증도 발급하고 공급업체도 세금을 납부토록 독려한다고 설명했고, 아울러 지역경제 발전에도 도움이 될 것이라고 덧붙였다. 이에 궈예국 직원들은 마음을 움직이기 시작했고 양측은 협력키로 합의했다. 징둥은 뤄촨사과 가품을 절대 판매하지 않겠다고 약속했으며 뤄촨현도 징둥의 상품식별에 협조키로 했다. 징둥은 우선 시범적으로 1,000상자를 구입하여 한 상자에 9개의 사과를 포장했다. 광택이 나며 크기도 균등한 사과만을 엄선하여 99위안에 판촉행사를 실시했다.

장젠서는 이렇게 말했다. "최근 몇 년에 걸쳐 징둥이 기여한 가장 큰 공헌은 바로 신용문제를 해결했다는 점입니다. 정품 판매라는 인식이 소비자에게 강하게 각인된 거죠. 요즘 식품안전에 특히 민감한 중국에서 이는 분명 경쟁우위라고 생각합니다. 징둥을 통해 농민들은 우수한 품질의 공산품을 구입할 수 있고, 도시 사람들은 우수한 농산품을 맛볼 수 있게 되었죠. 사회적으로 신용체계를 구축하면 선

순환 작용을 하게 되어, 결국 우리 자신도 건강하고 안전한 상품을 접할 수 있습니다. 사회적으로 믿음이 쌓이게 되고 이렇게 믿음을 토대로 상품을 출시하면, 당연히 신선하고 떳떳한 상품을 공급할 수 있게 되는 거죠."

징둥의 정품 판매는 영수증 발급을 밑바탕으로 하고 있다. 중관춘 소규모 매장에서 영업을 시작했을 때부터 류창둥은 영수증 발급을 원칙으로 내세웠다. 중국의 비즈니스 신용체계는 매우 형편없다. 짝퉁이 판을 치고 영수증도 가짜가 난무한다. 징둥이 오늘날 거대 기업으로 성장하면서 매년 발행하는 영수증만 해도 5억 장에 달한다. 발행원가만 1억 5,000만 위안에 육박하며 영수증 발급 전담직원만 1,000여 명이다.

징둥은 원가 절감을 위해 최근 2년 동안 전자발급시스템을 도입한 바 있다. 차이레이(蔡磊)는 징둥그룹 세무·자금담당 부총재다. 2012년 1월 징둥에 입사한 그는 직원들과 고생한 결과, 2013년 6월 27일에 중국 최초로 전자영수증을 발급했다. 1978년생인 차이레이는 '워커홀릭(workaholic)'이라 불린다. 그는 매일 딱 2가지 일만 하는데 업무와 수면이라고 한다. "완커에서 징둥으로 옮겨온 이유는 우선 제가 일을 좋아해서입니다. 그리고 징둥이 제가 능력을 펼칠 수 있는 무대를 제공해줬기 때문이죠. 제가 징둥에서 일하지 않았다면 아무리 능력이 있다 해도 전국 최초로 전자영수증을 발급하진 못했을 겁니다." 당시 전자영수증은 5개 성에서 추진 중이었는데 징둥이 최초로 실현시켰다. "이 일을 위해서라면 목숨까지 내걸 정도로 매달렸습니다. 우리가 반드시 첫 번째가 되어야 했어요. 류 사장님도 말씀하시길,

징둥이 10년 동안 성장할 수 있었던 원동력은 불가능했던 모든 것을 하나하나 이루면서 가능한 것으로 만든 데 있다고 합니다. 그리고 제가 또 굳게 믿는 말이 있는데 류 사장님이 하신 말씀이에요. 바로 '모든 실패는 사람 때문'이라는 말이죠."

전자영수증시스템을 개발하면서 차이레이는 자신이 하고 있는 일의 가치를 점차 깨달았다. 이는 단순히 징둥의 원가 절감에 그치는 일이 아니었다. 징둥이 영수증을 발급해서 제대로 세금을 납부하면, 이와 관련된 공급업체와 협력업체도 이에 상응하여 규범대로 세금을 납부해야 한다. 전자영수증을 실행하면 기존의 가짜 영수증 발급체제를 어느 정도 와해시킬 수 있다. 이는 중국 사회와 업계에 공정하고 신의성실한 문화를 조성하는 데 촉진제 역할을 할 수 있다. 전자영수증 발급을 실시한다고 해서 세금을 더 내는 게 아니다. 크고 작은 입점업체들이 정상적인 납세체제로 편입되어 공정한 세수문화가 구현될 수 있다. 세금을 줄이는 일도 결국은 규범화된 공식체제를 통해 진행해야 한다.

전자영수증 외에 전자상거래의 관리감독도 실시하고 있다. 온라인판매에서의 짝퉁문제가 심각한 이유는 개인 혹은 소규모의 무자격자들이 치고 빠지는 식으로 장소를 바꿔가며 짝퉁 판매에 열을 올리기 때문이다. 그들은 한곳에서 짝퉁을 팔다 걸리면 문을 닫고 바로 새로운 곳에서 영업을 시작했다. 이러한 '메뚜기' 짝퉁업체의 관리감독 역시 전자영수증 발급과 전자상거래업체 등록을 통해 해결할 수 있다.

전인대(全人大) 재정경제위원회 부주임 위원인 인중칭(尹中卿)은

2015년 3월에 열린 전국 양회(兩會, 중국 경제정책 방향을 정하는 중국 최대의 행사. 전국인민대표대회(全國人民代表大會)와 중국인민정치협상회의(中國人民政治協商會議)의 줄임말－역주)에서 다음과 같이 밝힌 바 있다. "중국 전자상거래 입법과정이 이미 운영절차에 들어섰다. 현재 재정위원회는 전자상거래관련 입법초안을 완성했고 2015년 말에 법률 초안작업이 마무리될 것으로 예상되며, 2016년 전국인민대표대회 상임위원회의 심의를 통과하기 위해 최선을 다하고 있다."

징둥금융

IT디지털 업종은 연간 2,800억 위안의 시장규모를 형성하고 있으며, 최근 계속해서 시장이 축소되는 추세다. 주로 노트북과 카메라와 같은 품목이 마이너스 성장을 보인다. 징둥그룹 부총재 겸 IT디지털사업부 총경리인 두솽은 상황이 비관적이자 낙담하며 새로운 성장동력을 찾을 필요가 있다고 생각했다. 그녀는 스마트기기(intelligent device)에 주목했는데 이번에는 방법을 달리했다. 예전에는 협력을 진행하는 경우, 거의 대부분 제조업체가 신상품을 출시하고 나서 징둥에게 판매할지 의견을 타진해왔다. 두솽은 더 이상 수동적으로 대응해서는 안 된다고 판단했다. 상품이 출시된 후에 제조업체가 찾아오는 방식을 벗어나고 싶었다. 그녀는 새로운 트렌드가 될 분야를 미리 선점하여 기회를 포착하고자 했다.

  그녀는 혁신가속프로젝트를 가동하고 창의적 아이디어를 가진 신생업체를 징둥으로 끌어오기로 했다. 기술력이 없으면 징둥윈(京東雲,

데이터저장 및 콘텐츠 사용 등 IT서비스상품 — 역주)을 통해 도와주고 자금이 부족하면 프로젝트펀딩을 진행하는 등의 방법을 채택할 수 있다. 또한 양산할 정도의 수량이 안 되면 징둥에서 시범판매를 추진하며, 인터넷마케팅에 문외한인 경우에 징둥이 대신해서 지원을 할 수 있다. 이는 신생업체에게는 더할 나위 없는 절호의 기회라 할 수 있다.

류창둥은 소비재업종을 겨냥한 '10마디 사탕수수(十節甘蔗)' 이론을 제기한 바 있다. 즉, 소매업, 소비재업종의 가치사슬을 아이디어, 설계, 디자인, 제조, 가격책정, 마케팅, 교역, 창고, 배송, AS 등 10개 마디로 나누었다. 뒷부분의 5개 마디는 소매업에 해당된다.

사탕수수 한 마디의 길이는 단기적으로 변화될 수 있다. 하지만 장기적으로는 고정적이다. 시장에 막 진입한 브랜드가 과도한 경쟁으로 치열한 혈전을 치르면, 이윤이 감소하고 그 사탕수수는 길이가 짧아진다. 이러한 상황에서 업계에 통합과 합병 바람이 분다. 일례로 전자상거래 분야에서 40여 개의 기업이 산발적으로 활동했지만 현재 남아 있는 기업은 10여 개에 불과하다. 장기적으로는 시장의 룰에 의해 업종과 브랜드 이윤이 상대적으로 합리적인 수준으로 정착해 고정된다.

두솽은 "10마디 사탕수수 이론에서 앞의 5마디는 제조업체에 해당하며, 뒤의 5마디는 우리 같은 소매업체에 해당합니다. 그런데 우리가 제조업체에 해당하는 앞의 5마디에 침투하여 생산과 제조에 관여하는 것이죠. 앞부분의 정보와 자원을 우리가 장악한다면 나머지 5마디 사탕수수를 보장할 수 있습니다. 어쩌면 더욱 신선하면서도 튼실한 사탕수수를 키워낼 수 있겠죠. 이게 제 생각입니다. 모든 일을 독차지하면 아마 사방이 적이 될지도 모르죠. 하지만 독차지는 불가능합니다. 기술에는 전공분야가 있으니까요. 다만 무엇을 차지하고 무엇을 할지 우리가 직접 참여하길 원합니다. 예를 들어 '오렌지주스를 짜올 테니 그냥 군소리 없이 마셔라'고 한다면 마실 건가요? 어떤 오렌지를 사용했는지, 신선도는 어떤지 확인하고 싶은 겁니다."

이를 위해 두쑹은 징둥의 공급망과 부대서비스를 기반으로 일을 추진하고자 했다. 여기에는 징둥금융의 중처우(衆籌, 징둥의 소셜 크라우드펀딩(crowd funding) 상품의 이름 – 역주)도 포함된다.

2013년은 인터넷금융의 원년이라 할 수 있다. 같은 해 10월 징둥금융그룹이 출범했는데, 기존 징둥그룹 최고재무책임자(CFO)인 천성창이 징둥금융그룹 첫 번째 CEO로 임명되었다.

2013년 말에 천성창과 류창둥은 뉴욕에서 금융에 대해 이야기하다가, 천성창이 류창둥에게 무엇을 원하는지 질문을 던졌다. 류창둥의 답변을 요약하면 이렇다. "첫째, 나는 오래 유지될 수 있는 비즈니스를 하고 싶네. 물론 가장 고통스러운 일이겠지. 아마 누구도 원하지 않을지도 모르지. 둘째, 100위안을 벌 수 있다면 80위안만 벌어도 된다는 게 내 생각이네. 나머지 20위안은 기꺼이 희생할 생각이네." 이에 천성창도 자신의 요구사항을 밝혔다. "이 일을 해내지 못하면 제가 무능한 것입니다. 하지만 전제조건이 하나 있습니다. 이 일을 해내면, 같이 노력한 핵심인력이 경제적 자유를 얻도록 해주십시오." 이에 류창둥은 "그러면 거래가 성사된 거네"라고 흔쾌히 응했다.

징둥금융은 전체 서비스를 아우르는 개방적인 금융 플랫폼을 구상하고 있었다. 또한 징둥의 생태시스템 · 공급망의 경쟁우위를 기반으로 진행될 계획이었다. 징둥금융의 첫 번째 자체 금융서비스가 2013년 10월에 오픈됐다. 공급망 금융으로서 공급업체에 자금을 융자해 주는 '징바오베이(京保貝)' 상품이다. 징둥이 공급업체로부터 제품을 납품받으면 일정기간 후 대금을 지불하는데, 그 기간 동안 자금회전이 필요하면 공급업체는 '징바오베이'를 통해 자금을 앞당겨서 융자받을 수 있다. 그리고 돈이 들어오거나 제품대금을 징둥에서 입금받은 후 융자를 상환하면 된다. 2014년에 징둥 '공급망 금융'은 POP상의 매출데이터를 근거로 POP 입점업체 대상 소액대출을 진행했다. 입점업체당 100만 위안 이내에서 대출을 시행했으며 한 회사가 여러 개의 입점아이디를 보유한 경우는 대출총액을 200만 위안 미만으로 설정했다. 또한 소액대출 상품은 파이파이왕 입점업체에게도 개방할 계획이다.

전통적인 은행과 비교해 인터넷금융은 모든 절차가 온라인에서 이루어지는데 대부분 데이터 마이닝(data mining)에 의존해서 진행한다. 징둥금융그룹 전략연구부 부총재인 야오나이성(姚乃勝)은 인터넷금융은 아직까지 벤치마킹할 만한 선례가 거의 없다고 말한다. 일례로 10년 전에만 해도 중국의 구글이나 아마존, 또는 이베이가 되겠다며 이들을 성공사례로 열심히 벤치마킹했다. 하지만 지금의 인터넷금융은 전 세계적으로 참고할 만한 사례가 없기 때문에 스스로 길을 개척하며 나갈 수밖에 없다.

1980년대생인 쉬링(許凌)은 현재 징둥금융 소비금융사업부 책임자다. 2014년 1월 1일 징둥바이탸오(京東白條, 징둥닷컴의 소비자가 쇼핑할 때 쇼핑한도를 정해 대출을 해주는 개인금융서비스 - 역주)서비스의 사내 테스트를 시작했다. 징둥 고객이 성명, 신분증번호, 은행카드 등의 정보를 입력하고 신청하면 징둥 쇼핑몰의 구매기록, 배송정보, 환불정보 및 구매평가 등의 데이터를 토대로 신용등급을 평가한 후에 모든 고객은 그에 상응하는 신용한도를 부여받는다. 최고한도는 1만 5,000위안이다. 징둥바이탸오를 사용하는 고객은 제품을 구매할 때 최장 30일까지 지불을 연기하거나 3~24개월로 분할 상환할 수 있다.

이는 신용카드 할부서비스와 비슷하며, 이 금융상품은 징둥이 처음으로 도입한 것이다. 이 서비스를 제공하기 위해 180명의 연구개발 인력이 투입되었으며, 별도로 150명의 인력을 차출했다. 2013년 11월 8일부터 개발에 돌입해서 2014년 1월 1일에 사내 테스트를 실시했다. 이전에도 알리바바의 위어바오(餘額寶, 알리바바가 2013년 출시한 투자상품의 일종으로 '남은 돈 주머니'라는 뜻. 문자 그대로 충전하고 남은 돈을 활용하여 투자하도록 하는 방식─역주)와 유사한 샤오진쿠(小金庫)서비스를 출시했었지만 이것은 시장 수성 목적의 상품이었다. 타사에서 제공하기 때문에 불가피하게 준비했었다. 바이탸오는 공격형 상품으로 독창성을 앞세워 출시됐고 현재도 동종 상품 가운데 제일의 브랜드라 자부할 만하다.

소매업에서 출발하여 다른 산업으로 확장할 때 지불서비스는 가장 좋은 시장공략 상품이라 할 수 있었다. 징둥이 금융 분야에 한발 늦게 들어가면서 선점하지 못한 분야이기도 하다. 2013년에 알리바바가 위어바오서비스로 선풍적인 인기를 끌면서 징둥의 취약점이 드러났다. 바로 온라인지불서비스를 준비 못했기 때문이다. 인터넷금융은 지불서비스와 긴밀하게 연관되어 있다. 그런데 류창둥이 지불서비스를 간과하면서 가장 큰 실책을 범하고 말았다.

그는 이렇게 말했다. "7, 8년 전은 지불에 대한 인식이 거의 없었던 시절이었고, 단순히 하나의 도구라고만 여겼어요. 택배기사가 착불을 받거나 현장에서 카드를 긁는 게 가장 안전하다고 생각했던 거죠. 10여 년 동안 도용카드가 발생하거나 소비자 돈이 도둑을 맞는 일이 단 한 번도 발생하지 않았으니까요. 그런데 금융상품을 개시하면서 금융에서 지불서비스가 얼마나 중요한지 깨달았죠. 지불수단이 없으면 계좌시스템도 불가능해요. 물론 우리가 실기한 부분이 분명 있지만 그렇다고 해서 실패했거나 내리막길을 걷는다고는 생각하지 않습니다. 다만 금융서비스가 초기단계라서 발전하려면 적지 않은 어려움을 각오해야겠죠. 현재 징둥금융은 적자를 기록하고 있는데 주로 체제를 구축하는 데 투자가 들어가서죠."

2012년 10월 징둥은 2003년에 창립된 왕인자이셴(網銀在線)을 인수했다. "징둥의 지불서비스가 3년이 늦어진 데 대해 책임을 통감했고 오로지 조직구성원과 힘을 합해 전력을 다하는 수밖에 없었어요." 징둥금융그룹 부총재인 딩샤오창(丁曉强)은 과거 1년 반 동안 왕인자이셴 100명의 직원과 함께 샤오진쿠, 징둥바이탸오, 왕인첸바오(網銀錢包) 등의 상품을 출시하면서 징둥 광군제의 온라인지불을 담당했다.

'왕인자이셴'의 기회 가운데 첫 번째는 재테크상품이었다. 알리페이(支付寶, 알리바바의 온라인 쇼핑몰인 '타오바오'에서 물품대금을 결제하기 위해 사용하는 온라인결제시스템-역주)는 자신의 전략을 지나치게 빨리 노출하면서 기존 은행의 강력한 반발을 야기했다. 또한 고객의 재테크수요도 충분히 만족시키지 못했다. 또 다른 기회는 모바일지불서비스다. 현재 알리페이와 웨이신 모두 이 분야를 선점하고자 쟁탈전을 벌이고 있다. 왕인자이셴은 자신만이 파고들 수 있는 공략 상품을 찾아낼 필요가 있었다.

징둥금융의 경쟁우위는 공급망, 즉 공급업체, 물류, 마케팅, AS, 고객을 아우르는 연결고리에 있다. 2014년 7월에 징둥 '중처우' 상품을 출시했는데, 비록 알리바바 등 일부 기업이 징둥보다 먼저 유사 상품을 출시하긴 했지만 공급망을 활용한다는 측면에서는 징둥을 따라올 자가 없었다.

중처우의 핵심가치는 공급사슬의 앞 단계에 있다. 기획단계에서부터 기획자, 제조업체, 사용자 등을 긴밀히 하나로 연결함으로써 참여자의 원가를 더욱 낮추는 것이다. 예를 들어 한 창업주가 스마트 팔찌를 기획하고 있다고 하자. 중처우를 통해 설계 도안을 오픈하게 되는데, 이 기안이 마음에 들면 고객은 500위안을 이 프로젝트에 투자한다. 생산에 성공적으로 돌입하면 팔찌를 받을 수 있고 프로젝트가 성사되지 않으면 고객은 500위안을 환불받는다. 현재 중처우는 주로 스마트 하드웨어 제조, 디자인 상품 등에 치중되어 있지만 그렇지 않은 상품도 있다. 이 부분이 징둥 공급망의 경쟁우위라 할 수 있다. 징둥 중처우는 창업자들에게 이미 인지도가 생겨나기 시작했다. 스마트 하드웨어를 기획중인 사람들이 중처우를 통해 상품을 출시하고자 징둥을 찾아오기 시작했다.

2015년 초에 징둥금융의 연회석상에서 한 직원이 술을 거하게 한 잔 하고 천성창에게 이렇게 말했다. "2015년에는 제가 뭔가 일을 내서, 천 사장님이 완전히 '소름 돋게' 해드릴게요" 사실 천성창이 습관처럼 입에 달고 사는 말이 있다. 자신이 예상도 못했던 일을 직원들이 해내면 "나 지금 완전히 소름 돋아"라며 아연실색한 표정을 짓곤 했다. 그 직원의 다음 한마디는 더욱 가관이었다. "제가 지금 거의 아무런 걱정이 없는데, 다만 한 가지, 이렇게 일하다가 정말 꼴까닥하는 건 아닌지 조금 걱정되네요."

천성창은 이렇게 말한 바 있다. "인터넷금융의 가장 큰 묘미는 바로 기존에 만들어진 모델도 없고, 선례도 없어서 벤치마킹이 불가하다는 데 있다. 진정한 묘미를 느끼려면 고통스러운 과정을 거쳐야 하고 게으름을 피울 수도 없다. 또한 금융, 인터넷, 법률, 운영, IT 등 모든 것에 능통해야 한다. 직원을 고를 때는 첫째, 꿈을 가지고 있는지 본다. 하루 종일 내가 채찍을 들고 다니면서 일하라고 부추길 수 없는 노릇이기 때문이다. 본인 스스로 남과 다른 무언가를 만들려고 노력하는 사람이 필요하다. 나는 단지 그러한 노력을 도울 뿐이다. 둘째는 일을 무서워하지 않고 책임감 있게 덤비는 사람을 선택한다. 자기 일이 아닌데도 능력 있는 사람은 그 일을 해내곤 한다. 셋째는 인간으로서 최소한의 도리를 아는 사람이다. 나는 결국에 같이 일한 형제와 같은 동료들과의 약속을 지킬 것이며 그들 주머니를 꼭 채워 줄 것이다."

그는 징둥금융에 대해, 단기적으로는 징둥그룹에 기댈 수밖에 없지만 그 기한이 그리 길지 않길 바랐다. 더욱 많은 고객을 유치하고 언젠가 징둥을 도울 수 있는 파워를 갖출 것이라 말한다. "죽느냐 사느냐가 결정되는 비즈니스입니다. 모든 직원들도 최고봉에 올라서 군림하든지 사지에 버려지든지 둘 중의 하나라는 사실을 명백히 알고 있습니다. 중간은 있을 수가 없다는 말이죠. 말 그대로 죽기 아니면 살기죠. 제가 직원들에게 늘 분명히 일러두는 말이 있습니다. 징둥그룹이 1등을 하지 못할 바에는 아예 하지 말라고 말이죠. 못한다면 저 스스로 저를 해고하고 류 사장님에게 새로운 CEO를 데려다놓으라고 요구할 것입니다."

혁신

농촌 전자상거래든 신선식품 전자상거래든, 아니면 징둥금융이나 징둥다오자 모두 공통된 문제점에 직면해 있다. 그 어느 분야도 시장에서 검증된 사례나 모델이 없다는 점이다. 크고 작은 기업들이 모두 갈 길을 탐색하는 중이다. 이는 류창둥이 스스로 생각해내든지 아니면 이 업무를 책임질 팀원이 스스로 찾아내야 된다는 의미다. 회사가 다원화되고 직원이 수만 명으로 늘어남에 따라 혁신역량이 퇴색되어가는 현상이 심각한 문제로 부각되었다.

　류창둥은 야심만만한 사람으로 모든 것을 장악하려는 성향이 있다. 또한 공개적으로 자신의 체면이나 권위에 도전하는 것을 특히 용납하지 않는다. 두 사람만 있을 때에는 무슨 말이든 귀를 기울이지만 공개적인 장소에서는 말과 행동을 유의해야 했다. 한 직원이 그와 대화를 하면서 손을 테이블 위에 올려놓고 있었다. 왜 그랬는지는 모르겠지만 류창둥은 그 직원이 자신을 겨냥해 테이블을 계속 두드렸다고 생각했다. 이에 류창둥은 그를 해고하라고 지시했다. 몇 명의 임원들이 류 사장을 극구 만류했고, 결국 2개월 휴가를 보낸 후 다시 복귀시킨 일이 있다. 류창둥은 화나면 욕을 내뱉진 않지만 상대방을 난감하게 만들면서 절대 인정사정 봐주지 않았다.

2010년에서 2012년 사이 류창둥은 신랑(新浪) 웨이보에서 매우 활발하게 활동했다. 직접 가격전을 지시하는 글을 올리기도 하고 경쟁업체와 온라인 설전을 벌이기도 했다. 특히 강하고 날카로운 말투를 사용해서 자칫 인신공격성 발언이라 느낄 만한 말도 거침없이 적었다. 필자는 이것이 마케팅적으로 필요해서인지, 아니면 스트레스가 심해져서 조급하고 예민해진 탓인지 궁금했었다. 그가 웨이보가 올린 내용을 두고, 일부 경영진이 반대의사를 표명하며 '사람을 때려도 얼굴을 때리지는 않는다'는 말이 있는데, 류 사장이 너무 몰아붙이는 경향이 있다고 불평한 적이 있다.

고위 경영진은 2008년까지만 해도 류창둥과 친형제처럼 이물 없이 지냈다고 말한다. 2009년 하반기부터 그가 갑자기 달라졌다고 한다. 당시 회사에 CEO라고는 그 혼자였다. 홀로 온갖 험난한 일을 겪으며 혈투를 벌여왔고 어떻게든 앞으로 나아갈 수밖에 없었다. 그에게 완충지대란 없었다. 모든 의사결정의 스트레스도 혼자 감당해야 했는데, 혹시라도 잘못된 의사결정을 내리게 되면 모든 책임을 혼자 뒤집어써야 했다. 그때 류창둥은 날이 설 대로 서서 긴장의 끈을 놓지 못한 채 하루하루 지냈고, 옆에 있는 직원들도 마찬가지로 살얼음판을 걷듯이 긴장한 상태였다. 그런데 이제 그는 제법 느긋해졌고, 직원들도 덩달아 느긋해질 수 있었다.

2012년에 류창둥은 이렇게 언급한 바 있다. "2007년에 물류에 투자하면서 낮은 수역에서 심해 수역으로 들어갔다. 2008년부터 2011년까지 줄곧 가장 깊은 바다 속에서 머물러 있었다. 2012년이 지나면서 희망과 빛을 보게 되었고 얕은 물로 서서히 올라오기 시작했다. 징둥이 하루라도 지속적으로 규모를 키우고 이익을 내지 않으면 언제라도 위험에 빠질 수 있었다. 지금 징둥은 뭍에 오르기 일보직전이다. 중대한 과오만 범하지 않으면 말이다. 만에 하나 꽈당 하고 넘어져서 돌에 머리라도 부딪히면 바로 익사할 수 있다."

류창둥은 미래에 대한 방향감각을 가지고 있다. 일부 기업의 경우고위 경영진이 갈피를 잡지 못하고 방향감각을 잃는 경우가 있다. 그러면서 아랫사람이 공감하고 자신을 믿어주길 기대한다. 하지만 아랫사람은 개인적인 이익이 우선이다. 공감은 고사하고 사장이 의사봉을 두드리기만을 기다린다. 류창둥은 미래에 대한 통찰력과 소비자에 대한 감각이 탁월하다. 그는 대범하고 강단 있게 의사봉을 두드린다. 징둥의 대다수 직원들은 류창둥을 따르며 함께 일해왔다. 그를 좋아해서든 아니면 류창둥에게 매력을 느껴서든 말이다. 류창둥은 개성이 뚜렷하며 호불호도 분명한데 그런 그를 좋아하는 사람은 징둥에 들어와 지금까지 잔류해 있으며 그의 추종세력이 되었다. 그가 단호하게 의사봉을 두드릴 때면 직원들은 그를 기꺼이 따르고 믿음을 가졌다.

한번은 전략토론회에서 모 사업과 관련된 목표와 업무의 구조조정에 대해 토론이 이어졌다. 그때 류창둥이 "이 업무는 반드시 구조조정이 필요하다"고 밝혔다. 옆에서 참관하던 징둥대학의 선임이사인 마청궁은 '투입자원을 계산해본 건지, 실행가능성은 타진해봤는지'

하며 내심 궁금해하던 참이었다. 그러고는 주위에 앉아 있던 고위 경영진을 살펴봤다. 그런데 어찌 된 게 누구도 찍소리도 내지 않았다. 다들 눈살 하나 찌푸리지 않고 무표정으로 앉아 있는 게 아닌가! 모두 자신들이 직접 감당할 일일 텐데 왜 표정에 아무런 변화가 없는지 의아했다. 회의를 마친 후 그는 경영진에게 "이 업무를 무사히 추진할 수 있는 건가요? 가능성이 있는 겁니까?"라고 물었다. 이에 그 임원은 "문제없어요. 류 사장님이 가능하다고 하셨으니 분명 해낼 수 있습니다"라고 대답했다. 그런데 어떻게 해야 될지는 자신들도 모른다고 했다. 그래도 "원래 길이란 늘 생기기 마련이며 힘차게 내딛다 보면 발자국이 생기고 길이 저절로 날 것이다"라고 했다. 이들은 류창둥을 전적으로 신뢰하고 있었다. 과거 징둥이 성공한 원인이 여기 있었다. 다만, 만일 류창둥이 전략적으로 잘못된 판단을 내리면 어떻게 될 것인지가 문제였다.

류창둥도 필자에게 이렇게 언급한 바 있다. "향후 징둥에는 두 가지 위험만이 존재합니다. 첫째는 전략적 판단 착오입니다. 이 경우에 징둥은 영원히 되돌아올 수 없는 강을 건너게 됩니다. 둘째, 기업문화에 문제가 생길 경우입니다. 최근 몇 년간 징둥은 한 가지 탁월한 능력을 발휘했습니다. 즉 각기 다른 고객군의 다양한 수요를 끊임없이 만족시키는 능력, 그리고 시시각각 소비자의 강력한 수요를 파악하는 능력으로 소비자를 만족시켜온 거죠. 만일 징둥에 문제가 생긴다면 이러한 능력이 사라졌다는 의미로 해석해도 됩니다. 스스로 우물 안 개구리가 되어 과거에 성공했고 오늘도 성공했으니 분명 내일도 성공할 것이라고 오만한 생각을 하다 일을 망치게 되는 거죠. 그러면서 예전 방식 그대로 일을 추진하는 상황이 초래됩니다."

2014년에 징둥은 총 거래액 2,602억 위안, 순이익은 1,150억 위안을 기록했다. 사실 징둥의 현재 규모를 감안하면 설령 무언가 잘못한다 해도 큰 배가 전복될 가능성은 거의 없다. 몇 년 전처럼 한 번만 전략적으로 삐끗하면 속된 말로 '골로 가는' 상황이 발생할 가능성은 없다. 지금의 최대 위험은 '생각을 멈추는 것'이다. 2013년에 기업문화 혁신목록에 류창둥은 '실패를 포용하자'는 항목을 추가했다. 또 프로젝트 단위로 부문 간 소그룹 TFT를 구성해 혁신을 추진했다. 하지만 구글처럼 고정된 자리 없이 혁신적인 분위기에서 일한다는 것은 아마 불가능할 것이다. 또한 향후에도 아마 징둥은 구글 같은 사무실 내 혁신은 불가할 것이다. 어찌 됐건 태생적으로 징둥은 빈틈없이 '압박하는' 회사이기 때문이다.

기업 혁신에는 두 가지 길이 있다. 하나는 CEO가 특출한 인재로서 비즈니스 통찰력을 바탕으로 사업을 추진하고, 직원들은 사장 지시대로 움직이는 경우다. 아니면 모든 직원이 반짝이는 아이디어로 똘똘 뭉친 아이디어뱅크로 구성된 경우다. 이 경우 우수한 아이디어를 통합하거나 그중 우수한 것을 선정해 더욱 완벽한 방안을 도출할 수 있다. 직원 수 7만 명을 거느린 징둥은 이제 서비스 분야도 전자상거래, 물류, 인터넷금융, O2O, 스마트 하드웨어 등을 망라했다. 이러한 상황에서 단 하나의 강력한 두뇌에만 의지하기엔 이제 더 이상 역부족이다. 과거에는 '류창둥의 혁신'이었지 징둥의 혁신이 아니었다. 만일 류창둥의 혁신을 계속 유지하려면, 여러 명의 류창둥을 복제하여 각종 업무를 담당하게 하면 그만이다. 하지만 이게 가능한 일이겠는가? 따라서 기존의 '실행형' 조직을 어떻게 하면 '학습형' 조직으로 전환할지가 현재 류창둥과 고위 경영층이 직면한 과제다.

류창둥도 문제의 심각성을 충분히 인지하고 있었다. 조회에서 항상 혼자만 떠들고 있는 자신을 발견하고 왜 다른 사람은 입도 벙긋하지 않는지 묻기도 했다. 회의를 마치면 이메일을 보내거나 전화를 하는데, 왜 조회에서는 말 한 마디도 못 꺼내는지 의아해했다. 입을 열었다가 한소리 들을까 봐 감히 입을 못 여는 경우도 있었다. 부총재들은 꿀 먹은 벙어리마냥 앉아 있다가 하라는 대로 실행에 옮기면 되었다. 과거 10년 동안 이런 행태가 지속되어 고착화되었다. 류창둥이 지시하면 직원들 대뇌가 지시만 접수하는 식이었다. 하루아침에 고착화된 습관이 쉽게 바뀔 리 없었다. 물론 한술에 배부를 수는 없다. 최근 2년 동안 류창둥은 많은 권한을 아래로 위임했지만 그것이 조직혁신에 실질적인 원동력이 되지는 못했다.

2013년에 징둥은 기업문화를 정비하면서 혁신을 징둥의 가치관에 포함시켰다. 반드시 시스템을 통해 혁신적인 분위기를 고취시킬 필요가 있었다. 조직이 커질수록 실패를 두려워하기 마련이다. 실패에 대한 책임을 지기 싫어 안전지대로 웅크리고 숨어들면서 자신이 위험해지는 일은 기피하는 것이다. 기업이 실패를 용인하지 않는다면 누가 혁신의 실패를 감당하려고 하겠는가?

시난지점에서 리천은 내부적으로 직원들과 약속한 게 있다. 합리적이고 체계적인 혁신을 시도하다가 실패한다면 그 결과는 해당 부서가 아닌 시난지점이 책임지겠다고 약속한 것이다. 제도적으로 프로젝트 관리제도를 도입함으로써 혁신활동을 추진할 때 계획적이고 규정에 맞게 진행되는지 모니터링했다. 또한 긍정적인 동기부여를 위해 연말에 별도로 보너스도 지급했다. 예전에는 혁신항목을 실적평가에만 반영했다면 지금은 평가 외에 별도로 장려제도를 마련한 것이다.

화베이지역 배송시스템의 첫 번째 제휴점은 산둥 쩌우청시(鄒城市)다. 동시에 산둥성 치허현(齊河縣)에 셀프픽업점도 개설했다. 2년 동안에 쩌우청시의 배송거점은 개소 당시 10여 개에 불과했던 주문건이 300건으로 증가했다. 반면 치허현의 셀프픽업점은 입지여건이 매우 좋고 또 바로 가까운 곳에 지난 FDC(화물사전분류센터)가 위치해 있어서 211 배송보장프로그램을 운영하는 지역이었다. 그런데도 치허현은 매일 주문건이 100건 미만에 불과했다. 그렇다면 그 이유가 무엇일까? 쩌우청 제휴점의 점장은 광고를 싣고 주위 친척과 친구들의 도움으로 판촉활동을 진행했다. 반면에 치허 셀프픽업점은 보수적인 편이라 홍보활동은 엄두도 내지 못하고 운영과 서비스품질을 보장하는 데 역점을 두었다. 스스로 광고도 하고 판촉도 진행할 수 있을지 계속 고민만 했다고 한다.

'작은 불씨 하나가 넓은 들판도 태울 수 있다'는 말이 있다. 징둥은 반드시 직원들의 열정을 살려야 했다. 징둥의 FDC모형은 두 명의 경영연수생과 외부에서 채용된 연구생 한 명, 총 3명이 만들어낸 작품이다. FDC는 총 재고량의 3%를 차지하면서도 전체 주문건의 18%를 처리하고 있다. 사실 이렇게 급진적인 혁신은 보기 드문 것이다. 징둥이 혁신을 내걸고 다양한 시도를 하면서 현장직원의 혁신역량이 발휘되었는데, 주로 세부 업무절차에 대한 혁신프로젝트로 원가 절감에 포커스가 맞춰져 있다. 예를 들면 창고에서 진열대위치 표시를 위해 그동안에는 전용테이프를 사용해왔다. 한 직원이 먹통을 구입해서 먹으로 진열대위치와 면적크기를 표시하자고 제안했다. 창고 하나당 몇 천 위안을 절감할 수 있는 아이디어였다. 이 외에도 원래 에어캡을 구매해 포장할 때 빈 공간을 채워넣었는데, 나중에 한 직원이 절삭완충재 기기를 구매해 폐기할 종이상자를 완충재로 만들어 활용하기도 했다. 에어캡은 하나에 0.7펀(分, 0.007위안)이고 절삭완충재 기기는 대당 900위안에 불과하니 절감효과가 있었다.

계란을 안에서 깨고 나오면 '신생'이지만 외부압력에 의해 계란을 깨면 '파괴'라는 말이 있다. 지금은 과학기술 변혁에 의한 격동기라 할 수 있다. 모바일 인터넷과 스마트기기 등이 새롭게 떠오르면서 정보전달 방식과 소비 방식, 조직구조 형식 등이 갈수록 변화를 겪고 있다. 변혁의 시대에 몸담은 기업이라면 깨어 있는 의식으로 누구나 변혁에 동참해야 하며, 그렇지 않으면 외부압력으로 인해 자신의 벽이 '파괴'되기를 기다릴 수밖에 없다.

생산, 판매, 인사, 재무, 연구개발은 징둥의 5대 파워라 할 수 있다. 원래 지역별 총경리가 실질적인 생산담당 부총재이지만, 연구개발과 마케팅 권한이 없었고 재무와 인사권만 절반 정도 가지고 있었다.

각 지역에 위치한 대기업이 시장개발의 필요성을 절감하면서도 내부의 역량 부족으로 징둥의 힘을 빌리려는 경우가 있다. 또한 징둥도 시장을 개발할 필요가 있기 때문에 양사가 공동 마케팅을 통해 비용을 절감할 수 있다. 하지만 예전에는 해당 지역에서 단독으로 이를 진행할 수 없었는데 마케팅 경영권을 위임받지 못해서였다.

2013년에 설립된 지역별 시장부(마케팅활동을 담당하는 부서−역주)는 단순한 실행조직으로 그룹 본사 지시대로 착실히 현지에서 판촉활동을 진행하면 되었다. 거의 대부분이 과감한 아이디어를 내놓지 못했고 사실 하고자 하는 의욕도 부족했다. 리천은 회의 때마다 창의적인 아이디어를 제시하라며 여러 번 다그치기도 했다. 또 고객과의 접점 부서이자 인원이 가장 많은 배송팀 직원들을 데려다놓고 시장부와 함께 지역 내 마케팅·판촉활동을 진행하기도 했다. 리천 자신도 사실 마케팅이 뭔지 잘 몰랐지만, 머리를 싸매고 연구하면서 택배원들을 외부 판촉행사에 동원했었다. 그리고 본사 구매영업팀에 재정적 지원을 요청했다. 첫 번째로 란웨량(藍月亮, 세제 브랜드−역주)을 끌어들였다. 란웨량과 징둥이 각각 자원을 분배하여 이벤트를 진행했는데 비록 느리긴 했지만 배송부와 시장부도 점차 주도적인 마케팅 개념을 머릿속에 담기 시작했다. 이런 식으로 매월 4~5차례의 지역 내 판촉활동을 실시했다.

　　브랜드가 한순간에 '뜨기'란 그리 쉬운 일이 아니다. 판매채널의 저변을 지방으로 확대하는 일도 차근차근 시간을 두고 치밀하게 진행해야 한다. 광고비만 쏟아붓는다고 해결되는 일은 아니다. 2014년에 리천은 부서 내 분위기가 조금씩 바뀌고 있다고 느꼈다. 원래는 변화를 수용하지 않고 적극 나서기를 꺼렸는데, 이제 어떻게 하면 먼저 변화를 가져올지 고민하는 모습이 보였다. 회사규정에서 강조하는 각 지역별 주된 업무책임을 살펴보면, 우선 제대로 해당 지역을 운영하는 것이며 KPI 지수에서도 '관리 측면'을 강조한다. 그런데 운영의 품질을 개선하는 궁극적 목표는 결국 판매량을 증대시켜 성장을 도모하는 데 있다. 업무의 기획적인 측면에서도, 지역을 제대로 운영하려면 반드시 거시적이고 장기적인 안목으로 미래를 위해 기초를 다져야 한다.

예전에는 우선 화베이, 화둥, 화난지역의 시범프로젝트가 어렵게 가닥이 잡히고 추진되기 시작하면, 그때 비로소 다른 지역도 이 세 지역이 하는 대로 그대로 따라 했다. 리천은 농촌 전자상거래에 상당한 기대를 걸고 있었다. 시난지역이 대부분 농촌과 산악지대이기 때문이다. 그래서 본사와도 가장 먼저 이 지역을 대상으로 전자상거래를 추진했다. 그룹 본사에서 8개 성의 55개 현을 시범지역으로 선정했는데, 쓰촨이 그 지역 중 하나다. 농업발전이 양호하며 시장 환경이 개방된 편이고 정부의 관리능력과 시장경제 기초가 양호한 지역을 기준으로 삼아서 선정했다. 그렇게 5개의 우수한 현급 단위를 확정하여 전자상거래를 추진하면서 농산품시장을 발굴하기 시작했다.

리천이 구이저우성에 시찰을 나갔을 때 구이저우의 과학기술청과 구이저우시의 서기를 만나 이야기를 나눈 적이 있다. 그들은 구이저우에 산해진미가 많고 훌륭한 한약 재료도 풍부한데 판매가 잘 안 된다고 했다. 2013년에 징둥은 구이양시와 협력하여 징둥사이트에 구이저우관을 별도로 설치했다. 또한 구이저우지역의 기업이 자체적인 인큐베이터 프로그램으로 구이저우관을 운영토록 했다. 그런데 해당 업체들의 경영이념이 낙후되고 제품 선정이 미흡해서 효과가 그다지 없었다. 이때 징둥은 이들과 함께 의견을 나누고 더욱 선진적인 경영이념을 도입함으로써 관리개선을 도모하기도 했다.

좋은 프로젝트라는 게 하늘에서 갑자기 뚝 하고 떨어지는 게 아니다. 아주 조금씩 다소 투박한 방법일지라도 점차 모양을 갖추면서 세련돼지는 법이다. 징둥이 처음 O2O를 시작했을 때, 그룹 차원에서 소그룹을 파견해 작은 범위를 대상으로 시범 진행했다. 그런데 10개 프로젝트도 성사시키지 못한 채 속수무책이었다. 특히 O2O 프로젝트 중, 편의점 프로젝트는 지역으로 확산되지 못한 상태였다. 사실 이 프로젝트는 유통채널을 확대하기에 아주 이상적인 프로젝트였다. 배송거점이 지역사회에 뿌리를 내리면 지역사회의 서비스거점이 될 수 있었다. 시난지역은 1만 개의 편의점을 징둥과 연계하는 것을 고민하고 있었다. 그렇다면 어떻게 연계할 것인가? 정확한 포인트를 아직 찾지 못했다. 청두와 구이양의 편의점을 샅샅이 훑어봤지만 누구와 협상을 해야 할지 도무지 감을 잡지 못했는데, 협상의 자원이 없었으니 어찌 보면 너무나 당연한 일이었다.

혁신을 추구하려면, 때로는 배수진을 치고 승부수를 던질 필요가 있다. 징둥이 여기까지 어떻게 왔던가! 이제 시장점유율도 탄탄하고 경영규범도 모양을 갖추고 있다. 또한 지역의 실적도 특히 나빠질 이유도 없었다. 그렇다면 사고를 전환해서 대담하게 밀어붙일 필요가 있다. 그룹 차원에서 해당 지역에 상응하는 권한을 위임한다 해도 막상 동력이 없으면 활력도 없는 법이다.

2014년 12월 22일에 류창둥은 7대 지역 총경리와 식사를 하면서 지역에 더욱 많은 경영권한을 부여하겠다고 선언했다. 이때 지역 내 직원들은 기뻐서 흥분을 감추지 못했다. 예전에 자신의 업무는 그저 하라는 대로 묵묵히 수행하는 것이었다. 아무리 아이디어가 떠올라도 옆에서 지켜볼 수밖에 없었다. 인훙위안은 이렇게 말했다. "예전 같으면 군말 없이 할 일만 했는데 이제는 좀 더 주도적으로 할 수 있습니다. 아이디어를 실행할 길이 열린 셈이죠. 단순히 박스만 날랐는데 이제는 박스 말고도 업무량이 추가된 셈이에요. 하지만 올라갈 수 있는 공간도 그만큼 커졌다고 보면 됩니다."

사오지웨이가 화베이지역을 맡을 당시, 그는 독립 회사처럼 운영하면서 직원의 경영마인드를 일깨워주고 인도해나갔다. 그는 회사에 세 종류의 사람이 있다고 했다. 첫 번째는 회사에게 돈을 벌어다주는 직원으로 가장 환영받는 부류다. 두 번째는 회사를 위해 원가 절감 노력을 하는 직원이며, 세 번째는 회사의 돈을 갉아먹고 가치를 창조하지 않기 때문에 도태되어야 할 대상이다. 그는 지역을 잘 꾸려나가면 원가도 절감하고 새로운 가치도 창출할 수 있을 거라고 확신했다.

사오지웨이는 화베이지역에서 '오늘의 추천상품' 프로젝트를 추진했다. 이 프로젝트는 택배원이 배송하면서 고객에게 최신 상품을 추천하는 형태다. 그러려면 사전에 구매영업부문과 협의해서 자금을 지원받아야 했다. 때문에 사오지웨이는 구매영업을 담당하는 각 부총재를 일일이 찾아갔다. 그리고 부총재실의 문을 열 때마다 먼저 자신을 홍보했다. 화베이지역의 배송효율이 가장 뛰어나다는 점과 사용자경험도 가장 잘 구현하는 지역으로서 고객 평가점수도 좋다는 점도 강조했다. 판촉상품을 제대로 구성해주면 성공률이 더욱 높을 것이라고 덧붙이기도 했다. 이렇게 해서 가장 먼저 IT구매팀과 협력을 시작했다. 대형가전팀에서 IT팀이 하는 것을 보더니 IT팀에 판촉 내용을 문의해왔다. 그리고 화베이지역으로 연락을 해왔다. 나중에는 삼성제품으로 화베이지역 전용이벤트를 추진했는데, 스모그가 심한 날에 삼성 공기정화기를 추천하는 행사였다.

2015년 3월 20일, 필자는 류창둥과 이 책의 출간과 관련된 마지막 만남을 가졌다. 그는 바로 며칠 전인 3월 16일에 O2O 상품인 '징둥다오자'를 출시했다고 했다. 이 서비스는 3km 반경 내에 있는 고객에게 신선 및 슈퍼마켓 상품을 배송해주고, 생화와 배달음식 등 생활서비스는 모바일 위치를 확인해 2시간 내에 퀵 서비스로 배송하는 형태다. 또한 3월 31일에 정식으로 O2O서비스 독립자회사가 출범될 예정이라고 밝혔다. 새로 설립된 O2O 자회사 징둥다오자는 징둥상청, 징둥금융, 파이파이왕, 징둥지능과 함께 징둥그룹 서비스의 한 축을 담당하게 될 것이다.

류창둥은 다음과 같이 말했다.

66 나는 혁신을 크게 두 종류로 이해하고 있다. 하나는 비즈니스모델의 혁신이다. 비즈니스모델의 혁신은 위로부터 아래로의 혁신이라고 생각한다. 다시 말해 창업주와 고위 경영층에게 의존해야 하는 혁신을 말한다. 다음으로는 아래에서 위로의 혁신, 일례로 말단조직의 혁신은 업무실행과정에서의 혁신이다. 구체적으로 말하면 어떻게 포장을 안전하고 빨리하며 어떻게 원가를 절감할 것인가 등이 여기에 해당한다. 또는 화물을 더욱 촘촘히 쌓아 화물 간의 공간을 줄임으로써 효율을 더욱 높이기 위해 고민하는 것도 포함된다. 배송노선의 운영문제 등도 말단직원들의 혁신활동이라 할 수 있다. 여기서 내가 할 수 있는 일은 없다. 아래에서 위로의 혁신은 주로 동기부여를 통해 이루어진다. 예를 들

어 특정 지역의 배송을 담당하는 택배원이 머리를 잘 굴리지 않으면 다른 지역의 택배원이 하루에 120건을 배송할 동안 자신은 몇 십 건밖에 처리 못하게 되고 결국 급여도 그만큼 줄게 된다. 이는 혁신을 고취하는 동기가 될 수 있다. 이러한 혁신은 소리 소문 없이 현장에서 조용히 이루어지는 것으로 회사는 알 길이 없다.

비즈니스모델의 혁신에 대해 징둥의 모든 개개인이 여기에 몰두할 필요는 없다고 본다. 비즈니스 세계에 존재하는 수많은 서비스가 단순히 비즈니스모델로만 보면 매우 우수하다. 하지만 기업의 욕망이 지나치면 일을 그르칠 수 있다. 단 하나의 아이디어라도 제대로 실천하는 기업은 위대한 기업이라고 생각한다. 따라서 비즈니스모델의 수량이 중요한 게 아니라 전자상거래 분야를 둘러싸고 끊임없이 모델을 모색해야 한다. 일례로 우리가 온라인쇼핑몰을 해오면서 나중에 금융 분야에 발을 담근 것처럼 말이다. 징둥금융이 만들어낸 징둥 바이탸오는 전자상거래 분야를 포함하여 전 세계적으로 처음 시도한 서비스다. 올해도 새로운 비즈니스모델 혁신이 하나 이루어졌다. 바로 '징둥다오자' 서비스다.

O2O 자회사인 징둥다오자는 3월에 막 출범했다. 과거 징둥은 두 가지 상품을 판매했는데, 징둥 창고에 있는 제품과 입점업체 창고에 있는 제품이었다. 그런데 큰 그림으로 보면 사회적으로 가장 많은 제품이 있는 곳은 거리마다 산재에 있는 크고 작은 상점들이다. 이런 측면에서 징둥다오자에게 커다란 사업기회라 할 수 있다. 우리는 큰 번화가와 작은 골목 골목의 모든 상점을 창고라고 상상하고 이들과 협력하여 대신 제품을 팔아주면 된다. 징둥다오자는 3월에 시범서비스를 시작하고 4월에 정식 가동된다. 사실 이것은 글로벌 비즈니스모델의 혁신이라 할 수 있다. 2년

전에 제기된 개념으로 이 모델에 대해서는 이미 확실히 파악하고 있다.

여기서 나는 또 하나의 교훈을 얻으며 확신할 수 있었다. 비즈니스모델의 혁신은 고위 경영층이 추진해야 가능하며, 또한 실제 실행과정에도 사장이 직접 나서야 한다는 점을 깨달았다. 징둥다오자의 개념은 예전에 전혀 없었던 게 아니라 사실은 징둥상청 하부조직에서 줄곧 제기되었다. 그런데 2년 동안 추진되지 못한 이유가 무엇이라 생각하는가? 비즈니스모델 자체가 문제는 아니다. 매번 진행경과를 확인할 때마다 아래 직원들은 각종 이유를 들먹이며 문제가 있다는 말만 되풀이했다. 1년 반에서 2년이 지나도록 성과가 없었다. 그 이유는 과연 무엇인가?

사실 이는 내 잘못이기도 하다. 징둥상청에게 이 일을 맡겨선 안 되었다. 독립적인 팀을 꾸려 일을 추진했어야 했다. 징둥상청은 이 일을 추진할 만한 동기가 없기 때문이다. 비약적으로 발전하던 상황이라 손에 잡히는 어떤 품목이든 가져다가 긴밀히 협력하기만 하면 1년에 10억 위안 매출은 식은 죽 먹기였으니 말이다. 새로운 비즈니스모델을 추진하려면 비용이 들고 당장의 이윤은 기대하기 어려운 상황에서 징둥상청이 이 일을 하려 하겠는가? 당연히 원할 리 없었다.

징둥상청은 100%, 200%씩 급성장을 거듭하고 있었으니 새로운 무언가를 할 필요가 없었다. 게다가 자신의 비즈니스와도 상충되기 때문에, 스스로 경쟁자를 키울 이유도 없었다. 자신의 왼손으로 오른손을 때리는 격이니 말이다. 따라서 2010년 1월 1일에 나는 징둥다오자를 징둥상청에서 분리시켰다. 비즈니스모델의 혁신은 사장과 고위 경영층의 추진력에 의해 이루어질 뿐만 아니라 실제 실행과정에서도 사장이 직접 나서서 움직여야 추진이 가능하다. 징둥다오자는 매일, 매주 회의를 열어야 했다. 상품부터 구매, 배송 등 크고 작은 일부터, 모든 상품의 설계, 모든 화면과 사이트구성에 이르기까지 10년 전과 마찬가지로 내가 직접 결정하고 챙겨야 했으며 세부사항도 직원들과 상의했다. 자질구레한 일까지 모두 내가 직접 결정했으며 이사를 선임할 때도 내가 직접 면접을 실시했다.

전문경영인을 영입하여 비즈니스모델을 성공시킬 수 있지 않느냐고 반문할 수 있다. 조금 무례하게 들릴 수 있겠지만, 자신이 창업에 성공할 수 있다면 굳이 징둥에 올 이유가 뭐가 있겠는가? 이 세상에 넘치는 게 돈이다. 좋은 비즈니스모델과 강력한 추진력이 있다며 자신하는 사람이 있다고 하자. 이 사람을 데려다가 일을 시켜서 혁신적인 모델을 성공시킬 수 있을 것이라 생각하는가? 그렇다면 투자가들은 왜 본인이 직접 하지 않고 투자할 만한 사람을 찾아다니겠는가? 비즈니스모델이 확실히 검증된 후 가치를 창조하고 이익을 내기 시작하며, 더 나아가 주주에게도 가치를 창조해준다면, 그때는 전문경영인을 초빙하여 업무를 맡길 수 있다. 하지만 그 전까지는 반드시 내가 직접 관리해야 한다. 🗨

세계의 징둥

2015년 1월 17일 베이징 공업대학 체육관에서 징둥그룹의 연례총회가 열렸다. 징둥을 상징하는 붉은색 바탕이 거대한 스크린을 채우고 그 위에 흰색으로 '세계의 징둥'이라는 글자가 선명하게 쓰여 있었다. 류창둥은 강단 위에서 빈 좌석 없이 현장을 빽빽이 메운 수천 명의 관중을 마주하며 당당히 서 있었다.

그는 징둥이 향후 매출액 1조를 돌파하여 60만 명의 직원을 거느린 중국 최대의 민영기업으로 발돋움할 것이라 여겼다. 이를 통해 전세계 500대 기업 상위 20위권에 진입하길 희망했다.

'마치 눈덩이가 강한 에너지를 내포한 채 무서운 속도로 산비탈을 내려오듯이', 징둥도 관성의 법칙이 작용해 비약적인 성장을 거둘 것이다. 필자는 강단 아래에 앉아서 예전에 류창둥이 향후 천억의 회사로 키우겠다고 선언했을 때 직원들이 수군거렸던 모습을 떠올렸다. 또 100억 위안의 목표를 달성하겠다고 자신하던 류창둥의 모습도 떠올렸다. 더 거슬러 올라가, 뱃머리에 서서 선원들을 데리고 바다를 건너겠다고 호언장담하던 '소년 류창둥'의 모습도 어른거렸다.

징둥은 단 한 번도 경쟁자를 손쉽게 제압하거나 통쾌한 승리를 거둔 적이 없다. 이 회사는 언제나 기복을 겪으며 해마다 새로운 위기에 봉착하고 수많은 경쟁자와 혈전을 치렀다. 인터넷기업과의 경쟁, 전통 소매유통과의 격전이 이어졌고 때로는 스스로와의 싸움도 불가피했다. 내우외환으로 절뚝거리며 힘겨운 여정도 거쳤다. 류창둥은 마치 태생적으로 길거리의 거친 자리싸움에 익숙해진 패거리마냥 작은 건달쯤은 가볍게 제압해왔다. 잘 단련된 아마추어 권투선수가 프로 권투시합에 출전한 듯한 모양새로, 매서운 주먹과 파괴력 하나로 끊임없이 주먹을 휘둘렀다. 스텝이 뭔지도 모르고 '잽'이나 '훅'의 기교가 뭔지도 몰랐으며 속된 말로 '운발'에 기대본 적도 없다. 중량급 경기에 출전해 운영규칙을 배우게 되면서 몇 라운드에 점수가 몇 점인지 그제야 파악할 수 있었다.

그는 야심만만한 사람이다. 거대한 글로벌 무역시장에서 시장 참여자, 심지어 시장의 규칙을 만드는 사람이 되고자 한다. 물론 자신이 아직은 '창업주에서 기업가로 변신해가는, 성공을 향한 길'에 접어들었을 뿐이라는 사실도 분명히 알고 있다.

위대한 기업가로 성장할 가능성이 있는 창업주는 어떠한 모습을 하고 있는가? 선견지명이 있어야 하며 비즈니스 기회에 대한 통찰력을 갖춰야 한다. 또한 남이 보지 못한 곳을 꿰뚫어볼 줄 아는 혜안을 갖춘 사람이다. 이는 MBA를 통해 배울 수 있는 게 아니다. 또한 조직을 이끄는 능력을 갖추고 조직을 승리로 이끌며 그로 인한 '부'를 함께 공유할 수 있어야 한다. 이 외에 학습능력도 갖춰야 한다. 한 기업이 얼마나 멀리 걸을 수 있는지는 창업주의 한계가 어디에 있는지에 달려 있다.

쉬신의 말을 빌리면 "투자를 하면서 가장 큰 교훈을 얻었는데 좋은 기업은 반드시 오랫동안 생명력을 유지한다"고 한다. 또한 그녀는 "위대한 기업은 원래 많지 않으며 운이 좋으면 징둥과 같은 기업을 몇 번 만날 수 있지만 중요한 것은 장기적으로 그 기업이 유지되어야 한다"고 덧붙였다.

샘 월튼은 자서전에서 이렇게 말하고 있다. "월마트식의 성공신화가 오늘날 이 시대에 과연 재현될 수 있을 것인가? 여기에 대한 답은 '당연히 가능하다'이다. 아마 지금 이 순간에도 누군가가 꿈틀거리며 움직이고 있을 것이다. 어쩌면 수천, 수만 명이 움직이고 있을지도 모른다. 많은 이들이 혁신적인 아이디어로 창업의 길을 줄곧 걸을 것이다. 강력한 열정으로 자신의 꿈을 향해 나아갈 때, 설령 여정 도중에 많은 실패를 겪더라도 끈기 있게 끝까지 견지해나가야 한다. 이는 한 사람의 태도와 능력에 달려 있으며 비즈니스 경영의 비결을 부단히 연구하고 모색해야 한다."

2015년 1월에 류창둥은 상하이주재 영사관을 방문한 마뉘엘 발스 (Manuel Valls) 프랑스 총리와 회담을 가졌다. 그리고 곧바로 징둥 대표단을 꾸려 프랑스로 향해, 정치경제계 인사를 방문했다. 이와 동시에 징둥상청에 프랑스관을 오픈하여 해외 전자상거래를 시범적으로 개시했다. 이는 2015년 징둥의 전략사업 가운데 하나다. 1980년대 일본 경제가 부흥하면서 일본 여행객들이 전 세계로 몰려들어 구매에 열을 올렸었다. 이와 마찬가지로 현재 중국인도 해외에서 구매열풍에 합류하여 도처에서 카드를 긁고 있다.

원래 해외 제품에는 관세장벽이 있지만, 현재 세관과 상무부에서 해외 전자상거래를 권장하는 분위기다. 중국 소비자가 구매원가를 낮출 수 있기 때문이다. 정책적인 호기를 맞이한 셈이다. 2014년에 징둥은 프랑스에서 100만 병의 보르도산 레드와인을 직수입해서 판매한 바 있다.

'자금줄이 끊길 것'이란 소문에 휩싸였던 기업이 불과 2년여 만에 시가총액 전 세계 10위권에 진입한 인터넷기업으로 성장했다. 하지만 류창둥은 여기에 만족하지 않는다. 그는 단순히 중국시장에 만족하지는 않겠다는 뜻을 밝힌 바 있다. 2011년에 메릴린치 은행의 도움으로 류창둥은 브라질과 인도 현지의 온라인쇼핑몰 기업을 시찰한 바 있다. 당시 그는 초만원 기차에 매달려 있는 인도 사람들을 뉴스에서 보고는 호기심에 기차를 타보기로 결정했는데, 어마어마한 사람들이 인산인해를 이루고 있는 장관을 보고 아연실색한 적이 있다.

2012년에 징둥은 해외시장 진입을 시도하기 시작했다. 그는 유럽과 미주처럼 성숙한 시장에 진입할 것인지 아니면 브라질과 인도와 같은 신흥시장에 진입할 것인지 한동안 고심했다. 전자의 경우 환경은 조성이 되었지만 강력한 경쟁자가 포진해 있어 만만치 않을 것이고, 후자는 시장진입 장벽은 낮지만 인프라시설이 취약한 게 마음에 걸렸다. 결국 징둥이 최종적으로 선택한 지역은 러시아다.

류창둥은 이렇게 말한다. "중국 제품을 전 세계에 팔 수 있는 통로가 활짝 열렸다. 정부가 수출환급(export rebate)을 시행하기 때문이다. 무역업체는 도매형태로 해외에 물건을 팔고 있는데 소매형태로 파는 기업 중에 대규모 기업은 거의 없다. B2C 형태로 판매하면 한계가 있을 수 있다. 왜냐하면 현지의 관세, 취업, 투자 등에 타격을 미치기 때문이다. 규모가 작을 때는 별 문제가 없고 정부도 내버려두지만, 규모가 커지면 문제가 달라진다. 여러 규정 등을 내걸어 꼬투리를 잡을 수 있다. 중국 제품을 제대로 해외에 판매하려면 반드시 현지에 창고를 건설하고 이에 상응하는 투자를 진행해야 한다."

류창둥이 소년시절에 선원들을 거느리고 출항하는 꿈을 꾸었던 것을 아직 기억하는가? 최근 점차 심리적인 평정을 유지하는 류창둥은 특별히 격정적이나 기쁘고 화나는 일이 별로 없다고 했다. 회사 내 중대사건이 발생해도 웬만해선 동요되지도 않을뿐더러 냉정을 유지했다. 다만 오로지 하나, 출항의 꿈만큼은 여전히 가슴을 뛰게 하고 사그라지지 않았다고 했다.

종착점을 출발점이라고 생각하고 자신의 목표를 정확히 설정한다.

그리고 역으로 거슬러 내려오면서 어떻게 할지 단계별로 계획을 세우는 것이다. 비록 '쥐뿔도' 없으면서 허풍부터 떨지만, 작은 일부터 시작해서 목표를 이루어낸다. 이는 어쩌면 대기업가로 성장한 창업자의 공통된 속성일지도 모른다.

징둥그룹 홍보부 부총재인 리시는 소니차이나에서 18년 동안 근무했으며 소니차이나의 유일한 여성 부총재였다. 1994년 소니에 입사한 그녀는 직접 소니의 전성기를 목격했고 바닥으로 추락하는 모습도 지켜봤다. 소니의 최고경영자 겸 회장인 이데이 노부유키(出井伸之)는 2000년 〈비즈니스위크〉가 선정한 전 세계에서 가장 성공한 경영인 25명에 이름을 올렸다. 그런데 2005년 회사를 떠날 때는 전 세계에서 가장 실패한 경영인 25명 중의 한 명이 되었다. 천당과 지옥이 말 그대로 한끝차이였다.

소니의 몰락은 순수 하드웨어 제조업체의 황금시대가 종식됐음을 알리는 신호탄이라 할 수 있었다. 소니가 추락하면서 소프트 · 하드웨어 결합형 소비의 디지털시대가 도래해 전성기를 맞이하는데, 2007년에 애플 사가 출시한 1세대 아이폰이 그것이다. 리시는 징둥에 입사하여 전자상거래라는 새로운 물결에 동참하고 싶었다. 또한 중국 기업이 진정으로 굴기하는 그날을 직접 마주하고 참여하고픈 열정이 있었다.

중국에서 B2C업체 간의 경쟁은 어느새 사라졌다고 말할 수 있다. 플랫폼형 전자상거래의 경쟁에서도 알리바바와 징둥 두 기업만이 살아남았다.

하지만 전자상거래의 출발점, 즉 새로운 시대의 서막이 이제 막 열렸다고 말할 수 있다. 그렇다면 징둥그룹 영토의 경계는 과연 어디일까? 전국을 망라하는 물류망을 기반으로 전국의 향촌으로 진입하는 것인가? 수많은 고객의 구매데이터를 기반으로 인터넷금융을 추진하는 것인가? 물류를 기반으로 하는 O2O인가? 공급망관리를 기반으로 하는 스마트 하드웨어인가? 아니면 중국시장을 기반으로 글로벌 소매시장에 진입하는 것인가?

1500년에 전 세계 최대 도시는 베이징이었다. 당시는 전 세계 10대 도시 가운데 파리가 유럽의 유일한 도시였다. 1900년에 전 세계 10대 도시 가운데 아시아에서는 유일하게 도쿄가 들어 있었다. 동서양의 전세 역전은 많은 학자가 관심을 기울이는 분야다. 영국의 금융학자 니얼 퍼거슨(Niall Ferguson)은 저서 《니얼 퍼거슨의 시빌라이제이션》에서 이러한 현상을 분석했다.

첫째, 경쟁. 정치와 경제활동이 분리되어 있어서 주권국가뿐만 아니라 자본주의제도도 기반을 닦으며 발판을 마련할 수 있었다.

둘째, 과학. 자연세계를 연구·이해하고 궁극적인 개선을 통해 서방세계는 다른 지역보다 강력한 군사력을 보유할 수 있었다.

셋째, 재산권. 법치로 사유재산을 보호하고 그들 간 분쟁을 평화롭게 해결하는 방식으로, 가장 안정적인 대의제 정부의 기반을 제공했다.

넷째. 의학. 과학에서 갈라져 나온 의학에 있어서 서방사회가 보건, 인구예측 및 수명 등 분야에서 발전을 거둔다.

다섯째, 소비사회. 물질적인 생활방식 가운데, 의류 및 기타 소비재의 생산·구매는 매우 중요한 역할을 했다. 이러한 소비형태가 없었다면 산업혁명도 지속적으로 발전할 수 없었을 것이다.

여섯째, 직업윤리. 기독교 신교(이 외에 다른 원인도 있음)의 부흥에 따른 생활방식과 도덕적 규범은 첫째에서 다섯째까지 요소들에 존재하고 있었던, 잠재적인 불안사회를 융합하는 힘을 발휘했다.

20세기 들어 기술과 문명, 그리고 철과 불이 교차하는 글로벌화를 겪으면서 중국은 현대화라는 역사적 소용돌이에 휩싸이게 된다. 이로써 중국은 제도와 가치관에서 세계와 공감대를 형성했고 중국 기업도 글로벌 기업과 비슷한 모습을 갖춰갔다. 이제 중국은 제도와 인구의 장점을 십분 활용하여 G2로 급부상했다. 막강한 인구를 보유한 중국은 이를 경쟁우위로 삼았고 중국 인터넷은 미국과 함께 세계 양대 산맥을 형성하고 있다. 중국시장만 놓고 봐도 시가총액이 이미 백억, 심지어 천억 달러에 달하는 인터넷기업이 4곳이나 된다. 알리바바, 텅쉰, 바이두, 그리고 징둥이다.

중국이 시장경제체제를 도입한 지 30여 년이 되었다. 이 세월은 중국 경제가 글로벌화를 추진해온 기간이라 할 수 있다. 이 과정에서 중국은 저렴한 노동력으로 '중국 제조(Made in China)'를 수출했다. 전 세계 가치사슬에서의 위상은 그리 높지 못했다. 물론 어떤 의미에서, 다시 말해 가치사슬의 '다운스트림'에서만큼은 세계 경제를 주도했다고 말할 수 있다. 중국은 여러 업종(예를 들면 PC, 스마트폰, 사치품)에서 전 세계에서 가장 큰 시장이 되었지만, 진정한 글로벌화를 실현한 민영기업은 손에 꼽을 정도다. 화웨이와 레노바(롄샹)만이 고군분투하며 세계 시장에 맞서고 있으며, 중국 온라인업체만 놓고 보면 전 세계 시장에서 중요한 영향력을 행사하는 기업은 아직 단 하나도 없다.

명실상부한 대국이라면 상품과 자본을 수출할 뿐만 아니라 가치관과 문화도 수출해야 한다. 비즈니스 사회에서 가치관과 문화는 상품에 녹아들어 있다. 미국의 정신문화가 할리우드 영화와 코카콜라, 맥도날드, 실리콘밸리, 애플, 청바지 등의 수출을 통해 전 세계로 퍼져나가고 있다. 그렇다면 중국의 할리우드는 어디에서 찾을 수 있는가? 중국의 코카콜라와 애플은 또 어디에서 찾아볼 수 있을 것인가? 막강한 경제력을 기반으로 중국은 글로벌 영향력을 행사할 브랜드기업을 창조할 기회에 직면해 있다.

류창둥은 지금도 여전히 매일 아침 8시 20분에 출근해서 조회를 열고 저녁 11시 전에는 잠자리에 들지 않는다. 웨이신 덕분에 경영진과 의견을 나누기도 훨씬 편해졌다. 웨이신을 통해 수시로 업무를 처리하고 비행기에서 내리자마자 수백 개의 웨이신 정보도 받을 수 있다. 거의 대부분이 업무와 관련된 내용이다. 차 안에서 호텔로 향하면서 중요도에 따라 웨이신의 정보를 처리하는 등 자투리 시간을 활용하는 편이다.

그는 한 가지 소박한 생각을 하고 있었다. 유럽, 미국, 일본과 한국 기업이 전 세계로 뻗어나가면서 자기 나라로 끊임없이 돈을 가지고 들어가는데 중국 기업은 외국인의 돈은 벌지 못하면서 중국인의 돈만 벌고 있다. 그는 이것이 중국인이 호시절을 누릴 수 없는 이유라고 생각했다. 그는 레노바와 화웨이가 오로지 자력으로 전 세계 각지에 진출한 모습을 지켜보며 존경심을 갖게 되었다. 더 많은 기업이 해외로 진출한다면 중국 경제는 더욱 좋아질 수 있다.

중국에서만 돈을 번다면 명성 높은 기업은 될 수 있을 것이다. 하지만 그는 위대한 세계적인 기업이 되어 세계를 무대로 비즈니스를 키우고 싶은 욕망이 있다. 그가 미국에 갔을 때 중국에서 건너간 유학생들이 그를 볼 때마다 언제 미국에 회사를 세울 것인지 묻곤 했다.

뜻이 있는 곳에 길이 있는 법이니, 가고자 하는 곳이 아무리 깊은 산속이나 머나먼 바다라 해도 그의 뜻이 확고하다면 결국 그를 막지 못할 것이다.

누가 한 말인지 잘 기억은 나지 않지만, 아마도 피터 린치(Peter Lynch)였던 듯하다. 그는 주식을 고를 때 주로 주변 사람들의 습관을 보고 잠재적인 가치주를 고른다고 한다. 내 아내는 징둥의 충성도 높은 고객이다. 최근 몇 년 동안 처음에는 휴대폰과 노트북을 구입하더니 나중에는 신선식품을 비롯해 여러 품목으로 종류가 늘어나는 것을 지켜봤다. 쌀, 식용유, 화장지, 각종 세제와 바디클렌저, 음료 등인데, 주로 무겁고 부피가 많이 나가서 들기 어려운 품목을 고르곤 했다.

징둥 덕분에 아내는 시간과 정력을 확실히 많이 절약할 수 있었다. 슈퍼마켓에서 줄을 길게 설 필요가 없어졌기 때문이다. 집에서 도보로 10분도 걸리지 않는 곳에 우메이(物美)와 화롄(華聯)이 있는데도 아내는 온라인을 자주 이용했다. 다만 냉동식품에 대해서는 아무래도 하루아침에 바뀌지 않는 듯하다. 우유나 돼지고기, 채소 등은 여전히 슈퍼마켓에 들러서 구입하곤 한다.

나는 징둥이라는 회사에 갈수록 더욱 호기심이 생겼다. 2011년 초 처음으로 류창둥 사장과 만날 기회가 생겼다. 그때 그는 마침 택배원의 역할을 마치고 회사로 돌아오는 참이었다. 그날 처음 만났을 때 이 책에 대해 결정된 것은 없었다. 내가 몇 년 동안 해온 습관이 있다면, 한 회사에 대한 글을 쓰기로 결정하기까지 창업주 외에 반드시 그와 관련된 주위 사람, 예를 들면 부모, 친구, 투자가, 경영진, 그리고 직원까지 인터뷰를 한다는 것이다. 그 당시만 해도 징둥은 여전히 폐쇄적인 분위기를 고수하고 있었고 웬만해서 접근이 그리 쉽지 않았다.

2012년 8월 16일, '8·15' 가격할인전이 열렸던 바로 그 다음 날이 되어서야 류창둥 사장과 다시 자리를 가질 수 있었다. 이번에는 대화가 좀 더 순조로웠다. 류 사장은 입사 5년차 직원 대상 연회에 나를 초청했고 연회에서 순박하고 따뜻한 모습의 류창둥을 볼 수 있었다. 웨이보에서 보였던 날카롭고 공격적인 이미지와는 사뭇 달랐다. 징둥의 적극적인 협조 덕분에 고위층 경영진과 접촉할 수 있었고 그 기회에 말단에서 근무하는 직원들도 알게 되면서 안면도 틀 수 있었다. 이 모든 게 그날 연회 만찬자리에 초청해준 덕분이었다. 이렇게 해서 30만 자의 인터뷰 자료가 모아졌고 최종적으로 1만여 자의 문장으로 압축했다.

2013년에 류창둥은 해외 유학을 떠났다. 비약적 성장을 거듭하고 있는 창업주가 갑자기 자청해서 오랜 시간 회사를 떠나 있기로 결정했다. 이러한 결정 이면에 과연 무슨 일이 있었던 것인가? 이는 중국 비즈니스 역사상 유례가 거의 없는 일이었다. 나는 호기심을 못 참고 류 사장이 잠시 한 달간 귀국한 틈을 타서 그와 사석에서 만남을 가졌다(비공식 인터뷰). 그리고 연이어 고위층 경영진과도 인터뷰를 진행하면서 '미국에서의 류창둥(劉强東在美國)'이라는 글을 썼다. 이 글에서 징둥 경영의 탈바꿈과 변화상을 소개했다.

2014년에 징둥 물류를 이해하기 위해 청두를 중심으로 징둥 화물차를 따라 쓰촨의 더양, 몐주, 어메이산 등을 둘러보았다. 징둥그룹 물류부문의 책임자부터 시난지역 물류책임자, 몐주 배송거점의 택배원까지 만나보면서 '징둥 물류는 어떻게 단련되었는가?(京東物流是怎樣煉成的?)'라는 글을 썼다.

1만여 자의 문장과 수십만 자의 인터뷰자료 등을 토대로 글을 간추렸다. 단편적인 문장에 익숙한 디지털시대에 이렇게 긴 문장을 참을성 있게 완독하고, 댓글을 남기며 나와 교감하는 분이 있다는 게 놀라울 뿐이었다. 현재 창업했거나 창업을 준비 중인 사람으로서 징둥에게서 무언가를 배우고 싶다고 말하는 사람도 있었고, 나처럼 단순히 이쪽 비즈니스 세계에 호기심을 보이는 사람도 있었다.

과거 5년은 중국의 비즈니스 세계에 있어 신·구 세력이 교체하는 시기였다. 부동산 황금기가 저물면서 과거 10년 동안 위풍당당하게 업계를 주름잡던 부동산기업이 점차 비즈니스 무대에서 퇴장하기 시작했다. 그리고 새로운 스타 기업가, 즉 인터넷으로 전통 산업을 농락하는 창업주에게 사람들의 시선이 쏠렸다.

새롭게 등장한 창업주와 기업가는 어떻게 생각하고 어떻게 행동하는가? 그리고 왜 그렇게 생각하는가? 또 그들은 왜 그렇게 행동하는가? 개인적인 성향과는 어떠한 관계가 있는 것인가? 그리고 인생 경험과는 어떠한 연관성이 있을 것인가? 나는 더 이상 단순한 한 편 또는 몇 편의 글로 이들을 묘사하고 분석하는 데 만족할 수 없었다.

2014년에 나는 첫 창작 작품인《아홉 번의 실패와 한 번의 성공 : 메이퇀 창업자 왕싱의 창업 10년(九敗一勝 : 美團創始人王興創業十年)》의 탈고를 마쳤다.

메이퇀왕은 공동구매로 시작해 현재 O2O 분야의 선두기업이다. 이 기업의 성공은 우선 왕싱(王興) 개인의 폭넓은 시야와 장기적 안목 덕분이었다. 예를 들어보자. 공동구매를 시작한 지 2년밖에 되지 않아 그는 회사에서 일부 팀원을 구성해 영화예매 어플인 '먀오옌 뎬잉(貓眼電影)'을 출시했다. 이는 전형적인 사내 혁신 프로젝트인데 영화예매시장에서 독보적이라 할 수 있다.

그 책을 탈고한 이후에 나는 곧바로 '징둥닷컴 이야기'에 착수했는데, 이때 징둥의 지원이 절실히 필요했다. 회사의 지원이 없으면 회사 내부적으로 광범위한 인터뷰가 불가능하기 때문이다. 징둥그룹 홍보부의 리시 부총재에게 연락해 내 뜻을 밝혔다. 대략 1주일 후에 그녀에게서 류창둥 사장이 이 책을 쓰는 것에 동의했다는 회신을 받을 수 있었다.

2015년 3월 20일에 나는 류창둥 사장과 이 책에 대해 마지막으로 의견을 나눴다. 그는 이렇게 말했다. "제 개인적으로는 지금 시점에 책을 내는 건 시기상조라고 생각했어요. 아직은 스스로 진정한 성공을 이뤘다는 생각이 들지 않고 여전히 창업주에서 기업가로 성장하는 과도기에 있다고 여기고 있기 때문입니다. 향후 10년 후에 제가 회사를 제대로 성공반열에 올렸다고 느끼면, 그때 출간하고 싶다는 생각을 했었지요. 하지만 리 선생님의 의견을 존중해서 책을 쓰는 데 동의한 것입니다. 앞으로 10년 이내에는 리 선생님이 쓴 책이 징둥에 대한 처음이자 마지막이 될 겁니다."

2014년 8월부터 2015년 3월까지 총 258명을 인터뷰했다. 류창둥 사장의 가족과 은사, 동창, 그룹 본사 및 화베이, 화둥, 화중, 화난, 시난, 쓰촨 등 지역의 직원들, 그리고 중국어를 할 줄 아는 거의 모든 징둥의 투자가들을 만났다. 예전 인터뷰 내용까지 포함해서 거의 400만 자에 가까운 자료가 모아졌다.

징둥은 상승기에 있는 기업으로서 그 발전은 여전히 계속되고 있다. 나는 이 책을 류창둥 개인의 전기로 만들 의사도 없고 이 회사를 고의적으로 홍보할 생각도 없다. 다만 무에서 시작한 회사가 오늘날 2,602억 위안의 규모를 갖추게 된 데는 분명 무언가 있을 것이라 여겼다. 물론 그동안 실수도 있었겠지만 확실한 점은 정확한 방향을 잡고 많은 일들을 해냈으리라는 것이었다. 이 책을 통해 징둥이 우뚝 설 수 있었던 원인을 찾아내어 대중에게 알리고 싶었다.

징둥과 연락했을 때 나는 처음부터 이 책은 류창둥 사장의 전기가 아니라는 점을 명확히 밝혔다. 류 사장의 전기를 쓰려면 아직 멀지 않았는가! 이 책에는 류창둥 개인에 관한 이야기가 많이 나온다. 하지만 그보다는 관리자층과 현장직원의 스토리를 더욱 많이 실었다. 중국 기업가의 전기와 회사 발전사는 자칫 한 기업가의 영웅 이미지만을 부각시키기 쉽다. 그러면서 정작 현장에서 일하는 말단직원의 스토리는 간과하는 경우가 많다. 나는 개인적으로 한 기업의 생생한 스토리는 바로 현장에 있다고 늘 여겨왔다. 한 기업이 더욱 높은 곳으로 올라가고 더욱 멀리 갈 수 있는지의 여부를 판단하려면 현장직원들을 살펴보면 답을 찾을 수 있다. 현장직원이 자신이 몸담고 있는 회사의 미래에 희망을 가지고 있다면, 그렇다면 무엇을 근거로 이렇게 확신하는 것인가?

징둥은 류창둥 한 개인의 징둥이 아니며 모든 징둥인의 것이다. 물론 이 말은 모든 기업에 해당되는 말이다. 하지만 한 기업의 창업주가 비즈니스 무대 정중앙에 서 있다고 하자. 그 순간 자신을 지탱해주는 힘이 이름 모를 수많은 직원들이라는 사실을 진정 깨닫는 창업주가 과연 몇 명이나 될 것인가?

징둥에는 오프라인 소매유통기업에서 이직한 많은 직원이 있다. 이들과 대화 도중에 이전 직장의 사장에 대해 언급하는 것을 들었다. 징둥이 그 사장들의 밥줄을 끊어놓은 장본인이기도 하다. 나는 인터뷰를 진행하면서 이들 회사가 필연적으로 추락할 수밖에 없다는 점을 깨달았다. 단지 전자상거래의 거센 물결이 이들의 추락을 앞당겼을 뿐이다. 오만하고 직원을 냉대하며, 심지어 온갖 암투와 모략이 난무할 뿐만 아니라 부정부패가 팽배한 기업이 과연 얼마나 그 생명력을 유지할 수 있다고 생각하는가?

나는 이제까지 줄곧 선의와 존경심으로 중국 기업가를 대해왔다. 하지만 류창둥 사장에게 더욱 공감할 수 있었다. 징둥은 수만 명의 블루칼라 직원을 보유한 인터넷기업으로서, 이들 직원에게 업계 최고수준의 급여와 상대적으로 완벽한 복지제도를 제공하기 때문이다. 이러한 블루칼라는 상당히 긴 시간 동안 '농민공'이라는 이름으로 불려왔다. 이러한 명칭 또한 도시·농촌 간 이원화된 시대적 특성을 선명히 보여준다.

최근 중국 기업가의 비즈니스에 관한 글을 쓰면서 농민들을 주시하기 시작했다. 원저우 공장에서 한 달 동안 머물기도 하고, 청두의 폭스콘 공장에서 거의 3개월을 보내기도 했다. 나중에 내용을 정리해 '폭스콘 : 서쪽으로 가다(富士康 : 向西)'라는 글을 내놓았는데 개인적으로 가장 만족스러웠다.

중국 '농민공'의 고통스러운 경험을 접하게 되면서, 류창둥 사장이 블루칼라의 복지와 대우에 각별히 신경 쓰는 이유를 알 수 있었다. 이러한 사례는 중국에서 찾아보기 드문 일이다. 따라서 이들은 징둥을 위해 혼신의 힘을 기울이며 한 치도 흐트러짐 없이 '소비자 최우선'의 철학을 그대로 현장에서 실천할 수 있었다. 이는 어찌 보면 너무도 당연한 이치였다.

'나를 보통사람과 똑같이 대우해주면 나도 그에 보답하며, 나를 국가의 동량이라고 여기고 소중히 대하면 나도 그에 보답한다'는 말이 있다. 억지로 야근하는 것과 자발적인 야근은 천지차이다. 목표 달성과 초과달성도 분명 차이가 있다. 나는 '속도'와 '열정'이라는 단어를 떠올렸다. 이는 징둥이라는 회사를 표현할 최적의 단어라고 생각했다. 이 단어를 생각하고 나서 동명의 영화제목이 있다는 것을 그제야 깨달았다.

사실 기업가와 기업에 대한 책을 쓰다 보면 한 가지 고민에 빠진다. 회사의 발전은 파형처럼 기복 있는 '동태적'인 성향을 띤다는 점이다. 지금은 우수한 기업으로 승승장구하지만 몇 년이 지나서 어려움에 직면할 수도 있다. 그런데 또 그러면 어떠하랴! 많은 사람들은 평생을 살아가면서 이들 창업주와 같은 높은 위치에 서볼 기회조차 없지 않은가.

물론 나는 내 안목을 확신하고 있다. 류창둥과 왕싱은 출신, 성격, 됨됨이 등 차이가 많은 인물이다. 하지만 우수한 창업자라는 공통점을 가지고 있으며, 두 사람 모두 열심히 노력해서 뛰어난, 심지어 위대한 기업가로 성장할 수 있었다. 그렇다면 이들의 가장 큰 공통점은 무엇인가? 또 내가 접해왔던 우수한 창업자의 가장 주목할 만한 공통점이 과연 무엇인가? 그들은 전략적인 안목과 추진력에서 나름대로 강점과 단점을 가지고 있었다.

그런데 마지막으로 내가 떠올린 단어는 '순수함' 이었다.

이를 설명하려면 정반대되는 사례를 하나 소개할 필요가 있다. 예전에 꽤나 성공을 거두고 상당한 영향력도 가지고 있던 한 창업주가 내게 말한 게 기억난다. "이 회사는 내 전부가 아니며 일정부분의 정력을 다른 곳에 쏟고 있다"는 말이었다. 그때 나는 '이 회사의 수명이 이제 다할 때가 됐구나' 라는 생각을 했었다.

자신의 목표를 원대하게 설정하고 처음과 끝이 한결같으며, 몇 년 안에 이뤄야 할 목표와 단계를 설정한 후에 한눈팔지 않고 외길인생을 걷는 게 바로 성공한 기업가의 모습이다. 이들은 불필요한 가지는 모두 쳐내버린다.

한 회사 직원이 포럼에 참석했는데, 경쟁업체 CEO가 포럼에서 활발히 활동하는 모습을 보고 의아하게 생각했다고 한다. 'CEO라면 시간이 부족할 텐데 여기에 참석할 여유가 있을까?' 라고 말이다. 류창둥 총재의 보좌관은 류 사장이 거의 사생활 없이 사는 것을 증명하는 산증인이라 할 수 있다.

사업에 몰두해서 그런 거라고 반문하는 독자가 있을 수 있다. 이는 단순한 몰두 수준이 아니다. 이 책이나 그 전에 출간한《아홉 번의 실패와 한 번의 성공》에서도 언급한 바가 있는데, 기업문화의 중요성을 강조하고자 한다. 이는 기업가 자신의 가치관과도 직접 관련 있다. 류창둥과 왕싱은 성격은 판이하게 다르지만, 정직하고 신용을 지킨다는 공통점이 있다. 물론 정직과 신용을 지킨다고 해서 회사를 오랫동안 유지할 수 있는 것은 아니다. 하지만 분명한 사실은 정직과 신용을 잃은 기업가는 회사를 오래 유지할 수 없다는 것이다.

사람에게 가장 힘든 게 초심을 잃지 않고 외부의 유혹을 이겨내는 것이다. 많은 이들이 허황된 명성에 눈이 멀어 들뜬 상태에서 자신을 망각하고 도취된다. 갈 길이 멀고 험난하다며 다른 곳에서 큰돈을 벌 수 있을지 기웃거리기도 한다. 또는 지름길을 못 찾고 헤매다가 갈지 말지 망설이기도 한다.

후기를 작성하면서 반년 동안 분주히 각지를 돌아다녔던 때를 회상했다. 258명의 생생하고 활기찬 얼굴들이 뇌리를 스치고 지나간다. 유감스럽게도 시간을 내준 모든 사람의 이름을 이 책에 다 적진 못했다. 다만 감사의 뜻을 표하고자 후기 뒷부분에 이 분들의 명단을 적어놓았다.

우선 리시 여사님께 진심으로 감사드린다. 그녀의 전폭적인 지지와 도움이 없었다면 이 책은 세상에 나올 수 없었을 것이다. 또한 징둥 홍보부 캉젠 이사님의 인터뷰 협조에도 감사드리고 싶다. 징둥 홍보부 3기 경영연수생인 천멍잉(陳夢瑩) 씨에게도 감사의 마음을 전한다. 징둥과 5년 동안 관계를 유지할 수 있었던 데는 그녀의 역할이 매우 컸다. 이 외에도 징둥 홍보부 옌위에룽(閆躍龍) 이사님, 그리고 구샤오만(顧曉曼), 마롄펑(馬連鵬), 천페이페이(陳沛沛), 장린(張琳), 리웨이(李微) 등 여러분의 지지와 협력에 진심으로 감사드린다.

징둥 홍보부 7기 경영연수생인 치산산(齊珊珊) 씨는 이 책과 관련해 징둥의 실무창구로서 2014년 8월부터 2015년 3월까지 나와 함께 징둥의 전국 각지 지사를 방문하고 인터뷰했다—베이징, 청두, 무한, 쑤첸, 상하이, 항저우, 광저우, 선전 등. 징둥은 7만여 명의 직원을 거느린 회사다. 치산산 씨는 이들과 연락하고 소통하는 업무 그리고 사실 확인 등, 많은 시간과 공을 들였고 심지어 새벽 2시까지 일하기도 했다. 징둥그룹 총재보좌관인 먀오샤오훙 씨에게도 진심으로 감사드린다. 덕분에 몇 분의 징둥 투자가를 인터뷰하는 데 많은 도움을 받을 수 있었다.

이 책의 인터뷰를 위해 여러 자리를 마련해주신 징둥그룹 총재 비서인 천위(陳煜) 씨에게도 감사의 말을 전하고 싶다.

이 책을 지지해주신 징둥 도서부문의 양메이펑(楊海峰), 장룽(張龍), 장본잉(張本榮)에게 감사드린다.

이 책의 인터뷰를 위해 도움을 주신 각 지역 및 자회사 직원 분들께도 감사드린다.

시난지역 : 장란(張嵐), 양타오(楊濤), 리전(李鎭)

화중지역 : 왕쥔(王俊), 허빙(何兵), 장야리(張亞麗), 멍더뱌오(孟德彪)

화둥지역 : 무위안칭(牧園青), 덩룬쉬안(鄧倫宣)

화베이지역 : 류딩링(劉丁玲)

화난지역 : 탕샤오민(湯曉敏), 모정춘(莫爭春), 량진타오(梁錦濤)

쑤첸 : 우제, 순보추(孫博秋) 딩단단(丁丹丹)

내가 최근 1년 동안 기울였던 노력을 이 책에 담았다. 이 결실을 통해, 독자가 징둥의 참모습을 볼 수 있는 데 도움이 되었으면 하는 바람이다. 류창둥 사장이 마지막으로 내게 한 말이기도 하다. "이 책에 징둥의 경험과 강점을 쓰시겠지만 마찬가지로 징둥의 약점과 과거의 실패도 여과 없이 써주십시오. 오로지 진실만 써주시면 됩니다."

– 2015년 4월 12일 새벽 3시 베이징에서

이 책의 집필 과정에 인터뷰를 진행한 258명의 명단

인터뷰 시간에 따라 배열함

야오옌중(姚彦中), 천멍잉(陳夢瑩), 옌샤오빙(閆小兵)

강젠(江建)

양하이펑(楊海峰)

위잉(於瑩)

정차오(鄭超), 왕샤오쑹(王笑松)

두솽(杜爽), 류쥔(劉俊)

탕이선(唐詣深)

가오옌(高燕), 양치쿤(楊啓焜)

쉬레이(徐雷)

주옌보(朱艷波), 장옌(張燕), 천톈(陳甜), 황펑(黃楓), 리링샹(李凌翔), 양란(羊藍), 가오페이(高飛), 천완훙(陳萬紅), 리천(李晨)

천샤오린(陳小林), 천웨루(陳鑰鉫), 황위리(黃裕禮), 란빈(蘭斌), 리전(李鎭), 양윈보(楊雲博), 위룽(餘容), 중스룽(鐘世榮)

마쥔(馬君), 천웨이(陳偉), 장옌빙(蔣延兵), 리진(李近), 쉬타오(胥濤), 양쥔원(楊軍文), 쑹보(宋波)

팡진(方進), 왕신(王鑫), 양뱌오(楊彪), 양타오, 양웨이

왕우(王武), 룽후이(龍暉)

저우웨이(周煒)(KPCB China MP(Managing Partner)) 바오판(包凡)(화싱자본
(China Renaissance Partners, 華興資本 CEO))

왕아이민(王愛民), 후단(胡丹), 페이젠둥(裴建東), 자오샤오쥐안(趙小娟)

쿵톄(孔鐵), 줘제(卓婕)

쑨자밍(孫加明)

쑨즈타오(孫志濤), 왕민셴(王敏先)

취둥웨이(屈東偉)

주스위안(褚世元)

궈샤오보(郭曉博), 류베이(劉培), 왕나(王娜)

천허(陳何), 마청궁(馬成功), 옌샤오칭(嚴曉青)

량만(梁曼), 닝보(寧波), 쓰쓰(司思)

웨이하오(魏豪), 슝진타오(熊金濤), 예창화(葉長華)

탄샹밍(譚響明), 왕후이(王輝輝), 장웨이펑(章巍峰)

장후이샤오(姜會曉), 펑위쉬엔(彭雨蔓), 장샤오천(張曉晨)

황뤄(黃若), 류솽(劉爽)(외부)

한링(韓玲), 지상상(季尚尚), 위안웨이(原巍) 장젠서(張建設)

리융허(李永和), 한러우(韓露)

청순이(程順義順), 류다오바오(劉道寶), 왕산(王珊)

양팅(楊婷), 우하이잉(吳海英), 차오징웨이(曹景巍)

류신제(劉心潔), 지둥니(紀冬妮)

저우리팡(周立方), 먼지펑(門繼鵬)

웨이웨이(魏威), 리쭝카이(李宗凱), 리쥔(李軍), 후춘(胡純), 위딩카이(禹定凱), 주쥔(朱峻), 이원제(易文杰)

왕강(王剛), 란전(蘭震), 러쉬안(樂旋), 리쉰샹(李俊祥), 쑤셴펑(蘇先鋒), 장리양(張利陽), 샤오량(肖亮), 멍칭전(孟慶臻)

후슝웨이(胡雄偉), 쉬정펑(徐正峰), 위안자오후이(袁朝暉), 옌위(晏宇), 멍더뱌오(孟德彪), 리샤오펑(李曉峰), 양위안(楊淵), 장제(張杰)

단훙메이(單紅梅), 딩캉(丁康), 리젠(李劍), 뤼루이(呂路毅), 왕헝잉(王恒英), 저우항(周航), 차오커(曹珂)

왕샤오샤(류창둥 모친), 류창루(劉强茹)(류창둥 여동생), 장젠(張見)

비밍창(畢明昌), 두루쥔(杜陸軍), 장첸(張謙), 장이산(張以山)

우제(吳潔)

쉬신(徐新)(캐피탈투데이 창업주 겸 총재)

리나(李娜), 리양(李楊)

황싱(黃星) 양레이(楊磊), 진밍화(金明花), 쑹젠후이(宋建輝), 위루이(余睿)

천멍(陳猛), 천밍(陳明), 판윈(範芸), 구옌어우(谷燕鷗), 탕웨이(唐偉), 취라이궈(曲來國), 우슈링(吳修領), 양타오

천하이쑹(陳海松), 화수룽(花術龍), 장안밍(江安明), 판광창(潘光强), 장빙(張兵), 장쥔위(張俊宇)

천자순(陳家順), 둥진쩌(董金澤)

류창둥

류위안, 자오빈, 리메이(李梅)

뉴춘링(牛春嶺), 차오예레이(葉叶雷), 사오지웨이(邵繼偉), 왕아이쥔(王愛軍), 왕당후이(王黨輝), 쉬안왕웨(宣望月), 양팡잉(楊芳穎)

류안페이(劉安飛), 왕페이(王飛), 뤄차오(羅橋)

궈신웨이(郭新偉), 구신하이(谷鑫海), 왕사오산(王紹山), 황퉁바오(王統寶), 양징(楊靜)

천스콴(陳時寬), 리야윈(李婭雲)

류멍(劉夢), 왕즈쥔(王志軍), 장리(章力)

리다쉐(李大學), 리자신(李佳新), 뤼커(呂科), 마쑹(馬松), 샤오쥔(肖軍), 판젠강(樊建剛), 마오웨이나(毛衛娜), 류이(劉軼)

차이레이(蔡磊), 왕린(王琳), 리루이위(李瑞玉), 리쉬융(李緒勇)

쿠이잉춘(蕢鶯春), 치팅(祁婷), 장치(張奇), 장신징(張新靜)

차오펑(曹鵬), 옌쉬훙(閻旭紅), 쑨웨이(孫微)

황진훙(黃金紅), 천차오(陳超), 룽위(隆雨)

천하우위(沈皓瑜), 황링(黃玲), 딩샤오창(丁曉強), 야오나이성(姚乃勝)

쉬원룽(徐文龍), 쉬원이(徐文義), 쉬전(徐圳), 장바오스(張保濕)

창빈(常斌), 란예, 천옌레이(劉鐵彪), 마웨이, 왕밍보(王明波), 룽정뤠(榮崢略), 탕징(唐靜), 양쉐옌(楊雪艷), 인훙위안(尹紅元)

탄좐환(譚轉歡), 장순란(張順蘭), 주린(祝琳), 천원쥔(陳文俊), 간젠둥(甘建東), 간젠러우(甘建樓), 린훙쿤(林宏堃), 우서우(吳首)

황사훙(黃少紅), 황원쿠이(黃文奎)

허우옌핑(侯艷平), 핑옌(馬燕), 궈이눙(郭依農), 리젠(李鍵), 위칭칭(于晴晴)

먀오샤오훙, 신리쥔(辛利軍)

싱쿵위(邢孔育)(외부)

차오스핑(曹士平), 펑진저우(彭錦洲), 천팅(陳婷), 우창장(吳長江)(4명의 공급업체)

량보타오(梁伯韜)(징둥 투자가), 천성창

천청(陳澄), 쑹즈루이(宋志瑞), 왕즈푸(王志富), 웨이카이(魏凱), 시징민(席靜
敏), 장칭(張慶)

마젠룽(馬健榮)

황쉬안더(黃宣德), 주정징(朱政經)

리시, 린줘(林卓), 선닝(申寧)

류창둥(재 인터뷰)

장레이(張磊)(힐하우스캐피탈그룹의 회장 겸 CEO)

류창둥의 사내 연설문

영광과 꿈, 천억을 향해 매진하라●

몇 년 전부터 제게는 꿈이 하나 있습니다. 언젠가 냐오차오(베이징올림 픽경기장-역주)를 빌려 그곳에서 연례총회를 개최하는 꿈이죠. 징둥인에게는 아주 많은 꿈이 있었습니다. 그리고 과거에 품었던 그 모든 꿈을 우리는 지금 모두 이뤄냈습니다. 따라서 제가 생각하는 이 꿈도 언젠가 반드시 실현될 것으로 믿고 있습니다. 방금 6대 지역의 지난해 실적과 2012년 매출목표에 대해 상세한 보고가 있었습니다. 이제 제가 몇 말씀 드리고자 합니다.

2011년에 우리는 또 한 번 역사를 만들었습니다. 과거 1년 동안 우리는 실적을 통해 매출액 100억의 회사가 여전히 고속성장할 수 있다는 사실을 증명한 것입니다. 2004년에 우리는 무에서 시작해서 6년 만에 100억의 매출을 달성했습니다. 중국과 전 세계를 통틀어 무

● 징둥그룹 2012년 연례총회에서의 기조연설

에서 시작해 우리의 매출액을 초과한 기업은 단 한 곳, 바로 아마존 밖에 없습니다. 따라서 과거 6년 동안 성장속도만을 놓고 보면 우리는 1등이 아니라 2등입니다. 하지만 우리의 구호가 무엇입니까? '우리에게 2등은 없다. 오로지 1등만이 존재한다.' 이거 아닙니까! 저는 2등을 무척 싫어합니다. 물론 지난 2011년에 100억을 달성한 이후 성장률에서 다시 1위를 차지해왔습니다. 2011년 1년이라는 시간 동안, 전 세계 소매업 역사상 또 하나의 기록을 세웠습니다.

과거 1년간, 우리는 3대 도전에 직면했습니다. 첫 번째 도전은 우리 직원 구성원에서 비롯된 것입니다. 처음으로 1년에 1만 5,000명의 직원을 채용했습니다. 두 번째로, 2011년은 중국 전자상거래에 엄청난 광풍이 불었던 한 해였으며, 거의 모든 경쟁업체가 원가를 고려하지 않고 광고를 쏟아부어 가격할인 경쟁을 벌였습니다. 심지어 어떤 업체는 2011년 내내 마이너스 이익을 감수하고 우리 3C시장을 정조준하기도 했습니다. 무자별적인 광고 덕분에 전 업종의 광고비가 무려 40% 급증했습니다. 세 번째 도전은, 제가 좀 전에 말씀드린 바와 같이 매출액이 100억이 되었을 때 어떻게 100%의 성장을 계속 유지할 것인지입니다. 이는 그동안 세계적으로 유례가 없는 일이며, 우리도 해본 경험이 없었습니다. 게다가 우리는 1만여 명의 새로운 직원을 채용한 상태였지요. 하지만 우리는 이뤄냈습니다. 따라서 과거 1년은 징둥인이라는 자부심을 느낀 뿌듯한 한 해였다고 총평할 수 있습니다. 우리에게 그럴 만한 충분한 자격이 있으니까요. 여기서 우리는 지난해 유종의 미를 거뒀다고 자신 있게 말할 수 있습니다.

저는 해마다 하루 정도 시간을 가지고 곰곰이 반성하며 되돌아보곤 합니다. 지난 1년간, 나와 회사에 아쉬운 점은 없었나 하고 말입니다. 2011년에 다소 안타까웠던 것은 우리 택배원들과의 약속을 제가 못 지켰다는 점입니다. 2010년 연말 송년회에서 제가 100여 명의 택배원에게 '2011년에 11개 배송거점의 직원 분들과 식사자리를 마련해 이야기를 나누겠다'고 약속했었지요. 저도 이 목표를 기억하고 약속을 지키려고 무척 애를 썼습니다만, 결국 7개 배송거점에만 들를 수 있었습니다. 여러분과의 약속을 못 지켜서 택배원들에게 송구한 마음이 듭니다. 모든 배송현장에서 애쓰시는 직원들이 제 사과를 받아주시길 바랍니다. 여러분 진심으로 사과드립니다. 그래서 오늘은 약속을 못 지킨 것을 조금이나마 만회해보려고 합니다. 2012년에 나머지 4곳 배송거점에 꼭 들를 것을 약속드리며, 회사에서 400만 위안을 마련하여 우리 택배원들의 지원기금으로 사용키로 결정했습니다. 이 기금은 업무 도중에 상해를 입거나 가정에 변고가 생기거나 어려움을 겪는 택배원들의 지원자금으로 사용될 것입니다.

제가 형제라는 단어를 많이 사용하다 보니 자매라는 단어는 왜 안 쓰냐는 분도 계시던데요. 오늘부터 규칙을 하나 정하도록 하지요. 앞으로 징둥에서는 형제라는 단어만 사용하려고 합니다. 징둥의 여성 분들은 남자보다 더 힘이 세고 능력이 넘치니 형제라는 말이 더 잘 어울리지 않습니까! 제가 앞으로 '징둥 형제 여러분'이라고 하면 모든 징둥인을 가리키는 말입니다.

2012년에 우리가 수립한 매출목표는 600억을 초과하는 것입니다. 영광과 꿈을 가지고 천억을 향해 매진합시다. 하지만 우리가 언제 천억을 넘고, 중국 최대의 소매기업으로 발돋움할지는 오늘 이 순간 정해질 것입니다. 당장 이 목표를 달성하자는 의미가 아닙니다. 앞으로의 경쟁은 더 이상 온라인과 오프라인, 또는 플랫폼에서의 경쟁이 아니라, '수익' 경쟁이 되어야 합니다. 그러므로 우리의 목표도 중국에서 매출수익이 가장 큰 소매기업이 되는 것입니다. '오로지 1등만 한다'라는 말이 모든 징둥인 하나하나의 뇌리에 박혀야 합니다. 그렇다면, 어떻게 해야 이를 실현할 수 있을까요?

우리에게는 오로지 하나의 답만이 존재합니다. 바로 '우리 구성원'의 힘에 의해서 실현됩니다. 제2의 답은 영원히 존재하지 않을 것입니다. 2012년에 징둥의 최대 도전은 교육훈련이 될 것으로 예상합니다. 만일 교육훈련의 체계가 제대로 수립되지 않는다면, 회사의 전략도 실현될 수 없습니다.

"얼마든지 뽑아요. 갈구면서 가르치면 되지"라고 말하는 사람도 있습니다. 그런데 고참 선배님이라면 다들 아시겠지만, 이것은 징둥인이 쓰는 방법이 아니지요. 속된 말로 갈구는 게 가장 싸게 먹힌다고 생각하는 분들도 분명 계시겠지요. '회사에 들어왔으면 일을 해야지!'라고 생각하실 겁니다. 우리 회사가 왜 교육을 이렇게 많이 시킨다고 생각하십니까? 교육 프로그램에 돈을 많이 들이는 이유가 과연 무엇일까요? 교육을 마쳤다고 해서 회사의 기대치에 부합되는 것은 아닙니다. 교육 과정에서 시행착오를 겪을 기회를 줘야 합니다. 시행착오의 기회를 허락하지 않는다면 진정한 교육 효과가 없으니까요. 따라서 여러 가지 선택 중에서 교육과 인재양성은 가장 시간을 많이 들이고, 가장 비용을 많이 투입하는 선택이라 할 수 있습니다. 비용이 들더라도 인재양성만이 한 기업이 지속적으로 성장할 수 있는 기반이 됩니다.

분명 우리는 2012년에도 새로운 동료를 맞이할 것입니다. 1만 5,000명의 직원이 늘었다고 해서 1,500명의 관리자를 배양해야 한다는 의미가 아닙니다. 이는 현실적으로 불가능한 일이죠. 물론 60~70%의 관리간부는 우리가 스스로 양성해서 만들어낼 것입니다. 외부 인력을 채용하지 않고 말이죠. 2012년에는 이사급 이상을 국내 일류의 MBA로 연수를 보낼 계획입니다. 모든 비용을 회사에서 지원할 뿐만 아니라 직원당 2~3만 위안의 교제비도 지원할 예정입니다. 교육 관련 계약서는 일체 작성하지 않을 것이고, 학기 중에 회사를 떠나도 위약금은 지불하지 않아도 됩니다.

이를 두고 어리석다는 분도 계시더군요. 돈을 써서 남을 인재로 양성한다니 제정신이냐는 것이겠죠. 어리석은 일이 아닙니다. 우리가 입에 달고 다니는 말이 '감사'라는 단어 아닙니까? 감사는 무슨 뜻일까요? 감사한다면, 바로 직원에게 좋은 급여와 대우, 주식을 주고 양성 프로그램을 제공하는 겁니다. 그리고 우리 동료가 징둥에서 몇 년 일하고 나면, 직장생활과 직업능력을 비롯해서 안목과 시야, 지식능력 등 모든 분야에서 새롭게 한 단계 도약할 수 있도록 지원해야 합니다. 징둥에 돌아오지 않아도 괜찮습니다. 이미 우리 회사를 위해 몇 년간 일하고 커다란 공헌을 한 분이라서, 떠난다면 회사가 선물 하나를 주었다고 생각하면 됩니다. 징둥을 위해 다년간 분투한 것에 대한 대가라고 생각하시면 됩니다. 현재 관리간부 양성반을 운영하고 있는데 2011년에 이미 2회 진행한 바 있습니다. 회사에서 조사한 바에 따르면 효과가 매우 좋았다고 하더군요. 따라서 올해도 계속 관리간부 양성반을 운영할 예정입니다. 주로 관리직을 담당하고 있는 중견 간부가 그 대상이 될 것이고, 사외연수(off the job training)도 최소 100일로 알고 있습니다. 연수를 마치면 다시 부서를 선택할 수 있도록 할 텐데 기존 부서로 꼭 돌아갈 필요는 없습니다.

2012년에 배송부문에서도 스바이첸 프로젝트(十百千工程)를 실시하는데, 10명의 이사급 인력을 양성해서 지역을 담당할 수 있도록 할 예정입니다. 최소한 몇 만 명의 택배원을 관리할 수 있는 10명의 인재를 집중 양성하는 거죠. 동시에 몇 백 명의 도시담당 팀장도 양성하여 도시 내의 거점을 조율하는 업무를 맡길 것입니다. 이 외에도 최소한 1,000명 이상의 점장을 키워낼 예정입니다.

감사하게도 2011년에 양성 프로그램을 통해 많은 택배원을 점장으로 키워냈습니다. 능력과 수입 모두 커다란 발전을 거두게 되었던 거죠. 우리는 수많은 말단직원의 노동력이 뒷받침되어 운영되는 회사입니다. 교육시스템이 없다면 지금의 택배원이 5년 후에도 똑같은 택배원으로 남아 있어야 되는 거죠. 그 말은 우리 관리자의 실책이라는 의미입니다. 직원에게 더욱 좋은 수입을 제공할 능력이 없다면 지금 말씀하십시오. 하지만 우리는 그럴 만한 능력과 책임, 그리고 의무가 있기 때문에 직원을 교육하고 기회를 제공해야 합니다. 따라서 2012년부터 우리는 모든 시스템마다 세부적인 교육훈련 프로그램을 마련하여 지속적으로 실시해나가야 합니다.

하지만 진정한 교육은 여기서 그치지 않습니다. 우리 일상생활에서 실천해야 합니다. 진정한 문화를 가진 회사라면, 그리고 우수한 교육체계가 마련되어 있는 회사라면 하루도 빠짐없이 직원을 교육하고 훈련해야 합니다. 점장들도 매일 배송 나가는 직원에게 조심하라고 당부하면서 미끄럼방지용 신발을 착용했는지 확인하지 않습니까? 또 우의를 챙기라고 당부하기도 하지요? 고객이 각종 문제를 제기할 때 택배원이 어떻게 대답하는지도 점장이 일러줄 겁니다. 만일 그렇지 않다면, 징둥 관리직으로서 기본 책임을 다하지 못하는 것입니다.

따라서 우리 그룹의 교육시스템 구축을 위해, 2012년에는 모든 관리자에게 제가 목표지표를 제시하려고 합니다. 앞으로 승진하려면, 지금 누구를 양성하고 있는지 제게 말해야 합니다. 여러분이 승진하고 나서 그 자리를 누구에게 맡길 것인지를 정하라는 이야기입니다. 만일 없다면, 지금 하던 일을 계속하십시오. 승진의 기회는 없습니다. 여러분을 대신할 직원을 양성해냈을 때 여러분에게 승진할 기회를 드리겠습니다. 대단하지 않습니까! 심지어 가혹하다는 생각도 드시겠지요. 하지만 이것 한 가지만 분명히 기억하십시오. 우리의 조직은 갈수록 방대해질 것입니다. 이러한 교육시스템이 갖춰지지 않으면 언젠가 실패하고 맙니다. 우리의 1년, 2년 아니면 심지어 10년의 청춘과 피땀이 한순간에 물거품이 되고 맙니다. 따라서 여러분, 특히 중견관리자분은 지금부터 차분히 생각해보세요. '누가 나의 교육 대상자가 될 것인가?' 하고 말이지요.

2012년이라는 중요한 한 해를 맞이하고 있습니다. 세계는 우리 징둥인이 역사를 창조할 또 한 번의 기회를 주고 있습니다. 천억 매출액 달성은 국내 사업의 전략적인 첫 걸음일 뿐입니다. 누군가 이렇게 묻더군요. 징둥이 국내 사업에만 집중해서 노력만 한다면 분명 1등을 할 거라고요. 또 엄청나게 많은 돈을 벌 수 있을 거라고도 했었죠. 그러면서 왜 굳이 국제화를 추진하려 하냐고 하더군요. 물론 10년 동안은 해외 사업을 하지 않아도 아주 편안하게 먹고살 수 있습니다. 그런데 지금 국제화를 향해 한 걸음 나가지 않고, 글로벌 기업이 되지 않는다면 아마 10년 후에는 분명 커다란 도전에 직면할 것입니다.

여러분 절대 잊지 마십시오! 전 세계적으로 우리에게 가장 큰 경쟁 상대인 아마존이라는 회사가 있습니다. 어느 날 아마존이 전 세계에서 이익을 실현하고 나면 그들에게 남는 시장은 중국밖에 없습니다. 아마존은 글로벌 역량을 집중하여 중국시장에서 마지막 남은 '적군'을 없애려 들 것입니다. 그런데 우리에겐 중국이라는 시장만 있습니다. 따라서 우리가 해외로 나갈 수 있는지의 여부가 바로 10년 후의 징둥이 영광을 얻을지 치욕을 맞을지를 결정할 것입니다.

오늘날 징둥의 성공은 모든 징둥인의 피땀 어린 노력의 결실입니다. 아마 10년 후면 저는 은퇴했을지도 모릅니다. 하지만 그렇다고 해서 우리 회사에 대한 관심도 사라졌다는 의미는 아닙니다. 저는 10년 전의 경영진이 전략적 안목이 부족해서 10년 후에 실패를 초래하는 것을 결코 용납할 수 없습니다. 따라서 이렇게 생각을 정리하고 나서 국제화를 반드시 실현하기로 다짐했습니다. 또한 오로지 그 길밖에 없습니다. 비록 우리가 현재는 영업이익을 내지 못하고 대대적으로 해외시장을 개척하지는 못했지만, 지금부터 시작해서 최선을 다해 우리의 국제적인 인재를 양성해야 합니다. 이 또한 무엇이든 우선 기업보다 사람을 우선해야 한다는 제 철학이기도 합니다. 가장 우수한 구성원만 있다면 어떤 국가의 시장도 진입할 수 있으며 결국 성공할 것이라고 확신하기 때문입니다. 이러한 확신은 한 번도 흔들린 적이 없습니다.

징둥이 오늘날 이렇게 빠르게 성장할 수 있었던 데는 징둥인 전체의 노력과 분투 외에도 전 사회적인 지원도 빼놓을 수 없습니다. 물론 시대적인 발전 대세에 운 좋게 합류할 수 있었던 것에도 기인합니다. 현재 우리는 이미 사회적으로 영향력을 행사하는 기업이 되었습니다. 우리의 일거수일투족이 업계의 이목을 끌고 있다는 점을 명심하십시오. 우리 마음속으로 투지를 불태우고 자신감과 열정을 계속 유지해야 합니다. 여전히 뜨거운 열기를 품으며 '오로지 1등'이라는 신념을 굳건히 지켜야 합니다. 하지만 겸허하게 나를 낮추며 신중한 태도를 잊어서도 안 됩니다. 이를 지켜야만 징둥이라는 커다란 배가 평온하며 더욱 안정적으로 오래 운항될 수 있습니다. 이는 징둥 모든 관리자의 책임일 뿐만 아니라 모든 징둥인의 책임입니다.

징둥의 전략과 가치관*

2년 전에 우리는 천억 위안을 향해 매진하자는 목표를 제기한 바 있습니다. 당시만 해도 말 그대로 단순히 꿈에 불과했지만 지금 보면 더 이상 꿈은 아닙니다. 올해 재무재표에 근거하여 GMV(상품거래총액) 통계를 보면 내년이 되면 전체 플랫폼을 통한 매출액이 천억 위안을 넘어섭니다. 징둥호가 출범해 광풍을 헤쳐온 지 어느덧 아홉 번째 해를 맞이했습니다. 따라서 우리는 내년의 핵심업무를 '수양생식(修養生息, 닦고 기르며 새롭게 하고 정비한다는 의미─역주)'의 한 해로 확정하려고 합니다.

'수(修)'란 의미는 닦고 보충한다는 것입니다. 과거 7~8년 동안 고속성장을 거듭하는 과정에서 적지 않은 문제가 누적되어왔습니다. 이러한 문제는 시스템, 업무흐름에서부터 근본적으로 '수양'과 '보충'이 절실합니다. '양(養)'은 배양한다, 즉 양성한다는 의미입니다. 지금 당장은 미비한 업무이지만 향후 중요한 비중을 차지할 수 있는 분야가 있습니다. 따라서 우리는 '양성'에 집중적인 투자를 할 필요 합니다. '생(生)'은 '신생'이라는 뜻으로 새로운 영역에 진입하고 새로운 모델을 창조해야 한다는 뜻입니다. 매우 중요한 분야인데 아직 우리가 진입하지 못한 곳은 바로 진입해야 합니다. 그리고 '식(息)'은 멈춘다는 의미로서, 우리의 과오와 잘못된 분야가 있으면 즉각적인 의사결정을 통해 중지하거나 포기해야 합니다.

1. 징둥의 전략적 관리모형

징둥에게 전략은 탁상공론이나 구호가 아닙니다. 우리가 무엇을 하고 어떻게 하며, 방향이 무엇이고 우선순위가 무엇인지를 알려주는 지침입니다.

1. 말단조직-조직구성원

한 기업이 성공하는 원인은 여러 가지가 있습니다만 가장 중요한 요소는 언제나 사람, 즉 조직구성원입니다. 과거 휴대폰 분야의 강자였던 모토롤라가 구글에게 합병되었고 현재 전 세계적으로 감원중입니다. 일본의 소니제품도 한때 '최첨단'의 대명사였죠. 애플 사는 출시한 상품마다 선풍적인 인기를 끌고 있습니다. 그 이유가 무엇일까요? 사실 그 이면을 살펴보면 조직구성원의 힘이 있습니다.

향후 징둥의 성패 또한 경쟁자, 언론, 투자가와 무관할 것이며 오로지 직원 여러분에게 달려 있습니다. 회사가 성공하면 99%의 공로는 구성원에게 있으며, 제 공은 1%에 불과합니다. 회사가 실패하면 99%의 책임이 제게 있으며 직원의 책임은 1%입니다. 고위 경영진을 MBA에 보내 연수를 시키고 경영연수생을 채용하며 관리자를 양성하는 것, 택배원을 대상으로 '스바이쳰' 프로젝트를 진행하거나 '고객서비스 장청계획(長城計劃)'을 수립하는 등, 이는 모두 조직구성원이 그만큼 중요하기 때문입니다.

2. 공급망－정보시스템, 물류시스템, 재무시스템

우수한 조직원을 양성하고 나면 정보 · 물류 · 재무시스템, 즉 공급망의 3대 시스템을 완비해야 합니다.

(1) 정보시스템: 정보시스템은 한 가닥의 실과 같습니다. 이는 전국 311개 성시와 방대한 서비스, 수많은 공급업체를 하나로 묶은 시스템으로 매우 중요한 부분입니다. 자부심을 가질 만한 일은, 지금 구축된 시스템에는 저희가 처음 창업할 당시의 모든 정보가 담겨져 있다는 점입니다. 첫 번째 거래, 처음 받았던 급여, 그리고 첫 고객 등. 뿐만 아니라 중관춘 업체들이 수작업으로 작업하던 그 시절에 우리는 이미 고액을 들여 스캐너를 구입하고 시리얼 넘버로 고객과의 거래정보를 입력하기도 했었죠. 시스템도 직접 개발해서 직원들 급여도 지급했고요……. 물론 조롱거리였을 수도 있지만, 끝까지 우리 방식을 고수해왔습니다. 징둥이 오늘날 성공

할 수 있었던 데에는 우수한 구성원 외에, 정보시스템 구축을 소중히 했기 때문이기도 합니다.

(2) 물류시스템: 2007년에 처음 투자를 받은 후, 물류에 대대적인 투자를 진행했는데 이는 전 세계가 다 아는 사실입니다. 현재 311개 성시에 자체 배송인력을 운영하고 있고 연말에는 360개로 늘어날 예정입니다. 징둥의 배송은 과도기적 서비스로 지나친 원가부담을 지고 있다고 평하는 사람도 있습니다. 하지만 현재 아마존은 미국에서 우리의 모델을 벤치마킹하고 있고, 전 세계 온라인쇼핑몰 가운데 당일 배송을 실시하는 첫 번째 기업이 되었습니다. 물류시스템이 전자상거래 발전에 엄청난 걸림돌이 된다는 사실을 점차 많은 업체들이 인식하고 있습니다. 우리의 211 배송서비스가 업계의 본보기가 되고 있습니다.

(3) 재무시스템: 우리는 징둥상청이 공급망서비스 회사라고 생각합니다. 그리고 공급망서비스는 현금·물류·정보흐름의 교환이 가장 관건입니다. 세 가지 흐름을 신속히 교환하는 것이야말로 이윤을 창출할 원천이자 근간이 될 것입니다. 때문에 세계적인 소매기업도 재무시스템을 중요시하고 있습니다. 현금흐름은 이익보다 더욱 중요합니다. 현금흐름이 플러스면 회사가 도산할 가능성이 적은데, 반면 회사가 아무리 이윤을 내고 있어도 현금흐름을 제대로 유지하지 못하면 언젠가 현금이 고갈되고 자금흐름이 끊길 수 있다는 점을 명심해야 합니다.

3. 주요 KPI지표－원가, 효율

가장 핵심적인 평가지표는 무엇일까요? 단 두 가지입니다. 하나는 원가며, 다른 하나는 효율입니다. 우리가 매년 힁으로 남과 실적을 비교하고 종으로 자기 자신과 비교하게 될 때, 시스템을 통해 원가를 얼마나 절감했으며 효율을 얼마나 높였는지 확인하게 되죠. 일례로 우리가 매번 자료를 살펴볼 때마다 흥분하는 부분이 바로 물류비용인데요. 전체 공급망 물류의 원가가 4년 만에 거의 50%로 낮아졌다는 사실입니다. 아직 최고 수준이라고 평가하기는 시기상조이지만, '아시아1호' 프로젝트를 지속적으로 추진하면 됩니다. 이를 통해 베이징의 13개 창고를 하나로 통합하는 작업에 박차를 가하고 고객의 주문취소율을 낮추며 직원의 업무효율을 제고시켜야 합니다.

이 외에도, IT시스템과 재무시스템에도 원가와 효율문제가 존재합니다. 따라서 3대 핵심 시스템의 원가와 효율을 최고치로 끌어올림으로써 전 세계 소매업종에서 공급망관리의 전문기업으로 거듭나야 합니다.

4. 브랜드－상품, 가격, 서비스

절대다수의 고객이 가장 관심을 기울이는 세 가지가 상품, 가격, 서비스라고 생각합니다.

상품에는 두 가지 함의가 있는데, 첫 번째는 상품의 선택권입니다. 이를 위해 자영부문과 POP부문의 부단한 노력을 통해 고객이 원하는 의식주 관련 거의 모든 상품을 구비한 상태입니다. 두 번째는 상품의 품질입니다. 우리는 반드시 정품 판매, 품질보증을 일관되게 추진하여 가품, 밀수품, 수리제품 등은 근절시켜야 합니다.

다음으로 가격이라 함은 저렴한 가격을 의미하는 것이죠. 8년 동안 노력을 기울인 결과, 저가로 공급한다는 이미지를 성공적으로 구축했습니다. 가격이란 지속되는 '느낌'과 같아서 원가 절감과 효율 관리를 통해 '최저가' 이미지를 계속 유지하는 게 매우 중요합니다.

판매 전, 판매 중, AS를 통틀어 서비스라 부릅니다. '판매 전'의 강점이라면, 모든 페이지 하단에 수많은 평가와 댓글, 사용 후기 등이 올라와 있어서 징둥에서 제품을 구매하지 않는 고객들도 구매하기 전에 미리 댓글과 평가를 봅니다. '판매 중' 강점은 물류시스템, 즉 211 배송서비스 등을 들 수 있겠죠. 상대적으로 AS가 약한 편인데, 이 때문에 AS센터를 구축할 계획이며 모든 AS업무를 한 곳으로 집중시켜 좋은 서비스를 제공하고자 합니다.

서비스에서 우리는 끊임없이 혁신을 시도하고 있습니다. 예전에는 우리가 대규모 슈퍼체인이나 마트와 경쟁을 해왔다면 이제는 지역사회의 편의점과 고객 쟁탈전을 벌이고 있습니다. 이러한 쟁탈전에서 우리가 기선을 잡을 수 있다면 향후 국민들의 의식주에 막대한 영향력을 지닐 수 있습니다. 우리는 다른 서비스 분야에서도 줄곧 혁신을 추진하리라 믿습니다.

5. 사용자-고객경험

가장 우선순위는 사용자이기 때문에, 고객경험 관리에 반드시 전력을 기울여야 합니다. 그런데 사용자경험만을 추구한다면 사실 매우 쉬운 일입니다. 모든 제품을 구매해서 창고에 보관하면 언제든지 재고를 걱정할 필요가 없겠죠. 배송도 가장 좋은 택배를 이용해 24시간 내 배송하면 되고요. 상품에 문제가 조금만 있어도 즉각 환불해주면 됩니다. 이런 서비스라면 단연코 최상일 수밖에 없겠죠. 하지만 이렇게 서비스하면 기업은 생존할 수가 없습니다.

징둥상청의 '사용자경험'을 지탱하는 것은 원가와 효율이며, 원가와 효율을 지탱하는 것은 바로 우리의 3대 시스템입니다. 또한 이 3대 시스템을 지탱하는 것이 징둥의 구성원입니다. 따라서 삼각형을 거꾸로 놓고 역삼각형인 상태에서 시스템 발전을 살펴보면, 아래부터 위로 볼 때 우선 조직구성원→이 위에 시스템을 구축하고→효율을 검증하며→사용자경험을 실현하는 단계가 됩니다.

6. 이익에 대해

모든 품목마다 업종 내 최저원가율을 유지함으로써 공급망 원가를 대폭 절감해야 합니다. 이는 향후 우리의 이익창출의 원천이자 핵심이라 할 수 있습니다. 이익 극대화를 먼저 염두에 두라는 게 아니라 원가와 효율에 포커스를 맞추라는 의미입니다. 그러면 이익은 자연스럽게 창출되는 것입니다. 제게는 기본적인 비즈니스 신념이 있습니다. 원가를 초극소화하고, 효율과 운용을 초극대화하여 고객을 만족시키면, 마치 영원히 고갈되지 않는 샘물처럼 새로운 고객을 유치할 능력을 갖추게 된다는 것입니다. 그렇게 되면 우리 서비스도 비약적인 속도로 지속성장이 가능해집니다. 언젠가는 당연히 얻어야 될 이익을 얻게 될 것이며, 이익폭도 전통 소매유통채널보다 더욱 커질 것입니다. 전체 사회와 고객, 그리고 공급망을 위해 더욱 크고 많은 가치를 창출할 수 있기 때문이죠.

따라서 징둥의 전략은 허무맹랑한 뜬구름이 아닙니다. 우리가 추진하는 모든 전략 하나하나가 실제 현실에 존재하고 있으며 여러분과 깊은 관련이 있습니다. 또한 우리가 매일 일상생활에서 일하고 노력하고 분투해야 할 목표이자 방향이기도 합니다.

2. 징둥의 핵심 가치관

징둥의 전략적 관리모형은 어떤 회사든, 어떤 조직이든 성공과 실패의 근본적 원인은 오로지 조직구성원이라는 점을 말해줍니다. 그리고 이러한 구성원에게 가장 중요한 두 가지는 조직문화와 조직능력입니다.

징둥에서는 문화가 능력보다 중요하다고 생각합니다. 한 사람의 능력이 아무리 출중해도 그 문화가 우리와 맞지 않으면 철에 '녹'이 슨 것처럼 금세 떨어져나가게 되죠. 또 능력이 탁월하지만 가치관이 맞지 않는다면 그 폐해는 가치관이 맞으나 능력이 떨어지는 경우보다도 더욱 심각하다고 할 수 있습니다.

문화는 3가지를 포함하는데 목표, 희망 그리고 가치관입니다. 가치관이 문화에서 가장 핵심적이고 중요한 요소라 할 수 있습니다. 목표와 희망은 조직에서 비교적 쉽게 설정할 수 있지만 문화는 통일되어야 합니다. 따라서 조직의 규모가 방대해지면 직면하는 리스크도 그만큼 커지는 것이죠.

가치관이 행동을 결정합니다. 평상시 언행을 보면 사실 그 사람의 가치관에서 비롯된 것임을 알 수 있습니다. 가치관은 무엇일까요? 우리는 가치관이란 타인과 자신, 그리고 환경에 대한 태도라고 생각합니다. 다시 말해 어떻게 사람을 대하고, 자신을 대하며 이 환경을 대하는가입니다.

환경에는 인위적 환경과 자연환경, 사람과 기타 동물과의 환경이 포함됩니다. 그리고 태도는 구체성을 띠게 되는데, 똑같은 일에 대해 각기 다른 가치관을 가진 사람들이 내린 결론이 판이하게 다릅니다. 일례로 테이블에 전 세계 최고의 술이 놓여 있는데 이미 반절은 비어 있는 상태를 발견했다고 가정해보죠. 어떤 사람은 이렇게 좋은 술을 누군가 반절이나 마셔버렸다며 언짢아할 수 있습니다. 하지만 또 다른 사람은 좋은 술이 반절이나 남아 있다며 자신은 운이 좋다고 흐뭇해할 수 있는 것이죠.

거대한 조직의 구성원이 진정 획일적으로 보조를 맞추며 일사분란하게 움직이고 목표와 방향, 방법과 실행까지 일치한다는 게 가능할까요? 또한 원가와 효율을 과연 원하는 대로 통제할 수 있을까요? 기업의 조직규율과 각종 규정 및 절차는 수단 가운데 하나일 뿐입니다.

이러한 수단은 기껏해야 10%만 차지할 뿐이지요. 나머지 90%의 역할은 우리 기업의 조직문화입니다. 많은 직원들이 외부의 더 높은 연봉과 더 좋은 스카우트 제의를 받아도 징둥을 떠나지 않은 것은 우리의 조직문화에 매료되었기 때문이라고 믿고 있습니다. 우리의 가치관을 인정한다는 의미죠. 이러한 가치관을 가진 조직이라면 진정한 미래가 있다고 생각하기 때문입니다. 때문에 이러한 직원은 눈앞의 이익은 과감히 버리고 남는 것입니다. 우리의 가치관을 한마디로 요약해서 말하라고 한다면, 저는 '정도를 걸으며 좋은 사람이 되고, 자신의 지혜와 피땀으로 행복한 삶을 창조하는 것!' 이라고 감히 말하고 싶습니다. 징둥 원로들과 함께 여기까지 올 수 있었던 것은 바로 그들이 이러한 길을 걸어왔기 때문입니다.

1. 성실 · 신의

한 개인의 가치관은 변하기 어려운 법입니다. 예전에 많은 관리자가 늘 범하는 우가 있었습니다. 모 동료의 가치관이 우리와 다른데, 대신 능력이 뛰어나고 젊고 잠재력이 있으며 배우려고 한다는 것이었죠. 그러면서 그 친구에게 시간을 좀 주거나 계속 교육시키면 분명 변할 것이라고 말하곤 합니다. 하지만 결국 잘못된 것임을 알게 되죠. 한 사람이 성인이 된 후의 가치관은 거의 변할 수 없습니다. 엄청난 자극이나 충격을 받지 않은 한 말입니다. 예를 들어 가정에 변고가 생기거나 중대한 시련 등으로 진정 중요한 것이 무엇인지 깨닫게 되는 경우가 아마 예외가 될 수 있겠네요.

이 정도의 강력한 자극이 없이, 정상적인 교육과 대화로는 변화될 수 없습니다. 설사 변한다 해도 그것은 변한 척 위장하는 법을 배운 것뿐이고 뼛속까지 회사의 가치관에 동화될 수 없다고 보면 됩니다. 따라서 우리는 첫째, 성실과 신의를 강조해야 합니다.

성실·신의는 입으로만 한다고 되는 게 아니고 구체적인 행동으로 나타나야 합니다. 기업의 창업 초기 중관춘에서 CD를 판매할 당시 중관춘 전체가 짝퉁을 대놓고 팔았었죠. 징둥에는 짝퉁 CD가 단 한 장도 없었습니다. 나중에 우리는 중국 최대 광자기디스크제품 대리점이 되었고, 한때 중국 전체 시장의 60%를 차지하기도 했습니다. 짝퉁이 큰 이익을 가져다줄 수 있었지만 우리는 정품 판매를 고수해왔던 겁니다. 연간 매출액이 몇 천만 위안도 되지 않은 작은 구멍가게였음에도 모든 상품마다 세관신고서와 부가가치세 영수증을 첨부했습니다. 성실·신의가 가장 큰 유혹에 빠질 때는, 눈앞의 이익을 뿌리치고 굳건히 자신이 선택한 길을 가야 할지 고민하는 순간입니다.

성실·신의는 입으로만 외친다고 지켜지는 것도 아니며 벽에 장식용으로 써 붙여놓는 것이 아닙니다. 사원 수첩에 기록한다고 끝나는 게 아니라 실제 징둥인이 기업활동과 행동을 통해 실천해야 합니다.

2. 고객 최우선

고객 최우선이란 무엇일까요? 바로 '고객경험 관리'에 역점을 두는 것을 의미합니다. 고객경험 관리를 수평비교해보면 우리는 꽤 잘 해내고 있습니다. 다만 목표까지 아직은 갈 길이 험난합니다. 조직구성원 개개인이 개별적인 사안에서 아직까지 '고객 최우선'의 가치관을 철두철미하게 각인시키지는 못한 듯합니다. 여전히 고객경험이 아닌 재정적인 안전을 우선순위에 두고 있는 거죠. 비근한 예로, 징둥 선물카드만 해도 착불 서비스나 직접 구입방문은 실행되지 않고 있습니다. 이러한 반쪽짜리 서비스는 결국 회사의 손실을 줄이고자 고객에게 편의를 제공하지 않는 것과 다름없습니다. 재정적인 이익이 절대 고객 이익보다 앞서서는 안 됩니다.

사실 말로는 쉽지만 수십 년 동안 한결같이 견지한다는 것은 매우 어려운 일입니다. 회의토론 결과에 따라 내린 결정이 회사 가치관에 위배되지 않았는지, 고객 최우선 가치에 어긋남이 없는지를 반드시 살펴볼 필요가 있습니다. 만일 어긋남이 있었다면, 그 결정은 무효입니다. 다른 방법을 찾을 수밖에 없는 것이지요. 재정적인 안전과 정보의 안전을 이유로 '사용자경험'이 외면되는 일은 결코 용납할 수 없습니다.

3. 열정과 초월

열정은 인생을 대하는 가장 바람직한 요소라 할 수 있습니다. 열정이 없는 사람은 시체와 다름없으며 스스로 평범함을 자처한 사람이죠. 삶의 의미가 무엇인지와 어디로 가는지 모르는 사람입니다. 성공이든 실패든 모두 재산이 되고 경험이 되는 법입니다. 누구든 창업한다 해서 100% 성공을 보장할 순 없지만 실패했다고 포기할 순 없습니다. 성공한 사람을 보면 대부분 열정적인 사람입니다. 설사 내성적인 성향이 있다 해도 마음속에 뜨거운 열정을 품고 있으며 확고한 신념으로 좌절과 어려움을 용인하지 않고 삶을 추구해나가는 특징이 있습니다.

제가 가장 고통스러웠던 시기는 졸업하자마자 24만 위안의 빚을 졌을 때입니다. 주위 사람들 대부분이 제 인생은 이제 끝났다라고 생각했죠. 당시 무슨 뾰족한 수로 24만 위안을 갚겠느냐고 동정의 시선을 보내고 측은해하더군요. 게다가 친구가 자동차사고가 났는데 사방팔방 돈을 빌리러 다니기도 했었죠. 생일날에도 라면을 먹어야 했고, 서른 살이 되던 섣달 그믐날에도 죽을 끓여 먹어야 했습니다. 하지만 한 번도 힘들다는 생각을 안 했고 하늘을 원망하지 않았습니다. 언젠가 재기할 것이라는 자신감이 있었기 때문이에요. 아무리 힘든 일이 있어도 하늘과 땅을 원망하거나 자신을 원망하는 어리석음을 버려야 합니다. 또한 자신을 포기하거나 가족이나 동료, 자녀를 비롯한 타인을 포기해서도 안 됩니다. 그들에게 사랑과 관심을 베풀고 감쌀 줄 알아야 하며 자신에게도 사랑과 관심, 믿음을 주십시오. 자신에게 지혜와 아이디어, 두 팔이 있음을 굳게 믿고 여전히 기회와 자격이 있음을 잊으면 안 됩니다. 지금은 수많은 피땀을 흘리며 고난을 겪지만 언젠가 행복한 삶을 누릴 수 있습니다. 가장 두려운 게 무엇인지 아나요? 어느 날 더 이상 생각할 수도 없고 더 이상 피땀을 흘리고 싶지 않은 순간이 도래했을 때입니다.

열정은 신념이기도 합니다. 신념이 없으면 열정도 없는 법이죠. 세계적으로 위대한 정치가, 예술가 등은 하나같이 열정적인 사람입니다. 그들은 감옥에서 시련을 겪으며 정치적인 위험을 받았고 죽음에 직면할 위기에 처하기도 합니다. 하지만 그들이 포기했습니까? 끝까지 견지해나갈 수 있었던 것은 자신의 신념이 굳건했기 때문이죠. 열정이 없었다면 이미 산송장처럼 거죽만 남았을 겁니다. 신념이 없으면 수십 년 동안의 투쟁을 견뎌낼 수 없는 거지요.

4. 학습

지혜는 태어날 때부터 저절로 생기지 않으며 학습을 통해 얻어집니다. 어떠한 상황에서도 배움을 게을리하지 마십시오. 부하직원을 과소평가하지 말며 남을 무시해서도 안 됩니다. 그들에게 많은 것을 배울 수 있습니다. 배움의 과정에서 적지 않은 시간을 들여 한 권의 책을 읽게 됩니다. 그 책에서 단 한 마디만 기억에 남는다 해도 그 말이 자신의 평생을 좌우할 말이라면 가치가 있습니다.

발전 또한 배움을 통해 얻게 됩니다. 만일 6년 전에 제게 2만 6,000명의 직원을 관리하라고 했다면 어쩌면 저는 성공하지 못했을지도 모릅니다. 그렇다면 지금의 제가 가진 능력은 어떻게 생긴 것일까요? 바로 학습을 통해서 얻었습니다. 배움을 포기하지 않고 꾸준히 견지한다면 언젠가는 10만 명, 아니 심지어 100만 명의 직원을 거느릴 거라 확신했습니다.

5. 팀워크

세계적으로 많은 기업이 '팀워크'를 강조합니다. 징둥 또한 '팀워크'를 중요시하고 있습니다. 그렇다면 팀워크란 무엇일까요? 본질적으로 자신을 포기하고 타인에게 적응하는 것입니다.

불평과 원망이 팀워크를 해치는 천적이므로, 여러분 다음 두 가지를 명심해주십시오.

첫째, 자기중심적인 사람은 분명 팀워크라는 개념이 없습니다. 문제가 생기면 자신 탓이 아니라 남 탓이라고 여기며 상사는 어리석고 동료는 협조하지 않는다고 생각합니다. 이런 사람이 어떻게 단결력을 발휘할 수 있겠습니까?

둘째, 항상 불만을 토로하는 사람도 팀워크가 부족한 사람입니다. 90% 시간을 불평불만하느라 사용하고 나머지 10%의 시간에만 일을 하는 사람이죠. 이런 사람은 팀워크가 없는 사람으로 조직에서 제외시켜야 할 대상입니다.

6. 낭비 근절

낭비를 근절하면 원가를 절감할 수 있습니다. 하지만 직원들의 급여를 낮춰서 원가를 절감하려는 시도를 해선 안 됩니다. 원가 절감은 2가지 측면에서 추진해야 합니다. 첫째는 효율을 제고시키는 것이며, 둘째는 낭비를 근절하면서 절감해야 합니다. 그렇다면 어떻게 낭비를 근절시킬 수 있을까요?

제가 요즘 매일같이 비용이 나가는 문서에 결재하고 있는데 거의 대부분이 차량 구입 또는 진열대 구입비용 등이더군요. 그런데 자세히 분석하고 엄격히 심사해보면 상당한 낭비라는 사실을 발견할 수 있을 겁이다. 금전적인 낭비에 그치지 않고 시간적으로도 낭비하는 거죠. 사실 시간낭비가 가장 큰 낭비입니다.

월마트가 성공하게 된 원인이 무엇인지 아십니까? 낭비를 절대 용납하지 않아서 가능했다는 분석이 있습니다. 내년에 우리는 '수양생식'을 추진하고자 하는데, 낭비도 해결할 문제 가운데 하나입니다. 우리가 진정 낭비를 근절할 수 있다면 원가를 최소한 1포인트 줄일 수 있습니다. 이 말은 십 몇 억을 절감할 수 있다는 의미입니다. 낭비는 우리의 천적으로 낭비를 해결하지 못하면 기업은 성공할 수 없습니다.

성공하고 싶지만 그리 쉬운 일은 아닙니다. 하지만 사람이 평생 살면서 몇 십 년이라는 짧다면 짧은 기간에 성공조차 추구할 수 없다면 인생에 아무런 가치가 없을 거라고 생각합니다. 오늘날 역사는 징둥상청과 우리 개개인에게 엄청난 기회를 주고 있습니다. 과거 10년 또는 향후 10년 동안 다시없을 절호의 기회, 우리의 꿈을 실현할 기회가 도래했습니다. 이 기회를 놓친다면 우리는 평생토록 한이 남을 수 있습니다.

이 역사적인 절호의 기회를 자신 있게 움켜쥐고 혼신을 다하여 우리의 꿈을 이루기를 간절히 희망합니다. 그날이 오면, 우리 회사만의 성공이 아니라 우리의 가족과 부모도 그 성공에 자부심을 가지고 자랑스러워할 것이며 더욱 행복하고 윤택한 삶을 얻게 되리라 확신합니다.

끊임없이 도전하여 도전에 맞서자[●]

징둥을 이끌고 계신 경영진 여러분, 우리의 동료, 그리고 친구 여러분! 새해 복 많이 받으십시오! 2012년이 이미 지나갔습니다. 저는 여러분에게 2012년에 우리가 거둔 성과에 대해 간단히 말씀드리고자 합니다. 2012년 12월 31일에 징둥상청의 거래규모가 600억 위안을 돌파했습니다. 2013년의 전략적 계획에 따라서 징둥상청의 거래액이 반드시 천억 위안을 초과할 것입니다! 동시에 2013년 4사분기에 진정한 의미의 영업이익을 거두게 될 거라 굳게 믿어 의심치 않습니다.

징둥상청이 이룩한 최근 십여 년의 역사는 업계의 '거인' 하나하나를 뛰어넘어 써내려왔습니다. 1998년에 제가 중관춘에 있을 때 단 하나뿐인 판매대에서 영업을 시작했습니다. 그리고 3년이 지난 후 첫 번째 동료를 맞이했는데 당시의 회사명은 '징둥멀티미디어'였습니다. 1998년 6월 18일 영업 개시 첫날부터 우리는 후이톈화광(匯天華

● 2013년 1월 1일, 징둥그룹 2013년 연례총회에서의 기조연설

光)이라 불리던 광디스크메모리업계의 '거인'과 직면해야 했습니다. 이러한 '거인'들의 거래액은 연간 최소한 몇 천만 위안에 달했는데, 반면 우리는 고작 판매대 하나와 1만 2,000위안의 자본금으로 출발했습니다. 정말 무일푼인 상태였습니다. 그러나 3년이 흐른 2001년에 중국 최대 광자기디스크 대리점으로 성장하면서 CD, CD-RW시장의 60%를 독차지했습니다.

같은 해인 2001년에 우리는 회사의 발전방향을 고민하면서 도매업에서 손을 떼고 소매점으로 전향하기로 결정하고 유통채널의 포커스를 최종소비자로 두었습니다. 이때 궈메이, 쑤닝, 홍투산바오 등 소매유통채널의 '거인'과 맞서게 됩니다.

2003년에 '사스'가 계기가 되어 전자상거래 분야에 발을 들여놓게 되었고, 2004년에 징둥상청이 정식 오픈하면서 IT제품만 취급하기 시작했습니다. 이번에는 상하이의 신단왕이 우리가 만난 '거인'이었습니다. 당시 신단왕의 전 세계 거래액은 12억 달러, 순이익 2,000만 달러로서 전 세계적으로 최고 수준의 정보시스템을 보유하고 있었습니다. 우리에겐 징둥인이라는 인적자원 말고는 아무것도 없던 상태였죠. 그리고 2008년에 신단왕을 능가하게 됩니다.

2007년에 자영 사이트인 B2C 종합쇼핑몰을 오픈하면서 당당왕과 줘웨왕이라는 두 '거인'과 마주했습니다. 대부분 네티즌은 이 두 사이트를 잘 알고 있었지만, 징둥상청의 존재조차 모를 시기였어요. 그런데도 당당왕과 줘웨왕을 넘어서겠다는, 당시로서는 다소 황당무계한 목표를 세웠습니다. 하지만 2012년에 업계 내 모든 자영 쇼핑몰을 제치고 중국 내 B2C 시장의 양대 산맥으로 우뚝 발돋움했습니다.

물론 우리는 지금 이 순간에도 '거인'과 마주하고 있습니다. 이는 부인할 수 없는 사실이죠. 타오바오가 우리보다 훨씬 좋은 성과를 보이고 있으니까요. 하지만 우리가 잘하는 게 있다면 바로 '뛰어넘는 것' 즉 '초월'에 능하다는 것입니다. 또한 업계 거인들에 맞서는 데 익숙한 사람들이 바로 징둥인이기도 하고요. 사실 우리는 매일 도전에 직면해 있습니다. 자신과의 도전, 자신의 기록갱신과 도전을 시도하고 있는 것이지요. 우리의 성장과정을 살펴보면 하나하나 경쟁상대를 추월하면서 여기까지 왔다는 점을 알 수 있습니다. 그렇다면 우리의 2013년의 전략은 무엇입니까?

2013년의 전략 - '수양생식'

징둥상청 그룹의 2013년 전략적 주제는 '수양생식'입니다. '수양생식'의 '수양'은 정비하는 것이지 멈춘다는 뜻이 아닙니다. 물론 우리 매출성장의 속도를 늦춘다는 의미는 더더욱 아니지요. 사실 '수양생식'의 4글자는 각각의 함의가 있습니다. 과거 9년 동안 평균 200%가 넘는 고속성장을 거듭하면서 내부적으로 시스템, 절차, 근원적인 문제가 산적할 수밖에 없는 구조였습니다. 따라서 여기서 '수(修)'라는 말은 올 한 해 열심히 노력해서 10년간 누적된 시스템, 절차, 근원적 문제를 철저히 해결하라는 의미입니다. 이를 통해 향후 10년의 성장을 위해 단단한 기반을 마련하는 것입니다. 미래의 발전을 위해 단 한 점의 오점도 남기지 말라는 의미로 '수'라는 단어를 선택했습니다.

이른바 '양(養)'은 전략적 사업 분야에 끊임없이 자원을 투입하여 이를 '키우다' 또는 '기르다'는 의미입니다. 물론 징둥의 모든 사업은 온라인쇼핑몰이 중심이 되어 움직일 것이며 이러한 기본라인을 벗어나는 일은 없을 것입니다. 다시 말해 전자상거래와 무관한 사업에 손을 대지 않겠다는 뜻입니다. 전략적 사업은 지속적인 적자를 기록할 수 있는데, 우리가 이익을 내지 못한다는 게 아니라, 이익만 추구하다가 미래에 대한 투자에 소홀할 수 있다는 점을 강조하고자 합니다. 따라서 우리는 전략적 사업 분야에 지속적으로 투자할 준비와 능력을 갖췄다고 할 수 있습니다.

또한 '생(生)'은 몇 십 년간 발전을 거듭하면서 우리가 어떤 업무에 미흡했고 어떤 분야에 진입하지 않았는지 고민하면서 지속적으로 확장해야 된다는 의미입니다. 물론 이 또한 전자상거래 분야를 중심으로, 모든 전자상거래의 가치사슬과 공급망서비스 분야를 지속적으로 확장한다는 전제가 있어야 합니다. 일례로 데이터 분야, 금융 분야에서 수없이 많은 새로운 서비스를 얼마든지 출시할 수 있습니다. 향후 지속적인 발전 분야로서 전자상거래는 2013년도에도 노력을 게을리하지 않고 역점을 둬야 하는 분야입니다.

우리가 현재 제공하는 서비스 모듈 가운데 어쩌면 미래 가능성이 없는 분야도 있을 수 있습니다. 현재 우리가 돈을 벌고 있든, 적자가 나는 사업이든지 말이죠. 그런데 미래가 없는 사업은 단호하게 정비해야 한다는 의미로 '식(息)'이라 표현했습니다. 이런 분야에 자원과 정력, 시간을 낭비할 필요가 전혀 없는 겁니다.

징둥상청이 2004년에 정식 출범하여 2013년이 될 때까지 10년이라는 시간이 지났습니다. 현재 우리는 두 번째 10년을 맞이하려고 합니다. 향후 10년을 우리는 어떻게 걸어가야 할 것인가? 우리의 목표는 무엇이며, 방향은 어디입니까? 어떻게 하면 또 한 번의 도약을 꿈꿀 수 있을 것인가? 이것이 오늘 우리의 주제입니다.

두 번째 10년의 3가지 방향 : 자영 전자상거래, 개방형 서비스, 데이터 금융

2013년이 지나고 나면 징둥상청의 두 번째 10년에 접어듭니다. 징둥의 두 번째 10년은 3가지 방향을 향해 나아갈 것입니다.

첫 번째 방향 : 기술주도형 자영 전자상거래. 우리가 자체 운영하는 온라인쇼핑몰을 변함없이 추진해갈 것입니다. 본질적으로는 기술주도형 공급망서비스라 할 수 있습니다. 우리의 모델은 타오바오와 판연히 다르며, 정보만 제공하는 것이 아니라 공급망서비스를 제공하는 형태입니다. 공장의 문에서 나오는 순간부터 소비자의 대문 앞까지 공급망서비스를 제공하고 있습니다. 기술 분야와 물류시스템에 지속적인 투자를 하는 이유도 우리가 공급망서비스를 제공하기 때문이며, 같은 이유로 '아시아1호'와 같은 현대적인 창고시스템에 투자를 지속하고 있습니다. 우리는 향후 규범화되고 대량의 SKU를 수용할 수 있는 저원가·고효율의 공급망서비스를 제공함으로써 소비자와 브랜드업체를 위해 가치를 창조할 수 있도록 부단한 노력을 경주

할 것입니다.

두 번째 방향 : 기술주도형 개방서비스. '아시아1호' 프로젝트의 완성에 따라 대규모 입점업체를 대상으로 창고와 배송서비스를 개방할 수 있는 능력을 갖출 것입니다. 2015년까지 개방형 플랫폼에 입주한 20%의 핵심고객이 전체 매출액의 80%를 차지하며 절대다수의 입점업체가 징둥의 창고서비스를 이용할 것입니다. 우리가 제공하는 서비스가격은 업체가 자체 창고를 임대하고 제3자를 통해 배송하는 비용보다 훨씬 저렴하게 책정될 예정입니다. 그때가 되면, 입점업체의 주문서도 징둥 자영서비스와 동일한 수준으로 양질의 서비스를 제공받을 수 있습니다. 이 외에 다른 서비스도 지속적으로 확대할 예정인데, 일례로 AS, 콜센터, 데이터, 지불 등의 서비스도 외부로 개방할 계획입니다. 이 모든 서비스가 징둥의 개방형 서비스 업무라 할 수 있습니다.

세 번째 방향 : 기술주도형 데이터 금융서비스. 우리가 2012년에 왕인자이셴을 인수했지만 지불은 금융서비스의 작은 부분에 불과합니다. 왕인자이셴을 인수한 것은 온라인 지불서비스만을 위해서가 아니며 2014년에 징둥상청의 금융회사를 설립할 계획입니다. 다양한 금융상품을 제공하기 위해서죠. 징둥상청은 중국 내에서 가장 확실하고 효율적인 주문거래정보를 확보하고 있을 뿐만 아니라 거래액을 부풀린 적이 없고 허위거래나 돈세탁도 있을 수 없습니다. 또한 짝퉁이나 밀수품은 일체 근절하고 있기 때문에 구매데이터 역시 가장 검증된 정보라 확신할 수 있습니다. 이러한 데이터를 통해 업체에게 대출을 시행할 수 있으며 소비자를 대상으로 한 개인융자도 가능

합니다.

따라서 두 번째 10년에는 기존 전자상거래 개념을 초월한 기업으로 탈바꿈할 예정입니다. 이러한 3가지 분야에서 새로운 업무방향을 설정했는데 모두 기술을 역점에 두었으며 풍성한 이익 창출을 목표로 하고 있습니다. 과거에 제가 언급한 바와 같이 적자를 기록하는 기업은 수치스러운 기업이 분명하지만, 그렇다고 돈 버는 데 지나치게 급급해서 투자를 망설이며 야심과 꿈을 저버려서는 안 됩니다. 오히려 이러한 기업이 무지하며 어리석은 기업으로 안타까운 상황을 초래합니다.

두 번째 10년의 평가목표 : 사람에 대한 관심

징둥의 두 번째 10년 동안, 저는 제 자신에게 하나의 평가목표만을 설정했습니다. 바로 사람에 대한 관심, 징둥인에 대한 관심입니다.

두 번째 10년에는 징둥 가족에게 자녀가 많이 생겼으면 합니다. 그리고 징둥인의 자녀가 더욱 즐겁게 성장하며 보다 우수한 교육을 누릴 수 있기를 희망합니다.

또한 두 번째 10년에는 징둥인 부모님의 생활수준이 더욱 향상되기를 기원합니다. 징둥 구성원을 살펴보면 농촌에서 상경한 경우가 많습니다. 저만 봐도 농촌 출신이고요. 우리의 부모님 세대는 모두 평생토록 지친 삶을 살아오면서 고생하신 분들입니다. 지금 이 순간까지도 편안한 삶을 영위하지 못하고 계십니다. 저는 앞으로 10년 동안 징둥인의 부모님이 더욱 건강한 삶을 누리며 관심과 사랑 속에서 인생을 즐기시길 바랍니다.

그리고 향후 10년 동안, 직원들의 업무만족도도 향상되었으면 하는 바람입니다. 또한 새로운 10년에 징둥의 전통문화가 계승되고 정착하여 조직 내에 뿌리 깊게 스며들었으면 합니다. 이후 또다시 10년이 흐르면 징둥 총 직원 수가 15만 명을 훌쩍 넘어서 중국 1,000여 개 도시에 산재할 것이며 어디에서든 우리 동료를 만나볼 수 있을 것입니다. 새로운 10년에 직원의 만족도와 행복도가 저의 가장 중요한 평가지표입니다. 직원들이 만족할 수 있다면 징둥상청은 가장 좋은 사용자경험을 구현하는 회사가 될 것이라 확신합니다.

여러분이 함께했기에 과거 10년 동안 성공을 거둘 수 있었습니다. 또한 여러분이 함께하기에 두 번째 10년에도 휘황찬란한 영광을 누릴 수 있으리라 믿어 의심치 않습니다.

경영연수생에게 보내는 편지*

친애하는 여러분,

여러분과 자주 대화를 나누지 못하는 게 많이 유감입니다. 대학을 떠난 지 17년 만에 저는 다시 전일제 학생이 되어 학교를 다니고 있습니다. 흥분된 마음에 정신없이 하루를 보내고 있습니다. 가장 바쁜 날은 5시에 일어나 6시에 집을 나와서 수업 전 보충수업을 받고 수업을 듣습니다. 그리고 점심시간 딱 1시간이 주어지고 다시 저녁 6시까지 수업을 들은 후 집으로 돌아오는 일상을 보내고 있습니다. 초등학교 때 새벽같이 일어난 적 외에는 이렇게 일찍 기상하는 것은 처음인 듯싶네요. 매일 과제물도 몇 시간씩 걸려야 마칠 수 있고요…….

여러분은 제7기 경영연수생으로 저보다 더 힘들게 노력하며 공부하고 있다는 것을 잘 알고 있습니다. 또한 그만큼 기대도 더 크고 설레기도 하겠지요. 물론 앞이 깜깜하고 풀이 죽을 때도 당연히 있으리

● 이 글은 리처드(Richard, 류창동의 영문명)가 경영연수생에게 보내는 편지지만 그 가운데 전달하고자 하는 '감사, 겸손한 학습태도와 솔루션을 찾는 업무방법, 그리고 서비스를 심층적으로 이해하려는 업무자세'는 충분히 참고하며 생각해볼 만한 내용이다.

라 생각합니다. 제가 여러분 모두의 주간보고 이메일을 확인했습니다. 지난 기수 연수생들처럼 모두가 정말 잘해주고 계시더군요. 깨어있는 의식으로 순환근무에 임한다는 것을 알았습니다. 제가 강조하고 싶은 것은 두 가지입니다.

1. 여러분이 순환근무를 하는 목적은 학습입니다. 내부 업무흐름을 배우기 위해서죠. 여러분이 각 부서에 근무하는 이유는 해당 부서의 꼬투리를 잡기 위한 것이 아님을 명심하세요. 문제의식을 가지고 개선하려는 태도로 배우는 것은 바람직하지만, 그곳 동료와 한마음이 되고 순환근무기간에는 해당 부서 소속이라는 마음으로 똑같이 일해야 합니다. 혼자만 특별하다는 생각은 금물입니다. 한 연수생이 고민한 내용이 무척 마음에 들었는데, 배우려는 마음가짐이 아니라 단점만 꼬집으려는 태도로는 아무것도 배울 수 없다고 지적하더군요. 본인을 한층 추켜세우고 고자세로 문제를 대하려 한다면, 아무런 소득이 없으며 가치가 없는 일이기 때문이죠. 여러분에게 드리고 싶은 말씀은, 이 세상에 문제를 찾아내는 게 제일 쉽다는 점입니다. 창고에 들어가서 둘러보십시오. 아마 금세 수많은 단점을 찾을 수 있을 겁니다. 그런데 여러분이 찾아낸 것이 그리 대단한 게 아니라는 거죠. 진정 관건이 되는 것은 어떻게 문제를 개선하며, 시스템적으로 솔루션을 찾아내고 구성원을 이끌며 그 문제를 해결하는지에 있습니다.
결점을 들추려는 태도는 배우는 자세가 아니며 겸손함을 잃게 하고 나아가 가장 소중한 배움의 기회를 스스로 놓치는 결과를 초래합니다. 여러분이 매순간 명심해야 할 점은, 지금 속해 있는 해당 부서의 가장 말단직원, 심지어 경험이 가장 미천한 직원조차 여러 분의 스승으로서 존경하고 배워야 할 대상이라는 점입니다.

2. 여러분이 각 부서에서 순환근무하는 기간이 비록 짧지만 수박 겉 핥기식으로 대충 봐서는 절대 안 됩니다. 또는 '이 부서에서 일할 리 없으니 대충 때우다 가야지' 라는 생각도 버리십시오. 저는 여 러분이 어느 보직에서 순환근무를 하든지 간에 그곳에서 가장 투 지가 강하며 힘든 일을 마다않는 직원이기를 바라고 있습니다. 징 둥에 경영연수생제도를 도입한 이래 당시 여건상 2기 연수생의 순 환근무가 가장 힘들었습니다. 1기에는 2명의 연수생만 선발했기 때문에 각별히 손쓸 일도 없었고 회사 쪽에서도 별다른 교육 과정 도 사실 준비하지 못했어요. 2기 연수생이 창고에 배치 받아 도착 하자 당시 창고팀장은 딱 한마디, "지금 바로 업무시작하세요!"라 는 말뿐이었습니다. 11월과 12월에 연말 판촉행사 때문에 하루도 빠짐없이 주문폭주로 창고가 난리도 아니었죠. 그때 매일 아침 7~8시부터 밤 10~11시까지 일해야 했으니까요. 연수생을 책임질 연수교사도 없었고 기숙사도 배정되지 않은 상태였습니다. 게다가 교통편도 제대로 마련해주지 못했고 식사조차 챙겨주는 사람이 없 었던 거죠. 2기 연수생이 가장 관리도 받지 못하고 보살핌도 못 받 았던 기수였어요. 그런데도 오늘날 성공률이 가장 높으며 가장 탁 월한 기수이기도 합니다. 제가 2기 연수생이었던 위루이와 리양에 게, 책임지고 이번 7기연수생에게 당시 상황을 일러주라고 지시했

을 정도입니다.

런민대학을 졸업하고 사회로 나온 그 순간부터 줄곧 스스로 다짐한 말이 있습니다. '나는 청춘과 피땀이라는 자본 외에는 아무것도 가진 것이 없다' 라는 말이었죠. 이제 저는 청춘조차 없습니다. 그래서 제게는 오로지 한 가지 살 길만 있습니다. 바로 '죽을 각오로 싸워라!' 입니다.

징둥인은 가진 것 없이 한미한 가정 출신이 거의 대부분입니다. 하지만 우리에겐 공통된 가치관이 있지요. 죽을 각오로 최선을 다하여 정도를 걸으면 살 길이 나온다는 것을 우리 모두 믿고 있습니다. 이것이 바로 우리의 핵심적인 가치관입니다.

오늘날 여러분 모두가 행운아입니다. 노력만 하면 승리할 수 있는 기회를 얻었기 때문이지요. 밤낮없이 포장하고 배송하는 우리 동료들이 여러분에게 배움의 기회를 주고 있습니다. 여러분이 감사하는 마음과 겸허한 마음으로 배우고 최선을 다하길 희망합니다. 여러분이 현장에서 좋은 교육성과를 거두기를 기원하며, 회사를 위해 공헌해주리라 기대합니다.

Yours, Richard, '패기' 에서 '위대함' 으로 •

징둥 가족 여러분, 안녕하십니까!

2013년이 이제 막 저물었습니다. 2013년은 매우 의미 있었던 한 해로서 징둥이 10년째 되는 해였습니다. 이 10년을 한마디로 표현하면 '뉴!' (牛, 소를 뜻하는 것 외에도 속된 말로 '짱이다, 대단하다, 최고다' 라는 의미로 패기 넘치는 모습을 형용함 – 역주) 그 자체였습니다! 2004에 아무것도 없이 시작한 우리는 전자상거래에 문외한이었습니다. 그런데 10년이 지나 끊임없이 도전하고 초월하여 역사적인 이정표를 세우기 시작한 것입니다.

  1,000억의 거래액 때문에 우리가 완전 '뉴' 한 것일까요? 아닙니다. 첫 번째 극복한 도전은 'IT디지털' 입니다. 2004년에 IT디지털제품을 판매하면서 뉴에그를 경쟁목표로 설정했습니다. 그들은 정비된 조직과 기술, 공급업체 등 모든 것을 갖추고 있었죠. 반면 우리는 정신력 말고는 정말로 아무것도 없었습니다. 제로에서 시작한 우리는 4년을

● 2014년 1월 11일, 징둥그룹 2014년 연례총회에서의 기조연설

고군분투하면서 뉴에그의 벽을 넘어섰습니다. 뉴에그를 능가할 때만 해도 여전히 IT디지털 분야에서 이름만 조금 알려진 정도였죠. 남과 비교하면 형편없이 작은 회사였습니다. 2007년이 기억나는군요. 당시 우리의 첫 번째 투자가가 제게 '2012년에 10억 위안을 달성하면 정말 기쁘기 그지없을 것'이라 말했습니다.

두 번째로 극복한 도전은 2010년에 당당왕과 쥐웨왕을 넘어섰던 일입니다. 이 역시 과거에 그 누구도 상상도 못한 일이었죠. 그리고 연이어 우리는 세 번째 도전에 맞서려고 합니다. 바로 중국 최대 소매기업이 되는 것입니다.

오늘 여기서 돌이켜보니 우리가 이룩한 게 별거 아니라는 생각도 드는군요. 하지만 그 당시에는 정말 대단한 일이었습니다. 도저히 가능할 수 없었던 일을 하나씩 헤쳐나가면서 한때 경쟁업체의 공동 '압박'으로 힘들기도 했지만 결국 살아남았습니다. 심지어 살아남는 것을 뛰어넘어 이들을 제쳤습니다.

우리가 과거 첫 번째 10년 동안 거둔 성과가 단지 1,000억 위안의 거래액뿐일까요? 정말 이것이 '뉴'한 부분일까요? 그렇지 않습니다. 우리가 진정 자부심을 가져야 할 부분은 서비스 포석입니다. 시장에서 향후 또는 가까운 미래에 우리를 추월할 능력과 자질을 갖춘 회사를 우리는 아직 발견하지 못했습니다. 왜냐하면 과거 10년간 우리는 남들이 '어리석고 힘들고 어렵다'는 일만을 해왔기 때문입니다. 온갖 치욕과 조롱을 받았었죠. 남들이 거들떠도 보지 않았고 꺼렸던 일을 우리가 해냈습니다. 이들이 어느 순간 뭔가 이치를 터득하고 시도해봤자 이미 우리 수준에 도달하는 것 자체가 아예 불가능합니다. 첫 번째 10년은 확언컨대 우리 모든 징둥인 개개인의 자랑이라 할 수 있습니다. 그만큼 정말 대단한 일을 해냈으니까요. 하지만 우리가 늘 해오던 대로 현재에 만족하고 안주하여 승리의 샴페인을 미리 터뜨리진 않습니다. 징둥의 꿈은 비단 여기에 그치지 않으며 스스로 만족할 수 없습니다. 더욱 원대한 목표와 숭고한 이상이 있으며 더욱 잘해낼 수 있다고 확신하기 때문입니다. 징둥인은 영원히 멈추지 않고 영원히 안주하지 않는다는 정신이 뼛속까지 뿌리 깊이 스며들어 있습니다. 이는 바로 아무도 거들떠도 보지 않았던 구멍가게에서 중국의 소매업을 주도하는 선도기업으로 성장하게 한 원동력이라 할 수 있습니다.

우리는 무엇을 무기로 승리할 것인가?

두 번째의 10년을 맞이하면서 저는 여러분과 회사전략을 한 번 더 되짚어보는 기회를 갖고자 합니다. 모든 팀장, 직원, 택배원까지 우리의 전략적 방향이 무엇인지, 무엇을 근거로 승리할 것인지 분명히 인식하고 있어야 합니다. 첫 번째 10년 동안 추진했던 우리의 전략은 단 한 번도 변한 적이 없으며, 향후 10년의 전략 또한 변함없을 것입니다. 바로 '역삼각형' 전략입니다. 과거 10년간 우리의 성공은 무엇을 근거로 거둘 수 있었나요? 가장 핵심역량은 우리 자신, 징둥의 구성원이었습니다. 끊임없이 도전에 맞서 승리할 수 있었던 것은 우리라는 소중한 자산이 있었기에 가능했습니다. 가장 자부심을 가질 만

한 것은 우수한 조직원을 길러냈다는 점이죠. 조직구성원이 징둥 발전의 초석이 될 것이며 향후 10년도 우리 구성원의 역량이 그 무엇보다 중요하다 하겠습니다. 이는 특히 저의 주된 업무이기도 합니다.

조직구성원이라는 기반 바로 위에 우리의 재무·물류·기술 3대 핵심 시스템이 있습니다. 징둥은 일처리가 빠르고 신속하다고 말하는 사람이 있습니다. 징둥의 '신속함'이 우리의 핵심 경쟁력의 하나인 것은 분명합니다. 하지만 원가를 고려하지 않고 속도만을 추구하면 오히려 '신속함'이 우리의 발목을 잡을 수 있습니다. 징둥의 진정한 핵심 경쟁력은 좋은 서비스품질을 구현함과 동시에 저원가를 실현하는 것입니다. 따라서 3대 시스템을 평가할 때 가장 핵심요소는 원가와 효율입니다. 모든 시스템 원가를 업계 최저수준으로 낮추며 운영효율은 업계 최고수준으로 끌어올려야 합니다.

물론 고객은 이런 곳에 관심이 없습니다. 그렇다면 고객이 원하는 것은 무엇일까요? 고객은 아주 단순히 세 가지에만 관심을 두는데, 상품과 가격, 그리고 서비스입니다. 소비자가 징둥을 찾는 이유는 짝퉁이 없고 상품을 보증할 수 있어서죠. 또한 가격이 저렴하고 양질의 서비스를 제공받을 수 있어서입니다. 이런 부분을 고객이 피부로 느끼는 것이지 그 뒤에 있는 복잡한 시스템에 대해서는 알지 못합니다.

아무리 혁신을 시도해도 이러한 기본구조를 벗어날 수 없으며 우리가 어떻게 승리하고 생존했는지 명심해야 합니다. 우리가 생존할 수 있는 원천은 무엇일까요? 바로 우리의 고객이며 이는 변함없는 진리입니다. 단 한시도 사용자경험을 떠나서 생각할 수 없으며, 이를 구현하지 못하는 순간, 우리는 분명 실패한다는 사실을 잊지 마십시

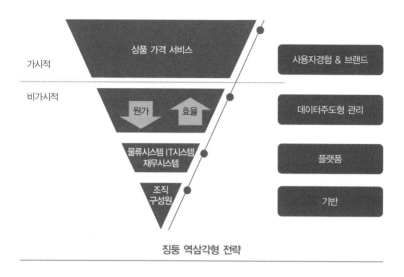

징둥 역삼각형 전략

오. 품질보증, 가격보증, 서비스보증을 제공하지 못하면 100% 낙오자가 됩니다. 따라서 역삼각형 전략체계는 여전히 향후 10년의 발전을 뒷받침하는 초석이 됩니다. 저는 징둥의 모든 구성원 하나하나가 추진하는 혁신, 관리경영의 포인트 및 출발점, 그리고 전략방향이 이와 위배되지 않기를 바랍니다. 또한 사용자경험에 위배되거나 원가와 효율을 간과해서도 안 됩니다. 다시 한 번 강조하는데 우리의 핵심역량은 조직구성원이라는 점입니다.

향후 10년, 전 세계 최대 소매기업을 향해 매진하자

다음으로 여러분과 중관춘에 대해서 말해보고자 합니다. 왜 매번 중관춘 이야기를 꺼내느냐고 반문하시는 분도 계실 것 같군요. 중관춘은 전형적인 산중인과 같은 곳이기 때문이죠. 그 당시의 중관춘은 가장 완벽한 생태계를 갖추고 있었고, 없는 게 없는 만물상 같은 곳이었어요. 고객이 원하는 다양한 수요를 충분히 충족시켜주는 장소였습니다.

한때 사람들은 중관춘이 난공불락의 탄탄한 고지로서 그 어떠한 비즈니스모델도 중관춘을 대신할 수 없을 거라고 확신하고 있었습니다. 하지만 중관춘은 이미 그 가치가 퇴색되고 있습니다. 이유가 무엇이라고 생각합니까? 비즈니스 발전추세를 보면 나름의 법칙이 있는데, 이러한 소규모 재래식 방식은 쇠퇴의 길로 접어들 운명이라는 것입니다. 비즈니스 발전법칙은 반드시 제품의 조직적인 유통, 규범화된 서비스 구현의 방향으로 나아갈 것입니다. 또한 소비자의 최종 선택에서 분명히 브랜드가 첫 번째 고려요소가 됩니다. 따라서 향후 10년은 중국 소매업의 최상의 황금기가 되리라 확신합니다. 과거 30년은 제조업의 시대였지만 앞으로 다가올 10년은 중국의 소매업시대라는 점을 분명히 말씀드리고자 합니다.

오늘날 유럽, 미국, 일본, 한국 등 모든 선진국에는 월마트, 까르푸, 코스트코(Costco)와 같은 전 세계적인 굴지의 기업이 등장했습니다. 이들은 상품을 규모화, 조직화를 통해 유통시키며 시스템적으로 운영하면서 중간의 불필요한 연결고리를 과감히 없앴습니다. 이를 통해 최저 원가, 최상의 효율성을 기반으로 브랜드업체 상품을 소비자에게 전달하는 역할을 해왔습니다. 이로써 전반적인 비즈니스 구조의 원가를 절감하여 효율성 제고에 이바지했습니다. 소규모 전통적 재래방식은 무질서하고 비정형화된 이름 없는 제품을 판매하면서 공급자와 소비자 모두에게 부가가치를 창출할 수 없었습니다. 이러한 방식은 점차 시장에서 잊힐 수밖에 없는 운명에 처했습니다. 이를 대신하여 중국에는 초대형 소매기업이 분명 탄생할 것이며 중국 내 규격화제품의 60~70% 시장을 점유할 것으로 예상됩니다.

향후 10년 동안 반드시 세 가지 일이 나타날 것이라 저는 확신합니다. 첫째는 향후 중국에 매출액이 수천억 위안, 심지어 수조에 이르는 소매기업이 일부 등장할 것이라는 점입니다. 둘째, 향후 10년, 아무리 늦어도 20년이 되지 않아 중국의 No.1 소매기업이 전 세계 No.1의 기업이 될 것입니다. 셋째, 징둥이 세계적인 소매기업으로 성장할 것입니다.

창업 초기 우리의 꿈인 위대한 기업으로 성장하자!

저는 오늘 제 마음속에 품었던 꿈을 말씀드리고자 합니다. 이 꿈이 이루어지면 저도 퇴직해서 손자 재롱을 보면서 여생을 보내고 싶습니다. 이 꿈은 바로 국제화입니다.

중국의 수많은 기업이 국제화를 시도했으나 99%의 기업은 만신창이가 되거나 심지어 시장에서 사라졌습니다.

그렇다면, 왜 국제화를 반드시 추진해야 하는 것일까요?

징둥 가족 여러분, 한 국가와 한 민족이 진정으로 자부심을 가져야 할 것은 비즈니스의 성공과 문화의 성공, 제도의 성공이라고 줄곧 믿어왔습니다. 그리고 우리는 비즈니스에 몸담고 있는 사람으로서, 용기를 가지고 청운의 꿈을 품고 흔들림 없이 걸어가야 합니다. 중국 기업의 이윤이 왜 그토록 미미할까요? 이는 중국이 과거 30년 동안 주로 중간 제조업과 OEM으로 경제발전을 추진해왔고, 가장 프런트를 담당하는 브랜드와 최종소비자와의 접점 서비스는 외국 기업이 독차지했기 때문입니다. 이 두 부분은 산업사슬에서 가장 큰 가치와 이윤을 창출하는 부분입니다. 따라서 징둥의 국제화는 우리 중국을 위한 시험적 도전이 될 것이며 중국의 강력한 제조업이 생산한 최상의 제품을 징둥을 통해 전 세계 각지에 판매할 것입니다. 현재 중국 브랜드와 중국산 제품이 국제적인 브랜드의 품질을 갖추고 있음에도 정작 가장 저렴하게 팔리고 있는 게 현실입니다.

우리가 아무리 국내에서 커다란 성공을 거뒀다 한들 우리는 중국 내부의 토종기업일 뿐입니다. 과거 10년 동안 우리가 '뉴' 했다면 앞으로 10년은 더욱 '뉴' 해야 합니다. 하지만 아무리 잘난 척해봐야 단순히 '뉴' 한 기업일 뿐 위대한 기업이 될 수 없습니다. 그러나 창업 초기에 우리의 꿈은 위대한 기업, 이 국가와 이 민족을 대변할 수 있으며 중국인이 자부심을 가질 만한 기업을 만드는 것이었습니다. 이제 제 마음속에 남은 마지막 꿈은 중국을 대표하는 글로벌 기업으로 성장하여, 전 세계 소비자에게 서비스를 제공하며 신뢰와 믿음을 얻는 기업으로서 이 국가와 민족에게 전 세계의 부를 안기는 것입니다. 이러한 기업이 많아지면 이 국가가 부유해지지 않으려야 않을 수 없습니다. 물론 이 꿈을 이루려면 과거 10년의 노력보다 10배 이상의 피땀을 쏟아야 가능하다는 것을 잘 알고 있습니다. 우리는 또다시 밤낮없이 수많은 나날을 야근하면서, 셀 수 없는 온갖 고난을 극복해가며 미지의 세계를 배워야 합니다. 그날을 위해, 이제 우리 전체 임직원과 글로벌 인재가 한마음 한뜻으로 하나의 목표를 향해 전진합시다!

이제 창업한 지 10년이 지났습니다. 2013년의 '수양생식'도 이미 지나갔습니다. 징둥 동료 여러분! 지난 1년은 말보다는 행동으로 보여주었던 한 해였습니다. 아직까지 전 세계적으로 천억 위안을 돌파한 기업은 없습니다. 마찬가지로 한 기업의 CEO가 유학을 결심한 것을 흔쾌히 동의해준 기업도 없었습니다. 덕분에 미국에서 6개월 동안 공부를 하고 바로 귀국할 수 있었습니다. 하지만 이런 사례도 전 세계적으로 매우 드물다 단언할 수 있습니다. 이렇게 할 수 있었던 건, 창업 10년을 맞이하여 징둥의 관리체계 기초가 그만큼 튼튼해졌다는 반증이라 할 수 있습니다. 물론 우리가 시련을 견뎌냈기 때문입니다. 우리의 성장속도가 이를 증명했으며, 체제별 혁신과 신상품 출시 등 어느 것 하나 부족함 없이 착착 추진해왔습니다.

2013년이 이미 지나갔습니다. 이제 2014년 새로운 한 해의 순항을 위한 돛을 올렸습니다. 징둥의 모든 구성원이 징둥인 특유의 열정과 단결력을 십분 발휘함으로써 두 번째 맞이할 10년의 찬란한 영광을 위해 더욱 든든한 기반을 다지길 기원합니다!

감사합니다!

꿈이 현실이 되다! 새로운 출발선에 서서

친애하는 징둥 가족 여러분!

10년 동안 온갖 시련과 고난을 이겨낸 결과 우리 회사가 드디어 오늘 미국 나스닥에 정식 상장되었습니다! 오늘은 징둥 발전 역사에 있어 가장 기념비적인 날입니다. 오늘 바로 이 순간부터 JD로 각인된 기업 가정신이 전 세계에 그 면모를 드러냈습니다. 또한 오늘부터 조이 (JOY, 징둥 마스코트)의 이념과 신념이 우리를 통해 전 세계 수많은 가정과 기업에 전달될 것입니다. 오늘은 우리 JDer(징둥인)에게 새로운 시작을 알리는 날입니다!

창업 초기를 되돌아보면, 저는 농촌에서 올라온 아주 평범한 대학생이었습니다. 하지만 저에겐 늘 꿈이 있었습니다. 사회에 공헌하며 사회적 가치를 창조하는 위대한 기업을 만드는 꿈 말입니다. 물론 창업을 하고 지독한 시련에 몸서리칠 때조차 단 한 번도 그 꿈을 향한 마음이 흔들린 적이 없으며 추호의 의심도 없었습니다. 오늘 드디어 그 꿈이 현실이 되었습니다! 중국 개혁개방의 위대한 시대에 감사할 따름입니다. 그 시대가 바로 '부자 아빠'가 없이도 공평하게 창업하여 꿈을 실현한 기회를 주었기 때문입니다. 소비자 여러분께도 진심으로 감사의 말씀을 드립니다. 우리의 미진함을 감싸주며 성장을 향해 나가라며 부단히 채찍질해주었습니다. 또한 모든 공급업체와 협력파트너, 그리고 투자가에게도 감사드립니다. 우리의 '방향'과 아집조차 높게 평가하고 우리를 믿고 지지해주셨기 때문입니다.

그런데 그 무엇보다도 저는 우리 징둥인에게 감사드리고 싶습니다. 여러분은 편안함을 기꺼이 내려놓고 손발을 걷어붙인 채 전자상거래라는 가장 힘들며 피곤하면서도 누구나 꺼리는 일을 해오셨지요. 그럼에도 단 한 번도 의심하거나 불만을 표시하지 않았습니다. 오로지 징둥인 특유의 포기하지 않고 안주하지 않는 정신으로 오늘날 징둥을 더욱 높은 반석 위에 올려놓은 것입니다!

지난 10년 동안 우리는 세 가지 일을 해냈으며, 이에 대해 저는 강한 자부심을 느끼고 있습니다.

우선 우리는 중국 전자상거래의 '신뢰'를 다시 회복했습니다. 창업한 그 순간부터 우리는 '정품 판매, 짝퉁근절'을 기본원칙으로 견지해왔습니다. 이 기본원칙을 고수할 수 있었던 이면에는 경영윤리에 대한 경외감과 소비자 가치를 존중하는 마음이 있었습니다. 사람이 신의가 없으면 사회에 뿌리를 내릴 수 없듯이, 기업이 신뢰를 저버리면 흥할 수 없습니다.

그리고 우리는 중국 전자상거래의 '경험', 즉 '체험'의 의미를 재정립했습니다. 현재 전국적 네트워크를 형성한 징둥의 배송시스템은 '마지막 1㎞' 서비스를 완벽히 구현함으로써 '사용자경험'을 극대화했습니다. 당시 물류 구축을 위해 안간힘을 쓰던 우리를 지켜보며 조롱했던 코웃음 소리가 아직도 귓가에 생생합니다. 하지만 우리의 '우둔함'과 '집착'이 소비자의 가려움을 긁어주는 시원한 '약'이 되었고 '개운함'까지 느끼도록 했습니다.

또한 우리는 중국 전자상거래의 '가치'라는 의미를 재해석했습니다. 여기서 '가치'는 탐욕스러운 폭리 추구에 있는 것이 아니며, 바로 산업생태구조 전반을 개선하기 위해 무엇을 하느냐에 있습니다. 수년 동안 우리는 전자상거래의 인프라건설, 연구개발과 빅데이터에 지속적으로 투자해왔습니다. 또한 개방형 물류시스템과 인터넷금융에도 자원을 끊임없이 투입했습니다. 지금 우리는 투입한 비용으로 협력파트너의 이익과 효율을 가져온 것입니다.

오늘 우리는 새로운 출발점에 섰습니다. 앞으로 10년 동안 또 몇 가지 과업을 추진해야 합니다. 바로 국제화 전략을 확고부동하게 추진함으로써 징둥을 세계적으로 존경받는 유통기업으로 키워낼 것입니다.

상장한 이후에도, 우리는 새로운 중국 경제의 견인차 역할을 한다는 사명감을 가져야 합니다. 뿐만 아니라 '중국 제조업의 해외진출'이라는 국책방향에 일조하리라는 사명감으로 무장해야 합니다. 중국 기업을 대표하여 국제적인 경쟁 무대에 섰다는 영예도 함께 누리면서 말입니다. 저는 징둥 플랫폼을 통해 우수한 중국 제품을 세계 각지에 퍼져 있는 소비자에게 전달하고자 합니다. 우리의 손으로 직접 수십억, 심지어 수천억의 중국 기업을 성공시켜야 합니다. 이것이야말로 미래 징둥이 궁극적으로 지향해나가야 할 방향이자 최고의 성공이라 할 수 있습니다.

우리가 더욱 다원화된 전자상거래 생태환경을 구축함으로써 창업자와 중소기업이 성장할 수 있도록 공평하고 공정하게 지원해야 합니다.

B2C, C2C, 금융 등 다양한 서비스로 포트폴리오를 구성하여 징둥그룹 전체가 소비자의 다각적인 수요를 수용하고 만족시켜야 합니다. 이때 징둥의 핵심가치관을 준수하며 공개적이고 투명한 원칙을 고수해야 한다는 점을 명심해야 합니다.

'근면한 자가 사업을 성공시키며 땀 흘린 자가 보답을 받을 수 있는' 생동감 넘치는 산업생태구조를 마련함으로써 모든 창업자와 입점업체가 징둥 플랫폼을 통해 당당하게 돈을 벌고 사회를 위해 가치를 창조할 수 있게 합시다.

우리는 선도적인 기술주도형 기업을 지속적으로 표방하며 인터넷기술을 활용함으로써 사회적인 비즈니스 문화수준을 제고해야 합니다.

전통적 경제와 비교해, 인터넷 자체가 혁명적이며 혁신적인 생산력을 대변하고 있습니다. 과거 몇 년간 우리는 정보기술을 활용하여 제품의 유통효율을 높이는 데 다양한 혁신적인 시도를 진행해왔습니다. 향후에도 몇 년 동안 연구개발에 대한 투입을 지속 확대하여 클라우드 컴퓨팅, 데이터마이닝, 모바일 어플리케이션 등 분야에서 강도 높은 혁신을 추진할 필요가 있습니다. 이를 통해 전통산업의 온라인 전환을 촉진함으로써 사회 전반에 걸친 유통효율을 제고시키고 사회경제발전을 도모해야 합니다.

마지막으로 저는 관리와 문화를 다시 한 번 강조하고자 합니다. 상장 이후 회사는 더욱 다양한 형태의 스톡옵션제도를 도입하여 우수한 인재가 회사 성장을 통한 혜택을 누릴 수 있도록 하겠습니다. 이를 통해 여러분이 더욱 사람답게 살며 안정적인 삶을 영위할 수 있도록 도울 것입니다. 뿐만 아니라 오랜 세월 뒤에서 묵묵히 지켜보고 응원했던 우리 부모님과 자녀가 사회에 뿌리를 내리고 자부심을 갖도록 할 것입니다. 물론 저는 여러분이 경각심을 늦추지 않기를 바랍니다. '우환을 대비하면 살 것이며 안주하면 죽음뿐이다' 라는 말을 드리고 싶습니다. 상장이 우리의 궁극적 목표는 아닙니다. 우리는 여전히 창업 초창기의 초심을 잃지 않아야 하며 우수한 협력파트너와 경쟁상대에게 끊임없이 배움을 청하는 경외심도 지키길 바랍니다. 특히 서비스 영역이 다양해지고 심층적으로 발전하고 있으며 서비스 범위도 국경을 초월함에 따라, 글로벌 경쟁에 깊숙이 가담하게 될 것이며 전 세계적인 협력파트너 및 소비자와 직면할 것입니다. 징둥의 발전을 지속적으로 보장하고 지켜낼 수 있는 유일한 방법은 오로지 관리와 문화뿐입니다. 향후 주가 향방이나 미래 자본시장의 반응과 무관하게 우리의 사명과 가치관은 절대 변할 리 없습니다. 우리는 고객과 협력파트너, 그리고 사회와의 약속을 명심하고 책임을 다해야 한다는 점을 잊지 마십시오!

'매는 창공을 세차게 가르며 물고기는 물밑에서 헤엄치고 만물이 늦가을에 자유를 찾아 몸부림 친다(鷹擊長空, 魚翔淺底, 萬類霜天競自由)' (출처: 마오쩌둥(毛澤東)의 시 '심원춘 장사(沁園春 長沙)' 편)는 시구가 떠오릅니다. 징둥 가족 여러분! 앞으로 우리는 세계 무대 위에 징둥의 향후 10년 역사를 써내려갈 것입니다. 이는 모두에게 역사적인 기회로 다가올 것입니다. 우리의 손으로 위대한 세계적인 기업을 만들어냅시다! 우리는 할 수 있습니다!

여러분의 류창둥 드림

2014년 5월 22일

연매출 조단위 기업을 향해 매진하라*

징둥 가족 여러분, 새해 복 많이 받으십시오 !

2014년 연례총회의 주제가 무엇이었는지 아직 기억하십니까? 맞습니다. '먼 항해를 위해 닻을 올리다(揚帆遠航)'였습니다. 왜 2014년을 선택해 상장했는지 질문하신 분이 계셨습니다. 우리가 상장하면서 재무상황을 투명하게 공개했는데요. 징둥은 현재 300억 위안의 현금을 보유하여 중국 내 모든 인터넷업계에서 현금보유액이 가장 많은 인터넷기업 가운데 하나가 되었습니다. 자금줄이 끊겼다는 등의 유언비어를 단번에 일축시킨 것이죠. 수만 개에 이르는 협력업체에게 우리의 재무데이터를 공개함으로써 집으로 돌아가 편히 주무실 수 있게 해드렸고 징둥과 맘 놓고 편안히 협력할 수 있도록 했습니다. 상장하면서 다른 변화도 생겼습니다.

2014년 7월에 제가 독일을 방문했을 때 차 안에서 저희 투자은행 관계자와 한참 동안 토론을 하고 있었습니다. 그러자 운전기사가 제

● 2015년 1월 17일, 징둥그룹 2015년 연례총회에서의 기조연설

게 "말씀 나누시는 걸 들으니 징둥에서 오셨나보네요?"라고 말을 건네더군요. 제가 그렇다고 대답하자 "상장했을 때 당신네 주식 3,000유로 어치를 구매했어요"라고 했습니다.

또 대략 한두 달 전에, 한 주주 댁에 초대를 받아 간 적이 있습니다. 그날 글로벌 인터넷기업의 많은 창업주도 함께 자리를 했었죠. 이러한 국제적 인사의 회합장소에서 거의 모든 사람들이 징둥을 알고 있다는 사실을 저는 처음 깨달았습니다.

2013년에 인도에 투자한 사람, 동남아에 투자한 사람도 있었습니다. 인도의 전자상거래 플랫폼인 플립카트(Flipkart)에서부터 독일의 유명한 창업주 올리버(Oliver) 씨도 자리에 함께했는데 이 분은 전 세계 10여 개 국가에서 전자상거래를 하고 있었습니다. 그런데 이들은 공개적으로 "우리가 지금 중국의 징둥 모델을 벤치마킹하고 있다"고 말하더군요.

그래서 저는 상장을 통해 우리가 더 이상 '이름 없는 조용한' 기업이 아니라는 사실을 깨달았습니다. 우리는 지금 세계 무대 정중앙에 서 있으며 수많은 사람들의 기대를 한몸에 받고 있습니다. 이러한 기대는 우리의 주주나 투자가뿐만 아니라 우리의 직원, 협력업체 심지어 신흥국가 전자상거래 분야에 진입하려는 전 세계의 수많은 창업주들이 보내는 것입니다. 우리가 성공함으로써 전 세계 수십 개 국가의 전자상거래 창업주가 징둥과 동일한 자영 쇼핑몰모델을 선택하여 기업 가치를 높이고 자금을 투자받아 창업의 꿈을 이룰 수 있기 때문입니다.

2014년에 우리가 거둔 성과를 보십시오. 우선 2013년 거래액이 천억 위안을 돌파하였고 이를 기반으로 2014년에 100% 성장률을 기록했습니다. 2014년 3사분기에 징둥은 중국 자영 쇼핑몰시장에서 50% 이상의 점유율을 차지한 전자상거래기업이 되었습니다. 5년 전에 제가 중국 자영 쇼핑몰시장의 50%를 차지하고 싶다고 공공연하게 밝힌 바 있습니다. 그런데 우리는 2014년 3사분기에 이를 실현했습니다. 사실 이게 중요한 게 아닙니다. 관건은 바로 우리의 성장률이 전체 전자상거래 평균 성장률의 2배라는 점입니다.

우리는 이제 더욱 높은 시장점유율을 기록할 것으로 확신하고 있습니다. 2014년 판매유통채널 확대전략이 크게 효과를 거두면서 어제 저녁까지 데이터를 보면, 징둥의 배송거점이 중국 1,880개 구·현을 망라하고 있습니다. 또한 온라인과 오프라인을 통틀어 컴퓨터와 휴대폰시장에서 중국 최대 소매기업으로 성장했습니다. 2013년 말까지 5만 개가 넘는 협력파트너를 확보했으며 누계 1억 명의 고객에게 서비스를 제공했는데, 이는 우리 손으로 피땀 흘리며 일궈온 결과입니다. 이 말은 곧 중국인 14~15명 중 1명이 징둥을 이용했다는 의미입니다.

2014년에 전체 그룹의 직원 수가 7만 명을 넘어섰습니다. 이제 수만 개 가정의 기대를 한몸에 받게 된 것입니다. 2014년 12월 31일이되어, 제가 만일 베이징, 상하이, 광저우의 한 거리의 모퉁이나 골목에 서서 "여기에 징둥인이 있습니까?"라고 소리를 지른다면 분명 누군가가 나타날 것이라고 확신합니다. 오늘 오전에 차를 타고 회의장소로 향하고 있었는데, 내심 차 속에서 오늘 몇 대의 징둥 택배차량을 마주칠지 생각해봤지요. 그리고 베이우환(北五環)에서 둥우환(東

五環)까지 얼마 안 되는 짧은 거리였는데 5대를 마주쳤습니다. 붉은색의 징둥 로고가 새겨진 차량이었죠.

2014년에 이토록 큰 성공을 거둔 원인이 무엇인지 질문하는 사람이 있습니다. '징둥이 뭐가 그리 대단해서'라는 외부 시각도 있습니다. 그런데 이분들께 지금 제가 정답을 알려드리고자 합니다. '바로 우리 징둥인이 있기 때문이죠!' 며칠 전에 위챗 모멘트(微信朋友圈, 페이스북 타임라인과 같은 기능인 미니홈피-역주)에서 동료가 올린 글을 본 적이 있습니다. 저희 택배원이 한 노인을 만나게 된 내용을 올렸는데요. 질병을 앓고 있었던 일흔 살 남짓한 노인은 집을 나와 헤매고 있었고, 집안 식구들은 파출소와 공안국에 신고를 하고 사방으로 샅샅이 찾아다녔다고 합니다. 제대로 먹지도 마시지도 못한 노인이 그만 정신을 잃고 길거리에 쓰러져 있었는데, 주위에 많은 사람이 둘러싸고 있었지만 아무도 옆에서 부축하는 사람이 없었다고 합니다. 괜히 불필요한 일에 휘말릴지도 모른다는 우려 때문이었겠죠. 그런데 이때 저희 택배원이 이를 발견하고 사람들 사이를 뚫고 달려가 노인을 등에 업고 파출소에 데려다줬다는 겁니다. 나중에 노인은 가족과 무사히 만날 수 있었고요. 오늘 그 택배직원이 여기에 와 있습니다. 자, 자리에서 일어나주세요! 여러분 이 분을 위해 모두 박수를 보내드립시다!

이런 스토리가 상당히 많습니다. 몇 년 전 베이징에 '7·21' 폭우가 내렸을 때 전체 도시가 마치 재난상태에 빠진 듯 어수선했었죠. 그런데도 우리 택배원은 폭우를 뚫고 고객에게 배송했습니다. 당시 많은 가정이 정전이 되었고 마실 물과 먹을거리도 제대로 구비 못한 상태여서 급히 상품을 배송해야 되는 상황이었습니다. 그때 당시에 베이징 내 징둥의 모든 택배원이 비단 고객에게 배송만 한 게 아니라, 회사의 지시가 없었는데도 자원해서 베이징시 구조작업에 동참했습니다. 노인을 등에 업고 달리는 사람, 차를 밀어주는 사람, 물건을 건지는 데 일손을 거든 사람도 있었죠. 그날 밤에 우리 택배원이 베이징시를 위해 적지 않은 일을 했습니다.

또 2년 전에 베이징에서 차사고가 난 적이 있었죠. 운전기사와 승객 모두 혼절한 상태였고 차 속도가 너무 빨랐기 때문에 이미 차는 사거리 한복판에 전복된 상태였습니다. 이를 보고도 나서서 구조하려는 사람이 없었어요. 차가 폭발할 위험이 있었으니까요. 이때 우리 택배원이 지나가다가 이 장면을 목격했고, 순간 아무 생각 없이 장비를 가져와 자동차 창문을 부수고 부상자를 끌어냈습니다. 그리고 부상자를 길거리에 눕힌 채 120 구조대원을 불렀습니다. 2명의 부상자를 구급차에 태운 뒤, 그는 또 배송하러 갔다고 합니다. 당시 부상당했던 그 두 분이 징둥 택배원이 그 순간 자신들의 목숨을 구한 걸 알고 있는지 아직도 궁금합니다.

우리는 이렇게 수많은 일을 해냈지만 홍보로 활용한 사례는 거의 없었습니다. 최근 몇 년간 국가가 여러 지진재해를 입었습니다. 2013년에 시난에 달려가 구조작업을 진행했는데 시기적절하게 동참할 수 있었습니다. 당시 조회에서 전국 모든 경영진에게 지시를 내렸던 기억이 납니다. 국가와 사회에 긴급재난이 발생하여 물이 필요하다거나 징둥 창고에 있는 어떤 상품이라도 필요한 상황이라면, 각 지역별 총경리가 전권을 위임받아 본사에 보고할 필요 없이 즉각적으로 필요한 물자와 텐트, 식품 등을 각 재난지역으로 보내라고 말입니다. 어떻게 해야 진정한 징둥인이라 할 수 있습니까? 이것이 우리의 모습입니다. 그리고 우리 징둥인의 진정한 가치관이지요.

이는 과거 징둥이 성공할 수 있었던 가장 중요한 초석이라 단언할 수 있습니다. 징둥이 서비스를 잘하고 대단하다며 엄지를 치켜세우면서도 적자기업이라고 뒤에서 손가락질하는 사람을 어디에서든 본 적이 있을 겁니다. 심지어 우리 택배원 한 분이 제게 그러더군요. "류 사장님, 제 부친께서 말씀하시길 이 회사가 좋은 회사인 건 분명한데, 회사가 적자라서 별 문제 없느냐고 걱정하셨어요"라고요. 그때 제가 "자네, 날 믿게. 그리고 자신을 믿게. 정말로 돈 좀 벌겠다고 마음만 먹으면 아주 쉽게 얼마든지 떼돈을 벌 수 있다네"라고 대답했습니다.

우리가 중국의 일부 공장이나 택배회사처럼 직원을 대하거나, 여타 파견회사나 협력가맹점 등의 방식으로 직원에 대한 책임을 저버리고 5대 보험과 주택구입 지원을 제공하지 않으면 금방 이익을 낼 수 있습니다. 아니면 다른 방법도 있지요. 지방정부에서 규정한 최저 납입금에 따라 금액을 납부하는데, 10만 명의 직원 기준으로 25억 위안의 사회보장기금을 납부하고 있습니다. 회사가 사회보장기금을 납부하지 않으면, 25억 위안이 절감되는 것이니 손쉽게 영업이익을 낼 수 있습니다.

징둥의 모든 직원과 택배원, 포장전담 직원까지 한 명도 빠짐없이 징둥과 근로계약을 체결했습니다. 그리고 이 모든 직원에게 5대 보험과 주택구입 지원을 제공합니다. 택배원이 8,000위안을 벌면 회사는

8,000위안을 기준 값으로 이에 상응하는 보험금을 납부하고 있는 거죠. 지금 징둥의 택배원을 포함한 모든 구성원, 근무 연속 만 1년 이상인 분이라면 누구나 당당하게 살고 있다는 느낌이 드실 거라고 확신합니다. 60세가 넘어서 더 이상 노동력을 사용할 수 없을 때에도 우리 모든 징둥 가족이 오늘처럼 여전히 당당하고 자신 있게 살 수 있길 희망합니다. 체력이 허락할 때만 생존하고 능력이 없어지면 고통스럽게 나날을 보내야 한다면, 이는 절대 용납할 수 없는 상황입니다. 임금 외에 각종 보험과 국가 노동법에서 규정한 복지제도 외에도 징둥은 우리 동료에게 여러 복지를 제공하고 있습니다. 창고근무 직원에게 음료수를 제공한다든지 각양각색의 근로용품을 제공하는 것 등도 별도의 복지제도라 할 수 있지요. 이는 법률에서 규정한 것도, 근로계약에 명시한 것도 아니지만 별도예산을 배정하고 있습니다.

이 외에도 돈 버는 방법은 다양합니다. 2013년에 우리는 해마다 새로운 서비스에 투자한다는 계획을 세운 바 있습니다. 소규모 투자가 아닌 대규모 투자프로젝트를 말하는데 이런 프로젝트는 대부분 3년, 심지어 5년이 지나야 매출을 일으키고 이익을 창출할 수 있습니다. 2013년에 금융그룹이 새롭게 출범했습니다. 그리고 2014년에 텅쉰과 협력하여 파이파이왕을 설립하고 독립적인 자회사로 서비스를 진행토록 했었죠. 이 두 회사에는 지금도 투자가 들어가며 '양육' 단계에 있는데 제대로 성공하기까지 막대한 투입비용을 통해 뒷받침해야 합니다. 이 두 자회사에 투자하지 않고 징둥상청만 운영했다면 미국인이 말하는 재무기준에 따라 이미 영업이익을 기록한 상태라 할 수 있습니다. 세금을 전부 납부하고 모든 직원의 각종 보험비용을 원가에 산입하고도 징둥상청은 흑자를 기록했습니다. 하지만 이는 우리 징둥인의 목표와 꿈이 아니며, 단일 모델로는 우리 고객에게 전방위적 서비스를 제공할 수 없습니다. 오늘, 내일을 위해 투자하지 않고, 5년 후를 내다보고 비용을 투입하지 않는다면 몇 년 후에 이 기업은 더 이상 자부심을 가질 만한, 생동감 넘치는 기업으로 살아남을 수 없을 겁니다. 따라서 2015년에도 우리는 변함없이 대규모 투자를 진행할 것입니다. 매년 신규 프로젝트에 투자키로 한 전략방향은 흔들림 없이 추진될 것임을 다시 한 번 말씀드립니다.

'눈 가리고 아웅식'으로 밀수품이나 짝퉁을 판매하는 업체를 대거 끌어들이면 순식간에 엄청난 수익을 낼 수도 있겠지요.

이 외에도 직원들에게 스톡옵션을 적게 주면 돈을 벌 수 있습니다. 2007년부터 첫 번째 스톡옵션을 제공한 이래 전체 그룹직원 대상으로 지급한 스톡옵션의 가치가 오늘 종가 기준으로 이미 100억 위안에 달합니다.

따라서 결론적으로 말씀드리면 돈 버는 것은 사실 매우 쉽습니다. 하지만 벌어서 안 되는 돈에 대해선 징둥은 단 한 순간도 '머리를 굴리는 짓' 따위는 안 합니다. 세금을 줄여보려는 생각도 마찬가지입니다. 우리는 단 1초도 망설이지 않습니다. 이렇게 돈을 벌면 스스로 자부심도 가질 수 없고 떳떳하지도 않기 때문이죠. 오로지 수치심만 들게 만드는 행위입니다.

2015년 연례총회의 주제는 '혁신과 돌파'입니다. 징둥이 과거 몇 년 동안 비즈니스모델에 혁신이 없었다고 말하는 사람이 있더군요. 저는 10년이라는 세월을 쇼핑몰에 몰두하여 업무혁신, 상품혁신, 서비스혁신을 끊임없이 추진해왔습니다. 비즈니스모델에 대해 굳이 언급하자면 징둥상청의 모델이 가장 뛰어난 모델이라고 확신하기 때문에 특별히 변화를 줄 생각은 없습니다. 일례로 211 배송서비스, 징둥 헬프서비스점, O2O 프로젝트, 주민대리점 및 학교대리점 등도 혁신적 사례며, 파이파이왕이 추진한 '중심화 탈피전략(去中心化, 입점업체와 소비자 간 직접 정보를 주고받으며 거래채널을 형성토록 하는 C2C 전략-역주)'의 모바일쇼핑과 웨이뎬(微店, 웨이신 상점)도 매우 성공적인 사례라 할 수 있습니다. 파이파이 웨이뎬은 2014년 10월 중순에 오픈한 이래, 불과 2개월이라는 짧은 시간 내 단일 거래건수가 2,000만 위안을 돌파하였고 거래액은 6,000만 위안을 초과했습니다.

오늘 징둥그룹 금융상품 분야의 혁신에 대해 중점만 말씀드림으로써 여러분에게 사고전환의 기회를 드리고자 합니다. 우리는 이미 징둥 바이탸오, 징바오베이 서비스를 오픈하고 수백억의 대출을 실행했습니다. 고객의 이름을 몰라도, 대출전담 직원과 영업점 없이 이루어진 일입니다. 공급업체와 입점업체 모두 3분만 투자하면 융자를 받을 수 있게 된 것인데, 이 또한 대범한 시도라 할 수 있습니다. 이는 우리의 공급업체, 입점업체, 그리고 소비자에게 엄청난 가치를 창출할 것으로 확신합니다.

징둥 금융상품인 '중처우'는 온라인에 올린 지 몇 개월이 지난 2013년 12월까지 크라우드펀딩 분야의 60%가 넘는 시장점유율을 기록함으로써 업계 내 독보적인 1위를 차지하고 있습니다. 2013년에 천만 위안이 넘었던 징둥 중처우 상품은 세 종류였습니다.

2014년에도 크라우드펀딩 상품을 계속 출시한 바 있습니다. 징둥의 크라우드펀딩 상품의 사회적 가치는 무엇일까요? 공정하게 자본을 받을 수 있는 날이 온다면, 다시 말해 1만 위안을 가진 사람과 1,000만 달러를 소유한 사람이 균등하게 투자를 받을 기회를 얻는다면 어떨까요? 그렇지 않다면 가난한 사람의 돈은 영원히 은행에서 잠자며 가치가 하락될 것이고, 돈 있는 사람만 징둥 같은 기업에 투자하여 막대한 이윤을 챙기면서 더욱 부자가 되겠지요. 그러면 사회적으로 빈부격차가 더욱 심화될 것입니다. 따라서 저는 징둥그룹의 임직원이 한 가지 명심하시길 당부 드리고자 합니다. 크라우드펀딩 상품의 가장 핵심적 가치는 평범한 보통사람에게도 돈을 벌 수 있는 장을 마련해줌으로써 역전의 기회를 제공한다는 점입니다.

농촌 출신, 특히 빈곤한 지역 출신에게 몇 천 위안을 지원해서 트랙터 한 대를 구입할 수 있게 도와준다면, 볏단을 나르거나 밀을 수확하는 등 간단한 운송을 통해서 한 가정의 운명을 바꿔줄 수도 있습니다. 따라서 오늘 이 순간부터 징둥 바이탸오 서비스는 빅데이터 분석을 통해 도시 화이트칼라에게 마케팅을 추진하는 것 외에도 2015년부터는 농촌과 학교에도 진입할 수 있도록 준비해야 합니다. 현재 이미 현금 서비스센터가 설립되어 있으므로 서비스센터를 통해 농촌으로 파고들 수 있습니다. 또한 농촌지역에 주민대리점을 설립하면 10만 명이 넘는 직원 외에도 중국 내 수십만 농민가정을 우리의 판촉사원으로 활용하는 셈이 됩니다. 이들이 마을 전체의 주문서와 지불, 배송, AS 등을 전담하고 가능하다면 대출업무도 수행할 수 있습니다.

저도 농민가정에서 태어나 농촌에서 18년을 살았습니다. 따라서 그 누구보다도 농촌의 현실을 속속들이 잘 알고 있는 사람입니다. 대부분의 농민가정이 고리대금을 빌린 경험이 있습니다. 수많은 농민이 고리대금 때문에 가정이 파탄 나고 5년, 10년이 지나도 그 상태에서 헤어 나오지 못하고 있습니다. 일 년 내내 번 돈을 이자로 지불하고 나면 원금은 갚을 엄두도 못 내는 거죠. 그뿐이 아닙니다. 가품종자를 사들여서 고생하며 농사짓고 비료 값을 대왔는데 이듬해 수확 때가 되어 한 톨도 못 건지는 일이 허다합니다. 아니면 수입이 있다 해도 투자한 원금에 턱없이 못 미치게 됩니다. 징둥에 70% 이상이 농촌 출신인데, 저 말고도 여러분도 직접 이런 광경을 목격했으리라 확신이 드는군요. 짝퉁 종자, 짝퉁 농약, 짝퉁 비료 등을 사용한 결과 한 톨도 수확하지 못하고, 바닥에 주저 않아 멍하니 논밭만 바라보며 절망에 빠진 모습을 말입니다. 몇 십 년 전에 거의 모든 기관에서 중국 농민에게 외상으로 돈을 빌려주기도 했었지요. 저는 중국 농민들이 가능하다면 누구에게든 외상으로, 아니면 징둥에게 돈을 빌려서라도 제발 정품종자와 농약, 화학비료를 구입하라고 권하고 싶습니다. 가전제품이나 의류, 식품도 마찬가지로 정품이어야 합니다.

연말이 되자 갑자기 언론이 시끌시끌하더군요. 뉴스보도를 보니 '국가기업'이라고 하던데요(2014년 말에 마윈이 자신의 회사인 알리바바를 국가기업이라고 정의하자, 이를 두고 빗대어 말함-역주). 제 생각에는 '국가기업'이라는 단어를 사용하면 왠지 자부심이 덜 느껴지네요. 진정으로 존경받고 떳떳한 기업이라면 응당 '국민기업'이 되어야 합니다. 이 국가에 속하고 이 국가 모든 국민에게 속하는 기업 말입니다. 그렇다면 어떻게 해야 진정한 국민기업이라고 할 수 있을까요? 한 국가의

'국민기업'이라면 무슨 일이 있어도 결코 짝퉁과 밀수품을 전국에 팔아서는 안 됩니다. 전 세계적으로 가품을 수출하는 기업도 아니며, 납세하지 않는 기업도 국민기업이 될 수 없습니다. 또한 자신의 배만 채우고 다른 협력파트너는 거의 돈을 벌지 못하거나 심지어 적자로 만드는 기업도 국민기업이라 할 수 없겠죠.

미국에서 설립된 월마트라는 기업을 보십시오. 지금 시가총액은 평범한 수준입니다만, 미국 대통령을 포함한 거의 모든 미국인이 월마트가 그들의 국민기업이라고 입을 모아 말합니다. 여기서 알려드리고 싶은 게 있습니다. 미국 정부는 월마트가 도산하는 위험과 손실을 감당할 수 없을 거라는 점입니다. 월마트의 창업주는 지금까지 대통령 훈장을 받은 유일무이한 미국 기업가입니다. 이는 미국에서 그 무엇과도 비교할 수 없는 영예라고 합니다. 따라서 우리가 정의한 국민기업은 어느 순간에는 시장가치가 최고인 기업일 수도 있고, 또 어떤 때는 사회적으로 가장 막대한 가치를 창출하는 기업일 수도 있습니다. 이러한 기업이야말로 중국의 국민기업이라 부를 수 있습니다.

징둥 임직원 여러분, 우리도 결국 언젠가는 중국에 이러한 기업이 등장하는 순간을 보게 될 것입니다. 이 기업은 매출액 1조 위안을 돌파한 기업으로 성장할 것입니다. 플랫폼을 통한 거래액이 아닌 순수 매출액 기준으로 말씀드린 것입니다. 또한 이 기업은 중국 최대의 민영기업으로서 아무런 배경 없이 출발했으며 직원의 70%가 농촌 출신인 아주 평범한 젊은이로 구성되어 있습니다. 오로지 스스로의 노력을 통해 전 세계 500대 기업 가운데 상위 20위에 진입할 것입니다. 또한 전 세계 100여 개 국가와 무역왕래와 비즈니스를 추진하며 협력파트너와 고객을 보유할 것입니다. 이 기업이 가치관을 고수하고 사회적인 가치를 지속적으로 창출하며 지금처럼 변함없이 걸어간다면, 언젠가 글로벌 무역 및 유통규범의 참여자이자 규칙 제정자가 될 것입니다.

임직원 여러분, 이러한 기업이 중국에 등장한다면 그 기업은 바로 우리가 될 것입니다! 앞만 보고 열심히 일하십시오. 우리의 두 손으로 전 세계 화교와 중국인을 위해, 그리고 이 국가를 위해 가장 위대하며 자랑스러운 기업을 만들 것이며 우리는 누구에게나 존경받고 신뢰받는 기업, 즉 명실상부한 '국민기업'으로 거듭날 것입니다. 이것이 우리의 새로운 꿈입니다. 징둥 가족 여러분, 2015년에도 지금처럼 어깨를 나란히 하고 계속 전진합시다! 여러분 감사합니다!

징둥닷컴 이야기

1판 1쇄 인쇄 2018년 04월 23일
1판 1쇄 발행 2018년 04월 30일

지은이 리즈강
옮긴이 한민화
펴낸이 김병은
펴낸곳 (주)프롬북스

등록번호 제313-2007-000021호
등록일자 2007.2.1.

주소 서울특별시 강서구 마곡중앙로 161-8 두산더랜드파크 A동 722호
문의 02-6989-8335
팩스 02-6989-8336
전자우편 edit@frombooks.co.kr

ISBN 979-11-88167-16-6 03320
정가 22,000원